1 MONTH OF
FREE
READING

at
www.ForgottenBooks.com

By purchasing this book you are eligible for one month membership to ForgottenBooks.com, giving you unlimited access to our entire collection of over 1,000,000 titles via our web site and mobile apps.

To claim your free month visit:
www.forgottenbooks.com/free671611

ISBN 978-0-656-91412-8
PIBN 10671611

This book is a reproduction of an important historical work. Forgotten Books uses
state-of-the-art technology to digitally reconstruct the work, preserving the original format
whilst repairing imperfections present in the aged copy. In rare cases, an imperfection in
the original, such as a blemish or missing page, may be replicated in our edition. We do,
however, repair the vast majority of imperfections successfully; any imperfections that
remain are intentionally left to preserve the state of such historical works.

DICTIONNAIRE

DE

SYNONYMES FRANÇOIS.

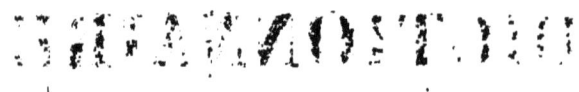

IMPRIMERIE DE LACHEVARDIERE,
RUE DU COLOMBIER ; N°. 30.

DICTIONNAIRE

DE

SYNONYMES FRANÇOIS,

PAR TIMOTHÉE DE LIVOY,

AUGMENTÉ PAR BEAUZÉE.

TROISIÈME ÉDITION,

REVUE ET DÉGAGÉE D'UN GRAND NOMBRE DE MOTS INUTILES,

PAR M. LEPAN.

A L'USAGE JOURNALIER

DES AUTEURS, GENS DE LETTRES, ORATEURS, AVOCATS, PRÉDICA-
TEURS, TRADUCTEURS, PROFESSEURS, NOTAIRES, RÉDACTEURS EN
TOUS GENRES,

Et généralement de toutes les personnes qui écrivent depuis une
simple lettre jusqu'aux Ouvrages les plus importants.

A PARIS, CHEZ L'ÉDITEUR,

AU BUREAU DE RÉVISION DE MANUSCRITS EN TOUS GENRES

COUR DU COMMERCE, RUE DE L'ÉCOLE DE MÉDECINE, N. 30.

1828.

PRÉFACE.

L'Utilité des Dictionnaires est généralement reconnue. Il n'est point de si petite bibliothèque où il ne s'en trouve plusieurs. Celui-ci, l'un des moins répandus, peut cependant servir plus avantageusement et plus fréquemment qu'aucun autre à toute sorte de personnes. Il épargnera de la peine, et économisera du temps dans la composition, depuis la lettre la plus simple jusqu'à l'ouvrage le plus soigné. « S'il est, a dit son » auteur, des génies privilégiés, qui, par leurs propres » forces s'élèvent au-dessus de toutes les difficultés, dont » *les idées*, toujours justes, nettes et précises, ne se pre- » sentent jamais qu'avec cet heureux développement » qu'opère la facilité de l'expression, on convient qu'ils » sont en très petit nombre, et que presque tous les » hommes éprouvent de la difficulté à développer et à » rendre leurs pensées, souvent faute d'un mot qui » semble se refuser à leur imagination. »

Le Dictionnaire de Synonymes fait cesser cet embarras en présentant des termes à choisir selon le besoin où l'on se trouve.

Cet ouvrage a eu deux éditions : la première a été donnée par son auteur. Le succès qu'elle avoit obtenu a engagé le savant Beauzée à en publier une seconde avec des augmentations. Les additions de cet académicien ont contribué à perfectionner ce vocabulaire. C'est après avoir retiré de grands avantages du Dictionnaire de Synonymes que nous avons voulu en faire jouir le

a

public. Un usage fréquent, depuis longues années, nous a mis à même d'apprécier l'utilité de ce vocabulaire; et de l'augmenter au moyen de quelques additions et de nombreuses suppressions.

Ce Dictionnaire étant destiné à aplanir les difficultés aux personnes les moins habituées à écrire, et à aider dans leurs compositions soignées, celles à qui leur état, leurs fonctions ou leurs talents mettent souvent la plume à la main; il en résulte qu'on n'a pas dû y rassembler, comme dans les autres, tous les mots de la langue, mais seulement ceux qui, ayant avec d'autres certains rapports qui les en rapprochent, peuvent être employés comme leurs équivalents.

Les mêmes raisons ont fait rejeter autant qu'il a été possible les expressions surannées, celles basses ou trop familières, pour ne présenter que des termes en usage, choisis et approuvés par le goût. Cette amélioration indiquée, commandée même par la nature de l'ouvrage; paroit avoir échappé au précédent éditeur; une autre dont il n'a pas tiré tout l'avantage qu'elle lui présentoit, c'est, à l'aide de renvois, d'éviter des répétitions qui occupoient beaucoup de place. Nous-même nous n'avons eu recours à ces renvois qu'avec modération.

A l'égard de la suppression des mots vieillis ou populaires, elle a été faite avec la plus grande circonspection, et, l'on peut dire, en prenant toujours pour guide l'excellent Dictionnaire de M. Boiste, qui, attendu qu'il renferme tous les autres, nous est garant que nous n'avons supprimé aucun mot que l'on doive regretter. Assurément personne ne se plaindra que nous ayons ôté les mots *accravanter*, *assagir*, *boquillon*, *claquedent*, *cuider*, *chicheté*, *deviser*, *faciende*, *fabel*, *faitardise*, *feintise*, *fouillouse*, *goinfrade*, *gueder*; *guerdonner*, *griveler*; *holer*, *escoffier*, *esseulé*, *longis*; *outrecuidance*, *pagnoterie*, *patrouillis*, *préciosité*, *pouacre*,

emberlucoquer, embuffler, semondre, et une infinité
d'autres qui seroient déplacés et même nuisibles dans un
recueil consacré à présenter le mot propre que, sans
son secours, on chercheroit long-temps et souvent sans
succès.

Quoique ce dictionnaire ne contienne point tous les
mots de la langue, et qu'on n'y ait pas eu pour objet de
donner la définition détaillée de ceux qu'il comprend,
il peut, même sous ce rapport, suppléer, dans l'usage
habituel, à tous les autres dictionnaires, par la multitude de synonymies qu'il renferme, et qui servent quelquefois mieux à définir un mot que les explications qu'on
en pourroit donner. Il offre même nombre d'expressions
que ne fournissent point les autres. Il n'en est aucun
par exemple où l'on trouve, nous ne dirons pas les synonymes qu'il présente de certaines locutions, mais ces
locutions elles-mêmes, telles que *à la vérité, en vérité,
faire le plongeon, trait pour trait, tout d'un trait,
dans ces entrefaites, ne pas marchander, de fond en
comble*, etc. etc.

« Pour connoître l'utilité de ce livre, il ne suffit point,
» a dit son auteur, Timothée de Livoy, d'y jeter les
» yeux, même d'en faire la lecture. On ne lit pas un
» dictionnaire, on s'en sert. Ainsi c'est le besoin qui dé-
» cidera de l'avantage qu'on pourra tirer de celui-ci plu-
» tôt que la lecture qu'on voudroit en faire sans se pro-
» poser aucun but. Lire seulement ce dictionnaire n'est
» pas un moyen de découvrir les différents rapports
» d'un terme avec plusieurs autres. Est-on dans le cas
» d'en chercher un qui ne se présente pas d'abord à l'ima-
» gination, le dictionnaire le fournissant, on le recon-
» noît aussitôt. »

Nous avons été à même de remarquer la vérité de
cette assertion. Il nous est souvent arrivé, en lisant la
nomenclature à la suite d'un mot, de ne point aperce-

DICTIONNAIRE

DE

SYNONYMES FRANÇOIS.

Abcès, n. m. apostème, apostume, dépôt, tumeur humorale, tumeur putride.

ABDICATION, n. f. abandon, abandonnement, cession, démission, dépouillement, désistement, renoncement, renonciation.

ABDIQUER, v. V. Quitter.

ABDOMEN, n. m. bas-ventre.

ABEILLE, n. f. mouche à miel.

ABÊTIR, v. abâtardir, engourdir, étourdir — devenir bête, inactif, indolent, sot, stupide. V. Abrutir.

ABHORRER, v. avoir en horreur ou en aversion, avoir horreur ou aversion, détester, haïr, avoir de l'éloignement — mépriser fort.

ABIME, n. m. V. Gouffre.

ABIMER, v. submerger — fondre, se perdre — abattre, accabler, détruire, faire tomber, jeter dans l'abîme, renverser, ruiner — anéantir, oppresser, opprimer, perdre — confondre, humilier.

ABJECT, adj. bas, humble, méprisé ou méprisable, rampant, vil.

ABJECTION, n. f. abnégation, humilité — abaissement, avilissement, mépris, humiliation.

ABJURATION, n. f. dénégation, désaveu, détestation, renoncement, reniement.

ABJURER, v. abandonner, déposer, désavouer, détester, laisser, quitter, rejeter, renier, renoncer.

ABNÉGATION, n. f. abaissement, abjection, humiliation, humilité, mépris de soi-même.

ABOIEMENT, n. m. aboi, cri d'un chien, jappement — clabauderie, clameur.

ABOIS, n. m. pl. agonie, dernière extrémité.

ABOLIR, v. abroger, annuler, casser, déroger, mettre à néant, mettre hors d'usage — anéantir, détruire, effacer, éteindre, supprimer, ruiner.

ABOLITION, n. f. dérogation. V. Résiliation.

ABOMINABLE, adj. V. Détestable.

ABOMINABLEMENT, adv. très mal. V. Effroyablement.

ABOMINATION, n. f. détestation, exécration, horreur — crime affreux, forfait, scélératesse.

ABONDAMMENT, adv. amplement, avec étendue, beaucoup, copieusement, en quantité, largement, suffisamment.

ABONDANCE, n. f. affluence, débordement — fécondité, fertilité — foison, grande quantité, multitude.

ABONDANT, adj. ample, copieux, grand, suffisant.

D'ABONDANT, phr. adv. de plus, en outre, en sus, outre cela.

ABONDER, v. avoir à souhait, assez, beaucoup, en quantité, suffisamment — être plein, rempli — déborder, être de trop, être superflu, regorger.

ABONNIR, v. rendre meilleur — devenir meilleur.

ABORD, n. m. lieu fréquenté — accès, entrée — présence, vue, — approche, arrivée — accueil — assaut, attaque.

D'ABORD, phr. adv. à l'instant, à peine, au commencement, aussitôt, d'assaut, dès l'abord, dès le moment, du premier abord, en un clin d'œil, incontinent, promptement, sans hésiter, sitôt, vitement.

ABORDABLE, adj. V. Accessible.

ABORDER, v. arriver, mouiller, mouiller l'ancre, prendre terre, relâcher, venir au port — venir à bord d'un vaisseau — aller à , parvenir, venir à — approcher — avoir accès, avoir entrée.

ABORNER, v. V. *Borner.*

ABORTIF, *adj.* avorté, venu avant le temps , venu avant terme — manqué.

ABOUCHEMENT, *n. m.* V. *Colloque.*

s'ABOUCHER, v. conférer, parlementer, prendre langue.

ABOUT, *n. m.* bout, extrémité.

ABOUTIR, v. abcéder — confiner , finir, se terminer, toucher par un bout — devenir, tendre.

ABOUTISSANT, *adj.* confinant, fini, d'un bout , terminé. V. *Voisin.*

ABOYER, v. japper, crier comme font les chiens — clabauder , criailler.

ABRÉGÉ, *n. m.* V. *Compendium.*

ABRÉGÉ , *adj.* accourci, court, raccourci, rédigé, réduit — diminué, épargné. V. *Sommaire.*

ABRÉGER , v. accourcir, raccourcir, rendre ou faire court, resserrer — épargner, gagner , retrancher — faciliter.

ABREUVER, v. donner à boire, mener et faire boire — mouiller, tremper — arroser, humecter , imbiber — remplir.

ABRI, *n. m.* lieu couvert, lieu de refuge, lieu de sûreté. V. *Port.*

ABRITER, v. mettre à l'abri couvrir , mettre à couvert.

ABROGATION, *n. f.* V. *Résiliation.*

ABROGER, v. V. *Abolir.*

ABRUTIR, v. abasourdir, hébéter, rendre dolent, sot, stupide comme une bête brute.

ABRUTISSEMENT, *n. m.* absence d'esprit , distraction, égarement, stupidité.

ABSENCE, *n. f.* éloignement,

retraite — bévue, distraction , écart.

ABSENT, *adj.* écarté, éloigné — distrait.

s'ABSENTER, v. se retirer. V. *se Cacher.*

ABSOLU, *adj.* despotique , entier, impérieux, indépendant , qui commande à la baguette, qui veut être obéi, souverain, transcendant.

ABSOLUMENT, *adv.* avec empire , décisivement , despotiquement, en maître, impérieusement, souverainement — de toute façon, de toute manière, entièrement , généralement , nécessairement, parfaitement — sans répliquer — décidément , déterminément, sans rien excepter , tout-à-fait, tout compris.

ABSOLUTION, *n. f.* abolition, amnistie, grâce, indulgence, pardon, rémission.

ABSORBÉ, *adj.* profondément appliqué.

ABSORBER, v. avaler entièrement, consommer, consumer, dévorer, engloutir — dissiper, emporter, épuiser.

ABSOUDRE, v. blanchir, déclarer innocent, exempter de crime , innocenter , justifier , pardonner, remettre une faute, renvoyer absous.

ABSOUTE, *n. f.* absolution publique et solennelle.

s'ABSTENIR, v. se garder, se priver, V. s'*Empêcher*, être sobre, être tempérant — se récuser.

ABSTERGENT, *adj.* abstersif , détersif.

ABSTERGER, v. nettoyer, purger.

ABSTINENCE, *n. f.* frugalité , jeûne, sobriété — privation, retenue.

ABSTRACTION, *n. f.* distraction.

1.

ABSTRAIT, *adj.* caché, couvert, difficile, enveloppé, presque impénétrable. — distrait, rêveur.

ABSTRUS, *adj.* caché, inconnu, obscur.

ABSURDE, *adj.* déraisonnable, extravagant, fou, impertinent, insensé, insoutenable, mal conçu, mal digéré, mal exprimé, qui est sans rapport, ridicule, sot.

ABSURDITÉ, *n. f.* extravagance, impertinence, ridiculité, sottise.

ABUS, *n. m.* mauvais usage — erreur, méprompte, tromperie — corruption, dérèglement, désordre. — inutilité, perte de peine ou de temps — excès.

ABUSER, *v.* mésuser — attraper — corrompre, imposer, V. *Tromper* — farder, masquer — excéder.

s'ABUSER, *v.* faire une bévue, se faire illusion. V. *se Tromper.*

ABUSEUR, *n. m.* V. *Séducteur.*

ABUSIF, *adj.* mal employé, mal placé, mal pris, placé à faux — contraire au bon usage, contraire aux règles.

ABUSIVEMENT, *adv.* mal, à faux, improprement — contre le bon usage, contre les règles.

ACABIT, *n. m.* espèce, genre, nature, qualité.

ACADÉMIE, *n. f.* université — assemblée de savants, société de gens de lettres — école publique — manège.

ACADÉMIQUE, *adj.* élégant, fleuri, pompeux, sublime. V. *Correct.*

ACARIÂTRE, *adj.* aigre, chagrin, cruel, déplaisant, dur, fâcheux, impatient, incommode, noir, revêche, triste.

ACCABLANT. V. *Tuant.*

ACCABLÉ, *adj.* abattu, abîmé,

affaissé, affoibli, anéanti, confondu, consommé, découragé, détruit, jeté par terre, oppressé, opprimé, renversé, ruiné, terrassé, tombé, vaincu.

ACCABLEMENT, *n. m.* affaissement, affoiblissement, anéantissement, oppression. V. *Abattement.*

ACCABLER, *v.* opprimer, oppresser, tenir dans l'accablement, tenir dans l'oppression — abattre, aggraver le joug, atterrer, charger à l'excès, dominer, subjuguer fort — confondre, décourager, faire tomber, ruiner — dompter, terrasser, vaincre.

ACCAPARER, *v.* amasser, enlever, faire grand amas.

ACCAREMENT, *n. m.* confrontation.

ACCARER, *v.* aboucher, confronter, mettre tête à tête.

ACCÉDER, *v.* accepter — prendre part, s'associer, se joindre.

ACCÉLÉRATION, *n. f.* V. *Promptitude* — accroissement, augmentation de vitesse.

ACCÉLÉRER, *v.* dépêcher, faire diligence. V. *Hâter.*

ACCENT, *n. m.* marque. V. *Voix.*

ACCENTUER, *v.* marquer d'un accent — prononcer convenablement.

ACCEPTABLE, *adj.* V. *Compétent.*

ACCEPTANT, *adj.* accédant, adhérant, acquiesçant, consentant, déférant, recevant.

ACCEPTATION, *n. f.* accession, acquiescement, adhésion, admission, agrément, consentement — promesse d'acquitter, soumission.

ACCEPTER, *v.* admettre, agréer, ne pas dédaigner, prendre, recevoir — accéder, acquiescer, adhérer, admettre, approuver, consentir — promettre d'acquitter, se soumettre.

ACCEPTION, n. f. attention particulière, considération, égard, préférence—sens, signification.

ACCÈS, n. m. abord, entrée ; facilité d'approcher. V. Crise.

ACCESSIBLE, adj. abordable, accostable, affable, aisé, approchable, dont l'abord est facile, dont l'accès est aisé, facile, gracieux, humain, ouvert, qu'on aborde aisément.

ACCESSION, n. f. engagement. V. Acceptation.

ACCESSOIRE, adj. accidentel, ajouté, étranger, joint, superflu.

ACCESSOIRE, n. m. ce qui suit le principal, dépendance.

ACCIDENT, n. m. aventure, cas fortuit, coup de fortune, disgrâce, événement imprévu, fortune, hasard, infortune, malheur, occasion, rencontre inopinée — symptôme — circonstance, incident.

ACCIDENTEL, adj. V. Accessoire, adj.

ACCLAMATION, n. f. applaudissement, cri de joie, félicitation, louange, souhait, vœux — bruit confus, clameur — approbation unanime ou générale.

ACCOINTANCE, n. f. commerce, familiarité, fréquentation, hantise, liaison.

ACCOLADE, n. f. V. Embrassade, réception — jonction, union.

ACCOLER, v. attacher, joindre — caresser, embrasser, unir.

ACCOMMODAGE, n. m. V. Assaisonnement.

ACCOMMODANT, adj. accort, aisé, commode, complaisant, condescendant, docile, facile, flexible, liant, obligeant, officieux, serviable.

ACCOMMODÉ, adj. arrangé, composé, décoré, mis en ordre, ordonné, orné, rangé — aisé, qui est à son aise, riche — commode, propre, apprêté, assaisonné, préparé.

ACCOMMODEMENT, n. m. conciliation, réunion — ajustement. V. Accord.

ACCOMMODER, v. rendre commode — ajuster, arranger, composer, décorer, mettre en ordre, ordonner—orner, parer, préparer — apprêter, assaisonner — apaiser, concilier, profiter — donner, échanger, proportionner—approprier, rendre propre.

s'ACCOMMODER, v. s'ajuster, se parer, se conformer à, se servir de, se réconcilier.

ACCOMPAGNÉ, adj. environné, escorté, gardé, soutenu, suivi.

ACCOMPAGNEMENT, n. m. appartenance, cortège, suite — agrément, décoration, dehors, ornement.

ACCOMPAGNER, v. faire compagnie, tenir compagnie — aller avec, conduire, se joindre, se lier, soutenir, V. Escorter, faire cortège, garder, suivre, décorer, orner.

ACCOMPLI, adj. achevé, exécuté, fini, terminé — complet, complété — plein, rempli — entier, parfait, perfectionné, suprême — acquitté.

ACCOMPLIR, v. exécuter, faire entièrement, finir, V. Parachever, compléter, remplir — acquitter.

ACCOMPLISSEMENT, n. m. exécution, succès. V. Achèvement.

ACCORD, n. m. concert, consonance, harmonie, unisson — bonne intelligence, concorde, conformité, consentement, sympathie, unanimité, union — accommodement, alliance, arrangement, capitulation, composition, compromis, concordat, contrat, convention, pacification, pacte, réconciliation, stipulation, traité, transaction.

FAUX ACCORD, n. m. détonation, dissonance, faux ton.

ACCORDAILLES, n. f. fiançailles.

ACCORDER, v. apaiser, concilier, mettre d'accord, pacifier, raccommoder, rapatrier, réconcilier, réunir, unir—fiancer — céder, compatir, consentir, donner, octroyer, permettre — faire grâce ou faveur, favoriser — convenir, pactiser.

ACCORT, adj. civil, courtois, poli, affable, doux, qui est de bonne composition. V. Accommodant.

ACCOSTABLE, adj. accueillant. V. Accessible.

ACCOSTER, v. aborder, accompagner, approcher, faire cortége, joindre.

ACCOTER, v. appuyer, soutenir.

ACCOUCHEMENT, n. m. enfantement — délivrance d'une femme grosse.

ACCOUCHER, v. enfanter, mettre au monde—mettre bas, produire— délivrer une femme.

ACCOUCHEUSE, n. f. V. Matrone.

s'ACCOUDER, v. s'appuyer du coude ou des coudes, prendre ses coudées franches.

ACCOUDOIR, n. m. appui, accotoir.

ACCOUPLEMENT, n. m. assemblage, coït, conjonction, jonction, liaison, union.

ACCOUPLER, v. apparier, attacher ensemble. V. Joindre.

ACCOURCIR, v. abréger, écourter— diminuer, ôter, presser, resserrer, retrancher, rogner — décroître, devenir moindre, devenir plus court.

ACCOURIR, v. approcher vite, se hâter, venir avec précipitation.

ACCOUTREMENT, n. m. V. Habillement, enharnachement, harnois.

ACCOUTRER, v. V. Ajuster, habiller, revêtir, vêtir — enharnacher, harnacher.

ACCOUTUMANCE, n. f. V. Coutume.

ACCOUTUMÉ, adj. ordinaire — habitué, qui a coutume — fait à — endurci.

ACCOUTUMER, v. endurcir, faire à, habituer, prendre ou donner coutume ou habitude, plier à.

ACCRÉDITÉ, adj. estimé, qui est en crédit, qui est en vogue, renommé.

ACCRÉDITER, v. donner de l'autorité ou du crédit — mettre en autorité, en crédit, en honneur, en réputation, en vogue — gagner les esprits, procurer l'estime — achalander.

ACCROC, n. m. déchirure — délai, retard. V. Accrochement.

ACCROCHEMENT, n. m. accroc, délai, embarras, empêchement, obstacle, opposition, retard, retardement.

ACCROCHER, v. arrêter, attacher — prendre — surprendre, retarder — pendre — déchirer — attaquer, joindre — embarrasser, empêcher.

FAIRE ACCROIRE, v. en donner à garder, en imposer, mentir, tromper.

s'EN FAIRE ACCROIRE, v. avoir des prétentions, présumer de soi, se prévaloir.

ACCROISSEMENT, n. m. V. Augmentation, agrandissement, avancement, élévation, prospérité.

ACCROÎTRE, v. ajouter, fortifier, multiplier — s'agrandir, s'amplifier, s'augmenter, se dilater, s'élargir, s'enfler, s'étendre, se fortifier, se multiplier.

s'Accroupir , v. s'asseoir par terre en pliant les genoux.

Accueil , n. m. réception , traitement.

Accueillir , v. recevoir, traiter — accabler, assaillir, attaquer, battre, presser, surprendre — sauver, secourir.

Acculer , v. pousser à bout, réduire à l'extrémité, resserrer.

Accumulation , n. f. accroissement, agrandissement, amas, assemblage, augmentation, entassement, multiplication.

Accumuler , v. accroître, mettre en monceau, mettre en tas, multiplier, rassembler, tasser, V. Amasser — ajouter, sura-

n. m. délateur, plaignant.

f. délation, osition, in-

Acenser, v. V. Louer.

Acéphale , adj. qui est sans chef, qui est sans tête.

Acerbe , adj. acide , âcre , âpre , vert.

Acérer , v. affiler, aiguiser, donner le fil, donner le tranchant, tremper.

Achalander , v. V. Accréditer.

Acharnement , n. m. attache forte, emportement opiniâtre, obstination, opiniâtreté, fureur, persécution, rage.

Acharner , v. animer, exciter fort, irriter.

s'Acharner, v. s'attacher opiniâtrement, s'entêter, s'obstiner, s'opiniâtrer — persécuter, vexer.

Achat, n. m. acquisition — chose achetée, emplette.

Acheminement, n. m. avance, facilité, moyen — disposition, préparation.

s'Acheminer , v. aller, avancer , marcher vers , se mettre en chemin — prendre des moyens pour , se disposer, se préparer.

Acheter, v. acquérir à prix d'argent , faire emplette — avoir avec peine, obtenir difficilement.

Achèvement , n. m. accomplissement , consommation , dernière main, fin, perfection, terme.

Achever , V. Parachever — détruire, donner le coup de la mort, ruiner.

Achoppement, n. m. occasion de faute , sujet de scandale, tentation qui fait broncher ou trébucher.

Acide, adj. aigre, piquant, sur.

Acidité, n. f. verdeur, V. Aigreur.

Acier, n. m. fer trempé, fer tranchant.

s'Acoquiner, v. devenir indolent, fainéanter, s'abandonner à la paresse, s'amuser, s'attacher.

Acquéreur, n. m. acheteur.

Acquérir , v. acheter, conquérir, gagner, obtenir, se procurer.

Acquêt , n. m. acquisition, bien de succession ou d'achat — avantage, ménage, profit.

Acquiescement, n. m. accord, approbation, aveu — déférence. V. Acceptation.

Acquiescer, v. V. Consentir.

Acquis, n. m. V. Habileté.

Acquisition , n. f. V. Achat, acquêt.

Acquit, n. m. V. Quittance.

Acquitter, v. décharger, libérer, payer, satisfaire.

s'Acquitter, v. accomplir, remplir—payer ses dettes, se libérer.

Acre, adj. acide, aigre, âpre, V. Mordicant, revêche, rude, dur.

Acreté, n. f. V. Aigreur.

Acrimonie, n. f. V. Aigreur.

Acte, n. m. action, fait, fonction, geste, mouvement, opération.

Actes, n. m. pl. canons, déclarations, décrets, délibérations, édits, règlements, statuts.

Acteur, n. m. comédien, déclamateur.

Actif, adj. agissant, diligent, expéditif, laborieux, prompt, vif.

Action, n. f. V. Acte.

Actionnaire, adj. intéressé, qui a un intérêt dans.

Actionner, v. assigner, intenter procès, poursuivre.

Activité, n. f. V. Promptitudo.

Actuel, adj. effectif, présent, réel.

Actuellement, adv. à présent, dans ce moment, maintenant, présentement.

Adage, n. m. aphorisme, apophthegme, axiome, dicton, maxime, mot remarquable, proverbe, règle générale, sentence.

Adaptation, n. f. ajustement, application, appropriation.

Adapter, v. accommoder, ajuster, amalgamer, appliquer, approprier, rapporter.

Addition, n. f. adjonction, supplément. V. Accroissement.

Additionner, v. assembler, rassembler, ajouter.

Ademption, n. f. retranche-

ment, révocation — dépouillement, privation.

Adhérence, n. f. attachement, complaisance, condescendance—conjonction, union.

Adhérent, adj. attaché, attenant, contigu, joint — complice, participant, partisan.

Adhérer, v. participer, prendre part, s'attacher, se conformer, se joindre, suivre l'avis ou le parti, s'unir.

Adhésion, n. f. attache, jonction, liaison — complicité, union — consentement, suffrage.

Adieu, n. m. compliment, salut — congé, séparation.

dire Adieu, phr. renoncer, s'en aller, se retirer — congédier, renvoyer.

Adirer, v. perdre — effacer, rayer — égarer.

Adjacent, adj. V. Voisin.

Adjectif, adj. épithète.

Adjection, n. f. enchère, jonction. V. Augmentation.

Adjoindre, v. associer, atteler. V. Joindre.

Adjoint, n. m. aide, associé, collègue.

Adjonction, n. f. V. Union.

Adjudant, n. m. aide, aide de camp, officier en sous-ordre, pilote en sous-œuvre.

Adjudicataire, n. m. celui à qui on a fait une adjudication en justice, fermier.

Adjudication, n. f. attribution d'une propriété, déclaration du droit de quelqu'un. V. Etrousse.

Adjuger, v. V. Etrousser.

Adjuration, n. f. exhortation, exorcisme, injonction.

Adjurer, v. commander au nom de Dieu, conjurer, exorciser.

Admettre, v. agréer, donner

accès, passer en compte. V. *Recevoir*. 3. div.

ADMINISTRATEUR, n. m. V. *Directeur*.

ADMINISTRATION, n. f. V. *Direction*.

ADMINISTRER, v. fournir. V. *Diriger*.

ADMIRABLE, adj. parfait. V. *Ravissant*.

ADMIRABLEMENT, adv. à merveille, à ravir, en perfection, merveilleusement.

ADMIRATION, n. f. V. *Surprise*.

ADMIRER, v. considérer, contempler, être enchanté, être étonné, être surpris.

ADMIS, adj. agréé, agrégé, incorporé, introduit, reçu.

ADMISSIBLE, adj. V. *Valable*.

ADMISSION, n. f. V. *Réception*. 2. div.

ADMONÉTER, v. avertir, reprendre, réprimander.

ADMONITION, n. f. assignation, sommation — remontrance. V. *Réprimande*.

ADOLESCENCE, n. f. jeune âge, jeunesse, puberté.

ADOLESCENT, n. m. adulte, jeune homme.

ADONISER, v. donner un air galant, rendre beau. V. *Ajuster*.

s'ADONNER, v. s'abandonner, s'appliquer, s'attacher, se livrer.

ADOPTER, v. choisir, élire, prendre — s'approprier.

ADORER, v. honorer, respecter, révérer.

ADOSSER, v. mettre dos à dos — appliquer, appuyer.

ADOUCIR, v. mitiger, tempérer, apprivoiser, rendre traitable. V. *Calmer*, polir, unir.

ADOUCISSEMENT, n. m. relâchement, lénitif. V. *Modification*. 2. div.

ADRESSE, n. f. V. *Dextérité*, supercherie, tour d'esprit ou de la main. V. *Suscription*.

ADRESSER, v. diriger, envoyer, tirer droit — dédier.

s'ADRESSER, v. avoir recours, réclamer, recourir, se présenter.

ADROIT, adj. artificieux, avisé, entendu, V. *Délicat*, fin, habile, industrieux, ingénieux, rusé, souple, spirituel, subtil.

ADROITEMENT, adv. avec adresse, avec prudence, finement, habilement, heureusement, ingénieusement, subtilement.

ADULATEUR, n. m. complaisant outré, courtisan, flatteur.

ADULATION, n. f. V. *Flatterie*.

ADULTE, adj. V. *Adolescent*.

ADULTÉRIN, adj. bâtard né d'un adultère.

ADVERSAIRE, n. m. V. *Émule*.

ADVERSITÉ, n. f. état fâcheux, infortune. V. *Affliction*.

AÉRER, v. débarrasser, dégager, donner de l'air, mettre en bel air.

AFFABILITÉ, n. f. air gracieux. V. *Courtoisie*.

AFFABLE, adj. accessible, aisé, complaisant, courtois. V. *Gracieux*.

AFFADIR, v. donner du dégoût — rendre fade, rendre insipide.

AFFAIRE, n. f. chose — bien, intérêt, utilité — le propre, office — embarras, inquiétude, peine — grand dessein, grande entreprise — procès — devoir, emploi, occupation — combat, contestation, démêlé, différent, querelle — commerce, négoce — dette — ce qui convient, ce qu'il faut — convention, marché, traité.

AFFAIRÉ, adj. qui fait l'empressé, l'occupé, l'homme chargé d'affaires — embarrassé.

AFFAISSEMENT, n. m. abaissement, abattement, accablement, enfoncement.

s'AFFAISSER, v. s'abaisser, s'abattre, s'enfoncer, se fouler.

AFFAMER, v. causer la faim ou la famine, couper les vivres, retrancher les vivres.

AFFAMÉ, adj. V. Famélique, glouton, avide, désireux, passionné—épargné, étroit; maigre, resserré, trop ménagé.

AFFECTATION, n. f. afféterie, duplicité, hypocrisie, ostentation, singularité.

AFFECTER, v. se singulariser — s'étaler — contrefaire, feindre, V. Intéresser — joindre, — hypothéquer, obliger.

AFFECTÉ, adj. attaché, attribué, rendu propre — hypothéqué, obligé, V. Minaudier — ému, intéressé, touché.

AFFECTIF, adj. affectueux, excitatif, tendre, touchant.

AFFECTION, n. f. bienveillance, V. Tendre, n. m.

AFFECTIONNER, v. aimer, s'intéresser, vouloir du bien—attacher quelqu'un.

AFFECTUEUSEMENT, adv. pathétiquement, tendrement.

AFFERMER, v. V. Louer.

AFFERMIR, v. assurer, confirmer, encourager, fortifier. V. Rassurer.

AFFÉTÉ, adj. V. Minaudier.

AFFÉTERIE, n. f. pl. V. Minauderie.

AFFICHE, n. f. placard—proclamation, publication.

AFFICHER, v. publier, proclamer.

AFFIDÉ, adj. V. Confident.

AFFILÉ, adj. acéré, aigu, aiguisé, délié, tranchant.

AFFILER, v. V. Acérer.

AFFILIATION, n. f. adoption—

communication des avantages spirituels.

AFFILIER, v. adopter, prendre pour fils — communiquer, rendre participant des biens spirituels.

AFFINAGE, n. m. affinement, épurement.

AFFINER, v. épurer, nettoyer — tromper.

AFFINITÉ, n. f. alliance, liaison — cognation, parenté—habitude, rapport, société.

AFFIQUETS, n. m. pl. attirail, équipages féminins, ornements des femmes, parures.

AFFIRMATIF, adj. assuré, décisif, ferme, positif, sûr.

AFFIRMATION, n. f. déposition. V. Protestation.

AFFIRMATIVEMENT, adv. décisivement, positivement.

AFFIRMER, v. certifier, soutenir — faire serment, jurer.

AFFLICTION, n. f. accident, chagrin, contretemps, croix, déplaisir, désastre, disgrâce, douleur, épreuve, malheur, mortification, peine, tribulation, vexation.

AFFLIGÉ, adj. accablé, chagrin, désolé, triste — incommodé, souffrant.

AFFLIGEANT, adj. douloureux, triste — dur, rude — chagrinant, cruel, déplaisant, désastreux, désolant, fâcheux, malheureux, mortifiant, pénible, touchant.

AFFLIGER, v. éprouver, faire souffrir, maltraiter — désoler, ruiner, vexer. V. Chagriner.

AFFLUENCE, n. f. concours, V. Abondance.

AFFLUER, v. aborder, accourir de tous côtés, arriver de toutes parts, se rendre en un même lieu, venir en foule.

AFFOIBLIR, v. V. Blaser—abattre, décourager, dégoûter.

AFFOIBLISSEMENT , *n. m.* V. *Amaigrissement* — abattement, découragement , dégoût.

AFFOLÉ , *adj.* et

AFFOLER , *v.* charmer, enchanter, passionner à l'excès, ravir.

AFFRANCHIR , *v.* rendre libre. V. *Libérer.*

AFFRANCHISSEMENT , *n. m.* immunité. V. *Libération.*

AFFREUSEMENT , *adv.* abominablement, à faire peur, d'une manière horrible , exécrablement, très mal.

AFFRIANDER , *v.* séduire — accoutumer à la friandise. V. *Allécher.*

AFFRONT , *n. m.* déshonneur, honte, ignominie. V. *Avanie.*

AFFRONTER , *v.* tromper, frauder , V. *Dérober*, attaquer hardiment, faire front , s'exposer.

AFFRONTERIE , *n. f.* V. *Filouterie.*

AFFUBLEMENT , *n. m.* habillement, vêtement, voile.

AFFUBLER , *v.* couvrir , envelopper, habiller, vêtir.

A l'AFFUT , *phr. adv.* aux aguets, au guet.

AFIN , *conj.* pour, à dessein.

AGACER , *v.* V. *Harceler.*

AGACERIE , *n. f.* mignauderie.

AGÉ , *adj.* avancé en âge , vieux.

AGENCEMENT , *n. m.* V. *Arrangement.*

AGENDA , *n. m.* mémoire , répertoire. V. *Tablettes.*

s'AGENOUILLER , *v.* se mettre à genoux.

AGENOUILLOIR , *n. m.* carreau, coussin , prie-Dieu.

AGENT , *n. m.* commis , procureur — chargé, homme d'affaires , intendant — envoyé.

AGGRAVER , *v.* V. *Appesantir.*

AGILE , *adj.* actif, agissant , alerte, dispos, léger, vif — découplé, souple.

AGILEMENT , *adv.* diligemment , légèrement , promptement,

AGILITÉ , *n. f.* V. *Promptitude.*

AGIOT, *n. m.* agiotage , trafic d'argent et de billets.

AGIOTER , *v.* commercer , trafiquer d'argent et de billets.

AGIR , *v.* V. *Faire* — exécuter, travailler — poursuivre , procéder.

AGISSANT , *adj.* V. *Diligent.*

AGITATION , *n. f.* action, activité , commotion, émotion, impétuosité , mouvement, saccade, secousse, transport — inquiétude , trouble.

AGITÉ , *adj.* ému , inquiet , tourmenté, travaillé , troublé.

AGITER , *v.* branler, émouvoir, mouvoir , pousser, remuer, secouer—inquiéter, troubler — tourmenter — contester, débattre. V. *Délibérer.*

AGONIE , *n. f.* abois , extrémité.

AGONISANT , *adj.* expirant , moribond , mourant , qui est à l'extrémité.

AGONISER , *v.* être à l'agonie , être mourant, être près de mourir, râler.

AGRAFE , *n. f.* attache , crochet.

AGRAFER , *v.* accrocher , arrêter , attacher.

AGRANDIR , *v.* V. *Augmenter.*

AGRANDISSEMENT , *n. m.* accroissement, addition , augmentation — élévation — puissance.

AGRÉABLE , *adj.* charmant , divertissant , gracieux , plaisant , satisfaisant — bien-venu, vu de bon œil — délicieux , suave.

AGRÉABLEMENT , *adv.* galamment. V. *Joliment.*

AGRÉER , *v.* être agréable ;

plaire—approuver, louer, ratifier, trouver bon—admettre, recevoir.

AGRÉGATION, n. f. V. Réception.

AGRÉER, adj. V. Admis.

AGRÉER, v. V. Recevoir—Allier, joindre, rassembler, unir.

AGRÉMENT, n. m. grâce. V. Faveur—approbation, consentement, ratification—divertissement.

AGRÈS, n. m. pl. attirail, équipages, équipement, instruments, ustensiles.

AGRESSEUR, n. m. assaillant, attaquant.

AGRESTE, adj. bizarre, bourru, désagréable, fâcheux—grossier, rustique, sauvage.

AGRICOLE, AGRICULTEUR, n. m. V. Laboureur.

AGRICULTURE, n. f. labour, labourage.

s'AGRIPPER, v. s'accrocher, se prendre avec la main.

AGUERRIR, v. accoutumer, exercer, habituer, instruire.

AGUETS, n. m. pl. V. Affût.

AHEURTEMENT, n. m. fermeté, V. Entêtement.

s'AHEURTER, v. ne pas lâcher prise, tenir ferme. V. s'Obstiner.

AHURIR, v. déconcerter, démonter, désorienter, embarrasser, épouvanter, étonner, interdire, saisir, surprendre, troubler.

AIDE, n. f. avantage, ressource. V. Appui.

AIDE, n. m. coadjuteur, officier en sous-œuvre.

AIDER. v. être utile, servir. V. Assister.

s'AIDER, v. essayer, faire usage; s'efforcer, se servir, tâcher, tenter, user.

AÏEUL, n. m. grand-père.

AÏEULE, n. f. grand'mère.

AÏEUX, n. m. pl. ancêtres, anciens, devanciers, pères, prédécesseurs.

AIGRE, adj. V. Revêche—choquant, déplaisant, désagréable, dur, rebutant, rude.

AIGRETTE, n. f. pompon. V. Huppe.

AIGREUR, n. f. âcreté, acrimonie, amertume, âpreté—causticité, dureté, humeur revêche, mauvaise humeur.

AIGRIR, v. effaroucher, irriter, piquer.

AIGU, adj. aigre, clair—douloureux, sensible, subtil, violent—affilé, piquant, pointu.

AIGUAYER, v. baigner, guéer, laver, tremper dans l'eau.

AIGUIÈRE, n. f. pot à l'eau.

AIGUILLON, n. m. pointe—encouragement, mobile, motif.

AIGUILLONNER, v. enflammer, tourmenter. V. Stimuler.

AIGUISER, v. accérer, affiler, donner le fil, rendre aigu, rendre piquant, rendre pointu, rendre tranchant—subtiliser—renouveler—augmenter.

AILLEURS, adv. autre part.

D'AILLEURS, phr. adv. de plus, en outre, outre cela.

AIMABLE, adj. agréable, charmant, plaisant, satisfaisant.

AIMER, v. affectionner, chérir—se plaire—prendre plaisir—vouloir du bien.

AINSI, adv. de cette façon, de cette manière.

AIR, n. m. chant, mélodie—physionomie, ressemblance. V. Mine.—affectation, manière, tour. V. Arrogance.

AIRAIN, n. m. bronze, cuivre.

AIS, n. m. planche.

AISANCE, n. f. commodité, facilité—aise, richesse.

AISE, adj. content, joyeux, qui a du plaisir, satisfait.

AISE, n. f. contentement, joie, plaisir, satisfaction — aisance, commodité, facilité, loisir.

AISÉ, adj. commode, facile — humain, sociable — coulant — riche...

AISÉMENT, adv. à l'aise, commodément, facilement, sans difficulté, sans embarras, sans peine...

AISSANCES, n. m. V. Commodités.

AISSIEU, n. m. axe.

ALAMBIQUE, v. V. Enjamber.

AJOURNEMENT, n. m. assignation, avertissement, décret, exploit, sommation.

AJOURNER, v. accroître, amplifier, augmenter, joindre, attacher, lier.

AJUSTEMENT, n. m. ornement, parure, accommodement, accord.

AJUSTER, v. accommoder, arranger, disposer, mettre en état, régler, réparer — ajuster, attifer, décorer, embellir, enjoliver, orner, parer, rendre propre — accorder, calmer, pacifier.

ALAITER, v. nourrir de son lait.

ALTÉRER, v. forcer, outrer, subtiliser.

s'ALAMBIQUER, v. s'embarrasser, se gêner, s'épuiser, s'inquiéter l'esprit.

ALARME, n. f. V. Effroi.

ALARMER, v. effrayer, émouvoir, épouvanter, faire peur, inquiéter, intimider.

ALÈGRE, adj. actif, agile, alerte, ardent, dispos, gai, léger, prompt, souple, vif.

ALÈGREMENT, adv. légèrement. V. Drôlement.

ALLÉGRESSE, n. f. vivacité. V. Réjouissance.

ALERTE, adj. actif, agile, agissant, ardent, attentif, dégagé, dispos, léger, prompt, souple, vigilant — dégourdi, déniaisé, dératé, éveillé, fin, madré, rusé.

ALERTE, n. f. alarme, avertissement, avis subit, tocsin.

ALERTE, adv. allons, çà, courage, debout, dépêchons, preste, presto, vite.

ALEVIN, n. m. V. Blanchaille.

ALEVINER, v. V. Empoissonner.

ALGARADE, n. f. V. Avanie.

ALGUAZIL, n. m. V. Recors.

ALIÉNÉ, n. m. absence, éloignement.

ALIÉNABLE, adj. libre, qu'on peut aliéner.

ALIÉNATION, n. f. V. Vente — aversion, froideur, haine — démence, folie.

ALIÉNER, v. V. Vendre — détourner — brouiller, désunir, éloigner, mettre en discorde.

ALIGNER, v. mettre de niveau, niveler.

ALIMENT, n. m. entretien, le vivre, nourriture, subsistance.

ALIMENTAIRE, adj. destiné pour les aliments, nécessaire à la subsistance.

ALIMENTER, v. faire subsister. V. Nourrir.

ALIMENTEUX, adj. nourricier, nutritif, plein de suc, substantiel, succulent.

ALLANT, adj. actif, alerte, diligent.

ALLÈCHEMENT, n. m. amorce, appât, attrait, cajolerie, charme, enjôlerie, flatterie, mignardise.

ALLÉCHER, v. V. Attirer.

ALLÉGATION, n. f. V. Assertion.

ALLÉGEANCE, n. f. allègement, n. m. décharge. V. Lénitif.

ALLÉGER, v. V. Soulager.

ALLÉGIR, v. aiguiser, amincir, démaigrir.

ALLÉGUER, v. apporter pour

raison, citer, donner en exemple, proposer.

ALLER, *v.* marcher, se mouvoir, se transporter.

S'EN ALLER, *v.* partir, s'échapper, s'écouler, se retirer, s'évader.

FAIRE EN ALLER, *v.* chasser, renvoyer — effacer, ôter.

ALLIAGE, *n. m.* mélange, mixtion.

ALLIANCE, *n. f.* affinité—association — confédération, ligue, société, union —mélange.

ALLIER, *v.* associer, attacher. — lier d'intérêt.

ALLOBROGE, *n. m.* savoyard—grossier, rustre — mauvais raisonneur.

ALLONGER, *v.* avancer, étendre, tirer en longueur.

ALLOUER, *v.* accorder, agréer, approuver, consentir, passer, ratifier, trouver bon.

ALLUMER, *v.* incendier. V. *Aiguillonner.*

ALLURE, *n. f.* conduite, démarche, marche, train — intrigue.

ALMANACH, *n. m.* calendrier.

ALOI, *n. m.* prix, valeur.

ALORS, *adv.* en ce temps-là, pour lors—cela étant, en ce cas.

ALPHABET, *n. m.* abécé, commencement, éléments, premiers principes.

ALTÉRATION, *n. f.* changement, corruption, falsification — émotion — soif — diminution.

ALTERCATION, *n. f.* brouille, brouillerie, contention, contestation, conteste, débat, démêlé, différent, discorde, discussion, dispute, dissension, division, divorce, grabuge, litige, mésintelligence, noise, partage, procès, querelle, rixe, tapage, trouble, zizanie.

ALTÉRER, changer, corrompre,

diminuer, falsifier — fâcher, troubler.

ALTERNATIF, *adj.* successif.

ALTERNATIVEMENT, *adv.* l'un après l'autre, successivement, tour à tour.

ALTIER, *adj.* V. *Arrogant.*

AMABILITÉ, *n. f.* agrément, charme.

AMADOUER, *v.* apaiser, engager. V. *Flatter.*

AMAIGRIR, *v.* affoiblir, diminuer, emmaigrir, exténuer, rendre maigre — devenir maigre, fondre, maigrir.

AMAIGRISSEMENT, *n. m.* affoiblissement, amoindrissement, dépérissement, diminution, exténuation.

AMALGAMER, *v.* incorporer, joindre, mélanger, mêler, unir.

AMANT, *n. m.* amoureux, galant.

AMANTE, *n. f.* amoureuse.

AMARRER, *n. m.* V. *Mouillage.*

AMARRER, *v.* arrêter, attacher, lier.

AMAS, *n. m.* grande quantité, monceau, tas. V. *Assemblage.*

AMASSER, *v.* accumuler, amonceler, assembler, empiler, entasser, mettre ensemble — acquérir, cueillir, recueillir.

AMATEUR, *n. m.* connoisseur — curieux.

AMBASSADE, *n. f.* V. *Députation.*

AMBASSADEUR, *n. m.* agent, député, envoyé, ministre, résident.

AMBIGU, *adj.* obscur. V. *Équivoque. adj.*

AMBIGUITÉ, *n. f.* V. *Équivoque. n. f.*

AMBIGUMENT, *adv.* à double sens, amphibologiquement, d'une manière louche, en termes équivoques, obscurément.

AMBITIEUX, *adj.* avide de dignité, d'élévation, d'honneur;

plein de prétentions—fanfaron, fastueux.

AMBITION, n. f. ardeur, désir ardent, empressement, passion — désir immodéré de distinction, de gloire, d'élévation, d'honneur.

AMBITIONNER, v. briguer, désirer, rechercher, tâcher. d'obtenir les dignités, l'éclat, les honneurs.

AMBLE, n. m. entrepas.

AMBROISIE, n. f. V. Nectar.

AMBULANT, adj. coureur, errant, vagabond. V. Inconstant.

AMBULATOIRE, adj. V. Portatif — changeant, sujet au changement.

AME, n. f. cœur, esprit, vie — motif, principe.

AMÉLIORATION, n. f. renouvellement — réparation, rétablissement, accroissement, augmentation.

AMÉLIORER, v. V. Bonifier — accroître, augmenter.

AMENDE, n. f. peine pécuniaire.

AMENDEMENT, n. m. correction. V. Conversion, 4. div. — fiente, fumier.

AMENDER, v. condamner à l'amende — corriger, réformer — améliorer, engraisser — diminuer de prix.

AMENER, v. apporter, attirer, conduire, faire venir, tirer — gagner, fléchir, persuader, réduire — emmener, entraîner — obliger — courber, plier.

AMÉNITÉ, m. f. affabilité, agrément, beauté, charme, délices, douceur, grâce.

AMENUISER, v. V. Diminuer.

AMER, adj. chagrinant, cruel, désagréable, douloureux, fâcheux, pénible, rude, sensible, triste — acre, aigre, âpre, piquant, sur.

AMÈREMENT, adv. avec la plus

vive douleur, sensiblement.

AMERTUME, n. f. chagrin, déplaisir, douleur, haine, tristesse, peine — absinthe, chicotin, fiel.

AMEUBLEMENT, n. m. meubles.

AMEUTER, v. assembler, attrouper — animer, émouvoir, exciter.

AMI, adj. affectionné, attaché, dévoué — amant, galant.

AMIABLE, adj. V. Gracieux.

AMIABLEMENT, adv. à l'amiable, sans emportement. V. Paisiblement.

AMICALEMENT, adv. V. Cordialement.

AMIDON, n. m. colle, empois.

AMINCIR, v. V. Amincir.

AMITIÉ, n. f. affection, amour, attachement, familiarité, liaison, sentiment, sympathie, tendresse.

AMNISTIE, n. f. V. Pardon.

AMODIATEUR, n. m. censier, fermier, métayer.

AMODIATION, n. f. V. Fermage.

AMODIER, v. V. Louer.

AMOINDRIR, v. V. Diminuer.

AMOINDRISSEMENT, n. m. amaigrissement, exténuation. V. Détérioration.

AMOLLIR, v. efféminer, énerver — adoucir, attendrir, toucher.

AMONCELER, v. V. Amasser.

AMORCE, n. f. charme, leurre. V. Allèchement.

AMORCER, v. V. Cajoler.

AMORTIR, v. éteindre — racheter une rente — affoiblir, diminuer la force — adoucir, ralentir.

AMORTISSEMENT, n. m. extinction — adoucissement, affoiblissement, amoindrissement, ralentissement.

AMOUR, n. m. bienveillance,

inclination, penchant. V. *Amitié.*

SAINT AMOUR, *n. m.* amour de Dieu, charité, charité imparfaite, charité parfaite, sainte dilection.

AMOUR PROFANE, *n. m.* affection déréglée, amour-propre. V. *Convoitise.*

s'AMOURACHER, *v.* se prendre d'un fol amour.

AMOUREUSEMENT, *adv.* affectueusement, tendrement.

AMOUREUX, *n. m.* amant, galant.

AMOUREUX, *adj.* amouraché, coiffé, épris, passionné.

AMOVIBLE, *adj.* dont on peut être privé, douteux, incertain, précaire, révocable, sujet à révocation.

AMPHIBOLOGIE, *n. f.* obscurité. V. *Equivoque, n.*

AMPHIBOLOGIQUE, *adj.* obscur. V. *Équivoque, adj.*

AMPHIBOLOGIQUEMENT, *adv.* V. *Ambigument.*

AMPLE, *adj.* large — V. *Vaste* — abondant, copieux.

AMPLEMENT, *adv.* abondamment, fort au long, largement.

AMPLEUR, *n. f.* étendue, largeur.

AMPLIFIER, *v.* étendre. V. *Exagérer.*

AMPOULE, *n. f.* fiole—pustule, tumeur.

AMPOULÉ, *adj.* affecté. V. *Guindé.*

AMPUTER, *v.* couper, retrancher.

AMUSANT, *adj.* agréable, charmant, délicieux, divertissant, plaisant.

AMUSEMENT, *n. m.* agrément, badinage. V. *Réjouissance.*

AMUSER, *v.* arrêter, retarder — perdre le temps — repaître d'une vaine espérance. V. *Duper.*

AMUSETTE, *n. f.* V. *Badinerie.*

AN, *n. m.* année.

ANACHORÈTE, *n. m.* V. *Ermite.*

ANACHRONISME, *n. m.* erreur de chronologie, fausse supputation de temps, transport d'époque.

ANAGOGIE, *n. f.* sens mystique, sens spirituel.

ANAGOGIQUE, *adj.* caché, mystérieux, mystique, spirituel.

ANALECTES, *n. m. pl.* amas, collection, fragments, recueil.

ANALOGIE, *n. f.* conformité, convenance, proportion, rapport, ressemblance.

ANALOGIQUE, *adj.* analogue, conforme, convenant, proportionné, qui a du rapport.

ANALYSE, *n. f.* détail, discussion, examen — décomposition, dissection — division, réduction d'une chose à ses principes, résolution, solution.

ANALYSER, *v.* discuter, examiner — décomposer, disséquer.

ANARCHIE, *n. f.* bouleversement, confusion, désordre d'un Etat.

ANATHÉMATISER, *v.* excommunier, retrancher de l'Eglise — détester, maudire.

ANATHÈME, *n. m.* excommunication, retranchement ou séparation du corps des fidèles détestation, exécration, malédiction.

ANATOMIE, *n. f.* dissection, examen détaillé des parties d'un corps — analyse.

ANATOMISER, *v.* V. *Disséquer.*

ANCÊTRES, *n. m. pl.* aïeux, pères — anciens, devanciers, prédécesseurs.

ANCIEN, *adj.* antique, qui est du temps passé, vieux.

ANCIENNEMENT, *adv.* au temps passé, autrefois, jadis.

ANCIENNETÉ, *n. f.* antiquité, longue durée, vieillesse.

ANCRER, *v.* jeter l'ancre, mouiller, mouiller l'ancre — affermir, établir.

ANDROGYNE, *n. m.* animal mâle et femelle, hermaphrodite.

ÂNE, *n. m.* V. *Baudet.*

ANÉANTIR, *v.* annihiler. V. *Abolir.*

ANÉANTISSEMENT, *n. m.* V. *Abolition* — grande humiliation.

ANECDOTE, *n. f.* histoire ou histoire secrète. — Mémoire qui n'est pas publié ou divulgué.

ÂNERIE, *n. f.* ignorance, stupidité — balourdise, faute grossière.

ANGLE, *n. m.* V. *Appentis.*

ANGÉLIQUE, *adj.* admirable, excellent, merveilleux — achevé, accompli, éminent, exquis, parfait.

ANGLE, *n. m.* coin, encoignure.

ANGLETERRE, *n. f.* Albion, Grande-Bretagne.

ANGOISSE, *n. f.* accablement d'esprit, affliction, chagrin, détresse, douleur, inquiétude, peine, tourment, tristesse.

ANGOISSEUX, *adj.* affligeant, dur, fâcheux, inquiétant.

ANGUSTIÉ, *adj.* V. *Étroit.*

ANICROCHE, *n. f.* accroc, difficulté. V. *Obstacle.*

ANIMADVERSION, *n. f.* V. *Châtiment* — considération, note, observation, réflexion, remarque.

ANIMAL, *n. m.* être animé — bête, brute.

ANIMALCULE, *n. m.* V. *Insecte.*

ANIMÉ, *adj.* qui respire, qui vit, vivant — V. *Échauffé.*

ANIMER, *v.* vivifier — V. *Aiguillonner.*

ANIMOSITÉ, *n. f.* fâcherie. V. *Inimitié.*

ANNALES, *n. f. pl.* chronologie, histoire, mémoires.

ANNALISTE, *n. m.* historien.

ANNEAU, *n. m.* bague, boucle.

ANNEXE, *n. f.* dépendance.

ANNEXER, *v.* attacher, joindre.

ANNIHILER, *v.* V. *Abolir.*

ANNONCE, *n. f.* V. *Proclamation.*

ANNONCER, *v.* apprendre, avertir, déclarer, faire part, notifier, publier, rapporter, signifier.

ANNOTATION, *n. f.* réflexion, V. *Commentaire,* saisie de biens.

ANNOTER, *v.* arrêter, saisir.

ANNULATION, *n. f.* V. *Abolition,* extinction.

ANNULER, *v.* V. *Abolir.*

ANOBLIR, *v.* ennoblir, faire connoître, illustrer — décorer, orner.

ANOBLISSEMENT, *n. m.* ennoblissement, illustration.

ANONYME, *adj.* inconnu, qui est sans nom, qui ne se nomme point.

ANSÉATIQUE, *adj.* allié, associé, confédéré pour le commerce.

ANTAGONISTE, *n. m.* V. *Émule.*

ANTÉCÉDENT, *adj.* V. *Antérieur.*

ANTÉCÉDEMMENT, *adv.* anciennement, antérieurement, auparavant, avant, plus tôt, précédemment.

ANTÉRIEUR, *adj.* antécédent, plus ancien, précédent.

ANTÉRIEUREMENT, *adv.* V. *Antécédemment.*

ANTÉRIORITÉ, *n. f.* priorité de date.

ANTHROPOPHAGE, *adj.* cannibale, mangeur d'hommes.

ANTICIPER, *v.* empiéter, prévenir — entreprendre, usurper, faire d'avance, s'avancer.

ANTIDATE, n. f. date falsifiée, fausse date.

ANTIDOTE, n. m. V. Contre-poison.

ANTILOGIE, n. f. contradiction, sophisme.

ANTIPATHIE, n. f. contrariété. V. Inimitié.

ANTIPATHIQUE, adj. V. Contraire.

ANTIPHRASE, n. f. contre-vérité.

ANTIQUE, adj. ancien, vieux.

ANTITYPE, n. m. V. Symbole.

ANTRE, n. m. V. Caverne

ANXIÉTÉ, n. f. humeur chagrine, travail. V. Perplexité.

APAISER, fléchir. V. Pacifier.

APATHIE, n. f. indolence, insensibilité. V. Imperturbabilité.

APATHIQUE, adj. constant, ferme, impassible, imperturbable, insensible, stoïque — indifférent, indolent, insouciant, nonchalant.

APERCEVOIR, v. concevoir, découvrir, entrevoir, observer, reconnoître, remarquer, voir.

IL APERT, v. il conste, il est certain, il est clair.

APERTEMENT, adv. V. Manifestement.

APETISSEMENT, n. m. décroissement.

APETISSER, v. V. Diminuer.

APHORISME, n. m. V. Adage.

APLANIR, v. mettre de niveau, V. Unir—démêler, développer, expliquer, résoudre.

APLANISSEMENT, n. m. développement, explication, nivellement.

APLATIR, v. comprimer, presser, rendre plat.

APLOMB, n. m. direction perpendiculaire, direction verticale.

A PLOMB, phr. adv. droit, perpendiculairement, verticalement.

APOCRYPHE, adj. inconnu, qui n'est pas authentique. V. Suspect.

APOGÉE, n. m. élévation, le faîte, le point le plus haut.

APOLOGIE, n. f. V. Justification.

APOLOGUE, n. m. conte, fable, fiction.

APOPHTHEGME, n. m. V. Adage.

APOSTASIE, n. f. abandonnement, désertion de sa religion.

APOSTAT, n. m. V. Laps, adj.

APOSTÈME, n. m. enflure. V. Abcès.

APOSTER, v. mettre aux aguets, mettre en sentinelle.

APOSTILLE, n. f. annotation, note, observation, remarque — renvoi.

APOSTOLAT, n. m. délégation, envoi, légation, mission pour prêcher.

APOSTROPHER, v. appeler, insulter, nommer — blâmer.

APOTHÉOSE, n. f. consécration, déification, divinisation — canonisation.

APÔTRE, n. m. délégué, envoyé pour prêcher.

APOZÈME, n. m. décoction, potion composée.

APPARAT, n. m. appareil, disposition, préparatif, préparation.

APPAREILLER, v. assimiler, assortir.

APPAREMMENT, adv. V. Vraisemblablement

APPARENCE, n. f. image, ressemblance, surface extérieure —ce qui est faux, feint, simulé — ce qui n'a rien de réel — fantôme, ombre, marque, reste, trace, vestige — conjecture — couleur.

APPARENT, adj. certain, clair, évident, manifeste, visible—coloré, vraisemblable — distingué.

APPARIER, v. V. *Joindre.*

APPARITEUR, n. m. bedeau, hoqueton, huissier, massier, porte-masse, recors, sergent.

APPARITION, n. f. V. *Fantôme.*

APPAROÎTRE, v. se faire voir, se montrer, se présenter, se rendre visible.

APPARTEMENT, n. m. étage, logement.

APPARTENANCES, n. f. pl. connexités dépendances.

APPARTENANT, adj. légitime, propre — qui a de la connexité, qui a de la liaison, qui dépend.

APPARTENIR, v. convenir, être à quelqu'un—regarder, toucher a.

APPAS, n. m. pl. V. *Charme.*

APPAT, n. m. V. *Leurre.*

APPATER, v. empaumer, inviter. V. *Leurrer.*

APPAUVRIR, v. dépouiller, ruiner — amaigrir.

APPAUVRISSEMENT, n. m. décadence d'affaires, dépouillement, perte de biens, renversement de fortune, ruine.

APPEAU, n. m. V. *Leurre.*

APPEL, n. m. appellation, recours — cartel, défi — dénombrement, nomination.

APPELER, v. désigner, nommer—défier, provoquer — surnommer—assigner, citer—convier, convoquer, inviter, mander — envoyer prier, envoyer quérir — invoquer.

APPENTIS, n. m. angard, couvert, hangar, remise.

APPESANTIR, v. accabler, aggraver, surcharger — amortir, débiliter, énerver.

APPESANTISSEMENT, n. m. engourdissement.

APPÉTISSANT, adj. qui excite l'appétit, réveille l'appétit, désirable, souhaitable. V. *Attirant.*

APPÉTIT, n. m. ardeur, avidité, convoitise, cupidité, désir, empressement, envie, inquiétude, goût, inclination, passion, penchant, sensation de concupiscence, souhait, vœu.

APPLAUDIR, v. approuver, battre des mains, louer.

APPLAUDISSEMENT, n. m. acclamation, approbation, battement de mains, louange.

APPLICATION, n. f. attention, contention d'esprit, étude sérieuse — allusion, appropriation—attribution, destination.

APPLIQUER, v. approcher, attacher, destiner, mettre sur — conférer la grâce, un sacrement.

APPOINTEMENT, n. m. paye, pension, solde. V. *Honoraires.*

APPORTER, v. annoncer, rapporter—alléguer, rendre raison — causer — donner.

APPRÉCIATEUR, n. m. V. *Estimateur.*

APPRÉCIATION, n. f. V. *Estimation.*

APPRÉCIER, v. juger. V. *Estimer.*

APPRÉHENDER, v. craindre, redouter — arrêter, prendre, saisir, s'emparer

APPRÉHENSION, n. f. timidité. V. *Effroi*—conception, idée.

APPRENDRE, v. enseigner, instruire — étudier, s'accoutumer, se disposer—être informé.

APPRENTI, n. m. disciple, élève, novice — gauche, maladroit.

APPRENTIE, n. f. V. *Apprenti.*

APPRÊT, n. m. appareil, préparatif — colle, gomme. V. *Assaisonnement* — disposition.

APPRÊTER, v. accommoder, assaisonner, préparer — disposer.

APPRIS, adj. élevé, formé, instruit.

APPRIVOISER, v. V. *Dompter.* 2. div.

Approbateur, *n. m.* celui qui agrée, approuve, autorise.

Approbation, *n. f.* éloge, témoignage favorable. V. *Suffrage.* 3. *div.*

Approchant, *adj.* qui a du rapport, semblable.

Approcher, *v.* aborder, accoster, arriver, avancer, venir — avoir accès — avoir du rapport — ressembler — être près — appliquer, joindre.

Approfondir, *v.* creuser, pénétrer. V. *Rechercher*, 2. *div.*

Appropriation, *n. f.* V. *Application.*

Approprier, *v.* nettoyer — embellir, orner — appliquer, attribuer, destiner.

Approuver, *v.* agréer — autoriser, favoriser — louer. V. *Ratifier*.

Approvisionnement, *n. m.* fourniture, provision.

Appui, *n. m.* V. *Étrésillon* — secours, soulagement, V. *Protection* — défenseur, protecteur.

Appuyer, *v.* étayer, supporter, V. *Protéger* — poser sur.

Apre, *adj.* inégal, montueux — désagréable — acide, piquant, rude — ardent, avide, passionné — austère, sévère — âcre, aigre, amer.

Aprement, *adv.* durement, rudement.

Après, *prép.* à la suite de, depuis, ensuite, ensuite de.

D'Après, *phr. adv.* à l'imitation de, sur l'autorité de.

Apreté, *n. f.* austérité, dureté, rigueur.

A propos, *n. m.* conjoncture heureuse, moment précis, temps convenable, temps favorable — action ou propos convenable au moment, parole adaptée aux circonstances.

Apte, *adj.* capable de, convenable, habile à, propre à.

Aptitude, *n. f.* V. *Capacité.* 2. *div.*

Apurement, *n. m.* acquittement, liquidation.

Apurer, *v.* clore un compte, en lever les difficultés, faire juger, liquider.

Aquatique, *adj.* humide.

Aquilon, *n. m.* bise, borée, vent de bise, vent du nord, vent du septentrion.

Arbitraire, *adj.* dépendant de la fantaisie, de la volonté, du choix.

Arbitre, *n. m.* liberté, volonté — juge choisi, délégué, expert.

Arbitrer, *v.* apprécier, décider, estimer, juger — liquider.

Arborer, *v.* ériger, planter — se déclarer.

Arcade, *n. f.* arche, voûte.

Arc-boutant, *n. m.* V. *Etrésillon.*

Arc-bouter, *v.* appuyer, étançonner, étayer, soutenir, supporter.

Arc-en-ciel, *n. m.* iris.

Arche, *n. f.* arcade, voûte — coffre — vaisseau de Noé.

Archer, *n. m.* tireur d'arc — alguazil, garde, satellite, sbire.

Archétype, *n. m.* V. *Original.* 2. *div.*

Archimandrite, *n. m.* abbé, cénobiarque, prélat d'un monastère.

Archipel, *n. m.* mer Égée.

Arctique, *adj.* hyperborée, hyperboréen, qui est au septentrion, qui est du nord, septentrional.

Ardent, *adj.* actif, âpre, avide, brûlant, empressé, fougueux, impétueux, passionné, véhément, vif, violent.

Ardeur, *n. f.* chaleur, passion, V. *Promptitude* — avidité, emportement, fougue.

ARÈNE , n. f. poussière , sable —amphithéâtre, cirque — carrière.

ARENER, v. baisser, s'affaisser.

ARGENT , n. m. monnoie , pécune.

ARGENTEUX, adj. accommodé, pécunieux, riche en argent.

ARGOT , n. m. baragouinage singulier , jargon , langage particulier, langue factice, patois, langage des filous.

ARGUER,v. accuser.V.Blâmer.

ARGUMENT, n. m. preuve, raisonnement—abrégé, sujet précis d'un ouvrage.

ARGUMENTER, v. V. Raisonner.

ARGUTIE , n. f. pensée fine , plaisanterie agréable , plaisanterie ingénieuse , pointe d'esprit , réponse délicate , subtilité—chicanes, détours subtils, pointilleries , sophisme.

ARIDE, adj. maigre, stérile — desséché, sec, tari.

ARIDITÉ , n f. V. Sécheresse.

ARISTARQUE, n. m.V. Censeur.

ARITHMÉTIQUE , n. f. art de compter , calcul numérique , science des nombres.

ARLEQUINADE , n. f. V. Bouffonnerie.

ARMÉE , n. f. corps de troupes, multitude.

ARMEMENT , n. m. levée de soldats — équipage de guerre pour un homme , pour une troupe , pour un vaisseau.

ARMER, v. donner des armes, les faire prendre — lever des troupes, se préparer à la guerre —équiper, fortifier, garnir, munir un vaisseau.

ARMET, n. m. armure de tête, casque, salade.

ARMISTICE , n. m. suspension d'armes, trève.

ARMURE , n. f. armes défensives.

AROMATE, n. m. V. Parfum.

ARPENTER , v. mesurer par arpent—aller à grands pas , marcher vite.

ARQUEBUSE, n. f. V. Carabine.

ARQUEBUSER , v. fusiller , tuer avec l'arquebuse ou le fusil.

ARQUER , v. fléchir, lier, se courber en arc, se déjeter.

D'ARRACHE-PIED, phr. adv. sans discontinuation, sans intermission, tout de suite.

ARRACHER, v. déraciner, détacher. V. Ôter.

ARRANGEMENT , n. m. disposition, ordonnance, ordre, plan, règle.

ARRANGER, v. ajuster, mettre en ordre, régler. V. Disposer.

ARRÉRAGES , n. m. pl. intérêts, revenus annuels.

ARRÊT , n. m. décision , jugement,ordre souverain , sentence , empêchement—pause , repos , suspension — sûreté.

ARRÊTÉ , n. m. décret, résolution.

ARRÊTÉ , adj. conclu, décerné, délibéré, déterminé, réglé, résolu, statué, terminé.

ARRÊTER , v. contenir, empêcher, modérer, retarder, retenir — faire rester — réprimer —convenir—saisir. V. Conclure —attacher, fixer.

s'ARRÊTER, v. se contenir, se modérer, se retenir — demeurer, rester, s'amuser, séjourner —insister, s'en tenir—demeurer court — abandonner son dessein, mollir, ne pas poursuivre.

ARRHES , n. f. pl. denier à Dieu, engagement , gage donné, retenu d'avance.

ARRHER , v. arrêter, donner des arrhes , donner un gage , donner le denier à Dieu, retenir d'avance.

ARRIÈRE, n. m. époque passée, temps écoulé — partie de

derrière , partie postérieure , partie reculée.

EN ARRIÈRE , adv. derrière, en reculant — dans le passé , dans le temps déjà écoulé , en oubli.

ARRIÉRÉ , adj. dérangé—endetté, reculé.

s'ARRIÉRER , v. s'endetter.

ARRIÈRE-SAISON, n. f. automne — vieillesse.

ARRIVAGE, n. m. abord, entrée au port.

ARRIVÉE, n. f. retour—abord, avènement, entrée, venue.

ARRIVER, v. atteindre, parvenir—survenir , venir — échoir.

ARROGANCE , n. f. façon méprisante et dédaigneuse, humeur altière, importance, manière hautaine. V. Orgueil.

ARROGANT , adj. impérieux, qui fait l'important, qui s'en fait accroire. V. Orgueilleux.

s'ARROGER , v. présumer, prétendre , s'appliquer , s'attribuer, se faire un mérite, usurper — prendre avantage , s'en faire accroire.

ARRONDIR , v. rendre rond—bien arranger , bien faire ses affaires.

ARROSER , v. abreuver—humecter, mouiller.

ARSENAL, n. m. fabrique d'armes, magasin d'armes.

ART, n. m. connoissance pratique, science — métier, profession, vacation — invention — artifice, détour, intrigue, V. Dextérité, supercherie, tromperie.

ARTICLE, n. m. division, portion, V. Clause—dogme, point de foi, vérité—extrémité, jointure—agonie.

ARTICULATION, n. f. prononciation distincte.

ARTICULER, v. prononcer distinctement, nettement — allé-

guer, citer, établir, mettre en fait.

ARTIFICE, n. m. industrie—art, déguisement, dissimulation, souplesse, subtilité. V. Supercherie.

ARTIFICIEL, adj. compassé, composé , concerté , contrefait , fait par art, imité.

ARTIFICIELLEMENT , adv. avec art, avec industrie, industrieusement, par art, par industrie.

ARTIFICIEUSEMENT, adv. adroitement, finement, industrieusement — frauduleusement.

ARTIFICIEUX , adj. adroit, déguisé, dissimulé , fin, frauduleux, rusé, séduisant, souple, subtil.

ARTISAN, n. m. artiste, ouvrier — auteur-maître.

ARTISTEMENT , adv. V. Délicatement.

ARUSPICE, n. m. augure, devin.

ASCENDANT , n. m. autorité, pouvoir, supériorité.

ASCENSION, n. f. élévation.

ASILE, n. m. V. Refuge. 2. div.

ASPECT, n. m. regard , vue.

ASPERGER, v. arroser, asperser.

ASPERGÈS, n. m. aspersoir, goupillon.

ASPÉRITÉ, n. f. âpreté, inégalité, rudesse.

ASPIRANT , adj. V. Candidat.

ASPIRATION, n. f. attraction de l'air en respirant, respiration — prononciation aspirée — désir, prière fervente.

ASPIRER , v. désirer ardemment, poursuivre, prétendre, rechercher vivement, respirer.

ASSABLEMENT , n. m. amas de sable. V. Sirtes.

ASSABLER ou ENSABLER , v. remplir de sable.

s'ASSABLER ou s'ENSABLER, v. demeurer sur le sable, échouer, s'engraver.

- Assaillant, adj. V. Agresseur.

Assaillir, v. aborder, attaquer, provoquer.

Assaisonnement, n. m. accommodage, apprêt, ragoût, sauce.

Assaisonner, v. apprêter, conditionner, préparer.

Assassin, adj. V. Meurtrier.

Assassinant, adj. tuant. V. Fatigant.

Assassinat, n. m. V. Meurtre.

Assassiner, v. blesser, tuer—accabler. V. Importuner.

Assaut, n. m. V. Attaque.

Assemblage, n. m. jonction, union—amas, collection, l'ensemble — liaison — concours, monceau, tas.

Assemblé, adj. accumulé, amassé, entassé, rassemblé, réuni.

Assemblée, n. f. cercle, chapitre, compagnie, conseil, diète.

Assembler, v. joindre, mettre ensemble, réunir — ramasser, V. Amasser — attrouper, convoquer.

Assener, v. appliquer, décharger, frapper, porter un coup violemment.

Asseoir, v. appuyer, assigner, hypothéquer—bâtir—placer.

Assertion, n. f. affirmation, proposition, thèse.

Assertivement, adv. V. Affirmativement.

Asservi, adj. et

Asservir, v. V. Assujétir.

Asservissement, n. f. V. Assujétissement.

Assez, adv. autant qu'il faut, suffisamment.

Assidu, adj. continuel, perpétuel — régulier. V. Exact.

Assiduité, n. f. application continuelle, attache, attachement, compagnie continuelle, empressement, soin empressé.

Assidument, adv. constamment, continuellement, fort souvent, journellement, perpétuellement, presque toujours, très fréquemment.

Assiéger, v. faire un siége, tenir assiégé. V. Investir. 2. div.

Assiette, n. f. position, situation — stabilité — imposition, répartition.

Assignation, n. f. ajournement, exploit, sommation — rendez-vous — constitution de rente, hypothèque — département, part, partage.

Assigner, v. ajourner, sommer — créer une rente sur un fonds, l'hypothéquer, l'obliger — destiner, donner — faire connoître, indiquer.

Assimilation, n. f. V. Rapport.

Assimiler, v. comparer, conformer, égaler, faire comparaison, mettre en parallèle, rapporter à, représenter.

Assis, adj. appuyé, assigné, hypothéqué — bâti, situé — placé.

Assistance, n. f. aide, V. Protection — aumône — présence — assemblée—appui, soulagement, support.

Assister, v. V. Protéger — être présent — soulager, supporter — accompagner.

Association, n. f. V. Participation — cabale, conjuration, conspiration, ligue.

Associé, adj. agrégé, confédéré, ligué.

Associé, n. m. V. Confrère.

Associer, v. agréger — accoupler, joindre, unir — donner part, mettre de part.

Assommer, v. V. Massacrer — être à charge, être importun — abattre. V. Importuner.

Assortiment, n. m. V. Analogie.

ASSORTIR, v. V. *Proportionner.*

ASSORTISSANT , adj. assorti , conforme , convenable , convenant, égal , pareil , proportionné.

ASSOUPIR , v. endormir , engourdir — apaiser , calmer , tranquilliser.

s'ASSOUPIR , a. s'endormir , se reposer, sommeiller.

ASSOUPISSEMENT, n. m. V. *Léthargie.*

ASSOUPLIR , v. courber , fléchir , plier , rendre souple.

ASSOURDIR , v. étourdir , rendre sourd , rompre la tête.

ASSOUVIR , v. combler , contenter , rassasier , remplir , satisfaire — dégoûter , ennuyer , lasser.

ASSOUVISSEMENT , n. m. rassasiement , réplétion , satiété , satisfaction — plénitude.

ASSUJÉTIR , v. arrêter , asservir , conquérir , contraindre , dompter , maîtriser , plier , soumettre , subjuguer , vaincre.

ASSUJÉTISSANT , adj. asservissant , contraignant , gênant , incommode.

ASSUJÉTISSEMENT , n. m. asservissement, condition servile, contrainte , dépendance , devoir , esclavage , gêne , obligation , servitude , soumission , sujétion.

ASSURANCE, n. f. V. *Caution.* constance , courage , fermeté , hardiesse , intrépidité — certitude , confiance.

ASSURÉMENT , adv. certes , en vérité , fermement , sans doute. V. *Positivement.*

ASSURÉ, adj. constant. V. *Intrépide.*

ASSURER , v. affermir , appuyer, établir solidement, cautionner, rendre ferme. V. *Certifier.*

ASTRE, n. m. étoile.

ASTREINDRE , v. contraindre , obliger — lier, presser, resserrer, serrer.

ASTRINGENT , adj. V. *Styptique.*

ASTUCE , n. f. souplesse, subtilité. V. *Supercherie.*

ATELIER , n. m. boutique , lieu de travail , manufacture — ouvriers qui fabriquent dans le même lieu.

ATERMOIEMENT , n. m. délai de payer, terme.

ATERMOYER , v. donner terme, prolonger le terme.

ATHÉE , n. m. V. *Mécréant.*

ATHÉISME , n. m. impiété. V. *Incrédulité.*

ATHLÈTE , n. m. combattant, lutteur — courageux, robuste.

ATOME , n. m. corps insécable , corpuscule , petit corps indivisible.

À TORT ET À TRAVERS , adv. inconsidérément, aveuglément, à l'étourdie.

ATOUR , n. m. habillement , ornement , parure.

ATOUT , n. m. carte qu'on retourne sur le talon à certains jeux, retourne, triomphe.

ATRABILAIRE , adj. V. *Hypocondre.*

ÂTRE , n. m. foyer.

ATROCE , adj. énorme, excessif, horrible, outrageant, outré. V. *Barbare.*

ATROCITÉ , n. f. énormité, excès, outrage. V. *Barbarie.*

s'ATTABLER, v. s'asseoir à table, se mettre à table.

ATTACHANT , adj. appliquant — séduisant.

ATTACHE , n. f. lien — affection, attachement, engagement — application — agrément, autorisation, consentement, permission, — amitié, passion.

ATTACHEMENT, n. m. V. Inclination.

ATTACHER, v. joindre, lier, unir — attirer, engager, entraîner — appliquer — arrêter.

s'ATTACHER, v. s'accrocher, s'acharner, s'adonner, s'appliquer, se coller, se tenir.

ATTAQUANT, adj. V. Agresseur.

ATTAQUE, n. f. abordage, assaut — atteinte, insulte, querelle.

ATTAQUER, v. commencer une attaque, se jeter dessus. V. Harceler.—entreprendre—faire une insulte—faire une querelle, insulter, offenser.

ATTEINDRE, v. arriver à, parvenir, toucher — acquérir, attraper, gagner, obtenir — égaler — joindre.

ATTEINT, adj. blessé, frappé, touché — acquis, attrapé, joint — égalé.

ATTEINTE, n. f. blessure, coup porté — affoiblissement, diminution.

ATTELAGE, n. m. assemblage, assortiment d'animaux pour traîner.

ATTELER, v. accoupler, apparier, assembler, assortir, attacher ou mettre ensemble des animaux pour traîner.

ATTENANT, adj. V. Voisin.

EN ATTENDANT, phr. adv. durant que, jusqu'à ce que, tandis que, tant que.

ATTENDRE, v. désirer, espérer, souhaiter — demeurer, rester.

ATTENDRIR, v. adoucir, amollir, émouvoir, exciter, toucher.

ATTENDRISSEMENT, n. m. mouvement d'amitié, mouvement de tendresse — compassion.

ATTENTAT, n. m. action barbare, crime énorme, entreprise atroce, forfait, outrage, violence.

ATTENTER, v. commettre, entreprendre, tenter.

ATTENTIF, adj. attaché. V. Vigilant.

ATTENTION, n. f. attache, présence d'esprit. V. Vigilance.

ATTENTIONS, n. f. pl. ménagements. V. Déférence.

ATTÉNUER, v. affoiblir, diminuer, exténuer, maigrir.

ATTERRER, v. V. Abattre.

ATTESTATION, n. f. V. Certificat.

ATTESTER, v. certifier, rendre témoignage, témoigner — invoquer le témoignage, prendre à témoin.

ATTIÉDIR, v. affoiblir, diminuer, relâcher.

ATTIÉDISSEMENT, n. m. V. Relâchement.

ATTIFER, v. V. Ajuster. 2. div.

ATTIRAIL, n. m. V. Bagage.

ATTIRANT, adj. agréable, amorçant, attrayant, caressant, charmant, engageant, flatteur, insinuant, séduisant.

ATTIRER, v. amorcer, engager, gagner, tirer — emporter — charmer, inviter, séduire — amener, faire condescendre, faire venir — procurer.

ATTISER, v. allumer, animer, exciter.

ATTITRER, v. charger, donner commission—aposter, corrompre, suborner.

ATTITUDE, n. f. V. Posture.

ATTOUCHEMENT, n. m. action de toucher, tact, toucher.

ATTRAIRE, v. allécher. V. Attirer.

ATTRAIT, n. m. V. Allèchement.

ATTRAPE, n. f. apparence trompeuse, leurre, piége, supercherie, tour d'adresse, tromperie.

ATTRAPER, v. abuser, duper, fourber, leurrer, prendre pour dupe, surprendre, tromper —

arriver, atteindre, gagner, obtenir, parvenir, prendre.

ATTRAYANT, *adj.* V. *Attirant.*

ATTRIBUER, *v.* appliquer, attacher, donner — départir, donner commission — assigner — imputer.

s'ATTRIBUER, *v.* prétendre, s'adjuger, s'arroger, usurper.

ATTRIBUT, *n. m.* perfection, propriété, qualité—symbole — épithète.

ATTRIBUTION, *n. f.* imputation — commission, juridiction attribuée.

ATTRISTER, *v.* V. *Chagriner.*

ATTROUPEMENT, *n. m.* assemblée, concours, réunion, troupe — émeute, émotion, sédition.

ATTROUPER, *v.* amasser, assembler, ramasser.

AUBAINE, *n. f.* avantage inespéré, profit inattendu.

AUBE, *n. f.* V. *Aurore.*

AUBERGE, *n. f.* V. *Cabaret.*

AUBERGISTE, *n. m.* V. *Cabaretier.*

AUCUN, *adj.* personne, quelqu'un — nul, quelque.

AUCUNEMENT, *adv.* en quelque façon — en nulle façon, nullement — en certaine manière.

AUDACE, *n. f.* bravade, insolence. V. *Témérité.*

AUDACIEUSEMENT, *adv.* avec audace, présomptueusement, témérairement. V. *Effrontément.*

AUDACIEUX, *adj.* insolent, résolu, suffisant. V. *Téméraire.*

AUDIENCE, *n. f.* attention — barreau.

AUDITOIRE, *n. m.* lieu où l'on plaide —assemblée, assistance.

AUGMENTATION, *n. f.* V. *Croissance.*

AUGMENTER, *v.* accroître, agrandir, amplifier, dilater, élargir, enfler, étendre, grossir,

multiplier, rendre plus grand — croître, devenir plus grand, devenir plus puissant — acquérir, faire des acquisitions.

AUGURE, *n. m.* auspice, conjecture, divination, prédiction, présage, pronostic — signe, aruspice, devin.

AUGURER, *v.* deviner, prédire. V. *Conjecturer.*

AUGUSTE, *adj.* consacré, grand, magnifique, majestueux, sacré, saint, vénérable.

AUJOURD'HUI, *adv.* V. *Présentement.*

AUPARAVANT, *adv.* avant, avant tout, d'abord, premièrement.

AUPRÈS, *adv.* V. *Voisin.*

AURÉOLE, *n. f.* cercle de lumière, couronne lumineuse.

AURORE, *n. f.* aube, crépuscule du matin, point du jour — jaune doré.

AUSPICE, *n. m.* V. *Augure.* — appui, faveur, fortune, protection.

AUSSI, *adv.* autant, avec, de plus, encore, en outre — de même, pareillement, semblablement.

AUSSITÔT, *phr. adv.* à l'instant, d'abord, dans le même temps, dans le moment, incontinent, sur-le-champ, sur l'heure.

AUSTÈRE, *adj.* âpre, rigide, rude, sérieux, sévère—grave, mortifié.

AUSTÈREMENT, *adv.* V. *Durement.*

AUSTÉRITÉ, *n. f.* dureté, rigueur, rudesse — air sérieux, gravité, sérieux — mortification, pénitence

AUTAN, *n. m.* garbin, vent du midi, vent orageux.

AUTANT, *n. m.* aussi grande quantité, égale quantité, pareille quantité.

D'AUTANT QUE, *phr. adv. conj.* à

cause que, parce que, par la raison que, vu que.

Auteur, n. m. créateur, inventeur, premier moteur—cause — écrivain.

Authenticité, n. f. autorisation, autorité, certitude solennelle.

Authentique, adj. attesté, autorisé, avéré, célèbre, certifié, justifié, solennel, vérifié.

Autographe, adj. écrit de la main de l'auteur.

Autographe, n. m. minute original.

Autorisation, n. f. approbation, autorité, aveu.

Autoriser, v. donner force, donner puissance—approuver, vouer.

Autorité, n. f. crédit, droit, pouvoir, puissance, supériorité — passage, témoignage, texte — jugement d'un auteur, sentiment d'un écrivain.

Autour, adv. à l'entour, aux environs.

Autre, adj. V. Différent.

D'Autre part, phr. adv. d'ailleurs, d'autre côté.

Autrefois, adv. anciennement, au temps passé, ci-devant.

Autrement, adv. V. Différemment.

Autrui, n. m. le prochain, les autres hommes.

Auxiliaire, adj. qui aide, qui donne du secours, subsidiaire.

Avaler, v. boire, manger goulument.

Avaleur, n. m. goinfre, goulu, gourmand, mangeur.

Avaloire, n. f. gosier.

Avance, n. f. anticipation, priorité — saillie — hors-d'œuvre — première démarche.

Avancé, adj. hâtif, précoce, prématuré.

Avancement, n. m. V. Progrès.

Avancer, v. approcher, tendre — se pousser—augmenter, croître, faire réussir, profiter — alléguer, mettre en avant, s'approcher. V. Hâter.

Avanie, n. f. affront, algarade, injure, insulte, opprobre, outrage.

Avant, n. m. partie antérieure, partie avancée, partie de devant — proue — temps avenir.

en Avant, phr. adv. devant, en avançant — au-delà, par-delà, plus loin — après, ensuite — au jour, en lumière, en public.

Avant-cour, n. f. première cour.

Avant-propos, n. m. V. Exorde.

Avantage, n. m. V. fruit, ressource — supériorité — grâce — bienfait, faveur — gloire, honneur, prérogative—succès, victoire — avance.

Avantager, v. accorder des avantages, donner par bienveillance, pourvoir avantageusement, pourvoir avec distinction.

Avantageusement, adv. utilement—avec profit, avec succès — honorablement — heureusement.

Avantageux, adj. commode, utile — considérable, favorable, grand, honorable. V. Orgueilleux.

Avare, **Avaricieux**, adj. attaché à l'argent, chiche, intéressé, ladre, ménager, mesquin, tenace, vilain.

Avarice, n. f. attache aux richesses, cupidité, intérêt sordide, ladrerie, lésine, mesquinerie.

Avarie, n. f. détriment, dommage, perte.

AVARIÉ, *adj.* dégradé, détérioré, endommagé, gâté, perdu.

AVEC, *prép.* au moyen de, et aussi, moyennant, par.

AVEINDRE, *v.* tirer dehors, tirer d'en haut.

AVELINE, *n. f.* noisette.

AVELINIER, *n. m.* V. *Noisetier.*

AVENANT, *adj.* agréable, gracieux, propre, qui a bon air, qui a de la grâce, revenant.

A L'AVENANT, *phr. adv.* à proportion, selon la convenance.

AVÈNEMENT, *n. m.* V. *Arrivée.*

AVENIR, *v.* arriver, échoir.

AVENIR, *adj.* V. *Futur.*

AVENIR, *n. m.* assignation.

AVENTURE, *n. f.* V. *Accident.*

D'AVENTURE, *phr. adv.* par aventure, par hasard.

AVENTURER, *v.* V. *Hasarder.*

AVENTUREUX, *adj.* V. *Hardi.*

AVENTURIER, *n. m.* corsaire, escroc, filou, pirate, vagabond. V. *Intrigant.*

AVENUE, *n. f.* allée, entrée, passage.

AVÉRER, *v.* V. *Démontrer.*

AVERSE, *n. f.* brouée, ondée, pluie subite et abondante.

AVERSION, *n. f.* V. *Inimitié.*

AVERTIR, *v.* faire souvenir — sommer — admonéter, remontrer, reprendre, réprimander. V. *Informer.*

AVERTISSEMENT, *n. m.* instruction — conseil — admonition, avis, remontrance, réprimande — pressentiment — assignation, sommation.

AVEU, *n. m.* confession — approbation, autorisation, consentement — reconnaissance — déclaration.

AVEUGLE, *adj.* privé de la vue. V. *Étourdi.*

AVEUGLEMENT, *n. m.* cécité — ignorance — étourderie, imprudence, inconsidération.

AVEUGLÉMENT, *adv.* en aveugle, étourdiment, imprudemment, inconsidérément — sans murmurer, sans raisonner.

A L'AVEUGLETTE, *phr. adv.* à tâtons, en tâtant, sans y voir.

AVIDE, *adj.* V. *Glouton,* âpre, ardent. V. *Désireux.*

AVIDITÉ, *n. f.* gloutonnerie, gourmandise. V. *Appétit.*

AVILIR, *v.* V. *Déprimer.*

S'AVILIR, *v.* dégénérer, se corrompre, se dégrader, se rabaisser, se rendre abject, se rendre méprisable, se rendre vil.

AVILISSEMENT, *n. m.* V. *Bassesse.* 2. div.

AVIRON, *n. m.* rame.

AVIS, *n. m.* avertissement — instruction, leçon — nouvelle — opinion, sentiment — observation, réflexion, remarque — pensée — conseil — V. *Réprimande.*

AVISÉ, *adj.* éclairé, fin, pénétrant, rusé. V. *Prudent.*

AVOIR, *v.* V. *Posséder.*

AVOIR, *n. m.* V. *Bien.*

AVOISINER, *v.* être dans le voisinage, être voisin — demeurer auprès, être auprès.

AVORTÉ, *adj.* V. *Abortif.*

AVOUER, *v.* V. *Confesser* — accorder, approuver — autoriser — protéger.

AXE, *n. m.* essieu.

AXIOME, *n. m.* V. *Adage.*

AZUR, *n. m.* bleu, lapis lazuli.

AZYME, *adj.* non fermenté, qui est sans levain.

B

BABIL , n. m. V. *Bavardage* —gazouillement, gazouillis, jargon, ramage.

BABILLARD , adj. V. *Bavard.*

BABILLER , v. V. *Discourir.*

BABIOLE , n. f. bagatelle , brimborion , colifichet , frivolité, jouet , joujou , niaiserie, poupée , puérilité , vétille.

BABOUIN , n. m. bambin , marmot , marmouset, nabot , petit enfant.

BAC, n. m. bachot. V. *Barque.*

BACHOTEUR, n. m. V. *Batelier.*

BÂCLER , v. arrêter, clore , conclure, fermer, finir.

BADAUD , adj. grossier, ignorant. V. *Niais.*

BADAUDAGE , n. m. V. *Niaiserie.*

BADAUDER , v. baguenauder , faire le badaud , faire le sot, niaiser, nigauder, s'amuser bêtement.

BADIN , adj. folâtre. V. *Goguenard.*

BADINAGE , n. m. Badinerie, n. f. bagatelle , folâtrerie, raillerie, sornette, vétille. V. *Amusement.*

BADINE, n. f. petite pincette, pincette légère — baguette , canne très mince , houssine.

BADINER, v. faire le badin. V. *Jouer.*

BAFOUER, v. V. *Honnir.*

BAFREUR, n. m. glouton, goulu , gourmand, mangeur.

BAGAGE, n. m. attirail, équipage, hardes, meubles, provision, suite, train, ustensiles.

BAGARRE, n. f. batterie, charivari, émeute, émotion, escarmouche, tintamarre , tumulte.

BAGATELLE, n. f. V. *Babiole.*

· BAGUE, n. f. anneau.

BAGUENAUDER , v. V. *Badauder.*

BAGUIER, n. m. V. *Ecrin.*

BAHUT, n. m. coffre, huche.

BAIE, n. f. petit golfe—fausse promesse, hâblerie, mensonge, menterie, plaisanterie. V. *Attrape.*

BAIGNER, v. arroser, mettre dans le bain, mettre dans l'eau.

BAIGNEUR, n. m. barbier, étuviste, perruquier.

BAIL, n. m. V. *Location.*

BAILLEMENT, n. m. ouverture — hiatus.

BAILLER, v. s'entr'ouvrir—aspirer, soupirer après — s'ennuyer.

BAILLER, v. donner, livrer , mettre en main.

BAISER, v. caresser, embrasser.

BAISER, n. m. V. *Embrassade.*

BAISSER , v. abaisser, descendre, incliner , mettre en bas — se soumettre — courber, pencher , décroître, diminuer.

BAL , n. m. ballet , danse.

BALADIN , n. m. bateleur , bouffon, charlatan, danseur de corde, farceur, histrion, mime, saltimbanque , tabarin.

BALAFRE, n. f. cicatrice, coupure, estafilade, scarification.

BALANCE , n. f. romaine , trébuchet—décision exacte, discussion , examen , jugement—comparaison , équilibre , parallèle.

BALANCEMENT , n. m. oscillation , vibration.

BALANCER , v. chanceler. V. *Vaciller* — considérer , éprouver , examiner , peser — ballotter , délibérer — comparer, mettre en parallèle — donner le contre-poids, mettre ou tenir en équilibre—brandiller, mouvoir de cà et de là.

BALAYURES , *n. f. pl.* immondices , or, ure .

BALBUTIEMENT, *n. f.* balancement de la parole, bégaiement, hésitation — langage imparfait.

BALBUTIER, *v.* bégayer, hésiter, ne rien dire qui vaille — parler difficilement, parler mal.

BALCON, *n. m.* balustrade, galerie.

BALDAQUIN, *n. m.* V. *Dais.*

BALIVERNES , *n. f. pl.* badineries, bagatelles , contes à faire dormir, discours inutiles , propos ridicules , sornettes.

BALLE, *n. f.* V. *Boule*—ballot, paquet de marchandises.

BALLOT, *n. m.* balle, paquet de marchandises—ce qui convient , vrai lot.

BALLOTTER, *v.* peloter—amuser quelqu'un , le tromper , se jouer de lui — donner des suffrages. V. *Délibérer.*

BALOURD , *adj.* badaud , butor , grossier , hébété , imbécile , pesant. V. *Maladroit.*

BALOURDISE, *n. f.* faute grossière , grossièreté , imbécillité, stupidité. V. *Bévue.*

BALSAMIQUE. V. *Suave.*

BALUSTRE, *n. m.* balustrade.

BAMBIN, *n. m.* V. *Babouin.*

BAN, *n. m.* annonce publique, convocation, cri public, promulgation , publication — bannissement , éloignement , exil , expulsion , proscription , relégation, renvoi.

BANAL, *adj.* commun, public, qui est à l'usage de tout le monde, trivial , vulgaire.

BANC, *n. m.* siège—amas de sable , écueil , rocher sous les eaux.

BANDAGE , *n. m.* V. *Brayer.*

BANDE , *n. f.* lame , pièce — bandelette , ligature —compagnie , troupe.

BANDER , *v.* lier , serrer—appliquer—roidir, tendre.

BANDEROLE, *n. f.* V. *Bannière.*

BANDIT , *n. m.* assassin , brigand, chenapan, coureur , débauché , garnement , libertin , vagabond. V. *Fripon.*

BANDOULIÈRE , *n. f.* baudrier, écharpe.

BANLIEUE, *n. f.* alentour, environs.

BANNE , *n. f.* couverture — loge de bois—grande manne.

BANNIÈRE , *n. f.* cornette , drapeau, enseigne, étendard, guidon , gonfalon.

BANNIR , *v.* exiler, expatrier, reléguer. V. *Éliminer.*

BANNISSEMENT, *n. m.* V. *Ban,* 2. *div.*

BANQUE, *n. f.* caisse, coffre—bourse , change, place , trafic d'argent.

BANQUEROUTE, *n. f.* faillite, fuite, insolvabilité — abandonnement — fraude.

BANQUEROUTIER, *n. m.* failli.

BANQUET, *n. m.* festin, grand repas , repas magnifique.

BANQUIER, *n. m.* caissier—changeur — expéditionnaire.

BAPTISER, *v.* conférer le baptême, donner le baptême, faire chrétien — donner un nom , un sobriquet, nommer.

BAPTISMAL, *adj.* appartenant au baptême, concernant le baptême, relatif au baptême.

BAQUET, *n. m.* petit cuvier.

BARAGOUIN , BARAGOUINAGE , *nn. mm.* jargon , mauvais langage, patois, mauvaise prononciation.

BARAQUE, *n. f.* caserne. V. *Cabane.*

BARBARE, *adj.* étranger, mal poli , sauvage—cruel, dur, féroce, impitoyable, inexorable, inhumain, insensible, rigoureux à l'excès, sanguinaire — dur à l'oreille, impropre, insolite.

BARBAREMENT, adv. cruellement, d'une manière féroce, impitoyablement, inhumainement.

BARBARIE, n. f. cruauté, dureté, férocité, inhumanité, insensibilité, rigueur outrée.

BARBIER, n. m. V. Baigneur.

BARBOUILLAGE, n. m. griffonnage, mauvais dessin, mauvaise écriture, mauvaise peinture. V. Baragouin.

BARBOUILLER, v. dessiner grossièrement, ébaucher, mal écrire, noircir, peindre mal — brouiller, embrouiller, gâter, salir — bredouiller, mal articuler, mal parler. mal prononcer.

BARBOUILLEUR, n. m. mauvais dessinateur, mauvais écrivain, mauvais peintre, peintre de taverne — bredouilleur.

BARD, n. m. V. Brancard.

BARDER, v. couvrir, défendre, envelopper, garnir.

BARDEUR, n. m. V. Mercenaire.

BARDOT, n. m. bête de charge, petit mulet — l'homme sur qui les autres se déchargent.

BARIL, n. m. BARRIQUE, n. f. caque, caquette, feuillette, futaille, muid, pipe, poinçon, tonne, tonneau.

BARQUE, n. f. bac, bateau, batelet, canot, chaloupe, esquif, gondole, nacelle, paquebot.

BARRE, n. f. levier — raie.

BARREAU, n. m. barre — palais, lieu où l'on plaide, sanctuaire de la justice, siége de justice.

BARRER, v. condamner, fermer — bâtonner, biffer, canceller, effacer, raturer, rayer.

BARRETTE, n. f. V. Calotte.

BARRICADE, n. f. barrière, clôture, défense, fortification, parc, rempart, retranchement.

BARRICADER, v. clore, fermer, fortifier, remparer.

BARRIÈRE, n. f. V. Barricade.

BAS, adj. abaissé, humble, inférieur, rampant, soumis — abject, méprisable, vil — ignoble, populaire, trivial — mis à sec, tari — enfoncé, profond. -

BAS, n. m. chausse, chaussure — dessous, partie inférieure.

EN BAS, phr. adv. au-dessous, dessous, en-dessous, par-dessous.

BASANÉ, adj. brûlé, bruni, hâlé, olivâtre, tirant sur le noir.

BASCULE, n. f. contre-poids, équilibre, tapecu.

BASE, n. f. appui, soutien, support — principale partie — fondement, pied, piédestal.

BASSEMENT, adv. d'une manière abjecte, basse, vile, sans dignité, sans élévation, sans noblesse.

BASSESSE, n. f. foiblesse, lâcheté, petitesse — abjection, avilissement, dégradation, état vil.

BASSIN, n. m. plat — réservoir — pot de chambre — vallon.

BASSINER, v. étuver — chauffer.

BASTION, n. m. boulevard. V. Forteresse.

BÂT, n. m. selle.

BATAILLE, n. f. choc. V. Combat.

BATAILLER, v. avoir démêlé, être en contestation. V. Contester.

BATAILLON, n. m. V. Brigade.

BÂTARD, adj. illégitime, naturel — sauvage.

BATARDEAU, n. m. V. Chaussée.

BATEAU, n. m. V. Barque.

BATELEUR, n. m. V. *Baladin.*

BATELIER, n. m. passeur d'eau. V. *Matelot.*

BATIVOLER, V. *Batifler.*

BATIMENT, n. m. édifice, maison, palais — navire, vaisseau.

BATIR, v. conduire un édifice, construire, élever — édifier, établir — accommoder, ajuster. V. *Régler.*

BATISSE, n. f. construction.

BATON, n. m. canne, gourdin, rondin, tricot, verge.

BATONNER, v. donner des coups de bâton, frapper à coups de bâton, frapper à coups de canne, gourdiner, rondiner. — V. *Battre.* 2. *div.*

BATTE, n. f. demoiselle, gros billot de bois, hie, mouton.

BATTEMENT, n. m. V. *Palpitation.*

BATTEMENT DE MAINS, n. m. pl. applaudissement, approbation.

BATTERIE, n. f. bataille, prise, querelle, rixe — disposition, mesure, précaution, préparatif — meubles de cuisine, ustensiles.

BATTOLOGIE, n. f. périssologie, pléonasme, redite vaine, redondance de mots, répétition inutile, superfluité de paroles.

BATTRE, v. épousseter, frapper, maltraiter, outrager, rosser — défaire l'ennemi, mettre en déroute, mettre en fuite, tailler en pièces, vaincre.

BATTU, adj. épousseté, frappé, maltraité, outragé, rossé — défait, mis en déroute, mis en fuite, taillé en pièces, terrassé, vaincu.

BAUDET, n. m. âne, bourrique, bourriquet — grossier, ignorant, stupide.

BAUDRIER, n. m. V. *Bandoulière.*

BAVARD, adj. babillard, caqueteux, causeur, diseur de riens, grand parleur, impertinent, indiscret, jaseur.

BAVARDAGE, n. m. babil, caquet, caqueterie, causerie, jaserie, loquacité, parlerie — imprudence, indiscrétion.

BAVARDER, v. V. *Discourir.*

BAYER, v. niaiser, regarder sottement, s'amuser — désirer avidement.

BÉATITUDE, n. f. le paradis. V. *Bonheur.*

BEAU, adj. agréable, charmant, de bon air, de bonne mine — admirable, avantageux, distingué, éclatant, excellent, glorieux, grand, heureux, magnifique.

BEAUCOUP, n. m. abondance, grande quantité, grand nombre.

BEAUTÉ, n. f. V. *Grâce.* 6. *div.* — éclat, excellence, magnificence, merveille, richesse.

BÊCHER, v. fouir, labourer.

BEDEAU, n. m. huissier, porte-masse, porte-verge, sergent.

BEFFROI, n. m. clocher, tour — charpente où l'on suspend les cloches — cloche d'avertissement, tocsin.

BÉGAYEMENT, n. m. V. *Balbutiement.*

BÉGAYER, v. balbutier, hésiter, parler difficilement.

BÉGUEULE, n. f. V. *Pimbêche* — niaise.

BÉGUIN, n. m. bonnet d'enfant, têtière.

BÉGUINE, n. f. bigote, chipotière, imbécile, simple, sotte — fille de communauté, religieuse.

BÉJAUNE, n. m. bévue, ignorance, maladresse, méprise, sottise — bienvenue.

BÉLITRE, n. m. fainéant,

gueux, homme de néant, mendiant — coquin, maraud.

Belliqueux, *adj.* V. *Guerrier.*

Bellone, *n. f.* la guerre.

Bellot, *adj.* agréable, gentil, joli, mignon.

Belvédère, *n. m.* élévation, éminence, lieu élevé.

Bénédiction, *n. f.* action de grâces, louanges, prière, remercîment, souhait, vœu — don du ciel, faveur, grâce, prospérité.

Bénéfice, *n. m.* abbaye, canonicat, cure, évêché, prieuré. V. *Fruit* — concession, faveur, grâce — courante, cours de ventre, dévoiement, diarrhée.

Bénéficence, *n. f.* grâce, largesse. V. *Bienfaisance.*

Bénéficier, *n. m.* possédant un bénéfice, pourvu, titulaire d'un bénéfice.

Bénéficier, *v.* V. *Profiter.*

Benêt, *adj.* V. *Niais.*

Bénévole, *adj.* V. *Bienveillant* — libre, spontané, volontaire.

Béni, *adj.* comblé des grâces du ciel, favorisé de Dieu, sanctifié.

Bénignement, *adv.* civilement, doucement, favorablement, gracieusement, honnêtement, humainement, obligeamment.

Bénignité, *n. f.* bonté, douceur, clémence, humanité, indulgence, mansuétude, modération.

Bénin, *adj.* bienfaisant, favorable. V. *Gracieux.*

Bénir, *v.* consacrer — glorifier, louer, remercier, rendre des actions de grâces, souhaiter du bien — faire du bien, faire prospérer.

Bénit, *adj.* consacré, dédié à Dieu, destiné à un usage religieux, sacré, saint.

Benjamin, *n. m.* enfant chéri.

Béquille, *n. f.* V. *Crosse.*

Bercail, *n. m.* bergerie, étable à brebis.

Berceau, *n. m.* enfance, tendre jeunesse — commencement, naissance — allée couverte, cintre, voûte.

Bercer, *v.* endormir, faire espérer, nourrir de belles paroles, promettre — conter, narrer.

Berge, *n. f.* bord, rivage, rive escarpée — chaussée, digue, levée, terrasse.

Berger, *n. m.* pasteur, pâtre.

Bergerie, *n. f.* V. *Bercail.*

Berlue, *n. f.* éblouissement, vue trouble.

Bernement, *n. m.* V. *Moquerie.*

Berner, *v.* ballotter. V. *Honnir.*

Besace, *n. f.* bissac, bougette, poche, sac, sachet, sacoche.

Besicles, *n. f. pl.* lunettes.

Besogne, *n. f.* chose, occupation, ouvrage, tâche, travail.

Besoin, *n. m.* V. *Pauvreté.*

Bestial, *adj.* brutal, stupide.

Bête, *n. f.* animal, brute — automate, imbécile, sot, stupide.

Bêtement, *adv.* en bête, imbécilement, pesamment, sottement, stupidement.

Bêtise, *n. f.* imbécillité, sottise.

Beuglement, *n. m.* meuglement, mugissement.

Beugler, *v.* meugler, mugir.

Bévue, *n. f.* balourdise, butorderie, égarement, étourderie, faute, gaucherie, maladresse, manque d'attention, méprise, sottise.

Biais, *n. m.* biaisement, détour, expédient, faux semblant, feinte, manière oblique, moyen, prétexte, voie détournée — ambiguité, hésitation, indécision, tergiversation — aspect, côté, face.

DE BIAIS, *phr. adv.* de côté, de travers, d'une manière détournée, obliquement.

BIAISER, *v.* être de côté, être détourné, être obliquement, n'être pas droit — déguiser, détourner, équivoquer, faire semblant, feindre, hésiter, parler ambigument, prendre un détour, tergiverser.

BIBLE, *n. f.* l'Écriture sainte, les livres saints.

BIBLIOMANIE, *n. f.* fureur d'avoir ou d'amasser des livres, manie des livres, passion pour les livres.

BIBLIOTHÈQUE, *n. f.* cabinet de livres, collection de livres—recueil de pièces.

BICOQUE, *n. f.* petite place, petite ville, petit fort.

BIDET, *n. m.* criquet, haquenée, mazette, petit cheval, rosse, rossinante — petite baignoire de propreté.

BIEN, *n. m.* aisance, commodité, facultés, fortune, héritage, opulence, possession, richesse — avantage, bienfait, bon office, faveur, grâce, plaisir, utilité — honnêteté, probité, vertu — éloge, louange.

BIEN, *adv.* beaucoup, fort, grandement — adroitement, à propos, finement, prudemment, sagement — correctement, exactement, régulièrement, selon les règles.

BIEN-AIMÉ, *adj.* chéri, préféré.

BIEN-DIRE, *n. m.* agrément de discours, beauté de langage, élégance, éloquence, politesse.

BIEN-DISANT, *adj.* beau diseur, disert, élégant, élo-

quent, orateur, qui a le don de la parole, qui parle bien.

BIEN-ÊTRE, *n. m.* V. *Bien* 1° div.

BIENFAISANCE, *n. f.* bonté, charité, générosité, humanité, inclination à obliger, libéralité, penchant à faire du bien.

BIENFAISANT, *adj.* bon, charitable, généreux, humain, libéral, obligeant, officieux, qui aime à faire du bien, serviable.

BIEN-FAIT, *adj.* proportionné, qui a de la grâce, qui a de l'agrément — qui a des sentiments d'humanité, raisonnable — qui prend bien tout.

BIENFAIT, *n. m.* bien. V. *Faveur.*

BIENHEUREUX, *adj.* citoyen du ciel, saint — fortuné, heureux, qui a du bonheur.

BIEN QUE, *phr. conj.* encore que, quand même, quoique.

BIENSÉANCE, *n. f.* avantage, commodité, convenance, utilité — bonne grâce, décence, grâce, maintien honnête.

BIENSÉANT, *adj.* avantageux, commode, convenable, utile — décent, gracieux, honnête.

BIENVEILLANCE, *n. f.* faveur, protection. V. *Inclination*, 4. div.

BIENVEILLANT, *adj.* affectionné, disposé favorablement, favorable, qui a bonne volonté.

BIENVENU, *adj.* agréable, bien accueilli, bien reçu, bien regardé, vu de bon œil.

BIENVENUE, *n. f.* bon accueil, bonne arrivée, heureuse arrivée—droit d'entrée, régal d'entrée.

BIÈRE, *n. f.* cercueil, coffre — cervoise.

BIFFER, *v.* V. *Barrer*, 2. div.

BIGARRER, *v.* diversifier, mêler, varier les couleurs.

BIGARRURE, *n. f.* contrariété, diversité, mélange de couleurs — compilation, fatras.

BIGLE, *adj.* louche.

BIGLER, *v.* loucher, regarder de travers.

BIGOT, *adj.* V. *Cafard.*

BIGOTERIE, *n. f.* V. *Cafarderie.*

BIJOU, *n. m.* bague, brasselet, joyau, jolie chose, jolie personne.

BILAN, *n. m.* balance, compte en parties doubles, état du doit et avoir.

BILE, *n. f.* humeur, mélancolie. V. *Colère.*

BILIEUX, *adj.* colère, emporté, plein de bile, mélancolique, sujet à l'humeur mélancolique.

BILLET, *n. m.* action, bulletin, petite lettre. V. *Obligé.*

BILLEVESÉE, *n. f.* V. *Niaiserie.*

BINER, *v.* dire ou faire deux fois, doubler.

BIQUE, *n. f.* V. *Chèvre.*

BIQUET, *n. m.* V. *Chevreau.*

BIS, *adj.* brun, noirâtre.

BISBILLE, *n. f.* V. *Altercation.*

BISCORNU, *adj.* V. *Contrefait.*

BISE, *n. f.* Aquilon, Borée, vent du Nord, vent du septentrion.

BISSAC, *n. m. Besace.*

BIZARRE, bourru, capricieux, changeant, difficile, extraordinaire, fantasque, humoriste, inconstant, inégal, léger, particulier, quinteux, singulier.

BIZARREMENT, *adv.* d'une manière bizarre, fantasquement, par humeur, par quinte, par singularité. V. *Capricieusement.*

BIZARRERIE, *n. f.* extravagance, inconstance, inégalité, légèreté, singularité. V. *Boutade.*

BLAFARD, *adj.* effacé, mal teint, blême, décoloré, défait, pâle.

BLÂMABLE. *adj.* V. *Répréhensible.*

BLÂME, *n. m.* V. *Réprimande.*

BLÂMER, *v.* condamner, reprocher, trouver à redire. V. *Chapitrer.*

BLANC, *adj.* net, propre, pur.

BLANC-BEC, *n. m.* apprenti, jeune homme sans expérience, ignorant, novice.

BLANCHAILLE, *n. f.* alevin, fretin, petits poissons, poissonnaille.

BLASER, *v.* affoiblir, amollir, débiliter, diminuer les forces, énerver, épuiser, user.

BLASON, *n. m.* armoirie — art des armoiries, déchiffrement des armoiries, science héraldique.

BLASONNER, *v.* armorier, déchiffrer les armoiries, expliquer les armoiries, peindre les armoiries — blâmer, censurer, critiquer, médire, parler mal de quelqu'un.

BLASPHÉMATEUR, *n. m.* impie, jureur, renieur.

BLASPHÈME, *n. m.* impiété, injure faite à Dieu, jurement exécrable, parole atroce contre Dieu ou contre les saints, paroles sacrilèges.

BLASPHÉMER, *v.* injurier Dieu, proférer des blasphèmes, tenir des propos sacrilèges, vomir des impiétés contre Dieu ou contre les saints.

BLÉ, *n. m.* froment, seigle.

BLÈCHE, *adj.* lâche, mou, qui est sans vigueur, qui n'a point de fermeté.

BLÊME, *adj.* V. *Blafard.*

BLÊMIR, *v.* changer de couleur, devenir pâle, pâlir.

BLESSER, *v.* faire une plaie — affecter, choquer, endommager, faire souffrir, nuire, injurier, insulter, offenser, piquer — contrister, mortifier, toucher trop — donner atteinte.

BLESSURE, n. f. contusion, mal, plaie — impression violente, injure, insulte, mortification, offense — atteinte.

BLEU, adj. azuré — livide, plombé.

BLOC, n. m. masse, morceau.

BLOCUS, n. m. V. Circonvallation.

BLONDE, n. f. coiffure de soie, dentelle de soie.

BLONDIN, n. m. adolescent, jeune homme.

BLOQUER, v. fermer les passages, intercepter les avenues, tenir assiégé, tenir investi. V. Investir. — blouser, mettre dans la blouse.

SE BLOTIR, v. se cacher, se clapir, se raccourcir, se ramasser, se tapir.

BLOUSER, v. bloquer, pousser dans la blouse — abuser, décevoir, égarer, tromper.

SE BLOUSER, v. faire une bévue, échouer, ne pas réussir, prendre mal ses mesures, s'abuser, s'égarer, se méprendre, se tromper.

BLUTEAU, BLUTOIR, nn. mm. crible, sas, tamis.

BLUTER. V. Tamiser.

BOBO, n. m. blessure légère, petit mal.

BOCAGE, n. m. V. Bosquet.

BOHÉMIEN, adj. aventurier, coureur, diseur de bonne aventure, Egyptien, escroc, filou, gueux, vagabond.

BOIRE, v. avaler, s'abreuver, s'imbiber — être adonné au vin, godailler, s'enivrer.

BOIS, n. m. V. Bosquet.

BOISERIE, n. f. ouvrage de menuiserie, parement en bois.

BOISSEAU, n. m. boisselée — mesure.

BOISSON, n. f. V. Breuvage.

BOITER, v. V. Clocher.

BOITEUX, adj. qui boite, qui cloche. V. Cagneux.

BOL, n. m. bolus, pilule.

BOMBANCE, n. f. V. Frairie.

BOMBÉ, adj. arqué. V. Courbe.

BOMBEMENT, n. m. V. Renflement.

BON, adj. compatissant, humain — convenable, propice, propre, V. Avantageux, sain, salubre, salutaire—fort, vigoureux—imbécile, sot.

BON, n. m. avantage, profit—agrément, assurance, consentement.

BONACE, n. f. sérénité. V. Repos.

BONASSE, adj. bénin, bon homme, facile, simple.

BONBONS, n. m. pl. dragées, friandises, pâtisseries, sucreries.

BOND, n. m. V. Rejaillissement.

BONDIR, v. cabrioler, jaillir, rejaillir, sauter, saillir, s'élancer, se réfléchir, se soulever.

BONDISSEMENT, n. m. soulèvement.

BONHEUR, n. m. contentement, félicité, prospérité—occasion favorable, rencontre heureuse—état heureux, fortune—avantage, succès prospère.

BONHOMIE, n. f. bonté naturelle, simplicité, V. Candeur, bêtise, crédulité, facilité à croire, imbécillité, sottise.

BONIFIER, v. accommoder, améliorer, engraisser, mettre en meilleur état, perfectionner, rendre meilleur — suppléer. V. Rétablir.

BONNEMENT, adv. sans artifice, sans fard. V. Candidement.

BONNET, n. m. barrette, cornette. V. Coiffe.

BONTÉ, n. f. justice — excellence —bienfait, faveur—complaisance, facilite—bonhomie, simplicité — sottise — utilité.

BORD, *n. m.* extrémité, rivage, rive — dentelle, galon, ourlet ; ruban — navire, vaisseau.

BORDER, *v.* V. *Ceindre* — garnir d'un bord, ourler.

BORDEREAU, *n. m.* compte détaillé, état, mémoire, note, tableau.

BORDURE, *n. f.* cadre, encadrement, entourage.

BORÉAL, *adj.* qui est du Nord, septentrional.

BORÉE, *n. m.* Aquilon, bise, vent du Nord, vent du Septentrion.

BORGNE, *adj.* qui n'a qu'un œil, qui ne voit que d'un œil — obscur, ténébreux — mince, piètre.

BORNE, *n. f.* but, fin. V. *Limites.*

BORNER, *v.* achever, finir, terminer — assigner des limites, planter ou mettre des bornes —resserrer. V. *Restreindre*—déterminer un but, fixer un terme, proposer une fin.

BOSPHORE, *n. m.* V. *Bouque.*

BOSQUET, *n. m.* bocage, bois, petit bois.

BOSSE, *n. f.* élévation, éminence—contusion, enflure, excroissance, grosseur, tumeur — bombement, convexité — bas-relief, plein relief, relief.

BOSSU, *adj.* élevé, gibbeux.

BOTTE, *n. f.* amas, assemblage, grande quantité — bouquet, fagot, faisceau, fascine, paquet — estocade — bottine, guêtre.

BOUCANER, *v.* faire cuire à la fumée, saurer, sécher à la fumée.

BOUCHE, *n. f.* embouchure, ouverture—bec, entrée, gueule, trou—avaloire, orifice.

BOUCHER, *v.* clore, fermer, V. *Tamponner.*

BOUCHERIE, *n. f.* lieu où l'on vend de la viande. V. *Abatis.*

BOUCHON, *n. m.* bonde, bondon, tampon—enseigne.

BOUCHONNER, *v.* chiffonner, friper, froisser—cajoler, caresser.

BOUCLE, *n. f.* agrafe, anneau.

BOUCLER, *v.* agrafer — friser —achever, finir, terminer.

BOUCLIER, *n. m.* défense, écu —protection.

BOUDER, *v.* être fâché, faire le fâché. V. *Bouffer.*

BOUDERIE, *n. f.* humeur. V. *Fâcherie.*

BOUDOIR, *n. m.* cabinet, petite chambre écartée, réduit.

BOUE, *n. f.* V. *Gâchis*, pourriture, pus, sanie—bassesse.

BOUEUX, *adj.* bourbeux, crotté, fangeux, limoneux, plein de boue, plein de fange, vaseux.

BOUFFÉE, *n. f.* agitation, souffle, exhalaison, vapeur, halenée—accès, boutade.

BOUFFER, *v.* enfler, gonfler—avoir de l'humeur, avoir un dépit secret, bouder, être en colère, être mécontent.

BOUFFI, *adj.* boursouflé, enflé, gonflé — ampoulé — enorgueilli, orgueilleux.

BOUFFIR, *v.* se gonfler, s'enfler —s'enorgueillir.

BOUFFISSURE, *n. f.* V. *Gonflement.*

BOUFFON, *n. m.* baladin, bateleur, comédien, facétieux, farceur, goguenard, histrion, jean-farine, plaisant.

BOUFFONNER, *v.* divertir les autres, faire des farces, faire rire, goguenarder, plaisanter, rire.

BOUFFONNERIE, *n. f.* arlequinade, batelage, facétie, farce, goguettes, plaisanterie.

BOUGER, v. se remuer. V. Décamper.

BOUGETTE, n. f. V. Besace.

BOUILLANT, adj. ardent, brûlant, chaud — emporté, impétueux, pétulant, prompt, vif.

BOUILLON, n. m. eau imprégnée du suc de viande ou d'herbes bouillies — accès, mouvement, transport.

BOULE, n. f. balle, globe, globule, pelote, peloton, sphère.

BOULEVARD, n. m. bastion, château, défense, fort, forteresse, fortification, lieu fortifié, place forte, rempart.

BOULEVERSEMENT, n. m. grand changement — V. Renversement.

BOULEVERSER, v. V. Renverser. — brouiller, confondre, déranger, mettre en confusion, mettre en désordre, mettre sens dessus dessous.

BOULON, n. m. cheville de fer, gros clou.

BOUQUE, n. f. Bosphore, détroit, pas, passage étroit.

BOUQUET, n. m. assemblage de fleurs liées ensemble, faisceau de fleurs — houppe, touffe.

BOUQUIN, n. m. bouc — débauché, lascif — puant — vieux livre.

BOUQUINER, v. aimer les vieux livres, lire les vieux livres, rechercher les vieux livres.

BOURBE, n. f. V. Gâchis.

BOURBEUX, adj. V. Boueux.

BOURDONNEMENT, n. m. V. Murmure.

BOURGEOIS, adj. citadin. V. Habitant.

BOURGEON, n. m. bouton, drageon, jet, œil, œilleton, premier jet, rejeton, tendron — bouton, bube, dartre, échauboulure, élevure, enlevure, feu sauvage, pustule, tumeur, vésicule.

BOURGEONNÉ, adj. boutonné, couperosé, couvert de boutons, couvert de bubes, échauboulé.

BOURGEONNER, v. boutonner, drageonner, jeter, pousser des bourgeons.

BOURGMESTRE, n. m. bourgeois distingué, citoyen considérable, magistrat, sénateur.

BOURRASQUE, n. f. tourbillon. V. Ouragan — émeute, émotion, mutinerie, sédition, soulèvement.

BOURREAU, n. m. exécuteur — homme barbare, cruel, impitoyable, inhumain, méchant, sanguinaire.

BOURRELÉ, part. tourmenté, déchiré par les remords.

BOURRELER, v. faire souffrir, tourmenter.

BOURRER, v. attaquer, battre, frapper — gourmander, malmener, maltraiter, parler rudement — traiter durement — farcir, garnir, remplir.

BOURRIQUE, n. f. ânesse — femme grossière, ignorante, stupide.

BOURRU, adj. brusque, chagrin, morose, rude, sauvage. V. Bizarre.

BOURSE, n. f. gousset, poche, sac — pécule, provision d'argent, trésor, change — juridiction consulaire.

BOURSILLER, v. contribuer, fournir sa quote-part.

BOURSOUFLÉ, adj. V. Guindé.

BOUSE, BOUZE, n. f. excrément de vache, fiente.

BOUSILLAGE, n. m. barbouillage, fagotage, griffonnage, mal-façon, mauvaise besogne.

BOUSILLER, v. brouiller, estropier, faire de travers, faire mal, gâter, griffonner — confondre.

Bout, *n. m.* extrémité, fin, terme, achèvement, conclusion.

Boutade, *n. f.* bizarrerie, brusquerie, caprice, fantaisie, humeur, incartade, promptitude, quinte, saillie, transport, vivacité.

Boute-en-train, *n. m.* éveillé, facétieux, homme de plaisir, plaisant, réjoui.

Boute-feu, *n. m.* incendiaire — mutin, séditieux.

Bouteille, *n. f.* broc, buire, calebasse, cruche, cruchon, flacon, gourde, pot.

Bouton, *n. m.* boule ou cercle bombé dont on garnit différentes parties de l'habillement — bourgeon, drageon, jet, œil, œilleton. V. *Bourgeon.* 2. *div.*

Boutonné, *adj.* attaché ou fermé avec des boutons. V. *Bourgeonné.*

Bouture, *n. f.* branche coupée pour être plantée, plançon, plantard.

Bouvier, *n. m.* conducteur de bœufs, gardeur de vaches, pâtre. V. *Porcher.*

Brailler, *v.* bavarder, braire. V. *Clabauder.* 2. *div.*

Braillard, Brailleur, *adj.* V. *Clabaudeur.*

Braise, *n. f.* charbons ardents, menu charbon.

Brancard, *n. m.* bard, brouette, civière.

Branche, *n. f.* rameau — division — ligne.

Branchu, *adj.* chargé de branches, qui jette beaucoup de branches, rameux.

Brandes, *n. f. pl.* broussailles, brousailles, bruyères, friches, garrigues, gatines, landes.

Brandevin, *n. m.* eau-de-vie.

Brandiller, *v.* agiter, balancer, branler, mouvoir de çà et de là.

Brandilloire, *n. f.* escarpolette.

Brandon, *n. m.* flambeau de paille tortillée, tison ardent, torche.

Branlant, *adj.* chancelant, penchant, qui est ébranlé, qui menace ruine, vacillant.

Branle, *n. m.* agitation, branlement, ébranlement, mouvement — danse — impulsion — incertitude, irrésolution — délibération — hamac, lit suspendu, strapontin.

Branler, *v.* agiter, brandiller, faire aller de çà et de là, mouvoir, remuer, secouer — bouger, s'agiter, se mouvoir, se remuer — délibérer, hésiter — chanceler, pencher, vaciller.

Braquer, *v.* V. *Diriger.*

Bras, *n. m.* autorité — puissance, ressource — force, vigueur.

Brasser, *v.* remuer fortement avec le bras — cabaler, comploter, conduire, manœuvrer, mener, négocier secrètement, pratiquer, préparer, tramer — faire de la bière.

Brassières, *n. f. pl.* contrainte, gêne, presse.

Bravade, *n. f.* menace altière. V. *Fanfaronnade.*

Brave, *adj.* distingué, excellent, qui a du cœur. V. *Intrépide* — ajusté, attifé, bien paré, bien vêtu.

Bravement, *adv.* résolument. V. *Courageusement* — adroitement, habilement.

Braver, *v.* choquer, gourmander, insulter, mépriser, offenser — défier, provoquer — affronter, attaquer hardiment, s'exposer intrépidement.

Bravoure, *n. f.* V. *Courage.* 1. *div.*

Brayer, *n. m.* bandage, ceinture, ligature, suspensoire.

BRAYER, *v.* calfater, enduire de brai, espalmer, goudronner, radouber, suiver.

BREBIS, *n. f.* mouton, ouaille.

BRÈCHE, *n. f.* ouverture accidentelle, ruine. V. *Perte.*

BREDOUILLEMENT, *n. m.* V. *Baragouin.*

BREDOUILLER, *v.* barbouiller, articuler mal, prononcer peu distinctement.

BREDOUILLEUR, *n. m.* barbouilleur.

BREF, *adj.* V. *Concis.*

BREF, *n. m.* constitution, diplôme, lettre, ordonnance, rescrit du pape. V. *Directoire.*

BREF, *adv.* brièvement, en abrégé, enfin, finalement, pour conclusion, pour finir.

BRELAN, *n. m.* sorte de jeu de hasard — académie de jeu, maison de jeu.

BRELANDER, *v.* fréquenter les brelans, jouer continuellement.

BRELANDIER, *n. m.* joueur de profession, joueur éternel.

BRELOQUE, *n. f.* chose vile, curiosité de peu de valeur, machine usée, patraque, vieillerie.

BREQUIN, *n. m.* vilebrequin, virebrequin.

BRÉTAILLER, *v.* fréquenter les salles d'armes — ferrailler, s'escrimer, tirer des armes, tirer souvent l'épée.

BRÉTAILLEUR, *n. m.* V. *Bretteur.*

BRETTE, *n. f.* cimeterre, coutelas, épée, espadon, estocade, flamberge, glaive, sabre.

BRETTEUR, *n. m.* brétailleur, dégaineur, ferrailleur, gladiateur, querelleur, spadassin.

BREUIL, *n. m.* bois en buisson, bois en taillis, bois marmenteau, forêt.

BREUVAGE, *n. m.* boisson, liqueur, potion.

BREVET, *n. m.* titre, diplôme, droit, rang, privilége.

BREVETER, *v.* donner un brevet, accorder un privilége.

BRIBE, *n. f.* V. *Morceau.*

DE BRICOLE, PAR BRICOLE, *phr. adver.*, d'une manière indirecte, indirectement, obliquement, par voie détournée.

BRICOLER, *v.* jouer de bricole — ne pas aller droit en besogne, tergiverser. V. *Biaiser.*

BRIDE, *n. f.* V. *Frein* — contrainte.

BRIDER, *v.* arrêter, assujétir, contenir, lier, modérer, réprimer, retenir, resserrer, serrer.

BRIÈVEMENT, *adv.* bref, en abrégé, en bref, en peu de mots, succinctement.

BRIGADE, *n. f.* assemblée, bande, bataillon, cohorte, compagnie, corps de troupes, division, escadron, troupe.

BRIGARD, *n. m.* V. *Larron.*

BRIGANDAGE, *n. m.* V. *Volerie* — désordre.

BRIGANTIN, *n. m.* esquif. V. *Felouque.*

BRIGUE, *n. f.* V. *Cabale* — poursuite, recherche.

BRIGUER, *v.* cabaler, intriguer, manœuvrer. V. *Rechercher.* 3. *div.*

BRILLANT, *n. m.* éclat, feu, lustre, vivacité — diamant.

BRILLANT, *adj.* V. *Étincelant* —admirable, beau, frappant, insigne, merveilleux.

BRILLER, *v.* avoir de l'éclat, avoir du lustre, éclater, reluire, resplendir — frapper, paroître avec distinction, se distinguer.

BRIMBORION, *n. m.* V. *Babiole.*

BRIN, *n. m.* jet, tige — peu.

BRIS, *n. m.* fracture, rupture

—évasion, fuite—débris, fragments, pièces, restes.

BRISER, v. V. Casser.

BROC, n. m. quarte. V. Bouteille.

BROCANTER, v. échanger; revendre, troquer.

BROCANTEUR, n. m. V. Fripier.

BROCARD, n. m. bouffonnerie, mot piquant, quolibet, satire. V. Moquerie.

BROCARDER, v. gausser, larder, moquer, mordre, piquer, plaisanter, railler, satiriser, tirer sur quelqu'un.

BROCHER, v. dépêcher, écrire ou travailler à la hâte, expédier hâtivement, hâter, précipiter, presser.

BRONCHER, v. buter, chanceler, chopper, faire un faux pas, hésiter, heurter, marcher à faux, trébucher, vaciller.

BRONCOCÈLE, n. m. V. Goître.

BRONZE, n. m. airain, cuivre.

BROSSE, n. f. époussette, vergettes — gros pinceau.

BROSSER, v. frotter. V. Épousseter.

BROUÉE, n. f. brouillard, bruine, nuage, ondée, pluie fine, rosée.

BROUET, n. m. bouillon de lait au sucre.

BROUETTE, n. f. V. Brancard. —chaise à deux roues.

BROUHAHA, n. m. acclamation, applaudissement, bruit confus d'approbation, cris de joie.

BROUILLAMINI, n. m. confusion, désordre, difficultés, embarras, imbroille, malentendu, nuages, obscurité.

BROUILLARD, n. m. bruine, vapeur épaisse — idées confuses — journal, mémoire, registre.

BROUILLEMENT, n. m. V. Confusion.

BROUILLER, v. déranger, mêler, mettre en confusion, mettre en désordre, troubler — diviser, jeter la dissension, semer la discorde — barbouiller, confondre, embarrasser, embrouiller.

BROUILLERIE, BROUILLE, n. f. inimitié, mécontentement. V. Altercation.

BROUILLON, adj. V. Séditieux.

BROUTER, v. manger, paître.

BROYER, v. écraser, mettre en poudre. V. Concasser.

BRUINE, n. f. brouillard, pluie fine.

BRUISSEMENT, n. m. bruit confus, bruit sourd, cliquetis, frémissement, murmure, tintement.

BRUIT, n. m. fracas, murmure, rumeur — éclat — cris, plainte — retentissement — émeute, querelle, rixe, tumulte — renommée, réputation.

BRÛLANT, adj. ardent. V. Bouillant. — violent — zélé.

BRÛLEMENT, n. m. brûlure, incendie.

BRÛLER, v. calciner, jeter au feu, mettre au feu. V. Incendier — échauffer excessivement — être embrasé, être en feu, être enflammé — hâler — omettre, passer outre — avoir un grand désir, désirer avec impatience, être ardemment épris, être violemment passionné.

BRÛLURE, n. f. brûlement, torréfaction, ustion — inflammation — cuisson — hâle.

BRUN, adj. obscur, sombre — hâlé — noirâtre, tirant sur le noir.

BRUNIR, v. hâler—rendre brun — devenir brun — lisser, polir.

BRUSQUE, adj. impétueux,

prompt, vif — bourru, brutal.

BRUSQUEMENT, *adv.* d'une manière brusque — brutalement — à la hâte, aussitôt — impétueusement, précipitamment.

BRUSQUER, *v.* brutaliser, insulter, offenser — accélérer, hâter, précipiter, presser.

BRUSQUERIE, *n. f.* boutade, brutalité, grossièreté, insulte, offense — attaque inopinée, surprise.

BRUT, *adj.* âpre, grossier, mal poli, mat, qui n'est pas limé, raboteux, rude.

BRUTAL, *adj.* bourru, brusque, farouche, féroce, grossier, impertinent, rustre, sauvage.

BRUTALEMENT, *adv.* avec brutalité, brusquement, grossièrement, impertinemment.

BRUTALISER, *v.* brusquer, outrager, traiter avec grossièreté, traiter rudement.

BRUTALITÉ, *n. f.* brusquerie, dureté, grossièreté, incartade, outrage, parole dure, rusticité.

BRUTE, *n. f.* animal sans raison, bête — grossier, stupide.

BRUYANT, *adj.* étourdissant.

BRUYÈRES, *n. f. pl.* V. *Brandes.*

BOBE, *n. f.* V. *Bourgeon.*

BUCHE, *n. f.* pièce de bois de chauffage, souche — bête, buse, butor, hébété, sot, stupide.

BUIRE, *n. f.* broc, cruche, cruchon.

BUISSON, *n. m.* arbrisseau, haie, hallier, ronces.

BULBE, *n. f.* oignon.

BULLE, *n. f.* bref, constitution, diplôme, lettre, ordon-

nance, rescrit du pape ou d'un empereur — provisions de la cour de Rome.

BULLETIN, *n. m.* cédule, petit billet — certificat, compte du jour — suffrage écrit.

BURE, *n. f.* burat, bureau.

BUREAU, *n. m.* burat, bure — pupitre, table — juridiction — assemblée — boutique.

BURINER, *v.* V. *Ciseler.*

BURLESQUE, *adj.* drôle, gaillard, impertinent. V. *Comique.*

BURLESQUEMENT, *adv.* comiquement, gaillardement. V. *Falotement.*

BURSAL, *adj.* pécuniaire, qui tend à tirer de l'argent.

BUSE, *n. f.* bondrée, buisart, busart — bête, grossier, hébété, imbécile, lourdaud, sot, stupide.

BUT, *n. m.* fin. V. *Visée.*

DE BUT EN BLANC, *phr. adv.* à boule vue, brusquement, étourdiment, inconsidérément, sans garder de mesures.

BUTÉ, *adj.* envisagé, fixé — arrêté, attaché, obstiné, opiniâtre, têtu.

BUTER, *v.* se proposer, tendre, viser — frapper au but, toucher le but. V. *Broncher.*

BUTIN, *n. m.* proie. V. *Pillage.*

BUTINER, *v.* faire du butin, piller, pirater, voler.

BUTOR, *n. m.* héron.

BUTOR, *adj.* bûche, buse. V. *Balourd.*

BUTORDERIE, *n. f.* bêtise. V. *Cacade*, imprudence. V. *Bévue.*

BUTTE, *n. f.* V. *Monticule.*

BUVABLE, *adj.* bon à boire, potable, qui peut se boire.

BUVEUR, *n. m.* adonné au vin, biberon, ivrogne.

C

CÀ , adv. à ce point, ici, en ce lieu-ci.

CABALE, n. f. brigue, complot, conjuration, conspiration, intrigue , manœuvre , menée, parti — association, ligue, société.

CABALER , v. comploter, conjurer, conspirer, faire une brigue , intriguer, liguer, manœuvrer, mener une intrigue.

CABALEUR, n. m. V. Séditieux.

CABANE , n. f. cahute , case , chaumière , chaumine , hute , loge , maisonnette , petite maison , petit réduit.

CABARET , n. m. auberge , gargote , hôtellerie , taverne.

CABARETIER,n. m. aubergiste, gargotier , hôtelier , marchand de vin.

CABINET , n. m. boudoir, petite chambre—étude, laboratoire , lieu de retraite pour le travail—armoire, buffet—mystères politiques , secret des princes.

CÂBLE , n. m. V. Cordage.

CABOCHE , n. f. tête — bon sens, intelligence, jugement.

SE CABRER , v. se dresser — résister, se mutiner, s'opposer, se mettre en colère , s'emporter—se choquer, s'offenser.

CABRI, n. m. V. Chevreau.

CABRIOLE , n. f. bond , bondissement , entrechat , gambade , saut—chute.

CABRIOLER, v. bondir, danser, faire la cabriole ou des cabrioles, gambader, sauter.

CABRIOLET, n. m. V. Voiture.

CABRIOLEUR,n. m. sauteur. V. Baladin.

CACA , n. m. fiente, immondice , ordure.

CACADE , n. f. V. Bévue.

CACHE , n. f. V. Cachette.

CACHÉ, adj. boutonné—celé, couvert , déguisé , dissimulé , enveloppé, impénétrable, masqué, mystérieux, pallié, secret, voilé.

CACHER , v. écarter, mettre à couvert , mettre à l'écart , retirer — déguiser , dissimuler , feindre , pallier , voler—celer , couvrir, dérober à la vue, receler , soustraire à la connaissance.

SE CACHER, v. s'absenter, s'écarter, s'éloigner, se mettre à couvert, s'enfuir—se blottir, se clapir, se tapir.

CACHET, n. m. sceau , scel.

CACHETER , v. apposer son scel, fermer , mettre un cachet, sceller.

CACHETTE , n. f. cache, lieu secret, réduit, repaire , retraite, trou.

EN CACHETTE , phr. adv. en particulier. V. Clandestinement.

CACHOT , n. m. V. Geôle.

CACOCHYME, adj. V. Chagrin , adj.

CACOPHONIE, n. f. défaut de concert , détonation , dissonance — désordre, irégularité, malentendu.

CADASTRE, n. m. registre des impôts, répartition proportionnée aux biens.

CADAVRE , n. m. carcasse , corps mort, squelette.

CADEAU, n. m. don , présent — fête, plaisir, réjouissance.

CADENAS, n. m. serrure amovible.

CADENCE, n. f. agrément, harmonie , mélodie , mesure , modulation , nombre , proportion , tion.

CADET, *adj.* moins âgé, né depuis, puîné.

CADRE, *n. m.* bordure, châssis, contour.

CADRER, *v.* V. *Convenir.*3.*div.*, s'accorder, s'assortir, symboliser, sympathiser.

CADUC, *adj.* fragile, périssable, peu durable — décrépit, qui menace ruine, vieux — frivole, passager, vain.

CADUCITÉ, *n. f.* fragilité—décrépitude, vétusté, vieillesse extrême—frivolité, vanité.

CAFARD, *adj.* bigot, cagot, faux dévot, grimacier, hypocrite, pharisien, tartufe.

CAFARDERIE, *n. f.* affectation de piété, bigoterie, bigotisme, cagoterie, cagotisme, fausse dévotion, grimace, hypocrisie, pharisaïsme, tartuferie.

CAGE, *n. f.* grillage, jalousie, treillage — logette à jour pour des oiseaux — enceinte extérieure d'un bâtiment — loge, maisonnette — cachot, geôle, prison.

CAGNARD, *adj.* fainéant, indolent, lâche, paresseux—poltron, pusillanime, qui est sans courage, qui manque de cœur, timide.

CAGNEUX, *adj.* boiteux, déhanché, éclopé, éhanché, estropié, impotent, mal tourné.

CAGOT, *adj.* V. *Cafard.*

CAGOTERIE, *n. f.* CAGOTISME, *n. m.* V. *Cafarderie.*

CAHIER, *n. m.* feuilles réunies — journal, mémoire, registre.

CAHIN CAHA, *adv.* avec peine, difficilement, gauchement, pas trop bien, tant bien que mal.

CAHOT, *n. m.* V. *Saccade.*

CAHOTER, *v.* agiter, causer des cahots, donner des saccades, ébranler, heurter, secouer.

CAHUTE, *n. f.* V. *Cabane.*

CAILLER, *v.* V. *Coaguler.*

SE CAILLER, {se coaguler, se condenser, se congeler, s'engrumeler, se figer, se grumeler, se mettre en grumeaux, s'épaissir, tourner en caillots.

CAILLETTE, *n. f.* babillarde, bavarde, caqueteuse, causeuse, jaseuse, médisante.

CAILLOT, *n. m.* grumeau.

CAILLOU, *n. m.* grès, pierre très dure, roche.

CAILLOUTAGE, *n. m.* amas de petits cailloux, ouvrage de cailloux ramassés, rocaille.

CAISSE, *n. f.* boîte, coffre fort — tambour.

CAJOLER, *v.* allécher, amorcer, attirer, caresser, dire des douceurs, enjôler, flatter, gagner, louer, mignarder.

CAJOLERIE, *n. f.* enjôlerie. V. *Flatterie.*

CAJOLEUR, *n. m.* adulateur, caressant, complaisant, douceureux, enjôleur, flatteur, louangeur.

CAL, *n. m.* callosité, calus, cor, dureté, durillon, nœud, oignon, poireau, verrue.

CALAMITÉ, *n. f.* accident, affliction, dégât, désastre, désolation, détresse, disgrâce, dommage, fatalité, infortune, malheur, malheureux évènement, mauvais succès, misère, ruine, traverse.

CALAMITEUX, *adj.* accablé de misère, accablé de traverses, infortuné, malheureux, misérable — affligeant, désastreux, disgracieux, dommageable, fâcheux, fatal, funeste, malencontreux, nuisible, préjudiciable, ruineux.

CALANDRE, *n. f.* charançon, cosson, ver qui ronge les blés.

CALCINATION, *n. f.* V. *Cinération.*

CALCINER, *v.* brûler, décrópiter, pulvériser, réduire en chaux, sécher.

CALCUL, *n. m.* algèbre, arithmétique — compte, supputation — gravier, maladie de la pierre, sable.

CALCULER, *u.* V. *Chiffrer.*

CALE, *n. f.* le fond d'un navire — abri entre deux pointes de terre — morceau plat mis sous un meuble pour le tenir de niveau.

CALEBASSE, *n. f.* V. *Courge.*

CALÈCHE, *n. f.* carrosse coupé, carrosse léger.

CALEÇON, *n. m.* V. *Culotte.*

CALEMBOURG, *n. m.* V. *Rébus.*

CALEMBREDAINE, *n. f.* paroles vaines, vains propos. V. *Faux-fuyant.*

CALENDRIER, *n. m.* almanach, catalogue des fêtes, table des jours.

CALEPIN, *n. m.* collection de notes ou remarques, mémorial, recueil, registre.

CALER, *v.* baisser, mettre dessous, resserrer, serrer — faire place, ployer, se rendre, s'humilier — céder, déférer, reculer, s'abaisser, s'en aller — assurer la position, établir le niveau.

CALFAT, *n. m.* goudron, poix, radoub d'un vaisseau.

CALFATER, *v.* V. *Brayer.*

CALFEUTRER, *v.* V. *Tamponner* — garnir.

CALIBRE, *n. m.* convenance, épaisseur, grosseur, mesure, ouverture, volume.

CALICE, *n. m.* coupe — affliction, douleur, tristesse — élargissement, étendue, évasement, ouverture de l'extrémité des branches ou queues qui portent les fleurs.

SE CALINER, *v.* fainéanter, faire le paresseux, s'abandonner à l'indolence. V. *se Choyer.*

CALLOSITÉ, *n. f.* V. *Cal.*

CALMANT, *adj.* V. *Sédatif.*

CALME, *n. m.* bonace. V. *Repos.*

CALMÉ, *adj.*, et

CALMER, *u.* adoucir, apaiser, fléchir, modérer, rendre calme, tranquilliser.

CALOMNIATEUR, *n. m.* délateur, détracteur, faux accusateur, imposteur.

CALOMNIE, *n. f.* délation, détractation, fausse accusation, fausse imputation, imposture, médisance fausse, supposition de crime,

CALOMNIER, *v.* accuser faussement, attaquer l'honneur par des calomnies, blesser la réputation par des faussetés, décrier par des impostures, imputer à faux, supposer de faux crimes.

CALOMNIEUX, *adj.* controuvé, faux, imputé à faux, inventé faussement, supposé faussement.

CALOTTE, *n. f.* barrette, bonnet, chapeau de cardinal — cardinalat, dignité de cardinal.

CALQUER, *v.* contrefaire, former sur le modèle, imiter, tracer sur le modèle.

CALUS, *n. m.* V. *Cal* — dureté de cœur, endurcissement, insensibilité.

CAMARADE, *n. m.* ami, associé, collègue, compagnon, condisciple.

CAMARD, *adj.* camus, qui a le nez écaché, qui a le nez écrasé, qui a le nez retroussé.

CAMBOUIS, *n. m.* graisse, saindoux, suif, vieux oing.

CAMBRER, *v.* cintrer, courber, fléchir, plier, voûter.

CAMÉRIER, *n. m.* V. *Chambellan.*

CAMISADE, *n. f.* attaque inopinée, brusquerie, surprise.

CAMISOLE, n. f. chemisette, gilet.

CAMOUFLET, n. m. affront, avanie, démenti, déplaisir, humiliation, mortification.

CAMP, n. m campement, pavillons, retranchement, tentes.

CAMPAGNARD, adj. habitant des champs, paysan, villageois — agreste, grossier, impoli, rustique, sauvage.

CAMPAGNE, n. f. champs, plaine — année de service, service militaire — pays.

CAMPER, v. arrêter son camp, asseoir son camp, loger, se loger, se placer, se poster, se retrancher

CAMPOS, n. m. congé, liberté, licence, relâche, vacance.

CAMUS, adj. V. Camard.

CANAILLE, n. f. V. Populace.

CANAL, n. m. aquéduc, chéneau, conduit, gouttière, lit de rivière, tube, tuyau — détroit, pas — entremise, moyen, voie.

CANARD, n. m. cane — chien barbet.

CANCELLER, v. V. Barrer. 2ᵉ div.

CANDEUR, n. f. bonté d'âme, loyauté. V. Naïveté.

CANDIDAT, n. m. aspirant, postulant, prétendant.

CANDIDE, adj. honnête, ingénu, loyal, naïf, qui est de bonne foi, qui est sans déguisement, qui est sans dissimulation, sincère, tout rond, véridique, vrai.

CANDIDEMENT, adv. avec candeur, avec franchise, avec sincérité, avec vérité, de bonne foi, franchement, ingénument, loyalement, naïvement, sans déguisement, sans détour, sans dissimulation, simplement, sincèrement, tout rondement.

CANEVAS, n. m. dessein, modèle, plan, premier projet —

matériaux, matière — grosse toile, serpillière.

CANNELÉ, adj. orné de cannelures, rayé, strié.

CANNELURE, n. f. rayure, strie, striure.

CANGRÈNE, n. f. corruption, gangrène, pourriture, putréfaction.

CANON, n. m. catalogue—discipline, lois, mesure, ordre, règle — décision, décret ; ordonnance, statut — artillerie, pièce d'artillerie, tuyau de fusil ou de pistolet —corps d'une seringue.

CANON, adj. canonique, ecclésiastique.

CANONICAT, n. m. bénéfice ou prébende de chanoine, chanoinie.

CANONIQUE, adj. authentique, autorisé par les canons, conforme aux décrets de l'Eglise, ecclésiastiqu, légitime, ordonné par les règles de l'Eglise.

CANONIQUEMENT, adv. authentiquement, conformément aux canons, légitimement, régulièrement, selon les saints décrets.

CANONISATION, n. f. apothéose, consécration,

CANONISER, v. déclarer saint, inscrire au catalogue des saints — approuver, autoriser, consacrer, sanctifier.

CANONISTE, n. m. docteur en droit canon, savant en droit canon.

CANONNIÈRE, n. f. embrasure, ouverture.

CANOT, n. m. V. Barque.

CANTINE, n. f. bouteille, broc, flacon, gourde — lieu où l'on fournit aux soldats du tabac et de la boisson — chariot des provisions de bouche.

CANTIQUE, n. m. air pieux, chant spirituel, hymne.

CANTON, n. m. V. Contrée.

CANTONNER, v. distribuer, diviser, loger par cantons.

se CANTONNER, se fortifier, se mettre en état de défense, se retirer dans un canton, se retrancher.

CAP, n. m. chef, tête — pointe de terre élevée, promontoire, rocher.

CAPABLE, adj. ample, étendu, spacieux, vaste—apte, habile, propre --assorti, bienséant, convenable, proportionné — docte, éclairé, entendu, érudit, habile, instruit, intelligent, qui a des connaissances, qui a du talent, savant.

CAPACITÉ, n. f. continence, étendue — aptitude, lumières, portée, talent. V. Habileté — force, pouvoir, propriété, qualité, suffisance, vertu.

CAPE, CAPOTE, nn. ff. V. Vêtement — coule, froc.

CAPILOTADE, n. f. massacre, mélange, salmigondis—V. Galimafrée, compilation, galimatias.

CAPITAL, adj. fondamental, principal -- digne de mort, mortel.

CAPITALE, n. f. métropole, ville principale.

CAPITOUL, n. m. V. Jurat.

CAPITULAIREMENT, adv. en chapitre, par acte capitulaire.

CAPITULAIRES, n. m. pl. constitutions, lois, ordonnances, règlements rédigés par chapitres.

CAPITULANT, adj. ayant droit de suffrage, ayant droit, en chapitre.

CAPITULATION, n. f. V. accommodement.

CAPITULER, v. se rapprocher. V. Traiter.

CAPON, adj. caché, dissimulé, fin, rusé.

CAPOT, adj. attrapé, déçu,

trompé — confus, déconcerté, étonné, étourdi, honteux, interdit.

CAPRICE, n. m. V. Bizarrerie.

CAPRICIEUSEMENT, adv. bizarrement, extravagamment, follement, inconstamment, inégalement, légèrement, par boutade, par caprice, par fantaisie.

CAPRICIEUX, adj. V. Bizarre.

CAPSULE, n. f. V. Etui.— cosse, écosse, gousse, silique.

CAPTER, v. attirer, gagner, obtenir, se concilier, se ménager.

CAPTIEUSEMENT, adv. à dessein de surprendre, avec intention de tromper, artificieusement, cauteleusement, de mauvaise foi, en fourbe, insidieusement, pour surprendre, pour tromper.

CAPTIEUX, adj. V. Insidieux.

CAPTIF, adj. esclave, prisonnier — asservi, assujéti, contraint, gêné.

CAPTIVER, v. asservir, assujétir, gêner, retenir. V. Astreindre—modérer — attacher, concilier, engager, gagner.

CAPTIVITÉ, n. f. esclavage, servitude. V. Emprisonnement — asservissement, assujétissement, dépendance, soumission, sujétion — attachement, engagement.

CAPTURE, n. f. butin, gibier, prise, proie, saisie.

CAPUCE, n. m. capuchon, froc.

CAPUCINADE, n. f. allusion fausse et ridicule, application forcée, discours de mauvais goût, rapsodie.

CAQUE, n. f. petit baril, petite barrique.

CAQUER, v. V. Encaquer.

CAQUET, n. m. abondance superflue de paroles. V. Bavardage — gazouillement, jargon, ramage.

Caqueter, v. dégoiser. V. Discourir, dire, grasseyer, jargonner, ramager.

Caquetage, n. f. V. Caquet.

Car, conj. attendu que, d'autant que, effectivement, en effet, parceque, pour ce que, puisque, vu que.

Carabine, n. f. arquebuse, fusil, mousquet, mousqueton.

Caracole, n. f. détour, mouvement irrégulier.

Caractère, n. m. figure, marque, ligne — lettre — chiffre — écriture, forme de chaque écriture, main, manière d'écrire — empreinte — magie, sortilège — sceau, attribut, essence, nature, propriété — pente naturelle. V. Trempe.

Caractériser, v. contrefaire, esquisser, exprimer. V. Décrire, etc.

Caractéristique, adj. distinctif, essentiel, particulier, propre, qui caractérise.

Carafe, n. f. Carafon, n. m. bouteille, fiole, flacon.

Caravane, n. f. assemblée, compagnie, réunion, société, troupe de voyageurs — campagne de mer, course en mer — course, échappée, équipée, escapade.

Caravansérail. V. Han.

Carcan, n. m. cercle, collier — pilori.

Carcasse, n. f. cadavre desséché, corps décharné, squelette — bombe composée de cercles de fer.

Carde, n. f. étrille, peigne.

Carder, v. démêler, étiller, peigner.

Cardiaque, adj. V. Cordial.

Cardinal, adj. V. Fondamental.

Carême, n. m. quadragésime, sainte-quarantaine.

Carême-prenant, n. m. carnaval, les jours gras.

Caressant, adj. V. Attirant.

Caresse, n. f. amitié, bon accueil. V. Cajolerie.

Caresser, v. bien accueillir, cajoler, dire des douceurs, enjôler, faire amitié, faire des caresses, flatter, montrer de l'affection.

Cargaison, n. f. charge, chargement d'un vaisseau.

Carguer, v. accourcir, lever en haut, trousser la voile.

Caricature, n. f. charge, peinture ressemblante mais exagérée.

Carie, n. f. corruption, pourriture, putréfaction, vermoulure.

Carié, adj. corrompu, gâté, moisi, pourri, putréfié, rongé, vermoulu.

se Carier, v. pourrir, se corrompre, se gâter, se putréfier, tomber en pourriture.

Carillon, n. m. battement de cloches en accord et en mesure. V. Tapage.

Cariole, n. f. chaise, charrette couverte, voiture.

Carnage, n. m. V. Abatis.

Carnassier, adj. carnivore, qui aime la viande, qui se nourrit de chair — avide, goulu, gourmand de viande.

Carnaval, n. m. V. Carême-prenant.

Carré, adj. quadrangulaire, qui a quatre angles.

Carreler, v. couvrir, garnir, paver de carreaux.

Carrément, adv. à angle droit en carré.

se Carrer, v. V. se parader.

Carrière, n. f. perrière, arène, champ, course, espace, étendue, voie.

Carrosse, n. m. V. Voiture. 2e. div.

Carte, n. f. description, mémoire, plan —. marche, tablature.

CARTEL, n. m. appel, défi, provocation au combat, — accord, convention, règlement pour la rançon des prisonniers.

CARTULAIRE, n. m. collection d'actes, papier terrier, recueil de titres.

CARYBDE, n. m. abîme, danger, écueil, gouffre, péril.

CAS, n. m. accident, circonstance, conjoncture, évènement, fait, occasion —matière —, condition, convention, stipulation — crime, délit, faute, péché — embarras — bonne opinion, estime—caca, fiente, immondice, ordure — désinence, terminaison de noms.

CASANIER, adj, qui reste chez soi, retiré, poltron. V. Fainéant.

CASAQUE, n. f. V. Vêtement.

CASCADE, n. f. V. Catadoupe — inégalité, bouds.

CASE, n. f. V. Cabane — carreau d'échiquier, compartiment, division, flèche de trictrac.

CASQUE, n. m. V. Armet.

CASSANT, adj. V. Fragile.

CASSATION, n. f. anéantissement. V. Abolition.

CASSER, v. briser, concasser, détruire, égruger, fracasser, mettre en morceaux, rompre— V. Abolir, dégrader, dépouiller, destituer, faire déchoir.

CASSEROLE, n. f. huguenote, petite poêle, poêlon.

CASSETTE, n. f. boîte, coffret.

CASSURE, n. f. fissure. V Crevasse.

CASTOR, n. m. caudebec, chapeau, clabaud, feutre.

CASTRAT, n. m. châtré, eunuque.

CASUEL, adj. V. Fortuit —

dont on ne jouit que par emprunt, ou par permission. V. Amovible.

CASUEL, n. m. revenu fortuit.

CATADOUPE, CATADOUPE, n. f. cascade, cataracte, chute d'eau, saut.

CATAFALQUE, n. m. appareil mortuaire, cénotaphe, décoration funèbre, sarcophage.

CATALOGUE, n. m. dénombrement, détail, état, index, liste, mémoire, rôle, table, tableau.

CATAPLASME, n. m. V. Emplâtre.

CATARACTE, n. f. V. Catadoupe, — humeur épaisse sur les yeux.

CATARRHE, n. m. distillation d'humeur, fluxion, rhume.

CATASTROPHE, n. f. accident fâcheux, changement, dénoûment funeste, fin déplorable, malheur, renversement, révolution.

CATÉCHISER, v. enseigner les vérités de la religion, faire des instructions simples et détaillées — instruire en détail — chapitrer, corriger, reprendre, réprimander, sermonner, tancer.

CATÉCHISME, n. m. explication des vérités de la religion, instruction chrétienne.

CATÉGORIE, n. f. caractère, espèce, genre, nature, sorte.

CATÉGORIQUE, adj. conforme à l'ordre, précis. V. Valable.

CATÉGORIQUEMENT, adv. dans l'ordre, d'une manière précise. V. Congrument.

CATHOLICISME, n. m. communion catholique, religion catholique.

CATHOLICITÉ, n. f. conformité avec la doctrine de l'Eglise catholique, doctrine de l'Eglise catholique, orthodoxie — l'Eglise catholique, les nations catholiques, les pays catholiques.

CATHOLIQUE, adj. conforme à la doctrine de l'Eglise, saint, général, orthodoxe, régulier, universel.

CATHOLIQUEMENT, adv. conformément à la foi de l'Eglise catholique, d'une manière orthodoxe, exactement, régulièrement.

CAUCHEMAR, n. m. asthme nocturne, éphialte, étouffement, suffocation — déplaisance, déplaisir, ennui.

CAUDEBEC, n. m. V. Castor.

CAUSE, n. f. origine, principe, source. — matière, motif, sujet — excuse, occasion, prétexte, raison — affaire, plaidoyer, procès — droit, moyen — parti — contestation, démêlé, différend, discussion.

A CAUSE, phr. adv. eu égard, parce que, par la raison, pour.

CAUSER, v. être cause, faire naître, occasioner, produire — babiller, bavarder, caqueter, être indiscret, jaser, médire, parler trop.

CAUSERIE, n. f. V. Bavardage.

CAUSEUR, n. m. babillard, bavard, discoureur, imprudent, indiscret, jaseur, médisant, rapporteur.

CAUSTICITÉ, n. f. aigreur, dureté, humeur revêche, inclination à mordre, malignité, méchanceté, médisance, penchant pour la satire.

CAUSTIQUE, adj. brûlant, corrodant, corrosif — chagrin, censeur, injurieux, médisant. V. Mordant.

CAUTELEUSEMENT, adv. adroitement, finement, habilement. V. Insidieusement — par ruse, subtilement.

CAUTELEUX, adj. V. Fin.

CAUTION, n. f. assurance, billet, cautionnement, garantie, obligation, sûreté. V. Répondant.

CAUTIONNER, v. certifier, être caution. V. Garantir.

CAVALCADE, n. f. marche, promenade, voyage à cheval.

CAVALE, n. f. jument.

CAVALERIE, n. f. corps de gens à cheval, troupe de cavaliers.

CAVALIER, n. m. homme de cheval, soldat à cheval — gentilhomme — pièce de fortification.

CAVALIER, adj. aisé, dégagé, libre — altier, arrogant, brusque, fier, hautain, incivil.

CAVALIÈREMENT, adv. d'un air aisé, d'un air dégagé, d'un air libre, librement, sans façon — arrogamment, brusquement, fièrement, incivilement.

CAVE, n. f. caveau, cellier.

CAVER, v. creuser, enfoncer, fouiller, miner, pénétrer, vider — approfondir, examiner à fond, rechercher exactement.

CAVERNE, adj. f. antre, conduit souterrain, concavité, creux, grotte, mine, souterrain, tanière.

CAVILLATION, n. f. V. Moquerie — subtilité, raisonnement captieux, sophisme.

CAVITÉ, n. f. creux, enfoncement, excavation, fosse, profondeur, trou vide.

CÉANS, adv. en ce lieu-ci, en cette maison-ci, ici, ici-dedans.

CÉCITÉ, n. f. aveuglement, état d'une personne aveugle.

CÉDER, v. abandonner, laisser, quitter — aliéner, transporter un droit — déférer, obéir, plier, s'accommoder, se conformer, se soumettre — se lâcher, se relâcher, se rendre — reculer, s'enfuir, se retirer — rabattre, retrancher — succomber.

CÉDULE, n. f. mémoire, pe-

tit papier, registre de banquier.
V. *Obligé.*

CEINDRE, v. enfermer, entourer, environner, investir, mettre autour.

CEINTURE, n. f. ceinturon—cordon—enceinte—les reins!

CÉLÉBRATION, n. f. cérémonie publique, solennité.

CÉLÈBRE, adj. estimé, fameux, mémorable, notable. V. *Illustre—solennel.*

CÉLÉBRER, v. honorer, louer—fêter, solenniser—mettre en réputation, prôner, publier les louanges.

CÉLÉBRITÉ, n. f. distinction, éclat. V. *Renom*—cérémonie, magnificence, pompe—fête, solennité.

CELER, v. couvrir, faire mystère, ne pas donner à connaître. V. *Taire.*

CÉLÉRITÉ, n. f. V. *Promptitude.*

CÉLESTE, adj. appartenant au ciel—habitant du ciel—descendu du ciel, digne de Dieu, divin, inspiré de Dieu, venu du ciel—excellent, extraordinaire, parfait.

CELLIER, n. m. cave, caveau.

CELLULE, n. f. maisonnette, petite chambre, retraite—alvéole, loge.

CELTE, adj. celtique.

CENDRE, n. f. poudre, poussière—sépulcre, tombeau.

CENDRÉ, adj. gris, qui est de couleur de cendre.

CÉNOBIARQUE, n. m. abbé, chef, prélat, supérieur d'un monastère—archimandrite.

CÉNOBITE, n. m. moine, religieux.

CÉNOBITIQUE, adj. monastique, religieux.

CÉNOTAPHE, n. m. V. *Catafalque.*

CENS, n. m. V. *Censive*—déclaration, dénombrement.

CENSE, n. f. ferme, métairie.

CENSÉ, adj. cru, estimé, regardé, réputé, tenu.

CENSEUR, n. m. contrôleur, critique, épilogueur, redresseur, réformateur.

CENSITAIRE, n. m. V. *Feudataire.*

CENSIVE, n. f. cens, redevance, rente seigneuriale, étendue qui relève d'un fief, mouvance, tenure.

CENSURE, n. f. blâme, critique—réformation—examen, correction, décision, jugement, réprimande, reproche.

CENSURER, v. V. *Critiquer.*

CENTON, n. m. ouvrage composé de morceaux d'emprunt, parodie.

CENTRE, n. m. cœur, milieu, point du milieu—point de correspondance—lieu de ralliement, point de réunion—foyer.

CEP, n. m. pied de vigne, souche, tronc.

CEPENDANT, adv. néanmoins, nonobstant cela, pourtant, toutefois—dans ces conjonctures, pendant ce temps là, sur ces entrefaites.

CERCEAU, n. m. cercle.

CERCLE, n. m. cerceau, cerne, rond—assemblée, compagnie—sophisme qui donne pour preuve ce qui est en question.

CÉRÉMONIE, n. f. rite—solennité—appareil—compliments, façons.

CÉRÉMONIEUX, adj. V. *Façonnier.*

CERTAIN, adj. véritable, vrai, V. *Incontestable*—fixe, positif, précis—quelque, quelqu'un.

CERTAINEMENT, adv. V. *Sûrement.*

CERTIFICAT, n. m. CERTIFICATION, n. f. assurance, attestation, écrit faisant foi, témoignage.

CERTIFICATEUR, n. m. V. Répondant.

CERTIFIER, v. affirmer, assurer, attester, cautionner, déclarer, garantir, jurer, protester, prouver, rendre témoignage, répondre, soutenir.

CERTITUDE, n. f. assurance, connaissance certaine—durée, permanence, solidité. V. Persévérance.

CERVEAU, n. m. CERVELLE, n. f. crâne, tête. V. Entendement.

CESSATION, n. f. cesse, discontinuation, intermission, intermittence, interruption, loisir, relâche, repos, suspension.

CESSER, v. arrêter. V. Interrompre.

CESSION, n. f. abandon, abandonnement, aliénation, concession, don, donation, transmission, transport.

CÉSURE, n. f. coupe, repos dans un vers.

CHAFOUIN, adj. petit. V. Maigre.

CHAGRIN, n. m. inquiétude, peine d'esprit. V. tristesse — aigreur, colère, dépit, dureté, humeur revêche.

CHAGRIN, adj. affligé, contristé, inquiet, mélancolique, triste — bourru, caustique, difficile, fâcheux, fantasque, humoriste, misanthrope, rude, sauvage.

CHAGRINANT, adj. inquiétant. V. triste. 3e div.

CHAGRINER, v. affliger, attrister, causer du chagrin, contrister, déplaire, désoler, fâcher, faire peine, inquiéter, mortifier, peiner.

CHAÎNE, n. f. asservissement. V. Lien, 1re div.—enchaînement, enchaînure, liaison, ordre, série, suite.

CHAIR, n. f. viande — concupiscence, convoitise charnelle, sensualité.

CHAIRE, n. f. lieu élevé d'où l'on parle en public, tribune — siège épiscopal — fonction de prédicateur — place de professeur.

CHAISE, n. f. siège à dos — cabriolet, petite voiture, phaéton.

CHALEUR, n. f. ardeur, chaud — diligence, empressement, vivacité — ardeur de courage, émotion, emportement, feu — colère, courroux, passion, zèle.

CHALIT, n. m. bois de lit, couche, couchette, grabat.

CHALOUPE, n. f. V. Barque.

CHALUMEAU, n. m. paille, petit tube, tuyau — flageolet, petite flûte.

CHAMAILLER, v. avoir différend, contester, disputer, quereller, se battre, se débattre.

CHAMAILLIS, n. m. batterie, combat, contestation, débat, démêlé, dispute, hourvari, mêlée, querelle.

CHAMARRER, v. broder, ciseler, galonner.

CHAMARRURE, n. f. broderie, ciselure, galon, passement.

CHAMBELLAN, n. m. camérier, chambrier, gentilhomme de la chambre, maître de la chambre, officier de la chambre.

CHAMBRÉE, n. f. compagnie, coterie, société de la même chambre.

CHAMBRIER, n. m. V. Chambellan.

CHAMBRIÈRE, n. f. domestique, femme de chambre, servante.

CHAMP, n. m. campagne, fonds de terre, héritage, pièce de terre — matière, sujet — lieu, place.

CHAMPART, n. m. droit d'un seigneur sur les fruits des terres de sa censive, terrage.

CHAMPÊTRE, adj. V. Rural —

campagnard, paysan, villageois...

CHAMPIGNON, n. m. V. Morille.

CHAMPION, n. m. homme de guerre, homme qui se présente au combat — bravache, fanfaron, fier-à-bras, rodomont.

CHANCE, n. f. aventure, bonheur, coup de fortune, hasard, sort.

CHANCELANT, adj. branlant, mal assuré, menaçant ruine, vacillant. V. Perplexe.

CHANCELER, v. menacer ruine. V. Vaciller.

CHANCEUX, adj. V. Fortuné.

CHANCI, adj. moisi.

CHANCRE, n. m. élevure, pustule, ulcère malin.

CHANGE, n. m. commutation, échange, mutation, permutation, troc.

CHANGEANT, adj. V. Inconstant.

CHANGEMENT, n. m. V. Métamorphose. V. Mutation. V. Inconstance. V. Change.

CHANGER, v. altérer, métamorphoser, transfigurer, transformer. V. Echanger, déranger, déplacer.

CHANGEUR, n. m. banquier.

CHANOINIE, n. f. V. Canonicat.

CHANSON, n. f. vaudeville. V. Baliverne.

CHANT, n. m. air modulé, fredon — gazouillement, gazouillis, ramage.

CHANTER, v. faire des fredons, fredonner — annoncer, célébrer, publier — dire — gazouiller, ramager.

CHAOS, n. m. confusion — abime, gouffre, ténèbres.

CHAPE, n. f. V. Cape.

CHAPEAU, n. m. V. Castor.

CHAPELET, n. m. rosaire.

CHAPITRER, v. blâmer, catéchiser, censurer, châtier, corriger, désapprouver, quereller, reprendre, réprimander, tancer.

CHAR, n. m. chariot. V. Carrosse.

CHARANÇON, n. m. V. Calandre.

CHARBON, n. m. braise.

CHARBONNER, v. gâter, noircir, salir — déchirer, flétrir la réputation.

CHARGE, n. f. faix, fardeau, poids — choc, combat — clause, condition, stipulation — pension, redevance, rente — imposition, impôt, tribut — accusation, déposition — dignité, office — commission, emploi, fonction — devoir, obligation, tâche — cargaison, chargement. V. Caricature.

CHARGEANT, adj. lourd, pesant — difficile. V. Fâcheux.

CHARGER, v. accabler, appesantir, peser sur — attaquer, battre, brusquer, donner — incommoder — imposer, mettre de forts impôts — donner commission — accuser, déposer contre — exagérer, représenter avec exagération.

se CHARGER, v. cautionner, prendre sur soi, répondre pour, se rendre responsable.

CHARIER, v. mener en voiture, voiturer — emporter, entraîner.

CHARIOT, n. m. char, voiture de charge à quatre roues.

CHARITABLE, adj. animé par la charité, plein de charité, qui aime Dieu et son prochain — fait dans des vues de charité, fait en esprit de charité, inspiré par la charité, qui part d'un principe de charité — aumônier, bienfaisant, bon, humain, libéral, obligeant, officieux, serviable.

CHARITÉ, n. f. amour de Dieu et du prochain, la sainte

direction ; le saint amour, zèle chrétien — acte charitable, action charitable — aumône, bienfait, don, libéralité.

CHARIVARI, n. m. méchante musique — V. *Tapage.*

CHARLATAN, n. m. bateleur, empirique. V. *Enjôleur.*

CHARLATANERIE, n. f. amorce, artifice, batelage, cajolerie, duperie, enjôlerie, fourbe, fourberie, fraude, hâblerie, imposture, prestige, supercherie, tromperie.

CHARMANT, adj. V. *Ravissant.*

CHARME, n. m. agrément, appas, attrait, grâces. V. *Fascination.*

CHARMER, v. agréer, faire grand plaisir, plaire, ravir — adoucir, calmer, suspendre — allécher, amadouer, amorcer, attirer, enchanter, gagner, séduire — ensorceler, faire illusion, fasciner.

CHARNEL, adj. attaché à la terre, terrestre — impur, livré aux plaisirs des sens, porté aux voluptés, sensuel, voluptueux.

CHARNELLEMENT, adv. au gré de la concupiscence, impurement, sensuellement, selon la chair, voluptueusement.

CHARNU, adj. bien nourri, dodu, épais, fourni de chair, plein de chair, riche en embonpoint.

CHAROGNE, n. f. cadavre, chair fétide, corps mort.

CHARPENTER, v. couper, tailler — bousiller, gâter l'ouvrage, mal couper, mal tailler.

CHARTE ou CHARTRE, n. f. ancien diplôme, ancien titre, vieux privilège, vieux renseignement.

CHARTRE, n. f. cachot, geôle, prison. V. *Marasme.*

CHASSE, n. f. V. *Reliquaire.*

CHASSE, n. f. action de chasser, poursuite — art de chasser, vénerie — attirail pour chasser, équipage pour chasser — troupe de chasseurs — gibier pris par le chasseur.

CHASSER, v. courre le gibier, donner la chasse, être à la chasse, poursuivre, pousser — exiler. V. *Éliminer* — débusquer, déloger, dissiper, mettre en fuite.

CHASSIS, n. m. V. *Cadre.*

CHASTE, adj. continent, dont les mœurs sont sans reproche, pudique, pur. V. *Incorruptible.*

CHASTEMENT, adv. V. *Purement.*

CHASTETÉ, n. f. continence, pudeur, pudicité, pureté. V. *Innocence.*

CHAT, n. m. matou, minet, minon.

CHÂTEAU, n. m. hôtel, maison de plaisance, maison seigneuriale. V. *Boulevard.*

CHÂTEAU EN ESPAGNE, n. m. chimère.

CHAT-HUANT, n. m. chouette, duc, hibou.

CHÂTIER, v. V. *Corriger*, 4. div. polir, réformer, remanier, rendre correct, retoucher.

CHÂTIMENT, n. m. peine, punition, supplice. V. *Réprimande.*

CHATON, n. m. partie d'un bijou où est enchâssée une pierre précieuse. V. *Minet.*

CHATOUILLEMENT, n. m. démangeaison, picotement, prurit, titillation — envie de se gratter.

CHATOUILLER, v. toucher légèrement — causer du plaisir, exciter une sensation agréable, flatter, provoquer le désir.

CHATOUILLEUX, adj. délicat, sensible — difficile, douteux, incertain, problématique — dangereux, hasardeux, périlleux, risquable, risqueux.

CHÂTRÉ, adj. et

CHÂTRER, v. amputer, couper,

élaguer, épurader, mutiler, retrancher, rogner, tailler.

Chaleur, n. m. ardeur, chaleur.

Chaud, adj. ardent, bouillant, brûlant. (V. Actif.)

Chaudement, adv. ardemment, avec ardeur, avec chaleur, avec feu, promptement,
vivement.

Chaudière, n. f. V. Marmite.

Chauffage, n. m. bois à brûler, provision de bois — droit de
prendre sa provision de bois.

Chauffe-lit, n. m. bassinoire,
demoiselle, moine.

Chauffer, v. donner de la
chaleur, échauffer, faire chauffer, rendre chaud — fournir de
bois, fournir le chauffage.

Chaufferette, n. f. chauffe-
pied, cornet, réchaud.

Chaume, n. m. seigle, paille.

Chaumière, n. f. V. Cabane.

Chausson, n. bas, chaussette,
— chaperon.

Chaussée, n. f. V. Digue.

Chausses, n. f. pl. culotte,
haut de chausses.

Chaussure, n. f. bas, botte,
brodequin, chausse, chaussette
escarpin, galoche, pantoufle,
sabot, sandale, savate, soque,
soulier.

Chauve, adj. dégarni de cheveux, pelé, qui est sans cheveux, qui n'a plus de cheveux.

Chef, n. m. tête — article,
chapitre, division, point —
autorité particulière, propre
mouvement — premier, principal — capitaine, commandant, conducteur, général,
supérieur.

Chefcier, **Chefcoier**, **Chef-
vecem**, n. mm. chef d'un
chapitre, premier dignitaire.

Chef-d'œuvre, n. m. merveille, montre, ouvrage parfait,
prodige — preuve de capa-
cité.

Chegros, n. m. fil enduit de
poix, fil gros, ligneul.

Chômer, v. avoir de l'ennui, avoir du chagrin, avoir du
dégoût — dépérir, languir,
maigrir, tomber en chartre.

Chemin, n. m. V. Passage)
conduite, moyen.

Cheminer, v. aller, avancer,
faire du chemin, faire route,
marcher — faire des progrès,
faire son chemin, profiter.

Chemisette, n. f. camisole,
gilet.

Cheneau, n. m. V. Canal.

Chenapan, n. m. V. Bandit.

Chenet, n. m. chevrette,
landier.

Chenu, adj. blanc de vieillesse, qui a les cheveux blancs,
vieux.

Cheptel, **Chetel**, nn. mm.
V. Gazaille.

Cheq, n. m. chérif, grand
prêtre de la Mecque, prince de
la Mecque.

Cher, adj. précieux, qui est
de grande valeur, qui est de
grand prix — bien-aimé, chéri,
favori.

Cherche, n. f. V. Enquête —
trait figuré par des points.

Chercher, v. V. Rechercher. a. div.

Chère, n. f. accueil, caresse,
réception, traitement — table
— festin, mets, viandes.

Chèrement, adv. à grand
prix, beaucoup, cher — avec
affection, avec amitié, avec attache, tendrement.

Chérif, n. m. V. Cheq.

Chérir, v. aimer, avoir de
l'affection, avoir de l'amitié,
avoir de l'attachement, favoriser, vouloir du bien.

Cherté, n. f. haut prix, taux
excessif, valeur considérable —
défaut de vivres, famine, disette, manque de vivres, pénu-

rie — concours, concurrence, foule, presse.

CHETIF, *adj.* dénué de forces, langoureux. V. *Maigre* — malboureux — mal bâti, mal fait, méprisable, qui est de peu de valeur, vil.

CHEVAL, *n. m.* V. *Bidet.*

CHEVAUCHÉE, *n. f.* tournée, visite, voyage à cheval.

CHEVELU, *adj.* garni d'une longue crinière, qui a beaucoup de cheveux, qui a de grands cheveux, qui porte une longue chevelure — qui pousse des filaments.

CHEVELURE, *n. f.* cheveux, crinière, crins, perruque — touffe de filaments — feuillage, feuilles.

CHEVET, *n. m.* oreiller, traversin.

CHEVILLER, v. arrêter, assembler, attacher, clouer, contenir, fixer, joindre, retenir avec des chevilles.

CHÈVRE, *n. f.* bique, femelle du bouc.

CHEVREAU, *n. m.* biquet, cabri, le petit d'une chèvre.

CHEVROTER, v. aller en bondissant, aller par bonds et par sauts, bondir, cabrioler, faire des cabrioles, gambader, sautiller — perdre patience, prendre la chèvre, se dépiter, se fâcher, s'impatienter, se mettre en colère.

CHIASSE, *n. f.* écume de métaux — excrément d'insecte — chose vile, objet méprisable.

CHICANE, *n. f.* adresse, finesse, ruse, subtilité — procédure embarrassée — détour, supercherie — contestation, difficulté, dispute, mal fondée, querelle d'Allemand, rixe — mauvais incident, tracasserie, vétille.

CHICANER, v. agir de finesse, finasser, jouer d'adresse, ruser, user de ruse — contester, disputer, faire de mauvaises difficultés — tracasser, vétiller — former des incidents, incidenter — déguiser des faits, dénaturer des faits — éloigner la conclusion d'une affaire, embrouiller une affaire, reculer le jugement — embarrasser une procédure, faire durer un procès.

CHICANERIE, *n. f.* méchante subtilité, sophisme, tour de chicane.

CHICANEUR, *n. m.* V. *Plaideur.* 2. *div.*

CHICANIER, *n. m.* barguigneur, chipotier, difficultueux, pointilleux, tracassier, vétillard, vétilleux.

CHICHE, *adj.* V. *avare.*

CHICHEMENT, *adv.* avaricieusement, ladrement, mesquinement, sordidement, vilainement.

CHIEN, *n. m.* barbet, basset, canard, caniche, dogue, doguin, épagneul, lévrier, limier, mâtin.

CHIFFON, *n. m.* V. *Guenille.*

CHIFFONNER, v. V. *Bouchonner.*

CHIFFRER, v. calculer, compter, nombrer, supputer.

CHIGNON, *n. m.* derrière du cou — cheveux de derrière la tête, tignon.

CHIMÈRE, *n. f.* château en Espagne, projet sans fondement. V. *Vision.* 4. *div.*

CHIMÉRIQUE, *adj.* controuvé, dénué de fondement, fait à plaisir, frivole, fantastique, imaginaire, vain.

CHIPOTIER, *n. m.* V. *Chicanier.*

CHIQUENAUDE, *n. f.* croquignole, nasarde.

CHOC, *n. m.* concours, conflit, frottement. V. *Heurt.*

Croix — ... V. ... Décliner, ...
échouer. ...

Choisi, adj. distingué, ...
préféré. ...

Choisir, v. discerner, distinguer, ... élire, faire une chose
ou ... préférer ...

Choix, ... différence,
discernement, ... distinction
collection, choix, ... triage
... option, ... préférence.
V. Désignation.

Chômer, v. célébrer, fêter,
solemniser, ... de loisir, être
désœuvré, s'amuser, se reposer
... privé, manquer, ... vaquer.

Chopper v. V. Broncher.

Choquant, adj. révoltant, offensant. V. Déplaisant.

Choquer, v. V. Broncher.
blesser, déplaire, faire de la
peine, insulter, offenser, piquer, révolter ...

Chose, ... affaire
— bien, intérêt — opinion, réflexion ...

Chouette, ... V. Chathuant.

Choyer, conserver avec soin,
garder précieusement, épargner, mener délicatement, ménager soigneusement, soigner
beaucoup, traiter doucement.

se Choyer, v. avoir soin de
sa personne, prendre ses aises,
se délicater, se dodiner.

Chrétien, adj. baptisé, fidèle
— conforme à la Foi, à l'Évangile, au christianisme.

Chrétiennement, adv. conformément à la foi, conformément à l'Évangile, d'une manière chrétienne, en bon chrétien, en chrétien.

Chrétienté, n. f. pays des
chrétiens, peuple chrétien.

Christ, n. m. crucifix, figure
de notre Seigneur en croix.

Christianisme, n. m. V. Évan-

gile, ... esprit de la religion
chrétienne, foi en Jésus-Christ,
maximes chrétiennes, morale
chrétienne. V. ...

Chromo ... n. f. ... histoire ... joint ... chronologique.

Chronique, adj. invétéré,
long, qui dure longtemps, qui
est de longue durée ...

Chronologie, n. f. connaissance des dates, connaissance
des événements, fixation des
époques, science de l'ordre des
temps.

Chronologique, adj. appartenant à la chronologie, disposé
selon l'ordre des temps.

Chronologiste, n. m. chronographe, habile dans la chronologie, versé dans la science
des temps.

Chuchoter, v. marmoter, parler bas, parler en secret, souffler à l'oreille.

Chuchoterie, n. f. cachoterie, conversation à voix basse,
entretien à l'oreille.

Chut! interj. écoutez, paix!
point de bruit, silence!

Chute, n. f. faute, péché —
décadence, discrédit, disgrâce,
renversement de fortune, déchéance, terminaison — extrémité, fin.

Ciboule, Ciboulette, n. f.
cive, civette, échalote, oignon.

Cicatrice, n. f. blessure,
plaie — couture, marque, signe,
trace, vestige d'une plaie.

Cid, n. m. chef, commandant, seigneur.

Cidre, n. m. poiré, pommé.

Ciel, n. m. céleste cité, cité
des saints, empyrée, Jérusalem
céleste, paradis, sainte Sion,
séjour des bienheureux, vie
éternelle — Dieu — astres — air,
climat, pays — baldaquin, dais,
haut d'un lit.

CIERGE, n. m. chandelle de cire, flambeau, luminaire.

CILICE, n. m. camisole de poil rude, haire — austérité, mortification.

CILLEMENT, n. m. clignement, clignotement, mouvement des cils ou des paupières.

CILLER, v. cligner, clignoter, remuer les paupières.

CIME, n. f. V. Comble.

CIMENTER, v. enduire de ciment. V. Consolider.

CINTREAU, n. m. V. Brette.

CINABRE, n. m. couleur rouge, rouge, vermillon.

CINÉRAIRE, adj. appartenant aux cendres, contenant des cendres, destiné à contenir des cendres, propre à renfermer des cendres.

CINÉRATION, n. f. brûlure, calcination, combustion, réduction en cendres, ustion.

CINGLADE, n. f. V. Sanglade.

CINGLER, v. naviguer, naviguer, voguer à pleines voiles — frapper comme en coupant, frapper rudement, sangler.

CINTRE, n. m. arc, courbe, courbure, figure en demi-cercle, voûte.

CINTRÉ, adj. arqué. V. Courbe.

CINTRER, v. arquer. V. Courber.

CIRCONFÉRENCE, n. f. V. Tour, 3. div.

CIRCONLOCUTION, n. f. circuit de paroles, détour d'expression, expression détournée, périphrase.

CIRCONSCRIPTION, n. f. V. Limites — démarcation, détermination, fixation, limitation.

CIRCONSCRIRE, v. borner, ceindre, enclore, entourer, environner, renfermer, resserrer — V. Limiter.

CIRCONSCRIT, adj. borné, déterminé, fixé, limité, inscrit autour, tracé autour — ceint,

enclos, entouré, environné, renfermé, resserré.

CIRCONSPECT, adj. attentif, avisé, compassé, discret, judicieux, mesuré, prudent, qui ne s'avance pas, qui ne s'aventure pas, qui ne se compromet pas, qui se tient sur ses gardes, qui s'observe, réservé retenu.

CIRCONSPECTION, n. f. attention, avisement, conduite mesurée, considération, discrétion, égards, jugement — V. Prudence — réflexion, réserve, retenue.

CIRCONSTANCE, n. f. accompagnement, conjoncture, dépendance — accessoire, incident, particularité.

CIRCONSTANCIER, v. déduire les particularités, détailler, développer, entrer dans les détails, expliquer, exposer les circonstances, marquer les circonstances.

CIRCONVALLATION, n. f. blocus, investissement, lignes, siège.

CIRCONVENIR, v. attraper, enjôler, gagner insidieusement. V. Tromper.

CIRCONVENTION, n. f. V. Tromperie.

CIRCONVOISIN, adj. avoisinant. V. Voisin.

CIRCONVOLUTION, n. f. V. Circuit.

CIRCUIT, n. m. circonvolution, tour — biais, détour, échappatoire, faux-fuyant — ronde, tournée, visite — circonlocution, périphrase. V. Tour, 3. div. — allongement, longueur.

CIRCULAIRE, adj. orbiculaire, qui a la figure d'un cercle, qui est en cercle, rond — commun, destiné sans différence à plusieurs.

CIRCULAIREMENT, adv. d'une manière circulaire, en cercle, en rond, orbiculairement.

CIRCULATION, n. f. cours,

mouvement de communication
— mouvement circulaire, mouvement en rond , mouvement
orbiculaire, rotation.

CIRCULER , v. tourner — avoir
cours , courir , être d'usage ,
rouler , se répandre.

CISELER , v. couper , découper , graver , tailler délicatement, travailler au ciselet.

CITADELLE , n. f. V. Boulevard.

CITADIN , n. m. V. Habitant.

CITATION , n. f. ajournement,
appel , assignation , ordre de
comparoître — allégation , au-
tocité, extrait, passage, témoignage , texte.

CITÉ , n. f. ville — communauté des bourgeois.

CITER , v. ajourner , appeler,
assigner, enjoindre de comparoître , — alléguer , désigner,
donner en preuve, nommer, réciter , autoriser, du témoignage.

CITÉRIEUR, adj. moins avancé,
moins éloigné , plus proche,
qui est de ce côté-ci, qui est en
deçà.

CITERNE , n. f. puits , réservoir souterrain d'eau.

CITOYEN , n. m. V. Habitant.

CITRIN , adj. jaune , qui est
de couleur de citron.

CITROUILLE , n. f. courge, potiron.

CIVE , CIVETTE , ss. ff. V.
Ciboule.

CIVIÈRE , n. f. V. Brancard.

CIVIL , adj. appartenant au
citoyen, concernant la police,
propre aux citoyens — accort,
courtois , gracieux , honnête ,
poli, qui sait son monde , qui
sait vivre.

CIVILEMENT , adv. en droit civil , en procès civil , selon le
droit civil. — V. Poliment.

CIVILISER , v. attribuer au

droit civil , réduire à une procédure civile, rendre sociable ,
rendre traitable. V. Polir, 3. div.

CIVILITÉ , n. f. commerce
doux et honnête , compliment,
ton de la bonne compagnie. V.
Politesse.

CLABAUD , n. m. chapeau rabattu , grand chapeau , — chien
de chasse aboyeur.

CLABAUDER , v. aboyer , japer.
V. Tempêter.

CLABAUDAGE , n. m. aboiement,
japement de plusieurs chiens
ensemble.

CLABAUDERIE , n. f. criaillerie,
crierie , cris fatigants et ennuyeux , piaillerie, sabbat.

CLABAUDEUR , n. m. hasard ,
braillard, brailleur, criailleur,
criard, grand crieur , piaillard,
piailleur.

CLAIE , n. f. grille , ouvrage
à claire-voie, treillage, treillis
de brins d'osier.

CLAIR , adj. serein — poli. V.
Lumineux — diaphane , limpide, transparent — développé,
net. V. Incontestable.

CLAIREMENT , adv. avec clarté , d'une façon intelligible. V.
manifestement.

CLAIRON , n. m. trompe, trompette.

CLAIR-SEMÉ , adj. fort espacé,
peu nombreux , rare , répandu
de loin à loin , semé en petite
quantité.

CLAIR-VOYANCE, n. f. V. pénétration.

CLAIR-VOYANT , adj. intelligent, qui a la vue perçante,
qui a le tact sûr. V. Avisé.

CLAMEUR , n. f. braillement,
clabauderie , criaillerie , cri tumultueux, grand cri , huée ,
piaillerie.

CLANDESTIN , adj. caché , fait
à la dérobée, fait en cachette,
fait incognito, illégal , secret.

CLANDESTINEMENT, adv. à la dérobée, en cachette, en tatimini, en secret, furtivement, illégalement, incognito, secrètement, sous le manteau.

CLAPIER, n. m. terrier, trou en terré — V. Cachette.

SE CLAPIR, v. se blottir, se cacher, se tapir.

CLAQUE, n. f. V. Tape — chaussure double, sandale auxiliaire.

CLAQUEMURER, v. clore, emprisonner, enfermer, incarcérer, mettre en prison, renfermer, resserrer.

CLARIFIER, v. purifier, rendre clair.

CLARTÉ, n. f. lueur, lumière, splendeur — brillant, éclat — évidence, netteté, précision — jugement, pénétration, sagacité — limpidité, transparence.

CLAS, n. m. glas, son funèbre.

CLASSE, n. f. espèce, ordre, rang — compagnie, troupe — école — écoliers de la même école.

CLAUSE, n. f. article, charge, condition, dérogation, exception, stipulation.

CLAUSTRAL, adj. appartenant au cloître, concernant la vie religieuse, monastique.

CLAVETTE, n. f. cheville, clou, coin.

CLEF, n. f. instrument de fer ou d'acier pour ouvrir et fermer — facilité, intelligence, introduction, moyen, ouverture, secret, voie — dévoilement, explication, exposition, manifestation, révélation.

CLÉMENCE, n. f. débonnaireté. V. Bénignité.

CLÉMENT, adj. débonnaire. V. Doux.

CLEPSYDRE, n. f. horloge d'eau, horloge hydraulique.

CLERC, n. m. érudit, habile, lettré, savant — ecclésiastique, tonsuré — élève de greffier, de notaire, de procureur.

CLERGÉ, n. m. corps des ecclésiastiques, état ecclésiastique, ordre ecclésiastique.

CLÉRICAL, adj. appartenant au clerc, convenable à l'ecclésiastique, propre du clerc, relatif au clerc.

CLÉRICALEMENT, adv. canoniquement, d'une manière cléricale, ecclésiastiquement, exactement, régulièrement.

CLÉRICATURE, n. f. engagement dans l'Église, état ecclésiastique, profession ecclésiastique.

CLIENT, n. m. celui dont on défend les intérêts, plaideur dont on soutient la cause, protégé.

CLIGNEMENT, n. m. V. Clillement.

CLIGNER, CLIGNOTER, v. ciller, ouvrir et fermer rapidement les yeux, remuer fréquemment les paupières.

CLIMAT, n. m. air, pays, région, situation, température de l'air.

CLIN D'ŒIL, n. m. clignotement, mouvement prompt de la paupière, vélocité du clillement — un instant, un moment.

CLINQUANT, n. m. brillant, éclat — apparence brillante et trompeuse, éclat trompeur, faux brillant — V. Laiton.

CLIQUE, n. f. V. Ligue, 2e div.

CLIQUETIS, n. m. bruit du choc des armes — bruissement, bruit confus, frémissement, murmure.

CLOAQUE, n. m. V. Sentine — habitation infecte, maison sale — personne puante.

A CLOCHE-PIED, phr. adv. en

clochant (sur un seul pied.

CLOCHER, n. m. flèche, tour — cure, paroisse.

CLOCHER, v. aller à cloche-pied — V. Clopiner — défaillir, être défectueux, être incomplet, manquer par quelque endroit, n'être pas juste.

CLOUSON, n. m. CLOISONNAGE, n. m. muraille mince dans œuvre, séparation en bois ou autre matière.

CLOITRE, n. m. communauté religieuse, couvent; maison religieuse, monastère — état religieux, monachisme, profession religieuse, vie monacale.

CLOPIN-CLOPANT, adv. en boitant, en clochant, en clopinant.

CLOPINER, v. aller clopin-clopant, boiter, clocher, gauchir, marcher avec peine, ne pas marcher droit.

CLORE, v. boucher, fermer, masquer l'ouverture, obstruer — V. Enclore — achever, conclure, finir, terminer.

CLOS, n. m. circuit. V. Enclos.

CLOS, adj. bouché, fermé — ceint, enceint, enclos, enfermé, entouré, environné — achevé, conclu, fini, terminé.

CLOTURE, n. f. enceinte, fossé, haie, muraille, palissade — arrêté d'un compte, état final. Quito.

CLOU, n. m. pointe de fer ou d'autre métal — V. Furoncle.

CLOUÉ, adj. arrêté, attaché, fixé — appliqué sans relâche, assidu.

CLOUER, v. arrêter, attacher, fixer.

CLYSTERE, n. m. V. Lavement. 2. div.

COACTIF, adj. contraignant,

forçant, nécessitant, obligeant, violentant.

COACTION, n. f. V. Violence.

COADJUTEUR, n. m. adjoint, aide, associé aux fonctions et aux droits, successeur désigné.

COAGULATION, n. f. V. Condensation.

COAGULER, v. cailler, condenser, congeler, donner de la consistance, épaissir, faire prendre, figer.

PAYS DE COCAGNE, n. m. pays abondant, pays fertile, pays gras, pays où l'on vit à bon compte, pays où l'on vit à bon marché.

COCHE, n. m. carrosse, diligence, voiture — bateau, galiote.

COCHE, n. f. V. Hoche, truie — grosse femme, joufflue, mafflée, maflar.

COCHON, n. m. V. Porc.

COCTION, n. f. cuisson, digestion.

CODICILE, n. m. addition, supplément à un testament.

COERCITION, n. f. contrainte, empêchement — châtiment, punition.

COEUR, n. m. centre, fond, milieu — courage, force, intrépidité, vigueur — âme, inclination — mémoire, souvenir — sentiment, volonté — affection, amitié, amour, cordialité, tendresse.

COFFRE, n. m. bahut, caisse, caisson, cassette, coffret, malle.

COGNÉE, n. f. hache.

COGNER, v. frapper, frapper fort, heurter — battre, blesser.

COHÉRENCE, COHÉSION, n. f. adhérence, adhésion, connexion, liaison.

COHORTE, n. f. bande, compagnie, troupe.

COHUE, n. f. assemblée

confus, troupe tumultuaire —
V. Clabaudcrie.

Coi, adj. calme, paisible,
qui est en repos, qui est sans
mouvement, qui ne dit mot,
tranquille.

Coiffe, n. f. bonnet, cale,
calotte, coiffure, couverture de
tête.

Coiffer, v. affubler, couvrir
la tête — accommoder, arranger les cheveux — entêter, infatuer, mettre dans la tête,
préoccuper.

se Coiffer, v. s'affubler, se
couvrir la tête — accommoder,
arranger ses cheveux, mettre
sa coiffure ou sa perruque —
raffoler, se mettre dans la tête,
s'entêter, se passionner, se
préoccuper, s'infatuer.

Coin, n. m. angle, encoi-
gnure — bout, extrémité,
pointe — lieu caché, écarté,
retiré, secret, solitaire — empreinte, marque, poinçon.

Col, n. m. cou — cravate
sans pendants — canal étroit,
embouchure — lieu étroit,
passage rétréci entre des montagnes.

Colature, n. f. V. Filtration.

Colère, n. f. courroux, dépit, fâcherie, emportement,
fougue, fureur, furie, impétuosité, indignation passagère,
violence.

Colère, Colérique, adjectifs,
emporté, fougueux, impétueux,
sujet à la colère, susceptible
d'emportement, vif, violent.

Colifichet, n. m. V. Babiole.

Collatéral, n. m. cousin, parent d'une branche différente.

Collation, n. f. nomination
à un bénéfice, provision d'un bénéfice — comparaison, confrontation de deux écrits — goûter,
petit repas, rafraîchissement.

Collationner, v. comparer,

confronter deux écrits — vérifier
— faire un petit repas, goûter,
se rafraîchir.

Collecter, n. f. V. Recette —
oraison avant l'épître.

Collection, n. f. amas, assemblage, compilation, corps,
ramas, recueil, réunion.

Collectivement, adv. en bloc,
en corps, ensemble, tout à la
fois.

Collège, n. m. assemblée, association, compagnie, congrégation, corps, société — école
publique, gymnase.

Collègue, n. m. V. Confrère.

Coller, v. attacher, conglutiner, faire tenir ensemble,
joindre, lier, mastiquer, souder — enduire de colle — clarifier avec de la colle de poisson.

Collet, n. m. partie de l'habillement qui embrasse le cou
— petit-collet, rabat — lacs pour
prendre des bêtes.

Colline, n. f. V. Monticule.

Collision, n. f. V. Choc.

Colloque, n. m. conférence,
conversation, dialogue, discussion, entretien, entrevue, négociation, pourparler, rendez-
vous, tête-à-tête.

Colloquer, v. asseoir, établir, mettre en ordre, mettre
en rang, placer — poser, poster,
ranger, situer.

Colluder, v. être d'accord,
être de concert, être d'intelligence, s'entendre secrètement.

Collusion, n. f. communication, concert, concours. V. Intelligence.

Collusoire, adj. concerté secrètement, fait par collusion,
machiné de concert.

Collusoirement, adv. d'accord, de concert, d'intelligence,
d'une manière collusoire, par
collusion.

COLOMBIN, n. f. pigeon—

COLOMBIER, n. m. V. Pigeonnier.

COLON, n. m. fermier, laboureur, métayer, paysan—cultivateur.

COLONIE, v. n. pays, peuplé d'étrangers, peuplade.

COLONNADE, n. f. V. Péristyle.

COLONNE, n. f. pilier—division d'armée—appui, soutien, support.

COLORER, v. donner de la couleur, mettre en couleur, peindre, teindre—donner du lustre—déguiser, donner une belle apparence, excuser, farder, interpréter favorablement, prétexter, revêtir de prétextes.

COLORIS, n. m. brillant; couleur, éclat, lustre, teint.

COLOSSAL, adj. V. Gigantesque.

COLOSSE, n. m. corps colossal, géant, homme d'une grandeur énorme. V.

COMBAT, n. m. bataille, batterie, conflit, lutte, mêlée, prise. V. Affrontement—contrariété, opposition.

COMBATTRE, v. batailler, contester, disputer, faire opposition, faire résistance, livrer bataille, résister, se battre, s'opposer, tenir ferme.

COMBATTU, adj. agité, doutant, flottant, hésitant. V. Incertain. 4. div.

COMBINAISON, n. f. assemblage—addition, calcul, comparaison, supputation.

COMBLE, n. m. cime, faîte, haut, pinacle, point le plus élevé, sommet—couverture de maison—surcroît.

COMBLER, v. accumuler, charger, donner abondamment, entasser, remplir.

COMBUSTIBLE, adj. bon à brûler, disposé à brûler aisément, facile à prendre feu, inflammable, propre à brûler, susceptible de brûler aisément.

COMBUSTION, n. f. confusion, désordre, discorde, dissension, division, guerre civile, guerre intestine, mésintelligence, trouble, tumulte.

COMÉDIE, n. f. divertissement, drame, fabietie, farce, pièce divertissante, spectacle amusant—chose comique, plaisante, ridicule, risible—faux semblant, feinte.

COMÉDIEN, n. m. V. Bateleur—charlatan, faux dévot, hypocrite, imposteur.

COMICES, n. m. pl. assemblée des États, comités, États, grands jours.

COMIQUE, adj. agréable, badin, bouffon, divertissant, facétieux, goguenard, plaisant, récréatif, réjouissant, ridicule, risible.

COMIQUEMENT, adv. d'une façon comique, risiblement. V. Facétieusement.

COMMANDEMENT, n. m. V. Injonction—art de commander, art de gouverner, science du gouvernement.

COMMANDER, v. donner charge, donner ordre, enjoindre, faire la loi, maîtriser, ordonner, régir, régner. V. Dominer, être au-dessus.

COMME, adv. ainsi que, de même que, en qualité de—pour ainsi dire, presque—lorsque, parceque, puisque, vu que—à l'égal de, autant que, tant que.

COMMÉMORATION, COMMÉMORAISON, n. f. mémoire, mention, souvenir.

COMMENCEMENT, n. m. naissance, origine, principe, source—ouverture. V. Exorde.

COMMENCER, v. agir le premien ... donner le branle ... naître, prendre naissance, tirer son origine — débuter, entamer, préluder, se mettre en train ...

COMMENT, adj. V. Contraire.

COMMENT; adv. de quelle façon, de quelle manière, de quelle sorte — d'où vient que, par quel moyen, pour quel motif, pour quelle raison, pourquoi.

COMMENTAIRE, n. m. développement, éclaircissement, explication, exposition, glose, interprétation — notes, observations, remarques, scolie.

COMMENTATEUR n. m. V. Glossateur.

COMMENTER, v. ajouter, broder, controuver. V. Gloser.

COMMERÇABLE, adj., V. Traficable — humain, qui est de bonne société, sociable.

COMMERÇANT, n. m. V. Négociant.

COMMERCE, n. m. agiot, agiotage, négoce, trafic — attachement, intimité, société. V. Fréquentation — communication, correspondance, intelligence, relation.

COMMERCER, v. V. Négocier.

COMMÈRE, n. f. marraine — femme du peuple — une intrigante — une dégourdie.

COMMETTRE, v. faire, se rendre coupable — confier — charger, donner charge, donner commission, donner pouvoir, employer quelqu'un, préposer quelqu'un — compromettre, exposer, hasarder, mettre en péril — brouiller, diviser, mettre mal ensemble — substituer.

COMMIS, n. m. chargé, employé, préposé.

COMMISSION, n. f. com-

passion, miséricorde, pitié, sensibilité.

COMMISSAIRE, n. m. délégué, juge, commis, juge départi, préposé...

COMMISSION, n. f. crime, faute, péché — attribution, charge, délégation, juridiction extraordinaire, pouvoir, titre — ordre — emploi...

COMMISSIONNAIRE, n. m. V. Courrier.

COMMODAT, n. m. prêt gratuit.

COMMODATAIRE, n. m. celui à qui on a prêté, emprunteur.

COMMODE, adj. aisé, convenable, facile, opportun — accommodant, complaisant, doux, qui est de bon commerce, sociable, traitable — modéré, relâché.

COMMODE, n. f. armoire, bureau.

COMMODÉMENT, adv. à propos, bien, fort bien, aisément, à l'aise, avec aisance, d'une manière commode.

COMMODITÉ, n. f. conjoncture, convenance, occasion favorable, ouverture — avantage, facilité, utilité — bienséance — aisance, bien de fortune.

COMMODITÉS, n. f. pl. aisément, cabinet d'aisance, garde-robe, latrines, lieux, privé, retrait.

COMMOTION, n. f. V. ébranlement.

COMMUER, v. adoucir, changer.

COMMUN, adj. appartenant à tous, propre à tous — mutuel, réciproque — général, universel — habituel, ordinaire, usité, vulgaire — bas, populaire, trivial, vil — médiocre, peu estimable, valant peu — abondant, qui abonde, qui se trouve aisément.

COMMUNAUTÉ, n. f. congrégation, société — couvent, monastère — compagnie, corps —
association, biens communs —
biens mis en commun, com-
munication, liaison, participation, union.

COMMUNÉMENT, adv. V. Ordinairement.

COMMUNICATIF, adj. complaisant, ouvert, qui aime à se
communiquer.

COMMUNION, n. f. commu-
nion, partage, participation —
intimité. V. Commerce, & div.,
partage.

COMMUNION, n. f. communi-
cation, participation mutuelle,
société, union.

COMMUNIQUER, v. donner part,
faire part, faire savoir, instruire
— partager avec, rendre participant — avoir commerce,
avoir intelligence, être en correspondance, être en relation
— être en liaison, être en société, fréquenter, hanter.

COMMUTATION, n. f. V. Change.

COMPACTE, adj. condensé,
dense, épais, pressé, serré.

COMPAGNE, n. f. amie, ca-
marade, familière — épouse,
femme.

COMPAGNIE, n. f. assemblee,
cercle — association, société
— corps autorisé — bande,
multitude, troupe — troupeau.

COMPAGNON, n. m. ami, ca-
marade, confident, familier —
associé, collègue, confrère —
garçon cordonnier, garçon menuisier, garçon tailleur, etc.

COMPARABLE, adj. égal, pareil, qui a du rapport, qui peut
être mis en comparaison, qui
peut se comparer, ressemblant.

COMPARAISON, n. f. assimilation. V. Confrontation, égalité.
V. Rapport.

COMPARATIVEMENT, adv. en

comparaison, par assimilation,
par comparaison.

COMPARER, v. assimiler, collationner, conférer, confronter,
faire comparaison, mettre en
parallèle, rapprocher.

COMPARTIMENT, n. m. dessin,
dimension, disposition, distribution, ordonnance symétrique, plan, symétrie.

COMPAS, n. m. instrument de
mathématique pour mesurer —
boussole — circonspection,
exactitude, justesse, précaution, proportion.

COMPASSÉ, adj. composé,
exact, juste, réglé — circonspect, précautionné — arrangé,
disposé, ordonné, rangé, sy-
métrisé, tiré au cordeau.

COMPASSER, v. arranger, disposer, mesurer, ordonner,
prendre les mesures, ranger,
symétriser, tirer au cordeau —
prendre ses mesures, se précautionner — aviser, considérer, discuter, examiner, méditer, peser, réfléchir.

COMPASSION, n. f. V. Commisération.

COMPATIBILITÉ, n. f. conformité, convenance.

COMPATIBLE, adj. qui peut
compatir, qui peut se concilier,
qui peut s'unir.

COMPATIR, v. demeurer en-
semble, s'accommoder, s'assortir — avoir compassion, avoir pitié, être indulgent, être sensible,
être touché de, plaindre.

COMPATISSANT, adj. indulgent,
miséricordieux, sensible, tendre.

COMPATRIOTE, n. m. conci-
toyen.

COMPENDIUM, n. m. abrégé,
épitome, extrait, précis, raccourci, rédaction, réduction,
sommaire.

COMPENSATION, n. f. récompense. V. Dédommagement.

Compenser, v. balancer, comparer, égaler, mettre dans la balance — V. *Dédommager*.

Compétence, n. f. autorité légitime, droit réel, juridiction convenable, pouvoir suffisant — concurrence. V. *Rivalité*.

Compétent, adj. assorti, convenant, précis, proportionné, propre, sortable, suffisant. N. *Valable*.

Compétiteur, n. m. V. *Émule*.

Compilateur, n. m. rédacteur — copiste, plagiaire.

Compilation, n. f. amas, assemblage, collection, ramas, recueil de diverses choses mises en corps d'ouvrage.

Compiler, v. amasser, assembler, ramasser, recueillir, réunir en corps d'ouvrage.

Complaignant, adj. accusateur, demandeur.

Complainte, n. f. V. *Doléance*.

Complaire, v. agréer, déférer, faire sa cour — avoir de la complaisance, céder, condescendre, être complaisant, s'accommoder, se conformer.

Complaisance, n. f. V. *Déférence*. — adulation, flatterie.

Complaisant, adj. V. *Accommodant* — adulateur, courtisan, flagorneur, flatteur.

Complément, n. m. achèvement, addition de ce qui manque, perfection.

Complet, adj. comblé. V. *Accompli*.

Complètement, adv. totalement. V. *Pleinement*.

Compléter, v. achever, combler, parfaire, perfectionner, remplir, rendre complet.

Complexe, adj. composé, qui contient, qui embrasse, qui renferme plusieurs choses.

Complexion, n. f. V. *Constitution*.

Complication, n. f. V. *Confusion*.

Complice, adj. associé à un crime, compagnon, confident, participant, recéleur.

Complicité, n. f. V. *Participation*. 2. div.

Compliment, n. m. civilité, honnêteté, paroles gracieuses, politesse, propos obligeants — discours de félicitation, félicitation, harangue, témoignage de douleur ou de joie.

Complimenter, v. dire des paroles gracieuses, faire des compliments, tenir des propos obligeants — congratuler, faire compliment, féliciter, haranguer, témoigner de la douleur ou de la joie.

Compliqué, adj. V. *Obscur*. 3. div.

Complot, n. m. V. *Ligue*. 2. div.

Comploter, v. V. *Conspirer*.

Componction, n. f. V. *Contrition*.

Comporter, v. convenir, demander, exiger — permettre, souffrir.

se Comporter, v. agir, procéder, se conduire.

Composé, adj. V. *Composer*, 1, 2. et 3, div. V. *Étudié*.

Composer, v. mêler, mixtionner — constituer, former — broder, conter, controuver, faire à plaisir, forger, inventer — ajuster, arranger, compasser, disposer, mesurer, ranger, régler — compliquer — bâtir une histoire, écrire, faire un conte, inventer — V. *Traiter*. — se rendre à composition.

Composition, n. f. assemblage, jonction, mélange, mixtion, union — constitution, formation, structure — V.

Construction. n. div. — écrit, invention, ouvrage d'esprit — accord, capitulation, convention, stipulation, traité.

COMPRÉHENSIBLE, adj. aisé à comprendre, concevable, intelligible, qui est à portée de l'intelligence, qui peut s'expliquer, qu'on peut entendre.

COMPRÉHENSION, n. f. conception, entendement, idée, intellect, intelligence, jugement, pénétration, pensée, perception, raison, sens.

COMPRENDRE, v. contenir, renfermer — engager — enregistrer, inscrire. V. Saisir. 6. div.

COMPRESSION, n. f. V. Resserrement.

COMPRIMER, v. étreindre, fouler, presser, resserrer, retenir, serrer.

COMPROMETTRE, v. V. Exposer. 5. div.

COMPROMIS, n. m. V. Concordat.

COMPTABLE, adj. assujéti à rendre compte, responsable.

COMPTANT, n. m. argent à la main, argent comptant, argent effectif, argent présent, espèces sonnantes.

COMPTE, n. m. calcul, dénombrement, nombre, supputation — cause, motif, raison — dépens, dépense, frais, perte — avantage, gain, profit, utilité — cas, estime, état.

COMPTER, v. calculer, chiffrer, faire un état, nombrer, supputer — V. s'Imaginer. V. Espérer — regarder, réputer.

COMPTOIR, n. m. banque, bureau.

COMPULSER, v. consulter, extraire, prendre communication.

CONCASSER, v. briser, broyer, casser, mettre en morceaux,

piler, réduire en petites parties.

CONCAVE, adj. cavé, creusé, creux, enfoncé.

CONCAVITÉ, n. f. V. Cavité.

CONCÉDER, v. accorder, octroyer — consentir, permettre — quitter, relâcher, remettre de son droit ou de ses prétentions.

CONCENTRER, v. faire rentrer au dedans, identifier, ramasser, renfermer, réunir.

CONCEPT, n. m. idée, pensée, simple vue de l'esprit.

CONCEPTION, n. f. V. Compréhension.

CONCERNANT, prép. V. Sur, prép. 2. div.

CONCERNER, v. appartenir, avoir rapport à, dépendre, être de la dépendance, regarder, tenir à, toucher.

CONCERT, n. m. assemblée de musiciens — mélange de chants — accords, complot, concours de sentiments, conspiration, réunion de suffrages, unanimité.

CONCERTÉ, adj. affecté, ajusté, comploté, composé, disposé à dessein, étudié, médité, prémédité, préparé.

CONCERTER, v. essayer ensemble des airs ou des pièces — cabaler, comploter, disposer ensemble, machiner, manœuvrer.

se CONCERTER, v. conférer ensemble, délibérer, examiner, joindre ses réflexions à celles des autres, peser.

CONCESSION, n. f. abandon, agrément, congé. V. privilége.

CONCEVABLE, adj. V. Compréhensible.

CONCEVOIR, v. V. Comprendre. 4. div.

CONCILE, n. m. assemblée légitime d'évêques, synode, canons, décisions, décrets.

CONCILIABULE, n. m. conventicule — assemblée illégale, attroupement irrégulier et tumultueux d'évêques, faux concile, synode illégal.

CONCILIANT, adj. engageant, liant, pacifique, qui se plaît à concilier les esprits.

CONCILIATEUR, n. m. V. Réconciliateur.

CONCILIATION, n. f. accord, commun consentement, pacification, réunion, union.

CONCILIER, v. accorder, disposer favorablement, engager, pacifier, ramener, rapprocher, réunir — acquérir, attirer, gagner, obtenir.

CONCIS, adj. abrégé, bref, laconique, précis, pressé, serré, succinct.

CONCISION, n. f. V. Précision — justesse — style serré.

CONCLU, adj. V. Conclure.

CONCLUANT, adj. probant, démonstratif, décisif.

CONCLURE, v. achever, dépêcher, expédier, finir, terminer, décider, juger, répondre, statuer. V. Inférer.

CONCLUSION, n. f. V. Conséquence — épilogue, fin, péroraison.

CONCLUSIONS, n. f. pl. réquisitoire — demandes, réquisitions, prétentions.

CONCOMITANCE, n. f. accompagnement, adjonction, union.

CONCORDANCE, n. f. accord.

CONCORDAT, n. m. V. Accommodement.

CONCORDE, n. f. concert, concours de sentiments, tranquillité. V. Union. 4. div.

CONCOURIR, v. agir conjointement, agir de concert, avoir le même dessein, avoir les mêmes vues, s'accorder, se rapporter, se rencontrer, tendre au même but — concourir, être

employé à la même œuvre, travailler au même ouvrage.

CONCOURS, n. m. abord, affluence, multitude — rencontre. V. Rivalité — accord, concert, conformité de pensée et de sentiment, identité de vues, réunion de suffrages, unanimité, union.

CONCRET, adj. assemblé, coagulé, composé, condensé, figé, joint.

CONÇU, adj. compris, connu, entendu, imaginé, pénétré, saisi, senti, vu — énoncé, exprimé.

CONCUPISCENCE, n. f. V. Convoitise.

CONCURREMMENT, adv. en rivalité, l'un contre l'autre, par concurrence — également, conjointement, de concert, ensemble.

CONCURRENCE, n. f. V. Rivalité — égalité — accord, concert, concours, coopération, unanimité, union.

CONCURRENT, n. m. V. Émule.

CONCUSSION, n. f. V. Volerie.

CONDAMNABLE, adj. V. Répréhensible.

CONDAMNATION, n. f. arrêt, jugement, sentence qui condamne — défense, prohibition — censure, improbation.

CONDAMNER, v. juger contre, prononcer contre — blâmer, censurer, désapprouver, improuver — arguer, reprendre — prohiber, proscrire, rejeter — obliger à, soumettre à.

CONDENSATION, n. f. coagulation, épaississement, figement.

CONDENSER, v. rendre plus compacte. V. Coaguler.

CONDESCENDANCE, n. f. V. Déférence — bonté, douceur, facilité, indulgence.

CONDESCENDANT, adj. officieux, serviable. V. Déférant.

Condescendre, v. avoir de la condescendance, déférer, être complaisant — être soumis, obéir, se soumettre — céder, faire sa cour, s'accommoder, se conformer, se plier — avoir de la facilité, être indulgent.

Condition, n. f. V. *Rang*. 4e div. situation — stipulation, traité. V. *Restriction* — avantage, charge, obligation, offre — récompense — servitude.

Conditionné, adj. qui renferme des clauses, qui stipule des conditions, sujet à des charges — assaisonné, bien doté, bon, qui est en bon état — ajusté, mis en bon ordre, rangé.

Conditionnel, adj. accordé à charge de, consenti à condition, stipulé sous condition — limitatif. V. *Modificatif*.

Conditionnellement, adv. avec modification, avec restriction, sous condition.

Conditionner, v. apposer des conditions, charger de conditions, mettre des clauses, des modifications, des restrictions, stipuler.

Condoléance, n. f. affliction partagée, participation au chagrin, sensibilité au malheur, témoignage de douleur.

Conducteur, n. m. préposé. V. *Directeur*.

Conduire, v. accompagner, escorter, mener, suivre. V. *Diriger*.

Conduite, n. f. V. *Direction*. — économie de ménage, économie d'un ouvrage — actions, façon de vivre, manière d'agir, mœurs, train de vie — cortége, escorte, transport.

Confection, n. f. composition, électuaire, opiat composé de plusieurs drogues.

Confédération, n. f. alliance, association, ligue, traité, union.

Confédéré, adj.

Confédérer, v. allié, associer, joindre par traité, liguer, unir.

Conférence, n. f. collation, comparaison, parallèle, rapprochement. V. *Colloque*.

Conférer, v. V. *Comparer*. — accorder, concéder, donner, nommer à, octroyer — communiquer, converser, discuter, examiner, parler ensemble, s'entretenir.

Confesse, n. f. confession sacramentale, déclaration de ses péchés à un prêtre.

Confesser, v. avouer, convenir, demeurer d'accord, faire aveu, reconnoître — déclarer, dire, révéler — faire profession publique, professer hautement, soutenir fermement — entendre à confesse, recevoir la confession d'un pénitent.

se Confesser, v. aller à confesse, avouer ses fautes, déclarer ses péchés, découvrir l'état de sa conscience, être à confesse.

Confesseur, n. m. directeur, père spirituel, prêtre qui a le pouvoir de confesser.

Confession, n. f. aveu, déclaration, reconnoissance, révélation — confesse.

Confiance, n. f. assurance, bonne opinion, espérance ferme — aisance, liberté honnête. V. *Fermeté*.

Confidence, n. f. communication d'un secret, dépôt d'un secret.

Confident, n. m. affidé, ami à qui l'on se confie, ami dépositaire de secret, ami intime.

Confier, v. V. *Remettre*. 9. div.

se Confier, v. compter sur, espérer fermement. V. *se Fier*.

CONFIGURATION, n. f. figure, forme.

CONFINER, v. borner, être situé aux confins, terminer. V. Bannir — enfermer, renfermer, séquestrer.

CONFINS, n. m. pl. V. Limites.

CONFIRMATION, n. f. assurance, attestation, certification, ratification; titre plus fort — appui, preuve nouvelle, soutien, témoignage.

CONFIRMER, v. affermir, affirmer, appuyer, assurer, attester, autoriser, certifier, donner assurance, établir, étayer par de nouvelles preuves, fortifier, fournir de nouvelles preuves, prouver, ratifier — corroborer, encourager, rassurer, relever le cœur, soutenir le courage.

CONFISQUÉ, adj. adjugé au fisc, saisi pour le fisc — dangereusement malade, malade sans espoir, réduit à l'extrémité.

CONFLAGRATION, n. f. V. Embrasement.

CONFLIT, n. m. choc, combat. V. Altercation.

CONFLUENT, n. m. concours, jonction, mélange de deux rivières.

CONFONDRE, v. brouiller, embrouiller, mêler — ne pas distinguer l'un de l'autre, prendre l'un pour l'autre, se blouser, se méprendre, se tromper — abattre, convaincre, couvrir de honte, couvrir d'ignominie, faire rentrer en terre, faire rougir, fermer la bouche, humilier, jeter dans la confusion, mettre en désordre, réduire au silence, terrasser, troubler.

CONFORMATION, n. f. complexion, constitution, forme, manière dont on est formé.

CONFORME, adj. égal, pareil, qui a de la conformité, qui a du rapport, qui a la même forme, qui ressemble, ressemblant, semblable. V. Assortissant.

CONFORMÉMENT, adv. d'une manière conforme, en conformité, selon, suivant — d'une façon assortissante, d'une manière convenable — avec rapport.

CONFORMER, v. adapter, appareiller, assimiler, assortir, faire en conformité, rendre conforme.

SE CONFORMER, v. prendre exemple, s'accommoder, s'assujétir, se former sur, se plier.

CONFORMITÉ, n. f. accord. V. Analogie, harmonie.

CONFORTATIF, adj. qui donne des forces. V. Cordial.

CONFORTER, v. V. Enforcir.

CONFRÈRE, n. m. associé, camarade, collègue, compagnon.

CONFRÉRIE, n. f. V. Société.

CONFRONTATION, n. f. collation, comparaison, examen comparatif, parallèle, rapprochement.

CONFRONTER, v. examiner comparativement, faire la confrontation, opposer l'un à l'autre. V. Comparer.

CONFUS, adj. brouillé, dérangé, embarrassé, embrouillé, mêlé, qui est en désordre, renversé, troublé — couvert de confusion, couvert de honte, déconcerté, honteux, interdit — incertain, manquant de clarté, obscur.

CONFUSÉMENT, adv. en désordre, pêle-mêle, sans ordre — d'une manière embrouillée, obscurément, sans clarté.

CONFUSION, n. f. V. Trouble. V. Honte — pudeur.

CONGÉ, n. m. V. Permission. V. Vacances — licenciement, réforme, renvoi.

CONTENTION, n. V. *Licencier.* V. *Destituer.*

CONGELER, v. geler, glacer. V. *Coaguler*, condenser, figer.

CONGESTION, n. f. accumulation, amas, grande quantité, masse.

CONGLUTINER, v. attacher, coller, faire tenir ensemble, lier.

CONGRATULATION, n. f. compliment sur un succès, félicitation, témoignage de joie.

CONGRATULER, v. assurer de la part qu'on prend à un succès, complimenter sur, féliciter, témoigner sa joie.

CONGRÉGATION, n. f. communauté, corps religieux, ordre religieux —société, V. *Sodalité* —assemblée, consistoire.

CONGRÈS, n. m. assemblée de plénipotentiaires. V. *Colloque.*

CONGRUMENT, adv. à propos, catégoriquement, convenablement, d'une manière congrue, légitimement, pertinemment, précisément, raisonnablement, régulièrement, selon la raison, sortablement, suivant les règles.

CONJECTURAL, adj. apparent, fondé sur des conjectures — V. *Incertain.*

CONJECTURALEMENT, adv. par conjecture, probablement, sur des probabilités, sur les apparences, vraisemblablement.

CONJECTURE, n. f. augure, divination, vague, jugement probable, opinion fondée sur quelques apparences, présage, pressentiment, prévision, prévoyance, pronostic, pronostication, suspicion.

CONJECTURER, v. augurer, deviner, juger sur les apparences, présager, présumer, pressentir, prévoir, pronostiquer, se douter, soupçonner.

CONJOINDRE, v. attacher l'un à l'autre, lier, marier, mettre dans les liens du mariage.

CONJOINTEMENT, adv. concurremment, de concert, ensemble — dans le même temps, en même temps, simultanément.

CONJOINTS, n. m. pl. époux, mari et femme.

CONJONCTURE, n. f. circonstance, disposition des choses, état des choses, occasion, position, rencontre d'affaires, situation des choses.

CONJURATEUR, n. m. cabaleur, conjuré, conspirateur, factieux.

CONJURATION, n. f. —faction, parti, V. *Cabale*—charme, enchantement, évocation du démon, magie, prestige, sortilège, sort magique — abjuration, commandement de par Dieu, exorcisme, injonction de la part de Dieu — instance, prière ardente, sollicitation pressante, supplication.

CONJURER, v. V. *Conspirer* —adjurer, commander de par Dieu, enjoindre au nom de Dieu, exorciser — presser. V. *Implorer.*

CONNEXION, n. f. V. *Rapport.*

CONNIVENCE, n. f. aide, condescendance, dissimulation, indulgence. V. *Participation.*

CONNIVER, v. condescendre, dissimuler, être trop complaisant, être trop indulgent, favoriser, feindre de ne pas voir, participer.

CONNOISSANCE, n. f. discernement, intelligence, pénétration, vue — présence d'esprit, science — fréquentation, habitude, liaison.

CONNOISSEUR, adj. entendu, expert, habile, intelligent.

CONNOITRE, v. avoir la connoissance, pénétrer, savoir — découvrir, démêler — apercevoir, concevoir, discerner, distinguer, prendre connoissance, voir — avoir habitude, être en liaison, fréquenter, hanter.

CONQUÉRANT, n. m. V. Triomphant.

CONQUÉRIR, v. gagner, obtenir, se rendre maitre, soumettre, subjuger.

CONQUÊTE, n. f. acquisition — pays subjugué, province gagnée, ville conquise.

CONSACRER, v. dédier, dévouer — destiner, déterminer à quelque usage — attacher de la vénération, canoniser, rendre vénérable — immoler, offrir à Dieu, sacrifier.

CONSANGUIN, adj. cousin, parent qui est de même parenté, qui est de même race, qui est de même sang.

CONSANGUINITÉ, n. f. agnation, cognation, cousinage, parentage, parenté, proximité de sang.

CONSCIENCE, n. f. jugement de l'âme, sens intime, témoignage du cœur — doute, incertitude, scrupule — secret du cœur — connoissance de la raison, illumination intérieure, lumière naturelle.

EN CONSCIENCE, phr. adv. V. Droitement.

CONSCIENCIEUX, adj. droit, équitable, exact, juste, qui suit sa conscience, scrupuleux.

CONSÉCRATION, n. f. imposition des mains, ordination, sacre — bénédiction, dédicace — apothéose, canonisation.

CONSÉCUTIVEMENT, adv. de suite, immédiatement après, sans discontinuer, sans interruption, sans intervalle.

CONSEIL, n. m. avis, consul-

tation — parti, résolution, — prudence, sagesse — assemblée, chapitre, comité, consistoire, diète, diétine, sénat.

CONSEILLER, n. dire son avis, donner conseil — persuader. V. Instiguer.

CONSENTANT, adj. acceptant, agréant, qui consent, qui est d'accord.

CONSENTEMENT, n. m. V. Acquiescement.

CONSENTIR, v. accepter, accorder, acquiescer, agréer, approuver, convenir, déférer au sentiment, donner les mains, être d'accord, s'accorder, suivre l'idée, tomber d'accord.

CONSÉQUEMMENT, adv. donc, par conséquent, partant, pour cette raison — conformément aux principes, d'une manière conséquente, en conséquence, par suite.

CONSÉQUENCE, n. f. conclusion, corollaire, enchainement, induction, liaison, résultat, suite — considération, importance, mérite, poids — prix, valeur.

DE CONSÉQUENCE, phr. adv. de considération, de grand mérite, de grand poids, d'importance.

EN CONSÉQUENCE, phr. adv. V. Conséquemment.

CONSÉQUENT, adv. qui raisonne conséquemment, qui raisonne avec justesse — bien conclu, bien déduit, bien suivi, fondé en principes, fondé en raison, juste, régulier.

CONSERVATEUR, n. m. V. Protecteur.

CONSERVATION, n. f. tutelle. V. Garde.

CONSERVER, v. V. Garder. — choyer, épargner, ménager.

CONSIDÉRABLE, adj. important,

mémorable ; précieux. V. *Illustre.*

CONSIDÉRABLEMENT, *adv.* beaucoup, en quantité, grandement, notablement, très fort.

CONSIDÉRATION, *n. f.* attention, observation, réflexion — égard, estime, respect, sentiment, vénération — conséquence, importance, mérite, poids.

CONSIDÉRER, *v.* faire attention, observer — examiner, faire réflexion, peser, réfléchir sur — estimer, priser — méditer, prendre garde — envisager, prendre en considération.

CONSIGNATION, *n. f.* dépôt, gage.

CONSIGNE, *n. f.* mot de ralliement, mot du guet, ordre.

CONSIGNER, *v.* déposer, donner pour assurance, mettre en dépôt, mettre en gage.

CONSISTANCE, *n. f.* capacité, contenance, état, étendue d'un bien, nature d'un bien — V. *Solidité.* 1. div.

CONSISTER, *v.* avoir pour essence — comprendre, contenir, être composé de, renfermer.

CONSISTOIRE, *n. m.* V. *Conseil.* 4. div.

CONSISTORIALEMENT, *adv.* en consistoire, par le consistoire, selon les formes du consistoire.

CONSOLANT, *adj.* adoucissant, lénitif, portant consolation — satisfaisant.

CONSOLATION, *n. f.* V. *Lénitif.* 2. div. contentement, joie, satisfaction.

CONSOLER, *v.* dédommager. V. *Modérer.*

CONSOLIDER, *v.* affermir, assurer, cimenter, donner de la stabilité, établir solidement,

étayer, fortifier, rendre solide, soutenir.

CONSOMMATION, *n. f.* absorption, consomption, déglutition — dégât, destruction, dilapidation, dissipation, ruine — usage — accomplissement, achèvement, dernière main, perfection.

CONSOMMÉ, *n. m.* bouillon succulent, suc de viande.

CONSOMMÉ, *adj.* V. *Consommer*, *v.* — instruit à fond, qui sait supérieurement, savantissime, très entendu, très expérimenté, très expert, très habile, très intelligent, très profond, très versé.

CONSOMMER, *v.* anéantir, détruire, employer. V. *Dissiper.* user — accomplir, achever, finir, parfaire, perfectionner, terminer.

CONSOMPTION, *n. f.* V. *Consommation.* V. *Marasme.*

CONSONNANCE, *n. f.* union. V. *Unisson.*

CONSORT, *n. m.* associé, compagnon, copartageant, lié d'intérêt, participant.

CONSPIRATEUR, *n. m.* V. *Conjurateur.*

CONSPIRATION, *n. f.* V. *Conjuration.* 1. div. — accord général, concert, consentement unanime, unanimité, union de sentiments.

CONSPIRER, *v.* cabaler, comploter, concerter, faire ligue, s'accorder, s'entendre, se joindre, se liguer, s'unir.

CONSPUT, *adj.* bafoué, berné, méprisé, moqué, raillé, sifflé, traité avec mépris.

CONSTAMMENT, *adv.* avec constance, fermement, inébranlablement, obstinément, opiniâtrement — avec tenue, continuellement, également, invariablement, perpétuellement,

...pétérahement, sans discontinuer, sans interruption, uniformément.

CONSTANCE, n. f. assurance, conduite égale, égalité invariable, fermeté, opiniâtreté, persévérance, résolution soutenue, stabilité, tenue.

CONSTANT, adj. V. Incontestable. égal. V. Ferme. 3. div. — continuel, durable, permanent, perpétuel, persévérant, soutenu.

CONSTATER, v. avérer, établir la certitude, vérifier.

CONSTELLATION, n. f. amas d'étoiles, assemblage d'étoiles, réunion de certaines étoiles.

CONSTER, v. être assuré, être avéré, être certain, être évident, être indubitable, être vérifié.

CONSTERNATION, n. f. abattement, accablement, V. Tristesse, 2. div. étonnement, saisissement, stupeur, surprise.

CONSTERNER, v. abattre, accabler, affecter d'une douleur profonde, décourager, étonner, livrer à la tristesse, saisir, stupéfier, terrasser.

CONSTIPÉ, adj. resserré.

CONSTITUER, v. disposer, élever, établir, mettre en place, placer, porter, ranger — assigner, déterminer, marquer, ordonner, prescrire — composer, construire — donner charge, fonder de procuration.

CONSTITUTION, n. f. complexion, disposition du corps, nature, tempérament — bulle, bref, diplôme, statut. V. Décision.

CONSTITUTIONNEL, adj. appartenant à la constitution de l'État, conforme à cette constitution, fondé sur cette constitution.

CONSTRINGENT, adj. arrêtant. V. Styptique.

CONSTRUCTION, n. f. bâtiment, bâtisse, édifice, fabrication, structure — arrangement, composition, disposition, ordre des parties d'un tout ou d'un discours — syntaxe.

CONSTRUIRE, v. bâtir, édifier, fabriquer — accommoder, ajuster, arranger, composer, disposer, mettre en ordre, ordonner, ranger — faire l'analyse, faire les parties d'un discours.

CONSUL, n. m. V. Jurat.

CONSULTATION, n. f. conseil, délibération, discussion, examen — avis, conférence, résultat de l'examen.

CONSULTER, v. demander avis, prendre conseil, solliciter des instructions — aviser, délibérer, examiner, peser le pour et le contre, tenir conseil — conseiller, donner son avis, exposer son sentiment.

CONSUMER, v. V. Consommer, brûler, réduire en cendres.

CONTACT, n. m. attouchement, contingence.

CONTADIN, n. m. habitant de la campagne, paysan, villageois.

CONTAGIEUX, adj. communicable, pestilentiel. V. Épidémique.

CONTAGION, n. f. communication de malignité, venin. V. Peste.

CONTE, n. m. aventure feinte, badinerie, fable, histoire fabuleuse, plaisanterie, raillerie, récit plaisant.

CONTEMPLATEUR, n. m. V. Spéculateur.

CONTEMPLATIF, adj. V. Spéculatif.

CONTEMPLATION, n. m. application. V. Spéculation.

CONTEMPLER, v. admirer, at-

...son esprit, envisager.
V. *Spéculer.*

CONTEMPORAIN, *adj.* qui est de même âge, qui est du même temps.

CONTEMPTEUR, *n. m.* V. *Détracteur.*

CONTEMPTIBLE, *adj.* abject, digne de mépris, ignoble, méprisable, vil.

CONTENANCE, *n. f.* capacité, étendue. V. *Maintien* 2. div.

CONTENANT, *adj.* V. *Compétiteur.*

CONTENIR, *v.* V. *Embrasser.* 3 div. V. *Brider.*

CONTENT, *adj.* acquiesçant, agréant, consentant — joyeux, satisfait.

CONTENTEMENT, *n. m.* acquiescement, agrément, consentement — paiement, paie, récompense, salaire. V. *Réjouissance.*

CONTENTER, *v.* rendre content, rendre heureux, satisfaire — assouvir, remplir les désirs — apaiser, faire taire — être suffisant, suffire — faire raison — payer, récompenser, salarier.

CONTENTIEUSEMENT, *adv.* avec application, avec opiniâtreté, avec débat, en contestant.

CONTENTIEUX, *adj.* V. *Litigieux.*

CONTENTION, *n. f.* application, effort — bandage, extension, tension. V. *Altercation.*

CONTER, *v.* faire des contes, faire des histoires, narrer, raconter, réciter.

EN CONTER, *v.* en donner à garder, en faire accroire, en imposer, mentir, plaisanter — cajoler, courtiser, dire des choses galantes, faire le galant.

CONTESTATION, *n. f.* CONTESTE, *n. m.* V. *Altercation.*

CONTESTER, *v.* chicaner, dé-battre, disputer, être en différend, quereller. — quereller

CONTEUR, *n. m.* narrateur, récitateur — bavard, diseur — hâbleur, menteur.

CONTEXTURE, *n. f.* enchaînement, enchaînure, entrelacement, tissu. V. *Construction.*

CONTIGU, *adj.* V. *Voisin.*

CONTIGUITÉ, *n. f.* proximité, voisinage.

CONTINENCE, *n. f.* chasteté, modération, retenue, tempérance.

CONTINENT, *adj.* chaste, qui s'abstient, qui se retient. V. *Sobre.*

CONTINENT, *n. m.* terre ferme.

CONTINGENCE, *n. f.* cas fortuit, hasard, incertitude — point de contact.

CONTINGENT, *adj.* casuel, fortuit, incertain, qui peut arriver ou ne pas arriver — appartenant à quelqu'un, échu en partage.

CONTINGENT, *n. m.* part, partage, portion échue — taux, taxe.

CONTINU, *adj.* non divisé, qui est de suite, suivi — continuel, non interrompu, perpétuel, que rien ne suspend, qui dure toujours.

CONTINUATION, *n. f.* durée continuelle, existence continuée, succession continue, suite non interrompue — continuité, enchaînement, liaison, ordre. V. *Perpétuation* — extension, prolongation.

A LA CONTINUE, *phr. adv.* V. *à la Longue.*

CONTINUEL, *adj.* V. *Continu.* 2. div.

CONTINUELLEMENT, CONTINUMENT, *adv.* perpétuellement, sans cesse, sans interruption, sans intervalle, sans relâche, toujours.

CONTINUER, v. durer, être constant, être ferme, ne pas cesser, persévérer, persister — avancer, ne pas discontinuer, ne pas interrompre, poursuivre, suivre — faire durer plus long-temps, proroger — maintenir, perpétuer — étendre, pousser plus loin, prolonger.

CONTINUITÉ, n. f. liaison, suite non interrompue — durée con-tinue, perpétuité,

CONTORSION, n. f. grimace, posture gênée. V. Convulsion.

CONTOUR, n. m. V. Circonfé-rence.

CONTOURNER, v. arrondir, don-ner de la grâce, marquer les contours — tourner à contre-sens, tourner de travers.

CONTRACTER, v. faire traité, faire une convention, passer contrat, s'engager par contrat, stipuler, traiter — attraper, ga-gner, encourir, recevoir par communication — former, pren-dre,

SE CONTRACTER, v. se raccour-cir, se resserrer, se retirer, se rétrécir.

CONTRACTION, n. f. retirement, V. Rétrécissement — réduction de deux syllabes en une.

CONTRACTUEL, adj. rédigé en contrat, stipulé par contrat.

CONTRACTURE, n. f. diminu-tion, resserrement, rétrécisse-ment à la partie supérieure d'une colonne.

CONTRADICTEUR, n. m. adver-saire, opposant, opposé.

CONTRADICTION, n. f. contra-riété, différence, disconve-nance, diversité, incompatibi-lité, objection, opposition — contestation, dispute.

CONTRADICTOIRE, adj. con-traire, opposé.

CONTRAINDRE, v. V. Forcer. 3.

div, — gêner, mettre à l'étroit, presser, serrer,

SE CONTRAINDRE, v. se répri-mer — se faire violence, se for-cer, se gêner, se violenter. V. se Modérer,

CONTRAINTE, n. f. V. Violen-ce — gêne, incommodité, presse — étrécissement, resserrement — acte, jugement, ordonnance, sentence qui oblige par corps.

CONTRAIRE, adj. contradic-toire, opposé, répugnant — ad-versaire, ennemi. V. Préjudi-ciable.

CONTRARIANT, adj. V. Contre-disant,

CONTRARIER, v. contester, contrecarrer, contredire, met-tre empêchement, mettre ob-stacle, s'opposer, traverser.

CONTRARIÉTÉ, n. f. contraste, V. Contradiction. V. Difficulté.

CONTRASTE, n. m. variété, V. Contrariété,

CONTRASTER, v. diversifier, mettre en opposition, opposer, varier — être différent, être en opposition, être opposé, tran-cher.

CONTRAT, n. m. V. Accord. 2. div.

CONTRAVENTION, n. f. V. In-fraction,

CONTRE, prép. en opposition de, par opposition à — malgré, nonobstant — au préjudice de, sans égard à. V. Voisin.

CONTREBALANCER, v. balancer, compenser, contrepeser, éga-ler, équivaloir, être au niveau, faire le contrepoids, servir de contrepoids.

CONTREBANDE, n. f. chose sus-pecte, commerce défendu, mar-chandise prohibée.

CONTRECARRER, v. barrer, con-trôler. V. Contrarier.

CONTR'ÉCHANGE, n. m. V. Change.

CONTRECHASSIS, *n. m.* châssis opposé à un autre, double châssis, second châssis sur un autre.

CONTRECŒUR, *n. m.* fond d'une cheminée, plaque.

A CONTRECŒUR, *phr. adv.* à regret, avec peine, avec répugnance, contre son gré, difficilement, malgré soi.

CONTRECOUP, *n. m.* répercussion. V. *Réverbération.*

CONTREDIRE, *v.* contester, contrarier, contrecarrer, contrepointer, être contrarié, faire des objections, faire opposition, objecter, répartir, répliquer, répondre, résister, riposter, se rendre partie, tenir tête.

CONTREDISANT, *adj.* bourru, chicaneur, contrariant, contrecarrant, obstiné, opiniâtre querelleur, qui aime à contredire, têtu.

SANS CONTREDIT, *phr. adv.* assurément, certainement, indubitablement, sans aucun doute, sans difficulté.

CONTRÉE, *n. f.* canton, district, pays, plage, province, région, royaume.

CONTREFAÇON, CONTREFACTION, *nn. ff.* copie frauduleuse, imitation frauduleuse, ouvrage imité en fraude.

CONTREFAIRE, *v.* copier, imiter, représenter—déguiser, falsifier, feindre—défigurer, déformer, difformer, estropier, gâter, rendre difforme.

CONTREFAIT, *adj.* V. *Contrefaire,* — mal bâti, mal fait, mal tourné.

CONTREFENÊTRE, *n. f.* double fenêtre, seconde fenêtre sur une autre.

CONTREFINESSE, *n. f.* contreruse, finesse contre finesse, finesse opposée, ruse contre ruse, ruse opposée à ruse.

CONTREFORT, *n. m.* appui de mur, contreboutant, contrefort, éperon, pilier boutant.

CONTRELETTRE, *n. f.* acte secret qui fait des exceptions, acte dérogatoire, dérogation secrète, lettre dérogatoire tenue secrète, limitation secrète, modification secrète, restriction secrète.

CONTREMANDER, *v.* avertir du contraire, changer l'ordre donné, donner un contr'ordre, mander le contraire, révoquer l'ordre donné.

CONTREMUR, *n. m.* V. *Contrefort.*

CONTREPESER, *v.* V. *Contrebalancer.*

CONTREPIED, *n. m.* conduite contraire, le contraire, l'opposé, marche différente, moyen tout autre, route opposée, voie contraire.

CONTREPOIDS, *n. m.* balance juste, compensation, égalité, équilibre, équipollent, équivalent, niveau, poids égal.

CONTREPOIL, *n. m.* contresens, rebours, sens contraire.

CONTREPOINTER, *v.* piquer des deux côtés avec fil ou soie — diriger batterie contre batterie, opposer batterie à batterie, pointer canon contre canon.

CONTREPOISON, *n. m.* antidote, préservatif, remède contre le poison.

CONTREPORTE, *n. f.* double porte, seconde porte sur une première, tambour.

CONTRERUSE, *n. f.* V. *Contrefinesse.*

CONTRESENS, *n. m.* autre sens, sens contraire, sens différent, sens opposé — V. *Contrepied.* V. *Contrepoil.*

CONTRETEMPS, *n. m.* accident, circonstance fâcheuse, conjoncture défavorable, évènement fâcheux, moment peu favorable, temps contraire.

▲ CONTRETEMPS, phr. adv. dans une circonstance fâcheuse, dans une conjoncture défavorable, dans un moment peu favorable, en prenant mal son temps, hors de propos, mal à propos.

CONTREVALLATION, n. f. fossé, ligne entre les assiégeants et la place.

CONTREVENANT, n. m. désobéissant. V. Prévaricateur.

CONTREVENIR, v. délinquer, désobéir, enfreindre une loi, outrepasser la défense, prévariquer, transgresser, violer la loi.

CONTRIBUABLE, adj. imposable, qui doit contribuer, qui doit payer le tribut, sujet à l'impôt, taillable, tributaire.

CONTRIBUER, v. aider, coopérer, fournir sa part, mettre du sien.

CONTRIBUTION, n. f. cotisation, frais de chacun, imposition, paiement personnel, quote-part, taxe personnelle.

CONTRISTER, v. rendre triste. V. Chagriner.

CONTRIT, adj. V. Marri.

CONTRITION, n. f. attrition, componction, douleur vive, regret d'avoir offensé Dieu, repentance, repentir.

CONTRÔLER, v. censurer, contrecarrer. V. Critiquer.

CONTR'ORDRE, n. m. avis contraire, changement d'ordre, ordre contraire, ordre différent, révocation d'un ordre donné.

CONTROUVER, v. trouver faussement. V. Forger. 2. div.

CONTROVERSE, n. f. contestation, débat, discussion, dispute, examen contradictoire.

CONTROVERSÉ, adj. agité, contesté, débattu, discuté, disputé, examiné contradictoirement.

CONTUMACE, n. f. absence de l'accusé, défaut de répondre, refus de comparoître.

CONTUMACE, adj. absent, manquant de répondre, refusant de comparoître.

CONTUMACE, adj. condamné par défaut, jugé par contumace.

CONTUS, adj. froissé, meurtri.

CONTUSION, n. f. écrachement, froissure, meurtrissure.

CONVAINCANT, adj. clair, décisif, définitif, démonstratif, évident, péremptoire, persuasif, tranchant.

CONVAINCRE, v. décider, démontrer, mettre en évidence, montrer clairement, persuader, prouver.

CONVENABLE, adj. compétent. V. Conforme. V. Décent.

CONVENABLEMENT, adv. catégoriquement, dans l'ordre, d'une manière convenable. V. Congrument. — avec bienséance. V. Décemment.

CONVENANCE, n. f. accord, assortiment, concordance, conformité, harmonie, justesse, proportion, rapport — bienséance, décence, décorum, honnêteté.

CONVENANT, adj. convenable, sortable, bienséant.

CONVENIR, v. avouer, confesser, demeurer d'accord, faire aveu, reconnoître — donner les mains, être d'accord, s'accorder, stipuler, tomber d'accord. V. Ratifier. — avoir du rapport, être assorti, être conforme, être convenable, être proportionné, être sortable — être avantageux, être commode, être expédient, être utile.

CONVENTICULE, n. m. V. Conciliabule — petite assemblée.

CONVENTION, n. f. articles convenus, conditions accordées. V. Accord.

Conversation, n. f. V. Dialogue.

Converser, v. causer ensemble, dialoguer, discourir ensemble, être en conversation, parler familièrement, s'entretenir — être en liaison, fréquenter, hanter.

Conversion, n. f. changement, transmutation — mouvement en tournant — bouleversement, renversement, révolution, vicissitude — amendement, changement en bien, correction, repentir, retour à la vertu.

Convertir, v. changer, transmuer — corriger, faire changer en bien, ramener à la vertu, rendre tout autre.

Convexe, adj. V. Courbe.

Convexité, n. f. bombement, bosse, élévation en rond, renflement.

Conviction, n. f. démonstration, évidence, persuasion, preuve convaincante, témoignage infaillible.

Convié, adj. et

Convier, v. appeler, engager, inviter, prier — attirer, porter, solliciter. V. Stimuler.

Convive, adj. assistant au même repas, commensal, convié, mangeant à même table.

Convocation, n. f. appel, assignation, indiction, invitation, sommation.

Convoi, n. m. pompe funèbre. V. Enterrement — provisions d'armée, quantité de munitions, transport de beaucoup d'argent ou de vivres — accompagnement, cortége, détachement pour protéger, escorte.

Convoiter, v. avoir envie, brûler du désir, désirer, être passionné pour, souhaiter.

Convoitise, n. f. appétit désordonné, concupiscence, cu-

pidité, désir ardent, désir effréné, désir passionné, passion déréglée.

Convoquer, v. appeler, assembler, assigner, faire assembler, faire venir, indiquer l'assemblée, inviter, mander, sommer.

Convoyer, v. V. Accompagner.

Convulsif, adj. accompagné de convulsions, agité de convulsions — donnant, excitant, provoquant des convulsions.

Convulsion, n. f. contorsion spasmodique, mouvement spasmodique, spasme, tressaillement des nerfs.

Coopérateur, n. m. adjoint, adjudant, aide, associé, coadjuteur, collègue.

Coopération, n. f. aide, assistance, secours — complicité, concours, connivence.

Coopérer, v. aider, assister, seconder, secourir. V. Concourir... 2. div.

Copeau, n. m. V. Morceau.

Copie, n. f. brouillon, minute, premier écrit — expédition, mise au net, transcription — contrefaction, imitation, représentation.

Copier, v. expédier, mettre au net, transcrire — prendre pour modèle, V. Contrefaire — caractériser, dessiner, exprimer au naturel, lever le plan, rendre fidèlement.

Copieusement, adv. beaucoup, V. Prodigalement.

Copieux, adj. abondant, ample — fécond, fertile, riche.

Copiste, n. m. V. Scribe — compilateur, plagiaire.

Coq-a-l'ane, n. m. discours sans raison, fariboles sans liaison, propos incohérents, propos sans jugement et sans suite.

Coque, Coquille, nn. ff. écale, écorce, enveloppe dure,

COQUELUCHE, n. f. fluxion, gros rhume, toux violente — objet de fantaisie, objet de mode, objet dont on est coiffé, objet qui est fort en vogue.

COQUET, adj. affété, galant, qui cherche à plaire.

COQUETER, v. affecter la galanterie, chercher à plaire, être coquet, faire le coquet.

COQUETTERIE, n. f. affectation de plaire, affèterie, envie de se faire aimer, galanterie.

COQUIN, n. m. V. Bandit — lâche, poltron — fainéant, gueux, homme de néant, misérable.

COQUINERIE, n. f. action de coquin, bassesse, escroquerie, filouterie, friponnerie, lâcheté.

COR, n. m. V. Cal — clairon, trompe, trompette.

À COR ET A CRI, phr. adv. à grand bruit, avec grand bruit — à toute force, avec instance, de toutes ses forces, par toute sorte de moyens, par toute sorte de raisons, par toutes voies.

CORBEILLE, n. f. CORBILLON, n. m. manne, panier.

CORDAGE, n. m. câble, corde, cordeau, cordelette, cordon, ficelle, funin, tortis.

CORDE, n. f. V. Cordage. — gibet, hart, supplice de la potence.

CORDIAL, adj. cardiaque, confortatif, corroboratif, fortifiant, pectoral, roboratif, stomacal, stomachique — affectueux, amical, franc, sincère, tendre.

CORDIALEMENT, adv. affectueusement, amicalement, avec affection, avec cordialité, avec franchise, du fond du cœur, d'une manière cordiale, franchement, sincèrement, tendrement.

CORDIALITÉ, n. f. affection, amitié, franchise, sincérité, tendresse.

CORMIER, n. m. sorbier. (CORMIER, n. m. sorbier.)

CORNETTE, n. f. bonnet, coiffe, coiffure de femme. V. Bannière.

CORNETTE, n. m. guidon, porte-enseigne, porte-étendard.

CORONNAIRE, n. m. abrégé, commentaire, développement, explication, sommaire — conséquence, résultat, scolie, suite.

COROREL, adj. qui a un corps — appartenant au corps, concernant le corps, relatif au corps — matériel, palpable, sensible.

CORPORELLEMENT, adv. d'une manière corporelle, en corps.

CORPS, n. m. solide, substance étendue — cadavre — amas, collection, recueil, réunion de plusieurs écrits — assemblée, compagnie, société, union de plusieurs personnes sous un même régime.

CORPULENCE, n. f. embonpoint, grandeur, grosseur, taille, volume du corps humain.

CORPUSCULE, n. m. atome, petit corps.

CORRECT, adj. châtié, exact, poli, pur, purgé de toutes fautes.

CORRECTEMENT, adv. exactement, purement, sans faute.

CORRECTIF, adj. palliatif, lénitif, qui adoucit, qui corrige, qui modifie, qui tempère.

CORRECTION, n. f. amendement, rectification, réformation, réforme — admonition, avis, répréhension, réprimande — châtiment, punition —

exactitude , pureté , régularité.

CORRESPONDANCE , n. f. commerce réciproque , relation de l'un avec l'autre — accord , conformité , convenance , intelligence.

CORRESPONDRE , v. entretenir commerce , être en relation — être reconnaissant , payer de retour , rendre la pareille , répondre aux soins , être en symétrie , être semblable , se rapporter , symétriser. — aboutir.

CORRIDOR , n. m. galerie , longue allée , passage devant plusieurs chambres.

CORRIGER , v. amender , rectifier , redresser , réformer — perfectionner , polir — admonester , reprendre , réprimander , châtier , punir , réprimer — adoucir , modérer , modifier , tempérer — balancer , compenser.

SE CORRIGER , v. changer de vie , devenir meilleur , prendre un meilleur train de vie , s'amender , se réformer.

CORROBORATIF, adj. V. Cordial. 1, div.

CORROBORER , v. V. Enforcir.

CORRODER , v. V. Ronger.

CORROMPRE , v. abâtardir , altérer , dépraver , gâter , infecter , putréfier , vicier — séduire , suborner. V. Débaucher.

CORROMPU , abâtardi , altéré , dépravé , gâté , infecté , putréfié , vicié — changé de figure , déformé , déshonoré , malade — débauché , déréglé , libertin , perdu de mœurs , séduit , suborné , vicieux.

CORROSIF , adj. brûlant , caustique , corrodant , qui détruit , qui enflamme , qui ronge.

CORROYER , v. adoucir , manier , parer , ratisser , repasser les cuirs pour dernière façon — dégrossir , ôter la superficie grossière du bois. V. Glaiser.

CORRUPTEUR , n. m. V. Séducteur.

CORRUPTIBLE , adj. altérable , périssable , sujet à se corrompre , susceptible de corruption — qui se laisse corrompre , débaucher , gagner , séduire , suborner.

CORRUPTION , n. f. altération , infection , ordure , pourriture , puanteur , putréfaction — débauche , dépravation , dérèglement , libertinage , séduction , subornation , vice.

CORSAGE , n. m. taille.

CORSAIRE , n. m. aventurier , boucanier , écumeur de mer , corsan , pirate , voleur de mer.

CORTÈGE , n. m. accompagnement , compagnie , escorte — équipage , suite , train.

CORVÉE , n. f. redevance , servitude — fatigue onéreuse , ouvrage pénible , travail infructueux — complaisance onéreuse , complaisance perdue.

CORYPHÉE , n. m. le chef , le plus considérable , le plus distingué , le premier , le principal d'un corps.

COSMOPOLITAIN , COSMOPOLITE , nn. mm. citoyen du monde , habitant de l'univers , homme qui n'adopte aucune patrie.

COSSE , n. f. V. Capsule. 2. div.

COSSON , n. m. V. Calandre.

COSSU , adj. qui a la cosse épaisse — aisé , bien fourni , bien garni , opulent , riche , richard.

COSTUME , n. m. goût d'un pays , mode , usage.

COTE , n. f. chiffre , indice , lettre , numéro.

COTE, s. f. COTISATION, COTISLOT, n... num. juge, jupon.

COTE, n. f. bord, rivage, rive. V. Monticule.

CÔTÉ, n. m. biais, endroit, part, partie, sens — flanc — parti — rang — lignée.

DE CÔTÉ, prép. adv. de biais, de travers, obliquement — avec colère, avec dédain, avec mépris, dédaigneusement, de mauvais œil — à couvert, à l'écart, à part, en réserve.

COTEAU, n. m. V. Monticule.

COTER, v. citer, spécifier. V. Numéroter.

COTERIE, n. f. chambrée, compagnie, société.

COTHURNE, n. m. brodequin — emphase, langage boursouflé, style pompeux, ton trop élevé.

COTIR, v. coucher, froisser, meurtrir.

COTISATION, n. f. contribution personnelle, imposition par tête, règlement de la part que chacun doit fournir, somme que l'on consent de donner, subscription volontaire.

COTISER, v. imposer par tête, régler la contribution de chacun, taxer.

COTON, n. m. duvet — jeune barbe, poil follet.

CÔTOYER, v. aller côte à côte, marcher à côté — aller tout du long, longer, marcher le long de, suivre le cours et les sinuosités de.

COTRET, n. m. menu bois, petit fagot, petite falourde.

COUCHANT, n. m. Occident, Ouest.

COUCHE, n. f. lit. V. Châlit. — enduit — lit de fumier — drapeau, lange, maillot — accouchement, enfantement — gésine.

COUCHIS, n. f. gîte.

COUCHER, v. aider à entrer au lit, déshabiller, mettre au lit — abattre, étendre de son long, jeter par terre, mettre à terre, renverser — abaisser, courber, incliner — gîter, passer la nuit — appliquer, enduire — écrire, exprimer, insérer, mettre dans un acte.

COUDOYER, v. choquer, heurter, pousser du coude.

COUDRE, v attacher, faire tenir, joindre ensemble avec du fil.

COUDRE, n. m. V. Noisetier.

COULAMMENT, adv. abondamment, aisément, avec aisance, d'une manière aisée, d'une manière coulante, facilement, naturellement, sans embarras, sans hésiter, sans peine, sans s'arrêter.

COULANT, adj. qui coule — abondant, aisé, facile, naturel.

COULAMMENT, n. m. courant, cours, écoulement, flux.

COULER, v. fluer, s'écouler, s'épandre, se répandre — clarifier, épurer, filtrer, passer au couloir, rendre clair — s'échapper, s'évader — glisser, insinuer — aller doucement, passer légèrement.

COULEUR, n. f. coloris, teint — lustre, ornement — apparence, excuse, prétexte.

COULEUVRE, n. f. serpent.

COUP, n. m. atteinte, blessure, choc, impression — accident, affliction — fois — adresse, subtilité, tour — action, entreprise.

A COUP SÛR, phr. adv. Avec certitude, certainement, immanquablement, infailliblement.

APRÈS COUP, phr. adv. lorsqu'il n'est plus temps, trop tard.

A TOUS COUPS; *phr. adv.* à tout moment, à tout propos, fréquemment, souvent.

TOUT-À-COUP, *phr. adv.* en un instant, en un moment, soudainement, subitement.

COUPABLE, *adj.* criminel, délinquant, qui a commis quelque faute, qui a commis un crime.

COUPABLE, *s. m.* malfaiteur.

COUPE, *n. f.* division, séparation. V. *Patère*.

COURT, *adj.* V. *Couper*, 1. 2. et 3. div. —bref, concis, court, laconique, pressé, serré.

COUPEAU, *n. m.* cime, haut, sommet d'une montagne.

COUPE-GORGE, *n. m.* défilé, lieu dangereux, passage étroit.

COUPE-JARRET, *n. m.* assassin, bretteur, brigand.

COUPER, *v.* V. *Fendre* — rogner, scier, tailler, trancher — interrompre — châtrer, entamer, mutiler, croiser, embrasser, prévenir.

COUPEROSE, *n. f.* V. *Vitriol*.

COUPERCHÉ, *adj.* V. *Bourgeoisé*.

COUPLE, *n. f.* deux choses de même espèce, paire.

COUPLET, *n. m.* chanson, morceau de chanson, stance, strophe, verset.

COUPOLE, *n. f.* dôme, partie concave du dôme, voûte ronde.

COUPURE, *n. f.* V. *Hoche* — fossé, palissade, retranchement derrière une brèche.

COUR, *n. f.* espace découvert enclos dans une maison — résidence du souverain — officiers du prince — grands qui accompagnent le prince, sa suite, ses ministres, son conseil — témoignage constant de respect. V. *Assiduité* — siège de justice, tribunal souverain.

COURAGE, *n. m.* ardeur de l'âme, bravoure, cœur, fermeté, force, générosité, hardiesse, intrépidité, vaillance, valeur, vivacité, zèle — barbarie, dureté, férocité, fierté, orgueil.

COURAGEUSEMENT, *adv.* avec ardeur, avec cœur, avec courage, avec feu, avec force, avec résolution, bravement, en homme de cœur, fermement, fièrement, généreusement, hardiment, intrépidement, vaillamment, valeureusement.

COURAGEUX, *adj.* entreprenant, généreux, qui a du cœur. V. *Intrépide*.

COURAMMENT, *adv.* V. *Couramment*.

COURANT, *adj.* qui a cours, qui court — coulant, qui s'écoule — commun, ordinaire, présent — léger, prompt, vite.

COURANT, *n. m.* cours, écoulement, fil de l'eau — état actuel, état ordinaire, manière ordinaire.

COURANTE, *n. f.* V. *Dévoiement*.

COURBATURE, *n. f.* V. *Lassitude*.

COURBE, *adj.* cintré, courbé, fait en arc, fléchi, plié, ployé, voûté.

COURBER, *v.* cintrer, fléchir, mettre en arc, plier, ployer, voûter.

COURBURE, *n. f.* arc, cintre, fléchissement, inflexion, pli.

COUREUR, *n. m.* batteur d'estrade, homme qui va à la découverte, qui va reconnoître — vagabond.

COUREUSE, *n. f.* V. *Courtisane*.

COURGE, *n. f.* calebasse, citrouille, gourde.

COURIR, *v.* aller vite, courre, faire des courses, faire des incursions, poursuivre — faire

COU

route, galoper, voyager—faire diligence, se hâter, se presser — aller de côté et d'autre, errer, rouler, fuyer—fréquenter, hanter—être répandu.

COURONNE, n. f. auréole, diadème, guirlande — empire, principauté, royaume, royauté, souverain pouvoir, souveraineté, trône.

COURONNEMENT, n. m. inauguration, sacre — achèvement, dernière main, perfection — comble, faîte, sommet.

COURONNER, v. inaugurer, sacrer—accomplir, achever, finir avec honneur, mettre la dernière main, terminer — accorder le prix, récompenser.

COURRIER, n. m. commissionnaire, coureur, estafette, messager, porteur de lettres.

COURROIE, n. f. V. Trait, 2. div.

COURROUCER, v. V. Indigner.
SE COURROUCER, v. s'emporter. V. s'Indigner.

COURROUX, n. m. V. Colère.

COURS, n. m. arène, carrière, champ, chemin, course, espace, étendue, route, voie—coulement, courant, écoulement, flux et passage—durée, succession — progrès, suite, train — inclination, pente—débit, prix commun—autorisation, usage, vogue,— collection, compilation, recueil, suite des parties d'une science—promenade.

COURSE, n. f. chemin, espace, étendue — navigation, voyage, incursion, invasion.

COURT, adj. V. Concis—abrégé, resserré—accourci, écourté, raccourci—peu durable, qui dure peu, qui n'est pas de longue durée, qui passe vite.

COURTAGE, n. m. entremise, médiation, négociation.

COURTAUD, adj. court, raccourci, ramassé.

COURTAUD, n. m. garçon de boutique.

COURTE-POINTE, n. f. couverture de lit, couvre-pied.

COURTIER, n. m. entremetteur. V. Médiateur.

COURTINE, n. f. rideau de lit, tour de lit — mur qui joint les flancs de deux bastions.

COURTISAN, n. m. complaisant, galant, homme de cour, politique, raffiné.

COURTISANE, n. f. coureuse, femme débauchée, fille de joie, fille de mauvaise vie, fille du monde, fille publique, libertine, prostituée.

COURTISER, v. captiver la bienveillance, chercher à plaire, être aux petits soins, faire le galant, faire sa cour, flatter.

COURTOIS, adj. accort, affable, agréable, civil, complaisant, doux, galant, gracieux, honnête, humain, obligeant, poli, qui sait son monde, qui sait vivre.

COURTOISEMENT, adv. V. Civilement, 2. div.

COURTOISIE, n. f. affabilité, bon accueil, civilité, complaisance, douceur, acception gracieuse. V. Politesse.

COUSIN, n. m. consanguin, parent, proche — insecte ailé qui pique, moucheron piquant.

COUSINAGE, n. m. consanguinité, lien du sang, parenté — assemblée de cousins, assemblée de parents.

COUSSIN, n. m. V. Oreiller.

COÛT, n. m. V. Dépens.

COÛTELAS, n. m. V. Bretle.

COÛTER, v. être acheté à certain prix — causer de la dépense, causer de la douleur, donner des soins, faire de la peine, peiner.

COÛTEUX, adj. cher. V. Dispendieux.

COUTUME, *n. f.* accoutumance, façon ordinaire, habitude, manière, mode, ordinaire, pratique, train de vie, usage.

COUTUMIER, *adj.* accoutumé, habitué, qui est dans l'usage — réglé par la coutume, soumis aux lois de la coutume.

COUTURE, *n. f.* suture — cicatrice — art de coudre, profession de couturier ou de couturière.

COUVÉE, *n. f.* engeance, nichée, progéniture, race.

COUVENT, *n. m.* V. *Cloître.*

COUVER, *v.* échauffer, fomenter, tenir chaud — cacher, méditer, préparer secrètement, tenir secret — être caché, être médité sourdement, se préparer dans le silence, se tramer en secret.

COUVERT, *adj.* V. *Caché.* — habillé, vêtu — obscur, sombre — abrité, défendu, garanti.

COUVERT, *n. m.* abri, refuge. V. *Logement.* — maison, toit — appareil destiné à chaque convive, appareil général de la table.

À COUVERT, *phr. adv.* à l'abri, en assurance, en sûreté, hors de danger.

COUVERTURE, *n. f.* toit — couvre-pied — apparence, déguisement, dissimulation, faux semblant. V. *Prétexte.*

COUVRE-CHEF, *n. m.* bonnet, cale, calotte, chapeau, coiffe, coiffure, cornette, toque.

COUVRE-FEU, *n. m.* la retraite, le signal de la retraite.

COUVRE-PIED, *n. m.* couverture.

COUVRIR, *v.* cacher, celer, déguiser, dissimuler, voiler — envelopper, habiller, revêtir, vêtir.

CRACHEMENT, *n. m.* action de cracher, sputation.

CRACHER, *v.* expectorer, rendre, vomir.

CRAIGNANT, *adj.* qui appréhende, qui craint, timide — qui honore, qui révère, respectueux.

CRAINDRE, *v.* avoir en aversion. V. *Redouter.* — éviter, s'abstenir, se retenir.

CRAINTE, *n. f.* V. *Appréhension.*

CRAINTIF, *adj.* foible, lâche, méticuleux, peureux, poltron, pusillanime, timide.

CRAINTIVEMENT, *adv.* avec appréhension, avec crainte, avec timidité, d'une manière craintive, d'une manière timide, timidement.

CRAMOISI, *adj.* rouge foncé.

CRAMPE, *n. f.* contraction convulsive, engourdissement, goutte.

CRAMPONNER, *v.* attacher, lier, serrer — ferrer à glace.

CRAN, *n. m.* V. *Hoche.*

CRÂNE, *n. m.* esprit bouillant, esprit étourdi, tête chaude, tête folle.

CRAPULE, *n. f.* débauche, ivrognerie.

CRAPULEUX, *adj.* débauché, goinfre, ivrogne, livré à la crapule.

CRASSE, *n. f.* V. *Ordure.* V. *Avarice.*

CRASSE, *adj.* épais, grossier, visqueux — impardonnable, inexcusable.

CRASSEUX, *adj.* V. *Sale.* V. *Avare.*

CRAYON, *n. m.* V. *Dessin.*

CRAYONNER, *v.* croquer, dessiner, ébaucher, esquisser, marquer, tracer, tracer en gros.

CRÉANCE, *n. f.* assurance, dette active, hypothèque pour une dette, sûreté, titre — confiance — instruction secrète.

CRÉANCIER , n. m. celui à qui il est dû, qui a fait crédit, qui a prêté, créditeur, prêteur.

CRÉATEUR, n. m. Dieu — auteur, cause première, cause efficiente, inventeur.

CRÉATION , n. f. action de créer, extraction du néant, formation de tous les êtres — imagination, invention, production.

CRÉATURE , n. f. protégé.

CRÈCHE , n. f. auge, mangeoire des bestiaux.

CRÉDENCE, n. f. buffet, guéridon, petite table.

CRÉDIT, n. m. confiance, créance, estime, réputation de solvabilité — considération. V. Pouvoir.

A CRÉDIT, phr. adv. pour rien, sans argent comptant — à plaisir, gratuitement, sans fondement, sans preuve — en vain, inutilement, sans effet, sans profit , sans utilité , vainement.

CRÉDITEUR, n. m. V. Créancier.

CRÉDULE , adj. bon, disposé à croire aisément, qui croit trop aisément, simple.

CRÉDULITÉ, n. f. V. Simplicité.

CRÉER , v. accorder l'existence , donner l'être, faire de rien, faire naître, tirer du néant — imaginer, inventer, produire, tirer de sa tête.

CRÈME , n. f. partie la plus grasse du lait—la quintessence, la substance, le meilleur, le principal, le suc.

CRÉNEAU, n. m. V. Hoche.

CRÉNELER , v. denteler, entailler, faire des créneaux, faire des dents , faire des entaillures.

CRÊTE , n. f. aigrette, hupe —

arrogance , fierté, orgueil, superbe , vanité.

CREUSER, v. caver, fouir, rendre creux. V. Eplucher. 2. div.

CREUSET, n. m. V. Épreuve.

CREUX, adj. cavé , enfoncé, évidé, profond, vide. V. Chimérique.

CREUX, n. m. caverne, concavité , fossé. V. Cavité.

CREVASSE, n. f. fêlure, fente, gerçure, lézarde, jour, ouverture, vide.

CREVASSÉ , v. entr'ouvrir , fêler , fendre, gercer, lézarder.

CREVÉ, adj. V. Crever. v. 1. div.

CRÈVE-CŒUR , n. m. accablement, affliction , amertume , chagrin, dépit, déplaisir, désagrément, douleur, peine, rabat-joie, regret.

CREVER , v. crevasser, entr'ouvrir, fêler, fendre, gercer, lézarder, ouvrir avec effort, rompre — éclater, se fendre, s'ouvrir avec effort, se rompre — mourir, périr.

CRI, n. m. clameur, effort de voix, son aigu, son perçant — huée, sifflement — plainte, réclamation — bans, criée, publication.

CRIAILLER , v. V. Tempêter.

CRIAILLERIE , n. f. V. Clabanderie.

CRIAILLEUR, n. m. V. Clabaudeur.

CRIBLE , n. m. V. Bluteau.

CRIBLÉ, adj. nettoyé , passé au crible, sassé , tamisé — percé comme un crible, plein de trous — détaillé , discuté, épluché, éprouvé, examiné , ressassé.

CRIBLER, v. bluter, nettoyer, passer au bluteau, passer au crible, passer au sas, passer au tamis, sasser, tamiser. V. Fouiller. V. Rechercher.

CRIÉE, n. f. annonce publique, ban, promulgation. V. *Encan.*

CRIER, v. aboyer, brailler, clabauder, criailler, élever la voix, faire grand bruit, gronder, piailler, s'emporter, tempêter — faire des plaintes, faire des remontrances, faire des réprimandes, quereller, remontrer, s'élever avec force, se plaindre — annoncer, proclamer, publier — mettre à l'encan, mettre en vente.

CRIERIE, n. f. V. *Criaillerie.*

CRIEUR, n. m. V. *Criailleur.*

CRIME, n. m. V. *Délit.*

CRIMINEL, adj. coupable, malfaiteur — condamnable, contraire aux lois.

CRIN, n. m. cheveu, poil.

CRINIÈRE, n. f. chevelure, perruque.

CRIQUET, n. m. V. *Bidet.* 1. *div.*

CRISE, n. f. accès, changement subit, état dangereux, paroxisme, redoublement, situation critique.

CRITIQUE, n. m. V. *Observateur.* 2. *div.*

CRITIQUE, n. f. capacité, discernement, érudition, goût, science — discussion, examen, jugement — censure, correction.

CRITIQUER, v. discuter, épiloguer, éplucher, examiner — censurer, corriger, juger, reprendre.

CROASSEMENT, n. m. cri des corbeaux — chant aigre, chant désagréable, discours qui a peu de sens, discours sans harmonie.

CROASSER, v. brailler, criailler, crier comme les corbeaux.

CROC, n. m. agrafe, attache, crochet, grappin, hameçon, harpeau, harpin, harpon, main

de fer — escroc, filou — défense, dent crochue.

CROCHET, n. m. agrafe, attache, boucle — pesan, tournant.

CROCHETEUR, n. m. V. *Mercenaire.*

CROCHU, adj. fait en crochet, recourbé, tors, tortu.

CROIRE, v. estimer, être convaincu, être persuadé, imaginer, juger, penser — ajouter foi, déférer, donner sa confiance, s'en rapporter, suivre l'avis — admettre, être d'avis, opiner.

CROISÉE, n. f. V. *Fenêtre.*

CROISER, v. couper, traverser — contrarier, faire obstacle, nuire, résister, se mettre en travers, s'opposer, tenir tête, V. *Barrer* — infester, parcourir, rôder.

CROISEUR, n. m. course en mer — parage.

CROISSANCE, n. f. accroissement, addition, augmentation, croît, crue, surcroît, surplus.

CROÎTRE, v. augmenter, grandir, grossir, hausser, s'agrandir, s'amplifier, s'augmenter, se dilater, se multiplier, se répandre, s'étendre.

CROIX, n. f. gibet, potence. V. *Adversité.*

CROQUANT, adj. dur, ferme, qui croque sous la dent, sec.

CROQUER, v. manger — dissiper, perdre. V. *Ébaucher.*

CROQUIGNOLE, n. f. V. *Chiquenaude.*

CROQUIS, n. m. délinéation, dessin, ébauche, esquisse, essai, léger crayon, première idée, premier trait, simple idée, tracement.

CROSSE, n. f. bâton, béquille, canne.

CROTTE, n. f. V. *Gâchis.*

CROTTÉ, adj. malpropre,

plein de crotte, sale — abject, gueux, méprisable, vil.

CROTTER, v. éclabousser, gâter avec de la crotte, salir.

CROULEMENT, n. m. chute, décadence, démolition, destruction, éboulement, écroulement, renversement, ruine — désastre, disgrâce, infortune.

CROULER, v. aller en décadence, choir, déchoir, ébouler, écrouler, s'abattre, s'ébranler, se perdre, se précipiter, se renverser, tomber, tomber en ruine.

CROUPE, n. f. le derrière — cime, haut, pointe, sommet d'une montagne.

CROUPIER, n. m. associé, copartageant, lié d'intérêt.

CROUPIR, v. languir dans l'oisiveté, être paresseux, nonchalant, oisif, se tenir sans rien faire, ne s'occuper à rien — ne pas couler.

CROUPISSANT, adj. V. Stagnant.

CROYABLE, adj. digne de croyance, digne de foi, qu'on doit croire. V. Probable.

CROYANCE, n. f. foi, profession de foi, sentiment sur la religion, vérités de la religion — avis, opinion, pensée, sentiment particulier — assurance, confiance, espérance ferme, persuasion.

CRU, n. m. fonds propre, terroir propre — chef, estoc, fonds, imagination, invention.

CRU, adj. qui n'est pas cuit — indigeste, informe, mal digéré — brusque, dur, fâcheux, rude.

CRUAUTÉ, n. f. insensibilité, rigueur outrée. V. Barbarie.

CRUCHE, n. f. V. Bouteille — imbécile, sot, stupide.

CRUCHERIE, n. f. ânerie, bê-

tise, étourderie, imbécillité, sottise, stupidité.

CRUDITÉ, n. f. indigestion, — propos désobligeant, dur, fâcheux, rude.

CRUE, n. f. V. Croissance.

CRUEL, adj. V. Barbare — accablant, déplorable, fâcheux, nuisible — affreux, mauvais, vilain.

CRUELLEMENT, adv. avec atrocité, avec barbarie, avec cruauté, d'une manière atroce, d'une manière barbare, d'une manière cruelle, durement, impitoyablement, inexorablement, inhumainement, rigoureusement, sans humanité, sans miséricorde, sans pitié.

CRÛMENT, adv. brusquement, d'une manière fâcheuse, d'un ton dur, rude, grossièrement, impoliment, incivilement, sans ménagement, sans précaution.

CUCULE, n. f. V. Cape.

CUEILLETTE, n. f. amas, collecte, quête, recette, récolte, recouvrement.

CUEILLIR, v. amasser, arracher, détacher, lever, récolter, recueillir.

CUIR, n. m. peau.

CUIRASSE, n. f. armure de fer qui couvre le corps, corselet, plastron.

CUIRASSÉ, adj. armé, couvert, revêtu d'une cuirasse, garni d'un plastron, plastronné — préparé à tout.

CUIRE, v. apprêter, bouillir, préparer, rôtir les mets — digérer — mûrir — picoter, poindre.

CUISANT, adj. âcre, âpre, picotant, poignant — affligeant, chagrinant, cruel, douloureux, excessif, rigoureux, sensible, touchant, véhément, vif.

CUISINIER, n. m. homme qui fait la cuisine, rôtisseur, traiteur.

Cuisson, n. f. coction, cuite —douleur cuisante.

Cuivre, n. m. airain, bronze, laiton.

Cul de jatte, n. m. qui a perdu l'usage des jambes, qui marche dans une jatte, V. Perclus.

Cul de plomb, n. m. V. Sédentaire.

Culbute, n. f. gambade, saut. V. Chute.

Culbuté, adj. abattu, déchu, démoli, détruit, perdu, précipité, renversé, ruiné, tombé.

Culbuter, v. faire choir, faire tomber, mettre à bas, perdre, précipiter, V. Renverser—choir, déchoir, tomber.

Culot, n. m. le dernier admis, le dernier éclos, le dernier né, le dernier reçu, le plus jeune de tous, le puîné de tous.

Culotte, n. f. braies, caleçon, chausses, haut de chausses.

Culte, n. m. acte de piété, adoration, dévotion, hommage religieux, respect, vénération —office, service divin.

Cultivateur, n. m. V. Laboureur.

Cultiver, v. donner les façons à la terre, labourer, soigner—élever, façonner, former, instruire — conserver, entretenir, ménager.

Culture, n. f. agriculture, agronomie, labour, labourage — éducation, enseignement, institution, instruction, soin.

Cumuler, v. accumuler, assembler, joindre ensemble, multiplier, réunir.

Cupidité, n. f. amour des richesses, avarice. V. Convoitise.

Cupidon, n. m. l'Amour, le fils de Vénus, l'enfant de Cythère.

Curage, n. m. enlèvement des ordures, nettoiement, vidange.

Curatelle, n. f. défense, protection, tutelle.

Curateur, n. m. V. Conservateur.

Cure, n. f. guérison, rétablissement de santé — bénéfice à charge d'âmes, paroisse, logis du curé, maison curiale, presbytère.

Curé, n. m. pasteur, prêtre, chargé d'une cure, d'une paroisse.

Curée, n. f. butin, dépouille, lippée, picorée, prise, proie.

Curer, v. enlever les ordures. V. Décrasser.

Cureur, n. m. gadouard, maître des basses œuvres, vidangeur.

Curial, adj. appartenant à la cure, concernant la cure, pastoral, propre au curé, rectoral.

Curieusement, adv. indiscrètement.—d'une manière affectée, V. Studieusement.

Curieux, adj. indiscret, nouvelliste, qui s'informe de tout, qui veut pénétrer les secrets d'autrui, qui veut tout savoir —jaloux, soigneux de. V. Studieux. V. Singulier.

Curiosité, n. f. envie de savoir tout, indiscrétion, manie des nouvelles, manie de voir, propension vive à pénétrer dans les secrets d'autrui — désir d'apprendre, envie de s'instruire, recherche scrupuleuse. V. Singularité.

Custode, n. m. supérieur dans un ordre de S. François— sacristain, trésorier d'une église — président de l'académie des Arcades.

Custode, n. f. ciboire, pavillon qui couvre le ciboire, rideaux à côté du maître-autel dans quelques églises—prison, secret.

GUTANÉ, *adj.* adhérant à la peau, affectant la peau, appartenant à la peau.

CUTICULE, *n. f.* V. *Épiderme.*

CUVER, *v.* cuire, fermenter.

CYCLE, *n. m.* cercle, période, retour périodique, révolution périodique.

CYCLOPE, *n. m.* borgne, homme qui n'a qu'un œil.

CYNIQUE, *adj.* effronté, hardi, impudent, injurieux, satirique, qui n'a honte de rien, qui est sans pudeur, sans retenue, scandaleux.

CYNISME, *n. m.* effronterie, hardiesse, impudence, libertinage ouvert, scandale.

CYPRIS, *n. f.* Cythérée, déesse de Cythère, mère des Amours, Vénus.

D

DA, *particule.* assurément, certainement, certes, en vérité.

DADAIS, *n. m.* benêt, décontenancé, imbécile, niais, nigaud, sot.

DAGUE, *n. f.* poignard, stylet.

DAIGNER, *v.* accorder l'honneur de, avoir la bonté de, faire la grâce, la faveur de, vouloir bien.

DAIS, *n. m.* baldaquin, pavillon, ciel de lit.

DALLE, *n. f.* darne, rouelle, tranche de quelque mets.

DALMATIQUE, *n. f.* tunique.

DAMASQUINER, *v.* V. *Ciseler.*

DAME, *n. f.* femme de qualité, maîtresse, souveraine.

DAMER, *v.* doubler une dame au jeu—renchérir.

DAMERET, *n. m.* damoiseau, galant, jeune homme qui fait la cour aux dames, poupin.

DANDIN, *n. m.* V. *Dadais.*

DANDINEMENT, *n. m.* agitation lente, balancement.

DANDINER, *v.* balancer niaisement, faire le dandin, niaiser.

DANGER, *n. m.* V. *Péril.* V. *Inconvénient.*

DANGEREUSEMENT, *adv.* avec péril, avec risque, d'une manière dangereuse, périlleuse, périlleusement.

DANGEREUX, *adj.* hasardeux, périlleux, où il y a du danger, du péril, du risque — redoutable, V. *Suspect* — sujet à des conséquences fâcheuses, à des difficultés, à des embarras, à des incommodités, à des inconvénients.

DAMNABLE, *adj.* abominable, condamnable, détestable, digne de l'enfer, exécrable, méchant, pernicieux.

DAMNATION, *n. f.* l'enfer, peines éternelles, réprobation.

DAMNÉ, *adj.* méchant, réprouvé.

DAMNER, *v.* condamner aux peines éternelles, priver du paradis, punir des peines de l'enfer, réprouver — exposer à la damnation, rendre digne de l'enfer.

DANS, *prép.* en — au dedans de—pendant—avec—selon.

DANSE, *n. f.* mouvement en cadence—bal, ballet.

DANSER, *v.* V. *Cabrioler.*

DANSEUR, *n. m.* V. *Cabrioleur.*

DARD, n. m. flèche, javeline, javelot, trait.

DARDANELLES, n. f. pl. détroit de Gallipoli, Hellespont.

DARDER, v. décocher, jeter avec force, lancer — blesser, frapper avec un dard.

DARIOLE, n. f. V. Gâteau.

DARTRE, n. f. V. Teigne.

DATE, n. f. époque, jour déterminé, temps précis.

DATER, v. dire le jour, donner l'époque, indiquer le temps précis, mettre la date, nommer le jour fixe.

DAUBER, v. battre, donner force coups, étriller, frapper, peloter, rosser — médire — jouer quelqu'un, railler, se moquer.

DAVANTAGE, adv. plus, plus grande quantité, plus grand nombre.

DÉBÂCLE, n. f. débordement, débordement, dégorgement, déménagement, sortie impétueuse.

DÉBÂCLEMENT, n. m. action de la débâcle, moment de la débâcle.

DÉBÂCLER, v. débarrasser — ouvrir.

DÉBALLER, v. défaire une balle, désemballer, ouvrir une balle, tirer quelque chose d'une balle.

DÉBANDADE, n. f. confusion, désordre.

A LA DÉBANDADE, phr. adv. confusément, en confusion, en désordre, pêle-mêle, sans discipline, sans ordre — à l'abandon.

DÉBANDER, v. desserrer, détendre, donner du relâche — lever le bandeau — ôter une bande.

SE DÉBANDER, v. partir, se séparer confusément — se disperser en désordre, s'enfuir en confusion, se retirer pêle-mêle.

DÉBANQUER, v. dépouiller le banquier, enlever la banque, gagner tout l'argent qui est devant le banquier.

SE DÉBAPTISER, v. changer de nom.

DÉBARBOUILLER, v. approprier, blanchir, décrasser, essuyer, laver, nettoyer, ôter la saleté, l'ordure.

DÉBARDER, v. débarrasser, décharger, mettre à terre.

DÉBARDEUR, n. m. V. Mercenaire.

DÉBARQUEMENT, n. m. descente, désembarquement, sortie du vaisseau.

DÉBARQUER, v. descendre à terre, prendre terre, sortir du vaisseau — désembarquer, mettre à terre, tirer du vaisseau.

DÉBARRASSER, v. débourber, débrouiller, dégager, délier, délivrer, démêler, dénouer, dépêtrer, désembarrasser, expédier, mettre à l'aise, tirer d'embarras, de peine.

DÉBAT, n. m. V. Altercation.

DÉBATTRE, v. agiter, contester, discuter, disputer, examiner, expliquer — plaider, quereller.

SE DÉBATTRE, v. s'agiter, se démener, se tourner de tout côté.

DÉBAUCHE, n. f. excès, licence, luxure. V. Incontinence.

DÉBAUCHÉ, adj. corrompu, crapuleux, plongé dans la débauche. V. Dérégté.

DÉBAUCHÉE, n. f. V. Courtisane.

DÉBAUCHER, v. corrompre, dépraver, déranger, détourner du bien, entraîner dans le libertinage, jeter dans le désordre, plonger dans la dissolution.

DÉBAUCHEUR, n. m. V. Séducteur.

Débet, n. m. ce qui reste dû, dette, excédant d'un compte; reliquat, résidu, restant à payer.

Débile, adj. affoibli, cassé, débilité, dénué de forces, foible, infirme, languissant.

Débilitation, n. f. affoiblissement, dépérissement, exténuation.

Débilité, n. f. abattement, affoiblissement, foiblesse, imbécillité, manque de fermeté, manque de courage, simplicité.

Débiliter, v. abattre, affoiblir, énerver, ôter les forces, rendre foible.

Débit, n. m. défaite, détail, distribution, trafic, vente — élocution, éloquence extérieure, prononciation.

Débitant, n. m. détailleur, distributeur, marchand, regratier, trafiquant, vendeur.

Débiter, v. détailler, distribuer, vendre — avancer, expédier, exploiter, faire de l'ouvrage — prononcer, raconter, réciter, rendre de vive voix, prôner, publier, répandre.

Débiteur, n. m. **Débitrice**, n. f. celui ou celle qui doit, obligé, obligée, redevable, reliquataire.

Déblayer, v. débarrasser, déménager, désembarrasser.

Déboire, n. m. V. Dégoût.

Déboîtement, n. m. V. Luxation.

Déboîter, v. démettre, déplacer, disloquer, luxer.

Débordement, n. m. V. Débâcle.

Débonder, v. lâcher, ôter la bonde — partir impétueusement, se décharger, se répandre, sortir avec abondance.

Débonnaire, adj. affable. V. Clément.

Débordement, n. m. crue, débâcle, débondement, dégorgement, inondation, irruption, torrent. — V. Débauche.

Débordé, adj. V. Débauché.

Déborder, v. croître, excéder les bords, inonder, passer les bords, se répandre, sortir hors des bords.

Débotter, v. ôter les bottes, tirer les bottes.

Débouché, **Débouchement**, n. m. expédient, moyen, ressource, voie.

Déboucher, v. débarrasser, dégager, enlever ce qui bouche, ôter l'embarras — prendre son essor, s'échapper, sortir.

Débourber, v. débarrasser, dégager, tirer la bourbe.

Débourrer, v. ôter la bourre — apprendre à vivre, décrasser, dresser, façonner, former, instruire — dégourdir, dénaiser, éveiller, mettre au fait.

Déboursement, n. m. argent débours, avance faite, dépense, dépense, frais, paiement, somme payée.

Débourser, v. avancer de l'argent, dépenser, faire des avances, payer, tirer de sa bourse.

Debout, adv. à plomb, droit, en bon état, hors du lit, sur ses pieds, vivant.

Débouté, adj. déchu, éconduit, exclu, exclus, rejeté, renvoyé.

Débouter, v. éconduire, exclure, rejeter, renvoyer.

Déboutonner, v. déboucler ses boutons — découvrir sa pensée, dire son secret, ouvrir son cœur, parler à cœur ouvert, parler avec franchise, s'expliquer librement, s'ouvrir.

Débraillé, adj. décolleté, découvert, habillé négligemment, vêtu indécemment.

se Débrailler, v. se décolle-

ter , se découvrir, s'habiller indécemment, se tenir négligemment.

Débrider , v. ôter la bride —
s'arrêter, se reposer.

sans **Débrider**, phr. adv. d'arrache-pied, sans discontinuation, sans interruption , sans
s'arrêter, sans se reposer, tout
de suite, tout d'une haleine.

Débris , n. m. pl. décombres ,
démolitions, gravats, morceaux,
plâtras, restes, ruines — perte,
renversement.

Débrouillement , n. m. , déchiffrement. V. *Dénouement*.
V. *Commentaire*.

Débrouiller , v. déchiffrer ,
démêler, développer , tirer au
clair. V. *Définir*.

Débucher , v. débucher, sortir du bois — v. chasser, déposséder , faire sortir , mettre dehors.

Début , n. m. , commencement , entrée , entrée de jeu ,
première démarche. V. *Entrée*.

Débuter , v. écarter, éloigner,
ôter du but — commencer, faire
les premières démarches , préluder , se mettre en train.

Deça, adv. de ce côté-ci.

Décacheter , v. ôter, rompre
le cachet.

Décadence, n. f. abaissement,
avilissement , bouleversement,
chute , déclin , diminution de
grandeur , disgrâce , discrédit ,
humiliation , malheur , perte ,
renversement, ruine imminente.

Décampement , n. m. délogement d'une armée , levée du
camp.

Décamper , v. changer de position , changer de poste, déloger , lever le camp , partir ,
quitter sa position , se déplacer , s'en aller , se retirer.

Décanat , n. m. doyenné.

Décapiter , v. couper la tête,

couper le cou, décoller , trancher la tête.

Décarreler , v. arracher, détacher, lever , ôter les carreaux.

Déceler , v. déclarer, découvrir , déférer, dénoncer, indiquer , livrer , nommer , publier , révéler , trahir.

Décemment , adv. avec bienséance , avec décence , convenablement , d'une manière décente , honnêtement.

Décence , n. f. bienséance ,
convenance , décorum , honnêteté.

Décent , adj. bienséant , convenable , honnête , séant.

Déception , n. f. artifice , circonvention , fraude , fourberie ,
imposture , séduction , surprise , tromperie.

Décerner , v. enjoindre , ordonner, statuer — arrêter , décider, juger, régler — conclure,
déterminer, prendre résolution,
résoudre — accorder, adjuger ,
allouer , assigner , attribuer ,
déférer , donner , offrir.

Décès , n. m. mort , trépas.

Décevant , adj. V. *Illusoire*.

Décevoir , v. prendre pour
dupe. V. *Tromper*.

Déchaînement , n. m. emportement , fureur , impétuosité.

Déchaîner , v. briser les chaînes, délivrer, détacher, ôter de
la chaîne , rompre les liens ,
aiguillonner, animer, exciter,
irriter.

se **Déchaîner** , v. entrer en
fureur, se mettre en colère ,
s'emporter.

Déchalander , v. V. *Désachalander*.

Déchanter , v. changer d'a-
vis, changer d'opinion, changer de sentiment, changer de
vues , chanter la palinodie , désavouer , rétracter — décomp-

tér, rabattre de sa vanité, rabattre de ses espérances, rabattre de ses prétentions — diminuer de prix, donner à meilleur marché, rabaisser le prix, ravaler le prix.

DÉCHARGE, n. f. adoucissement, allégeance, allégement, diminution, modération, soulagement. V. Lénitif. V. Libération —billet de sûreté. sûreté—absolution, déclaration d'innocence, renvoi d'accusation — dégorgement, écoulement, égout — garde-meuble, magasin.

DÉCHARGEMENT, n. m. action de débarder, débardage, travail pour décharger.

DÉCHARGER, v. adoucir, alléger, diminuer, modérer, soulager—donner quittance, donner sûreté — débarder, débarrasser, dégager. V. Élaguer — allonger, assener, donner, frapper, porter un coup — affranchir, délivrer, exempter, libérer — absoudre, déclarer innocent, renvoyer quitte.

se DÉCHARGER, v. se disculper, s'excuser — déposer, mettre bas, quitter un fardeau, s'en débarrasser — diminuer, perdre, s'affoiblir, s'écouler, se répandre.

DÉCHARNÉ, adj. amaigri, aride, dépouillé de chair, desséché, maigre, sec — dénué d'ornements, dépouillé d'agréments, insipide, privé de grâces, trop sec.

DÉCHARNER, v. enlever la chair, ôter les chairs — amaigrir, dessécher, épuiser, flétrir, ôter l'embonpoint, dénuer, dépouiller, priver d'ornements.

DÉCHAUMER, v. défricher, labourer, mettre en valeur, préparer la terre, y donner les premiers soins.

DÉCHÉANCE, n. f. déchet, diminution, perte d'un droit.

DÉCHET, n. m. affoiblissement, amoindrissement, avarie, dépérissement, diminution, perte de quantité.

DÉCHEVELER, v. arracher la coiffure, décoiffer, déranger la chevelure, enlever la coiffure.

DÉCHIFFRABLE, adj. aisé à déchiffrer, à lire, explicable, lisable.

DÉCHIFFREMENT, n. m. lecture V. Dénouement.

DÉCHIFFRER, v. débrouiller, découvrir, démêler, éclaircir, lire, pénétrer.

DÉCHIQUETER, v. découper, mettre en pièces, taillader.

DÉCHIREMENT, n. m. déchirure, démembrement, dilacération, division, lacération, rupture. — V. Schisme.

DÉCHIRER, v. déchiqueter, démembrer, dilacérer, lacérer, mettre en pièces — désoler — calomnier, médire.

DÉCHOIR, v. V. Décliner.

DÉCHU, adj. affoibli, baissé, diminué — trompé — débouté, éconduit, exclu, rejeté, renvoyé.

DÉCIDÉ, adj. constant, ferme, inébranlable, invariable, tenant à ses principes.

DÉCIDÉMENT, adv. déterminément, résolument.

DÉCIDER, v. juger, résoudre. V. Statuer — finir, terminer, transiger — trancher.

DÉCISIF, adj. décidant, définitif, péremptoire, qui dit tout, qui lève toute difficulté, tranchant.

DÉCISION, n. f. loi, ordonnance, règlement, avis, opinion, résolution, sentiment — arrêt, sentence.

DÉCISIVEMENT, adv. V. Définitivement.

DÉCLAMATEUR, n. m. celui qui déclame, exagérateur—orateur superficiel, paradoxal — emporté, satirique.

DÉCLAMATION, n. f. débit, prononciation, — composition, discours, harangue, pièce d'éloquence, faite pour être déclamée — affectation dans le style, recherche étudiée de termes pompeux — discours véhément, fougue oratoire, invective, satire, sortie vive — clabauderie.

DÉCLAMER, prononcer, réciter en public, clabauder, invectiver, parler avec chaleur, s'emporter.

DÉCLARATIF, adj. déclaratoire, faisant connoître, notifiant, significatif.

DÉCLARATION, n. f. acte déclaratif, explication, interprétation — loi, manifeste, ordonnance. — dénombrement, dénonciation, signification de dépens.

DÉCLARÉ, adj. connu, découvert, dénoncé, manifesté, révélé, trahi, — avoué, reconnu.

DÉCLARER, v. annoncer, apprendre, découvrir, dénoncer, donner part, faire connoître, faire paroître, faire voir clairement, manifester, mettre au jour, mettre en évidence, notifier, révéler, signifier—décider, établir, publier, régler, statuer.

SE DÉCLARER, v. découvrir sa pensée, manifester son sentiment, ouvrir son cœur, s'expliquer — se faire connoître, se manifester, se montrer.

DÉCLIN, abaissement, affoiblissement, chute, décadence, déchet, décroissement, diminution, fin—déclinaison, inclinaison, inclination, penchant, pente — amoindrissement, apetissement, décroissement, rabais,

rabaissement, retranchement.

DÉCLINER, v. aller en décadence, baisser, déchoir, diminuer, se perdre, s'abaisser, s'affoiblir, tirer à sa fin, tomber en ruine — décroître, incliner, pencher. V. Esquiver.

DÉCOCHER, v. V. Darder.

DÉCOCTION, n. f. coction, cuisson — apozème, potion médicinale.

DÉCOLLER, v. déjoindre, désunir, détacher, disjoindre, séparer. — V. Décapiter.

DÉCOLLETÉ, adj. V. Débraillé.

DÉCOLLETER, v. V. se Débrailler.

DÉCOLORER, v. déteindre, affoiblir, effacer, ôter la couleur.

DÉCOMBRES, n. m. pl. débris, démolitions, gravats, gravois, pierres, plâtras, ruines.

DÉCOMBRER, v. débarrasser, dégager, enlever les décombres, nettoyer.

DÉCOMPOSER, v. analyser, désunir, dissoudre, diviser, faire fondre, résoudre, séparer — déconcerter, décontenancer.

DÉCOMPOSITION, n. f. analyse, dissolution, division, fusion, résolution des parties, solution.

DÉCOMPTE, n. m. ce qu'il faut rabattre. V. Déduction.

DÉCOMPTER, v. déduire, défalquer, diminuer, rabattre, soustraire.

DÉCONCERTÉ, adj. ahuri, confondu, confus, décontenancé, démonté, désorienté, embarrassé, emprunté, étonné, gauche, entrepris, honteux, interdit, stupéfait, surpris, tremblant, triste, troublé. V. Honteux.

DÉCONCERTER, v. rompre les mesures prises, troubler. V. Démonter. 4. div.

DÉCONFORTER, v. abattre, accabler, affliger, chagriner, décourager, désoler, peiner vivement.

DÉCONSEILLER, *v.* V. *Dissuader.*

DÉCONTENANCÉ, *adj.* V. *Déconcerté.*

DÉCONTENANCER, *v.* désorienter, faire perdre contenance. V. *Démonter.* 4. *div.*

DÉCORATION, *n. f.* équipage, ordonnance. V. *Ornement.*

DÉCORDÉ, *adj.* défilé, détortillé.

DÉCORDER, *v.* défaire un tissu, défiler, détortiller, diviser les fils.

DÉCORER, *v.* V. *Embellir.*

DÉCORUM, *n. m.* V. *Décence.*

DÉCOUDRE, *v.* défaire une couture, détacher, séparer.

DÉCOULEMENT, *n. m.* débordement, écoulement, flux, mouvement goutte à goutte.

DÉCOULER, *v.* couler, fluer, s'écouler, s'épancher, s'épandre, se répandre.

DÉCOUPER, *v.* V. *Déchiqueter.*

DÉCOUPLÉ, *adj.* bien bâti, bien fait, bien taillé, dont la taille est avantageuse, grand, qui a une belle taille, qui est d'une belle structure.

DÉCOUPLER, *v.* délier, détacher, séparer des choses accouplées.

DÉCOURAGEMENT, *n. m.* V. *Abattement,* perte de courage.

DÉCOURAGER, *v.* faire perdre le courage. V. *Déconforter.*

DÉCOURS, *n. m.* V. *Déclin.*

DÉCOUSU, *adj.* défait, délié, détaché — délabré, dérangé, mis en désordre, séparé — haché, incohérent, qui est sans liaison.

DÉCOUSURE, *n. f.* V. *Désunion.*

A DÉCOUVERT, *phr. adv.* à la belle étoile, à l'air, en pleine campagne — clairement, devant tout le monde, distincte-

ment, évidemment, hautement, manifestement, nettement, ouvertement, publiquement, sans ambiguïté, sans couverture, sans déguisement, sans détour, sans équivoque, sans voile.

DÉCOUVERTE, *n. f.* imagination, invention, rencontre, trouvaille.

DÉCOUVRIR, *v.* lever le voile. V. *Dévoiler.* — décoiffer, dépouiller, mettre à nu — faire voir, montrer — faire la découverte, imaginer, inventer, trouver — dépister, déterrer.

DÉCRASSER, *v.* approprier, débarbouiller, écurer, essuyer, laver, nettoyer, ôter la crasse, purger, purifier, rendre net, torcher. — V. *Débourrer.*

DÉCRÉDITEMENT, *n. m.* décri, diffamation, diminution de crédit, discrédit, perte de crédit.

DÉCRÉDITÉ, *adj.* décrié, diffamé, qui a perdu son crédit.

DÉCRÉDITER, *v.* décrier, diffamer, faire perdre la réputation, faire tomber le crédit.

DÉCRÉPIT, *adj.* caduc, cassé, fort âgé, très vieux, usé.

DÉCRÉPITATION, *n. f.* calcination, dessèchement — bruit, éclat, petillement.

DÉCRÉPITER, *v.* V. *Calciner.*

DÉCRÉPITUDE, *n. f.* âge décrépit. V. *Caducité.*

DÉCRET, *n. m.* arrêt, constitution, déclaration. V. *Canon.* 1. *div.*

DÉCRÉTALE, *n. f.* épître, lettre, règlement, rescrit d'un pape.

DÉCRÉTER, *v.* arrêter, conclure, décerner, décider, déclarer, définir, faire une ordonnance, juger, ordonner, prononcer, régler, rendre un décret, résoudre, statuer — assigner, donner un décret, prononcer une sentence.

Décri..., m. V. *Décréditement.*

Décrié, adj. décrédité, déshonoré, diffamé, noté d'infamie, perdu de réputation, perdu d'honneur.

Décrier, v. défendre, interdire, prohiber — déshonorer. V. *Médire)*

Décrire, v. copier, mettre au net, transcrire — crayonner, dessiner, figurer, peindre, tirer, tracer — faire un dessin, lever un plan, représenter — caractériser, dépeindre, faire la description, peindre le caractère, présenter le tableau — définir, développer, expliquer.

Décrotter, v. débarrasser, dégager, dépêtrer, détacher.

Décroissement, n. m. V. *Déclin.*

Décroître, v. aller en diminuant, apetisser, baisser, devenir plus petit, diminuer, rapetisser, s'accourcir, s'affoiblir.

Décrotter, v. nettoyer, ôter la crotte.

Dédaigner, v. mépriser, mésestimer, ne point faire cas, rebuter, regarder avec mépris, rejeter.

Dédaigneusement, adv. avec dédain, fierté, hauteur, mépris, d'un air hautain, fièrement, orgueilleusement — à contre-cœur, à regret, avec dégoût, avec répugnance.

Dédaigneux, adj. V. *Dégoûté* — contempteur, fier, hautain, indifférent, méprisant, orgueilleux.

Dédain, n. m. aversion, dégoût, éloignement, répugnance — air de mépris, air hautain, fierté, froideur rebutante, hauteur, mépris, orgueil, rebut.

Dédale, n. m. labyrinthe. V. *Imbroille.*

Dedans, n. m. intérieur.

en Dedans, phr. adv. au de-dans, dans l'intérieur, par dedans.

Dédicace, n. f. consécration, inauguration — épître, inscription dédicatoire.

Dédier, v. adresser, consacrer, faire hommage, offrir, vouer.

Dédire, v. condamner, désapprouver, désavouer, rétracter, révoquer.

se Dédire, v. changer d'avis, d'opinion, changer de sentiment, révoquer son dire, se désister, se rétracter — manquer à sa parole, ne pas tenir sa parole — biaiser, se couper, se démentir, tergiverser.

Dédit, n. m. désaveu, manquement de parole, rétractation — amende, peine pécuniaire convenue contre celui qui se dédira.

Dédommagement, n. m. compensation, indemnité, récompense, remplacement, réparation, restitution.

Dédommager. V. *Indemniser.*

Dédorer, v. diminuer, effacer, ôter la dorure.

Déduction, n. f. déchet, décompte, défalcation, diminution, rabais, réduction, retenue, retranchement, soustraction.

Déduire, v. V. *Défalquer,* éclaircir, expliquer, rendre un fait. V. *Narrer.* V. *Inférer.*

Déesse, n. f. fausse divinité femelle — belle femme, femme brillante, d'un port majestueux.

Défaillance, n. f. abattement, affoiblissement, débilité, évanouissement, foiblesse, langueur, manque de forces, pamoison.

Défaillir, v. déchoir, dépérir, languir, manquer. V. *se Pâmer.*

Défaire, v. décomposer, démonter, déranger, détruire, mettre en pièces — atterrer, mettre en déroute, tailler en pièces, terrasser, vaincre — délier, dénouer — débarrasser de, dégager de, délivrer de.

SE DÉFAIRE, v. attenter à sa propre vie, se donner la mort, se faire mourir, se tuer, s'ôter la vie — congédier, éconduire, exclure, mettre dehors, renvoyer—se débarrasser, se dégager, se délivrer — se désaccoutumer, se déshabituer—aliéner, remettre, résigner. V. Quitter.

DÉFAIT, adj. décomposé, démonté, dérangé, détruit, mis en pièces — atterré, mis en déroute, taillé en pièces, terrassé, vaincu — délié, dénoué — débarrassé, dégagé, délivré — désaccoutumé, déshabitué — abattu, affoibli, amaigri, atténué, exténué, maigre, pâle.

DÉFAITE, n. f. carnage, déroute, désolation, destruction, échec, massacre, ruine — débit, facilité de vendre, vente abondante. V. Faux-fuyant.

DÉFALCATION, n. f. V. Déduction.

DÉFALQUER, v. décompter, déduire, diminuer, précompter, réduire, retenir, retrancher, soustraire.

DÉFAUT, n. m. difformité, vice. V. Incorrection.

AU DÉFAUT DE, phr. adv. à la place de, au lieu de, en l'absence de.

DÉFAVEUR, n. f. cessation de faveur, disgrâce — décréditement, décri, discrédit.

DÉFAVORABLE, adj. dangereux, mauvais. V. Préjudiciable — contraire, opposé.

DÉFECTION, n. f. abandon, abandonnement de parti, défaut, désertion, éclipse, éva-

sion, manquement, trahison.

DÉFECTUEUSEMENT, adv. d'une manière défectueuse, d'une manière fautive, imparfaitement, incorrectement, vicieusement.

DÉFECTUEUX, adj. avarié, difforme, gâté, vicieux. V. Incorrect.

DÉFECTUOSITÉ, n. f. avarie, difformité, vice naturel. V. Incorrection.

DÉFENDRE, v. appuyer, assurer, conserver, couvrir, garantir, garder, maintenir, préserver, soutenir — disculper, excuser—empêcher, interdire, prohiber, faire l'apologie, favoriser, fournir des réponses, justifier, plaider pour, protéger — combattre pour.

SE DÉFENDRE, v. récalcitrer, refuser, regimber, repousser, résister — se couvrir, se garantir, se garder, se mettre à couvert, se munir, se préserver — se disculper, s'excuser.

DÉFENDU, adj. V. Défendre.

DÉFENSE, n. f. appui, protection, soutien — V. Justification, mémoire apologétique — bastion, fortification, palissade, rempart — empêchement, interdiction, interdit, prohibition.

DÉFENSEUR, n. m. V. Protecteur.

DÉFÉRANT, adj. affable, bon, civil, commode, complaisant, condescendant, facile, gracieux, honnête, obéissant, obligeant, qui a de la déférence, qui cède, qui défère, respectueux, soumis.

DÉFÉRENCE, n. f. complaisance, condescendance, facilité — considération, égard, obéissance, respect, révérence, soumission.

DÉFÉRER, v. acquiescer, avoir de la complaisance, céder,

condescendre, se prêter — V. *Honorer*, 2. *div.* — se ranger à l'avis de, se soumettre — accorder, adjuger, allouer, attribuer, décerner, donner, offrir — accuser, dénoncer, intimer.

Défi, *n. m.* V. *Provocation.*

Défiance, *n. f.* appréhension. V. *Suspicion* — désespoir, incrédulité.

Défiant, *adj.* craintif, timide. V. *Soupçonneux.*

Défier, *v.* donner un cartel, faire un appel, proposer un combat, provoquer — exciter, inciter, inviter — aiguillonner, mettre au pis, piquer,

se Défier, *v.* avoir de la défiance, être en défiance, manquer de confiance, ne pas se fier, se donner de garde de quelqu'un — prévoir, se douter, soupçonner.

Défigurer, *v.* changer, déguiser, effacer, travestir—déshonorer, enlaidir, flétrir, gâter, rendre difforme.

Défilé, *n. m.* V. *Gorge.*

Défiler, *v.* effiler, ôter le fil, tirer les fils — aller à la file, aller l'un après l'autre.

Définir, *v.* éclaircir, expliquer, faire entendre, interpréter, rendre intelligible. V. *Décider.*

Définitif, *adj* V. *Décisif.*

Définition, *n. f.* explication, exposition, notion claire et précise de la nature d'une chose — arrêt, canon. V. *Décision*—description, éclaircissement, interprétation.

Définitivement, *adv.* en définitive, tout-à-fait — distinctement. V. *Déterminément.*

Défoncer, *v.* ôter le fond.

Défrayer, *v.* fournir aux frais, payer la dépense — apprêter à rire, faire rire, servir de risée — entretenir agréable-

ment, soutenir une conversation agréable.

Défrichement, *n. m.* première façon, premier labourage d'une terre inculte.

Défricher, *v.* cultiver, donner les premières façons, labourer, mettre en valeur, préparer une terre inculte—débarrasser, débrouiller, dégager, démêler, développer, éclaircir, éplucher, expliquer — dégrossir, ébaucher, esquisser.

Défroncer, *v.* découdre, défaire, déplisser, ôter les plis — dérider, divertir, égayer, récréer, réjouir, rendre gai.

Défroque, *n. f.* dépouille, héritage du mobilier, succession mobilière.

Défroqué, *adj.* apostat, qui a quitté le froc, qui a renoncé à l'état religieux.

se Défroquer, *v.* abandonner le cloître, apostasier, jeter le froc aux orties, quitter le froc, renoncer à l'état religieux.

Défructu, *n. m.* défroque, reliquat, reste, restant.

Défunt, *adj.* décédé, feu, mort.

Dégagement, *n. m.* affranchissement, délivrance, détachement — corridor, escalier dérobé, issue secrète, porte de derrière.

Dégager, *v.* affranchir, délivrer, dépêtrer, détacher, mettre en liberté, racheter, rendre libre, retirer de gage. V. *Libérer* — débarrasser, démêler, ôter la confusion.

Dégaine, *n. f.* V. *Maintien.*

Dégainer, *v.* mettre l'épée à la main, se battre à l'épée, tirer l'épée.

Dégaineur, *n. m.* V. *Bretteur.*

Dégarnir, *v.* ôter la garniture, découvrir, dénuer, dépouiller — démeubler, enlever les meubles. — V. *Démunir.*

Dégât, *n. m.* V. *Ravage* — consommation, dissipation, emploi excessif, perte.

Dégauchir, *v.* aplanir, dresser, égaler, mettre de niveau, redresser, rendre droit, rendre égal, rendre uni, unir.

Dégeler, *v.* dissiper le froid, fondre la glace.

Dégénération, *n. f.* abâtardissement, affoiblissement, altération, avilissement, dégradation, dépérissement.

Dégénéré, *adj.* et

Dégénérer, *v.* dépérir, s'abâtardir, s'affoiblir, s'altérer, s'avilir, se corrompre, se dégrader, se gâter.

Déglutition, *n. f.* absorption.

Dégoiser, *v.* chanter, gazouiller, ramager — babiller, caqueter, causer, dire ce qu'il ne faut pas, jaser, parler trop.

Dégorgement, *n. m.* débordement, écoulement, effusion, épanchement.

Dégorger, *v.* débarrasser, déboucher, dégager, nettoyer, vider — débâcler, débonder, déborder, s'écouler, s'épancher, se répandre.

Dégourdi, *adj.* V. *Alerte.* 2. *div.*

Dégourdir, *v.* échauffer, réchauffer, rendre de la chaleur, rendre le mouvement. V. *Débourrer.*

Dégoût, *n. m.* aversion, déboire, dédain, ennui, mépris, rebut, répugnance — rassasiement, satiété — amertume, chagrin, déplaisir, désagrément, mortification.

Dégoûtant, *adj.* qui donne du dégoût. V. *Déplaisant.* V. *Malpropre.*

Dégoûté, *adj.* à qui rien ne plaît, délicat, difficile, qui ne goûte rien, qui ne trouve rien de bon.

Dégoûter, *v.* donner du dégoût, inspirer de l'aversion, rebuter, repousser, répugner, révolter — causer de la peine, chagriner, déplaire, donner du désagrément, mortifier.

se Dégoûter, *v.* concevoir du dégoût, dédaigner, ne faire plus de cas, prendre en aversion, refuser, rejeter.

Dégoutter, *v.* couler insensiblement, distiller, se filtrer, tomber goutte à goutte.

Dégradation, *n. f.* V. *Déposition.* 3. *div.* — diminution graduelle. — V. *Dégénération.*

Dégrader, *v.* déposer, dépouiller, destituer, priver d'un rang — abaisser, affoiblir, altérer, corrompre, détériorer, gâter — avilir, humilier, rabaisser.

Dégrafer, *v.* décrocher, défaire, détacher une agrafe.

Dégraisser, *v.* amaigrir, maigrir, faire tomber la graisse, ôter la graisse, rendre maigre — détacher, enlever les taches de graisse, nettoyer.

Degré, *n. m.* échelon, échelle, escalier, grade, marche, pas — expédient, moyen, voie.

Dégréer, *v.* dégarnir, désagréer un vaisseau, en ôter les agrès.

Dégringoler, *v.* descendre vite, rouler, sauter, se précipiter, tomber du haut en bas.

Dégrossir, *v.* affoiblir, amaigrir, amenuiser, amincir, amoindrir, diminuer, rendre menu, débrouiller, donner les premières notions, enseigner les premiers éléments — ébaucher, esquisser, préparer.

Déguenillé, *adj.* V. *Dépenaillé.*

Déguerpir, *v.* V. *Quitter.*

DÉGUERPISSEMENT, n. m. V. *Abdication*, délaissement, désertion.

DÉGUISÉ, adj. changé, contrefait, feint, masqué, pallié, travesti. V. *Boutonné*. 3. div.

DÉGUISEMENT, n. m. travestissement — dissimulation, faux semblant, feinte, hypocrisie, mystère, voile.

DÉGUISER, v. changer, masquer, rendre méconnoissable, travestir. V. *Cacher*. 2. div.

DÉGUSTATION, n. f. épreuve, essai en goûtant.

DÉHANCHÉ, adj. boiteux, cagneux, éhanché, estropié.

DEHORS, n. m. extérieur, partie externe — apparence, surface.

EN DEHORS, phr. adv. à l'extérieur, au dehors, dehors, extérieurement, par dehors — en apparence — en public, publiquement.

DÉIFICATION, n. f. V. *Apothéose*.

DÉIFIER, v. consacrer, diviniser, faire l'apothéose, mettre au rang des dieux — élever jusqu'au ciel, exalter, louer avec excès.

DÉITÉ, n. f. dieu, divinité.

DÉJA, adv. à cette heure-là, dès ce temps-là, dès lors — avant ce temps-là, auparavant.

DÉJECTION, n. f. évacuation, excrément.

SE DÉJETER, v. arquer, fléchir, plier, se déboiter, se courber.

DÉJOINDRE, v. V. *Disjoindre*.

AU DELA, phr. adv. de là, de l'autre côté, en delà, par delà, plus avant, plus loin — de plus, en outre, par-dessus, par surcroît.

DÉLABREMENT, n. m. dévasta-

tion, pillage — décadence, désordre, mauvais état.

DÉLABRER, v. mettre en désordre, ruiner.

DÉLAI, n. m. renvoi. V. *Déport*.

DÉLAISSEMENT, n. m. abandon, abandonnement, manque d'amis, privation de support — cession, déguerpissement, désertion.

DÉLAISSER, v. abandonner, laisser à l'abandon, négliger — céder, donner, quitter.

DÉLASSEMENT, n. m. V. *Amusement* — relâche, repos, tranquillité.

DÉLASSER, v. amuser, divertir, récréer — donner du relâche, reposer, tranquilliser.

DÉLATEUR, n. m. V. *Accusateur*.

DÉLATION, n. f. V. *Accusation*.

DÉLAYER, v. détremper, rendre plus fluide.

DÉLECTABLE, adj. V. *Amusant* — réjouissant, sensuel, voluptueux.

DÉLECTATION, n. f. agrément, attrait, charme, délice, douceur, plaisir, sensualité, volupté.

DÉLECTER, v. charmer, contenter, faire plaisir, plaire, réjouir.

DÉLÉGATION, n. f. attribution, charge, commission, députation, procuration — abandonnement, cession, subrogation, substitution, transmission, transport.

DÉLÉGUER, v. attribuer, charger, commettre, députer, fonder de procuration — abandonner, céder, subroger, substituer, transmettre, transporter.

DÉLESTER, v. alléger, décharger, ôter le lest.

DÉLIBÉRANT, *adj.* chancelant, douteux, incertain, indécis, indéterminé, irrésolu, perplexe.

DÉLIBÉRATION, *n. f.* consultation, examen — arrêté, conclusion, délibéré, résolution.

DÉLIBÉRÉ, *adj.* assuré, confiant, ferme, hardi, intrépide, résolu — actif, agile, aisé, ardent, leste, libre, prompt, vif. V. *Délibérer.* 2. *div.*

DÉLIBÉRÉMENT, *adv.* avec assurance, avec confiance, hardiment, intrépidement, résolument.

DÉLIBÉRER, *v.* agiter, aviser, considérer, consulter—discuter, examiner — arrêter, conclure, décider, définir, déterminer, résoudre, mettre en consultation, proposer à l'examen, tenir conseil sur.

DÉLICAT, *adj.* mignon. V. *Effilé* —élégant, exquis, finement pensé, ingénieux, travaillé avec goût — faible, fragile—difficile, douillet, recherché, sensuel, voluptueux — dangereux, épineux, scabreux — sensible, susceptible.

DÉLICATEMENT, *adv.* avec délicatesse, d'une manière délicate—avec goût, élégamment, finement, ingénieusement. — adroitement, avec circonspection, dextérité, précaution, prudemment. V. *Mollement.* 3. *div.*

DÉLICATER, *v.* V. *Mignarder.*

SE DÉLICATER, *v.* chercher, prendre ses aises, se choyer, se dorloter, vivre dans la mollesse.

DÉLICATESSE, *n. f.* élégance, finesse, goût exquis, raffinement, subtilité —adresse, circonspection, dextérité, précaution, prudence — mollesse, sensualité, volupté—scrupule — sen-

sibilité — danger, difficulté.

DÉLICES, *n. f. pl.* douceurs, mollesse, plaisirs, satisfactions sensuelles, voluptés.

DÉLICIEUSEMENT, *adv.* avec délices, avec volupté, délicatement. V. *Mollement.* 3. *div.*

DÉLICIEUX, *adj.* agréable, bon, charmant, délicat, doux, exquis, gracieux, plaisant, qui plaît aux sens, savoureux, suave.

DÉLIÉ, *adj.* V. *Effilé.* V. *Adroit.* 2. *div.*

DÉLIER, *v.* V. *Dénouer* —absoudre, déclarer absout, donner l'absolution, prononcer la rémission, remettre les péchés.

DÉLINÉATION, *n. f.* V. *Croquis.*

DÉLINQUANT, *n. m.* V. *Prévaricateur.*

DÉLIRE, *n. m.* V. *Frénésie.*

DÉLIT, *n. m.* attentat, contravention, crime, faute, forfait, infraction, péché, prévarication, transgression.

DÉLIVRANCE, *n. f.* remise entre les mains — affranchissement, rachat, rançon—accouchement, couches, enfantement.

DÉLIVRER, *v.* donner, livrer, mettre en main, remettre entre les mains —adjuger, bailler — sauver, tirer du danger—affranchir, débarrasser, dégager, mettre en liberté, payer la rançon, racheter, rendre la liberté, tirer de l'esclavage.

DÉLOGEMENT, *n. m.* changement de demeure, décampement, déménagement, émigration, retraite.

DÉLOGER, *v.* changer de demeure, décamper, déménager, se retirer—déposséder, écarter, éloigner, supplanter. V. *Dénicher.* 2. *div.*

DÉLOYAL, *adj.* dur, infidèle, perfide, inhumain, traître.

DÉLOYALEMENT , adv. inhumainement. V. Traitreusement.

DÉLOYAUTÉ , n. f. V. Perfidie.

DÉLUGE , n. m. V. Inondation.

SE DÉMANCHER , v. se démonter, se détraquer.

DEMANDE, n. f. interrogation, question — placet, prière , requête, supplique — action en justice, poursuite, réquisition.

DEMANDER, v. V. s'Enquérir— prier, solliciter — désirer, souhaiter — actionner, former une demande, poursuivre , requérir.

DEMANDEUR, n. m. importun, solliciteur— demandant en justice, prétendant.

DÉMANGEAISON , n. f. V. Chatouillement—ardeur, convoitise, désir ardent, empressement, forte envie, passion.

DÉMANGER, v. causer des démangeaisons, chatouiller.

DÉMANTÈLEMENT, n. m. V. Démolition. 2. div.

DÉMANTELER, v. abattre, démolir, détruire, raser, renverser, ruiner.

DÉMANTIBULER, v. briser, casser, fracasser, mettre en pièces, rompre.

DÉMARCATION , n. f. V. Circonscription. 2. div.

DÉMARCHE, n. f. mouvement, pas — avance — conduite, manière, procédé—entreprise.

DÉMARIER, v. annuler, casser, déclarer nul, dissoudre, rompre un mariage.

DÉMARRER , v. délier , détacher, lever les ancres, mettre à la voile , partir — changer de place, remuer, se déplacer — déplacer, tirer de place.

DÉMASQUER, v. V. Dévoiler.

DÉMATER , v. abattre, briser, faire tomber , renverser , rompre la mâture d'un vaisseau.

DÉMÊLÉ, n. m. V. Altercation.

DÉMÊLÉ, adj. V. Démêler. 2. div.

DÉMÊLER , v. discerner, reconnoître — débrouiller, développer, distinguer, éclaircir, expliquer, tirer au clair — débarrasser, défaire, dénouer, séparer—contester, débattre, discuter, disputer, plaider, quereller.

SE DÉMÊLER , v. se débarrasser, se tirer d'intrigue, sortir d'affaire.

DÉMEMBREMENT, n. m. dépècement, division, partage — détachement, séparation.

DÉMEMBRER , v. depecer, diviser, partager — détacher, retrancher, séparer.

DÉMÉNAGEMENT , n. m. V. Délogement.

DÉMÉNAGER , v. V. Déloger. 1. div.

DÉMENCE, n. f. V. Frénésie.

SE DÉMENER , v. s'agiter , se donner des mouvements, se fatiguer, se mettre en peine, se secouer, se trémousser.

DÉMENTI , n. m. accusation de mensonge , reproche de faux exposé—affront d'avoir manqué son but.

DÉMENTIR, v. accuser de mensonge , donner un démenti, reprocher un faux exposé — dénier, dire le contraire, nier.

SE DÉMENTIR, v. changer, ne pas persévérer, s'arrêter, se contredire, se soutenir mal.

DÉMÉRITE, n. m. faute, manquement, péché, titre de blâme.

DÉMESURÉ, adj. exorbitant, V. Gigantesque, immodéré, outré, qui passe toute mesure.

DÉMESURÉMENT, adv. énormement, V. Excessivement , extraordinairement.

DÉMETTRE , v. déboiter, déjoindre, disjoindre, disloquer,

séparer — déplacer, déposer, destituer.

SE DÉMETTRE, *v*. V. *Quitter.* 2. *div.*

DÉMEUBLER. *v*. déménager, dépouiller, enlever les meubles, ôter l'ameublement.

DEMEURANT, *adj.* domicilié, habitant, logé.

DEMEURE, *n. f.* retraite, V. *Logement* — délai, retard, retardement — consistance, état stable, permanence, stabilité.

DEMEURER, *v*. habiter, loger, résider, séjourner — rester, retarder, s'arrêter, tarder — être permanent, être stable, persévérer.

DÉMIS, *adj.* V. *Démettre.*

DÉMISSION, *n. f.* V. *Abdication.*

DEMOISELLE, *n. f.* fille de race noble, fille d'une famille honnête. V. *Batte.*

DÉMOLIR, *v*. abattre, détruire, jeter par terre, mettre à bas, raser, renverser, ruiner.

DÉMOLITION, *n. f.* abatis, destruction, éboulement, rasement, renversement, ruine. V. *Décombres.*

DÉMON, *n. m.* diable, esprit malin, génie, Lucifer, lutin, mauvais ange, Satan.

DÉMONIAQUE, *adj.* énergumène, possédé, possédé du démon — emporté, furibond, furieux, passionné à l'excès, violent.

DÉMONSTRATIF, *adj.* clair, convaincant, décisif, définitif, évident, péremptoire, tranchant.

DÉMONSTRATION, *n. f.* argument sans réplique, conviction, indication claire, preuve certaine, témoignage irréfragable.

DÉMONSTRATIVEMENT, *adv.* clairement, évidemment, péremptoirement.

DÉMONTER, *v*. enlever le che-

val, la monture à quelqu'un — jeter par terre, mettre à bas. V. *Démettre* — confondre, déconcerter, décontenancer, désorienter, embarrasser, étonner, étourdir, interdire, jeter dans le trouble.

DÉMONTRER, *v*. faire voir, indiquer, montrer — donner des marques, montrer des signes, témoigner — convaincre, donner des raisons péremptoires, établir clairement, montrer évidemment, prouver victorieusement.

DÉMORDRE, *v*. céder, échapper, lâcher, lâcher prise, laisser, laisser aller — abandonner son opinion, changer d'avis, renoncer à son idée, revenir à un autre avis, se départir de son sentiment.

DÉMUNIR, *v*. affoiblir, amoindrir, dégarnir, diminuer notablement, enlever, ôter, retrancher les munitions d'une place.

DÉNATURÉ, *adj.* barbare, brutal, cruel, dur, féroce, inhumain.

DÉNATURER, *v*. changer la nature, décomposer.

DÉNÉGATION, *n. f.* affirmation du contraire, assertion contraire, déni, désaveu, négation.

DÉNI, *n. m.* V. *Dénégation.*

DÉNIAISÉ, *adj.* V. *Alerte.* 2. *div.*

DÉNIAISER, *v*. attraper, duper, filouter, tromper. — V. *Débourrer.*

DÉNICHER, *v*. attraper, enlever, escamoter, surprendre — chasser, débusquer, déloger, faire sortir, mettre dehors — décamper, déloger, déménager, fuir, se mettre en sûreté, s'en aller, se sauver.

DÉNIER, *v*. ne pas reconnoître, tenir la négative. V. *Nier.*

DÉNIGREMENT, *n. m.* décri, dédain, diffamation, médisance, mépris, rabaissement, ravalement.

DÉNIGRER, *v.* dédaigner, mépriser, rabaisser, ravaler. V. *Médire.*

DÉNOMBREMENT, *n. m.* calcul, compte, détail, énumération, état détaillé, inventaire, liste.

DÉNOMINATION, *n. f.* imposition de nom, nom, qualification, titre.

DÉNOMMER, *v.* accorder un titre, donner un nom, nommer, qualifier.

DÉNONCER, *v.* annoncer, avertir, déclarer, découvrir, donner part, faire savoir, notifier, révéler—accuser, déférer, intimer.

DÉNONCIATEUR, *n. m.* V. *Accusateur,* délateur.

DÉNONCIATION, *n. f.* avis, découverte, révélation — accusation, délation, intimation. V. *Proclamation.*

DÉNOTATION, *n. f.* avertissement, démonstration, désignation, indication, indice, marque, note, signal, signe.

DÉNOTER, *v.* apprendre, avertir, caractériser, désigner, donner à connoître, faire connoître, faire entendre, faire signe. V. *Indiquer,* marquer, noter, signifier.

DÉNOUER, *v.* défaire un nœud, dégager, délier, délivrer, détacher. V. *Démêler.*

DÉNOUEMENT, *n. m.* débrouillement, développement, éclaircissement, explication, solution.

DENRÉE, *n. f.* marchandise. V. *Victuailles.*

DENSE, *adj.* caillé, coagulé, congelé, figé, gelé. V. *Compacte.* — composé, ferme, solide — dru.

DENSITÉ, compacité, condensation, consistance, épaisseur, épaississement.

DENT, *n. f.* croc, défense — denticule. V. *Rancune.*

DENTÉ, *adj.* garni de dents, qui a des dents, dentelé.

DENTELER, *v.* V. *Créneler.*

DENTELLE, *n. f.* passement.

DENTELURE, *n. f.* crénelure, entaillure, petites dents.

DENTISTE, *n. m.* arracheur de dents, chirurgien pour les dents.

DÉNUÉ, *adj.* déchu, dégarni, dépossédé, dépouillé, dépourvu, dévalisé, frustré, nu, privé.

DÉNUER, *v.* dégarnir. V. *Priver.*

DÉNÛMENT, *n. m.* privation.

DÉPAQUETER, *v.* défaire, développer, ouvrir un paquet.

DÉPAREILLER, *v.* déparier, désappareiller, désassembler, désunir.

DÉPARER, *v.* corrompre, défigurer, enlaidir, gâter, flétrir.

DÉPARIER, *v.* V. *Dépareiller.*

DÉPARLER, *v.* cesser de parler, discontinuer de parler, se taire.

DÉPART, éloignement, sortie — séparation.

DÉPARTEMENT, *n. m.* distribution, division, partage, répartition — charge, emploi, fonction, ministère, poste.

DÉPARTIR, *v.* distribuer, diviser, partager, répartir.

SE DÉPARTIR, *v.* changer de parti. V. *se Déporter.*

DÉPASSER, *v.* V. *Devancer.*

DÉPAVER, *v.* arracher, défaire, enlever, ôter le pavé.

DÉPAYSER, *v.* écarter, éloigner, faire changer de pays — changer de propos, changer la matière de la conversation, passer à un autre sujet — V. *Fourvoyer.*

Déplacement, n. m. V. Démembrement.

Dépecer, n. couper, découper, démembrer, déchiqueter, mettre en morceaux, en pièces, morceler.

Dépêche, v. f. épître, lettre, lettre d'affaires, missive.

Dépêcher, v. faire diligence, faire promptement. V. Hâter, se hâter, se presser, se précipiter — envoyer promptement — assassiner, faire mourir, mettre à mort, ôter la vie, tuer.

Dépeindre, v. tirer au naturel. V. Peindre.

Dépenaillé, adj. couvert de haillons, déchiré, déguenillé, délabré, qui est en lambeaux, vêtu de guenilles.

Dépendamment, adv. d'une manière dépendante.

Dépendance, n. f. infériorité, subordination, sujétion — appartenance, connexion, connexité, liaison, rapport essentiel, suite nécessaire — mouvance directe, vassalité, vasselage.

Dépendant, adj. V. Sujet. V. Feudataire.

Dépendre, v. décrocher, détacher — appartenir, avoir de la connexion, être lié, se rapporter. V. Dépendant.

Dépens, n. m. pl. coût, déboursés, dépense, frais — détriment, perte.

Dépense, n. f. emploi de son bien — dissipation, prodigalité, profusion — garde-manger, office — compte, décompte.

Dépenser, v. employer son bien, faire de la dépense, faire des frais.

Dépensier, adj. V. Prodigue.

Dépensier, n. m. administrateur, dépositaire, dispensateur, distributeur, économe, maître d'hôtel, majordome, pour-

voyeur, procureur, proviseur.

Déprédation, n. f. V. Déchet. 2. div.

Dépérir, v. aller en décadence, déchoir, diminuer, périr, s'altérer, se corrompre, se détériorer, se gâter, se ruiner.

Dépérissement, n. m. V. Détérioration.

se Dépêtrer, v. se débarrasser, se dégager, se délivrer, se démêler, se tirer.

Dépeuplement, n. m. V. Ravage.

Dépeupler, v. dégarnir, diminuer la population. V. Ravager.

Dépiler, v. V. Peler.

Dépiquer, v. adoucir, apaiser, calmer, consoler.

Dépit, n. m. bouderie, chagrin, colère, déplaisir, fâcherie, humeur, mauvaise humeur.

en Dépit, phr. adv. contre, malgré, nonobstant.

Dépiter, v. chagriner, donner du dépit. V. Indisposer.

se Dépiter, v. agir par dépit, bouder, se fâcher, se mettre en colère, se mutiner, se piquer, s'impatienter, s'irriter, s'offenser.

Déplacé, adj. V. Déplacer, déboîté, disloqué, luxé, tressailli — étranger, mal placé, placé contre raison, placé hors de propos, placé sans raison.

Déplacement, n. m. débusquement, dérangement, écartement, éloignement, renvoi — V. Déposition. — V. Luxation.

Déplacer, v. chasser, débusquer, déposter, déranger, écarter, éloigner, expulser, renvoyer, supplanter. — V. Déposer. 4. div.

Déplaire, v. chagriner, choquer, être désagréable, fâcher,

importuner, n'agréer pas, ne plaire pas.

SE Déplaire, *v.* avoir du dégoût, être mélancolique, s'attrister, se chagriner, s'ennuyer.

Déplaisance, *n. f.* chagrin, dégoût, ennui, mélancolie, tristesse.

Déplaisant, *adj.* chagrinant, choquant, dégoûtant, desagréable, embarrassant, ennuyeux, fâcheux, fastidieux, importun, incommode, maussade, mortifiant, rebutant, repoussant, révoltant.

Déplaisir, *n. m.* V. *Déplaisance.*

Déplanter, *v.* arracher, déraciner, extirper.

Déplier, *v.* déplisser, déployer, dérouler, détortiller, développer, dévider, étaler, étendre. — V. *Dévoiler.*

Déplisser, *v.* V. *Déplier.*

Déplorable, *adj.* digne de compassion, de pitié, fâcheux, lamentable, malheureux, misérable, pitoyable, qui mérite d'être déploré, triste — fatal, funeste, tragique.

Déplorablement, *adv.* V. *Lamentablement.* 2. *div.*

Déplorer, *v.* être touché de compassion, fondre en larmes, gémir, plaindre, pleurer, regretter, se chagriner, se désoler, se lamenter, se plaindre.

Déployer, *v.* V. *Déplier.* — découvrir, étaler, faire gloire, faire montre, faire parade, montrer avec ostentation, tirer vanité.

Déplumer, *v.* dépouiller, ôter les plumes, plumer.

Dépopulation, *n. f.* V. *Ravage.*

Déport, *n. m.* délai, intervalle, remise, répit, retard, retardement, surséance, sursis, terme — cession, désistement,

renoncement, renonciation.

SANS Déport, *phr. adv.* aussitôt, dans le moment, sans délai, sans remise, sans répit, sans retard, sans retardement, sans sortir du lieu, sur-le-champ, tout de suite.

Déportation, *n. f.* V. *Bannissement.*

Déportement, *n. m.* conduite, façon de vivre, manière de vie, mœurs (*en mauvaise part*).

SE Déporter, *v.* abandonner, céder, laisser, quitter, renoncer, s'abstenir, se dédire, se défaire, se démettre, se départir, se désister, se récuser, se rétracter.

Déposant, *n. m.* témoin.

Déposer, *v.* affirmer, V. *Témoigner.* — abandonner, abdiquer, mettre bas, quitter, renoncer, se décharger, se défaire, se démettre, se dépouiller, se désister — confier, donner en dépôt, donner en garde, donner sous le secret, remettre — déplacer, déposséder, déposter, dépouiller, destituer, priver d'une place, renvoyer, révoquer.

Dépositaire, *n. m.* chargé d'un dépôt, confident, garde, gardien, séquestre — V. *Dépensier.*

Déposition, *n. f.* affirmation, attestation, certificat, déclaration, témoignage — abandon, abdication, cession, démission, dépouillement, désistement, renoncement, renonciation — déplacement, dépossession, dépouillement, destitution, privation d'une place, renvoi, révocation, renversement.

Déposséder, *v.* V. *Déplacer.*

Déposter, *v.* faire sortir, mettre hors d'un poste. V. *Déplacer.*

Dépôt, *n. m.* chose déposée, donnée en garde, mise en dépôt — consignation, déposition, livraison, séquestre — V. *Abcès.*

Dépouille, *n. f.* habits, vêtements — butin, prise, proie.

Dépouillement, *n. m.* V. *Désistement* — spoliation, V. *Pillage* — analyse sommaire, état abrégé, extrait par articles.

Dépouiller, *v.* arracher, dénuer, déposséder, dépourvoir, prendre. V. *Spolier.*

se Dépouiller, *v.* mettre bas ses habits, se déshabiller, se dévêtir — V. *Quitter.*

Dépourvoir, *v.* dégarnir, destituer, priver. V. *Dépouiller.*

au Dépourvu, *phr. adv.* à l'improviste, d'une manière imprévue, inopinément, par surprise, sans préparation, sans provision, soudainement, subitement, tout-à-coup.

Dépravation, *n. f.* altération. V. *Perversité.*

Dépraver, *v.* V. *Dérégler.*

Déprécation, *n. f.* figure par laquelle on prie, obsécration, prière instante, supplication.

Déprécier, *v.* V. *Dépriser.*

Déprédateur, *n. m.* V. *Pillard.*

Déprédation, *n. f.* exaction. V. *Spoliation.* V. *Pillage.*

Déprendre, *v.* arracher, décoller, détacher, ôter, retirer, séparer.

Dépréoccuper, *v.* V. *Déprevenir.*

Déprévenir, *v.* V. *Désabuser.*

Déprier, *v.* contremander— désinviter.

Déprimer, *v.* abaisser, avilir, baisser, dénigrer, dépriser, humilier, mettre à bas prix, rabaisser, ravaler, rendre vil.

Dépriser, *v.* abaisser, dédaigner, déprécier, déprimer, diminuer du prix, faire peu de

cas, mépriser, mésestimer, mettre au-dessous de son prix, rabaisser, rabattre du prix, ravaler, regarder avec mépris, vilipender.

Dépromettre, *v.* retirer sa parole, rétracter sa promesse, se dédire.

Depuis, *prép.* à la suite de, après, ensuite de.

Dépuration, *n. f.* clarification, dégagement de toute lie.

Dépurer, *v.* dégager de toute lie, éclaircir, tirer à clair. V. *Épurer.*

Députation, *n. f.* ambassade.

Député, *n. m.* agent, ambassadeur, délégué, envoyé, ministre, plénipotentiaire, résident.

Députer, *v.* charger, commettre, déléguer, envoyer.

Déracinement, *n. m.* abolition, destruction totale, éradication, extirpation.

Déraciner, *v.* arracher, déplanter, extirper, tirer de terre — abolir, détruire totalement.

Déraison, *n. f.* défaut de bon sens. V. *Radotage.* 2. *div.*

Déraisonnable, *adj.* contraire à la justice, inique, injuste — égaré, opposé au bon sens. V. *Absurde.*

Déraisonnablement, *adv.* contre le bon sens, en insensé. V. *Follement.*

Déraisonner, *v.* V. *Radoter.*

Dérangement, *n. m.* bouleversement, confusion, désordre, renversement, trouble.— V. *Désordre.*

Déranger, *v.* V. *Bouleverser.* 2. *div.* V. *Dérégler.*

Dératé, *adj.* V. *Alerte.* 2. *div.*

Déréglé, *adj.* débauché, débordé, dérangé, dissolu, impudique, intempérant, libertin, licencieux, livré au désordre, vicieux, voluptueux.

Dérèglement, *n. m.* V. *Incontinence*.

Déréglément, *adv.* désordonnément, irrégulièrement, licencieusement.

Dérégler, *v.* altérer, corrompre, débaucher, déranger, entraîner dans le désordre, gâter, jeter dans le libertinage, pervertir, porter au vice.

Dérider, *v.* faire disparaître les rides, ôter les rides, unir la peau. V. *Divertir*, 2. div.

Dérision, *n. f.* V. *Moquerie*.

Dérivation, *n. f.* détour, fausse route — descendance, étymologie, formation, origine des mots.

Dériver, *v.* sortir de sa route — s'écarter du rivage, s'éloigner du bord — couler, descendre, sortir, tirer son origine de, venir de — former, tirer de.

Dernier. *adj.* le moindre, le moins âgé, le moins considérable, le moins habile, le plus jeune.

Dernièrement, *adv.* depuis peu, fraîchement, il y a peu de jours, il y a peu de temps, naguère, nouvellement, novissimé, récemment, tout récemment.

a la Dérobée, *phr. adv.* sans bruit, sourdement. V. *Secrètement*.

Dérober, *v.* affronter, attraper, enlever, escamoter, escroquer, filouter, friponner, prendre, ravir, soustraire, subtiliser, surprendre adroitement, tromper, voler.

se Dérober, *v.* disparaître, V. *Échapper* — se retirer, se soustraire. V. *se Sauver*.

Dérogation, *n. f.* clause dérogatoire, exception, limitation,

modification, restriction — infraction — abolition, abrogation.

Déroger, *v.* abolir, abroger — faire une exception, faire une infraction — limiter, mettre des clauses, modifier, relâcher — diminuer, retrancher — dégénérer, faire chose indigne de sa naissance ou de son rang, s'avilir, se dégrader.

Déroidir, *v.* adoucir, amollir, ôter la roideur, rendre pliant, rendre souple.

Dérouiller, *v.* décrasser, ôter la rouille — nettoyer, polir — V. *Débourrer*, 3. div.

Dérouler, *v.* V. *Déplier*, 1. div.

Déroute, *n. f.* défaite, dispersion, dissipation d'un parti, échec, fuite, perte d'une bataille — délabrement, désastre, désordre des affaires, perte considérable, ruine.

Dérouter, *v.* dévoyer, écarter, égarer — déconcerter, déranger un projet, mettre en défaut, rompre des mesures.

Derrière, *n. m.* croupe, dos.

Derrière, *adv.* à rebours, à reculons, en arrière, en croupe, par derrière.

Dès, *prép.* à dater de, à partir de.

Dès que, *phr. conj.* aussitôt que, dans le moment que, en même temps que — attendu que, puisque, vu que.

Désabuser, *v.* déconseiller, déprévenir, désenchanter, désentêter, désinfatuer, détourner, détromper, dissuader, éclairer, faire tomber un préjugé, mettre au fait, montrer l'abus, ramener, tirer d'erreur.

Désaccorder, *v.* détruire l'accord, rompre l'accord.

Désaccoupler, *v.* désassembler, détacher, désunir, séparer.

Désaccoutumer, *v.* déshabituer, faire perdre une habitude, faire quitter une coutume.

Désachalander, *v.* déchalander, décréditer, décrier — débaucher, dégoûter, détourner, écarter, éloigner, enlever, faire perdre, ôter les chalands.

Désagencer, *v.* déparer, désajuster, mêler. **V.** *Bouleverser*, 2. *div.*

Désagréable, *adj.* **V.** *Déplaisant* — grossier, impoli, incivil.

Désagréablement, *adv.* d'une façon choquante, tristement — **V.** *Désobligeamment.* **V.** *Malgracieusement.*

Désagréer, *v.* choquer, déplaire, ne pas agréer — dégarnir, dégréer un vaisseau, en ôter les agrès.

Désagrément, *n. m.* amertume, chagrin, déplaisir, incommodité, peine, petite disgrâce.

Désaltérer, *v.* étancher, éteindre, faire perdre la soif, ôter la soif.

Désappareiller, *v.* **V.** *Dépareiller.*

Désapprendre, *v.* oublier.

Désappropriation, *n. f.* **V.** *Désistement.*

se Désapproprier, *v.* abandonner, renoncer à la propriété, se dépouiller.

Désapprouver, *v.* **V.** *Improuver.*

Désarçonner, *v.* abattre, jeter par terre, renverser — confondre, déconcerter, mettre à quia, mettre en désordre, troubler.

Désarmer, *v.* faire mettre bas les armes, faire quitter les armes, ôter les armes — congédier les troupes, les licencier,

les renvoyer — tranquilliser. **V.** *Adoucir.*

Désarroi, *n. m.* confusion, désordre, trouble. — **V.** *Déroute* — état misérable, mauvais équipage, mauvais train.

Désassortir, *v.* **V.** *Dépareiller.*

Désastre, *n. m.* catastrophe, perte considérable, renversement de fortune. **V.** *Calamité.*

Désastreux, *adj.* **V.** *Fatal.*

Désavantage, *n. m.* **V.** *Préjudice* — incommodité, inconvénient — infériorité.

Désavantageux, *adj.* **V.** *Préjudiciable.*

Désaveu, *n. m.* dédit, dénégation, rétractation — négation — improbation.

Désavouer, rétracter sa parole, se dédire — **V.** *Renier*, 2. *div.* — **V.** *Désapprouver.*

Desceller, *v.* arracher, détacher, enlever, lever, ôter le scellé.

Descendance, *n. f.* **V.** *Race.*

Descendants, *n. m. pl.* enfants, fils, neveux, postérité.

Descendre, *v.* aller en bas, s'écouler, se mouvoir de haut en bas — faire irruption — déchoir, s'abaisser, — être issu, être né de, tirer son origine, venir — abaisser, baisser, mettre plus bas, porter en bas — débarquer, mettre à terre.

Descente, *n. f.* pente — transport sur les lieux, visite — hostilité, invasion, irruption — hernie — rupture, — débarquement.

Description, *n. f.* délinéation, dessin, peinture, plan, représentation — définition, explication — dénombrement, distribution, énumération.

Désemballer, *v.* **V.** *Déballer.*

Désembarquement, *n. m.* **V.** *Débarquement.*

DÉSEMBARQUER, *v.* débarquer, mettre à terre, tirer du vaisseau.

DÉSEMBARRASSER, *v.* V. *Débarrasser.*

DÉSEMBOURBER, *v.* débourber, dégager, faire sortir, tirer de la bourbe.

DÉSEMPARER, *v.* abandonner le terrain, céder, faire place, quitter la place, se retirer — démâter un vaisseau, le mettre en désordre, le mettre hors dé service, lui ôter ses agrès.

DÉSEMPLIR, *v.* évacuer, vider.

DÉSEMPRISONNER, *v.* V. *Relaxer.*

DÉSENCHANTER, *v.* dissiper, rompre l'enchantement. V. *Désabuser.*

DÉSENIVRER, *v.* V. *Dessoûler.*

DÉSENNUYER, *v.* chasser l'ennui, divertir, récréer.

DÉSENRHUMER, *v.* faire cesser le rhume, le guérir, l'ôter.

DÉSENSORCELER, *v.* délivrer de l'ensorcellement, déprévenir, détromper, dissiper le prestige, rompre le charme. V. *Désabuser.*

DÉSENTÊTER, *v.* désensorceler, rompre l'entêtement. V. *Désabuser.*

DÉSERT, *n. m.* ermitage, retraite solitaire, solitude.

DÉSERT, *adj.* abandonné, inculte, inhabité, peu fréquenté, qui est en friche, solitaire.

DÉSERTER, *v.* abandonner, laisser, quitter, se retirer.

DÉSERTEUR, *n. m.* apostat, celui qui tourne casaque, renégat. V. *Fuyard.*

DÉSERTION, *n. f.* retraite. V. *Emigration* — apostasie, infidélité.

DÉSESPÉRÉ, *adj.* dont on n'espère plus rien, perdu sans ressource — incorrigible, incurable, irrémédiable — qui a perdu tout espoir, qui n'a plus d'espérance, qui n'espère plus rien — frénétique, furieux, insensé, qui est hors de sens.

DÉSESPÉRÉMENT, *adv.* V. *Éperdument.*

DÉSESPÉRER, *v.* cesser d'espérer, n'avoir plus d'espérance, perdre tout espoir — faire perdre espérance, jeter dans le désespoir, porter au désespoir — affliger au dernier point, désoler à l'excès, tourmenter excessivement.

DÉSESPOIR, *n. m.* affliction outrée, chagrin violent, douleur inconsolable, frénésie, fureur.

DESHABILLÉ, *n. m.* habillement de chambre, habillement sans parure, hardes de nuit, négligé.

DESHABILLER, *v.* dépouiller, dévêtir.

DESHABITUER, *v.* V. *Désaccoutumer.*

DESHÉRITER, *v.* exhéréder, ôter le droit d'hériter, priver d'une succession, priver d'un héritage.

DESHONNÊTE, *adj.* contraire à la bienséance, à la pudeur. V. *Malhonnête.*

DESHONNÊTEMENT, *adv.* contre la bienséance, contre la pudeur, contre l'honnêteté. V. *Malhonnêtement.*

DESHONNÊTETÉ, *n. f.* infamie, obscénité, turpitude. V. *Malhonnêteté.*

DESHONNEUR, *n. m.* décri. V. *Infamie.* V. *Ignominie.*

DESHONORANT, *adj.* V. *Honteux.*

DESHONORER, *v.* V. *Diffamer.*

DÉSIGNATION, *n. f.* dénotation, indication — détermination, fixation.

DÉSIGNER, *v.* dénoter, indiquer, marquer, montrer, noter — choisir, destiner, élire, nommer—faire connoître, manifester.

Désinence, *n. f.* chute, dernière syllabe, syllabe finale, terminaison — cas.

Désinfatuer, *v.* V. *Désensorceler*.

Désintéressé, *adj.* dégagé de tout motif d'intérêt ; détaché de toute passion, gratuit, impartial, indifférent, qui est sans intérêt, qui n'a aucune vue intéressée.

Désintéressement, *n. m.* dégagement de toute passion, détachement de tout intérêt, gratuité, impartialité, indifférence.

Désintéresser, *v.* dédommager, mettre à couvert l'intérêt de quelqu'un, mettre hors d'intérêt.

Désir, *n. m.* V. *Appétit*.

Désirable, *adj.* à désirer, qui mérite d'être désiré, souhaitable.

Désirer, *v.* aspirer après, avoir envie, convoiter, être désireux, faire des vœux pour, prétendre, souhaiter, soupirer après.

Désireux, *adj.* amateur, ambitieux, avide, empressé, passionné, qui désire, qui souhaite.

Désistement, *n. m.* abandon, abandonnement, abdication, cession, privation volontaire, renoncement, renonciation — cessation, discontinuation, inaction, interruption, suspension.

se Désister, *v.* V. *Quitter*, cesser, discontinuer, faire trève, finir, interrompre, ne pas poursuivre, s'arrêter, se relâcher, suspendre. V. *se Dédire*.

Désobéir, *v.* contrevenir, manquer aux ordres, ne pas obéir, récalcitrer, refuser l'obéissance,

résister au commandement, se rebeller, se révolter.

Désobéissance, *n. f.* défaut d'obéissance, indocilité, rébellion, refus d'obéir, résistance aux ordres, révolte.

Désobéissant, *adj.* indocile, rebelle, récalcitrant, révolté.

Désobligeamment, *adv.* avec dureté, avec rudesse, de mauvaise grâce, d'une façon désobligeante, durement. V. *Malgracieusement*.

Désobligeant, *adj.* inofficieux, nuisible, qui rend de mauvais services — malgracieux.

Désobliger, *v.* faire du déplaisir, faire impolitesse, malhonnêteté. V. *Desservir*.

Désoccupation, *n. f.* **Désœuvrement**, *n. m.* inaction, loisir, oisiveté, repos.

Désoccupé, **Désœuvré**, *adjectifs*. débarrassé, libre, oisif, qui est sans occupation, qui n'a rien à faire, qui ne sait pas s'occuper, vacant.

se Désoccuper, *v.* cesser de s'occuper, prendre du repos, se délasser, se procurer du loisir, se reposer.

Désolant, *adj.* affligeant, attristant, lamentable. V. *Enrageant*.

Désolation, *n. f.* chagrin cuisant. V. *Tristesse*. V. *Ravage*.

Désolé, *adj.* et

Désoler, *v.* affliger, attrister, causer du chagrin, chagriner, consterner, contrister, faire de la peine—dépeupler, détruire, saccager. V. *Infester*.

Désopiler, *v.* déboucher les conduits du corps, résoudre les obstructions.

Désopiler la rate, *phr. fam.* récréer, rendre gai. V. *Égayer*.

Désordonné, *adj.* V. *Déréglé* — excessif, immodéré, outré.

Désordonnét , *adv.* V. *Déréglément.*

Désordre, *n. m.* chaos, confusion, dérangement, embarras, trouble — abus, débauche, débordement, dérèglement, dissolution, inconduite, irrégularité, libertinage, licence. V. *Ravage.* V. *Altercation* — agitation, effroi, étonnement, inquiétude, perplexité, saisissement — aliénation d'esprit, égarement, embarras.

Désorienter, *v.* V. *Démonter,* 4. *div.*

Désormais, *adv.* à l'avenir, dans la suite, dorénavant, par la suite.

Desponsation, *n. f.* fiançailles, promesse de mariage.

Despote, *n. m.* maître absolu, prince absolu, souverain absolu, tyran.

Despotique, *adj.* absolu, arbitraire, souverain, tyrannique.

Despotiquement, *adv.* arbitrairement, avec une autorité absolue, avec un pouvoir illimité, d'une manière despotique, tyranniquement.

Despotisme, *n. m.* autorité absolue, gouvernement arbitraire, pouvoir despotique, puissance illimitée, tyrannie.

se Dessaisir, *v.* V. *Quitter.*

Dessaler, *v.* adoucir, diminuer, ôter la salure, rendre moins salé.

Dessangler, *v.* desseller, lâcher les sangles, ôter les sangles.

Dessèchement, *n. m.* dessiccation.

Dessécher, *v.* mettre à sec, sécher, tarir.

Dessein, *n. m.* but, détermination, entreprise, idée, intention, plan, projet, résolution, volonté, vue.

a Dessein, *phr. adv.* avec ré-
flexion, de dessein formé, prémédité, de propos délibéré, exprès.

Desserrer, *v.* lâcher, relâcher — V. *Asséner.*

se Desserrer, *v.* dégeler, s'adoucir, se relâcher (*en parlant du temps*).

Dessert, *n. m.* dernier service, le fruit.

Desserte, *n. f.* mets desservis, résidu, restant, restes, viandes restantes — charge acquittée, commission pour un autre, fonction suppléée.

Desservir, *v.* désobliger, nuire, préjudicier, rendre de mauvais offices — acquitter les charges, faire le service, remplir les fonctions d'un bénéfice — lever le service, ôter les plats.

Dessiccation, *n. f.* V. *Dessèchement.*

Dessiller les yeux. V. *Désensorceler.*

Dessin, *n. m.* V. *Croquis.*

Dessiné, *adj.* et

Dessiner, *v.* crayonner, croquer, ébaucher, esquisser, former les traits, représenter, tirer les lignes, tracer.

Dessoûler, *v.* cuver son vin, digérer — cesser d'être ivre, n'être plus ivre — désenivrer, dissiper la soûlerie, faire passer l'ivresse.

Dessous, *n. m.* côté inférieur, partie inférieure — désavantage, infériorité.

au-Dessous, *phr. adv.* dans la partie inférieure, dessous, en dessous, inférieurement, pardessous, plus bas — à un degré inférieur.

Dessus, *n. m.* côté supérieur, partie supérieure — avantage, supériorité — adresse, suscription d'une lettre.

au-Dessus, *phr. adv.* dans la

partie supérieure, dessus, en dessus, par-dessus, plus haut — à un degré supérieur.

DESTIN, *n. m.* **DESTINÉE**, *n. f.* fatalité, nécessité, nécessité fatale, nécessité inévitable — condition, fortune, sort — V. *Prédestination, 2. div.*

DESTINATION, *n. f.* V. *Dessein* — choix, désignation, élection, nomination.

DESTINÉ, *adj.* apprêté. V. *Destiner.*

DESTINER, *v.* délibérer, déterminer, disposer dans sa pensée, former le dessein, préparer, projeter, réserver, résoudre — assigner, désigner, fixer, marquer — choisir, élire, faire choix, nommer.

DESTITUABLE, *adj.* révocable, qu'on peut destituer, sujet à destitution.

DESTITUÉ, *adj.* dénué, dépourvu. V. *Destituer.*

DESTITUER, *v.* congédier, débusquer, dégrader, déposer, déposséder, dépouiller, priver, remercier, renvoyer, révoquer — abandonner, délaisser.

DESTITUTION, *n. f.* dégradation, remerciment. V. *Déposition, 3. div.*

DESTRUCTEUR, *n. m.* abatteur, désolateur, exterminateur.

DESTRUCTIF, *adj.* destructeur, dommageable, malfaisant, nuisible, pernicieux, préjudiciable, qui cause la destruction, qui détruit, qui ruine, ruineux.

DESTRUCTION, *n. f.* abolition, anéantissement, bouleversement, démolition, désolation, dévastation, extinction, extirpation, perte, renversement, ruine, sac, saccagement, subversion.

DÉSUNION, *n. f.* démembrement, disjonction, éloignement. V. *Rupture.*

DÉSUNIR, *v.* . *Disjoindre* — aliéner, brouiller, diviser, mettre en dissension, semer la discorde.

DÉTACHÉ, *adj.* V. *Détacher,* 1. et 2. div. — dépréoccupé, déprévenu, désabusé, désensorcelé, désentêté, désinfatué, détrompé, revenu — défait de ses taches, dégraissé, nettoyé.

DÉTACHEMENT, *n. m.* abandon, dégagement, désintéressement, renoncement — petite troupe détachée d'une plus grande.

DÉTACHER, *v.* arracher, cueillir, enlever, ôter, défaire. V. *Disjoindre* — dégraisser, enlever les taches, nettoyer, ôter les taches.

DÉTAIL, *n. m.* calcul, compte, dénombrement, énumération — discussion par parties, narration circonstanciée — circonstances, particularités, parties — débit par parties, vente par le menu.

DÉTAILLER, *v.* diviser, faire le dénombrement, faire le détail, faire l'énumération — discuter par parties, examiner en détail, raconter avec toutes les circonstances — débiter, vendre en détail.

DÉTALER, *v.* enlever l'étalage, fermer sa boutique, plier ses marchandises — V. *Fuir.*

DÉTEINDRE, *v.* affoiblir les couleurs, décolorer.

DÉTENDRE, *v.* débander, lâcher, relâcher — abaisser, baisser, faire descendre — détacher — lever le piquet, plier les tentes.

DÉTENIR, *v.* arrêter, retenir — garder, jouir, occuper, posséder, tenir.

DÉTENTEUR, *n. m.* celui qui occupe, celui qui possède, possesseur.

DÉTENTION, *n. f.* jouissance,

possession, rétention — captivité, emprisonnement, esclavage, prison.

DÉTENU, *adj.* arrêté, retenu — gardé, tenu — captif, emprisonné, incarcéré, prisonnier.

DÉTERGER, *v.* essuyer, nettoyer.

DÉTÉRIORATION, *n. f.* affoiblissement, altération, déchet, dégradation, dépérissement, détriment, diminution, dommage, échec, perte, ruine.

DÉTÉRIORER, *v.* affoiblir, altérer, causer du dommage, dégrader, diminuer, endommager, gâter, occasioner du déchet, perdre, ruiner.

DÉTERMINATION, *n. f.* arrêté. V. *Résolution* — inclination, pente, propension — désignation, fixation.

DÉTERMINÉ, *adj.* V. *Déterminer* — fieffé, passionné — assuré, audacieux, brave, courageux, effronté, entreprenant, ferme, hardi, intrépide, qui ne craint rien, résolu, téméraire — capable de tout, emporté, méchant, que rien n'arrête.

DÉTERMINÉMENT, *adv.* décidément — expressément, particulièrement, positivement, précisément, spécialement — courageusement, effrontément, témérairement. V. *Intrépidement.*

DÉTERMINER, *v.* conclure, décider, résoudre. V. *Statuer* — appliquer, désigner, destiner — borner, circonscrire, limiter.

DÉTERRER, *v.* arracher de terre, tirer de terre — exhumer, retirer de la sépulture — découvrir, faire la découverte, trouver.

DÉTERSIF, *adj.* capable de nettoyer, propre à purifier, qui nettoie, qui purifie.

DÉTESTABLE, *adj.* abominable, affreux, atroce, effroyable, exécrable, haïssable, horrible.

DÉTESTABLEMENT, *adv.* très mal. V. *Horriblement.*

DÉTESTATION, *n. f.* horreur, indignation — abomination, exécration — imprécation, malédiction.

DÉTESTER, *v.* avoir de l'indignation contre, avoir en horreur, éviter, fuir, haïr.

DÉTIRER, *v.* étendre en tirant, polir avec le fer, repasser.

DÉTONATION, *n. f.* départ fulminant, éclat subit, explosion bruyante, inflammation avec bruit. V. *Dissonance.*

DÉTONNER, *v.* chanter faux, chanter mal, discorder, manquer le ton.

DÉTORQUER, *v.* détourner, donner une explication forcée, expliquer à contre-sens, s'écarter du sens naturel.

DÉTORSE, *n. f.* V. *Luxation.*

DÉTORTILLER, *v.* dérouler, détordre.

DÉTOUR, *n. m.* circuit, courbure, encognure, labyrinthe, sentier détourné, sinuosité, tour — ambages, circonlocution, périphrase; V. *Faux-fuyant.*

DÉTOURNER, *v.* courber, fléchir, plier — distraire, divertir, écarter, éloigner — déconseiller, dissuader, faire changer de dessein, ramener. V. *Détorquer.*

DÉTRACTER, *v.* calomnier. V. *Médire.*

DÉTRACTEUR, *n. m.* calomniateur, diffamateur, langue de serpent, mauvaise langue — médisant, satirique.

DÉTRACTION, *n. f.* calomnie, coup de langue, diffamation, médisance, satire, trait satirique.

DÉTRAQUER, *v.* changer, déranger, gâter, mettre en désordre, troubler — dérouter, détourner , distraire , égarer.

DÉTREMPER , v. imbiber, mouiller — délayer — ôter la trempe.

DÉTRESSE, n. f. V. Angoisse —besoin urgent , embarras fâcheux, état inquiétant, situation très étroite, situation très gênante.

DÉTRIMENT, n. m. V. Préjudice.

DÉTROIT, n. m. bosphore, lieu serré, pas, passage étroit—département , district , juridiction, ressort.

DÉTROMPER , v. V. Désabuser.

DÉTROUSSER, v. abattre, détacher, faire pendre, laisser pendre—dépouiller, dévaliser, escamoter, escroquer, voler.

DÉTRUIRE, v. abîmer, abolir, anéantir, annuler, bouleverser, V. Démolir—dépeupler, dévaster, saccager.

DETTE, n. f. chose due.

DEUIL, n. m. abattement, affliction, chagrin, douleur, tristesse—cortége funéraire, pompe funèbre—habillement funèbre.

DEUXIÈME, adj. second.

DEUXIÈMEMENT, adv. en deuxième , en second lieu, secondement.

DÉVALER, v. abaisser, baisser, faire descendre — aller en bas, descendre.

DÉVALISER, v. V. Détrousser.

DEVANCER, v. gagner le devant, prendre les devants, prévenir—avoir le pas, précéder, prendre le pas—avoir l'avantage, avoir le dessus, prendre le dessus, surpasser.

DEVANCIER, n. m. celui qui a précédé, prédécesseur.

DEVANCIERS, n. m. pl. V. Ancêtres.

DEVANT, n. m. partie antérieure —face , présence — avance.

AU-DEVANT, phr. adv. à la rencontre.

DEVANT, adv. prép. auparavant, devant—en face, en présence.

DÉVASTATION, n. f. V. Ravage.

DÉVASTER, v. spolier. V. Ravager.

DÉVELOPPÉ, adj. V. Développer.

DÉVELOPPEMENT , n. m. débrouillement, détail. V. Commentaire.

DÉVELOPPER, v. déplier, déployer, dérouler, détortiller — commenter, débrouiller, découvrir, détailler, éclaircir, expliquer, exposer, gloser.

DEVENIR, v. aboutir, parvenir — commencer à être de quelque manière.

DÉVERGONDÉ, adj. cynique, effronté, impudent, indécent.

DÉVERS, adj. V. Courbé.

DÉVERSER. V. Surplomber.

DÉVÊTIR, v. dépouiller, déshabiller, ôter les habits.

DÉVÊTISSEMENT, n. m. V. Désistement. 1. div.

DÉVIATION , n. f. dérangement, détour, écart du bon chemin.

DEVIN, n. m. interprète de songes, magicien, prophète, sorcier — homme avisé, entendu, habile, prévoyant, prudent, qui prend bien ses mesures, sage.

DEVINER, v. V. Augurer, découvrir, expliquer, imaginer, juger, pénétrer un sens obscur, penser, présumer.

DEVIS, n. m. détail, état détaillé d'un ouvrage — aperçu, calcul, compte, idée de la dépense à faire.

DÉVISAGER, v. déchirer, défigurer, égratigner, gâter le visage.

DEVISE, n. f. allégorie, emblème, mot qu'on s'applique,

similitude—apophtegme, maxime , parole pittoresque , sentence.

DÉVOILEMENT, *n. m.* **V.** *Révélation.* 2. *div.*

DÉVOILER, *v.* déclarer, découvrir , dénoncer , divulguer , éclaircir , expliquer , faire connoître, faire tomber le voile , lever le voile, manifester, mettre à découvert, mettre au jour, mettre en évidence , publier , révéler.

DÉVOLMENT, *n. m.* **V.** *Bénéfice.* 4. *div.*

DEVOIR, *n. m.* charge, dette, dû, obligation. **V.** *Office*, 4. *div.*—besogne d'écolier, pensum , tâche—respect.

DEVOIR, *v.* avoir obligation , être astreint, être dans l'obligation, être obligé , être redevable.

DÉVOLU, *adj.* acquis, attribué, déféré , échu.

DÉVOLUT, *n. m.* collation, concession, nomination, provision accordée par le pape.

DÉVORER, *v.* avaler gloutonnement , manger avidement , manger excessivement, manger goulument. **V.** *Absorber.*

DÉVOT, *adj.* pieux, pléin de dévotion , religieux, rempli de piété. **V.** *Cafard.*

DÉVOTEMENT, *adv.* d'une manière dévote, pieuse. **V.** *Religieusement.*

DÉVOTION, *n. f.* attachement, au service de Dieu, culte religieux , piété, religion — attachement, dévoûment, soumission entière, zèle. **V.** *Cafardise* —choix, disposition, gré, option, volonté.

DÉVOUÉ, *adj.* consacré, dédié, offert, sacrifié, voué—attaché , disposé à tout ce qu'on voudra , entièrement soumis , zélé.

DÉVOUER, *v.* consacrer, dédier, donner sans réserve, offrir, sacrifier, vouer.

DÉVOÛMENT, *n. m.* attachement , dévotion , soumission entière aux volontés d'un autre, zèle.

DÉVOYER, *v.* **V.** *Fourvoyer.*

DEXTÉRITÉ, *n. f.* adresse, art, finesse , habileté , industrie , manége, ruse, sagacité, savoir-faire, souplesse, subtilité.

DIABLE, *n. m.* Belzébuth, démon, dragon infernal , esprit malin, Lucifer, mauvais ange , mauvais génie, Satan.

A LA DIABLE, *phr. adv.* de mauvaise grâce, gauchement , maladroitement, sans adresse , sans génie, sans goût, sans intelligence, sans principes, sans règle, très mal.

EN DIABLE, *phr. adv.* abondamment, à foison , beaucoup, copieusement, en grande quantité , en grand nombre, excessivement, immensément, infiniment, prodigieusement, sans nombre.

DIABLERIE, *n. f.* espiéglerie , malice, méchanceté, méchanceté noire.

DIABLESSE, *n. f.* femme acariâtre, femme méchante, furie, vraie Proserpine.

DIABLOTIN, *n. m.* méchant petit enfant, petit démon, petit diable, petit lutin, petit serpent.

DIABOLIQUE, *adj.* affreux, horrible, infernal, méchant à l'excès.

DIABOLIQUEMENT, *adv.* avec une malice infernale, d'une façon, d'une manière diabolique, méchamment , par une méchanceté diabolique.

DIADÈME, *n. m.* bandeau royal, couronne—dignité royale, empire, royauté, souveraineté.

DIALECTE, n. m. idiome, langage, langue particulière, manière de parler propre d'un canton, patois, tour d'expression particulier à une province.

DIALECTICIEN, n. m. logicien, raisonneur exact.

DIALECTIQUE, n. f. art de raisonner, logique.

DIALECTIQUEMENT, adv. avec justesse, conformément aux règles de la dialectique, en dialecticien, en logicien, logiquement, selon les principes de la logique.

DIALOGUE, n. m. colloque, conversation, entretien de deux ou de plusieurs personnes.

DIAMANT, n. m. brillant, pierre précieuse, pierreries.

DIAMANTAIRE, n. m. lapidaire, marchand de pierreries, ouvrier en diamants.

DIAMÉTRALEMENT, adv. V. Totalement.

DIAPHANE, adj. V. Limpide.

DIAPHANÉITÉ, n. f. V. Limpidité.

DIAPHORÈSE, n. f. purgation par les pores, sueur, transpiration.

DIAPHORÉTIQUE, adj. V. Sudorifique.

DIARRHÉE, n. f. V. Dévoiement.

DIATRIBE, n. f. critique amère. V. Disquisition.

DICTAMEN, n. m. inspiration secrète, mouvement intérieur, sens intime, sentiment interne, suggestion de la conscience.

DICTER, v. faire écrire, prononcer mot à mot ce qu'un autre écrit — enseigner, inspirer, suggérer — enjoindre, ordonner, prescrire.

DICTION, n. f. langage, prononciation—manière de parler.

DICTIONNAIRE, n. m. V. Glossaire.

DICTON, n. m. V. Adage —

badinerie, bon mot, mot pour rire, plaisanterie, raillerie.

DICTUM, n. m. dispositif, disposition, prononcé d'une sentence.

DIDACTIQUE, n. f. art d'enseigner, enseignement, instruction.

DIDACTIQUE, adj. instructif, propre à l'enseignement.

DIÈTE, n. f. abstinence, choix d'aliments, modération de nourriture, régime de vivre, tempérance — comices, états — assemblée intermédiaire, chapitre particulier.

DIEU, n. m. la Divinité, le Créateur, l'Éternel, l'Être suprême, le Tout-Puissant, Jéhova.

DIFFAMANT, DIFFAMATOIRE, adjectifs. V. Honteux.

DIFFAMATEUR, n. m. V. Détracteur.

DIFFAMATION, n. f. V. Déshonneur — détraction.

DIFFAMÉ, adj., et

DIFFAMER, v. calomnier, couvrir d'ignominie, couvrir d'infamie, couvrir d'opprobre, décréditer, décrier, déshonorer, détracter, flétrir, livrer à l'infamie, mettre en mauvais renom, noircir, noter d'infamie, ôter la réputation, perdre de réputation, rendre infâme.

DIFFÉREMMENT, adv. autrement, d'une autre manière, diversement, en différentes manières — au contraire, d'une façon, d'une manière contraire, en un sens contraire.

DIFFÉRENCE, n. f. contrariété, distinction, opposition. V. Dissemblance.

DIFFÉRENCIER, v. assigner la différence, démêler, discerner, distinguer, expliquer la différence, indiquer, montrer la différence, marquer la différence, mettre de la différence, diversifier, varier.

DIFFÉREND, n. m. V. *Altercation.*

DIFFÉRENT, adj. autre, contraire, distingué, opposé. V. *Dissemblable.*

DIFFÉRER, v. avoir de la différence, être différent, être dissemblable, ne point ressembler—amuser, gagner du temps, prolonger, reculer, remettre, renvoyer à un autre temps, retarder, suspendre, user de remises.

DIFFICILE, adj. V. *Malaisé* — escarpé, roide, rude—bizarre, —abstrait, abstrus, compliqué, embrouillé, épineux, obscur.

DIFFICILEMENT, adv. V. *Malaisément.*

DIFFICULTÉ, n. f. fatigue, peine — embarras, empêchement, inconvénient, obstacle, retard, retardement, traverse —résistance. V. *Contradiction.*

DIFFICULTUEUX, adj. V. *Chicaneur*, contredisant, difficile.

DIFFORME, adj. contrefait, vilain. V. *Horrible.*

DIFFORMITÉ, n. f. irrégularité, laideur.

DIFFUS, adj. long, prolixe, trop étendu, verbeux.

DIFFUSÉMENT, adv. avec trop d'étendue, longuement.

DIFFUSION, n. f. longueur, prolixité, verbosité.

DIGÉRER, v. cuire, faire la coction — discuter, examiner, méditer, peser, réfléchir — arranger, disposer, éclaircir, mettre en ordre, préparer, ranger — dévorer, endurer avec patience, souffrir sans murmure, supporter patiemment.

DIGNE, adj. à qui il est dû, capable, qui mérite.

DIGNEMENT, adv. convenablement, justement—avec dignité;

avec noblesse, décemment, noblement, très bien.

DIGNITÉ, n. f. air imposant, beauté noble, contenance décente, gravité, maintien noble, manière grave, noblesse, prestance majestueuse — considération, importance, mérite — autorité, charge, condition élevée, distinction, éclat, élévation, éminence, emploi distingué, magistrature, office considérable, poste honorable, prééminence, prélature, prérogative.

DIGRESSION, n. f. écart, épisode, excursion, hors-d'œuvre.

DIGUE, n. f. chaussée, jetée, levée, mole, terrasse, turcie — boulevard, rempart, retranchement — difficulté, empêchement, obstacle.

DILACÉRATION, n. f. V. *Déchirement.*

DILACÉRER, v. déchiqueter, déchirer, démembrer, diviser, lacérer, mettre en pièces, rompre en morceaux.

DILAPIDATION, n. f. V. *Dissipation*, 1. div.

DILAPIDER, v. V. *Dissiper.*

DILATABLE, adj. qui peut être dilaté, élargi, étendu, raréfié, relâché.

DILATATION, n. f. élargissement, expansion, extension, raréfaction, relâchement, relaxation.

DILATER, v. élargir, étendre, ouvrir, raréfier, relâcher.

DILECTION, n. f. affection, amitié, amour, bienveillance, charité, tendresse.

DILIGEMMENT, adv. avec célérité, avec diligence, avec empressement, d'une manière expéditive, en diligence, en hâte, prestement, promptement, vite, vitement, vivement —

avec soin, exactement, soigneusement, vigilamment.

DILIGENCE, *n. f.* V. *Promptitude.* V. *Vigilance* — berline, carrosse de voyage, coche, voiture publique.

DILIGENT, *adj.* actif, agissant, alerte, ardent, empressé, expéditif, preste, prompt, vif. V. *Vigilant.*

DILIGENTER, *v.* V. *Hâter.* V. *se Hâter.*

DIMANCHE, *n. m.* jour du Seigneur, premier jour de la semaine.

DÎMER, *v.* avoir droit de dîme, lever la dîme, tirer la dîme.

DIMENSION, *n. f.* étendue, mesure, proportion des corps.

DIMINUER, *v.* amenuiser, amincir, amoindrir, apetisser, rendre moindre — abaisser, affoiblir, dégrader, retrancher — déchoir, décroître, devenir moindre.

DIMINUTIF, *n. m.* mot qui adoucit, qui diminue l'idée, qui la montre en petit — image diminuée, miniature, représentation en petit.

DIMINUTION, *n. f.* perte. V. *Déclin.* V. *Déduction.*

DINDE, *n. m.* coq d'Inde, dindon, dindonneau, poule d'Inde.

DINDONNIÈRE, *n. f.* conductrice de dindes, gardeuse de dindons — demoiselle de campagne.

DIOCÉSAIN, *adj.* habitant du diocèse, né dans le diocèse, propre du diocèse, qui concerne le diocèse, qui est du diocèse.

DIOCÈSE, *n. m.* département, district, étendue, ressort, territoire d'un évêché.

DIPLÔME, *n. m.* brevet, privilége — chartre, édit, décla-

ration, lettres patentes — bulle du pape, bref.

DIPTIQUE, *n. m.* catalogue, index, liste, registre public, table, tableau, tablettes.

DIRE, *v.* V. *Énoncer* — discourir, haranguer, parler — décrire. V. *Raconter* — avertir. V. *Blâmer.*

DIRE, *n. m.* déclaration, déposition, discours, témoignage — avis, opinion, sentiment — décision, jugement, sentence.

DIRECT, *adj.* dirigé, droit, en ligne droite, qui tend droit au but — immédiat — naturel.

DIRECTEMENT, *adv.* droit, en ligne directe, tout droit — immédiatement, sans détour, entremise, sans médiation, de la propre bouche, naturellement.

DIRECTEUR, *n. m.* administrateur, chef, conducteur, guide, inspecteur, intendant, président, régisseur.

DIRECTION, *n. f.* administration, conduite, gestion, gouvernement, inspection, intendance, maniement, manutention, présidence, régie, soin — alignement, ligne droite, visée.

DIRECTOIRE, *n. m.* bref, guide-âne, livret qui détaille l'office divin pour chaque année, ordo, ordre de l'office divin.

DIRIGER, *v.* aligner, pointer, viser — administrer, conduire, disposer, gérer, gouverner, guider, manier, présider, régir, régler, soigner.

DIRIMANT, *adj.* annulant, qui annule, qui emporte nullité, qui rend nul.

DISCALE, *n. f.* V. *Déchet.*

DISCERNEMENT, *n. m.* choix, distinction — bon sens, délicatesse d'esprit, intellect, intelligence, judiciaire, jugement, pénétration, perspicacité, sagacité, tact.

DISCERNER, v. choisir, ne pas confondre, séparer. V. *Différencier* — comprendre, connoître, entendre, juger, pénétrer.

DISCIPLE, n. m. V. *Elève.* V. *Sectateur.*

DISCIPLINABLE, adj. capable de discipline, d'instruction, docile, flexible.

DISCIPLINE, n. f. V. *Education* — gouvernement, ordre, règle, règlement — fouet de cordelettes, martinet — correction, fustigation, macération.

DISCIPLINÉ, adj. élevé, façonné, formé, instruit, morigéné, réglé.

DISCIPLINER, v. V. *Morigéner* — assujettir au bon ordre, faire observer les règlements, régler, soumettre à la règle — châtier, corriger, donner la discipline, fustiger.

DISCONTINUATION, n. f. V. *Cessation.*

DISCONTINUER, v. V. *Interrompre.*

DISCONVENANCE, n. f. défaut de convenance, disparate, disproportion, inégalité. V. *Contradiction.*

DISCONVENIR, v. désavouer, différer de sentiment, être d'avis contraire, n'être pas d'accord, rétracter, se dédire.

DISCORD, adj. détonnant, dissonant, qui n'est pas d'accord.

DISCORDANT, adj. V. *Discord* —antipathique, contraire, opposé, répugnant.

DISCORDE, n. f. V. *Altercation.*

DISCORDER, v. détonner, être discord, être dissonant, n'être pas d'accord.

DISCOUREUR, n. m. V. *Bavard.*

DISCOURIR, v. converser, disserter, parler, raisonner, s'entretenir, traiter ensemble — babiller, bavarder, caqueter, causer, dire des riens, jaser, parler beaucoup, parler indiscrètement.

DISCOURS, n. m. conversation, entretien, propos. V. *Bavardage*—harangue, oraison, pièce d'éloquence.

DISCRÉDIT, n. m. V. *Décréditement.*

DISCRET, adj. V. *Circonspect.*

DISCRÈTEMENT, adv. avec réserve, avec retenue. V. *Prudemment.*

DISCRÉTION, n. f. discernement, sagesse. V. *Circonspection* —fantaisie, gré, liberté, libre arbitre, merci, option.

DISCULPER, v. défendre, excuser, justifier, pallier une faute.

DISCUSSION, n. f. compte exact, détail, examen. V. *Altercation.*

DISCUTER, v. détailler, disserter, éplucher. V. *Approfondir.*

DISERT, adj. beau discoureur, beau parleur, dont le discours est coulant, éloquent, qui parle juste, en bons termes, s'énonce aisément, s'exprime avec élégance.

DISERTEMENT, adv. distinctement, élégamment, éloquemment, en beaux termes, nettement.

DISETTE, n. f. V. *Pauvreté* — cherté de vivres, défaut de vivres, manque de vivres.

DISGRÂCE, n. f. défaveur, diminution de faveur, perte de la faveur, privation des bonnes grâces — revers. V. *Infortune.*

DISGRACIÉ, adj. déchu de la faveur, privé des bonnes grâces, tombé en défaveur — contrefait, défiguré, difforme, laid.

DISGRACIER, *v.* cesser de favoriser, ôter sa faveur, priver de ses bonnes grâces, retirer sa protection.

DISGRACIEUX, *adj.* V. *Déplaisant.*

DISJOINDRE, *v.* découpler, déjoindre, démembrer, délier, désassembler, désunir, détacher, distraire, diviser, dissoudre, écarter, séparer.

DISJONCTION, *n. f.* désunion, distraction, division, séparation.

DISLOCATION, *n. f.* V. *Luxation.*

DISLOQUER, *v.* V. *Luxer.*

DISPARATE, *adj.* contraire, discord, discordant, inalliable, incompatible, opposé, répugnant.

DISPARATE, *n. f.* disparité, disproportion, écart, inégalité. V. *Contradiction.*

DISPARITÉ, *n. f.* V. *Différence.*

DISPARITION, *n. f.* absence, éclipse, éloignement, retraite — occultation.

DISPAROÎTRE, *v.* ne plus paroître, s'absenter, se cacher, s'éclipser, se dérober, s'évader, s'évanouir — se dissiper, se passer, se perdre.

DISPENDIEUX, *adj.* cher, coûteux, onéreux, qui exige beaucoup de dépense.

DISPENSATEUR, *n. m.* V. *Dépensier.*

DISPENSATION, *n. f.* administration, direction, distribution.

DISPENSE, *n. f.* exemption, licence, permission dérogatoire, relâchement.

DISPENSER, *v.* accorder une licence, donner une permission dérogatoire, exempter de la règle, permettre, se relâcher du droit — V. *Départir.*

DISPERSER, *v.* dissiper, distribuer en différents endroits, envoyer en divers lieux, épandre, éparpiller, étendre, mettre de tous côtés, placer de côté et d'autre, répandre, semer.

DISPERSION, *n. f.* dissipation.

DISPOS, *adj.* agile, alerte, bien portant, frais, jouissant d'une bonne santé, robuste, vigoureux.

DISPOSER, *v.* ajuster, arranger, ordonner, placer, poster, préparer, aliéner, céder, donner, faire donation, léguer, remettre, résigner, transférer, transmettre.

DISPOSITIF, *adj.* préparatoire, qui dispose, qui prépare.

DISPOSITIF, *n. m.* V. *Dictum.*

DISPOSITION, *n. f.* ajustement, appareil, arrangement, ordonnance, ordre, position, préparatif, rang, situation — état, santé — affection, bienveillance, bonne intention, sentiments favorables — aptitude, caractère enclin, génie, goût, inclination, ouverture, penchant, pente, propension — avis, dessein, intention, projet, résolution — autorité, droit, licence, permission, pouvoir, puissance de disposer d'une chose. — V. *Dictum.*

DISPROPORTION, *n. f.* V. *Disconvenance.*

DISPROPORTIONNÉ, *adj.* sans justesse, sans proportion, qui manque de rapport, qui ne cadre point, qui n'est point assortissant. V. *Dissemblable.* V. *Discord.*

DISPUTABLE, *adj.* contestable, douteux. V. *Incertain.*

DISPUTE, *n. f.* V. *Altercation.*

DISPUTÉ, *adj.* V. *Disputer,* 1. *div.*

DISPUTER, *v.* agiter, contester, controverser, débattre,

discuter, examiner à charge et à décharge — concourir, entrer en concurrence, être en rivalité, prétendre à la même chose, tendre à la même chose — chamailler, se débattre, se quereller.

DISPUTEUR, n. m. V. Chicaneur. V. Chicanier.

DISQUE, n. m. pièce plate et ronde, palet — surface ronde et plate.

DISQUISITION, n. f. diatribe, dissertation, examen, recherche exacte, traité.

DISSEMBLABLE, adj. différent, disproportionné, divers, inégal.

DISSEMBLANCE, n. f. différence, disparité, disproportion, diversité, inégalité, manque de ressemblance.

DISSENSION, n. f. V. Altercation.

DISSÉQUER, v. anatomiser, couper par pièces, découper — analyser, décomposer, détailler, examiner par parties.

DISSÉQUEUR, n. m. anatomiste, dissecteur.

DISSERTATEUR, n. m. discoureur, raisonneur.

DISSERTATION, n. f. V. Disqusition.

DISSERTER, v. discuter. V. Discourir.

DISSIMULATION, n. f. art de se cacher, déguisement, feinte, hypocrisie, politique.

DISSIMULÉ, adj. politique. V. Caché.

DISSIMULER, v. cacher, couvrir, déguiser, envelopper, faire mystère, voiler.

DISSIPATEUR, n. m. V. Prodigue.

DISSIPATION, n. f. consommation folle, dégât, dépense désordonnée, déperdition, dilapidation, prodigalité, profusion

— abstraction, distraction, écart, étourderie, évagation, évaporation, inapplication, inattention, légèreté — amusement, divertissement, relâche.

DISSIPÉ, adj. V. Dissiper, 4. div. — défait, mis en déroute, mis en fuite — abstrait. V. Distrait.

DISSIPER, v. absorber, consommer follement, consumer, dépenser mal à propos, dilapider, prodiguer, ruiner — défaire, disperser, écarter, éparpiller, mettre en déroute, mettre en fuite — distraire. V. Divertir, 3. div.

DISSOLU, adj. V. Déréglé.

DISSOLUMENT, adv. irrégulièrement, licencieusement, malhonnêtement, sans modération, sans pudeur.

DISSOLUTION, n. f. décomposition, destruction, division, résolution, rupture, séparation des éléments ou des parties d'un corps — crapule. V. Incontinence.

DISSOLVANT, adj. qui a la vertu de dissoudre, qui dissout, qui divise.

DISSONANCE, n. f. détonnation, faux accord, faux ton, ton discordant.

DISSONANT, adj. V. Discordant.

DISSOUDRE, v. décomposer, désunir, détacher, diviser, fondre, résoudre, séparer — annuler, casser, délier, résilier, rompre.

DISSUADER, v. déconseiller, détourner, faire changer de dessein, ramener.

DISSUASION, n. f. avis contraire, conseil différent.

DISTANCE, n. f. éloignement, espace, intervalle — différence, disproportion, diversité.

DISTANT, *adj.* éloigné, séparé — différent.

DISTILLATION, *n. f.* écoulement, filtration.

DISTILLER, *v.* exprimer, extraire, filtrer, tirer — couler, dégoutter, fluer goutte à goutte.

DISTINCT, *adj.* différent, distingué, séparé — V. *Explicite.*

DISTINCTEMENT, *adv.* à part, en particulier, séparément — clairement, d'une manière distincte, nettement, sans confusion.

DISTINCTIF, *adj.* caractéristique, essentiel, particulier, propre, qui distingue, qui sert à distinguer.

DISTINCTION, *n. f.* distance, division, séparation — V. *Dissemblance* — élévation, naissance illustre, noblesse, qualité — V. *Privilége.*

DISTINGUÉ, *adj.* notable, supérieur. V. *Illustre.*

DISTINGUER, *v.* connoître, démêler, caractériser, établir la distinction, prévenir l'équivoque, rendre distinct. V. *Différencier* — diviser, espacer, mettre à part, séparer, tenir à distance convenable — décorer, élever, honorer, mettre en honneur, promouvoir, tirer du commun.

DISTRACTION, *n. f.* diversion. V. *Dissipation* — aliénation, déduction, démembrement, détachement, retranchement, séparation, soustraction.

DISTRAIRE, *v.* amuser, dissiper, divertir, égayer — V. *Soustraire,* 2. *div.* — aliéner, déduire, démembrer, détacher, retrancher, séparer.

DISTRAIT, *adj.* dissipé, étourdi, évaporé, inappliqué, inattentif, léger, volage — aliéné. V. *Distraire,* 3. *div.* — détour-

né, diverti, emporté, enlevé, ôté, soustrait.

DISTRIBUER, *v.* dispenser, disposer. V. *Départir.*

DISTRIBUTEUR, *n. m.* V. *Dépensier.*

DISTRIBUTION, *n. f.* V. *Répartition* — distinction, séparation.

DISTRICT, *n. m.* département, étendue de juridiction, ressort, territoire.

DIT, *adj.* énoncé, exprimé, proféré, prononcé — arrêté, décidé, déterminé, fixé, réglé, statué — nommé, surnommé — allégué, cité, désigné, indiqué, mis en avant.

DIT, *n. m.* V. *Adage.*

DITHYRAMBIQUE, *adj.* échauffé, emporté, furieux, impétueux, livré au délire, plein d'enthousiasme, de saillies.

DIURÉTIQUE, *adj.* apéritif, qui fait uriner, qui provoque l'urine.

DIURNE, *adj.* qui dure un jour, qui se fait en un jour.

DIVAGUER, *v.* extravaguer, faire des digressions, s'écarter de son sujet.

DIVERGENT, *adj.* qui s'écarte, qui se disperse, qui s'éparpille.

DIVERS, *adj.* différent, dissemblable.

DIVERSEMENT, *adv.* de différentes façons, en diverses manières.

DIVERSIFIÉ, *adj.* bigarré, changé en plusieurs façons, distingué, marqueté, moucheté, taché, varié.

DIVERSIFIER, *v.* bigarrer, changer, distinguer, marqueter, mélanger, mêler, mettre de la distinction, mettre de la diversité, moucheter, tacher, varier.

DIVERSION, *n. f.* distraction, écart.

DIVERSITÉ, n. f. bigarrure, changement, variété. V. Contradiction.

DIVERTIR, v. V. Distraire, 3. div. — dérober. V. Soustraire, 2. div. — amuser, dissiper, donner du plaisir, égayer, faire rire, récréer, réjouir.

DIVERTISSANT, adj. amusant, charmant, comique, délectable, délicieux, qui divertit, qui donne du plaisir, qui plaît. V. Réjoui.

DIVERTISSEMENT, n. m. V. Réjouissance — distraction, enlèvement, recèlement, soustraction, vol — aliénation, changement d'emploi, démembrement.

DIVIN, adj. appartenant à Dieu; céleste, qui vient d'en haut, qui vient du Ciel, sacré, saint, surnaturel, délicieux, exquis, sublime. V. Merveilleux.

DIVINATION, n. f. art de deviner, art de prédire, moyen pour deviner. V. Prophétie, 2. div.

DIVINEMENT, adv. miraculeusement, surnaturellement, extraordinairement, merveilleusement, parfaitement.

DIVINISER, v. V. Déifier.

DIVINITÉ, n. f. déesse, déité, Dieu — essence divine, nature divine, puissance divine, volonté divine.

DIVISER, v. démembrer, distribuer, mettre en pièces, partager, répartir, séparer. V. Désunir, 2. div.

DIVISION, n. f. V. Répartition — démembrement, séparation — différence d'opinions, diversité d'avis, opposition de sentiments, partage de voix, schisme. V. Altercation — portion d'une armée.

DIVORCE, n. m. dissolution,

rupture de mariage—abandon, abandonnement, détachement, renoncement, renonciation.

DIVULGATION, n. f. V. Notification.

DIVULGUER, v. annoncer, notifier, promulguer. V. Dévoiler.

DIZENIER, n. m. chef, conducteur, directeur, inspecteur, préfet d'une dizaine.

DOCILE, adj. V. Facile, 2. div., disposé à être instruit, susceptible d'instruction.

DOCILEMENT, avec docilité, avec douceur, avec soumission, sans résistance.

DOCILITÉ, n. f. douceur, facilité, flexibilité, obéissance, soumission.

DOCTE, adj. capable, docteur, érudit, habile, instruit, plein d'érudition, rempli de science, savant.

DOCTEMENT, adv. avec capacité, en homme érudit. V. Savamment.

DOCTEUR, n. m. instituteur, maître. V. Docte.

DOCTRINE, n. f. érudition, instruction, savoir, science — enseignement, manière de penser, maximes, principes, sentiments, système dogmatique.

DOCUMENT, n. m. enseignement, indice, notice, preuve par écrit, renseignement, titre.

SE DODINER, v. avoir grand soin de sa personne. V. se Délicater.

DODU, adj. V. Gras.

DOGMATIQUE, adj. appartenant au dogme, concernant le dogme, instructif—décisif, doctoral, imposant, magistral.

DOGMATIQUEMENT, adv. à titre de dogme, d'une façon dogmatique, d'une manière instructive — décisivement, d'un ton doctoral.

DOGMATISER, v. débiter une

qui a peu de mérite, qui vaut peu, trivial, vulgaire.

Dragée, *n. f.* menu grain de plomb. V. *Bonbon.*

Dragoman, **Drogman**, *nn. mm.* interprète, trucheman.

Dragon, *n. m.* serpent, serpent ailé — soldat qui combat tantôt à pied tantôt à cheval—méchant, mutin, remuant, tapageur, turbulent.

Dramatique, *adj.* dialogué, fait pour le théâtre, mis en scène, théâtral.

Drame, *n. m.* pièce de théâtre, poème composé pour le théâtre, poème dramatique.

Drapeau, *n. m.* morceau d'étoffe ou de linge. V. *Bannière.*

Draper, *v.* couvrir de drap, prendre le deuil — habiller une figure, représenter les habillements d'une figure. V. *Satiriser.*

Draperie, *n. f.* fabrication, manufacture, marchandise de draps — peinture, représentation, sculpture d'étoffes et d'habits.

Drapier, *n. m.* fabriquant de draps, marchand de draps, ouvrier en drap.

Dresser, *v.* construire, élever, ériger, monter—lever, mettre droit, tenir droit — aplanir, ébaucher, équarrir, rendre droit —apprêter, disposer, mettre en état, préparer, tendre—accoutumer, apprivoiser, façonner, former, instruire.

Drogue, *n. f.* denrée d'apothicaire, épicerie, médicament.

Droguer, *v.* donner trop de médicaments, médicamenter à l'excès, purger à outrance.

Droguiste, *n. m.* apothicaire, épicier, marchand, vendeur de drogues.

Droit, *adj.* perpendiculaire, qui est à plomb, qui ne penche point, qui n'est point oblique, qui n'incline point, vertical — levé, qui est debout, qui n'est pas couché — consciencieux, équitable, exact, franc, intègre, judicieux, juste, loyal, raisonnable, sincère.

Droit, *n. m.* équité, justice, raison—constitution, lois, principes du juste et de l'injuste, règles — jurisprudence — autorité, domaine, empire, pouvoir, puissance — prétention fondée sur un engagement, sur une obligation, sur un titre — prérogative, privilége—imposition, impôt, redevance, taxe, tribut—rétribution due, salaire taxé.

Droit, *adv.* directement, en droiture, sans détour—à plomb, perpendiculairement, verticalement.

Droitement, *adv.* avec droiture, équité, intégrité, avec justice, probité, raison, consciencieusement, équitablement, justement, loyalement —avec exactitude, avec jugement, exactement, scrupuleusement.

Droiture, *n. f.* candeur, équité, exactitude, franchise, intégrité, justesse d'esprit, justice, loyauté, probité, pureté d'intention, raison, rectitude, sincérité.

en Droiture, *phr. adv.* V. *Droit*, *adv.*

Drôle, *adj.* agréable, éveillé, joyeux. V. *Facétieux*—étonnant, extraordinaire, nouveau, singulier, surprenant.

Drôle, *n. m.* homme adroit, artificieux, dangereux, dont on doit se défier, fin, madré, méchant, retors, rusé. V. *Bandit.*

Drôlement, *adv.* à faire rire, agréablement, facétieusement, gaillardement, gaîment, jovialement, joyeusement, plaisamment—d'une façon surprenante, étonnamment, singulièrement.

Drôlerie, *n. f.* badinage, bon mot, bouffonnerie, facétie, gaillardise, goguenarderie, plaisanterie, tour d'adresse, trait réjouissant.

Drôlesse, *n. f.* V. *Courtisane.*

Dru, *adj.* bien venu, déjà fort, élevé, grandelet, tout grand, vigoureux — alerte, éveillé, gai, gaillard, vif — épais, fréquent, rangé près à près, serré, touffu.

Dru, *adv.* abondamment, à foison, copieusement, en grande quantité, fréquemment, près à près.

Druide, *n. m.* docteur, ministre de la Religion, prêtre chez les Gaulois — homme capable, expérimenté, expert, habile, qui a de l'expérience, qui a vu le monde, qui en sait long.

Dû, *n. m.* ce qu'on doit, dette—ce à quoi on est obligé, ce dont on est tenu, charge, devoir, obligation.

Duc, *n. m.* prince, seigneur — chef, général — hibou, oiseau nocturne.

Ductile, *adj.* extensible sous le marteau, malléable, qui s'étend, qu'on étend à son gré.

Ductilité, *n. f.* V. *Malléabilité.*

Duel, *n. m.* combat d'homme à homme, combat singulier.

Duelliste, *n. m.* bretteur, dégaineur, ferrailleur, querelleur.

Dûment, *adv.* convenablement, légitimement, régulièrement, selon la raison, selon les règles.

Dupe, *n. f.* bon, crédule, disposé à croire aisément, facile à tromper, niais, qu'on trompe aisément, trompé.

Duper, *v.* attraper, décevoir, faire pièce, faire un mauvais tour, filouter, fourber, jouer, moquer, surprendre, tromper.

Duperie, *n. f.* attrape, déception, dérision, filouterie, fourbe, fourberie, moquerie, supercherie, surprise, tromperie.

Dupeur, *n. m.* filou, fourbe, moqueur, trompeur.

Duplicata, *n. m.* copie, copie collationnée, double d'un acte, seconde expédition.

Duplicité, *n. f.* dissimulation, fausseté, finesse, fourberie, mauvaise foi, perfidie, ruse, subtilité.

Dur, *adj.* difficile à entamer, difficile à pénétrer, ferme, qui résiste, roide, sec, solide — austère, cruel, inflexible, inhumain, insensible, intraitable, rigide, rude, sévère — acide, aigre, âpre, piquant, revêche — difficile à supporter, douloureux, fâcheux, incommode, mortifiant, pénible — dénué de grâces, peu coulant, peu naturel, sec.

Durable, *adj.* dur, ferme, solide, stable — qui doit durer, qui durera, qui subsistera longtemps.

Durant, *prép.* pendant, tandis.

Durée, *n. f.* espace, intervalle, temps.

Durement, *adv.* austèrement, avec dureté, cruellement, d'une manière dure, inhumainement, rigidement, rudement, sévèrement — peu coulamment, peu naturellement, sans grâce, sèchement.

Durer, *v.* demeurer, persévérer. V. *Résister*, 2. div.

Duret, **Duriuscule**, *adjectifs,*

approchant d'être dur, pas trop tendre, un peu dur.

DURETÉ, n. f. fermeté, solidité — endurcissement, indocilité, insensibilité — austérité, rigidité, sévérité — barbarie, cruauté, inhumanité — V. Cal.

DURILLON, n. m. V. Cal.

DUVET, n. m. édredon, menue plume — petit coton — barbe naissante, poil follet.

DYSSENTERIE, n. m. V. Dévoîment.

E

EBARBER, v. couper les barbes, enlever les parties excédantes, ôter de petites parties superflues, raser, tondre.

EBAT, EBATTEMENT, nn. mm. V. Réjouissance.

s'EBATTRE, v. prendre du plaisir, s'amuser, se divertir, se donner du bon temps, se donner du passe-temps, s'égayer, se récréer, se réjouir.

EBAUCHE, n. f. V. Croquis.

EBAUCHÉ, adj. et

EBAUCHER, v. commencer, crayonner, croquer, dégrossir, esquisser, tracer grossièrement.

EBLOUIR, v. briller, éclater vivement — séduire, tenter. V. Enchanter.

EBLOUISSANT, adj. brillant, éclatant — charmant, enchanteur — séduisant, tentant.

EBLOUISSEMENT, n. m. charme, enchantement — fascination, tromperie — séduction.

EBOULÉ, adj. croulé, démoli, détruit, écroulé, jeté à bas, renversé, ruiné, tombé.

EBOULEMENT, n. m. V. Croulement.

s'EBOULER, v. V. Crouler.

EBOURIFFÉ, adj. dérangé, éparpillé, hérissé, mal peigné.

EBRANCHER, v. décharger, dégager, tronquer. V. Elaguer.

EBRANLEMENT, n. m. agita-

tion, commotion, secousse, tremblement—agitation, émotion, étonnement, trouble.

EBRANLER, v. V. Emouvoir — effrayer, émouvoir, étonner, inquiéter, jeter dans le trouble, toucher, troubler.

EBRECHER, v. V. Echancrer.

EBRENER, v. changer, nettoyer, remuer un enfant.

EBRUITÉ, adj. découvert, divulgué, manifesté, notifié, rendu public, répandu dans le public, révélé.

EBRUITER, v. découvrir, divulguer, faire connoître, mettre à découvert, publier, rendre public, répandre, semer à bas bruit.

EBULLITION, n. f. agitation, bouillonnement, effervescence, mouvement par bouillons. V. Echauboulure.

ECACHÉ, adj. V. Beacher.

ECACHEMENT, n. m. V. Contusion — aplatissement, enfoncement, enfonçure.

ECACHER, v. V. Ecraser.

ECAILLE, n. f. V. Coque — croûte dure.

ECAILLÉ, adj. couvert d'écailles — dépouillé de ses écailles.

ECALE, n. f. V. Coque.

ECALER, v. écorcer, enlever l'écale, ôter l'écorce.

ECARBOUILLÉ, adj. et

ECARBOUILLER , *v.* briser , broyer, écacher, écraser.

ECARQUILLEMENT , *n. m.* écart, écartement, élargissement, ouverture, séparation.

ECARQUILLER , *v.* écarter, élargir, étendre, ouvrir, séparer.

ECART , *n. m.* détour, écartement, éloignement — absence d'esprit, aliénation, égarement — digression , épisode , excursion, hors-d'œuvre.

A L'ECART , *phr. adv.* en un lieu détourné, en un lieu écarté, hors de la multitude, loin de la vue — à part, à quartier, de côté, en particulier, en secret, séparément — à rémotis , en réserve.

ECARTELÉ , *adj.* divisé en quatre cantons, parti et coupé.

ECARTELER, *v.* diviser un écusson en quatre.

ECARTÉ , *adj.* V. *Ecarter,* solitaire.

ECARTEMENT , *n. m.* déplacement , distraction , éloignement, enlèvement. V. *Ecarquillement.*

ECARTER , *v.* bannir, chasser, éloigner, exiler, mettre à l'écart, rebuter, récuser, rejeter, reléguer, renvoyer, repousser — déplacer , détourner, distraire, emporter, enlever, ôter — disperser, dissiper , éparpiller — écarquiller , élargir , étendre, ouvrir, séparer.

ECBOLIQUE , *adj.* qui aide , qui hâte, qui précipite l'accouchement.

ECCLÉSIASTIQUE , *adj.* canonique, conforme à l'esprit de l'Eglise, qui appartient à l'Eglise, qui concerne l'Eglise, qui est de l'Eglise.

ECERVELÉ , *adj.* qui est sans cervelle, qui manque de jugement, qui manque de tête. V. *Etourdi.*

ECHABAUD , *n. m.* bâtiment élevé de charpente, charpente élevée, estrade, théâtre.

ECHAFAUDAGE, *n. m.* construction d'échafauds, apprêts, dispositions, préparatifs.

ECHAFAUDER, *v.* construire ; dresser, élever des échafauds — apprêter, disposer, faire des préparatifs, préparer.

ECHALAS, *n. m.* paisseau.

ECHALASSER, *v.* garnir d'échalas, garnir de paisseaux, paisseler.

ECHALOTE, *n. f.* V. *Ciboule.*

ECHANCRÉ, *adj.* et

ECHANCRER, *v.* couper, découper, évider, tailler en forme de croissant — ébrécher, endommager, entamer, rogner.

ECHANCRURE, *n. f.* brèche , entame, entamure, rognure.

ECHANGE, *n. m.* V. *Change.*

ECHANGER, *v.* changer, commuer, permuter, troquer.

ECHANTILLON, *n. m.* V. *Montre.*

ECHAPPATOIRE, *n. f.* V. *Faux-fuyant.*

ECHAPPÉ , *n. f.* V. *Equipée* — perspective, point de vue, vue resserrée entre des objets élevés.

ECHAPPER, *v.* esquiver, éviter, s'écarter, se dérober, se garantir, s'enfuir, se retirer, se sauver, se soustraire, s'évader — n'être pas aperçu, n'être pas remarqué, n'être pas saisi, n'être pas vu.

S'ECHAPPER, *v.* s'égarer, s'emporter, s'oublier.

ECHARDE, *n. f.* éclat de bois, épine, piquant.

ECHARPE, *n. f.* bande d'étoffe, ceinture d'étoffe — bandoulière, baudrier — biais , ligne transversale, travers.

ECHARPER, *v.* hacher, mettre en morceaux, tailler en pièces.

ECHAUBOULÉ, *adj.* bourgeonné, boutonné, couperosé, couvert de boutons, couvert de bubes, plein d'échauboulures.

ECHAUBOULURE, *n. f.* bourgeon, bouton, bube, ébullition, échauffaison, échauffure, enlevure, pustule, vésicule.

s'ECHAUDER, *v.* être brûlé, se brûler — être attrapé, être déçu, être trompé dans son attente, recevoir quelque dommage, souffrir quelque perte.

ECHAUFFAISON, *n. f.* V. *Echauboulure*.

ECHAUFFÉ, *adj.* chaud, chauffé, qui a pris de la chaleur — aigri, animé, ardent, ému, enflammé, excité, irrité, passionné, provoqué.

ECHAUFFER, *v.* chauffer, donner de la chaleur — aigrir, mettre en colère, passionner. V. *Animer*.

ECHAUFFURE, *n. f.* V. *Echauboulure*.

ECHAUFFOURÉE, *n. f.* accident imprévu, affaire mal vue, entreprise mal concertée, étourderie, tentative téméraire.

ECHÉANCE, *n. f.* jour précis, jour préfix, terme.

ECHEC, *n. m.* accident, atteinte, brèche, contre-temps, défaite, déroute, infortune, ruine. V. *Préjudice*.

ECHENAL, **ECHENEAU**, **ECHENET**, *nn. mm.* V. *Chéneau*.

ECHEVELÉ, *adj.* décoiffé, mal peigné, qui a les cheveux épars.

ECHEVIN, *n. m.* V. *Jurat*.

ECHINE, *n. f.* le dos, l'épine du dos, les vertèbres.

ECHINER, *v.* assommer, battre à l'excès, écraser, éreinter, massacrer, rompre l'échine, tuer.

ECHOIR, *v.* arriver, se rencontrer, tomber, venir.

ECHOPPE, *n. f.* étal, petite boutique.

ECHOUER, *v.* se briser, tomber — avoir un mauvais succès, manquer une entreprise, ne pas réussir, perdre ses peines.

ECHU, *adj.* arrivé, tombé, venu.

ECIMER, *v.* V. *Etêter*.

ECLABOUSSER, *v.* couvrir de boue, faire jaillir la boue.

ECLAIR, *n. m.* éclat de lumière, lumière vive et de peu de durée, lueur subite et passagère.

ECLAIRCI, *adj.* devenu plus clair, nettoyé, poli, rendu brillant — devenu, rendu moins épais — devenu moins nombreux, diminué — débrouillé, démêlé, développé, expliqué, interprété, rendu intelligible.

ECLAIRCIR, *v.* nettoyer, polir, rendre brillant, rendre plus clair, rentre transparent — clarifier, rendre moins épais — diminuer le nombre — V. *Expliquer* — informer, instruire, mettre au fait.

ECLAIRCISSEMENT, *n. m.* débrouillement, déchiffrement. V. *Commentaire*.

ECLAIRÉ, *adj.* exposé à la lumière, illuminé, qui reçoit bien du jour — épié, espionné, examiné, observé — expérimenté, habile, instruit, érudit, savant.

ECLAIRER, *v.* briller, éclater, étinceler, faire des éclairs, pétiller — illuminer, jeter de la clarté, répandre de la lumière, répandre du jour — épier, espionner, examiner, observer — donner des lumières, informer, instruire, mettre au fait.

ECLAT, *n. m.* brillant, effet de la lumière, étincellement,

lueur, scintillation, splendeur
— beauté, gloire, grandeur,
magnificence, pompe, splendeur — gloire, haute réputation, illustration, renommée
brillante — bruit — rumeur —
fracas, grand bruit, grand retentissement. — V. *Morceau.*

ECLATANT, *adj.* V. *Etincelant.*
V. *Illustre* — beau, grand, magnifique, pompeux — bruyant,
étourdissant.

ECLATÉ, *adj.* brisé, crevé,
fendu.

ECLATER, *v.* avoir de la splendeur, de l'éclat, du brillant.
V. *Etinceler* — se faire connoître, se manifester, se montrer
— faire du bruit, faire du fracas, retentir, se faire entendre
— aller en éclat, crever, se briser, se fendre, se rompre.

ECLIPSE, *n. f.* affoiblissement,
défaillance, diminution, obscurcissement de lumière, occultation de lumière — absence, disparition, éloignement,
évasion, fuite, retraite.

ECLIPSER, *v.* cacher, couvrir, dérober à la vue, effacer,
empêcher de paroître, faire ombrage.

s'ECLIPSER, *v.* être caché, être
couvert, souffrir éclipse, tomber dans l'ombre. — V. *Disparoître.*

ECLOPÉ, *adj.* boiteux, cagneux, déhanché, ébanché, estropié, infirme, langoureux,
languissant.

ECLORE, *v.* naître, prendre
naissance, sortir de la coquille,
venir au monde — se déployer,
se développer, s'élargir, s'épanouir, s'étendre, s'ouvrir —
commencer à paroître, se manifester, se montrer.

ECOLE, *n. f.* académie, classe,
collège, lieu où l'on enseigne,
maison d'instruction, salle d'exer-

cices, université — doctrine, opinion, sentiment, système, qu'enseignent quelques
particuliers — disciples, écoliers, élèves d'un même maître.

ECOLIER, *n. m.* apprenti, disciple, élève, étudiant.

ECONDUIRE, *v.* refuser poliment, rejeter avec ménagement, renvoyer adroitement, se
débarrasser doucement, se défaire finement de quelqu'un.

ECONOMAT, *n. m.* économie.
V. *Direction,* commission, emploi, fonction, office d'économe.

ECONOME, *n. m.* administrateur. V. *Directeur,* homme d'affaires, intendant, procureur,
régisseur, trésorier.

ECONOME, *adj.* ménager, qui
épargne les dépenses superflues, qui ne dépense qu'à propos, qui proportionne la dépense aux revenus et aux besoins.

ECONOMIE, *n. f.* V. *Économat,*
arrangement, disposition, ordonnance, ordre, providence,
suite — conduite sage, épargne, ménagement sage, parcimonie.

ECONOMIQUE, *adj.* bien entendu, combiné sagement, convenable à l'économie, ménagé
avec prudence, propre à l'économie, qui concerne l'économie, tendant à l'économie.

ECONOMIQUEMENT, *adv.* avec
économie, avec épargne, avec
ménagement, avec ordre, d'une
manière économique, prudemment, sagement.

ECONOMISER, *v.* administrer
avec économie, diriger avec intelligence, gérer avec sagesse,
gouverner sagement, faire un
bon usage, user prudemment —
V. *Ménager,* 2. div.

ECORCE, *n. f.* peau, pellicule,

apparence , dehors, extérieur , superficie, surface.

ECORCER, v. dépouiller, enlever l'écorce , ôter la peau , peler.

ECORCHER , v. arracher la peau, déchirer la peau, enlever la peau, excorier, peler — blesser, choquer, déchirer, offenser les oreilles — déchirer , gâter , parler mal, prononcer mal une langue — égorger, exiger trop, extorquer , mettre à rançon , rançonner.

ECORCHERIE, n. f. boucherie, lieu où l'on écorche les bêtes — auberge qui rançonne, hôtellerie où l'on exige trop.

ECORCHEUR, n. m. celui qui écorche les bêtes — celui qui exige trop, exacteur, rançonneur.

ECORCHURE, n. f. blessure, déchirure à la peau , enlèvement de quelque partie de la peau , excoriation.

ECORNER, v. abattre, briser, rompre une corne — affoiblir, altérer , diminuer, donner atteinte , échancrer, endommager , entamer, mutiler, retrancher, tronquer.

ECORNIFLER , v. attraper des dîners , chercher de franches lippées , escroquer des repas , piquer les tables.

ECORNIFLEUR, n. m. chercheur de dîners , coureur de franches lippées, parasite, piqueur de tables.

ECOSSE, n. f. V. Capsule. 2. div.

ECOT , n. m. dépense d'un repas , quotepart de chacun dans la dépense — compagnie , coterie, société particulière.

ECOULEMENT , n. m. courant , cours, flux.

s'ECOULER , v. couler, passer ,

s'échapper, se glisser, s'en aller, s'évanouir.

ECOURGÉE , n. f. chambrière, fouet, lanière de cuir.

ECOURTER , v. couper trop court, mutiler, rogner, tronquer.

ECOUTER, v. donner audience, entendre, ouïr, prêter attention, prêter l'oreille — adhérer, consentir, croire, déférer, donner croyance, se laisser persuader , se rendre au dire de quelqu'un — accorder, exaucer.

s'ECOUTER, v. V. se Choyer.

ECOUTES, n. f. pl. guérite, lieu d'où l'on écoute incognito , tribune fermée — attention, observation, remarque.

ECRASÉ, adj. et

ECRASER , v. briser, froisser, massacrer, mettre en pièces, meurtrir , rompre , aplatir , écacher, écarbouiller, enfoncer, presser — broyer, casser, piler, réduire en poudre — anéantir, détruire.

ECRÉMER, v. écumer, enlever la crème, extraire le meilleur, ôter la fleur, ôter la superficie, prendre le meilleur , tirer le plus clair.

s'ECRIER , v. crier à haute voix , crier avec force , crier dans la surprise, élever la voix, faire une exclamation, pousser un cri.

ECRIN, n. m. baguier, coffret, petit coffre à pierreries.

ECRIRE, v. former des caractères, tracer des lettres — faire des lettres missives, mander par lettres — composer, mettre par écrit, rédiger sur le papier.

ECRIT, adj. marqué, tracé — arrêté, décrété, destiné, déterminé.

ECRIT, n. m. convention, mémoire, preuve écrite, témoignage écrit. V. Obligé — morceau d'écriture , pièce d'écriture — composition , livre , ouvrage d'esprit.

ECRITEAU, n. m. affiche , épigraphe, étiquette, inscription, légende , marque , placard , titre.

ECRITURE, n. f. la Bible, l'ancien et le nouveau Testament, les livres sacrés, les saints livres, le texte sacré — caractère propre, main, manière d'écrire — écrits, mémoires — style.

ECRIVAIN , n. m. maître d'écriture , maître en l'art d'écrire — auteur, compositeur, historien, orateur, poète — copiste, greffier, scribe, scripteur, secrétaire.

ECROU, n. m. trou en spirale où entre la vis — acte d'emprisonnement , registre de geôle.

ECROUER, v. assurer un emprisonnement, charger le registre de la date et des causes de l'emprisonnement , constater par écrit l'emprisonnement , emprisonner, incarcérer, motiver par écrit l'emprisonnement.

ECROULÉ, adj. V. Eboulé.

ECROULEMENT , n. m. V. Croulement.

s'ECROULER, v. V. s'Ebouler.

ECROUTER, v. arracher, enlever, ôter, séparer la croûte.

ECU, n. m. bouclier, — armoiries, écusson — pièce de monnoie.

ECUEIL, n. m. brisant, chaîne de roches à fleur d'eau, récif ou ressif, rocher — achoppement, danger , occasion de perte, péril, risque.

ECUELLE, n. f. gamelle, jatte, petite soupière.

ECUELLÉE, n. f. gamelée, jattée.

ECUME , n. f. bave, mousse.

ECUMÉNIQUE , adj. V. Universel.

ECUMÉNIQUEMENT, adv. avec le concours universel, d'après une convocation générale , d'une manière écuménique.

ECUMER, v. baver, jeter de l'écume, mousser. V. écrémer. V. Pirater.

ECUMEUR, n. m. V. Corsaire.

ECUMEUX, adj. baveux,couvert d'écume, mousseux, plein d'écume.

ECURER , v. curer, torcher.

ECURIE, n. f. étable.

ECUSSON, n. m. armoiries, écu.

ECUYER, n. m. celui qui entend l'équitation , qui monte bien un cheval — maître d'équitation — inspecteur , intendant d'une écurie de prince — officier qui donne la main à une dame — anobli , noble, simple gentilhomme.

EDEN, n. m. jardin de délices, paradis terrestre.

EDENTÉ , adj. brèche-dent , qui a perdu ses dents, qui est sans dents, qui n'a plus de dents.

EDENTER, v. arracher, casser, faire tomber, ôter les dents.

EDIFIANT , adj. exemplaire , qui est de bon exemple, qui porte à la vertu et à la piété , régulier.

EDIFICE , n. m. bâtiment , hôtel , maison , palais, temple.

EDIFIER , v. bâtir, construire, dresser , élever, ériger, faire construire — établir — donner bon exemple, porter à la vertu, tenir une conduite exemplaire.

EDILE , n. m. V. Jurat.

EDIT , n. m. lettres patentes, V. Ordonnances.

EDITEUR, n. m. celui qui fait imprimer, qui met au jour, qui publie , qui revoit l'ouvrage d'autrui.

EDITION , n. f. impression , publication.

EDREDON, n. m. duvet, menue plume.

EDUCATION , n. f. façon d'instruire , manière d'élever. V. *Instruction.*

EFFAÇABLE , adj. qui peut disparoître , qu'on peut effacer.

EFFACER , v. enlever les marques , faire disparoître les vestiges, ôter les traces. V. *Barrer*, 2. div. biffer , rayer , raturer , l'emporter sur, surpasser.

EFFARÉ , adj. et

EFFARER , v. consterner, déconcerter, effaroucher, effrayer, épouvanter , troubler.

EFFAROUCHER , v. V. *Effarer.*

EFFECTIF , adj. positif, réel, vrai.

EFFECTIVEMENT , adv. V. *Réellement.*

EFFECTUER , v. accomplir , exécuter, faire mettre à effet , mettre en exécution, réaliser , remplir , s'acquitter.

EFFÉMINÉ , adj. amolli, semblable à une femme, voluptueux. V. *Mou*, 3 div.

EFFÉMINER , v. abaisser le courage , inspirer des manières de femme. V. *Enerver.*

EFFERVESCENCE , n. f. agitation, ardeur, bouillonnement, chaleur, ébullition, inflammation — emportement, fureur, transport, violence.

EFFET , n. m. accomplissement , exécution, réalisation— production, produit, résultat— œuvre , opération , ouvrage — bijou, billet, lettre de change, meuble, obligation, titre.

A CET EFFET, phr. adv. à cette fin , dans cette vue, pour cet effet, pour l'exécution de quoi.

A QUEL EFFET? phr. adv. à quelle fin ? à quelle intention ? dans quelle vue ? pourquoi ?

EN EFFET , phr. adv. V. *Réellement.*

EFFEUILLER , v. arracher les feuilles , dépouiller de feuilles, ôter les feuilles.

EFFICACE , adj. infaillible, qui a son effet, qui produit son effet, sûr — salutaire, souverain.

EFFICACE, EFFICACITÉ, nn. ff. action, force, propriété, puissance , vertu.

EFFICACEMENT , adv. avec efficacité, avec force, avec succès, d'une manière efficace, puissamment.

EFFICIENT, adj. qui cause, qui produit.

EFFIGIE , n. f. empreinte , figure, image, portrait, représentation,ressemblance, statue, tableau.

EFFIGIER, v. exécuter en effigie.

EFFILÉ , adj. alongé, dégagé, délié , élancé , fin , maigre, menu, mince.

EFFLANQUER, v. abattre, affoiblir, amaigrir, atténuer, maigrir.

EFFLEURER , v. égratigner , enlever un peu de la superficie, ôter un peu de la peau, toucher légèrement — approfondir peu, envisager légèrement, étudier superficiellement, ne pas examiner à fond, prendre ou donner une idée superficielle.

EFFONDRER , v. V. *Enfoncer*, 4. div.—fouiller, remuer—vider à fond.

EFFONDRILLES, n. f. pl. fèces, fécule, lie, ordure, résidu grossier.

s'EFFORCER , v. employer toute son industrie, faire en sorte , faire son possible , faire tous ses efforts, tâcher, user de toute sa force.

EFFORT, *n. m.* contention, coup de force, coup de vigueur, entreprise difficile, essai pénible, tentative difficile.

EFFRACTION, *n. f.* enfoncement, fracture, rupture.

EFFRAYANT, *adj.* affreux, effroyable, épouvantable, horrible, terrible.

EFFRAYER, *v.* alarmer, faire peur, intimider, jeter l'épouvante; répandre la terreur. V. *Effarer.*

EFFRÉNÉ, *adj.* débordé, déréglé, désordonné, emporté, furieux, immodéré, que rien n'arrête, sans frein, sans retenue.

EFFROI, *n. m.* alarme, appréhension, crainte, épouvante, frayeur, grand'peur, saisissement, terreur soudaine.

EFFRONTÉ, *adj.* V. *Insolent.*

EFFRONTÉMENT, *adv.* arrogamment, audacieusement, déterminément, d'une manière effrontée, hardiment, impudemment, insolemment, intrépidement, résolument, sans crainte, sans honte, sans pudeur.

EFFRONTERIE, *n. f.* front. V. *Insolence.*

EFFROYABLE, *adj.* V. *Effrayant.* V. *Énorme.*

EFFROYABLEMENT, *adv.* affreusement, d'une manière effroyable. V. *Énormément.*

EFFUSION, *n. f.* écoulement, épanchement—confiance, ouverture de cœur.

ÉGAL, *adj.* le même. V. *Pair* —constant, invariable, toujours le même—plein, plat, qui est sans inégalités, uni, uniforme.

ÉGALEMENT, *adv.* avec égalité, d'une manière égale—autant, de même, de même façon, pareillement—constamment, sans changement, sans émotion. V. *Constamment.*

ÉGALER, *v.* rendre égal, ren- dre pareil, rendre semblable— aplanir, doler, polir, raboter, rendre uni, unir—comparer, donner l'égalité, mettre au niveau—aller de pair, atteindre, être égal, ne céder en rien, partager également, valoir autant.

s'ÉGALER, *v.* prétendre à l'égalité, se comparer, se mettre au niveau, se mettre en parallèle.

ÉGALISER, *v.* rendre égal, rendre pareil, rendre semblable.

ÉGALITÉ, *n. f.* conformité, juste proportion, parité, ressemblance exacte—constance, tranquillité, uniformité—équité, justice.

ÉGARD, *n. m.* estime, ménagement. V. *Déférence*—proportion, rapport.

ÉGAREMENT, *n. m.* V. *Équipée*—abus, débauche, dérèglement, dissolution. V. *Erreur,* 4. *div.*— irrégularité, libertinage, licence.

ÉGARER, *v.* V. *Fourvoyer.*

ÉGARER, *v.* errer, prendre une mauvaise route, quitter la bonne voie, s'abuser, s'écarter, se détourner, se fourvoyer, s'éloigner, se méprendre, se perdre, se tromper de chemin.

ÉGAYÉ, *adj.* V. *Réjoui.*

ÉGAYER, *v.* amuser, désopiler la rate, divertir, donner de la gaîté, mettre en belle humeur, réjouir.

ÉGLISE, *n. f.* assemblée des fidèles—clergé, corps des ecclésiastiques, état ecclésiastique— chapelle, lieu consacré au service divin, temple.

ÉGLOGUE, *n. f.* poème sur un sujet champêtre, poésie pastorale, pastorale.

ÉGOÏSER, *v.* parler trop de soi, rapporter tout à soi.

ÉGOÏSME, *n. m.* amour exclu-

sif de soi-même, attache excessive à soi-même, manie de parler de soi sans fin.

Egoïste, *n. m. et f.* celui ou
celle qui n'aime que soi, qui
parle trop de soi, qui rapporte
tout à soi.

Egorger, *v.* couper la gorge,
V. *Massacrer*—détruire la réputation, renverser la fortune,
ruiner. V. *Écorcher*. 4. *div.*

s'Egosiller, *v.* crier beaucoup, crier de toute sa force.

Egout, *n. m.* canal, conduit,
écoulement, évier, gouttière—
cloaque, puisard, puits perdu,
réceptacle des immondices.

s'Égoutter, *v.* dégoutter, distiller, tomber goutte à goutte.

Egratigner, *v.* déchirer légèrement, écorcher un peu, effleurer, enlever de la peau, entamer la peau, érafler.

Egratignure, *n. f.* blessure
légère, déchirure à la peau,
écorchure.

Egrener, *v.* arracher les
grains, détacher les grains,
faire tomber la graine, ôter la
graine.

Egruger, *v.* broyer. V. *Pulvériser.*

Egyptien, *adj.* né en Egypte,
qui est d'Egypte — aventurier,
Bohème, Bohémien, coureur,
diseur de bonne aventure, escroc, filou, vagabond.

Ehanché, *adj.* V. *Déhanché.*

Eherber, *v.* arracher les mauvaises herbes, échardonner,
sarcler.

Ehonté, *adj.* effronté, impudent, qui a perdu toute pudeur, sans honte, sans pudeur,
qui ne rougit de rien.

Ejouper, *v.* V. *Etéter.*

Elaboration, *n. f.* perfectionnement, travail.

Elaguer, *v.* châtrer, décharger, dégager, dégarnir, ébran-

cher, émonder, retrancher,
rogner, tailler, tronquer.

Elancé, *adj.* V. *Elancer*,
alongé, dégagé, délié, effilé,
maigre, menu, mince.

Elancement, *n. m.* battement
douloureux, coup poignant,
douleur lancinante, mouvement
subit—éjaculation, élans pieux,
élévation vers Dieu, mouvement affectueux de piété, oraison jaculatoire, prière fervan-
te, transport d'une tendresse
pieuse.

Elancer, *v.* darder, décocher,
jeter, lancer, pousser.

s'Elancer, *v.* fondre sur,
saillir, sauter sur, se jeter sur,
se ruer sur.

Elans, *n. m.* course impétueuse, mouvement subit. V.
Elancement, 2. *div.*

Elargir, *v.* accroître, augmenter, dilater, étendre —
desserrer, donner de l'aisance,
faire plus de place, ouvrir —
désemprisonner, mettre en liberté.

s'Elargir, *v.* agrandir sa possession, occuper plus de terrain, remplir un plus grand espace, s'étendre.

Elargissement, *n. m.* accroissement, agrandissement, augmentation d'espace, extension
— délivrance de prison, dés-
emprisonnement.

Elasticité, *n. f.* force élastique, puissance élastique, ressort, vertu élastique.

Elastique, *adj.* qui a du ressort, qui fait ressort.

Election, *n. f.* V. *Choix*, 3.
div. — Sanctification, vocation.

Elégamment, *adv.* avec élégance, délicatement, d'une manière élégante, galamment, poliment, proprement.

Elégance, *n. f.* choix, délicatesse, finesse, politesse de

langage—agrément, air galant, bel air, belles manières, bon air, bonne grâce, délicatesse dans les manières, goût, parure, politesse, propreté.

ÉLÉGANT, adj. agréable, bien tourné, choisi avec goût, délicat, fin, poli—ajusté, bien mis, brave, dégagé, galant, propre, qui est de bon goût, vêtu galamment.

ÉLÉGIAQUE, adj. appartenant à l'élégie, concernant l'élégie, convenable à l'élégie, propre à l'élégie, tenant de l'élégie.

ÉLÉMENTS, n. m. pl. commencements, principes fondamentaux, rudiments.

ÉLÉVATION, n. f. V. Comble. V. Monticule—accroissement de fortune, dignité, distinction, grande puissance, grandeur, honneurs, place honorable, sublimité—grandeur d'âme, magnanimité—enflure, orgueil—éjaculation, élancement, élans de l'âme vers Dieu.

ÉLÈVE, n. m. V. Ecolier.

ÉLEVÉ, adj. bâti, construit, dressé, érigé, établi—haussé, soulevé—cultivé, formé, instruit, nourri—exalté, loué, vanté—agrandi, distingué—excellent, haut, relevé. V. Majestueux. V. Orgueilleux.

ÉLEVER, v. bâtir, construire, dresser, ériger, établir—hausser, soulever—cultiver, former, instruire, nourrir — exalter, louer, vanter—accroître, agrandir, constituer en dignité, mettre en place distinguee.

s'ÉLEVER, v. commencer, éclore, naître, paroître, prendre naissance, prendre son essor, se faire connoître, se montrer — se faire valoir, s'enorgueillir — faire des progrès, faire fortune, monter, parvenir, se distinguer—accuser, se

déclarer contre, se révolter.

ÉLEVURE, n. f. V. Echauboulure.

ÉLIDER, v. faire une élision, retrancher, supprimer une lettre.

ÉLIMINER, v. bannir, chasser, congédier, écarter, éconduire, éloigner, exclure, expulser, faire retirer, mettre dehors, proscrire, renvoyer.

ÉLIRE, v. V. Choisir.

ÉLISION, n. f. retranchement, suppression d'une lettre.

ÉLITE, n. f. choix, la fleur, la quintessence, l'élixir, le meilleur, triage.

ELLIPSE, n. f. ovale — omission, retranchement, sous-entente, suppression de quelque mot.

ÉLOCUTION, n. f. V. Expression.

ÉLOGE, n. m. témoignage honorable. V. Louange.

ÉLOIGNÉ, adj. V. Eliminé, différé, remis, retardé—lointain, très distant — contraire, différent, incompatible, opposé.

ÉLOIGNEMENT, n. m. distance, espace, intervalle. V. Ban. — écart, retraite, séparation, solitude — absence — délai, remise, retard, retardement — dégoût, froideur, indifférence. V. Inimitié.

ÉLOIGNER, v. V. Eliminer — V. Différer — détourner, distraire, divertir, écarter, enlever, ôter. V. Dissuader. V. Aliéner.

s'ÉLOIGNER, v. aller au loin, disparoître, fuir, s'absenter, s'écarter, se retirer.

ÉLOQUEMMENT, adv. avec éloquence, en beaux termes, énergiquement, pathétiquement.

ÉLOQUENCE, n. f. art de bien

dire, art de persuader, art oratoire.

ELOQUENT, *adj.* bien disant, qui parle éloquemment. V. *Disert*—choisi, énergique, noble, pathétique, persuasif.

ELU, *adj.* choisi, nommé, préféré — destiné, prédestiné, saint.

ELUDER, *v.* détourner, esquiver adroitement, éviter, rendre inutile, rendre vain — échapper, s'échapper, se dérober, se tirer d'affaire, se tirer d'intrigue.

EMANATION, *n. f.* écoulement — dépendance.

EMANCIPATION, *n. f.* affranchissement, liberté.

EMANCIPER, *v.* affranchir, donner la liberté, mettre en liberté, tirer, de la dépendance.

s'EMANCIPER, *v.* avoir la hardiesse de, entreprendre, ne pas garder les mesures nécessaires, oser, prendre la liberté, présumer, s'arroger, s'attribuer, se donner trop de licence, s'enhardir, sortir des termes du devoir.

EMANER, *v.* couler, découler, V. *Procéder*.

EMBALLER, *v.* V. *Empaqueter*.

EMBALLEUR, *n. m.* crocheteur, faiseur de balles — faiseur de contes. V. *Hâbleur*.

EMBARQUER, *v.* charger un vaisseau, mettre sur un vaisseau — engager, faire entreprendre.

s'EMBARQUER, *v.* entrer dans un vaisseau—commencer, engager une affaire, entamer une entreprise, mettre en train, s'engager, s'immiscer.

EMBARRAS, *n. m.* accroc, ahicroche, brouillamini, brouillerie, confusion, difficulté, embrouillement, empêchement, entortillement, entrelacement, imbrouille, obscurité, obstacle, tracas, tumulte — inquiétude, perplexité, sollicitude.

EMBARRASSANT, *adj.* V. *Embarrassé*, 1. div.—fâcheux, importun, incommode, inquiétant.

EMBARRASSÉ, *adj.* confus, embrouillé, entortillé, épineux, obscur, plein de difficultés — agité, déconcerté, décontenancé, étonné, inquiet, interdit, intrigué, irrésolu, perplexe. V. *Embesogné*.

EMBARRASSER, *v.* apporter des obstacles, brouiller, causer de la confusion, donner de l'embarras, mettre des difficultés — être importun, être incommode.

s'EMBARRASSER, *v.* s'inquiéter, s'intriguer—perdre la mémoire, se déconcerter, s'embrouiller, se troubler.

EMBAUCHER, *v.* engager, enrôler, raccoler — abuser, débaucher, enjôler, suborner.

EMBAUCHEUR, *n. m.* raccoleur — enjôleur. V. *Suborneur*.

EMBAUMER, *v.* parfumer, remplir de bonne odeur — avoir une odeur exquise, être d'un fumet délicieux, répandre une odeur suave, sentir bon.

EMBÉGUINER, *v.* V. *Coiffer*, 3. div.

EMBELLIR, *v.* donner de l'agrément, donner de la grâce, donner de l'éclat. V. *Ajuster*—acquérir des grâces, croître en beauté, devenir plus beau.

EMBELLISSEMENT, *n. m.* V. *Ornement*.

EMBLAVER, *v.* ensemencer de blé, semer en blé.

D'EMBLÉE, *phr. adv.* aisément, à vive force, d'abord, d'assaut, de plein saut, de prime abord, du premier coup, du premier

effort, facilement, promptement, sans embarras, sans obstacle, sans retard, tout d'un
coup.

EMBLÉMATIQUE, *adj.* V. *Symbolique.*

EMBLÈME, *n. m.* V. *Symbole.*

EMBOITER, *v.* V. *Encastiller.*

EMBOITURE, *n. f.* insertion.
V. *Encastillement.*

EMBOLISME, *n. m.* addition,
insertion, intercalation, interposition.

EMBOLISMIQUE, *adj.* ajouté,
inséré, intercalaire, intercalé,
interposé, introduit entre deux.

EMBONPOINT, *n. m.* bon état,
bonne habitude du corps, bonne
santé, corpulence bien nourrie.

EMBOUCHER, *v.* apprendre à
quelqu'un ce qu'il doit dire,
endoctriner, instruire.

s'EMBOUCHER, *v.* entrer, se
décharger, se jeter dans.

EMBOUCHURE, *n. f.* bouche,
entrée, ouverture d'un canon—
entrée d'une rivière dans une
autre ou dans la mer.

EMBOUER, *v.* couvrir de boue,
enduire de boue, enfoncer dans
la boue, salir avec de la boue.

EMBOUABER, *v.* enfoncer dans
la bourbe, engager, jeter, mettre dans un bourbier—embarrasser, engager, faire entrer,
impliquer dans une mauvaise
affaire.

EMBOURSER, *v.* mettre dans sa
poche, mettre en bourse, s'approprier une somme.

EMBRASEMENT, *n. m.* grand
feu, incendie—ardeur des passions, combustion, fureurs de
la guerre, grands troubles, violence des séditions.

EMBRASER, *v.* allumer, réduire en cendres. V. *Incendier.*

EMBRASSADE, *n. f.* EMBRASSE-
MENT, *n. m.* accolade, baiser,
caresse.

EMBRASSER, *v.* accoler, baiser,
caresser, prendre dans ses bras,
serrer dans ses bras—adopter,
prendre parti, s'attacher, se
déclarer pour, s'engager—comprendre, contenir, enclore,
enchâsser. V. *Ceindre.*

EMBRASURE, *n. f.* biais d'une
baie de porte ou de fenêtre,
canonnière, ouverture.

EMBROCATION, *n. f.* V. *Emplâtre.*

EMBROCHER, *v.* mettre en broche — larder, passer l'épée au
travers du corps, percer de part
en part, percer d'outre en outre, transpercer.

EMBROUILLÉ, *adj.* empêtré,
entrelacé. V. *Confus.*

EMBROUILLEMENT, *n. m.* brouillerie, dérangement. V. *Trouble.*

EMBROUILLER, *v.* brouiller, causer du désordre, embarrasser,
empêtrer, entortiller, entrelacer, mettre de la confusion.

EMBRUINÉ, *adj.* brûlé, gâté
par la bruine.

EMBRYON, *n. m.* avorton, commencement d'un corps animé,
fœtus—homme de petite taille,
nabot, petit homme.

EMBÛCHE, *n. f.* adresse, artifice, attrape, embuscade, entreprise secrète, fraude, leurre,
piége, supercherie, surprise,
tromperie.

EMBUSCADE, *n. f.* guet, troupe
cachée. V. *Embûche.*

s'EMBUSQUER, *v.* se cacher, se
mettre en embuscade, se poster.

EMENDER, *v.* corriger, réformer.

EMERAILLONNÉ, *adj.* éveillé,
gai.

EMERVEILLÉ, *adj.* enchanté,
étonné, ravi, surpris.

EMERVEILLER, *v.* donner de
l'admiration, enchanter, étonner, jeter dans l'enchantement,

mettre en admiration, ravir, surprendre.

s'EMERVEILLER, v. admirer, avoir de l'admiration, être dans l'étonnement, être enchanté, être étonné, être ravi, être surpris, s'étonner.

EMÉTIQUE, n. m. antimoine préparé, tartre stibié.

EMEUTE, n. f. alarme, commotion, insurrection, mutinerie, rébellion, remûment, révolte, sédition populaire, soulèvement, trouble, tumulte.

EMIER, EMIETTER, vv. froisser entre les doigts, mettre en petits morceaux, réduire en miettes.

EMIGRATION, n. f. abandon, départ, désertion, fuite, sortie d'une partie considérable du peuple.

EMIGRANT, adj. abandonnant le pays, désertant, fugitif, fuyant, sortant du pays.

EMIGRÉ, adj. déserté, sorti d'un pays.

EMINCÉ, adj. coupé en tranches minces.

EMINEMMENT, adv. au plus haut degré, au plus haut point, au souverain degré, excellemment, par excellence, parfaitement.

EMINENCE, n. f. V. Monticule —avance en dehors, bosse, rehaussement, relief, saillie — distinction, éclat, excellence, sublimité.

EMINENT, adj. V. Haut — excédant, qui avance, qui déborde, qui est en saillie, saillant — éclatant, excellent, illustre.

EMINENTISSIME, adj. superl. très éminent, très excellent, très illustre.

EMISSAIRE, n. m. batteur d'estrade, espion, homme aposté pour épier, personne affidée,

personne envoyée à la découverte, surveillant.

EMISSION, n. f. élancement, production au dehors—déclaration publique, prononciation solennelle.

EMMAGASINER, v. déposer, entasser, mettre, porter dans un magasin.

EMMAIGRIR, v. V. Amaigrir.

EMMAILLOTTER, v. envelopper, mettre un enfant dans un maillot.

EMMANCHER, v. agencer, ajuster, mettre un manche.

EMMARINÉ, adj. accoutumé, endurci, fait, habitué à la mer.

EMMARINER, v. engager pour la mer—agréer, garnir un vaisseau de l'équipage nécessaire.

s'EMMARQUISER, v. faire le marquis, prendre le nom, s'arroger le titre de marquis.

EMMÉNAGEMENT, n. m. achat de meubles — arrangement de meubles.

s'EMMÉNAGER, v. arranger, mettre en ordre, placer, transporter ses meubles — acheter des meubles, faire emplette de meubles, se mettre dans ses meubles, se mettre en ménage.

EMMENER, v. accompagner, conduire, escorter, mener — enlever, entraîner, faire sortir, forcer de partir, mettre dehors.

EMMIELLÉ, adj. V. Mielleux, 2. div.

EMMIELLER, v. enduire, frotter de miel, mêler avec du miel.

EMOLLIENT, adj. adoucissant, amollissant, malactique.

EMOLUMENT, n. m. V. Fruit.

EMONDER, v. V. Elaguer.

EMOTION, n. f. agitation, crainte, effroi, inquiétude. V. Emeute.

EMOTTER, v. briser, casser,

écraser, rompre les mottes d'un champ.

EMOUCHER, v. chasser les mouches, débarrasser, délivrer des mouches.

EMOUDRE, v. affiler, aiguiser, donner le fil, rendre tranchant.

EMOULEUR, n. m. coutelier, gagne-petit, rémouleur.

EMOUSSÉ, adj. qui est sans tranchant, qui n'a plus le fil — affoibli, amolli, énervé, engourdi, hébété, insensible.

EMOUSSER, v. gâter le taillant, ôter la pointe, rabattre le fil, amollir, énerver, hébéter, ralentir. V. Engourdir.

EMOUSTILLÉ, adj. enjoué, gai, gaillard, qui est de bonne humeur, sémillant, vif.

EMOUSTILLER, v. enflammer. V. Stimuler.

EMOUVOIR, v. agiter, branler, ébranler, mettre en mouvement, mouvoir, remuer, secouer — faire impression, rehausser le courage, toucher, V. Stimuler.

s'EMOUVOIR, v. être ému, être touché, s'attendrir, se laisser fléchir, se troubler.

EMPAILLER, v. envelopper, garnir, remplir de paille.

EMPAN, n. m. mesuré de l'étendue de la main, neuf pouces, trois quarts de pied.

EMPAQUETER, v. emballer, envelopper, joindre ensemble, mettre en un paquet — affubler, couvrir, emmitoufler, garnir.

s'EMPARER, v. V. Usurper — V. Empaumer.

EMPATEMENT, n. m. V. Talut, 2. div.

EMPÂTER, v. remplir de pâte, rendre pâteux — épaissir des couleurs.

EMPAUMER, v. jouer, subtiliser, engager, maîtriser, subju-

guer — V. Enjôler, manier, saisir une affaire.

EMPÊCHÉ, adj. déconcerté, décontenancé — affairé, chargé de beaucoup d'affaires, embarrassé, occupé.

EMPÊCHEMENT, n. m. anicroche, délai, difficulté, retard. V. Obstacle.

EMPÊCHER, v. arrêter, contrecarrer, défendre, embarrasser, faire obstacle, former des difficultés, mettre empêchement, mettre opposition, nuire, résister, retenir, s'opposer, traverser.

s'EMPÊCHER, v. s'abstenir de, se défendre de, se donner de garde, s'exempter de, se refuser à, se retenir de, se tenir.

EMPENNER, v. V. Emplumer.

EMPEREUR, n. m. chef, monarque, souverain d'un empire.

EMPESTER, v. infecter de peste — corrompre, empuantir, exhaler une mauvaise odeur, infecter d'une mauvaise odeur, répandre une mauvaise odeur.

EMPÊTRER, v. embarrasser, engager, enlacer.

EMPHASE, n. f. affèterie pompeuse, magnificence de style, prononciation pompeuse, recherche de grands mots — énergie.

EMPHATIQUE, adj. affété, magnifique, pompeux, recherché.

EMPHATIQUEMENT, adv. avec emphase, d'une manière emphatique, d'un ton recherché, magnifiquement, pompeusement.

EMPIÉTER, v. envahir, gagner pied à pied, prendre sur, usurper.

EMPILER, v. V. Amasser.

EMPIRE, n. m. autorité, commandement, domination, droit,

pouvoir, puissance — domaine, état, monarchie, royaume.

EMPIRER, *v.* faire devenir pire, mettre en pire état, rendre pire — devenir pire, se corrompre, se détériorer, tomber en pire état.

EMPIRIQUE, *n. m.* bateleur, charlatan ; hâbleur, opérateur.

EMPIRISME, *n. m.* médecine purement expérimentale, médecine purement pratique, médecine sans principes — batelage, charlatanisme, hâblerie.

EMPLACEMENT, *n. m.* endroit, espace, étendue, lieu, place, terrain — position, site, situation.

EMPLÂTRE, *n. m.* cataplasme, embrocation, fomentation, topique — débile, infirme, langoureux, languissant, maladif, malingre, valétudinaire — bête, gauche, inepte, maladroit, malhabile, sot.

EMPLETTE, *n. f.* V. *Achat.*

EMPLIR, *v.* combler, remplir.

EMPLOI, *n. m.* manière de mettre en œuvre, usage — charge. V. *Office.*

EMPLOYÉ, *adj.* mis en œuvre, mis en usage, usité — consumé, dépensé, mis à profit — chargé de quelque fonction, mis en fonction, occupé, pourvu d'un emploi — passé en compte.

EMPLOYÉ, *n. m.* commis, préposé.

EMPLOYER, *v.* faire usage, mettre en usage, se servir, user de — consumer, dépenser, mettre à profit — appliquer, charger de quelque fonction, donner de l'occupation, mettre en fonction, occuper, pourvoir d'un emploi, passer en compte.

EMPLUMER, *v.* empenner, garnir de plumes.

EMPOCHER, *v.* V. *embourser.*

EMPOIGNER, *v.* arrêter, prendre, saisir, serrer avec le poing.

EMPOIS, *n. m.* amidon, colle.

EMPOISONNER, *v.* donner du poison, infecter de poison, insérer du poison, mêler du poison — attenter à la vie par le poison — corrompre, gâter — altérer, changer en mal, charger malignement ; donner un tour malin, falsifier ; interpréter en mal.

EMPOISONNEUR, *n. m.* cabaretier qui frelate le vin, mauvais cuisinier, mauvais pâtissier — corrupteur, homme qui débite une doctrine pernicieuse, séducteur.

EMPOISSONNER, *v.* aleviner, garnir de poissons, peupler de poissons.

EMPORTÉ, *adj.* V. *Emporter* — brutal. V. *Colère, adj.*

EMPORTEMENT, *n. m.* brusquerie, brutalité. V. *Colère, n. f.*

EMPORTER, *v.* dérober, ôter, prendre, ravir, transporter, voler — arracher, emmener, enlever, entraîner violemment.

L'EMPORTER, *v.* avoir l'avantage, avoir le dessus, être le plus fort, être supérieur, exceller, passer, surpasser, vaincre.

s'EMPORTER, *v.* entrer en furie, s'abandonner à la colère, s'échapper. V. *Tempêter.*

EMPREINDRE, *v.* V. *Imprimer.*

EMPREINTE, *n. f.* caractère, figure, gravure, impression, marque, type.

EMPRESSÉ, *adj.* V. *Diligent.*

EMPRESSEMENT, *n. m.* V. *Exactitude.* V. *Zèle.*

S'EMPRESSER, *v.* avoir de l'empressement, être ardent, être empressé, se dépêcher, se diligenter, se donner du mouvement, se hâter, se remuer.

EMPRISONNEMENT, n. m. captivité ; capture, incarcération, prise, prison.

EMPRISONNER , v. constituer prisonnier, encager, incarcérer, mettre en prison.

EMPRUNT, n. m. argent emprunté, marchandise à crédit.

EMPRUNTÉ, adj. pris à crédit —étranger, factice, pris d'ailleurs — contraint, maladroit, neuf, novice. V. Déconcerté.

EMPRUNTER, v. prendre à crédit, recevoir en prêt—prendre ailleurs, tirer d'ailleurs.

EMPRUNTEUR, n. m. celui qui emprunte, débiteur.

EMPUANTIR, v. rendre puant. V. Infecter.

EMPUANTISSEMENT, n. m. V. Infection.

EMPYÈME , n. m. amas de pus, abcès intérieur, sang épanché.

EMPYRÉE, n. m. la Jérusalem céleste, le ciel, le paradis, le séjour des bienheureux.

EMU, adj. agité, ébranlé, encouragé, incité, mis en mouvement, poussé, pressé, remué, touché. V. Echauffé.

EMULATEUR, n. m. V. Emule.

EMULATION, n. f. concurrence, noble jalousie, prétention réciproque, rivalité louable.

EMULE, n. m. adversaire, antagoniste, compétiteur, concurrent, ennemi, partie adverse, rival. V. Confrère — envieux, jaloux.

EN, prép. dans, dedans — durant, pendant—avec — à la façon de, à la manière de, comme — par, pour — selon.

EN, adv. de cela, de ces choses, de ces personnes, de cette chose, de cette personne — de ce lieu, de ce principe, de cette source, de là.

ENARRHEMENT, n. m. V. Arrhes.

ENARRHER, v. V. Arrher.

ENCADRER, v. décorer, orner d'un cadre, mettre, placer dans un cadre.

ENCAGER, v. enfermer dans une cage, mettre en cage — V. Emprisonner.

ENCAISSER, v. emballer, mettre en caisse.

ENCAN, n. m. criée, enchère, licitation, vente publique.

ENCANAILLER, v. associer avec de la canaille, mettre en mauvaise compagnie.

s'ENCANAILLER, v. hanter, fréquenter le bas peuple, la canaille, s'avilir, s'encrasser, voir mauvaise compagnie.

s'ENCAPUCHONNER, v. mettre un capuchon, s'enfroquer, se faire moine.

ENCAQUER, v. mettre en caque — entasser, presser, serrer.

ENCASTILLEMENT , ENCASTREMENT , nn. mm. assemblage, emboîtement, emboîture, enchâssement, enchâssure, enclavement, jonction, liaison, mortaise, sertissure, union.

ENCASTILLER, ENCASTRER, vv. assembler, emboîter, emmortaiser, enchâsser, enclaver, insérer, joindre ensemble, mettre l'un dans l'autre, sertir, unir.

ENCAVER, v. déposer dans la cave, mettre en cave.

ENCEINDRE, v. border, embrasser, enclore. V. Ceindre.

ENCEINT, adj. enclos, enfermé, entouré, enveloppé, environné, investi.

ENCEINTE, adj. f. Femme grosse d'enfant.

ENCEINTE, n. f. circonvallation, circuit, clôture, contour, enclos, investissement.

10

Enchme, n. m. arompte, parfum — adulation. V. *Flatterie*

Encensea, v. donner, offrir, présenter de l'encens — aduler, flagorner, flatter. V. *Louer*

Enchaînement, n. m. dépendance. V. *Suite*, 3. dét.

Enchaîner, v. attacher, embarrasser, engager, entrelacer, lier.

Enchantement, n. m. V. *Fascination*. — étonnement, joie, surprise. V. *Ravissement*.

Enchanter, v. charmer, ensorceler, fasciner, mettre sous le charme, user de magie — étonner, extasier, jeter dans l'admiration, plaire, ravir, réjouir, surprendre.

Enchanteur, n. m. V. *Ensorceleur*. V. *Ravissant*.

Enchasser. V. *Encastiller*.

Enchère, n. f. V. *Encan*. — addition à une offre. V. *Surhaussement*.

Enchérir, v. apprécier, mettre à prix, priser — aller au dessus, augmenter, exagérer, offrir plus, surhausser — mettre l'enchère, surfaire — devenir plus cher, hausser de prix.

Enchérisseur, n. m. qui enchérit, qui met l'enchère, plus offrant.

s'Enchevêtrer, v. s'embarrasser, s'embrouiller, se mettre dans l'embarras, s'engager.

Enchifrenement, n. m. embarras dans le nez, fluxion, humeur, rhume de cerveau.

Enchifrener, v. causer de l'embarras dans le nez, causer un rhume de cerveau, enrhumer du cerveau.

Encirer, v. abreuver de cire, enduire de cire, mettre en cire.

Enclaver, v. enchâsser, enfermer, engager. V. *Encastiller*.

Enclin, adj. disposé, incliné, penchant, porté, qui a de la propension, qui a de l'inclination, qui a du penchant.

Enclore, v. comprendre, contenir. V. *Ceindre*.

Enclos, n. m. clôture, enceinte, clos, espace, contenu dans une enceinte.

Enclouure, n. f. difficulté, embarras, empêchement, le hic, le tu-autem, le point embarrassant, obstacle.

Encoffrer, v. retenir, s'approprier, serrer. V. *Embourser*.

Encognure, n. f. angle. V. *Recoin*.

Encolure, n. f. attitude. V. *Mine*.

Encombre, Encombrement, nn. mm. V. *Embarras*.

Encombrer, v. causer de l'embarras, embarrasser, empêcher, faire obstacle, fermer le passage.

A l'Encontre, phr. adv. au contraire, contre, devant, envers, vis-à-vis.

Encore, adv. jusqu'à présent, jusqu'ici — de plus, en outre — de nouveau, une autre fois — au moins, du moins.

Encore que, phr. conj. bien que, quoique.

Encouragement, n. m. aiguillon. V. *Excitation*.

Encourager, v. donner du cœur, du courage, inventer, réchauffer, réveiller le courage, sermonner, solliciter. V. *Exciter*.

Encourir, v. attirer sur soi, éprouver, mériter, s'exposer à, subir, tomber en.

Encrasser, v. remplir de crasse, rendre crasseux, salir.

s'Encrasser, v. devenir crasseux, se gâter, s'encanailler, se salir. V. *s'Encanailler*.

s'**Encharer**, v. porter, prendre le deuil, prendre un crêpe.

Encroûter, v. couvrir d'une croûte — enduire, revêtir.

s'**Encuirasser**, v. devenir crasseux, sale, difficile à nettoyer, se gâter, s'engraisser, se rouiller, se salir.

Encyclopédie, n. f. science universelle — collection, enchaînement, ensemble, recueil de toutes les sources.

Endetter, v. engager dans des dettes, faire contracter des dettes.

s'**Endetter**, v. contracter des dettes, emprunter, s'arriérer, se charger de dettes.

Endêvé, adj. chagrin, difficile, emporté, enragé, furieux, impatient, méchant, mutin.

Endiablé, adj. méchant, en diable. V. Endêvé.

Endive, n. f. chicorée.

Endoctriner, v. apprendre, donner des lumières, éclairer, enseigner, former, instruire.

Endommager, v. apporter du dommage, causer de la perte, faire du tort, ruine, porter préjudice — ébrécher, gâter. V. Écorner.

Endormeur, n. m. conteur de fariboles, diseur de paroles mielleuses. V. Enjôleur.

Endormir, v. faire dormir, provoquer le sommeil. V. Engourdir — amuser, conter des fariboles, dire des paroles mielleuses. V. Enjôler. V. Cajoler — ennuyer, fatiguer.

s'**Endormir**, v. commencer à dormir, s'assoupir, sommeiller — agir négligemment, languir, manquer de vigilance, travailler nonchalamment.

Endosse, n. f. V. Peine.

Endosser, v. charger, commettre, donner commission —

se charger, se couvrir, se revêtir.

Endroit, m. espace, lieu, place — beau côté d'une étoffe.

Enduire, v. crépir, frotter, cindre, ravaler.

Enduit, n. m. couche, crépi.

Endurant, adj. m. patient, plein de patience, qui souffre, qui supporte patiemment.

Enduræ, adj. devenu dur, durci, accoutumé, fait, formé, habitué. V. Barbare — incorrigible, obstiné, opiniâtre.

Endurcir, v. durcir, rendre dur — accoutumer, faire à, former, habituer — rendre dur, insensible.

s'**Endurcir**, v. devenir dur, se durcir — prendre l'habitude, s'accoutumer, se faire à, se former, s'habituer — devenir insensible — devenir incorrigible.

Endurcissement, n. m. calus, insensibilité

Énergie, n. d'expression, force, vertu — courage, vigueur.

Énergique, adj. emphatique, expressif, fort, nerveux, significatif — efficace — courageux, vigoureux.

Énergiquement, adv. avec énergie, avec force, emphatiquement — avec courage, avec vigueur, courageusement, d'une manière courageuse, vigoureuse, vigoureusement.

Énergumène, n. m. et f. possédé du démon.

Énervé, adj. abattu, affaibli, amolli, débilité, efféminé, foible, lâche, languissant, mou.

ENRAVER, v. abattre, affoiblir, amollir, atténuer, débiliter, efféminer, jeter dans la langueur, rendre lâche.

ENFAITEAU, n. m. V. Faîtière.

ENFANCE, n. f. âge le plus tendre, bas âge, premier âge, première jeunesse — commencement, naissance, origine.

ENFANT, n. m. et f. fils ou fille — descendant — garçon en bas âge — fille en bas âge.

ENFANTÉ, adj. éclos, mis au jour, produit — né, venu au monde.

ENFANTEMENT, n. m. accouchement, couches — production, travail de la composition.

ENFANTER, v. accoucher, mettre au monde — donner naissance, faire éclore, faire naître, mettre au jour, produire.

ENFANTILLAGE, n. m. V. Puérilité.

ENFANTIN, adj. qui caractérise l'enfance — digne d'un enfant, qui sent l'enfant. V. Puéril.

ENFARINÉ, adj. barbouillé de farine, couvert de farine, poudré — imbu, préoccupé, prévenu.

ENFER, n. m. séjour des réprouvés, ténèbres éternelles — les damnés, les démons, les puissances infernales — bruit, tintamarre, vacarme.

ENFERMÉ, adj. clos, enclos, environné, fermé, renfermé — caché, couvert, obscur, secret — détenu, emprisonné, incarcéré — compris, contenu.

ENFERMER, v. clore, enclore, environner, fermer, renfermer — cacher, mettre en lieu sûr, serrer — détenir, emprisonner, incarcérer, mettre en lieu de sûreté — comprendre, contenir.

s'ENFERMER, v. se cacher, se mettre à couvert, se retirer, se tenir à l'écart.

ENFERRER, v. blesser, enfiler, percer avec l'épée.

s'ENFERRER, v. se couper, se déceler, se découvrir, se nuire à soi-même, se trahir inconsidérément.

ENFILADE, n. f. arrangement en ligne droite, disposition suivie, enchaînement, liaison, ordre, suite.

ENFILER, v. passer un fil au travers — enferrer, percer de part en part, transpercer, traverser — commencer, entamer, entreprendre, prendre le fil, s'engager dans.

ENFIN, adv. V. Finalement.

ENFLAMMÉ, adj. allumé, ardent, brûlant, embrasé, qui est en feu — outré de colère, transporté de fureur. V. Echauffé, 2. div. V. Epris.

ENFLAMMER, v. allumer. V. Incendier — aigrir, outrer de colère, transporter de fureur. V. Stimuler — donner de l'amour, inspirer de l'amour, passionner.

ENFLÉ, adj. accru, augmenté, gonflé, grossi — bouffi, hydropique — hyperbolique. V. Guinder, 3. div. V. Orgueilleux.

ENFLER, v. accroître, augmenter, faire gonfler, grossir — amplifier, exagérer, guinder. V. Enorgueillir.

ENFLURE, n. f. bouffissure, boursouflure, extension, gonflement, grosseur, hydropisie, tumeur — fierté, hauteur, orgueil, superbe, vanité — emphase, exagération, hyperbole.

ENFONCÉ, adj. coulé à fond, descendu au fond, plongé, submergé — brisé, mis en désordre, percé, renversé, rompu — creux, profond — éloigné, placé dans l'éloignement, reculé.

ENFONCEMENT, n. m. caverne.

V. *Cavité* — renversement. V. *Effraction.*

ENFONCER, *v.* couler à fond, plonger, submerger — aller au fond, descendre au fond, être submergé — faire entrer, ficher, pousser — briser, mettre en désordre, percer, renverser, rompre.

s'ENFONCER, *v.* s'appliquer fortement. V. *Eplucher.*

ENFORCIR, *v.* affermir, augmenter la force, corroborer, donner plus de force, fortifier, rendre plus fort.

s'ENFORCIR, *v.* acquérir de la force, devenir fort, s'affermir, se fortifier.

ENFOUIR, *v.* cacher en terre, enfoncer en terre, enterrer — ne pas employer, ne pas faire usage, perdre, rendre inutile.

ENFOURNER, *v.* mettre dans le four — commencer, débuter, entamer, préluder.

ENFREINDRE, *v.* contrevenir à, manquer à, prévariquer contre, rompre, transgresser, violer.

s'ENFUIR, *v.* passer rapidement, prendre la fuite, s'absenter, s'écouler. V. *se Sauver.*

ENFUMER, *v.* exposer à la fumée, fumer, mettre à la fumée, noircir à la fumée, sécher à la fumée.

ENGAGEANT, *adj.* V. *Attirant.*

ENGAGEMENT, *n. m.* aliénation, bail emphytéotique — domaine engagé, seigneurie engagée — gage, nantissement, sûreté — contrat, obligation, promesse — enrôlement — attachement, liaison — devoir de profession, devoir d'état, intérêt.

ENGAGER, *v.* donner en nantissement, hypothéquer, mettre en gage, obliger — aliéner, bailler à emphytéose, louer à longues années — amorcer, attirer, caresser, charmer, flatter,

insinuer, porter à, séduire — enrôler.

s'ENGAGER, *v.* s'embarrasser, s'empêtrer — contracter un engagement, contracter l'obligation, promettre, se soumettre, s'obliger — se faire soldat, s'enrôler — avancer trop, entrer trop avant, s'avancer, s'enfoncer.

ENGEANCE, *n. f.* espèce, race.

ENGENDRÉ, *adj.* né, procréé — causé, excité, occasioné, produit.

ENGENDRER, *v.* mettre au monde, procréer — causer, donner naissance, exciter, faire naître, occasioner, produire.

ENGERBER, *v.* lier le blé. V. *Gerber* — amonceler, arranger l'un sur l'autre, entasser, tasser.

ENGIN, *n. m.* instrument, machine, machine de guerre.

ENGLOBER, *v.* confondre, mêler, mettre ensemble, réunir.

ENGLOUTIR, *v.* avaler, gober — absorber, consumer, dévorer — abîmer, anéantir, ruiner — empuantir, infecter.

ENGLUER, *v.* enduire de glu, frotter de glu, mettre de la glu.

ENGONCÉ, *adj.* contraint, enfoncé, gêné dans ses habits.

ENGORGEMENT, *n. m.* V. *Obstruction.*

ENGORGER, *v.* barrer, boucher, embarrasser, fermer, obstruer.

ENGOUEMENT, *n. m.* embarras, empêchement dans le gosier. V. *Infatuation.*

ENGOUER, *v.* embarrasser, empêcher le passage du gosier — prévenir. V. *Coiffer.*

ENGOURDI, *adj.* abâtardi, affoibli, assoupi, émoussé, languissant, peu sensible.

ENCOUBIR, v. assoupir, endormir, rendre insensible.

ENGOURDISSEMENT, n. m. insensibilité, langueur, stupeur.

ENGRAIS, n. m. fumier. V. Marne—herbage, pâturage, pâture.

ENGRAISSER, v. améliorer, amender, bonifier, fumer — donner de l'embonpoint, rendre gras — V. Graisser — devenir gras, prendre de l'embonpoint, s'épaissir—se corrompre, se gâter — s'enrichir.

ENGRANGER, v. mettre en grange, serrer dans la grange.

ENGRAVER, v. ensabler, faire échouer dans le sable.

ENGRENER, v. commencer à moudre.

ENGROSSIR, v. devenir gros, rendre gros. — V. Grossir.

s'ENGRUMELER, v. se cailler, se figer, se grumeler, se mettre en grumeaux, tourner en grumeaux.

ENHARDIR, v. animer, donner de la confiance, donner de l'assurance, encourager, inspirer de la hardiesse, rendre hardi.

ENHARNACHEMENT, n. m. équipage, harnachement, harnois — accoutrement, affublement, ajustement, habillement, ornement, parure, vêtement.

ENHARNACHER, v. équiper, harnacher, mettre le harnois — vêtir. V. Habiller.

ENIGMATIQUE, adj. enveloppé, V. Obscur.

ENIGMATIQUEMENT, adv. V. Obscurément.

ENIGME, n. f. discours enveloppé, parabole, proposition obscure, question difficile à résoudre, sens difficile à deviner, sens enveloppé — allégorie, emblème, peinture emblématique, représentation allégorique, symbole.

ENIVRÉ, adj. étourdi, ivre,

soûl, troublé — coiffé, ensorcelé, entêté, épris, infatué — perdu de sens.

ENIVREMENT, n. m. ivresse — aveuglement, emportement, entêtement, infatuation — passion violente, transport, trouble d'esprit.

ENIVRER, v. étourdir, rendre ivre, soûler, troubler le cerveau — brouiller, faire perdre l'usage de la raison, ôter la raison — coiffer, ensorceler, entêter, infatuer.

ENJAMBER, v. avancer la jambe, faire un grand pas, passer par-dessus — empiéter, usurper.

ENJEU, n. m. argent du jeu, gage, mise.

ENJOINDRE, v. prescrire. V. Commander.

ENJOINT, adj. commandé, ordonné, prescrit.

ENJOUÉ, adj. et

ENJÔLER, v. allécher, amadouer, amorcer, amuser, appâter, attirer, attraper, duper, emprunter, gagner, leurrer, séduire, tromper.

ENJÔLEUR, n. m. charlatan, dupeur, hâbleur, séducteur, trompeur.

ENJOLIVEMENT, n. m. V. Ornement.

ENJOLIVER, v. ajuster, décorer, donner des agréments, embellir, historier, orner, parer, rendre plus joli.

ENJOUÉ, adj. badin, facétieux, folâtre, gaillard, plein d'enjouement, qui est de belle humeur. V. Divertissant.

ENJOUEMENT, n. m. air enjoué, air gai, air jovial, air joyeux, badinage aimable, belle humeur, bons mots, choses plaisantes, facétie, folâtrerie, gaillardise, gaieté, jeux d'esprit, pensées gaies, plaisanteries, propos facétieux, ton badin, ton folâtre.

ENLACER, v. mêler un lacs, passer des cordons l'un dans l'autre — passer dans un lacet. — arrêter, embarrasser, empêtrer, engager, lier, retenir, surprendre.

ENLAIDIR, v. défigurer, gâter, rendre difforme, rendre laid — devenir difforme, devenir laid.

ENLÈVEMENT, n. m. transport — rapt, ravissement — surprise.

ENLEVER, v. élever, lever en haut — arracher, emporter, ôter, ravir — charrier, emmener, transporter, voiturer — jeter à bas, renverser — s'emparer, se saisir, surprendre — charmer, enchanter, jeter dans le ravissement, plaire.

ENLEVURE, n. f. V. Echaubourlure.

ENLIGNER, v. aligner, mettre de niveau, mettre sur la même ligne, niveler, tirer au cordeau.

ENLUMINÉ, adj. coloré, enflammé, rouge, rubicond, vermeil — colorié, peint en détrempe, rehaussé de couleurs.

ENLUMINER, v. appliquer des couleurs, colorier, donner du coloris, mettre en couleur, peindre en détrempe, rehausser de couleur — colorer, donner de la couleur, enflammer, rendre rouge, rendre rubicond, rendre vermeil.

ENLUMINEUR, n. m. peintre en détrempe. V. Barbouilleur.

ENLUMINURE, n. f. art d'appliquer les couleurs, art d'enluminer — dessin enluminé, estampe coloriée, image enluminée — couleur haute, couleur rouge, teint rubicond, teint vermeil — embellissement, enjolivement, ornement.

ENNEMI, adj. V. Hostile.

ENNEMI, n. m. V. Emule.

ENNOBLIR, v. ajouter à la noblesse, augmenter la célébrité, rendre plus considérable, rendre plus illustre, rendre plus noble.

ENNUI, n. m. aversion, dégoût, répugnance — lassitude d'esprit, souci. V. Tristesse.

ENNUYANT, ENNUYEUX, adjectifs. insoutenable, insupportable. V. Déplaisant.

ENNUYER, v. causer de l'ennui, donner du dégoût, embarrasser, être importun, être incommode, être insoutenable, être insupportable. V. Importuner.

ENNUYEUSEMENT, adv. avec déplaisir, avec dégoût, avec ennui, d'une manière ennuyeuse — fastidieusement, longuement.

ENONCÉ, adj. V. Enoncer.

ENONCER, v. articuler, déclarer, dire, expliquer, exprimer, prononcer.

s'ENONCER, v. discourir, parler, s'expliquer, s'exprimer.

ENONCIATION, n. f. articulation, expression, langage, manière de s'énoncer, parole, prononciation — assertion, proposition, thèse. V. Adage.

ENORGUEILLI, adj. V. Orgueilleux.

ENORGUEILLIR, v. donner de l'orgueil, enfler, inspirer de la vanité, rendre fier, rendre hautain, rendre orgueilleux.

s'ENORGUEILLIR, v. devenir glorieux, devenir hautain, devenir orgueilleux, faire gloire de, faire parade de, se glorifier, se gonfler, s'enfler, se targuer, se vanter, tirer vanité.

ENORME, adj. V. Outré. V. Prodigieux — affreux, atroce, effroyable, épouvantable, exécrable, horrible.

ENORMÉMENT, adv. à l'excès, avec excès, démesurément, étonnamment, excessivement,

exorbitamment, extraordinairement, monstrueusement, extrêmement, outre mesure, prodigieusement, sans mesure,
fréquemment, effroyablement,
épouvantablement, exécrablement, horriblement.

ENORMITÉ, n. f. grandeur prodigieuse, excès—atrocité, horreur.

ENTE, n. f. greffe,

ENQUÉRANT, adj. aimant à
questionner. V. Curieux.

s'ENQUÉRIR, v. interroger. V.
Rechercher, &c.

ENQUÊTE, n. f. examen, information, perquisition, recherche.

s'ENQUÊTER, v. V. s'Enquérir.

ENQUÊTEUR, n. m. examina-
teur.

ENQUIS, adj. interrogé, ques-
tionné, requis de dire vérité,
sommé de rendre témoignage.

ENRACINÉ, adj. affermi. V.
Invétéré.

s'ENRACINER, v. jeter de profondes racines, prendre racine,
s'affermir, se fortifier, s'invétérer, vieillir.

ENRAGÉ, adj. fougueux. V.
Furibond—affreux, aigu, atroce,
excessif, extrême, poignant,
vif, violent.

ENRAGEANT, adj. affligeant,
chagrinant, déplaisant, déplorable, désolant, douloureux,
fâcheux, pénible, triste.

ENRAGER, v. avoir la rage,
écumer de rage, être enragé—
être fâché, être furieux, être
outré de fureur, être saisi de
rage, être transporté de colère,
pester, se dépiter, tempêter—
souffrir violemment—désirer
ardemment.

ENRAYER, v. garnir une roue
de rais—arrêter une roue par
les rais—arrêter, discontinuer,
modérer, suspendre.

ENREGISTRER, ENREGITRER, v.
coucher, déposer, écrire, inscrire, mettre sur le registre,
registrer, regitrer,

ENRHUMER, v. causer, donner,
occasioner un rhume.

s'ENRHUMER, v. attraper, contracter, gagner, prendre un
rhume.

ENRICHIR, v. augmenter la richesse, combler de biens, rendre riche—ajouter des ornements, embellir, orner, rendre
plus beau.

s'ENRICHIR, v. acquérir du
bien, devenir riche, faire de
nouvelles acquisitions—acquérir de nouvelles beautés, devenir plus orné.

ENRICHISSEMENT, n. m. embellissement, ornement, parure.

ENRÔLEMENT, n. m. inscription sur le rôle—engagement.

ENRÔLER, v. coucher, écrire,
inscrire, mettre sur le rôle—
engager.

ENROUILLER, v. causer de la
rouille, engendrer de la rouille,
rendre rouillé, rouiller—abâtardir, appesantir, dégrader,
gâter.

ENSABLEMENT, n. m. V. Ança-
blement.

ENSABLER, v. V. Engraver.

ENSANGLANTER, v. couvrir de
sang, rendre sanglant, souiller
de sang, tacher de sang, teindre de sang.

ENSEIGNE, n. f. indice, marque, signe, symbole. V. Bannière.

ENSEIGNE, n. m. V. Cornette,
n. m.

ENSEIGNEMENT, n. m. doctrine, maxime. V. Instruction.

ENSEIGNER, v. apprendre, démontrer, développer, donner des
leçons, endoctriner, expliquer,
faire connoître, instruire, interpréter, montrer—découvrir,

ENSEMBLE , n. m. assemblage, collection, masse, total, réunion, total.

ENSEMBLE , adv. en même temps, l'un avec l'autre.

ENSEMENCER , v. garnir de semences. V. Semer.

ENSERRER , v. mettre dans la serre—comprendre, contenir, enclore, enfermer.

ENSEVELIR , v. V. Enterrer. coudre dans un linceul, enfermer dans un drap, envelopper dans un suaire—abîmer, absorber, engloutir—abolir, anéantir, annuler, effacer, étouffer, oublier, perdre, plonger dans l'oubli, supprimer.

ENSORCELER , v. charmer, enchanter, fasciner, mettre sous le charme.

ENSORCELEUR , n. m. enchanteur, magicien, prestigiateur, sorcier, charlatan, dupeur, enjôleur, hableur, imposteur, séducteur.

ENSORCELLEMENT , n. m. V. Fascination.

s'ENSUIVRE , v. découler, être après, être suite, résulter, suivre.

ENTAILLE, ENTAILLURE, n. ff. V. Hoche.

ENTAILLER , v. faire une coche, une coupure, un cran, une entaille, une entaillure, une hoche, une ouverture, une taillade.

ENTAME , n. f. chanteau, entamure, premier morceau qu'on coupe d'un pain.

ENTAMER , v. commencer à ôter, couper, ébrécher, retrancher—commencer—entreprendre sur. V. Egratigner.

ENTHOUSIASME , n. m. ... ... ouverture. V. Entaille. V. Egratigner, entaille, petite incision, sans meurtrissure.

ENTASSER , v. mettre en tas, entasser un grand nombre. V. Amas, excès—atrocité, horreur.

ENTE , n. f. greffe, écusson.

ENTÉ , adj. écussonné, greffé—assemblé, emboîté, enchâssé, encastré, enclavé, entré, inséré, joint.

s'ENTENDRE , v. cela s'entend, c'est-à-dire, comme qui diroit, je veux dire, veux je dire.

ENTENDEMENT , n. m. bon esprit, capacité, connoissance, judiciaire, portée d'esprit. V. Compréhension.

ENTENDEUR , n. m. V. Connoisseur.

ENTENDRE , v. écouter, ouïr—comprendre, concevoir, être au fait, saisir—avoir de l'intelligence, avoir la tête bonne, être entendu—acquiescer, consentir, déférer, donner les mains, prêter l'oreille—avoir intention, prétendre, se proposer, vouloir.

s'ENTENDRE AVEC, v. user de collusion. V. Colluder.

ENTENDU , adj. bon estimateur, capable, savant. V. Connoisseur.

BIEN ENTENDU , phr. adv. assurément, certainement, oui, sans contredit, sans doute.

BIEN ENTENDU QUE , phr. conj. à condition que, avec cette restriction que, pourvu que, sous condition que, sous la réserve que.

ENTENTE , n. f. manière d'entendre, signification. V. Commentaire—conception, entendement, esprit, intelligence

accord, assortiment, ...
V. *Symétrie*.

ENTER, v. écussonner, faire des entes, greffer — V. *Enchâtiller*.

ENTERREMENT, n. m. convoi, funérailles, inhumation, obsèques, sépulture.

ENTERRER, v. déposer dans la terre, donner la sépulture, ensépulturer, ensevelir, inhumer, mettre au tombeau, mettre en terre — cacher en terre, cacher sous terre, couvrir de terre, enfoncer dans la terre, enfouir — abîmer, engloutir, envelopper sous.

ENTÊTÉ, adj. V. *Prévenu*, 1. div. V. *Entier*, 2. div.

ENTÊTEMENT, n. m. ... obstination, opiniâtreté, ...

ENTÊTER, v. blesser le cerveau, envoyer des vapeurs à la tête, étonner la tête, étourdir, porter à la tête, troubler le cerveau. V. *Coiffer*, 3. élb.

ENTHOUSIASME, n. m. élévation de l'âme, inspiration, mouvement extraordinaire de l'esprit — délire, égarement de l'esprit, feu de l'imagination, fureur, poétique, rêverie, transport, verve.

ENTHOUSIA

p
d

d

ENTICHÉ, adj. attaqué de, qui commence à se gâter, qui tend à la corruption — endoctriné, imbu, prévenu, souillé, taché.

ENTIER, adj. intact, intègre, irréprochable, sain — attaché à ses sentiments, entêté, ferme, inflexible, obstiné, opiniâtre, rétif, taquin, tenace, têtu.

ENTIER, n. m. total, tout.

ENTIÈREMENT, adv. à fond, généralement. V. *sans Réserve*.

ENTITÉ, n. f. essence, nature.

ENTOILER, v. coller sur toile, garnir de toile, mettre de la toile.

ENTONNER, v. faire entrer, introduire, mettre, verser dans un tonneau — chanter les premières paroles, commencer un air, mettre en ton.

ENTORSE, n. f. V. *Luxation* — altération, application fausse, contre-sens, détour, explication détournée, interprétation fausse.

ENTORTILLÉ, adj. V. *Enveloppé*, 3. div. — entrelacé, tortillé.

ENTORTILLEMENT, n. m. circonlocution, circuit, détour, embarras, embrouillement, enveloppe, obscurité, entrelacement, tortillement.

ENTORTILLER, v. V. *Envelopper* — entrelacer, tortiller.

ENTOURS, n. m. pl. V. *Environs*.

À L'ENTOUR, phr. adv. auprès, autour, aux environs, dans le contour, dans le voisinage.

ENTOURER, v. assiéger. V. *Environner*.

s'ENTR'ACCUSER, v. s'accuser l'un l'autre, s'accuser réciproquement.

ENTR'ACTE, n. m. intermède.

s'ENTR'AIDER, v. s'aider l'un l'autre, s'aider mutuellement, se donner des secours mutuels, s'entre-secourir, se porter secours l'un à l'autre.

ENTRAILLES, n. f. pl. boyaux, intestins — viscères — affection, amitié, bienveillance, sensibilité, tendresse.

s'ENTR'AIMER, v. avoir de l'amitié l'un pour l'autre, s'aimer l'un. l'autre, s'aimer mutuellement.

ENTRAINER, v. tirer, traîner — attirer, emmener, emporter, enlever — causer, donner lieu, occasionner, produire.

ENTRAVER, v. embarrasser, empêcher, empêtrer, enlacer, faire obstacle ; mettre des entraves.

ENTRAVES, n. f. pl. V. *Fers*.

ENTRE, prép. au milieu de, dans, en, parmi.

ENTREBÂILLÉ, adj. à demi-ouvert, entr'ouvert — crevasse, crevé, fendu, lézardé.

ENTRECHAT, n. m. V. *Cabriole*.

s'ENTRECHOQUER, v. se choquer, se heurter, se nuire réciproquement — se contredire l'un l'autre avec aigreur, se dire l'un à l'autre des choses piquantes, s'offenser réciproquement, s'opposer l'un à l'autre.

ENTRECOLONNE, n. f. entrecolonnement.

ENTRECOUPÉ, adj. coupé, interrompu, sanglotant.

ENTRECOUPER, v. couper, diviser, partager — entremêler, interrompre.

ENTRE-DEUX, n. m. milieu, partie du milieu, séparation.

ENTRÉE, n. f. V. *Passage*. — droit d'entrée, droit de séance — admission, réception solennelle — imposition, impôt, tribut — plat qui accompagne la grosse viande — V. *Exorde*.

D'ENTRÉE, phr. adv. d'abord, d'entrée de jeu, de prime abord, dès le commencement, tout en commençant.

DANS CES ENTREFAITES, phr. adv. cependant, dans ces conjonctures, dans cet état de choses, dans le même temps, pendant ce temps-là, sur ces entrefaites.

ENTREGENT, n. m. manière adroite. V. *Dextérité*.

ENTRELACEMENT, n. m. confusion, embarras, embrouillement, entortillement, mélange.

ENTRELACER, v. embarrasser, embrouiller, entortiller, entremêler, mêler.

ENTRELARDER, v. larder, mettre du lard entre — insérer, mêler.

ENTRELIGNE, n. f. espace entre deux lignes, interligne — addition entre deux lignes, insertion, interposition.

ENTREMÊLER, v. confondre ensemble, insérer, mélanger, mêler, mettre les uns parmi les autres.

ENTREMETTEUR, n. m. V. *Médiateur*.

s'ENTREMETTRE, v. entrer dans une affaire, se faire de fête, se mêler, s'employer, s'entremêler, s'immiscer, s'ingérer, s'interposer.

ENTREMISE, n. f. V. *Moyen*, 2, div.

ENTREPAS, n. m. amble.

ENTREPÔT, n. m. dépôt, lieu de réserve, magasin.

ENTREPRENANT, adj. V. *Hardi* — assuré, ferme, intrépide, résolu.

ENTREPRENDRE, v. commencer, essayer, prendre sur soi, se charger de, tâcher, tenter — attenter, intenter procès — s'approprier, s'emparer, usurper — harceler, persécuter, poursuivre, pousser, railler.

ENTREPRIS, adj. goutteux, impotent, paralytique, perclus. V. *Embarrassé*.

ENTREPRISE, n. f. dessein, projet, résolution formée — effort, essai, tentative — action injuste, attentat, violence.

ENTRER, v. arriver, parvenir, passer au dedans, pénétrer, se

glisser, s'insinuer, s'introduire
— aller en avant, s'avancer
avoir part, participer — V. Ent
tr'aider.

Entresuivre, v. aller de
suite, aller l'un après l'autre,
marcher à la suite l'un de l'autre, se suivre l'un l'autre.

Entretemps, n. m. espace de
temps entre deux évènements,
intervalle entre deux époques.

Entretaillement, n. m. V. Entretien.

Entretenir, v. assembler,
engager l'un dans l'autre, lier,
tenir ensemble — conserver,
maintenir, soigner — défrayer,
nourrir, soutenir, sustenter —
cultiver, faire durer, fomenter —
causer. V. Discourir — abuser,
décevoir, duper.

s'Entretenir, v. V. Discourir.

Entretenu, adj. conservé,
maintenu, soigné — défrayé,
nourri, soutenu, sustenté —
cultivé, fomenté.

Entretien, n. m. dépense,
fourniture, frais — conservation,
maintien, soin — approvisionnement, entretènement, habillement, subsistance — causerie,
discours. V. Dialogue.

Entrevoir, v. apercevoir, découvrir un peu, voir imparfaitement.

s'Entrevoir, v. se rendre visite, se visiter, se voir mutuellement — avoir une entrevue,
avoir un rendez-vous, conférer,
parler ensemble.

Entrevue, n. f. V. Colloque.

Entr'ouïr, v. entendre légèrement, ouïr imparfaitement.

Entr'ouvrir, v. ouvrir à demi, ouvrir un peu, tenir entrebâillé.

Enumération, n. f. V. Dé-
tail.

Envahir, v. se rendre maître.
V. Usurper.

Enveloppe, n. f. couverture,
voile — détour, masque, prétexte.

Enveloppé, adj. couvert, enfermé, entouré, voilé. V. Caché — embarrassé, embrouillé,
entortillé, obscur — engagé
dans, intéressé.

Envelopper, v. couvrir, enfermer, entourer, voiler. —
cacher, déguiser, dissimuler,
masquer — embarrasser, embrouiller, entortiller, obscurcir
— engager, impliquer, intéresser.

Envenimé, adj. empoisonné,
infecté de venin. V. Malin —
aigri, irrité, ulcéré.

Envenimer, v. empoisonner,
infecter de venin — censurer
avec causticité, critiquer malignement — exagérer méchamment, satiriser — aigrir, irriter, ulcérer.

Envers, prép. à l'égard de, à
l'endroit de, pour, quant à,
relativement à, vers.

Envers, n. m. côté de dessous, côté le moins beau, côté
moindre, mauvais côté.

A l'Envers, phr. adv. à contre-sens, à rebours, de travers,
en décadence, mal, sens dessus
dessous, sens devant derrière.

A l'Envi, phr. adv. à qui aura
le dessus, à qui l'emportera, à
qui mieux mieux, avec émulation, par émulation.

Envie, n. f. jalousie, mouvement jaloux, rivalité — affliction, chagrin, dépit, douleur,
peine, tristesse des avantages
d'autrui — appétit, désir, dessein, empressement, inclination, passion, volonté, vouloir.

Envieilli, adj. V. Invétéré.

Envier, v. V. Jalouser — ap-
péter, désirer, souhaiter.

ENVIEUX, adj. dévoré d'envie, jaloux, rongé d'envie.

ENVIRON, adv. à peu près, autour, peu s'en faut, presque, quasi.

ENVIRONNER, v. bloquer, border, ceindre, embrasser, enceindre, enclore, enfermer, entourer, envelopper, faire une enceinte, investir, resserrer — accompagner, escorter, faire cortége.

ENVIRONS, n. m. pl. circuit, contour, lieux d'alentour, lieux voisins, voisinage.

ENVISAGER, v. considérer, examiner, observer, regarder au visage, voir — approfondir, avoir égard, faire attention, peser, réfléchir.

S'ENVOLER, v. partir en volant, prendre la volée. V. se Sauver — disparoître, s'éclipser, s'évanouir — passer vite, s'écouler rapidement.

ENVOYÉ, n. m. V. Ambassadeur.

ENVOYER, v. dépêcher, expédier, faire aller, faire porter, faire transporter.

ÉPAIS, adj. compacte, gros, serré, touffu, grossier, pesant, stupide.

ÉPAISSEUR, n. f. diamètre, grosseur — compacité, densité.

ÉPAISSIR, v. cailler, coaguler, condenser, figer, rendre épais — devenir épais, grossir.

ÉPAISSISSEMENT, n. m. V. Densité.

ÉPANCHEMENT, n. m. V. Effusion.

ÉPANCHER, v. laisser couler, répandre, verser — départir, distribuer.

ÉPANDRE, v. V. Disperser.

ÉPANOUI, adj. déplié, déployé, développé, dilaté, ouvert — déridé, égayé, devenu serein.

S'ÉPANOUIR, v. se déplier, se déployer, se développer, se dilater, s'élargir, s'étendre, sortir du bouton, s'ouvrir — devenir serein, se dérider, s'égayer.

ÉPANOUISSEMENT, n. m. développement, dilatation, effusion, épanchement.

ÉPARGNANT, adj. V. Parcimonie. V. Tendre.

ÉPARGNE, n. f. V. Économie. V. Avarice.

ÉPARGNÉ, adj. économisé, ménagé, mis en réserve, réservé, resté.

ÉPARGNER, v. économiser, employer avec réserve, faire des réserves, ménager, mettre en réserve, réserver, retrancher, user avec modération, user avec réserve, user d'épargne — avoir des égards, choyer, traiter doucement, user de modération, user d'indulgence.

ÉPARPILLER, v. V. Disperser.

ÉPARS, adj. dispersé, épandu, éparpillé, étendu, répandu, semé çà et là, séparé.

ÉPATÉ, adj. dont le pied est cassé, qui a le pied cassé, aplati, écaché, écrasé, élargi, large et court.

ÉPAULÉ, adj. V. Épauler.

ÉPAULER, v. démettre, disloquer, luxer, rompre l'épaule — couvrir, faire un épaulement, mettre à couvert — aider, appuyer, assister, donner de l'appui, favoriser, fortifier, prêter l'épaule, protéger, secourir, soutenir.

ÉPÉE, n. f. V. Bretteur.

ÉPERDU, adj. abattu, ahuri, consterné, découragé, démonté, égaré, effrayé, épouvanté, étonné, frappé, glacé, interdit, saisi, surpris, troublé.

ÉPERDUMENT, adv. à l'excès, excessivement, extrêmement, fortement, violemment.

ÉPERONNER, v. sermonner, solliciter. V. Stimuler.

Ephémère, *adj.* momentané, passager, peu durable, qui est de courte durée, qui ne dure qu'un jour.

Ephialte, s. m. V. *Cauchemar.*

Epicer, v. aromatiser, assaisonner d'épices.

Epices, n. f. pl. drogues aromatiques, épiceries. — coût d'une sentence, frais d'un arrêt, vacation de juge.

Epicier, n. m. apothicaire, droguiste, marchand d'épiceries.

Epicurien, *adj.* disciple, sectateur d'Epicure — débauché, efféminé, indolent, mou, sensuel, voluptueux.

Epidémie, n. f. contagion, maladie populaire, mal contagieux.

Epidémique, *adj.* communicatif, contagieux, pestilentiel, pestilent, qui se communique, qui se gagne.

Epiderme, n. m. cuticule, pellicule, première peau, surpeau.

Epier, v. monter en épi, pousser des épis — aller à la découverte. V. *Espionner.*

Epigrammatique, *adj.* délicat, fin, ingénieux, piquant, saillant, tenant de l'épigramme.

Epigramme, n. f. bon mot, jeu d'esprit, mot piquant, pensée ingénieuse, petit poème piquant, pointe, saillie.

Epigraphe, n. f. devise, maxime, pensée, sentence mise à la tête d'un ouvrage — inscription, titre.

Epilepsie, n. f. haut-mal, mal caduc.

Epilogue, n. m. V. *Péroraison.*

Epiloguer, v. censurer, chicaner, critiquer, harceler, picoter, pointiller, relever, remarquer, reprendre.

Epimodeur, n. m. censeur éternel, chicaneur, contrôleur, critique, éplucheur, pointilleux, tracassier.

Epine, n. f. piquant, pointe. — V. *Difficulté.*

Epineux, *adj.* garni, hérissé, plein d'épines — difficile, embarrassé, fâcheux, hérissé de difficultés, plein d'embarras — bizarre, bourru, capricieux, chicaneur, difficile à ménager, difficultueux, tracassier, vétilleur.

Epiphanie, n. f. fête des rois, jour des rois, Théophanie.

Epiphonème, n. m. exclamation sentencieuse, réflexion, sentence.

Epique, *adj.* héroïque.

Episcopal, *adj.* appartenant à l'évêque, digne d'un évêque, pontifical.

Episode, n. m. digression, événement détaché, incident.

Epithète, n. f. adjectif, qualification, qualité, surnom.

Epitome, n. m. V. *Compendium.*

Epître, n. f. lettre, missive.

Eploré, *adj.* larmoyant, pleurant, qui est en pleurs, qui fond en larmes.

Epluchement, n. m. discussion, disquisition, examen, recherche exacte.

Eplucher, v. monder, nettoyer, trier — approfondir, creuser, discuter, examiner, fouiller, fureter, rechercher soigneusement, sonder.

Eplucheur, n. m. celui qui épluche, censeur rigoureux, contrôleur, critique, épilogueur, examinateur attentif.

Epointer, v. V. *Emousser.*

Epopée, n. f. poème épique.

Epoque, n. f. V. *Ere.*

s'Epoumoner, v. fatiguer, user

ses poumons — crier beaucoup, parler fort haut.

ÉPOUSAILLES, s. f. pl. V. Noces.

ÉPOUSER, v. prendre en mariage, se marier — s'attacher par choix, se fixer à un parti, s'en tenir à un choix.

ÉPOUSSETER, v. ôter la poudre. V. Vergeter — bâtonner, battre, donner des coups de bâton, fustiger, maltraiter, rosser.

ÉPOUSSETTES, s. f. pl. petite brosse, vergettes.

ÉPOUVANTABLE, adj. V. Effrayant. V. Prodigieux.

ÉPOUVANTABLEMENT, adv. V. Abominablement. V. Énormément. V. Incroyablement.

ÉPOUVANTAIL, s. m. chose qui effraie, fantôme.

ÉPOUVANTE, s. f. étonnement, surprise, tremblement, trouble. V. Appréhension.

ÉPOUVANTER, v. alarmer, causer de l'épouvante, effrayer, émouvoir, étonner, faire peur, inquiéter, intimider, surprendre, troubler.

ÉPOUX, s. m. celui qui se marie, mari, marié.

ÉPREINDRE, v. comprimer. V. Presser.

ÉPREINTE, s. f. tranchées.

ÉPREUVE, s. f. V. Expériences — vérification — noviciat, probation, — échantillon, modèle, montre. —

ÉPRIS, adj. charmé, enchanté, enflammé, enthousiasmé, étonné, passionné, saisi, surpris.

ÉPROUVER, v. V. Tenter, 2. div. — examiner, vérifier — mettre à l'épreuve, reconnoître — ressentir, sentir, souffrir.

ÉPUISEMENT, n. m. dessèchement. V. Perte. V. Consomption.

ÉPUISER, v. dessécher, tarir, vider, — perdre. V. User — épuisé, adj. V. …

ÉPURER, v. clarifier, distiller, émonder, filtrer, nettoyer, passer, purger, purifier, rendre net, débarrasser, dégager, délivrer.

ÉQUARRIR, v. rendre carré, tailler à angles droits.

ÉQUATEUR, n. m. proportion. V. Contre-poids.

ÉQUIPAGE, n. m. V. Bagage — carrosse, chaise, voiture — les gens d'un vaisseau.

ÉQUIPÉE, n. f. écart, échappée, escapade, espièglerie, étourderie, extravagance, fredaine, témérité, tour de page.

ÉQUIPEMENT, n. m. approvisionnement, assortiment, meubles, provision, ustensiles, vivres.

ÉQUIPER, v. accommoder, appareiller, approvisionner. V. Garnir — apprêter, disposer, réparer.

ÉQUIPOLLENCE, n. f. égalité de valeur, proportion de prix.

ÉQUIPOLLENT, adj. égal, équivalent, pareil, proportionné, qui est de même mesure, qui est de même poids, qui est de même prix, qui est de même valeur.

À L'ÉQUIPOLLENT, phr. adv. à l'avenant, à proportion, au prorata, équivalemment.

ÉQUIPOLLÉ, adj. balancé, compassé, compensé, mis à l'équipollent, proportionné.

ÉQUIPOLLER, v. égaler, être de pareille valeur, être égal, valoir autant.

ÉQUITABLE, adj. exact, raisonnable. V. Impartial.

ÉQUITABLEMENT, adv. avec équité, avec justice, justement, sans partialité.

ÉGITÉ, n. f. impartialité. V. Droiture.

ÉQUIVALEMMENT, adv. V. à l'É-quipollent.

ÉQUIVALENT, adj. V. Équipollent.

ÉQUIVALENT, n. m. avantage égal, même valeur.

ÉQUIVOQUE, adj. ambigu, amphibologique, douteux, incertain, louche, qui est à double sens — peu sûr, problématique, suspect.

ÉQUIVOQUE, n. f. ambiguité, amphibologie, mot à double sens, phrase louche — détour, finesse, subtilité.

ÉQUIVOQUER, v. faire des équivoques, parler ambigument, trouver des équivoques, user d'équivoques.

ÉRADICATION, n. f. V. Déracinement.

ÉRAFLER, ÉRAILLER, v. V. Égratigner.

ÉRAFLURE, ÉRAILLURE, n. f. V. Égratignure.

ÈRE, n. f. date, époque, temps précis d'où l'on compte.

ÉRECTION, n. f. extension, forte tension, roideur — érection, établissement, fondation, institution — consécration, élévation, inauguration.

ÉREINTER, v. briser les reins, fatiguer, harasser — accabler, atterrer, écraser.

ÉRÉMITIQUE, adj. reclus, solitaire.

ERGOT, n. m. griffe, ongle.

ERGOTER, v. V. Pointiller.

ERGOTERIE, n. f. mauvaise dispute. V. Pointillerie.

ERGOTEUR, n. m. chicaneur, pointilleux, vétilleur.

ÉRIGER, v. consacrer, dresser, élever, inaugurer — créer, établir, fonder, instituer.

ERMITAGE, n. m. V. Solitude

—tude, demeure d'un ermite, petite maison.

ERMITE, n. m. anachorète, homme qui vit dans la retraite, homme retiré, reclus, solitaire.

ÉROTIQUE, adj. amoureux, appartenant à l'amour, concernant l'amour, procédant de l'amour.

ÉROTOMANIE, n. f. délire amoureux, folie causée par l'amour.

ERRANT, adj. coureur, fugitif, vagabond — abusé, déçu, égaré, qui est dans l'erreur.

ERRATA, n. m. catalogue, index, liste, recueil, table des fautes à corriger.

ERRER, v. V. Aller.

ERRÉS, n. f. pl. traces, vestiges, voies.

ERREMENTS, n. m. pl. errés, état d'une affaire.

ERRER, v. courir çà et là, être errant, être vagabond, marcher à l'aventure, s'écarter — être dans l'erreur, être dans l'illusion, s'abuser, s'égarer, se tromper.

ERREUR, n. f. V. Illusion, div.—fausse opinion, fausseté, hérésie, sentiment hétérodoxe —faute de calcul, mécompte —détour, égarement. V. Mécompte.

ÉRUDIT, adj. littérateur, plein d'érudition, fort instruit. V. Savant.

ÉRUDITION, n. f. V. Savoir.

ÉRUPTION, n. f. évacuation abondante et subite, explosion, saillie, sortie subite.

ESCABEAU, n. m. ESCABELLE, n. f. selle, siège de bois — marchepied, petite estrade.

ESCADRE, n. f. flotte, flottille, nombre de vaisseaux qui vont ensemble.

ESCADRON, n. m. V. Brigade, compagnie un peu nombreuse, groupe de plusieurs personnes.

ESCALADE, n. f. assaut, atta-

brusquerie. petite maison.

ESCARBILLARD, adj... joué, espiègle... gaillard, qui... bonne...

ESCARPE, adj. coupé... droit, impraticable, inaccessible... roide...

ESCLANDRE, n. m. accident, aventure, malheur qui fait de l'éclat, scandale, confusion... page, trouble, dégât, dommage, perte, ruine.

ESCLAVAGE, n. m. chaînes, fers, liens, prison, dépendance étroite...

ESCLAVE, adj. assujéti, dépendant, soumis, asservi, captif, prisonnier, serf, contraint...

ESCOMPTE... m. dédommage-

remise—intérêt, usure...

...nuer, faire l'escompte... d'escopettes, mousquete... mousqueterie...

ESCORTE, n. f. garde. V.

...Daude, Brigade... troupe.

ESCOUSSE, n. f. ... mouvement... pour mieux sauter...

...armes, exercice des armes... escrime... se battre avec... exercer aux fleurets. V. Contester.

...escrime, maître en fait d'armes. V. Bretteur.

ESCROC, ESCROQUEUR... V. Fripon.

ESCROQUER, v. ... V. Dérober.

...lieu, place entre deux termes. V. Longueur, durée, temps entre deux époques.

ESPACER, v. disposer, distribuer, ... ménager les espaces convenables, séparer, tenir à de justes distances.

ESPALMER, v. V. Brayer.

ESPÈCE, n. f. forme, nature, sorte—apparence, idée, image —pièce de monnoie—accident, cas particulier, hypothèse, supposition...

ESPÉRANCE, n. f. attente, confiance, espérance...

ESPÉRER, v. attendre, avoir confiance, avoir espérance, compter sur, faire fond...

tendre, se confier, se fier, se fonder, se promettre.

Espritour, n. m. V. *Escarbillard*.

Espiègle, n. f. V. *Malice*, 3. *div.*

Espion, n. m. batteur d'estrade, celui qui fait le guet, celui qui va à la découverte, explorateur, mouchard, mouche, observateur.

Espionner, v. épier, être au guet, examiner, faire le guet, faire le métier d'espion, guetter, moucher, observer, reconnaître, servir d'espion.

Esplanade, n. f. espace uni et découvert, place, plate-forme.

Espoir, n. m. V. *Espérance*.

Esponton, n. m. arme d'hast, demi-pique, hallebarde, lance, partuisane, pique, sponton.

Esprit, n. m. pure intelligence, substance incorporelle, substance spirituelle — âme, ange, démon, diable, lutin — entendement, imagination, raison — conception vive, génie, talent. V. *Discernement* — dessein, intention, motif, sens, vue.

Esquif, n. m. V. *Barque*.

Esquibot, n. m. escarcelle, petit pot ouvert par une seule fente, tirelire, tronc portatif.

Esquisse, n. f. premier modèle, premiers linéaments, premiers traits, projet hâtif. V. *Croquis*.

Esquisser, v. crayonner, croquer un dessin, ébaucher, essayer, faire les premiers traits, tracer les premiers linéaments.

Esquiver, v. détourner, échapper, éluder, éviter, fuir, se dérober, se garantir, se sauver, se soustraire.

Essai, n. m. V. *Expérience* — V. *Enquête* — V. *Montre*.

Essaim, n. m. volée de jeunes mouches à miel — compagnie nombreuse, groupe de personnes, multitude, troupe.

Essarter, v. arracher les épines, défricher, déraciner les ronces, détruire les broussailles, extirper les racines.

Essayer, v. faire ses efforts. V. *Tenter*, 2. *div.*

Essence, n. f. constitution, entité, nature, qualité constitutive, qualité essentielle.

Essentiel, adj. appartenant à l'essence, constitutif, naturel — absolument nécessaire, important, indispensable — assuré, solide, sûr.

Essentiellement, adv. par essence, par nature — nécessairement, indispensablement — d'une manière solide, solidement.

Essor, n. m. vol, volée — affranchissement, liberté — élévation, hardiesse, noblesse.

Essorer, v. exposer au grand air, faire sécher à l'air, mettre à l'air pour sécher.

Essoufflé, adj. époumoné, haletant, mis hors d'haleine, respirant avec peine.

Essouffler, v. époumoner, faire perdre la respiration, mettre hors d'haleine.

Essuie-main, n. m. serviette, touaille.

Essuyé, adj. desséché, frotté, nettoyé, sec, séché, torché.

Essuyer, v. dessécher, frotter, nettoyer, sécher, torcher — éprouver, être exposé à, souffrir, soutenir, supporter, surmonter.

Est, n. m. Levant, Orient, région orientale.

Estacade, n. f. barrière, garniture de pieux, palissade, pilotis, rang de pieux.

ESTACHES, n. m. pieux, palis, pieux, poteaux.

ESTAFEUR, n. f. V. Courrier.

ESTAFIER, n. m. laquais, valet de pied.

ESTAFILADE, n. f. V. Balafre — coupure, déchirure, éraillure à un vêtement.

ESTAFILADER, v. balafrer, couper le visage, faire des estafilades, taillader.

ESTAMINET, n. m. cabaret, tabagie, taverne.

ESTAMPE, n. f. gravure, image gravée.

ESTER, avoir action, comparoir, comparoître, intenter action en justice.

ESTIMABLE, adj. digne de louange, d'estime, louable, qui mérite d'être estimé.

ESTIMATEUR, n. m. V. Juge, 2. div.

ESTIMATION, n. f. appréciation, évaluation, prisée, prix, taux, taxation, taxe, valeur.

ESTIME, n. f. appréciation, approbation, bonne opinion, cas, considération, état — honneur, renom, renommée, réputation — V. Opinion.

ESTIMER, v. apprécier, évaluer, fixer la valeur, mettre à prix, priser, taxer — approuver, avoir bonne opinion, avoir de l'estime, considérer, faire cas, faire état, honorer — conjecturer, croire, être d'avis, juger, penser, présumer, soupçonner.

ESTOC, n. m. V. Épée — esprit, génie. V. Cru.

ESTOCADE, n. f. V. Épée — blessure, botte, coup porté — demande importune, prière indiscrète, sollicitation incommode.

ESTOCADER, v. V. Escrimer.

s'ESTOMAQUER, v. V. se Dépiter, se scandaliser, se tenir of-

fensé, s'impatienter, s'irriter, s'offenser.

ESTRADE, n. f. chemin public — élévation, marchepied, petite plate-forme élevée.

ESTRAPADE, n. f. supplice, torture, tourment.

ESTRAPASSÉ, adj. V. Fortrait.

ESTRAPASSER, v. excéder, fatiguer extrêmement, surmener un cheval.

ESTROPIÉ, adj. défectueux, manqué, mutilé, tronqué — entrepris. V. Impotent.

ESTROPIER, v. mutiler, tronquer — abattre, casser, couper un membre, priver de l'usage d'un ou de plusieurs membres, rendre perclus — altérer, corrompre, défigurer, gâter.

ÉTABLE, n. f. écurie.

ÉTABLER, v. loger dans une étable, placer dans une étable.

ÉTABLIR, v. affermir, appuyer, consolider, fortifier, rendre stable. V. Mettre — autoriser, constituer, donner pouvoir — assigner, disposer, indiquer, marquer — décider, déterminer, fixer, ordonner, prescrire, résoudre, statuer — déduire, développer, expliquer, exposer — démontrer, donner les preuves, prouver — donner une profession, donner un état, marier, mettre en ménage, procurer un établissement — créer, donner commencement à, ériger, fonder, instituer.

s'ÉTABLIR, v. prendre une profession, prendre un état, se marier, se mettre en ménage — fixer sa demeure, fixer son domicile, prendre un logement fixe, se placer d'une manière stable.

ÉTABLISSEMENT, n. m. création, érection, fondation, institution — condition, état, fortune, poste — mariage — déduction,

11.

démonstration, développement, explication, exposition, preuve.

ETAGE, n. m, espace, intervalle entre deux planchers — demeure, logement, logis plus ou moins élevé — degré, différence d'élévation ou de condition, état, fortune, profession, qualité, rang.

ETAIN, n. f. V. Etrésillon.

ETAL, n. m. V. Echoppe.

ETALAGE, n. m. détail, explication, exposition, récit — ajustement, parure. V. Faste.

ETALER, v. déployer, développer, étendre, exposer, mettre en vente — faire montre, faire parade, montrer avec ostentation, prôner, vanter.

ETANCHER, v. arrêter, faire cesser, tarir un écoulement — apaiser, calmer, éteindre, faire passer la soif.

ETANÇON, n. m. V. Etrésillon.

ETANÇONNER, v. V. Arcbouter — affermir, consolider, fortifier, rendre stable.

ETANG, n. m. réservoir d'eau.

ETAT, n. m. constitution, contenance, disposition, posture, situation — domaine, empire, étendue de pays soumis au même gouvernement, principauté, royaume. V. Bordereau. V. Catalogue. V. Rang, 4. div. V. Office.

FAIRE ETAT, phr. V. Estimer, 2. et 3. div. — avoir dessein, former le projet, projeter, se proposer, se promettre. V. Espérer.

ETAYER, v. V. Arcbouter — affermir, consolider, fortifier, rendre solide — favoriser, protéger, seconder.

ETE, n. m. ardeur du soleil, grandes chaleurs, saison chaude.

ETEINDRE, v. affoiblir, amortir, apaiser, arrêter, calmer, étouffer — abolir, anéantir,

annuler, casser, détruire, effacer, exterminer, supprimer.

ETENDARD, n. m. V. Bannière.

ETENDRE, v. épanouir, éparpiller. V. Déplier — écrire au long, expliquer amplement, exposer au long, mettre au long — accroître, agrandir, amplifier, augmenter, exagérer, multiplier, outrer, prolonger — bander, tendre — dilater, donner de l'extension, élargir.

s'ETENDRE, v. atteindre, occuper, tenir un certain espace — s'accroître, s'agrandir, s'alonger, s'élargir — se déplier, se déployer, se dérouler, se développer, s'épanouir, s'éparpiller — aller au-delà, passer outre — parler au long, s'expliquer amplement.

ETENDU, adj. ample, grand, large, long, ouvert, spacieux — déplié, déployé, déroulé, détortillé, développé, épanoui, éparpillé — accru, agrandi, amplifié, augmenté, exagéré, multiplié, prolongé — bandé, tendu — dilaté, élargi — couché, prosterné, renversé, terrassé.

ETENDUE, n. f. V. Longueur.

ETERNEL, adj. dont l'existence est nécessaire, incréé, qui existe par soi-même, qui n'a ni commencement ni fin — indestructible. V. Immortel, 2. div. — dont on ne voit pas la fin, excessivement durable, interminable.

L'ETERNEL, n. m. V. Dieu.

ETERNELLEMENT, adv. de toute éternité, durant toute l'éternité, sans commencement et sans fin — continuellement, immuablement, perpétuellement, sans cesse, sans fin, toujours.

ETERNISER, v. immortaliser,

rendre éternel, rendre immortel — assurer l'immortalité, consacrer à l'immortalité — perpétuer, rendre durable.

ÉTERNITÉ, n. f. durée infinie, durée qui n'a ni commencement ni fin — durée sans fin, perpétuité — immortalité.

DE TOUTE ÉTERNITÉ, phr. adv. V. Éternellement — de temps immémorial, de tout temps.

ÉTÊTER, v. couper la cime, écimer, étoupper, étronçonner.

ÉTEULE, n. f. chaume.

ÉTHÉRÉ, adj. délié, fin, pur, subtil — pénétrant — appartenant au ciel, céleste.

ÉTHIQUE, ÉTHOLOGIE, nn. ff. discours sur les mœurs, morale, traité sur les mœurs.

ÉTHNARQUE, n. m. chef, commandant, gouverneur d'une province.

ÉTHNIQUE, adj. national, provincial, propre d'une nation, qui désigne l'habitant d'un certain pays. V. Païen.

ÉTHOPÉE, n. f. description des sentiments. peinture des mœurs, portrait moral.

ÉTINCELANT, adj. brillant, éblouissant, éclatant, petillant, reluisant, resplendissant, vif.

ÉTINCELER, v. reluire avec éclat, resplendir, scintiller. V. Éclairer.

ÉTINCELLE, n. f. bluette, petillement, petite parcelle de feu.

ÉTINCELLEMENT, n. m. V. Éclat.

ÉTIQUE, adj. amaigri. V. Maigre.

ÉTIQUETER, v. donner un titre, fixer par un écriteau, intituler, marquer d'un signe, mettre une inscription.

ÉTIQUETTE, n. f. V. Écriteau

— cérémonial, règle, rit, usage des cours.

ÉTIRER, v. alonger, étendre.

ÉTISIE, n. f. V. Marasme.

ÉTOFFE, n. f. tissu pour faire des vêtements — matière des ouvrages - condition, extraction, naissance, origine, qualité.

ÉTOFFÉ, adj. ajué. V. Étoffer. V. Opulent.

ÉTOFFER, v. charger, décorer, douer, embellir, orner, parer — doter, fournir, garnir, meubler, donner de l'aisance, enrichir, mettre à l'aise, rendre opulent.

ÉTOILE, n. f. astre.

ÉTOILÉ, adj. brillant d'étoiles, parsemé d'étoiles, semé d'étoiles, serein.

ÉTONNAMMENT, adv. V. Prodigieusement.

ÉTONNANT, adj. V. Prodigieux.

ÉTONNÉ, adj. V. Ahuri.

ÉTONNEMENT, n. m. admiration, enchantement, surprise — alarme, effroi, épouvante, étourdissement, frayeur subite, saisissement, terreur, trouble — agitation, commotion, ébranlement, secousse.

ÉTONNER, v. V. Surprendre, alarmer, causer de l'effroi, consterner, effrayer, remplir de terreur — agiter, ébranler, secouer.

ÉTOUFFANT, adj. suffoquant.

ÉTOUFFÉ, adj. respirant difficilement. V. Étouffer.

ÉTOUFFER, v. oppresser, ôter la respiration, suffoquer — cacher, dissimuler, amortir, arrêter, assoupir, calmer — dompter, supprimer, détruire — dissiper, faire cesser.

ÉTOUPER, v. boucher d'étoupe, fermer avec de l'étoupe, mettre un bouchon d'étoupe, tamponner avec de l'étoupe.

ÉTOURDERIE, n. f. défaut de circonspection. V. *Dissipation,* 2. div. témérité. V. *Imprudence.*

ÉTOURDI, adj. dissipé, distrait, écervelé, évaporé, éventé, imprudent, inappliqué, inattentif, inconsidéré, indiscret, léger, mal avisé, précipité, téméraire, un peu fou — V. *Étonné.*

ÉTOURDIMENT, adv. à l'étourdi, à sa tête, en étourdi, en imprudent, hurluberlu, sans attention, sans considération, sans mesure, sans précaution, sans réflexion. V. *Imprudemment.*

ÉTOURDIR, v. causer une émotion; surprendre la raison. V. *Démonter* — fatiguer, importuner, incommoder, rompre la tête — apaiser, dissiper, endormir la douleur.

s'ÉTOURDIR, v. détourner sa pensée, faire effort pour oublier, se dissiper, se distraire, se faire illusion, se tromper soi-même, s'ôter le sentiment, tâcher d'oublier.

ÉTOURDISSANT, adj. bruyant, fatigant, importun, qui étourdit, qui rompt la tête.

ÉTOURDISSEMENT, n. m. V. *Vertige.*

ÉTRANGE, adj. insolite, inusité. V. *Prodigieux.*

ÉTRANGEMENT, adv. contre l'ordre, contre l'usage, contre nature, d'une manière étrange, étonnamment, excessivement, extraordinairement, extrêmement, grandement, violamment.

ÉTRANGER, adj. né ailleurs, né hors du pays, qui est d'un autre endroit, qui est d'une autre nation, venu d'ailleurs — externe, qui est de dehors — ajouté, pris, tiré d'ailleurs.

ÉTRANGER, v. chasser, con-

gédier, éloigner, faire retirer, renvoyer, se débarrasser, se défaire, se délivrer de quelqu'un, se dépêtrer.

ÉTRANGLÉ, adj. V. *Étrangler.*

ÉTRANGLEMENT, n. m. V. *Resserrement* — suffocation.

ÉTRANGLER, v. étouffer, prendre à la gorge, suffoquer — comprimer, presser, serrer — expédier légèrement, hâter, précipiter — étrécir, rendre trop étroit, resserrer trop — développer trop peu, ne pas étendre assez.

ÊTRE, v. exister, jouir de l'existence, subsister — avoir pour essence, avoir pour éléments ou pour parties, consister — arriver.

ÊTRE, n. m. existence, subsistance, vie — ce qui est; ce qui existe, chose existante.

ÉTRÉCIR, v. accourcir, étreindre, ôter de la largeur, raccourcir, rendre étroit, resserrer, rétrécir, serrer — abréger, diminuer.

ÉTRÉCISSEMENT, n. m. ÉTRÉCISSURE, n. f. V. *Resserrement* — abrégé, diminution.

ÉTREINDRE, v. V. *Étrécir* — allier, joindre, unir étroitement.

ÉTRENNE, n. f. don, présent du premier jour de l'année — premier essai, premier usage d'une chose — premier argent que l'on reçoit, première recette. V. *Entamure.*

ÉTRENNER, v. donner les étrennes, faire les présents d'étrennes — commencer, être le premier — avoir le premier usage, faire le premier essai, goûter le premier — faire la première recette, recevoir le premier argent.

ÊTRES, n. m. pl. coins et recoins, distribution, détours

d'une maison, les tours et détours d'un parc ou d'une vaste habitation.

ÉTRÉSILLON, n. m. appui, arc-boutant, contre-boutant, étaie, étançon, soutien, support.

ÉTRÉSILLONNER, v. V. Arc-bouter.

ÉTRILLER, v. décrasser, frotter, nettoyer, panser un cheval. V. Rosser.

ÉTRIPER, v. arracher les entrailles, effondrer, éventrer, ôter les tripes, tirer les boyaux.

ÉTRIVIÈRE, n. f. V. Courroie.

ÉTRIVIÈRES, n. f. pl. V. Fustigation.

ÉTROIT, adj. angustié, borné, étréci, peu large, pressé, qui a peu de largeur, resserré, serré — austère, exact, régulier, rigide, sévère.

ÉTROITEMENT, adv. à l'étroit, d'une manière étroite, serrée — exactement, régulièrement. V. Durement — extrêmement, fortement, indispensablement, singulièrement.

ÉTRONÇONNER, v. V. Étêter.

ÉTROUSSE, n. f. abandon, adjudication, délivrance, livraison.

ÉTROUSSER, v. abandonner, accorder, adjuger, allouer, attribuer, délivrer, laisser, livrer.

ÉTUDE, n. f. empressement d'apprendre. V. Méditation — lieu de travail chez un notaire ou un procureur. V. Savoir-faire.

ÉTUDIANT, n. m. V. Écolier.

ÉTUDIÉ, adj. composé, fait exprès, médité, préparé, recherché, réfléchi — affecté, composé, contrefait, feint, simulé — bien fini, travaillé, fait avec soin.

ÉTUDIER, v. apprendre, approfondir, examiner sérieusement,

lire, méditer, prendre connaissance, s'appliquer, s'instruire — considérer, observer, affecter, composer, contrefaire, feindre, simuler.

s'ÉTUDIER, v. faire ses efforts, prendre à tâche, s'appliquer, s'efforcer, s'employer, s'exercer, tâcher.

ÉTUI, n. m. boîte, écrin, fourreau, gaine.

ÉTUVE, n. f. bain chaud — petit four, poêle.

ÉTUVER, v. bassiner, faire des fomentations, fomenter, humecter, laver doucement.

ÉTUVISTE, n. m. V. Baigneur.

ÉTYMOLOGIE, n. f. V. Dérivation, dédit.

ÉTYMOLOGIQUE, adj. appartenant à l'étymologie, appuyé sur l'étymologie, concernant les étymologies, fondé sur l'étymologie, qui regarde les étymologies.

EUCHARISTIE, n. f. le corps et le sang de Jésus-Christ sous les espèces du pain et du vin, le Sacrement de l'autel, le très saint Sacrement.

EUCOLOGE, n. m. livre de prières, offices de l'église.

EULOGIE, n. f. bénédiction, chose bénite, pain bénit.

EUMÉNIDES, n. f. pl. furies, vengeresses des crimes — remords, reproches de la conscience.

EUNUQUE, n. m. castrat.

EUPHÉMISME, n. m. adoucissement d'idées, détour adroit, expression détournée, ménagement dans les termes, mots couverts, précaution oratoire, termes palliatifs.

EUPHONIE, n. f. son agréable — agrément, douceur, élégance, facilité de la prononciation.

EUPHONIQUE, adj. appartenant

à l'euphonie, favorable à l'euphonie, qui contribue à l'euphonie, qui facilite la prononciation, qui la rend plus douce.

EURYTHMIE, *n. f.* arrangement bien entendu, belle ordonnance, belle proportion, bel ordre.

EUTRAPÉLIE, *n. f.* agrément, délicatesse, expression ingénieuse, facétie, gaieté, plaisanterie fine, tour heureux.

EVACUANT, EVACUATIF, *adjectifs.* V. *Purgatif.*

EVACUATION, *n. f.* décharge d'humeurs ou d'excréments, purgation, vidanges. V. *Délogement.*

EVACUER, *v.* décharger des humeurs ou des excréments, déterger, expulser, faire sortir, nettoyer, purger—abandonner, déguerpir, déloger, déménager, laisser libre, laisser vide, se retirer de, sortir de, vider.

s'EVADER, *v.* se retirer, se tirer d'embarras, sortir. V. *se Sauver* — se débarrasser, se dégager.

EVAGATION, *n. f.* V. *Dissipation,* 2. *div.*

EVALUATION, *n. f.* V. *Estimation.*

EVALUER, *v.* estimer. V. *Priser.*

EVANGÉLIQUE, *adj.* conforme à l'Evangile, contenu, enseigné dans l'Evangile, prescrit par l'Evangile, qui est de l'Evangile, qui est selon l'Evangile.

EVANGÉLIQUEMENT, *adv.* chrétiennement, conformément à l'Evangile, d'une manière évangélique, selon l'Evangile, suivant les maximes, l'esprit de l'Evangile.

EVANGÉLISER, *v.* annoncer, prêcher, publier l'Evangile.

EVANGILE, *n. m.* doctrine chrétienne, loi de grâce, loi de Jésus - Christ, loi nouvelle,

religion chrétienne — histoire de Jésus-Christ, vie de Jésus-Christ écrite par les évangélistes.

s'EVANOUIR, *v.* perdre connoissance, se pâmer, tomber en défaillance — disparoître, ne paroître plus — devenir à rien, être anéanti, périr.

EVANOUISSEMENT, *n. m.* perte de connoissance. V. *Pâmoison.* disparition, suppression.

EVAPORATION, *n. f.* exhalaison, vapeur — dessèchement, dessiccation, dissipation lente. — V. *Dissipation,* 2. *div.*

EVAPORÉ, *adj.* extravagant. V. *Etourdi.*

EVAPORER, *v.* dissiper, exhaler — calmer, soulager.

s'EVAPORER, *v.* se dissiper, s'exhaler, se résoudre en vapeurs, se perdre, se répandre, s'évanouir — prendre du plaisir, se distraire, se divertir, se donner carrière, s'émanciper.

EVASEMENT, *n. m.* V. *Orifice.*

EVASER, *v.* élargir, étendre l'ouverture, ouvrir davantage.

EVASION, *n. f.* fuite, retraite —couverture. V. *Faux-fuyant.*

EVÊCHÉ, *n. f.* département, diocèse, district, ressort, territoire sujet à un évêque — dignité épiscopale, épiscopat, prélature — logement de l'évêque, palais épiscopal.

EVEIL, *n. m.* premier avertissement, premier avis, première idée, première pensée.

EVEILLÉ, *adj.* V. *Alerte,* *adj.* —gai, gaillard, guilleret, réjoui —espiègle, lutin.

EVEILLER, *v.* faire cesser le sommeil, interrompre le sommeil, rompre le sommeil — égayé, réjouir—animer, exciter, inspirer de l'ardeur.

EVÈNEMENT, *n. m.* issue, réussite, succès — exécution, fin —

cas, accident — aventure, hasard.

Event, n. m. altération, corruption, putréfaction commencée par l'impression de l'air — air — étourderie, évaporation, inconstance, légèreté.

Eventé, adj. altéré par l'air, gâté par l'air, qui a pris l'air, qui a un goût d'évent, qui sent l'évent. —V. Ebruité.V.Etourdi.

Eventer, v. aérer, donner de l'air, exposer à l'air, faire du vent, mettre à l'air, ouvrir à l'air. V. Ebruiter.

Eventrer, v. V. Etriper.

Eventuel, adj. accidentel, casuel, dépendant de quelque évènement douteux, fondé sur un évènement incertain.

Eventuellement, adv. accidentellement, casuellement.

Evêque, n. m. pontife, prélat.

Eversion, n. f. bouleversement, ravage. V. Ruine.

s'Evertuer, faire des efforts, faire son possible, s'animer, s'efforcer, s'exciter, tâcher.

Evidemment, adv. avec évidence. V. Manifestement.

Evidence, n. f. assurance distincte, certitude manifeste, clarté, connoissance claire.

Evident, adj. distinct, incontestable.

Evider, v. repercer, tailler à jour, trouer—canneler — échancrer — désempeser, faire sortir l'empois.

Evier, n. m. aquéduc. V. Egout.

Evincer, v. chasser, déposséder, dépouiller, expulser, mettre dehors, renvoyer d'un bien — anéantir, annuler, détruire, renverser, ruiner une prétention.

Eviter, v. s'épargner, s'évader. V. Esquiver.

Evocation, n. f. appel — récusation d'un tribunal, renvoi à un autre tribunal.

Evocatoire, adj. servant à l'appel, sujet à l'appel, — qui évoque, — qui peut être évoqué, susceptible d'évocation.

Evolution, n. f. contre-marche.

Evoquer, v. appeler à soi, attirer à soi, conjurer, faire paroître des spectres. — tirer d'un tribunal.

Exact, adj. assidu, attaché, attentif, empressé, ménager, ponctuel, soigneux, — correct, étudié, limé, poli, recherché, régulier, soigné, sûr.

Exactement, adv. assidument, avec circonspection, avec économie, avec ménage, V. Ponctuellement—avec étude, avec recherche, correctement, d'une manière exacte, sûrement.

Exacteur, n. m. collecteur, commis, maltôtier, receveur des impositions — celui qui fait des exactions, concussionnaire.

Exaction, n. f. V. Maltôte.

Exactitude, n. f. assiduité, circonspection, empressement. V. Soin — correction, régularité.

Exagérateur, n. m. V. Hâbleur.

Exagération, n. f. V. Hyperbole — bourde, gasconnade, hâblerie.

Exagéré, adj. V. Hyperbolique.

Exagérer, v. ajouter, amplifier, augmenter, enfler, grossir, porter au-dessus de la vérité, user d'hyperbole.

Exaltation, n. f. V. Promotion.

Exalter, v. avancer, élever, promouvoir. V. Préconiser, 2. div.

Examen, n. m. V. Enquête

— épreuve, essai, expérience, tentative — censure, critique.

EXAMINATEUR, n. m. censeur, critique — observateur, scrutateur, vérificateur.

EXAMINER, v. rechercher. V. Observer, 2. div. V. Tenter, 2. div. — censurer, critiquer, vérifier.

EXAUCER, v. écouter favorablement. V. Octroyer.

EXCAVATION, n. f. brèche. V. Cavité.

EXCAVER, v. V. Creuser.

EXCÉDANT, n. m. V. Excès.

EXCÉDÉ, adj. outrepassé, surpassé — outré, porté à l'excès — battu, meurtri de coups, outragé.

EXCÉDER, v. V. Outrepasser, outrer, porter à l'excès — accabler de coups, battre, meurtrir, outrager. V. Estrapasser.

EXCELLEMMENT, adv. par excellence, parfaitement. V. Admirablement.

EXCELLENT, adj. accompli, admirable, éminent, exquis, grand, magnifique, merveilleux, noble, parfait, prééminent, rare, singulier, suréminent, très bon.

EXCELLER, v. V. Prévaloir.

EXCEPTÉ, prép. à la réserve de, à l'exception de, hormis, hors, sauf, si ce n'est.

EXCEPTER, v. exclure, exempter, mettre hors de la règle, réserver, retrancher, soustraire, tirer de la règle.

EXCEPTION, n. f. V. Limitation.

EXCÈS, n. m. résidu, restant, surplus — outrage, violence — emportement, incontinence. V. Désordre, 2. div.

EXCESSIF, adj. déréglé, désordonné, extrême, immodéré. V. Outré. V. Hyperbolique.

EXCESSIVEMENT, adv. à l'ex-

cès, avec excès, démesurément, exorbitamment, extrêmement, immodérément, outrément, outre mesure, sans mesure, sans règle, sans retenue.

EXCITATION, n. f. instance, remontrance, sermon. V. Insinuation.

EXCITER, v. insinuer, instiguer, porter, provoquer, soulever. V. Stimuler — causer, donner lieu, occasioner, produire.

EXCLAMATION, n. f. clameur, cri, élévation de voix, glapissement — acclamation, applaudissement, épiphonème — cri d'admiration, de désir, de douleur, d'effroi, d'étonnement, d'indignation, de joie, de peur, de ravissement, de sensibilité, de surprise, etc.

EXCLURE, v. excepter, expulser, refuser, retrancher. V. Expulser — débouter, faire déchoir, s'opposer aux prétentions.

EXCLUSION, n. f. bannissement, congé, éloignement, exception, expulsion, refus, renvoi, retranchement.

EXCLUSIVEMENT, adv. à la réserve de, à l'exception de, en exceptant, excepté, hormis, hors, sauf.

EXCOMMUNICATION, n. f. censure ecclésiastique. V. Anathème.

EXCOMMUNIER, v. anathématiser, priver de la communion des fidèles, retrancher du corps de l'église.

EXCORIATION, n. f. V. Egratignure.

EXCORIER, v. arracher la peau, écorcher, égratigner — écorcer, enlever l'écorce, peler.

EXCRÉMENT, n. m. déjection,

éjection, fiente, matière fécale, superflu.

EXCRÉMENTEUX, adj. excrémentiel, excrémentitiel, qui tient de l'excrément.

EXCROISSANCE, n. f. V. Tumeur.

EXCURSION, n. f. V. Incursion—sortie—digression, écart, épisode.

EXCUSABLE, adj. V. Graciable.

EXCUSATION, n. f. cause, motif, raison d'exception.

EXCUSE, n. f. V. Prétexte.

EXCUSER, v. colorer, décharger, diminuer une faute, disculper, donner des couleurs, justifier, pallier — admettre, agréer, approuver, recevoir une justification—faire grâce, pardonner, supporter, tolérer — dispenser, exempter.

s'EXCUSER, v. se décharger, se disculper, se justifier — ne pas consentir, refuser — se dispenser, s'exempter.

EXÉCRABLE, adj. V. Abominable.

EXÉCRABLEMENT, adv. V. Abominablement.

EXÉCRATION, n. f. V. Abomination — blasphème, serment horrible—impiété, profanation des choses sacrées.

EXÉCUTER, v. pratiquer, réduire en pratique. V. Effectuer — enlever, saisir des meubles — mettre à mort, supplicier.

EXÉCUTEUR, n. m. celui qui est chargé d'une exécution, celui qui exécute—bourreau, maître des hautes œuvres.

EXÉCUTION, n. f. V. Réalisation — enlèvement, saisie de meubles — punition, supplice d'un criminel.

EXEMPLAIRE, adj. digne d'être imité. V. Edifiant.

EXEMPLAIRE, n. m. V. Montre — plan. V. Original, 2. div.

EXEMPLAIREMENT, adv. avec édification, d'une manière exemplaire.

EXEMPLE, n. m. V. Exemplaire, n. m. V. Parabole.

PAR EXEMPLE, phr. adv. c'est-à-dire, comme qui diroit, par comparaison.

EXEMPT, adj. affranchi, dispensé, exempté, franc, libre, non assujéti, non astreint, qui n'est point obligé, qui n'est point sujet, quitte.

EXEMPTER, v. affranchir, délivrer, dispenser, donner exemption, garantir, préserver, quitter, tenir quitte.

EXEMPTION, n. f. affranchissement. V. Immunité.

EXERCER, v. V. Dresser — donner du mouvement, faire mouvoir, occuper — mettre en pratique, mettre en usage, pratiquer, professer — éprouver, mettre à l'épreuve.

EXERCICE, n. m. accoutumance, coutume, habitude. V. Travail — agitation, fatigue, mouvement — tâche, V. Office, épreuve, expérience, pratique.

EXERGUE, n. m. petit espace, au bas d'une médaille — date, devise, inscription, souscription.

EXHALAISON, n. f. air subtil, corpuscules échappés, évaporation, haleine, vapeur.

EXHALER, v. disséminer, évaporer, pousser dehors, répandre des vapeurs — adoucir, calmer, dissiper, faire évaporer, soulager.

s'EXHALER, v. se disséminer, s'évaporer, se répandre—éclater, se soulager.

EXHAUSSEMENT, n. m. V. Haussement.

EXHAUSSER, v. V. Hausser.

EXHÉRÉDER, v. V. Déshériter.

Exhibé, *v.* faire paroître, faire voir, mettre sous les yeux, montrer, présenter, produire, représenter des papiers.

Exhibition, *n. f.* exposition, montre, présentation, production, représentation de papiers.

Exhortation, *n. f.* V. *Excitation.*

Exhorter, *v.* aiguillonner, animer, persuader, presser. V. *Instiguer.*

Exhumer, *v.* déterrer, retirer de la sépulture.

Exigeant, *adj.* absolu, hautain, impérieux, qui a des prétentions, qui exige des complaisances ou des soumissions.

Exiger, *v.* contraindre, demander, obliger, redemander, répéter, requérir.

Exigu, *adj.* court, étroit, fort borné, peu étendu. V. *Médiocre.*

Exiguité, *n. f.* V. *Médiocrité.*

Exil, *n. m.* V. *Ban, 2. div.*

Exiler, *v.* V. *Bannir.*

Exilité, *n. f.* délicatesse, foiblesse. V. *Exiguité.*

Existence, *n. f.* réalité.

Exister, *v.* avoir l'être, être actuellement, jouir de l'existence—subsister, vivre.

Exorbitamment, *adv.* V. *Excessivement.*

Exorbitant, *adj.* démesuré, fort grand, immodéré. V. *Prodigieux.*

Exorciser, *v.* adjurer, commander au nom de Dieu, conjurer—exhorter, porter, pousser, presser fortement.

Exorcisme, *n. m.* adjuration, commandement au nom de Dieu, conjuration.

Exorde, *n. m.* avant-propos, commencement d'un discours, début, préambule, préface, pré-

liminaire, prélude, prolégomènes, prologue.

Exotique, *adj.* V. *Étranger.*

Expansible, *adj.* capable d'expansion, dilatable, extensible.

Expansion, *n. f.* V. *Dilatation.*

Expatrier, *v.* V. *Exiler.*

s'Expatrier, *v.* abandonner sa patrie, déserter son pays, émigrer de son lieu natal, quitter son pays, sortir de sa patrie.

Expectant, *adj.* espérant, prétendant, qui a droit d'espérer.

Expectation, *n. f.* attente, espérance—doute, suspension de jugement.

Expectative, *n. f.* attente fondée, confiance, espérance, espoir—droit de survivance.

Expectoration, *n. f.* V. *Crachement.*

Expectorer, *v.* chassé par les crachats, cracher, rejeter, rendre, vomir.

Expédient, *adj.* avantageux, bon, commode, convenable, décent, nécessaire, profitable, utile.

Expédient, *n. m.* façon, manière, moyen, ouverture, ressource, voie.

Expédier, *v.* achever, finir, terminer—dépêcher, V. *Hâter*—envoyer, faire partir—exécuter à mort, faire mourir, tuer—délivrer des actes, donner copie, revêtir des formes nécessaires.

Expéditif, *adj.* V. *Diligent*—vif.

Expédition, *n. f.* campagne, entreprise militaire—activité, célérité, diligence, prestesse, promptitude—copie d'un acte.

Expérience, *n. f.* entreprise, épreuve, essai, examen, tentative—coutume, exercice, habitude, usage — capacité, connoissance, facilité, habileté acquise par l'usage.

EXPÉRIMENTÉ, adj. V. Connoisseur — éprouvé, essayé, examiné, mis à l'épreuve.

EXPÉRIMENTER, v. V. Tenter, 2. div.

EXPERT, adj. connoisseur. V. Habile.

EXPIATION, n. f. peine du crime, réparation, satisfaction — sacrifice expiatoire.

EXPIATOIRE, adj. V. Piaculaire.

EXPIER, v. effacer les fautes, purifier — réparer, satisfaire.

EXPILATION, n. f. déprédation, distraction d'effets, enlèvement, larcin, pillage, pillerie, soustraction, vol, volerie.

EXPIRATION, n. f. cessation, fin, terme.

EXPIRER, v. cesser, être à la fin, finir, prendre fin — mourir, rendre l'âme, rendre le dernier soupir, rendre l'esprit.

EXPLICABLE, adj. qui peut être expliqué, susceptible d'explication.

EXPLICATIF, adj. V. Interprétatif.

EXPLICATION, n. f. V. Commentaire.

EXPLICITE, adj. clair, développé, distinct, formel, intelligible, net, précis.

EXPLICITEMENT, adv. intelligiblement, nettement. V. Formellement.

EXPLIQUER, v. débrouiller, déclarer, donner l'intelligence, faire entendre, rendre intelligible. V. Gloser.

EXPLOIT, n. m. action mémorable, action signalée, fait éclatant — ajournement, assignation, déclaration par huissier, saisie.

EXPLOITABLE, adj. qui peut être exécuté, saisi, vendu, — qui peut

être débité, employé, façonné, mis en œuvre.

EXPLOITER, v. ajourner, assigner, saisir, signifier une déclaration juridique — cultiver, faire valoir, mettre en valeur — débiter, employer, façonner, mettre en œuvre.

EXPLORATEUR, n. m. observateur.

EXPOSÉ, n. m. V. Narration.

EXPOSER, v. découvrir, étaler, faire voir, mettre en vue, montrer — abandonner, délaisser, livrer à la merci publique — dire, faire entendre, interpréter. V. Narrer — représenter — placer, situer, tourner de certain côté — aventurer, compromettre, hasarder, mettre au hasard, mettre en danger, mettre en péril, risquer.

EXPOSITION, n. f. déclaration, détail. V. Narration. V. Commentaire — encan, vente publique — étalage, montre — abandon, délaissement. V. Site.

EXPRÈS, adj. V. Explicite.

EXPRÈS, n. m. V. Courrier.

EXPRÈS, adv. à dessein, avec intention, de propos délibéré, ex professo.

EXPRESSÉMENT, adv. en termes exprès. V. Formellement.

EXPRESSIF, adj. clair, emphatique, énergique, significatif.

EXPRESSION, n. f. extraction, pressurage, succion, sucement — arrangement de mots, choix des termes, diction, élocution, énonciation, locution, manière de s'exprimer, style, tour, tournure — mot, parole, phrase, terme.

EXPRIMABLE, adj. aisé à exprimer, qui peut être exprimé, qu'on peut énoncer, susceptible d'être rendu.

EXPRIMER, v. extraire, pressurer, sucer, tirer le suc. — décrire, dépeindre, représenter — dire, énoncer, expliquer, exposer, rendre par le discours.

EXPULSER, v. bannir, chasser, congédier, écarter, éloigner, éconduire, éliminer, exclure, faire retirer, mettre dehors, renvoyer.

EXPULSION, n. f. V. Exclusion.

EXQUIS, adj. choisi, délicat, divin, fin, précieux, recherché, superfin. V. Excellent.

EXTANT, adj. actuel, existant, présent, qui est en nature.

EXTASE, n. f. V. Ravissement.

EXTASIÉ, adj. ravi en extase, rempli d'admiration, transporté hors de soi.

EXTENSIBLE, adj. V. Expansible.

EXTENSION, n. f. alongement, dilatation, élargissement, étendue, expansion, prolongement — addition, augmentation, prolongation.

EXTÉNUATION, n. f. V. Amaigrissement.

EXTÉNUÉ, adj. et

EXTÉNUER, v. affoiblir, amaigrir, amoindrir, atténuer, décharner, détruire les forces, diminuer, ôter la vigueur.

EXTÉRIEUR, adj. apparent, externe, extrinsèque, qui se montre au dehors, qu'on peut voir, visible.

EXTÉRIEUR, n. m. V. Mine — superficie, surface.

EXTÉRIEUREMENT, adv. à l'extérieur, au dehors, en apparence, selon les apparences.

EXTERMINATEUR, n. m. V. Destructeur.

EXTERMINATION, n. f. V. Destruction.

EXTERMINER, v. anéantir, renverser totalement, ruiner de fond en comble, déraciner. V. Extirper, 2. div.

EXTERNE, adj. étranger, extérieur, extrinsèque, qui vient de dehors.

EXTINCTION, n. f. abolition, anéantissement, ruine entière, cessation, fin — abolition, rémission — amortissement.

EXTIRPATION, n. f. V. Déracinement.

EXTIRPER, v. arracher les mauvaises herbes, défricher, déraciner — abolir, bannir, détruire, éteindre, exterminer, faire périr entièrement, ruiner.

EXTORQUER, v. arracher, enlever de force, obtenir par menaces, se faire donner de force, tirer par force.

EXTORSION, n. f. concussion, enlèvement de force, exaction, levée violente, rapine, usurpation violente, violence.

EXTRACTION, n. f. V. Expression. V. Race.

EXTRAIRE, v. exprimer, pressurer, sucer, tirer — abréger, prendre la substance, réduire en précis — copier, dépouiller, transcrire.

EXTRAIT, n. m. jus, quintessence, suc — V. Compendium — copie, dépouillement, expédition, transcription.

EXTRAORDINAIRE, adj. insolite, inusité, nouveau, qui n'est pas commun, rare, singulier, merveilleux, surprenant. V. Mémorable — casuel, fortuit. V. Inespéré — bizarre, choquant, déplacé, ridicule.

EXTRAORDINAIREMENT, adv. contre l'ordinaire, d'une façon extraordinaire, d'une manière peu commune, rarement, singulièrement. V. Prodigieusement

— casuellement, contre toute attente, fortuitement, inopinément — bizarrement, d'une façon choquante, ridiculement.

EXTRAVAGAMMENT, adv. avec extravagance, d'une manière extravagante, en étourdi, en extravagant, en fou, en insensé, étourdiment, follement, impertinemment, ridiculement.

EXTRAVAGANCE, n. f. délire, égarement, étourderie, folie, impertinence, ridiculité.

EXTRAVAGANT, adj. bizarre, étourdi, fanatique, fantasque, visionnaire. V. Absurde.

EXTRAVAGUER, v. être en délire, faire des extravagances, faire des folies, faire le fou, parler en fou, radoter, rêver.

s'EXTRAVASER, v. se répandre, s'étendre, sortir des vaisseaux, surabonder.

EXTRÊME, adj. dernier — excessif, exorbitant, immodéré,

monté au dernier point, porté au plus haut degré, souverain, suprême.

EXTRÊMES, n. m. pl. les contraires, les opposés.

EXTRÊMEMENT, adv. au dernier point, beaucoup, fort, fortement, grandement, souverainement.

EXTRÉMITÉ, n. f. borne, bout, confins, fins, frontières, limites — le dernier moment, le dernier point — abois, agonie, le moment de la mort — excès d'emportement, de violence — V. Pauvreté.

EXTRINSÈQUE, adj. accidentel, adventice, étranger, extérieur, qui vient de dehors.

EXUBÉRANCE, n. f. abondance inutile, affluence, plénitude, redondance, regorgement, superfluité, surabondance, surcroît.

EX-VOTO, n. m. don, oblation, offrande, présent placé dans une église pour acquitter un vœu.

F

FABLE, n. f. chose feinte, conte, fiction, narration fabuleuse, roman — histoire poétique, mythologie, théologie des païens — chose controuvée, imagination. V. Supposition — jouet, risée — argument d'un poème, d'un roman.

FABLIAU, n. m. conte.

FABLIER, n. m. auteur de fables, fabuliste, faiseur de fables, inventeur de fables.

FABRICANT, n. m. manufacturier, marchand qui fait fabriquer.

FABRICATEUR, n. m. artisan,

artiste, ouvrier — auteur, compositeur, créateur, inventeur.

FABRICIEN, n. m. marguillier.

FABRIQUE, n. f. arrangement, composition, construction, création, façon, manière, ordonnance, style, forge, métier. V. Atelier — fonds, revenu temporel d'une paroisse.

FABRIQUER, v. faire, ouvrer, travailler — V. Forger, 2. div.

FABULEUX, adj. controuvé, farci de fables, faux, feint, forgé à plaisir, imaginé, inventé à plaisir, plein de fables.

FABULISTE, n. m. V. Fablier.

FAÇADE, n. f. face, frontispice, partie antérieure.

FACE, n. f. front. V. Mine — aspect, présence, regard — côté, superficie, surface — V. Façade — assiette, état, posture, situation des affaires.

FACÉTIE, n. f. enjouement, mot pour rire, raillerie. V. Drôlerie.

FACÉTIEUX, adj. bouffon, railleur. V. Réjoui.

FACÉTIEUSEMENT, adv. avec enjouement, d'un air enjoué, d'une manière divertissante. V. Drôlement.

FÂCHER, v. aigrir, blesser la délicatesse, causer de la sensibilité, choquer, contrister, courroucer, donner de l'humeur, indigner, irriter, mortifier, offenser.

FÂCHERIE, n. f. courroux, indignation. V. Mécontentement. V. Colère.

FÂCHEUX, adj. chagrinant, contristant, déplaisant, difficile, embarrassant, mortifiant, triste — bizarre, bourru, fantasque, importun, incommode, peu traitable.

FACILE, adj. favorable, indulgent, propice. V. Accommodant. doux, maniable, obéissant, soumis, souple — benêt, dupe, foible, imbécile, mou.

FACILEMENT, adv. avec facilité, d'une manière facile, librement. V. Aisément.

FACILITÉ, n. f. aisance, commodité, habitude — caractère aisé, complaisance, condescendance, douceur, humeur accommodante, humeur commode — indulgence, naturel indulgent — duperie, foiblesse, mollesse.

FACILITER, v. aider, aplanir les difficultés, dissiper les embarras, lever les obstacles, ôter les empêchements, rendre aisé, rendre facile, retrancher les difficultés.

FAÇON, n. f. manière, méthode, procédé — composition, invention — V. Costume — culture, labeur, labourage — agrément. V. Port, 4. dir. — cérémonie, compliment, formalité — affectation, afféterie, grimace — conduite, manière d'agir — ouvrage, ornements, travail.

DE FAÇON, phr. adv. de manière, de sorte, en telle manière, si bien, tellement.

FAÇONNÉ, adj. bien élevé, formé, instruit, poli, qui a bon air, qui a de la grâce, qui a des manières — accoutumé, dressé, fait, habitué, stylé.

FAÇONNER, v. donner la grâce, donner la façon, donner la forme, donner l'air, élever, polir. V. Styler — faire des cérémonies, des difficultés, des façons.

FAÇONNIER, adj. cérémonieux, complimenteur, formaliste, grimacier, qui façonne, qui fait des façons, révérencieux.

FACTEUR, n. m. distributeur de lettres — commis de marchand, commissionnaire — compositeur, fabricateur, faiseur.

FACTICE, adj. fabriqué, fait à plaisir, non naturel. V. Artificiel.

FACTIEUX, adj. V. Séditieux.

FACTION, n. f. V. Cabale, garde, guet, patrouille, ronde, sentinelle, service de soldat.

FACTOTON, n. m. homme complaisant, empressé, prêt à tout faire, qui cherche à se rendre nécessaire, qui fait le bon valet, qui se charge de tout, qui se mêle de tout, Michel Morin, serviteur à toute main.

FACTUM, =FACTON ; *mt. *om. exposition d'un fait en litige, mémoire.

FACTURE, n. f. V. Bordereau.

FACULTÉ, n. aptitude, facilité, pouvoir, propriété, puissance, vertu. V. Efficace — art, commodité, expédient, moyen, occasion, ouverture, savoir-faire, science, sagesse, voie — avantage, capacité, don naturel, qualité, suffisance, talent — avoir, bien de la fortune, revenu, richesse.

FADAISE, n. f. chose fade, fagot. V. Ineptie. V. Frivolité.

FADE, adj. dépourvu de goût, innocent, niais, qui est sans saveur, qui est sans sel, ridicule, mou. V. Languissant, a. div.

FADEUR, n. f. manque d'agrément, raillerie. V. Insipidité.

FAGOT, n. m. V. Faisceau, contes à dormir debout. V. Fadaise.

FAGOTAGE, n. m. assemblage informe, bousillage, mauvaise ordonnance, ramas confus.

FAGOTER, v. faire des fagots, mettre en fagots — bousiller, mal arranger, mettre en mauvais ordre — habiller ridiculement, vêtir mal.

FAGOTEUR, n. m. bûcheron, faiseur de fagots — bousilleur.

FAILLI, n. m. banqueroutier.

FAILLIBILITÉ, n. f. faiblesse, possibilité de faillir, sujétion à l'erreur.

FAILLIBLE, adj. V. Fragile, 2. div.

FAILLIR, v. faire banqueroute — faire faute, faire une fausse démarche, manquer, pécher. V. se Tromper.

FAILLITE, n. f. banqueroute.

FAIM, n. f. besoin de manger. V. Appétit.

FAINÉANT, adj. V. Paresseux.

FAINÉANTER, v. être fainéant,

perdre son temps à ne rien faire.

FAINÉANTISE, n. f. V. Paresse.

FAIRE, v. agir, causer, contribuer, créer, être cause, exercer, pratiquer, produire — contrefaire, imiter — disposer, préparer, ranger — achever, finir, terminer.

se FAIRE, v. arriver — prendre l'habitude, s'accoutumer, se former, s'habituer.

FAISABLE, adj. aisé, facile, possible, praticable — licite, loisible, permis.

FAISANDÉ, adj. corrompu à demi, mortifié.

FAISCEAU, n. m. assemblage de plusieurs choses liées, botte, fagot, fascine, paquet, poignée.

FAISEUR, n. m. V. Fabricateur.

FAIT, adj. causé, créé, produit — exercé, pratiqué — devenu. V. Familiarisé — disposé, préparé, rangé — achevé, fini, terminé.

FAIT, n. m. aventure, événement, exploit. V. Acte — part, portion, propriété — bien, bienséance, convenance.

DE FAIT, phr. adv. à la vérité, au vrai, certainement, effectivement, en effet, indubitablement, réellement, véritablement.

TOUT-À-FAIT, phr. adv. en entier, entièrement, pleinement, totalement.

FAISEUR, n. m. V. Faîte.

FAÎTE, n. m. comble, faîtage — cime, sommet — élévation, hauteur, le haut, le plus haut période, le point le plus élevé.

FAÎTIÈRE, n. f. en faîteau, tuile creuse ou courbée.

FAIX, n. f. V. Fardeau.

FALAISE, n. f. bord escarpé, précipice, rivage escarpé.

FARBALA, n. m. bandes plissées, garniture. V. *Pretintaille.*

FALLACE , n. f. argument captieux , raison , sophistique , sophisme, sophistiquerie,—art, subtilité. V. *Supercherie.*

FILLOGE, v. être de bienséance, de devoir, de nécessité, d'obligation — manquer.

FALOT, m. m. V. *Fanal.*

FALOT, adj. burlesque , grotesque, original, singulier. V. *Plaisant*, 2. et 3. div.

FALOTEMENT, adv. burlesquement, drôlement, d'une manière falote , grotesquement, impertinemment , originalement , plaisamment, ridiculement, risiblement, singulièrement.

FALOURDE, n. f. V. *Fascine.*

FALSIFICATEUR, n. m. corrupteur, faussaire, fripon, homme qui altère, homme qui contrefait.

FALSIFICATION , n. f. altération , contrefaction , corruption , déguisement , imitation insidieuse—mauvais mélange.

FALSIFIER, v. déguiser, vicier. V. *Frelater.*

FAME, adj. connu , dont on parle, qui fait du bruit , renommé.

FAMÉLIQUE, adj. affamé , qui a une grande faim , qui meurt de faim , tourmenté de la faim, travaillé d'une faim extraordinaire.

FAMEUX, adj. connu , dont on parle, estimé , famé, glorieux , mémorable , qui fait grand bruit. V. *Illustre,* décrié, déshonoré , diffamé , infâme, mal famé.

FAMILIARISÉ, adj. accoutumé , dressé , fait, familier, habitué, privé, stylé.

SE FAMILIARISER , v. s'accoutumer, prendre des manières trop libres, se rendre familier,

vivre familièrement—s'accoutumer, se faire, s'habituer.

FAMILIARITÉ , n. f. accès libre , amitié particulière. V. *Hantise* , manière libre , qui vante , procédé, licencieux.

FAMILIER , adj. ami, amical, intime—commun, ordinaire , usuel—libre, qui est sans façon.

FAMILIÈREMENT , adv. amicalement , intimement — librement , rondement , sans cérémonie , sans façon.

FAMILLE, n. f. V. *Race*—corps religieux, société religieuse — espèce, genre.

FAMINE, n. f. V. *Cherté,* 2. div.

FANAGE , n. m. coupe des foins , dessiccation des foins.

FANAISON, n. f. temps de la fenaison.

FANAL, n. m. falot, flambeau, lanterne, phare. V. *Torche.*

FANATIQUE, adj. aliéné d'esprit , enthousiasmé , enthousiaste , excessif, extravagant , fou , frénétique, insensé, superstitieux , visionnaire, zélé à l'excès.

FANATISME , n. m. aliénation d'esprit, dévotion peu mesurée, enthousiasme déréglé, extravagance, folie, frénésie , superstition , vision, zèle excessif — entêtement outré, obstination bizarre.

FANER , v. étendre le foin , faire sécher le foin.

SE FANER , v. languir , se flétrir , se passer , se sécher , vieillir.

FANFARE, n. f. concert d'instruments militaires ou de chasse — grand attirail, grande réjouissance, pompe, vaine ostentation.

FANFARON , n. m. faux brave , fendant, fier-à-bras , gascon , glorieux, hâbleur, important , insolent , matamore , poltron qui fait le brave, présomptueux, rodomont.

FANFARONNADE, FANFARONNERIE, sm. ff. discours arrogant, rodomontade. V. Hâblerie.

FANFRELUCHE, n. f. breloque. V. Babiole.

FANGE, n. f. V. Bourbe — bassesse d'extraction.

FANGEUX, adj. V. Boueux.

FANTAISIE, n. f. folie, imagination, inconstance. V. Lubie.

FANTASQUE, adj. V. Bizarre.

FANTASQUEMENT, adv. V. Bizarrement.

FANTASSIN, n. m. homme de pied, piéton, soldat d'infanterie.

FANTASTIQUE, adj. sans réalité. V. Imaginaire.

FANTÔME, n. m. apparition illusoire, chimère, fantaisie, figure fantastique, image vaine, personnage feint, représentation, spectre, vision.

FAQUIN, n. m. crocheteur, drôle, homme de néant, homme vil.

FARCE, n. f. batelage, bouffonnerie, comédie grossière, pièce burlesque. V. Hachis.

FARCER, v. faire des bouffonneries, faire des farces, jouer quelqu'un, se moquer.

FARCEUR, n. m. V. Baladin.

FARCIR, v. assaisonner, mettre de la farce, remplir de farce — gorger, souler—garnir, larder, mêler, remplir.

FARD, n. m. couleur, teinture, couleur empruntée. V. Imposture.

FARDEAU, n. m. charge, faix, masse, pesanteur, poids.

FARDER, v. appliquer du fard, mettre du fard—cacher des défauts, user d'artifice. V. Pallier.

FARFADET, n. m. esprit follet,

lutin, petit démon. V. Freluquet.

FARFOUILLER, v. bouleverser, brouiller, chiffonner, fouiller, manier, patiner, tâter.

FARIBOLE, n. f. bagatelle, chose vaine, sottise. V. Goguettes.

FARINE, n. f. grain moulu, légume en poudre.

FARINEUX, adj. blanc de farine — qui rend beaucoup de farine — qui tient de la nature de la farine.

FAROUCHE, adj. V. Féroce, austère, inflexible, rigide, sévère, dur, épineux, fantasque, peu accessible, rébarbatif, rebutant, rustique. V. Misanthrope.

FASCINATION, n. f. charme, enchantement, ensorcellement, illusion, magie, prestige, sorcellerie, sort, sortilège.

FASCINE, n. f. botte, cotret, fagot, faisceau, falourde, paquet.

FASCINER, v. charmer, éblouir, enchanter, ensorceler, faire illusion, tromper les sens.

FASÉOLE, n. f. fève, fèverole, haricot.

FASTE, n. m. V. Pompe, fanfaronnade, fanfaronnerie, vanterie. V. Orgueil.

FASTES, n. m. pl. calendrier romain — annales, histoire chronologique, mémoires historiques — archives publiques, registres publics.

FASTIDIEUSEMENT, adv. avec fadeur, d'une façon déplaisante, d'une manière fastidieuse, ennuyeusement, maussadement.

FASTIDIEUX, adj. déplaisant, fade, fatigant. V. Maussade.

FASTUEUSEMENT, adv. V. Somptueusement.

FASTUEUX, adj. bouffi d'orgueil, fanfaron. V. Orgueilleux.

— magnifique, pompeux, superbe.

FAT, *adj.* fade, faquin, freluquet, impertinent, insipide, ridicule, sot.

FATAL, *adj.* désastreux, malheureux, tragique: V. *Préjudiciable.*

FATALEMENT, *adv.* malheureusement, par fatalité, par malheur, inévitablement, nécessairement.

FATALITÉ, *n. f.* destin. V. *Prédestination,* 2. *div.* — accident imprévu, cas fortuit, coup du sort, malheur.

FATIDIQUE, *adj.* devin, prophète, qui déclare l'avenir, qui devine, qui prophétise, qui rend des oracles.

FATIGANT, *adj.* ennuyeux, qui est à charge. V. *Gênant.*

FATIGUE, *n. f.* lassitude. — embarras, importunité, incommodité, labeur, peine, travail.

FATIGUÉ, *adj.* V. *Portrait* — importuné, incommodé, molesté, persécuté, tourmenté, vexé.

FATIGUER, *v.* V. *Harasser* — embarrasser, incommoder. V. *Molester* — solliciter sans cesse, vexer.

FATRAS, *n. m.* amas confus, confusion, galimatias, potpourri, ramas, ramassis, rapsodie, recueil, sans goût, salmigondis.

FATUITÉ, *n. f.* affectation d'esprit ou de parures, afféterie, impertinence, insipidité, ridiculité, sottise.

FAUCHAGE, *n. m.* V. *Fanage.*

FAUCHAISON, *n. f.* V. *Fenaison.*

FAUCHER, *v.* abattre, couper, moissonner le foin.

SE FAUFILER, *v.* se lier, se mêler, s'immiscer, s'insinuer, s'introduire.

FAUSSAIRE, *n. m.* V. *Falsificateur.*

FAUSSEMENT, *adv.* à faux, à tort, contre la vérité, sans raison.

FAUSSER, *v.* fourber, manquer de fidélité, manquer de parole, violer sa foi, violer son serment — courber, enfoncer, forcer, gâter, plier.

FAUSSET, *n. m.* dessus aigre, voix aiguë — broche, brochette, petit bouchon, petite cheville.

FAUSSETÉ, *n. f.* altération, chose fausse, déguisement, dissimulation, falsification, faux, imposture, mensonge, menterie, supposition — duplicité, fourberie, hypocrisie, malignité cachée.

FAUTE, *n. f.* action blâmable, crime, délit, manquement, offense, péché — bévue, défectuosité, erreur, imperfection — besoin, disette, manque.

FAUTEUR, *n. m.* adhérent, défenseur, partisan, protecteur.

FAUTIF, *adj.* sujet à manquer. V. *Fragile,* 2. *div.* V. *Incorrect.*

FAUVE, *adj.* roussâtre.

FAUX, *adj.* altéré, contraire à la vérité, déguisé, dissimulé, falsifié, feint, mensonger — double, fourbe, hypocrite, infidèle, perfide, qui trahit.

FAUX-FUYANT, *n. m.* adresse, biais, chicane, circuit, défaite, détour, échappatoire, équivoque, excuse, feinte, finesse, prétexte, ressource, ruse, subterfuge, tergiversation.

FAUX-SEMBLANT, *n. m.* apparence trompeuse, artifice, déguisement, feinte, imposture, simulation, tromperie.

FAVEUR, *n. f.* accès, affection, aide, approbation, appui, assistance, bienfait, bienveillance, bon office, courtoisie, crédit, don, estime, grâce, marque d'amitié, plaisir, protection, service, support.

EN FAVEUR DE, *phr. adv.* à cause de, en considération de, en vue de, eu égard à, pour, pour l'amour de — à l'avantage de, au profit de, pour l'avantage de, pour l'utilité de.

A LA FAVEUR DE, *phr. adv.* à l'aide de, avec l'assistance de, par l'aide de, par l'appui de, par le secours de.

FAVORABLE, *adj.* accommodant, avantageux, commode, convenable, propice — facile, indulgent, obligeant, traitable.

FAVORABLEMENT, *adv.* avantageusement, commodément, convenablement, d'une manière propice — d'une manière favorable, en bonne part — avec bonté, avec indulgence, indulgemment, obligeamment.

FAVORI, *n. m.* V. *Confident.*

FAVORISER, *v.* obliger, traiter favorablement. V. *Protéger* — adopter, approuver, défendre, prendre le parti, se ranger du parti.

FÉAL, *adj.* fidèle — ami, bien-aimé, bon ami, cher, intime.

FÉBRICITANT, *adj.* affecté de fièvre, malade de fièvre, qui a la fièvre, qui attend la fièvre, sujet à la fièvre, tourmenté de la fièvre.

FÉBRILE, *adj.* appartenant à la fièvre, causant la fièvre, concernant la fièvre, fiévreux, indiquant la fièvre, provenant de la fièvre, relatif à la fièvre.

FÈCES, *n. f. pl.* FÉCULE, *n. f.*

s. matières grossières et impures, sédiment. V. *Ordure.*

FÉCOND, *adj.* abondant, fertile, qui est de bon rapport, qui est de grand rapport, qui fournit beaucoup, qui produit abondamment, qui rapporte beaucoup.

FÉCONDER, *v.* V. *Fertiliser.*

FÉCONDITÉ, *n. f.* abondance, fertilité, rapport.

FÉE, *n. f.* devineresse, enchanteresse, magicienne, sorcière.

FÉERIE, *n. f.* art des fées, divination, état de fée, magie, profession de fée, science des fées, sorcellerie. — V. *Fascination.*

FEINDRE, *v.* V. *Simuler*, 2. div. V. *Forger*, déguiser, dissimuler, mentir, pallier — boiter, clocher, gauchir, hésiter.

FEINTE, *n. f.* duplicité, ruse, supercherie. V. *Faux-semblant.*

FÊLÉ, *adj.* cassé à demi, crevassé, endommagé, fendu — infirme, languissant, maladif, valétudinaire — dérangé, mal timbré, un peu fou.

FÊLER, *v.* casser à demi, crevasser, endommager, fendre.

FÉLICITATION, *n. f.* V. *Congratulation.*

FÉLICITÉ, *n. f.* béatitude, bonheur, contentement, état heureux, fortune, prospérité, satisfaction.

FÉLICITER, *v.* V. *Congratuler.*

FÉLON, *adj.* qui abandonne son seigneur, rebelle, traître — barbare, cruel, féroce, inhumain.

FÉLONIE, *n. f.* forfait, injure atroce, manque de fidélité, rebellion, révolte, trahison. V. *Barbarie.*

FELOUQUE, *n. f.* brigantin, chaloupe, flûte, galiote, pingue.

FÊLURE, *n. f.* cassure. V. *Crevasse*.

FEMELLE, *n. f.* dame, demoiselle, femme, fille.

FÉMININ, *adj.* efféminé, foible, lâche, mou, propre aux femmes.

FEMME, *n. f.* épouse.

FENAISON, *n. f.* coupe des foins, fauchage, temps de faucher les foins.

FENDANT, *n. m.* audacieux, fat, téméraire. V. *Fanfaron*.

FENDRE, *v.* couper, diviser, partager, séparer, trancher, traverser — V. *Féler*.

FENÊTRAGE, *n. m.* totalité des fenêtres — arrangement, disposition, forme, ordonnance, situation des fenêtres — droit de fenêtres.

FENÊTRE, *n. f.* croisée, jour, ouverture, vitrage, vitre.

FENTE, *n. f.* V. *Fêlure*.

FER, *n. m.* métal dont on fait des armes et des instruments — V. *Bretle*.

FÉRIAL, *adj.* propre de la férie, qui est de la férie, qui regarde la férie.

FÉRIE, *n. f.* jour ordinaire, jour ouvrable, jour ouvrier, jour qu'on ne chôme point.

SANS COUP FÉRIR, *phr. adv.* sans danger, sans mouvement, sans péril, sans rien hasarder, sans rien risquer, sans soin.

FERLER, *v.* carguer, trousser les voiles.

FERMAGE, *n. m.* acensement, amodiation, bail, location, louage, loyer, prix d'une ferme.

FERME, *n. f.* bien affermé, bien donné à bail, cense, métairie, petit domaine de campagne — V. *Fermage*.

FERME, *adj.* assuré, bien établi, durable, fort, qui tient bien, solide, stable — compacte, dur, qui est de résistance — constant, immuable, in-ébranlable, inflexible, intrépide, qui ne change point, qui ne se démonte point, qui ne s'étonne de rien, résolu — entêté, entier, obstiné, opiniâtre, tenace, têtu.

FERME, *adv.* avec force, avec fermeté, avec vigueur, fort, fortement, vigoureusement.

FERMEMENT, *adv.* V. *Ferme*, *adv.* — avec assurance, courageusement. V. *Intrépidement* — constamment, immuablement, inébranlablement, inflexiblement, invariablement, inviolablement, sans changement, sans se démonter, sans s'épouvanter.

FERMENT, *n. m.* levain.

FERMENTATION, *n. f.* bouillonnement, ébullition, effervescence, mouvement interne — agitation, division, indisposition, mécontentement.

FERMENTER, *v.* s'agiter, s'échauffer, se décomposer, se diviser, s'émouvoir ensemble.

FERMER, *v.* V. *Clore* — mettre un bouchon, tamponner — verrouiller.

FERMETÉ, *n. f.* compacité, dureté, résistance — assurance, solidité, stabilité — audace, constance, immutabilité, inflexibilité, invariabilité, résolution. V. *Courage* — ténacité. V. *Entêtement*.

FERMETURE, *n. f.* barre, barricade, barrière, cloison, clôture, porte, serrure, verrou.

FERMIER, *n. m.* V. *Amodiateur*.

FÉROCE, *adj.* barbare, cruel, farouche, impitoyable, inabordable, inaccessible, inexorable, inflexible, inhumain, insensible, intraitable, sauvage.

FÉROCITÉ, *n. f.* humeur sauvage, inflexibilité, naturel intraitable. V. *Barbarie*.

FERRAILLE, *n. f.* fers rouillés, mitraille, vieux fers.

FERRAILLER, v. V. Escrimer — disputer, pousser une question.

FERRAILLEUR, n. m. V. Bretteur.

FERREMENT, n. m. instrument, outil de fer.

FERRÉ, adj. garni de fer — imprégné de parties ferrugineuses — capable de résister, dur, très fort.

FERRER, v. garnir de fer.

FERRUGINEUX, adj. qui a des parties de fer, qui tient de la nature du fer.

FERRURE, n. f. garniture de fer, art de ferrer, action, manière de ferrer.

FERS, n. m. pl. chaines, entraves, liens, menottes, prison — contrainte, gène — esclavage, servitude.

FERTILE, adj. V. Fécond.

FERTILEMENT, adv. abondamment, avec abondance, avec fertilité, en abondance.

FERTILISER, v. féconder, rendre fécond, rendre fertile.

FERTILITÉ, n. f. V. Fécondité.

FÉRU, adj. amoureux, blessé, épris, passionné — coiffé, entêté, prévenu fortement.

FERVENT, adj. ardent, empressé, pressant, qui a de la ferveur, zélé.

FERVEUR, n. f. affection vive, ardeur, chaleur, dévotion animée, empressement, transport, zèle.

FESSÉE, n. f. correction sur les fesses, coups de main ou de verges sur les fesses, fouet.

FESSE-MATHIEU, n. m. avare, ladre, V. Usurier.

FESSER, v. battre les fesses avec la main ou les verges, fouetter, frapper les fesses — dépêcher, expédier, hâter.

FESSIER, n. m. le cul, le derrière, les fesses.

FESTIN, n. m. régal. V. Banquet.

FESTINER, v. banqueter, donner un festin, V. Régaler — être en festin, être en régal, faire grande chère.

FESTON, n. m. cordon, faisceau de fleurs et de fruits, ornement.

FESTOYER, v. bien recevoir, caresser, faire bonne chère, faire fête, fêter, régaler.

FÊTE, n. f. jour chômé, jour consacré, jour de joie, réjouissance, solennité.

FÊTER, v. célébrer, chômer, solenniser une fête. V. Festoyer.

FÉTIDE, adj. V. Infect.

FÉTU, n. m. brin de paille — chose de néant, chose vile, un rien.

FEU, n. m. ardeur, chaleur, flamme — embrasement, incendie — famille, maison, ménage — activité, agitation, empressement, zèle — éclat, fermentation, vivacité.

FEU, adj. défunt, mort.

FEUDATAIRE, adj. dépendant, mouvant, relevant. V. Tenancier, vassal.

FEUILLAGE, n. m. feuillée, ombrage de feuilles.

FEUILLE, n. f. feuillet — état, mémoire, tableau.

FEUILLÉ, n. f. V. Feuillage.

FEUILLETER, v. lire, manier, parcourir un livre, tourner les feuillets — consulter les livres, étudier beaucoup, faire beaucoup de recherches.

FEUILLETTE, n. f. V. Baril.

FEUILLU, adj. V. Touffu.

FEUILLURE, n. f. cannelure, entaille, entaillure.

FEURRE, n. m. fourrage, paille longue.

FEUTRE, n. m. V. Chapeau.

FÈVE, n. f. V. Faséole.

FÉVEROLLE, n. f. petite fève.

FIACRE, n. m. carrosse de louage, carrosse malattelé, carrosse malpropre — v. cocher de place — homme grossier.

FIANÇAILLES, n. f. pl. accordailles — desponsation — promesse réciproque de mariage.

FIANCER, v. accorder en mariage, promettre mariage.

FIBRE, n. f. V. Filament.

FICELER, v. attacher, contenir, entortiller, lier avec de la ficelle.

FICELLE, n. f. cordelette, menue corde, petite corde.

FICHE, n. f. serrure de fenêtre ou de porte — marque de jeu.

FICHER, v. attacher, clouer, enfoncer, planter — appliquer, arrêter, fixer.

FICHU, adj. imparfait, impertinent, mal fait, mal ordonné, mal tourné, ridicule.

FICHU, n. m. mouchoir de cou.

FICTIF, adj. controuvé, feint, imaginé, supposé.

FICTION, n. f. artifice. V. Fable.

FIDÉICOMMIS, n. m. dépôt, donation indirecte, legs fait pour un tiers.

FIDÉJUSSEUR, n. m. V. Garant.

FIDÉJUSSION, n. f. V. Caution.

FIDÈLE, adj. assuré. V. Loyal, a. div. exact, véritable, vrai — vrai chrétien.

FIDÈLEMENT, adv. avec fidélité, conformément à la vérité, d'une manière fidèle, exactement, loyalement, sincèrement.

FIDÉLITÉ, n. f. constance, exactitude, foi, loyauté, sincérité, sûreté, vérité.

FIEF, n. m. bien, domaine, seigneurie, terre noble.

FIEFFÉ, adj. donné en fief —

accompli, achevé, complet, parfait, possédé.

FIEFFER, v. charger d'une redevance, donner en fief.

FIEL, n. m. bile. V, Inimitié. V, Amertume — injure, outrage.

FIER, v. confier, laisser en garde, mettre en dépôt. — se FIER, v. en croire à quelqu'un, fonder son espérance, fonder son espoir, mettre sa confiance, s'assurer, se confier, se fonder, se reposer.

FIER, adj. V. Orgueilleux, barbare, cruel — élevé, grand, noble.

FIER-À-BRAS, n. m. V. Fanfaron.

FIÈREMENT, adv. arrogamment, avec hauteur, orgueilleusement, présomptueusement, superbement — courageusement, d'une manière fière. V. Intrépidement.

FIERTÉ, n. f. V. Orgueil — dignité, élévation de sentiments, grandeur d'âme, gravité, hauteur d'âme, honneur, noblesse, passion pour la gloire, sagesse, vertu sévère.

FIÉVREUX, adj. V. Fébrile.

FIGER, v. V. Coaguler.

FIGNOLER, ou FANIOLER, v. affecter, chercher à se distinguer des autres, donner dans l'afféterie, enchérir sur les autres, finasser, raffiner.

FIGURE, n. f. forme. V. Mine, personnage, rôle — estampe. V. Effigie — allégorie, métaphore, ornement du discours, trope — emblème, symbole, type — dessin, orthographie, plan, représentation.

FIGURÉ, adj. copié, dessiné, peint, représenté, signifié — allégorique, emblématique, métaphorique, symbolique, typique — embelli, fleuri, orné, plein de figures.

Figurément , adv. allégoriquement , dans un sens figuré, en figure, figurativement, métaphoriquement , par figure.

Figurer , v. copier, dessiner, peindre , représenter , tracer des figures, tracer une représentation — faire figure , paroître, se montrer, soutenir un état, tenir un rang — aller de pair avec , se mettre au niveau de — embellir , enrichir , orner, parer un discours de figures.

se Figurer , v. se mettre dans l'esprit, se représenter , s'imaginer — se persuader. V. se Flatter.

Fil , n. m. filet, linéament, trait — délié , tranchant d'une épée — courant de l'eau — continuité, enchaînement, ordre , suite d'un discours — cours de la vie.

Filament , n. m. fibre, fibrille, fil, filet, petit brin délié et long.

File , n. f. V. Rang

Filer , v. faire du fil, tordre du fil — aller à la file , marcher l'un après l'autre — tirer en long, traîner en longueur.

Filer doux , v. agir avec modestie , parler avec douceur , se comporter avec soumission , se contenir, se modérer , se retenir.

Filet , n. m. fil délié — ouvrage de fil, réseau, rets — V. Embûche.

Filial , adj. convenable, propre à l'enfant.

Filialement , adv. d'une manière filiale, en enfant respectueux.

Filiation , n. f. V. Descendance.

Fillette , n. f. adolescente, jeune fille, jouvencelle, petite fille.

Filou , n. m. coupeur de bourse. V. Redresseur.

Filouter , v. V. Dérober.

Filouterie , n. f. V. Pillerie.

Fils , n. m. enfant, héritier, hoir.

Filtration , n. f. V. Distillation.

Filtrer , v. clarifier. V. Distiller.

Fin , n. f. borne, limite. V. Bout. V. Dessein.

Fin , adj. effilé, clair, pur, délié, grêle, menu, mince, petit, subtil — dégagé, délicat, exquis, recherché — adroit, habile, ingénieux, pénétrant — V. Alerte. V. Insidieux.

Final , adj. dernier , envisagé comme fin, qui est à l'extrémité, qui est au bout, qui finit, qui termine, reculé.

Finalement , adv. à la fin, après tout , bref, définitivement, en dernier lieu; enfin, en un mot, pour conclure, pour conclusion.

Finance , n. f. argent comptant, deniers, monnoie.

Financer , v. débourser de l'argent, fournir de l'argent, payer.

Financier , n. m. V. Traitant.

Finasserie , n. f. finesse cousue de fil blanc, mauvaise finesse, petite ruse.

Finement , adv. avec esprit, délicatement , ingénieusement, spirituellement — adroitement, artificieusement, avec ruse, captieusement, cauteleusement, insidieusement , sophistiquement, subtilement.

Finesse , n. f. petitesse, ruse, pénétration. V. Raffinement — élégance, pointe d'esprit — détails, fondements, maximes, principes, règles, secrets d'un art ou d'une science.

Finau, adj. adroit, fin, finesseur, finaud.

Fini, adj. accompli, achevé, conclu, terminé, parfait, perfectionné, poli — borné, circonscrit, déterminé, limité.

Finiment, n. m. V. Finissement.

Finir, v. achever. V. Parachever — polir — mourir, prendre fin.

Finissement, n. m. achèvement, complément, conclusion, dernière main, dernière perfection, fin, finiment, perfectionnement.

Finito, n. m. V. Clôture.

Fiole, n. f. burette, petite bouteille, petit flacon.

Firmament, n. m. la région de l'air, la région éthérée, la voûte azurée, le ciel, l'empyrée.

Fisc, n. m. chambre du trésor, domaine du prince, épargne, trésor de l'État, trésor public, trésor royal.

Fissure, n. f. V. Fêlure.

Fistule, n. f. ulcère profond.

Fixation, n. f. V. Estimation — désignation, détermination.

Fixe, adj. V. Ferme — qui tient bien. V. Préfix.

Fixement, adv. d'une manière fixe, d'un œil fixe, d'un regard arrêté, sans changer, sans varier.

Fixer, v. affermir, assurer, consolider, établir solidement, rendre ferme, immobile, inébranlable, solide — rendre constant, rendre immuable — arranger. V. Déterminer.

Flache, n. f. bourbier, creux plein d'eau croupissante, flaque, fondrière, grenouillère, mare, lieux marécageux, marécage.

Flacon, n. m. V. Bouteille.

Flageller, v. V. Fouetter.

Flageolet, n. m. chalumeau, petite flûte.

Flagorner, v. aduler bassement, capter bassement la faveur, faire lâchement sa cour, flatter par des rapports, médire pour plaire.

Flagornerie, n. f. adulation, basse flatterie, faux rapports.

Flagorneur, n. m. adulateur, bas flatteur, vil délateur.

Flairer, v. sentir par l'odorat — essayer, sonder, tâter — conjecturer, pressentir, se douter.

Flambant, adj. allumé, ardent, brûlant, enflammé.

Flambé, adj. brûlé, passé sur le feu — confisqué, échoué, manqué, perdu.

Flambeau, n. m. V. Fanal — chandelier — feu, flamme, lumière — boute-feu, séditieux.

Flamber, v. brûler, passer sur le feu.

Flamberge, n. f. V. Brette.

Flamboyant, adj. grand éclat. V. Étincelant.

Flamboyer, v. jeter un grand éclat. V. Resplendir.

Flamme, n. f. ardeur, feu — brillant, éclat, vivacité.

Flammèche, n. f. étincelle.

Flan, n. m. V. Gâteau.

Flanc, n. m. aile, côté — sein, ventre.

Flandrin, adj. élancé, mal bâti, mal peigné.

Flanquer, v. garnir, mettre aux côtés — défendre, fortifier, protéger, soutenir.

Flaque, n. f. V. Flache, n. f.

Flasque, adj. débile, efféminé, fané, flétri, foible, lâche, languissant, mou, nonchalant, paresseux, qui est sans force, qui est sans vigueur.

Flasque, n. f. étui à poudre, fourniment, poire à poudre.

Flatter, v. aduler, cajoler.

dire des douceurs, louer excessivement, mignarder, prodiguer les louanges — amadouer, caresser, cajoler, séduire par des mensonges, tromper par des impostures — adoucir, alléger, diminuer, soulager — affecter agréablement, délecter, faire plaisir, plaire, toucher — déguiser, excuser, pallier — embellir, peindre en beau.

FLATTER, v. avoir l'espérance, espérer, s'amuser de l'espérance, s'entretenir dans l'espérance, se promettre — avoir dans l'idée, croire, se persuader, tenir pour assuré.

FLATTERIE, n. f. adulation, cajolerie, caresses, complaisance lâche, douceurs, faux éloge, galanterie, louange excessive, mignardise, paroles engageantes.

FLATTEUR, adj. agréable, délectable, gracieux, qui plaît.

FLATTEUR, n. m. complimenteur outré, enjôleur, flagorneur. V. Cajoleur.

FLATTEUSEMENT, adv. agréablement, avec des paroles insinuantes, d'une manière flatteuse, d'un ton séduisant, gracieusement, obligeamment.

FLÉAU, n. m. affliction, calamité, désolation, malheur, traverse — embarras fâcheux, incommodité, obligation onéreuse — personnage important, personne incommode — instrument pour battre le blé — levier qui porte les bassins d'une balance.

FLÈCHE, n. f. dard, javelot, trait — aiguille, couverture en pointe d'un clocher, pyramide.

FLÉCHIR, v. courber, ployer — adoucir, apaiser, attendrir, émouvoir, gagner, persuader, toucher — céder, déférer, obéir, obtempérer, plier, s'accommo-

der, se soumettre, se soumettre.

FLÉCHISSEMENT, n. m. V. Courbure.

FLEGMATIQUE, adj. abondant en pituite, humide, pituiteux — froid. V. Tranquille.

FLEGME, n. m. humeur épaisse et gluante, pituite — calme, douceur, froid, sang-froid, tranquillité d'âme.

FLÉTRIR, v. diminuer la vivacité, faire perdre l'éclat, faner, sécher, ternir — perdre d'honneur, tacher. V. Diffamer.

FLÉTRISSURE, n. f. altération, ternissure — V. Ignominie.

FLEUR, n. f. fleurette — fleuron — choix, crème, élite, le meilleur, le plus fin, l'excellence — éclat, état florissant, splendeur — agrément, beauté, embellissement, grâce, ornement, parure.

FLEURER, v. exhaler une odeur, répandre une odeur, sentir.

FLEURETTE, n. f. petite fleur — V. Flatterie.

FLEURI, adj. chargé de fleurs, couvert de fleurs, garni de fleurs — brillant, élégant, fait avec art, orné, plein des grâces de l'art — frais, vermeil.

FLEURIR, v. être en fleurs, porter des fleurs, pousser des fleurs — être en crédit, en honneur, en vogue.

FLEURON, n. m. fleur, ornement en forme de fleur — avantage précieux, beau droit, droit important.

FLEUVE, n. m. rivière abondante, suite abondante et continue.

FLEXIBILITÉ, n. f. docilité, facilité, souplesse — humeur accommodante, aisée, commode — complaisance, douceur, naturel indulgent.

FLEXIBLE, adj. aisé à tourner,

facile à courber, maniable, plie-
ble, ployant, qui fléchit, qui
obéit, qui plie — commode.
V. *Facile.*

FLIBUSTIER, n. m. V. *Corsaire.*

FLOCON, n. m. pelote, petit
amas, petite touffe.

FLORISSANT, adj. brillant, distingué, éclatant, heureux, honoré.

FLOT, n. m. houle, lame,
onde, vague — agitation, mouvement impétueux, secousse,
trouble. V. *Quantité.*

FLOTTANT, adv. porté sur l'eau,
surnageant. V. *Perplexe.*

FLOTTE, FLOTILLE, sub. ff. V.
Escadre.

FLOTTER, v. être porté sur
l'eau, surnager — balancer, être
indéterminé. V. *Chanceler*, 2°
dire.

FLUER, v. couler, s'écouler,
s'épandre, se répandre.

FLUET, adj. délicat, douillet,
foible, mince, tendre.

FLUIDE, adj. coulant, liquide,
qui coule aisément — aisé, doux,
facile, naturel.

FLUTE, n. f. chalumeau, flageolet.

FLÛTÉ, adj. doux, grêle, harmonieux.

FLÛTER, v. jouer de la flûte —
absorber, consumer, dépenser,
dissiper, manger, perdre tout
son bien — boire, lamper.

FLUX, n. m. courant, cours,
écoulement — courante, dyssenterie.

FOETUS, n. m. avorton. V.
Embryon.

FOI, n. f. croyance, soumission de l'entendement, soumission de l'esprit — affirmation,
assurance, parole, promesse
— fidélité, sincérité — autorité, caution, cautionnement,
garantie — protection, sauve-
garde.

BONNE FOI, n. f. probité, sim-
plesse. V. *Véracité.* — bonhomie, crédulité, simplicité.

A LA BONNE FOI, DE BONNE FOI,
EN BONNE FOI, *phrases adv.* avec
candeur, avec droiture, avec
franchise, avec probité, avec
vérité, franchement, ingénûment, naïvement, sans détour,
sans faux-fuyant, sans malice,
sans ruse, sincèrement.

FOIBLE, adj. V. *Débile.* — mal
assuré, peu solide, peu stable
— chétif, défectueux, V. *Médiocre.*

FOIBLE, n. m. défaut, vice —
affection excessive, indulgence
outrée, penchant à tout pardonner.

FOIBLEMENT, adv. avec foiblesse, d'une manière foible,
lâchement, mollement, V. *Médiocrement.*

FOIBLESSE, n. f. V. *Langueur*,
facilité, imbécilité, inconstance, légèreté, mollesse — action
honteuse, lâcheté. — V. *Foible,*
n. m. V. *Pâmoison.*

FOIBLIR, v. mollir, perdre de
sa force, perdre de son ardeur,
perdre de son courage, s'amollir, se relâcher, tomber dans
le découragement, tomber dans
le relâchement — s'adoucir,
s'apaiser, s'attendrir, se laisser gagner, se laisser toucher —
céder, déférer, fléchir, plier.

FOIRE, n. f. marché public —
dyssenterie. V. *Bénéfice,* 4. div.

FOISON, n. f. V. *Quantité.*

A FOISON, *phr. adv.* abondamment, à force, amplement, à
souhait, beaucoup, copieusement, en abondance, en quantité, largement.

FOISONNER, v. abonder, avoir
en abondance, avoir en quantité, regorger. — multiplier,
produire abondamment, pulluler.

FOU OU FOL, *adj.* aliéné d'esprit, frénétique, insensé, qui a perdu la raison, qui a perdu le jugement, qui a perdu l'esprit, qui est hors de sens, extravagant, fanatique, imprudent, visionnaire — impertinent, fou — abandonné à ses passions, emporté — démesuré, excessif, extrême, outré — furieux, béant. V. *Folâtre* — crédule, étourdi, malavisé.

FOLÂTRE, *adj.* bouffon, follet. V. *Réjoui.*

FOLÂTRER, *v.* V. *Jouer.*

FOLIE, *n. f.* démence, dérèglement de la raison, rêverie, trouble d'esprit. V. *Frénésie* — imprudence, témérité, vision — badinage, bouffonnerie, folâtrerie, jeu d'esprit, plaisanterie — excès, goût extravagant, passion déréglée.

À LA FOLIE, *phr. adv.* à l'excès, démesurément, éperdument, excessivement, extrêmement, follement, passionnément, sans mesure.

FOLLEMENT, *adv.* à l'étourdi, avec légèreté, déraisonnablement, d'une manière folle, en étourdi, en fou, étourdiment, extravagamment, imprudemment, sans jugement, sans raison, V. *à la Folle.*

FOLLET, *adj.* jovial, lutin, V. *Folâtre.*

FOMENTATION, *n. f.* V. *Emplâtre.*

FOMENTER, *v.* appliquer une fomentation, baigner, étuver. V. *Nourrir,* V. et dis.

FONCÉ, *adj.* qui a du fond, riche en argent — éclairé, entendu, foncier, habile, instruit, profond, rompu, versé dans une science — chargé, obscur, rembruni, sombre.

FONCER, *v.* débourser, dépenser, faire les fonds, fournir à la dépense, payer — donner sur. V. *Fondre* (6. ...)...

FONCIÈREMENT, *adv.* à fond, profondément...

FONCTION, *n. f.* administration, exercice d'une charge ou d'un emploi. V. *Office.*

FOND, *n. m.* bout extrême, la partie la plus reculée, le point le plus reculé — la partie inférieure, l'endroit le plus bas d'une chose creuse, profondeur — base, fondement, l'essentiel, l'intérieur, nœud d'une difficulté — origine, source.

AU FOND, *phr. adv.* dans la vérité, dans le fond, effectivement, en effet, foncièrement, pour dire vrai, réellement.

DE FOND EN COMBLE, *phr. adv.* absolument, depuis le haut jusqu'en bas, depuis les fondements jusqu'au faîte, entièrement, totalement, tout-à-fait.

FONDAMENTAL, *adj.* primitif, primordial. V. *Principal, adj.* et dis.

FONDAMENTALEMENT, *adv.* avant tout, essentiellement, premièrement, primitivement, principalement.

FONDANT, *adj.* coulant, qui se dissout, qui se fond.

FONDANT, *n. m.* dissolvant.

FONDATEUR, *n. m.* instituteur. V. *Auteur.*

FONDATION, *n. f.* création, établissement, institution. V. *Fondement* — don, legs pieux.

FONDEMENT, *n. m.* fondation, première assise d'un édifice — commencement, premier établissement — base, principal appui — principal, soutien — cause, motif, principe, sujet — apparence, probabilité, raison, vraisemblance — anus.

FONDER, *v.* bâtir, établir, poser les fondements — commencer

fonir. — chose, entourer; nourrissonner. Examen de fossé...

Fossoyeur, n. m. celui qui creuse les fosses, des morts.

Fouace, n. f. V. Gâteau.

Fouailler, v. donner des coups de fouet, donner les étrivières, étriller, fesser, fouetter.

Foudre, n. m. ou f. feu du ciel, tonnerre — éclat de colère, effet terrible du courroux, — grand vaisseau contenant plusieurs muids de vin.

Foudroyement, n. m. effet, désastre, dommage, renversement causé par le tonnerre.

Foudroyant, adj. fulminant, qui foudroie. V. Effrayant.

Foudroyer, v. fulminer, lancer la foudre — battre en ruine, écraser, renverser, ruiner, terrasser.

Fouet, n. m. V. Fessée.

Fouetter, v. V. Fouailler.

Fougue, n. f. boutade, emportement, fureur, impétuosité, mouvement impétueux, mouvement violent, véhémence, violence — enthousiasme, saillie, transport, verve.

Fougueux, adj. animé, bouillant, brûlant. V. Colère.

Fouille, n. f. excavation.

Fouiller, v. creuser, évider, excaver. V. Éplucher, 2. div.

Fouir, v. creuser, faire des fossés, faire des trous en terre, fouiller.

Foule, n. f. assemblée nombreuse. V. Quantité, presse, troupe — charge, oppression, surcharge, vexation indue.

Fouler, v. comprimer, piler, presser — accabler, charger, oppresser, opprimer, surcharger, tyranniser, vexer — blesser, luxer.

Foulure, n. f. blessure, contusion. V. Luxation.

Fourbe, adj. artificieux,

artificieux et fourbe ; — frauduleux, hâbleur, imposteur, indiscret, surtout, qui est de mauvaise foi, trompeur.

Fourberie, n. f. affronterie, duperie, imposture. V. ... Ruse.

Fourber, v. mystifier. — V. Tromper.

Fourbir, v. nettoyer. V. Éclaircir.

Fourbissure, n. f. curage, nettoiement, polissure.

Fourbu, adj. V. Fourré.

Fourbure, n. f. courbature, fatigue excessive, fourraillure, lassitude outrée.

Fourcher, v. se diviser, se fendre, se partager en plusieurs parties — dire un mot pour un autre, équivoquer, se méprendre, se tromper.

Fourchu, adj. divisé, fendu, séparé en plusieurs parties.

Fourgonner, v. attiser le feu, remuer la braise, remuer les tisons, tisonner. V. Fourrager, 3. div.

Fourmillement, n. m. chatouillement, démangeaison, ébullition de sang, picotement.

Fourmiller, v. abonder, affluer, être en grande quantité, paroître en grand nombre — avoir en abondance, être plein, être rempli, regorger.

Fournaise, n. f. four, fourneau — creuset, feu très ardent — air brûlant, chaleur étouffante.

Fournissant, n. m. V. Flasque, n. f.

Fournir, v. approvisionner, donner, garnir, livrer, mettre en main, munir, pourvoir — être suffisant, subvenir, suffire — achever, compléter, parfaire.

Fournissement, n. m. avance, contingent, contribution, fonds, partie, portion, quote-part que

chaque associé doit mettre dans
la masse commune.

Fourniture, s. f. V. Provision. V. Croissance.

Fourrage, n. m. foin, herbe
sèche, paille.

Fourrager, v. aller au fourrage, amasser du fourrage, chercher du fourrage, couper du fourrage, enlever du fourrage — désoler, piller, ravager, ruiner — bouleverser, brouiller, chercher, culbuter, fourgonner, mélanger, mettre sens dessus dessous, patrouiller, renverser.

Fourreau, n. m. V. Étui.

Fourrer, v. placer parmi V.
Introduire, garnir de peau avec le poil, habiller chaudement.

se Fourrer, v. s'engager. V.
s'immiscer, entrer, pénétrer, se faufiler, se glisser, s'insinuer, s'introduire — se garnir de fourrures, s'emmitoufler, se vêtir chaudement.

Fourvoiement, n. m. V. Bévue. V. Mécompte.

Fourvoyer, v. détourner du chemin, écarter, égarer, jeter dans l'erreur, tromper.

se Fourvoyer, v. V. s'Égarer.

Fouteau, n. m. fau, hêtre.

Foyer, n. m. âtre — maison, propriété — centre, point de réunion.

Fracas, n. m. désordre, destruction bruyante. V. Tintamarre — grand éclat, grand équipage, grand train, suite nombreuse.

Fracasser, v. V. Casser.

Fraction, n. f. division, partage, rupture — nombre formé de quelque partie aliquote de l'unité.

Fracturé, adj. brisé, cassé, rompu.

Fragile, adj. aisé à se rompre, cassant, délicat, facile à

casser, foible, frêle, qui se brise aisément — incapable de faire des fautes, faillible, fautif, peccable, sujet à faillir — caduc, frivole, périssable, vain.

Fragilité, n. f. facilité à se rompre, foiblesse — disposition, inclination, pente à faillir — caducité, frivolité, vanité.

Fragment, n. m. parcelle. V. Morceau.

Frai, n. m. action de frayer — œufs de poisson fécondés — menuaille, nourrain. V. Blanchaille — altération, déchet, diminution de poids.

Fraîchement, adv. au frais, avec un frais agréable — depuis peu, dernièrement, il y a peu de temps, naguère, nouvellement, novissimé, récemment.

Fraîcheur, n. f. frais agréable — froid, froidure — beauté, couleur vive, santé forte, vigueur, vivacité.

Fraise, n. f. bombance, bonne chère, débauche, divertissement, partie de plaisir, réjouissance.

Frais, adj. dont la fraîcheur est agréable, un peu froid — nouvellement arrivé, nouvellement fait, nouveau, récent — délassé, refait, remis, reposé, qui n'a point encore servi — non salé — éclatant, vigoureux. V. Vermeil, 2. div.

Frais, n. m. fraîcheur, froid agréable.

Frais, n. m. pl. avance, coût, déboursé, dépens, dépense.

Franc, adj. exempt, libre — complet, entier — candide, loyal, naïf, qui est de bonne foi, qui ne déguise rien, qui y va rondement, sincère, tout uni, véridique — vrai.

Franc, adv. clairement, librement, nettement, résolu-

13

ment, sans biaiser, sans déguiser, sans détour, tout net — absolument, entièrement, sans que rien y manque.

FRANCHEMENT, *adv.* V. *Candidement.*

FRANCHIR, *v.* passer en sautant, sauter franc — passer vigoureusement, traverser hardiment — outre-passer, passer au-delà — braver, surmonter, vaincre.

FRANCHISE, *n. f.* asile, lieu de refuge, lieu de sûreté, lieu privilégié — exemption, immunité, liberté — loyauté. V. *Véracité.*

FRANCISER, *v.* donner un air françois, habiller à la françoise, rendre françois, terminer à la françoise.

FRANGE, *n. f.* bas, bord, bout, extrémité.

FRAPPER, *v.* battre, cogner, donner des coups, heurter — affecter, émonvoir, étonner, rendre sensible, surprendre, toucher — empreindre, imprimer, marquer — composer, faire, tourner.

FRASQUE, *n. f.* action folle, débauche, folie. V. *Équipée.*

FRATER, *n. m.* compagnon barbier, garçon barbier, garçon chirurgien.

FRATERNEL, *adj.* amical, cordial.

FRATERNELLEMENT, *adv.* d'une manière fraternelle, en frère — amicalement, charitablement, cordialement.

FRATERNISER, *v.* être unis, s'accorder, s'aimer en frères, se traiter fraternellement, vivre en frères.

FRATERNITÉ, *n. f.* qualité de frère — amitié, bon accord, bonne intelligence, concorde, liaison fraternelle, union — con-

frérie — alliance, association, société.

FRAUDE, *n. f.* affronterie, duperie, subtilité. V. *Supercherie.*

FRAUDER, *v.* friponner, subtiliser. V. *Tromper.*

FRAUDULEUSEMENT, *adv.* artificieusement, d'une manière frauduleuse, en fraude, par subtilité, par surprise, par tricherie, par tromperie.

FRAUDULEUX, *adj.* V. *Fourbe, adj.* — fait avec fraude, introduit en fraude, où il y a de la fraude, préparé artificieusement.

FRAYER, *v.* désigner, indiquer, marquer, montrer, tracer la voie — aplanir, disposer, préparer les choses — donner l'exemple, faire les ouvertures, indiquer les moyens — frier, frôler, toucher légèrement — s'accoupler, s'approcher pour la génération — changer, déchoir, diminuer, perdre de son poids, s'altérer — convenir, être d'accord, s'accorder, se fréquenter, se hanter.

FRAYEUR, *n. f.* consternation, étonnement. V. *Effroi.*

FREDAINE, *n. f.* V. *Frasque.*

FREDON, *n. m.* modulation, roulade, roulement, tremblement de voix.

FREDONNER, *v.* chanter, faire des fredons, pousser des roulades.

FREIN, *n. m.* bride, mors — empêchement, obstacle.

FRELATER, *v.* altérer, contrefaire, falsifier, gâter, mélanger, mêler, mixtionner, sophistiquer.

FRELATERIE, *n. f.* altération, contrefaction, déguisement, falsification, fraude, mélange, mixtion, sophistication, tromperie.

FRÊLE, *adj.* V. *Fragile* — caduc , frivole , périssable , vain.

FRELUCHE , n. f. bouton houppe , petit ornement.

FRELUQUET, n. m. fat; homme frivole , homme sans mérite, homme vain , mir-flet , petit-maître.

FRÉMIR, v. bouillonner, commencer à bouillir, murmurer, s'agiter, s'émouvoir — frissonner, trembler.

FRÉMISSEMENT , n. m. horreur — bouillonnement , bruissement, commencement d'ébullition — agitation , trouble — frisson, tremblement.

FRÉNÉSIE, n. f. aliénation , égarement , extravagance — délire, emportement, folie, fureur, manie, transport.

FRÉNÉTIQUE, adj. atteint de frénésie, égaré, fou, furieux, maniaque , transporté , troublé.

FRÉQUEMMENT , adv. plusieurs fois , souvent.

FRÉQUENCE , n. f. récidive , réitération , répétition fréquente.

FRÉQUENT , adj. réitéré fréquemment, répété souvent.

FRÉQUENTATION, n. f. V. Hanter.

FRÉQUENTER , v. V. Hanter.

FRET , n. m. louage d'un vaisseau , équipement , frétement.

FRÉTER , v. louer un vaisseau , le donner à louage, l'équiper.

FRÉTILLANT , adj. qui ne se tient point en repos, turbulent, vif. V. Remuant.

FRÉTILLEMENT, n. m. agitation , légèreté, remuement, trémoussement.

FRÉTILLER , v. être perpétuellement en mouvement, être sans repos , remuer sans cesse , s'agiter, se trémousser.

FRETIN , n. m. crasse , fie , rebut , restes.

FRIABLE , adj. cassant , qui peut se réduire aisément en poudre, qui s'émie aisément.

FRIAND , adj. amateur, avide, désireux, empressé — connoisseur en bons mets, qui aime les bons morceaux—bien apprêté, bien assaisonné, bon, délicat, exquis.

FRIANDISE, n. f. bonbons, mets délicats, morceaux fins, ragoûts recherchés, sucreries — amour des bons morceaux, délicatesse, goût raffiné , passion pour la bonne chère.

FRICASSER , v. accommoder , apprêter, assaisonner, cuire, préparer à manger — absorber, consumer, dilapider, dissiper, friper, manger son bien.

FRICHE, n. f. V. Brandes.

FRICTION, n. f. V. Frottement.

FRILEUX , adj. sensible au froid.

FRIMAS, n. m. V. Givre.

FRIME, n. f. V. Mine.

FRINGANT, adj. alerte, éveillé, frétillant, gai, gaillard, sautant, vif.

FRIPÉ, adj. gâté, suranné, usé, vieux — bouchonné, chiffonné, froissé — absorbé. V. Fricasser, 2. div.

FRIPER, v. gâter, user. V. Bouchonner — avaler gloutonnement, manger goulument. V. Fricasser, 2. div.

FRIPERIE, n. f. vieux meubles. V. Guenille.

FRIPIER, n. m. brocanteur, marchand de friperie, ravaudeur , regrattier , revendeur, tronqueur.

FRIPON, n. m. coquin, escroc, filou , fourbe , homme de mauvaise foi , malhonnête homme, maraud , méchant , pendard , trompeur, vaurien , voleur.

Friron, *adj.* affété, coquet, égrillard, éveillé, séduisant, suborneur.

Friponner, *v.* duper, fourber, subtiliser. V. *Dérober.*

Friponnerie, *n. f.* affronterie. V. *Tromperie — volerie.* V. *Tricherie.*

Friser, *v.* anneler, boucler, crêper, rendre crépu — adoniser, ajuster, attifer, coiffer—approcher de près, frôler, toucher légèrement.

Frisson, **Frissonnement**, *nn. mm.* agitation, convulsion, frémissement, tremblement—horreur. V. *Effroi.*

Frissonner, *v.* avoir le frisson, frémir, trembler.

Frit, *adj.* cuit dans de la graisse bouillante — dénué, dépouillé, mis à la besace, réduit à l'aumône, ruiné.

Frivole, *adj.* fragile, frêle, futile, inutile, vain.

Frivolité, *n. f.* bagatelle, baliverne, futilité, inutilité, niaiserie, sornette, sottise.

Froc, *n. m.* V. *Cape* — état monastique, état religieux, monachisme.

Froid, *adj.* gelé, glacé — apathique, flegmatique, grave, indifférent, insensible, modéré, peu empressé, posé, sérieux — fade, insipide, languissant, puéril.

Froid, *n. m.* **Froideur**, *n. f.* froidure, gelée — apathie, flegme, gravité, indifférence, insensibilité, modération, sérieux — fadeur, puérilité.

A Froid, *phr. adv.* sans chaleur, sans feu, sans mettre au feu.

Froidement, *adv.* avec apathie, d'une manière froide, gravement, indifféremment, modérément, posément, sans émotion, sans empressement, sans étonnement, sérieusement.

Froidir, *v.* devenir froid, perdre sa chaleur, refroidir.

Froidure, *n. f.* V. *Froid.*

Froissement, *n. m.* V. *Contusion* — friction, frottement.

Froisser, *v.* briser, choquer, heurter, meurtrir — frotter. V. *Bouchonner.*

Froissure, *n. f.* V. *Contusion.*

Frôler, *v.* approcher de près, friser, toucher légèrement.

Froment, *n. m.* blé, seigle.

Froncer, *v.* plisser. V. *Plier.*

Froncis, *n. m.* **Fronçure**, *n. f.* pli, plissure, ride.

Fronder, *v.* jeter, lancer, ruer violemment — blâmer, censurer, condamner, contredire, critiquer hautement, railler, réfuter, se moquer, siffler.

Frondeur, *n. m.* celui qui jette, qui lance, qui rue des pierres avec la fronde — adversaire, censeur, contradicteur, critique, railleur — factieux, ligueur, mécontent, séditieux.

Front, *n. m.* face, visage — audace, effronterie, hardiesse, impudence, témérité. V. *Mine.*

Frontal, *adj.* appartenant au front, destiné au front, propre au front, relatif au front, tenant au front.

Frontal, *n. m.* bandeau, fronteau.

Frontière, *n. f.* V. *Limites.*

Frontière, *adj.* limitrophe.

Frontispice, *n. m.* V. *Portail* — première page, titre d'un livre.

Frottement, *n. m.* choc, collision de deux choses qui se touchent.

Frotter, *v.* faire des frictions — décrasser, essuyer,

gratter, nettoyer — enduire, oindre. V. *Rosser.*

SE FROTTER, *v.* s'allier à, s'attaquer à, se lier avec, s'unir à.

FRUCTIFIER, *v.* profiter, rapporter du fruit — produire de l'avantage, du gain, du profit — faire du gain, faire du profit, gagner — avoir du succès, réussir, s'avancer.

FRUCTUEUSEMENT, *adv.* avantageusement, avec fruit, avec gain, avec progrès, utilement.

FRUCTUEUX, *adj.* abondant, fécond, fertile, qui est de grand rapport, qui produit beaucoup. V. *Utile.*

FRUGAL, *adj.* économe, ménager. V. *Sobre.*

FRUGALEMENT, *adv.* avec économie, ménage, d'une manière frugale, sans superfluité. V. *Sobrement.*

FRUGALITÉ, *n. f.* économie, ménage. V. *Sobriété.*

FRUIT, *n. m.* production des arbres et des plantes — enfant dans le sein de sa mère, fœtus — avantage, bénéfice, commodité, émolument, gain, honoraire, lucre, produit, profit, revenu, usufruit, utilité.

FRUITS, *n. m. pl.* rapport, redevances, revenu d'un bien.

FRUSQUIN, *n. m.* argent, avoir, bien, nippes, pécule, possession.

FRUSTRER, *v.* V. *Priver.* — abuser, décevoir, faire avorter, faire échouer, rendre inutile, rendre sans effet, rendre vain, tromper.

FUGITIF, *adj.* V. *Fuyard.* — errant, vagabond. V. *Passager.*

FUIE, *n. f.* V. *Pigeonnier.*

FUIR, *v.* s'absenter, se retirer. V. *se Sauver,* passer rapidement, s'écouler promptement — éluder, esquiver, éviter, se dérober à.

FUITE, *n. f.* désertion, évasion, retraite — couverture, palliatif. V. *Faux-fuyant.*

FULGURATION, *n. f.* éclair.

FULMINANT, *adj.* éclatant, foudroyant, qui fait grand bruit, qui fulmine, qui tempête.

FULMINATION, *n. f.* V. *Détonation.*

FULMINER, *v.* exécuter une bulle, la publier avec certaines formalités, prononcer une excommunication — crier fort, éclater, être en colère, faire de l'éclat. V. *Tempêter.*

FUMÉE, *n. f.* évaporation, exhalaison, vapeur épaisse — chose frivole, fugitive, passagère, périssable, vaine, frivolité, vanité. V. *Chimère.*

FUMET, *n. m.* odeur, senteur, vapeur.

FUMIER, *n. m.* amendement, engrais, fiente.

FUMIGATION, *n. f.* suffumigation.

FUNAMBULE, *n. m.* danseur de corde.

FUNÈBRE, *adj.* funéraire, qui concerne les funérailles, qui est de deuil, triste, lugubre — obscur, sombre — affreux, effrayant, de mauvais augure.

FUNÉRAILLES, *n. f. pl.* cérémonie funèbre. V. *Enterrement.*

FUNÉRAIRE, *adj.* V. *Mortuaire.*

FUNESTE, *adj.* déplorable, désastreux, dommageable, fâcheux, fatal, malheureux, nuisible, pernicieux, sinistre, tragique.

FUNESTEMENT, *adv.* avec désastre, avec dommage, déplorablement, désastreusement, d'une manière fâcheuse, funeste, nuisible, fatalement, malheureusement, pernicieusement, tragiquement.

FONIN, n. m. câbles, cordes, cordages.

FURET, n. m. V. Curieux.

FURETER, v. chasser avec le furet — chercher, examiner, faire des recherches exactes, fouiller, s'enquérir, s'enquêter, s'informer, sonder, visiter partout.

FUREUR, n. f. accès de colère, accès violent, emportement violent, fougue, frénésie, furie, grande colère, passion effrénée, rage, transport, violence.

FURIBOND, adj. emporté, enragé, furieux, outré de fureur, qui est en furie, qui s'emporte aisément, transporté de fureur.

FURIE, n. f. V. Fureur. déesse de la vengeance, divinité vengeresse, euménide — diablesse, femme emportée, endiablée, furieuse, méchante, mégère, ménade, pie-grièche, vraie Proserpine.

FURIEUSEMENT, adv. avec emportement, avec fureur, avec furie, avec rage, violemment. V. Énormément.

FURIEUX, adj. V. Furibond — impétueux, véhément, violent. — V. Immense. V. Monstrueux.

FURONCLE, n. m. apostème, clou, flegmon enflammé.

FURTIF, adj. V. Clandestin.

FURTIVEMENT, adv. en tapinois, sans bruit. V. Clandestinement.

FUSER, v. se fondre, se liquéfier, s'épancher, se répandre, s'étendre.

FUSIBLE, adj. qui peut se fondre, qui peut se liquéfier.

FUSIL, n. m. V. Carabine.

FUSILLER, v. arquebuser, passer par les armes, tuer à coups de fusil.

FUSION, n. f. V. Liquéfaction.

FUSTIGATION, n. f. châtiment, correction, étrivières, fouet.

FUSTIGER, v. donner le fouet, fouailler, fouetter, gauler, houssiner.

FÛT, n. m. bois d'une arme à feu — partie de la colonne entre la base et le chapiteau — V. Baril.

FUTAIE, n. f. grand bois, forêt.

FUTAILLE, n. f. V. Baril.

FÛTÉ, adj. V. Adroit.

FUTILE, adj. V. Frivole — chétif, foible, méprisable, misérable, vil.

FUTILITÉ, n. f. V. Frivolité.

FUTUR, adj. qui doit arriver, qui est à venir, qui sera.

FUYARD, adj., déserteur, fugitif, sujet à s'enfuir, transfuge.

G

GABARIER, n. m. conducteur d'une gabare — V. Tanqueur.

GABATINE, n. f. promesse ambiguë, galimatias affecté. V. Imposture.

GABELEUR, n. m. commis de gabelle, employé à la gabelle, maltôtier, officier de gabelle.

GABIONNADE, n. f. barricade, ouvrage, retranchement de gabions.

GABIONNER, v. barricader, couvrir de gabions.

GÂCHER, v. délayer, détremper.

GÂCHEUX, adj. V. Boueux.

GÂCHIS, n. m. boue, bourbe, bourbier, crotte, fange, limon, ordure, saleté humide, vase.

GABOUARD, n. m. cureur de fosses, cureur de latrines, cureur de retraits, maître des basses œuvres.

GABOUE, n. f. fiente, matière fécale, ordures.

GAGE, n. m. assurance, enjeu, nantissement — marque, preuve, signe, témoignage.

GAGER, v. accorder un honoraire, donner des gages, payer des appointements — faire une gageure, faire un pari, parier.

GAGES, n. m. pl. V. Honoraire.

GAGEURE, n. f. pari.

GAGNAGE, n. f. V. Pacage.

GAGNE-DENIER, m. m. V. Mercenaire.

GAGNE-PAIN, n. m. ce qui fait gagner la vie, ce qui fait subsister, ce qui procure du pain, condition, état, genre de vie, métier, profession.

GAGNE-PETIT, n. m. émouleur, rémouleur.

GAGNER, v. V. Profiter — acquérir, attraper, obtenir, venir à bout — amorcer, captiver, charmer, engager, persuader.

GAI, adj. qui est de belle humeur. V. Réjoui — content, satisfait.

GAILLARD, adj. comique, V. Réjoui. V. Graveleux. V. Alerte, 2. div. amoureux, galant.

GAILLARDEMENT, adv. brusquement, cavalièrement, d'un air aisé, d'un air libre, sans façon. V. Drôlement — d'une manière peu mesurée, d'un ton graveleux, licencieusement, témérairement, trop librement.

GAILLARDISE, n. f. divertissement, enjouement, gaîté —

discours graveleux, liberté trop grande, licence, propos gaillard.

GAIMENT, adv. agréablement, avec agrément, d'une manière gaie, joyeusement, plaisamment — avec contentement, avec satisfaction, — de bonne grâce, lestement, volontiers.

GAIN, n. m. intérêt. V. Fruit.

GAINE, n. f. V. Etui.

GAITÉ, n. f. allégresse, joie, réjouissance — contentement, satisfaction. V. Enjouement.

GALA, n. m. fête, réjouissance de cour.

GALAMMENT, adv. de bonne grâce, sans difficulté, volontiers — agréablement, avec esprit, avec grâce. V. Élégamment — adroitement, finement, habilement.

GALANT, adj. honnête, poli, qui sait son monde, qui sait vivre — agréable, engageant, enjoué, gracieux — bien tourné, délicat, joli, mignon, qui est de bon goût. V. Élégant, 2, div. — amant, amoureux.

GALANTERIE, n. f. manière agréable, manière enjouée, manière polie, politesse, urbanité — amour, amourette, attachement, aventure d'amour, douceurs, fleurettes, passion — maladie honteuse, mal vénérien — ouvrage galant, ouvrage plein d'esprit — petit présent, présent de peu de conséquence.

GALANTISER, v. cajoler, conter des fleurettes, courtiser, dire des douceurs, faire sa cour.

GALBANUM, n. m. bourde, duperie, espérance vaine, hâblerie, lanternerie, promesse illusoire.

GALE, n. f. V. Teigne.

GALFRETIN, n. m. gueux, homme de néant.

GALER, v. frotter, gratter.

GALÈRE, n. f. V. Navire — condition pénible, état où l'on a à souffrir, profession assujettissante.

GALERIE, n. f. allée, corridor, lieu couvert, promenade couverte; salle très longue, tribune longue.

GALÉRIEN, n. m. esclave, forçat, rameur.

GALETAS, n. m. grenier, logement au plus haut étage — logement pauvre et mal en ordre.

GALETTE, n. f. V. Gâteau.

GALEUX, adj. V. Teigneux.

GALIMAFRÉE, n. f. capilotade, fricassée de restes, gibelotte, pot-pourri, ramassis, salmigondis — compilation, rapsodie.

GALIMATIAS, n. m. discours obscur, phébus, propos embrouillé, verbiage inintelligible.

GALIOTE, n. f. bateau plat, petite galère.

GALIPOT, n. m. résine liquide, térébenthine grossière.

GALLICAN, adj. français, propre de la France, reçu en France, usité en France.

GALLICISME, n. m. construction, expression, phrase, tournure propre à la langue française.

GALOCHE, n. f. V. Chaussure.

GALON, n. m. ruban, tissu qui a du corps.

GALONNER, v. border, charger, orner de galon.

GALOPER, v. aller vite, courir, faire diligence — se donner de la peine, se donner des mouvements, se tourmenter — faire aller au galop, mettre au galop -- chercher quelqu'un, le poursuivre, le suivre assidûment.

GALOPIN, n. m. petit apprenti, petit commissionnaire, petit garçon qu'on fait galoper, petit marmiton.

GALVAUDER, v. ...

GAMBADE, n. f. V. Cabriole.

GAMBADER, v. V. Cabrioler.

GAMBILLER, v. frétiller, giguer, remuer souvent les jambes.

GAMELÉE, n. f. écuellée, jattée.

GAMELLE, n. f. écuelle, jatte — ordinaire des soldats, potage, soupe.

GAMME, n. f. échelle, série, suite, table des notes de musique — blâme, censure, correction, mercuriale, réprimande — injures, invectives, paroles injurieuses, vérités dures — conduite, façon d'agir.

GANGRÈNE, n. f. V. Cangrène.

GANGRENER, ... cangréner, carier. V. Gâter.

GANSE, n. f. cordon, cordonnet, lien, ruban.

GANT, n. m. mitaine.

GANTELET, n. m. ceste, gant couvert de lames de fer, gros gant.

GARANT, n. m. assureur, caution. V. Répondant.

GARANTIE, n. f. V. Caution, protection, sauve-garde.

GARANTIR, v. assurer, cautionner, répondre pour, se donner pour caution, se rendre responsable — affirmer, appuyer, certifier, donner assurance, rendre témoignage — défendre, exempter, mettre en sûreté, prendre sous sa sauve-garde, préserver, protéger.

GARBIN, n. m. V. Autan.

GARÇON, n. m. enfant mâle, jeune homme, jouvenceau — célibataire, homme libre d'engagombens, homme non mutilé — aide, compagnon, valet.

Gardes, n. m. V. *Hoqueton*, dépositaire, gardien, séquestre.

Garde, n. f. conservation, défense, protection, soin, attention, considération, précaution, réflexion—corps-de-garde, faction, garnison, guet, sentinelle, service — blâme, censure, correction, mercuriale, réprimande.

Garde-fou, n. m. parapet. V. *Rampe*.

Garde-meuble, n. m. décharge, dépôt, magasin de meubles.

Garde-notte, n. m. notaire, tabellion.

Garder, v. conserver, défendre, entretenir, garantir, maintenir, protéger, soigner, surveiller, veiller à la conservation, veiller sur — ménager, mettre en réserve, réserver, retenir — accomplir, exécuter, observer.

se Garder, v. s'abstenir, se donner de garde, s'empêcher.

Garde-robe, n. f. dépôt des habits, lieu où l'on garde les hardes — habits, hardes, linge. V. *Commodités*.

Gardien, n. m. dépositaire, garde, séquestre—conducteur, défenseur, protecteur — custode, supérieur de franciscains.

Gare, *impératif*. gardez-vous, écartez-vous, éloignez-vous, faites place, prenez garde, rangez-vous, retirez-vous.

Gare, n. f. V. *Port*.

Garer, v. amarrer, attacher, faire entrer, introduire, lier, retirer des bateaux dans une gare.

se Garer, v. prendre garde, se défendre, se garder, se préserver.

Gargotage, n. m. apprêt dégoûtant, galimafrée, ramassis, repas mal propre.

Gargote, n. f. auberge à vil prix, hôtellerie mesquine, mauvais cabaret, gouillier, taverne.

Gargoter, v. fréquenter les petits cabarets, hanter les mauvaises hôtelleries, vivre à la gargote—manger malproprement.

Gargouille, n. f. V. *Egout*.

Gargouillement, Gargouillis, nn. mm. bruit, gazouillement, murmure de l'eau qui tombe.

Garnement, n. m. V. *Bandit*.

Garnir, v. assortir, équiper, fournir, meubler, munir — ajuster, enjoliver, orner — fortifier, remparer — accompagner, assaisonner.

se Garnir, v. s'emparer, se munir, se pourvoir, se saisir.

Garnison, n. f. corps de soldats, garde d'une place, troupes pour la défense d'une place.

Garniture, n. f. accompagnement, assaisonnement, assortiment. V. *Ornement*.

Garouage, n. m. lieu de débauche, mauvais lieu.

Garrigues, n. f. pl. V. *Brandes*.

Garrotter, v. attacher fortement, lier étroitement, serrer avec de forts liens.

Gascon, adj. V. *Fanfaron*.

Gasconnade, n. f. rodomontade. V. *Hablerie*.

Gaspillage, n. m. bouleversement, dérèglement, désordre, dissipation, profusion.

Gaspiller, v. bouleverser, déranger, dissiper, gâter, mettre en désordre, prodiguer.

Gaspilleur, n. m. brouillon qui gaspille, dépensier, dissipateur, prodigue.

Gaster, n. m. estomac, ventre.

Gastriloque, adj. V. *Ventriloque*.

Gastrique, adj. thorachique, V. *Cordial*.

GASTRONOMIE, n. f. friandise, gourmandise, gloutonnerie.

GÂTEAU, n. m. brioche, dariole, flan, fouace, galette, pâtisserie; raton, talmouse, tarte, tartelette, tourte.

GÂTE-MÉTIER, n. m. marchand ou ouvrier commode, facile, indulgent, mettant ses prix trop bas.

GÂTER, v. altérer, corrompre, détériorer, endommager, mettre en mauvais état, vicier. V. Tacher — infecter, pourrir, putréfier. V. Bousiller — dépeupler, détruire, ravager, ruiner. V. Gaspiller.

GATINE, n. f. V. Brandes.

GAUCHE, adj. maladroit, malfait, maltourné. V. Déconcerté.

GAUCHERIE, n. f. V. Impéritie.

GAUCHIR, v. biaiser, décliner, ne pas aller droit, prendre à gauche, s'écarter, se détourner, s'éloigner — déguiser, éluder, équivoquer, faire semblant, feindre, parler ambigument, prendre un détour, recourir à des faux-fuyants, tergiverser.

GAULE, n. f. France — baguette, houssine, longue perche.

GAULER, v. abattre avec une gaule.

GAULOIS, adj. appartenant à la Gaule, habitant de la Gaule, né dans la Gaule, usité dans la Gaule — droit, franc, honnête, naïf, sincère.

GAUPE, n. f. femme mal bâtie, malpropre, maussade, salope, vilaine.

SE GAUSSER, v. V. Railler.

GAUSSERIE, n. f. V. Raillerie.

GAUSSEUR, adj. V. Railleur.

GAVOTTE, n. f. contredanse, danse gaie.

GAZAILLE, n. f. bail, cheptel, cheptel, location, loyer de bestiaux.

GAZE, n. f. voile léger, voile transparent — adoucissement. V. Enveloppe.

GAZER, v. couvrir, voiler avec une gaze. V. Pallier.

GAZETTE, n. f. feuille hebdomadaire, nouvelles publiques — femme babillarde, bavarde, caqueteuse, qui fait des caquets, qui rapporte tout.

GAZON, n. m. herbe courte et menue, pelouse, tapis vert, verdure.

GAZOUILLEMENT, n. m. bruit sourd, doux, murmure, petit bruit agréable — babil, caquet — gazouillis, ramage.

GAZOUILLER, v. faire un petit bruit agréable, murmurer doucement, babiller, caqueter, causer, déguiser, jaser, chanter, ramager.

GÉANT, n. m. V. Colosse.

GEINDRE, v. V. Soupirer.

GÉLATINEUX, adj. semblable à de la gelée. V. Glutineux.

GELÉE, n. f. glace, froid glacial, froid pénétrant — suc de viande congelé, glutineux, visqueux.

GELER, v. causer un grand froid, durcir par le froid, glacer, pénétrer d'un froid excessif — avoir grand froid, être glacé, être pénétré de froid, mourir de froid, transir de froid.

GELINOTTE, n. f. poule de bois, poule grasse, poule sauvage.

GÉMINÉ, adj. V. Réitéré.

GÉMIR, v. avoir une vive douleur, déplorer, regretter — geindre. V. Lamenter, 2. div.

GÉMISSANT, adj. plaintif.

GÉMISSEMENT, n. m. cri plaintif, soupir. V. Plainte.

GÊNANT, adj. fatigant, qui contraint, qui gêne. V. Onéreux.

SE GENDARMER, v. prendre feu, se cabrer, s'échauffer, se

fâcher, se mettre en colère, s'emporter.

GÊNE, n. f. peine, V. *Torture* — effort de corps ou d'esprit, fatigue, inquiétude, peine d'esprit — captivité, contrainte, embarras, entraves, esclavage, incommodité, servitude, sujétion.

GÉNÉALOGIE, n. f. dénombrement des aïeux. V. *Race*.

GÊNER, v. appliquer à la question, donner la torture, mettre à la torture, tourmenter — contraindre, fatiguer, incommoder — déconcerter, embarrasser.

GÉNÉRAL, adj. qui comprend tout, qui s'applique à tout, qui s'étend à tout, universel. V. *Vague*.

GÉNÉRAL, n. m. chef, commandant, premier supérieur.

un GÉNÉRAL, phr. adv. V. *Généralement*.

GÉNÉRALAT, n. m. commandement en chef, dignité de général, supériorité générale — durée du commandement en chef, de la supériorité générale.

GÉNÉRALEMENT, adv. communément, d'ordinaire, d'une manière générale, en général, ordinairement — sans détermination, sans distinction, sans précision, vaguement.

GÉNÉRALISER, v. appliquer à tous, étendre à tous les cas, rendre général.

GÉNÉRALITÉ, n. f. totalité, toute l'étendue, universalité — discours indécis, paroles vagues, propos qui n'a point de rapport au sujet.

GÉNÉRATION, n. f. action d'engendrer, manière d'engendrer, procréation — production. V. *Descendance*.

GÉNÉREUSEMENT, adv. avec gé-

nérosité, libéralement, magnanimement, noblement — avec courage, courageusement, vaillamment.

GÉNÉREUX, adj. V. *Magnanime* — bienfaisant, libéral, magnifique, qui donne noblement, qui donne volontiers.

GÉNÉROSITÉ, n. f. V. *Magnanimité* — munificence. V. *Bienfaisance*.

GÉNIE, n. m. démon, dieu tutélaire, esprit bon ou mauvais, latin — ange conducteur, protecteur, tutélaire — caractère, esprit, goût, humeur, naturel — disposition, inclination, penchant, talent.

GÉNISSE, n. f. jeune vache qui n'a point porté, taure.

GÉNITURE, n. f. enfants, lignée, progéniture, race.

GENRE, n. m. espèce, façon, manière, nature, sorte — génie, profession, talent.

GENS, n. m. et f. personnes — domestiques, serviteurs.

GENT, n. f. nation, peuple — espèce, race.

GENTIL, adj. ethnique, infidèle. V. *Païen* — agréable, beau, bien fait, élégant, gent, gracieux, joli, mignon, propre, qui a de la délicatesse — qui a de l'agrément, qui plaît.

GENTILHOMME, n. m. homme d'extraction noble, homme de race noble, homme noble, noble.

GENTILHOMMERIE, n. f. extraction noble, noblesse, qualité de noble.

GENTILITÉ, n. f. V. *Idolâtrie* — les nations idolâtres, les peuples païens.

GENTILLESSE, n. f. agrément, beauté, bonne grâce, délicatesse — enjouement, finesse, galanterie — badinerie agréable, bon mot, joli propos, saillie ingénieuse—colifichet, mignon, joli, curiosité ; petit ouvrage délicat.

GENTIMENT, *adv.* adroitement, agréablement, avec esprit, avec grâce, délicatement, élégamment, finement, galamment, gracieusement, joliment, proprement.

GÉNUFLEXION, *n. f.* fléchissement de genoux, révérence.

GÉOGRAPHE, *n. m.* constructeur de cartes géographiques, ingénieur en cartes géographiques, maître de géographie, savant en géographie.

GÉOGRAPHIE, *n. f.* description de la terre, description du globe terraqué ; détail des caps, côtes, détroits, fleuves, lacs, mers, montagnes, provinces, rivières, royaumes, villes qui couvrent le globe terrestre.

GÉOGRAPHIQUE, *adj.* appartenant à la géographie, relatif à la géographie.

GÉÔLAGE, *n. m.* droit, rétribution, salaire qu'on paie au geôlier.

GÉÔLE, *n. f.* cachot, conciergerie, prison.

GÉÔLIER, *n. m.* concierge, garde, gardien d'une prison.

GÉOMÈTRE, *n. m.* ingénieur, mathématicien, savant en géométrie.

GÉOMÉTRIQUE, *adj.* appartenant à la géométrie, concernant la géométrie, propre à la géométrie, relatif à la géométrie — démontré, exact, infaillible, juste, mathématique, méthodique, proportionné, rigoureux.

GÉOMÉTRIQUEMENT, *adv.* V. *Mathématiquement.*

GERBE, *n. f.* botte, faisceau de blé coupé.

GERBER, *v.* engerber, mettre en bottes, mettre en faisceaux, mettre en gerbes — amonceler, arranger l'un sur l'autre, entasser, mettre l'un sur l'autre.

GERCER, *v.* V. *Crever.*

GERÇURE, *n. f.* crevasse, déchirure, division, feinte, ouverture.

GÉRER, *v.* faire. V. *Diriger.*

GERFAUT, *n. m.* aigle de mer, faucon, huard, orfraie.

GERMAIN, *adj.* Allemand, habitant de la Germanie, né en Germanie—*frères* ou *sœurs* germains, nés du même père et de la même mère — *cousins* germains, issus de deux frères, issus de deux sœurs, issus d'un frère et d'une sœur.

GERMANIE, *n. f.* Allemagne— les Allemands, les Germains, les peuples de la Germanie.

GERME, *n. m.* racine. V. *Principe.*

GERMER, *v.* V. *Bourgeonner*— fructifier, produire.

GÉSIER, *n. m.* estomac, jabot, mulète, poche, sac, second ventricule.

GÉSINE, *n. f.* accouchement, couches, temps qu'une femme est en couche.

GESTE, *n. m.* action, exploit, fait, fait mémorable — mouvement du corps adapté à ce qu'on dit, mouvement expressif.

GESTICULER, *v.* faire des gestes déplacés, faire des mouvements sans besoin, s'agiter trop, se mouvoir indécemment.

GESTION, *n. f.* disposition, régime. V. *Direction.*

GIBBEUX, *adj.* bombé, bossu, élevé.

GIBBOSITÉ, *n. f.* V. *Bosse.*

GIBECIÈRE, *n. f.* bissac. V. *Besace.*

GIBELET, *n. m.* V. *Vilebrequin.*

GIBET, *n. m.* V. *Potence.*

GIBIER, n. m. venaison.

GIBOULÉE, n. f. V. Averse.

GIBOYER, v. V. Chasser.

GIGANTESQUE, adj. colossal, démesuré, énorme, excessif, extraordinaire, monstrueux, prodigieux, très grand.

GIGOT, n. m. cuisse, éclanche, gigue.

GIGOTER, v. V. Gambiller.

GIGUE, n. f. cuisse, éclanche. V. Gigot — jambe — danse gaie, musique vive — grande fille dégingandée, jeune folle qui gambade.

GILET, n. m. camisole, chemisette.

GILLE, h. m. V. Bouffon.

GINGUET, adj. court, étroit, guilleret, mince, petit — foible, qui a peu de force, qui a peu de valeur, vil.

GIRON, n. m. sein — milieu.

GIROUETTE, n. f. homme changeant, inconstant, léger, qui est sans consistance, qui tourne à tout vent.

GISANT, adj. abattu, arrêté, couché, étendu, retenu dans son lit.

GISEMENT, n. m. aspect, position, situation.

GÎTE, n. m. auberge, hôtellerie, lieu où l'on couche, logis — lit.

GÎTER, v. coucher, loger, prendre gîte, prendre logement, s'arrêter.

GIVRE, n. m. brouillard glacial, frimas, gelée blanche, glace, grésil, menue neige, verglas.

GLACE, n. f. eau glacée, frimas, froid, froidure, gelée, glaçon — coagulation, condensation, épaississement, figement — plaque de cristal — tache dans un diamant — fruit glacé, liqueur glacée — V. Froid.

GLACÉ, adj. froid, gelé, glacial — coagulé, condensé, épaissi, figé, pris — luisant, poli, uni — flegmatique, froid, indifférent, insensible, morne, sérieux, triste.

GLACER, v. causer un grand froid, faire un froid glacial, geler — coaguler, condenser, congeler, épaissir, faire prendre, figer — être congelé, prendre, se geler.

GLACIAL, adj. froid, glaçant, glacé — V. Glacé, 3, div.

GLACIS, n. m. penchant, pente douce, talus — esplanade, plateforme.

GLAÇON, n. m. glace, morceau de glace.

GLADIATEUR, n. m. V. Bretteur.

GLAIRE, n. f. humeur visqueuse — blanc d'œuf.

GLAISE, n. f. argile, cornai, terre à potier, terre grasse.

GLAISER, v. corroyer, couvrir de glaise, enduire de glaise.

GLAIVE, n. m. V. Bretté.

GLANER, v. ramasser, rassembler, recueillir les restes.

GLAPIR, v. V. Clabauder.

GLAPISSANT, adj. aigre, bruyant, perçant, retentissant.

GLAS, n. m. V. Clas.

GLÈBE, n. f. motte de terre — fonds de terre, manoir, héritage.

GLISSADE, n. f. faux pas — fausse démarche.

GLISSANT, adj. où il est facile de glisser, sur quoi l'on glisse facilement — qui échappe, qui glisse des mains — dangereux, délicat, difficile, périlleux.

GLISSER, v. chanceler, couler, vaciller — couler, fourrer, insérer, insinuer adroitement — échapper, éviter, passer légèrement.

GLOBE, n. m. boule, corps

rond, corps sphérique, pelote, pelotom, sphère.

GLOBULE, n. m. balle, petite boule, petit corps sphérique, petit globe.

GLOIRE, n. f. éclat de grandeur, éclat de puissance, honneurs, majesté, splendeur — estime, honneur, louanges, nom, renom, renommée, réputation — béatitude, bonheur des Saints, félicité céleste, le paradis — bonne opinion de soi-même, orgueil, présomption, sotte vanité.

GLORIETTE, n. f. belvédère, cabinet élevé, maison de plaisance, pavillon, vide-bouteilles

GLORIEUSEMENT, adv. avec éclat, avec honneur, d'une manière glorieuse, honorablement —excellemment, parfaitement, très bien.

GLORIEUX, adj. éclatant, honorable, illustre — couronné de gloire, qui est dans la gloire, qui est dans le séjour des Saints, qui jouit de la béatitude céleste — V. Orgueilleux.

GLORIFIER, v. donner des louanges, rendre gloire — admettre à la béatitude éternelle, placer dans le ciel, rendre participant de la gloire céleste.

SE GLORIFIER, v. être glorieux, faire gloire, se faire honneur, se vanter, tirer vanité.

GLORIOLE, n. f. gloire idéale, gloire médiocre, petite gloire, vaine gloire, vanité.

GLOSE, n. f. additions, critique, notes, observations, remarques. V. Commentaire.

GLOSER, v. commenter, développer, éclaircir, expliquer, exposer, faire des notes, faire des observations, faire des remarques, faire une glose, interpréter — censurer, critiquer,

faire une critique, interpréter en mal, reprendre.

GLOSSAIRE, n. m. dictionnaire, recueil alphabétique, vocabulaire de mots obscurs qui ont besoin de glose.

GLOSSATEUR, n. m. commentateur, interprète.

GLOUTON, adj. avide. V. Intempérant.

GLOUTONNEMENT, adv. avec avidité, avec gloutonnerie, avec gourmandise, avidement, d'une manière gloutonne, en glouton, en gourmand, goulument.

GLOUTONNERIE, n. f. avidité. V. Intempérance.

GLU, n. f. colle, matière gluante, matière visqueuse.

GLUANT, adj. V. Glutineux.

GLUER, v. enduire de glu, poisser, rendre gluant.

GLUI, n. m. chaume, grosse paille de seigle.

GLUTINEUX, adj. collant, gluant, poissant, qui s'attache comme de la glu, tenace, visqueux.

GNOMIQUE, adj. composé de sentences, plein de maximes, rempli de moralités, sentencieux.

GNOMON, n. m. style de cadran.

GNOMONIQUE, n. f. horographie

TOUT DE GO, phr. adv. librement, sans façon, sans préliminaire, subitement, tout-à-coup.

GOBELET, n. m. coupe, godet, tasse, vase à boire.

GOBIN, n. m. bossu, godenot, petit bossu, petit homme mal fait.

GODELUREAU, n. m. jeune coquet, jeune fanfaron, jeune galant, jeune glorieux — jeune pimpant — jeune écervelé, jeune étourdi, jeune éventé.

GODENOT, n. m. magot, marionnette, petite figure d'homme

— homme laid, mal bâti, mal fait.

GORET, n. m. V. *Gobelet.*

GOÉTIE, n. f. incantation. V. *Fascination.*

GOGUENARD, adj. badin, bouffon, burlesque, comique, diseur de bons mots, enjoué, facétieux, gai, jovial, plaisant, railleur, rieur.

GOGUENARDER, v. badiner, dire de bons mots, plaisanter, railler, rire.

GOGUETTES, n. f. pl. badineries, bouffonneries, contes pour rire, faribole, plaisanteries, sornettes.

GOITRE, n. m. bronchèle, enflure spongieuse, tumeur de cou.

GOMME, n. f. colle, glu, poix, suc gluant.

GOMMER, v. coller, enduire de gomme, gluer, poisser.

GONDOLE, n. f. V. *Barque.*

GONFALON, GONFANON, nn. mm. V. *Bannière.*

GONFLÉ, adj. bouffi, enflé, tuméfié — enorgueilli. V. *Orgueilleux.*

GONFLEMENT, n. m. bouffissure, enflure, intumescence, tuméfaction, tumeur.

GONFLER, v. bouffir, enfler, faire enfler, tuméfier.

SE GONFLER, v. devenir superbe, se bouffir, s'élever, s'enfler d'orgueil, s'enorgueillir.

NŒUD GORDIEN, n. m. chose compliquée, difficulté, embarras, le *hic*, le *tu-autem*, point à résoudre.

GORET, n. m. cochon de lait, jeune porc, petit cochon.

GORGE, n. f. gosier, œsophage — mamelles, poitrine, sein, tétons — avenue, défilé, embouchure, entrée, pas, passage étroit, passage serré, vallon — échancrure, ouverture.

GORGÉ, adj. plein, rassasié, rempli, repu, soûl, soûlé — chargé, comblé, garni amplement, pourvu abondamment — enflé, gonflé, tuméfié.

SE GORGER, v. faire excès, manger et boire avec excès, se remplir, se soûler — se bouffir, se gonfler, s'enfler, se tuméfier.

* GORGERETTE, n. f. collerette, fichu, mouchoir de cou, ornement de cou, tour de gorge.

GOSIER, n. m. gorge, œsophage.

GOTHIQUE, adj. attribué aux Goths, conforme au goût des Goths, imité des Goths, venant des Goths — ancien, antique, qui est hors de mode, suranné, vieux — fait sans goût, grossier, qui est de mauvais goût.

GOUDRON, n. m. V. *Calfat.*

GOUDRONNER, v. V. *Calfater.*

GOUFFRE, n. m. abîme, creux, fosse, précipice, profondeur, trou large et profond — l'enfer — chose ruineuse, très coûteuse, très dispendieuse.

GOUJAT, n. m. valet d'armée, valet de soldat — porte-oiseau, valet de maçon.

GOUJON, n. m. petit poisson. V. *Attrape.*

GOULOT, n. m. cou étroit d'un vase.

GOULUMENT, adv. V. *Gloutonnement.*

GOUPILLE, n. f. petit clou, petite cheville, petite clavette, petite fiche.

GOUPILLON, n. m. V. *Asperges.*

GOURD, adj. engourdi de froid, gelé, glacé, pénétré d'un froid aigu, quasi perclus de froid.

GOURDE, n. f. V. *Courge.*

GOURDIN, n. m. V. *Bâton.*

GOURDINER, v. bâtonner, donner des coups de gourdin, étril-

ler , frapper à coups de tricot ,
rondiner , rosser.

GOURMADE , *n. f.* V. *Tape.*

GOURMAND , *adj.* V. *Glouton.*

GOURMANDER , *v.* blâmer avec
dureté , gronder , houspiller ,
invectiver , maltraiter , quereller , reprendre aigrement , réprimander vertement, rudoyer,
traiter rudement—abattre, contenir , modérer , mortifier, réduire. V. *Maîtriser* , fatiguer ,
lasser , manier rudement, tourmenter.

GOURMANDISE , *n. f.* V. *Gloutonnerie.*

GOURMÉ , *adj.* battu à coups
de poing , frappé du poing, qui
a reçu des gourmades—affété ,
guindé , qui fait l'homme de
conséquence, qui fait l'important , rengorgé.

GOURMER , *v.* battre à coups
de poing , donner des gourmades , frapper du poing—mettre
la gourmette au cheval.

GOUSSE , *n. f.* V. *Cosse.*

GOUSSET , *n. m.* creux de l'ais-
selle , mauvaise odeur de l'ais-
selle — bourson, petite bourse
tenant à la culotte , petite poche , pochette — support de
tablettes.

GOUT , *n. m.* appétit, saveur
—discernement, finesse de jugement, sentiment exquis—attachement. V. *Inclination* —
plaisir , satisfaction, sentiment
agréable—caractère,façon, manière, tournure d'un ouvrage.

GOÛTER , *v.* démêler , discerner , distinguer , sentir les saveurs ou les odeurs — jouir,
ressentir, savourer , sentir avec
plaisir — agréer , approuver ,
trouver bon — éprouver , essayer , tâter.

GOÛTER , *n. m.* collation, petit repas , rafraîchissement.

GOUTTE A GOUTTE , *phr. adv.*

les gouttes l'une après l'autre ,
petit à petit , peu à peu.

GOUTTIÈRE , *n. f.* V. *Chéneau.*

GOUVERNAIL , *n. m.* V. *Timon.*

GOUVERNEMENT , *n. m.* autorité , commandement, pouvoir
suprême — charge, économie,
garde. V. *Direction.*

GOUVERNER, *v.* garder. V. *Diriger* — avoir l'autorité , commander, tenir le gouvernail ,
tenir les rênes.

SE GOUVERNER , *v.* se comporter , se conduire.

GOUVERNEUR, *n. m.* commandant , vice-roi — administrateur , directeur , régisseur. V.
Instituteur.

GRABAT , *n. m.* V. *Châlit.*

GRABUGE , *n. m.* V. *Altercation.*

GRÂCE , *n. f.* aide , bienfait ,
don, faveur, libéralité , secours
du ciel—bon office, plaisir, service—concession, composition,
remise. V. *Pardon*—gratitude ,
reconnoissance , remercîment
—agrément, beauté , bon air ,
bonne mine, charmes , manières gracieuses.

DE GRÂCE, *phr. adv.* en grâce,
par grâce, par pitié , par pure
bonté.

GRACIABLE, *adj.* digne de pardon, excusable , pardonnable ,
rémissible , véniel.

GRACIEUSEMENT , *adv.* agréablement , avec agrément, avec
grâce , de bon air , de bonne
grâce, d'une manière gracieuse,
honnêtement , obligeamment ,
poliment.

GRACIEUSETÉ, *n. f.* accueil gracieux , civilité , démonstration
de bienveillance , honnêteté ,
politesse, témoignage d'amitié
— petit don, petit présent.

GRACIEUX, *adj.* affable, agréable, civil, doux, facile, galant,
honnête, humain, indulgent ,

obligeant, poli, prevenant. —
qui a bonne grâce, qui a de
l'agrément, qui est de bonne
mine.

GRADE, n. m. degré, dignité,
distinction, élévation, place,
poste, rang.

GRADIN, n. m. degré, échelon, marche, marchepied —
bancs élevés au-dessus les uns
des autres.

GRAIN, n. m. avoine, blé,
froment, orge, seigle — graine, pepin, semence.

GRAINE, n. f. V. Pepin — engeance, espèce, race.

GRAINER, v. V. Grener.

GRAINETIER, v. V. Grenetier.

GRAIRIE, n. f. V. Gruerie.

GRAISSE, n. f. saindoux, substance onctueuse et fusible, suif
— embonpoint — V. Quintessence.

GRAISSER, v. enduire, frotter,
oindre de graisse.

GRAISSEUX, adj. gras, onctueux, qui est de la nature de
la graisse.

GRAND, adj. puissant, qui a
beaucoup d'autorité, relevé —
excellent, illustre, noble —
considérable, distingué, extraordinaire, important, magnifique, majestueux, pompeux, sublime — V. Gigantesque — ample, étendu, large,
long, spacieux, vaste.

GRAND, n. m. homme de la
plus haute extraction, homme
de la première qualité, prince,
seigneur, seigneur titré.

GRANDAT, n. m. GRANDESSE,
n. f. dignité, droit, privilége,
qualité, titre de grand d'Espagne.

GRANDEMENT, adv. V. Magnifiquement — V. Abondamment.

GRANDEUR, n. f. ampleur, capacité, espace, étendue, largeur, longueur, mesure — au-

torité, dignité, élévation, pouvoir, puissance. — éclat, magnificence, majesté, noblesse,
opulence, richesse — excellence,
sublimité.

GRANDEUR, n. f. pl. charges
éminentes, dignités, emplois
distingués, places élevées, pos-
tes respectables.

GRANDIR, v. augmenter, croître, devenir grand.

GRAND-MERCI, n. m. action
de grâces, remerciment.

GRAND-MÈRE, n. f. aïeule.

GRAND-ONCLE, n. m. frère de
l'aïeul ou de l'aïeule, oncle du
père ou de la mère.

GRAND-PÈRE, n. m. aïeul.

GRAND-TANTE, n. f. sœur de
l'aïeul ou de l'aïeule, tante du
père ou de la mère.

GRANULER, v. grelouer, grener, réduire en grenaille, réduire en petits grains.

GRAPPILLER, v. V. Glaner —
faire de petits gains, grimeliner, mettre les moindres choses
à profit.

GRAPPIN, n. m. ancre. V. Croc.

GRAS, adj. bien nourri, chargé
de graisse, dodu, plein de graisse, potelé, qui a de l'embonpoint, rebondi, replet. V. Graisseux — abondant, fertile, riche
— imbu, sali, taché de graisse
— libertin, sale. V. Licencieux.

GRASSEMENT, adv. à son aise,
commodément, dans l'aisance
— abondamment, amplement,
généreusement, largement, libéralement, magnifiquement,
noblement, richement.

GRASSET, adj. grassouillet,
un peu gras.

GRASSEYEMENT, n. m. le parler gras, manière grasse de parler.

GRASSEYER, v. parler gras,
prononcer difficilement certaines consonnes.

14

GRASSOUILLET, *adj.* V. *Grasset*
— délicat, douillet.

GRATIFICATION, *f.* V. *Don.*

GRATIFIER, *v.* accorder une faveur, faire un don, favoriser d'une libéralité — donner une récompense, récompenser.

GRATIS, *adv.* d'une manière gratuite, généreusement, gratuitement, libéralement, sans intérêt, sans profit.

GRATITUDE, *n. f.* V. *Reconnaissance.*

GRATTELLE, *n. f.* V. *Teigne.*

GRATTER, *v.* frotter, galer — racler, râtisser.

GRATUIT, *adj.* désintéressé, donné gratis, fait gratuitement.

GRATUITÉ, *n. f.* désintéressement, générosité, pure libéralité.

GRATUITEMENT, *adv.* V. *Gratis.*

GRAVATS, *n. m. pl.* V. *Gravois.*

GRAVE, *adj.* lourd, massif, pesant — considérable, grief, important, qui est de conséquence. V. *Imposant.*

GRAVELEUX, *adj.* mêlé de gravier, plein de sable, sablonneux — peu mesuré. V. *Libre.*

GRAVEMENT, *adv.* avec autorité, avec dignité, avec poids, d'un air important, d'un air imposant, majestueusement, posément, sérieusement — considérablement, d'une manière grave, grandement, grièvement.

GRAVER, *v.* buriner, ciseler, imprimer profondément, sculpter, tailler, tracer au burin.

GRAVIER, *n. m.* V. *Fable.*

GRAVIR, *v.* grimper, monter avec effort, se guinder, se hisser.

GRAVITATION, *n. f.* force centripète, gravité, pesanteur, tendance vers un centre.

GRAVITÉ, *n. f.* V. *Gravitation* — V. *Dignité* — consé-

quence, importance — autorité, poids — V. *Griéveté.*

GRAVITER, *v.* peser, tendre vers un centre.

GRAVOIS, *n. m.* V. *Décombres.*

GRAVURE, *n. f.* burin, ciselure. V. *Empreinte.*

GRÉ, *n. m.* bonne volonté, détermination spontanée, détermination volontaire, franche volonté — avis, goût, inclination, opinion, sentiment — contentement, satisfaction.

BON GRÉ MAL GRÉ, *phr. adv.* de nécessité, nécessairement.

DE GRÉ A GRÉ, *phr. adv.* à l'amiable, amiablement, d'un commun accord.

GREC, *adj.* habitant de la Grèce, né en Grèce — expérimenté. V. *Connoisseur* — dégourdi, fin, rusé — cauteleux, fourbe — filou, fripon.

GRÉCISER, *v.* habiller à la grecque, mettre en grec, rendre grec, tourner en grec.

GREDIN, *adj.* grigou, gueux, ignoble, misérable — V. *Avare* — déguenillé, mal habillé, mal vêtu.

GREDINERIE, *n. f.* gueuserie — V. *Ladrerie*, 4. *div.*

GREFFE, *n. f.* écusson, ente, rejeton enté.

GREFFER, *v.* écussonner, enter, insérer des greffes.

GRÊLE, *adj.* délicat, fluet. V. *Effilé.*

GRÊLE, *n. f.* grêlon — orage, tempête — coups redoublés, grande quantité.

GRÊLER, *v.* V. *Saccager.*

GRELOTER, *v.* trembler de froid, trembloter.

GRENER, *v.* monter en graine, produire de la graine, rendre beaucoup de grains — V. *Granuler.*

GRENETIER, *n. m.* grainier,

grenier, marchand de grain, vendeur de graines.

GRENIER, n. m. grange, magasin à grain — V. Grenetier.

GRENOUILLÈRE, n. f. V. Flache.

GRENU, adj. chargé de grains, grené abondamment.

GRÈS, n. m. caillou, pierre dure.

GRÉSIL, n. m. V. Givre.

GRÈVE, n. f. bord de la mer ou d'un fleuve, plage sablonneuse, rivage.

GREVER, v. blesser les intérêts, chagriner, faire injustice, faire tort, léser, nuire, offenser — accabler, charger, excéder, surcharger.

GRIBOUILLAGE, n. m. barbouillage, griffonnage, lettres mal formées, mauvaise écriture, pataraffe, traits informes.

GRIBOUILLER, v. barbouiller, écrire mal, faire des pataraffes, former mal ses lettres, griffonner.

GRIEF, adj. dangereux, douloureux, fâcheux, triste — V. Grave, 3. div. — atroce, énorme, grand, grave.

GRIEF, n. m. dommage, lésion, préjudice, tort — affront, injure, mauvais traitement, offense — accusation, chef d'accusation, demande en justice, plainte en réparation.

GRIÈVEMENT, adv. dangereusement, douloureusement, d'une manière fâcheuse — beaucoup, considérablement, énormément, excessivement, grandement, gravement.

GRIÈVETÉ, n. f. atrocité, énormité, gravité, noirceur.

GRIFFE, n. f. ongle, patte, serres.

GRIFFER, v. agripper, gripper, prendre avec la griffe, ravir subtilement, saisir avidement.

GRIFFONNAGE, n. m. V. Gribouillage.

GRIFFONNER, v. V. Gribouiller. — dessiner mal, composer mal — apprendre à écrire ou à dessiner.

GRIGNON, n. m. V. Entame.

GRIGOU, n. m. V. Gredin.

GRILLE, n. f. barreaux, jalousie, treillis.

GRILLÉ, adj. brûlé, rissolé, rôti — cloîtré, enfermé — clos d'une jalousie, fermé par une grille, garni de barreaux.

GRILLER, v. V. Rôtir — avoir une grande chaleur, étouffer de chaleur, être en feu, mourir de chaleur, pâmer de chaud — être ardent, être désireux, être impatient, s'impatienter — clore d'une jalousie, fermer par une grille, garnir de barreaux, treillisser — cloîtrer, enfermer dans un couvent.

GRIMACE, n. f. V. Minauderie — air, façons, manières — V. Feinte et Hypocrisie — boîte d'étoffe — mauvais pli.

GRIMACER, v. affecter des airs, affecter des mines, faire des grimaces, faire des minauderies, minauder — faire de mauvais plis.

GRIMACIER, adj. V. Minaudier — cérémonieux, façonnier, formaliste — V. Hypocrite.

GRIMAUD, n. m. grime, grimelin, petit écolier.

GRIMELINAGE, n. m. grivelée, grivelerie, grivelure, petit gain, petit jeu, petit profit.

GRIMELINER, v. jouer mesquinement, jouer petit jeu — faire de petites épargnes, faire un petit gain, grappiller, ménager peu de chose.

GRIMOIRE, n. m. livre de magie, livre de sortilèges — écrit inintelligible, galimatias, livre obscur, phébus, verbiage inexplicable — écriture indéchiffrable.

GRIMPER, v. V. Gravir.

GRINCEMENT, n. m. serrement de dents,

GRINCER, v. faire craquer ses dents, serrer les dents.

GRISCOTTER, v. chanter entre ses dents.

GRIPPER, v. V. Griffer — dérober, filouter, prendre, voler.

GRIS, adj. cendré, mêlé de blanc et de noir—à demi-ivre, enivré, imbriaque, pris de vin.

GRISAILLE, n. f. blanc et noir, clair et brun, clair obscur — mélange de cheveux bruns et de cheveux blancs.

GRISÂTRE, adj. presque gris, tirant sur le gris.

GRISER, v. enivrer, faire trop boire — étourdir, porter à la tête.

GRISETTE, n. f. jeune personne de bas étage, de médiocre condition, du commun.

GRISON, adj. avancé en âge, gris, qui vieillit, vieux.

GRISONNER, v. blanchir, devenir gris, être chenu, vieillir.

GRIVELÉE, n. f. V. Grimelinage — petite filouterie, petite friponnerie, petite mesquinerie.

GRIVOIS, n. m. bon compagnon, bon drille, bon drôle, bon vivant, égrillard, gaillard.

GRIVOISE, n. f. V. Courtisane.

GROGNARD, adj. chagrin, grondeur, mécontent, qui grogne, qui gronde, qui murmure, ragoteur.

GROGNE, n. f. GROGNEMENT, n. m. chagrin, mécontentement, murmure.

GROGNER, v. hogner, ragoter. V. Murmurer.

GROIN, n. m. V. Mufle.

GROMMELER, v. V. Murmurer.

GRONDEMENT, n. m. bruit sourd.

GRONDER, v. V. Murmurer — gourmander, invectiver, quereller. V. Chapitrer.

GRONDEUR, n. m. V. Grognard.

GROS, adj. V. Gras—opulent, riche — fort, puissant — nombreux— considérable, extraordinaire.

GROS, n. m. ce qui est le plus important, grande partie, la partie la plus considérable, la plus forte portion — drachme, huitième partie de l'once, poids de trois deniers — revenu fixe d'une cure, revenu principal d'un canonicat.

EN GROS, phr. adv. en abrégé, grossièrement, sommairement — en grosse quantité, sans détail.

TOUT EN GROS, phr. adv. en tout, sans plus, seulement, tout compris, uniquement.

GROSSE, n. f. copie, expédition en grosses lettres — douze douzaines.

GROSSEUR, n. f. calibre, circonférence, contour, diamètre, épaisseur, étendue, volume — V. Tumeur.

GROSSIER, adj. brut, fait sans goût, mal entendu, mal fait, mal ordonné, mal poli, peu délicat, rude — agreste. V. Porcher. — épais. V. Balourd— déshonnête, malhonnête, obscène — qui ne détaille point, qui ne vend pas en détail, qui vend en gros.

GROSSIÈREMENT, adv. en abrégé, en gros, sommairement — sans délicatesse, sans goût, sans intelligence — brutalement, en paysan, impoliment, incivilement, rustiquement, sans politesse — lourdement, pesam-

ment, stupidement. V. *Malhon-*
nétement.

GROSSIÈRETÉ, n. f. défaut de
goût, manque de délicatesse,
rudesse—brutalité, parole grossière, propos malhonnête. V.
Impolitesse. V. *Obscénité.*

GROSSIR, v. augmenter, croître. V. *Engraisser* — amplifier,
charger, enfler, étendre, exagérer, excéder, outrer.

GROSSOYER, v. copier, expédier
en grosses lettres, faire des grosses, mettre en grosses, travailler
à la grosse.

GROTESQUE, adj. bizarre, burlesque, capricieux, drôle, extravagant, fantasque, ridicule
— badin, folâtre, fou, plaisant.

GROTESQUE, n. f. figure ou
peinture bizarre, capricieuse,
plaisante, ridicule.

GROTESQUEMENT, adv. bizarrement, burlesquement, capricieusement, drôlement, extravagamment, fantasquement,
follement, plaisamment, ridiculement.

GROTTE, n. f. V. *Caverne.*

GROUPE, n. m. V. *Tas* — accouplement de figures.

GROUPER, v. accoupler, mettre ensemble, rapprocher, réunir sous le même coup d'œil —
être accouplés, mis ensemble,
rapprochés, réunis sous le même
coup d'œil.

GRUE, n. f. dupe. V. *Niais.*

GRUERIE, n. f. droit du roi
sur les bois, grairie, juridiction
qui juge des dommages qui se
font dans les bois.

GRUGER, v. broyer, écraser.
V. *Pulvériser* — avaler, bâfrer,
croquer, friper, mâcher, manger — consommer, consumer,
détruire, dissiper du bien.

GRUMEAU, n. m. caillot.

SE GRUMELER, v. V. *s'Engrume-*
ler.

GRUMELEUX, adj. rempli de
grumeaux—qui a de petites inégalités dures—farineux, pâteux.

GUÉ, n. m. banc de sable,
bas-fond.

GUÉER, v. V. *Aiguayer.*

GUENILLE, n. f. GUENILLON,
n. m. chiffon, habit déchiré,
haillon, lambeau, linge usé,
loque, loquette, morceau, pièce,
vieilleries, vieilles nippes, vieux
linges.

GUENON, n. f. femelle d'un
singe, guenuche — femme dégoûtante, hideuse, laide.

GUÈRE, adv. pas beaucoup,
pas grande quantité, pas grand
nombre, peu.

GUÉRET, n. m. jachère, terre
qui se repose—la campagne, les
champs, terres propres à porter
des grains.

GUÉRIR, v. délivrer de maladie, faire revenir en santé,
redonner la santé, remettre en
santé, rendre la santé, rendre
sain, rétablir la santé. V. *Désa-*
buser—entrer en convalescence,
recouvrer la santé, se rétablir
— revenir d'une erreur ou d'un
préjugé, se déprévenir, se désabuser, se désentêter, se désinfatuer, se détromper, sortir
d'erreur.

GUÉRISON, n. f. convales-
cence, recouvrement de la
santé—cure, rétablissement de
la santé.

GUÉRISSABLE, adj. qui n'est
pas incurable, qu'on peut guérir, susceptible de guérison.

GUÉRITE, n. f. V. *Echau-*
guette.

GUERRE, n. f. brouille, brouillerie, contestation, débat, démêlé, différent, discussion, dispute, dissension, division,
inimitié, mésintelligence, querelle, rixe, trouble. V. *Alter-*
cation.

GUERRIER, *adj.* belliqueux, courageux, vaillant — appartenant à la guerre, militaire, propre à la guerre.

GUET, *n. m.* garde, patrouille, ronde, sentinelle — attention, espionnage, observation, veille.

GUET-APENS, *n. m.* dessein formé, dessein prémédité, embûche dressée, piége préparé.

GUÊTRE, *n. f.* bas, bottine, chausse, chaussure, gamache.

GUÊTRER, *v.* botter, chausser, mettre des guêtres.

GUETTER, *v.* avoir l'œil au guet, être à l'affût, être aux aguets, être en sentinelle, être en vedette, prendre garde. V. *Espionner.*

GUETTEUR, *n. m.* V. *Espion* — sentinelle, vedette.

GUEULE, *n. f.* V. *Bouche.* V. *Gloutonnerie.*

GUEUSAILLE, *n. f.* troupe de gueux, de mendiants. V. *Populace.*

GUEUSERIE, *n. f.* besoin, dénûment de tout, disette, indigence, mendicité, misère, nécessité, pauvreté — chose de peu de prix, chose vile, peu de chose.

GUEUX, *adj.* dénué de tout, indigent, misérable, nécessiteux, pauvre, réduit à la mendicité.

GUICHET, *n. m.* petite porte, porte basse, poterne—porte de prison — volet d'armoire, de cabaret, de confessionnal.

GUICHETIER, *n. m.* garde du guichet, portier de prison, valet de geôlier.

GUIDE-ÂNE, *n. m.* V. *Directoire.*

GUIDE, *n. m.* conducteur, directeur.

GUIDER, *v.* conduire, diriger, indiquer les voies, mener.

GUIDES, *n. f. pl.* rênes. V. *Laisse.*

GUIDON, *n. m.* V. *Bannière* — V. *Cornette, n. m.*

GUIGNON, *n. m.* contre-temps, mauvaise fortune. V. *Calamité.*

GUILÉE, *n. f.* V. *Giboulée.*

GUILLEDOU, *n. m.* lieu de débauche, mauvais lieu — course indécente, pretentaine, promenade suspecte.

GUILLERET, *adj.* éveillé, gai, gaillard, léger, réjoui — V. *Ginguet.*

SE GUIMPER, *v.* embrasser la vie religieuse, entrer en religion, prendre le voile, se cloîtrer, se faire religieuse, se retirer dans un cloître.

GUINDÉ, *adj.* élevé, haussé, hissé, monté — contraint, forcé, gêné — ampoulé. V. *Pompeux,* 3. *div.*

GUINDER, *v.* V. *Hisser.*

GUINDERIE, *n. f.* contrainte, gêne — affectation. V. *Enflure.*

GUINGOIS, *n. m.* V. *Obliquité.*

DE GUINGOIS, *phr. adv.* V. *de Travers.*

GUINGUETTE, *n. f.* bouchon, petit cabaret, taverne —·petite maison de campagne, petit vide-bouteille.

GUIRLANDE, *n. f.* chapeau, couronne, feston de fleurs.

GUISE, *n. f.* méthode. V. *Coutume.*

EN GUISE, *phr. adv.* ainsi que, à la façon, à la ressemblance, comme, en façon, en manière.

GUITARE, *n. f.* harpe, lyre, mandoline.

GUSTATION, *n. f.* perception des saveurs, sensation du goût.

GUTTURAL, *adj.* appartenant au gosier, formé dans le gosier, prononcé du gosier, provenant du gosier.

GYMNASE, *n. m.* académie,

collége, école publique, lieu d'exercice, palestre.

GYMNASIARQUE, *n. m.* capiscol, chef d'école, maître d'exercice, premier maître, président d'académie, principal de collége.

GYMNASTIQUE, *n. f.*

GYNÉCÉE, *n. m.* appartement de femmes, retraite des femmes.

GYNÉCOCRATIE, *n. f.* autorité de femme, état où les femmes peuvent gouverner, gouvernement de femmes.

GYNÉCOCRATIQUE, *adj.* gouverné par les femmes, soumis à l'autorité des femmes.

GYROMANCE, GYROMANCIE, *nn. ff.* divination en marchant en rond, divination en tournant.

H

HABILE, *adj.* capable, docte, doué d'un mérite éminent, entendu, excellent, expérimenté, expert, qui a un talent supérieur, savant, très instruit, versé — adroit, fin, industrieux, intelligent, pénétrant, qui a de la dextérité, subtil — diligent, expéditif, prompt, qui fait beaucoup en peu de temps — apte, convenable, idoine, propre à, susceptible de.

HABILEMENT, *adv.* doctement, en homme instruit, savamment — adroitement, avec art, avec dextérité, avec esprit, avec intelligence, d'une manière habile, finement, subtilement — avec célérité, avec prestesse, avec promptitude, diligemment, en diligence, prestement, promptement.

HABILETÉ, *n. f.* capacité, connoissance, érudition, expérience, savoir, science, talent supérieur — adresse, dextérité, finesse, industrie, intelligence, pénétration, subtilité — célérité, diligence, prestesse, promptitude.

HABILITÉ, *n. f.* aptitude, capacité, convenance, disposition, facilité, pouvoir.

HABILITER, *v.* donner la facilité, donner pouvoir, rendre

apte, capable, habile à, idoine, susceptible de.

HABILLEMENT, *n. m.* habit, robe, vêtement — accoutrement, ajustement, ornement, parure — couverture, manteau, voile.

HABILLER, *v.* donner des habits, fournir d'habits, revêtir, vêtir — accoutrer, ajuster, décorer, orner, parer — couvrir, envelopper, garnir, voiler.

HABIT, *n. m.* V. *Habillement.*

HABITABLE, *adj.* V. *Logeable.*

HABITACLE, *n. m.* résidence, séjour — V. *Logement.*

HABITANT, *adj.* bourgeois, citoyen, domicilié, manant, résidant.

HABITATION; *n. f.* habitacle, résidence, séjour — V. *Logement.*

HABITER, *v.* avoir sa résidence, faire sa demeure, faire son séjour. V. *Loger.*

HABITUDE, *n. f.* complexion, constitution, disposition, tempérament — V. *Coutume,* attitude, contenance, démarche, maintien — aisance, facilité — accès, connoissance. V. *Hantise.*

HABITUÉ, *adj.* accoutumé, coutumier, fait, formé, rompu à. V. *Usité.*

HABITUEL, *adj.* coutumier, ordinaire, passé en habitude, qui

est de coutume, tourné en ba-
bitude.

HABITUELLEMENT, *adv.* de coutume, d'ordinaire, par coutume,
par habitude, ordinairement.

HABITUER, *v.* V. *Accoutumer.*

s'HABITUER, *v.* prendre la coutume, prendre l'habitude, s'accoutumer, se faire — s'endurcir
— établir sa demeure, fixer son
séjour, prendre un domicile, se
domicilier, s'établir.

HÂBLER, *v.* bourder, dire
plus qu'on ne sait, mentir hardiment, parler trop, promettre plus qu'on ne veut ou qu'on
ne peut tenir — charger, étendre. V. *Exagérer* — se vanter
sans sujet.

HÂBLERIE, *n. f.* charlatanerie, exagération, fanfaronnade,
fanfaronnerie, forfanterie, gasconnade, jactance, mensonge,
menterie, ostentation, promesse illusoire, vanterie.

HÂBLEUR, *n. m.* charlatan,
fanfaron, gascon, parleur éternel. V. *Fourbe.*

HACHE, *n. f.* cognée. V.
Serpe.

HACHER, *v.* couper maladroitement; couper menu, déchiqueter, dépecer, mettre en
morceaux, taillader, tailler en
pièces.

HACHIS, *n. m.* V. *Galimafrée.*

HAGARD, *adj.* farouche, féroce, furibond, furieux, menaçant, peu accessible, qui est
de difficile accès, qui est de
mauvaise humeur, rébarbatif,
revêche, rude.

HAÏ, *adj.* détesté, mal-voulu,
vu de mauvais œil.

HAIE, *n. f.* clôture, palissade — ligne, rang, rangée.

HAILLON, *n. m.* V. *Guenille.*

HAINE, *n. f.* dégoût, rancune. V. *Inimitié* — détestation,
horreur.

HAINEUX, *adj.* enclin, porté à
la haine, qui conserve sa haine,
qui garde rancune, rancunier.

HAÏR, *v.* avoir de l'antipathie, de l'aversion, de la haine,
de l'inimitié — avoir de la répugnance, du dégoût — avoir
de l'animosité, de la rancune,
du ressentiment — avoir en horreur, détester.

HAIRE, *n. f.* cilice — austérité, macération, mortification.

HAÏSSABLE, *adj.* qu'il faut haïr,
qui mérite d'être haï, qu'on doit
haïr. V. *Odieux* — insupportable. V. *Déplaisant.*

HÂLE, *n. m.* air qui dessèche,
chaleur, chaud pesant, soufle
brûlant, vent chaud et sec.

HÂLÉ, *adj.* brûlé, desséché,
séché — bruni, noirci, rembruni, tanné.

HALEINE, *n. f.* respiration,
souffle — agitation de l'air, vent,
zéphyr.

HALENÉE, *n. f.* air de la bouche. V. *Bouffée.*

HALENER, *v.* flairer, sentir —
essayer, pressentir, sonder —
découvrir, éventer, pénétrer,
reconnoître.

HALER, *v.* peser sur un câble,
roidir, tirer à soi — agacer, animer, exciter, harceler, picoter,
piquer un chien.

HÂLER, *v.* brûler, brunir,
noircir, rembrunir, tanner —
dessécher, sécher.

HALETANT, *adj.* V. *Essoufflé.*

HALETER, *v.* être époumon-
né, être essoufflé, être hors d'haleine, respirer avec peine.

HALLE, *n. f.* V. *Marché,* 2.
div.

HALLEBARDE, *n. f.* V. *Esponton.*

HALLEBARDIER, *n. m.* hastai-
re, lancier, piquier.

HALLEBREDA, *n. m. et f.* grande
personne décontenancée, dé-

gingandée, déhanchée, mal bâtie, mal tournée.

HALLIER, n. m. amas d'épines, broussailles, bruyères, buisson épais.

HALTE, n. f. V. Pause — reposoir, séjour — rafraîchissement, repas.

HAMAC, n. m. V. Strapontin, 2. div.

HAMEAU, n. m. petit bourg, petite peuplade, petit village.

HAMEÇON, n. m. petit crochet — amorce, appât—artifice, déguisement, feinte, piége, ruse, supercherie.

HAMPE, n. f. bâton, bois, manche, poignée d'une arme d'hast ou d'un pinceau.

HAN, n. m. asile des caravanes, caravanserail, hospice, hôtel, hôtellerie, retraite pour les caravanes.

HANSE, n. f. société pour le commerce. V. Confédération.

HANSÉATIQUE, adj. V. Anséatique.

HANSIÈRE, n. f. câble, gros cordage, grosse corde.

HANTÉ, adj. fréquenté, habité, où il y a concours, peuplé.

HANTER, v. avoir commerce avec, être en grande liaison, fréquenter, rendre de fréquentes visites, visiter habituellement, voir souvent — aller habituellement, paroître souvent, se montrer fréquemment dans un lieu.

HANTISE, n. f. assiduité, commerce familier, étroite communication, familiarité, fréquentation, habitude, intimité, liaison, société.

HAPPÉE, n. f. V. Capture.

HAPPELOURDE, n. f. faux diamant, pierre précieuse contrefaite — belle et fausse apparence, mine trompeuse.

HAPPER, v. attraper, empoi-

gner, emporter, prendre, saisir, s'emparer, surprendre.

HAQUENÉE, n. f. V. Bidet.

HAQUET, n. m. charrette, voiture.

HAQUETIER, n. m. charretier, conducteur de haquet.

HARANGUE, n. f. compliment public, discours public.

HARANGUER, v. complimenter — parler en public, prononcer une harangue.

HARANGUEUR, n. m. celui qui harangue, orateur — discoureur ennuyeux, faiseur de remontrances, parleur infatigable, prêcheur éternel, sermonneur importun.

HARASSER, v. accabler. de lassitude, causer une grande fatigue, épuiser, estrapasser, excéder, fatiguer, lasser, peiner, surmener.

HARCELER, v. attaquer, tenir alerte. V. Persécuter — aigrir, irriter, peiner, provoquer, quereller — agacer, animer, exciter, haler, picoter, piquer — aiguillonner, chatouiller, tourmenter.

HARDE, n. f. harpail, troupe de bêtes fauves.

HARDES, n. f. pl. V. Bagage. V. Nippes.

HARDI, adj. entreprenant, présomptueux, téméraire. V. Intrépide — difficile, épineux, escarpé — effronté, impudent, insolent. V. Inouï.

HARDIESSE, n. f. cœur, témérité. V. Intrépidité — confiance—effronterie, impudence, insolence, liberté, licence — entreprise extraordinaire, hardie, hasardée, inouïe, insolite, nouvelle.

HARDIMENT, adv. avec hardiesse, courageusement, d'une manière hardie, témérairement. V. Intrépidement. — avec assurance, avec confiance, avec fermeté, à cœur ouvert, aisément, avec aisance, bonnement, franchement, librement, naturellement, rondement, sans barguigner, sans détour, sans hésiter, sincèrement — V. *Effrontément*.

Harem, *n. m.* logement des femmes du grand seigneur, sérail.

Harengeaison, *n. f.* pêche du hareng, saison du hareng, temps de la pêche du hareng.

Harengère, *n. f.* femme des halles, marchande de poisson, poissarde — clabaudeuse, grossière, insolente, piaillarde, piegrièche.

se Hargner, *v.* se gronder, se quereller.

Hargneux, *adj.* chagrin, fâcheux, impatient, inquiet, insociable, querelleur. V. *Bizarre*.

Haricot, *n. m.* V. *Fasiole* — ragoût de viande aux navets.

Harmonie, *n. f.* mélodie, unisson — accord, concert, correspondance, justesse, proportion, symétrie — intelligence, rapport, union.

Harmonieusement, *adv.* agréablement, avec harmonie, d'une manière harmonieuse, d'une manière mélodieuse, harmoniquement, mélodieusement.

Harmonieux, *adj.* V. *Mélodieux*.

Harmonique, *adj.* exact, juste, proportionné, symétrique.

Harnachement, *n. m.* V. *Enharnachement*.

Harnacher, *v.* V. *Enharnacher*.

Haro, *n. m.* arrêt, clameur, émeute, émotion, opposition, tumulte.

Harpagon, *n. m.* crasseux, fesse-mathieu. V. *Avare*.

Harpe, *n. f.* guitare, lyre — pierre d'attente, pierre plus grande de liaison — V. *Grappin*.

Harpie, *n. f.* femme avare, femme criarde, pie-grièche — gens de chicane, procureur, sergent — personne affamée du bien d'autrui, avide, insatiable.

Harponner, *v.* accrocher avec le harpon, blesser avec le harpon, darder le harpon, frapper du harpon.

Hart, *n. f.* lien de fagot — corde de pendu.

Hasard, *n. m.* sort. V. *Accident*.

Hasarder, *v.* aventurer, compromettre, exposer au péril, mettre au hasard. V. *Risquer* — éprouver, essayer, mettre en avant, tâter.

Hasardeusement, *adv.* avec péril, avec risque, dangereusement, imprudemment, périlleusement, témérairement.

Hasardeux, *adj.* dangereux, V. *Périlleux* — aventureux, imprudent, qui hasarde, qui risque, téméraire.

Hâte, *n. f.* V. *Promptitude*.

a la Hâte, *phr. adv.* avec précipitation, hâtivement, précipitamment, vitement.

avec Hâte, *phr. adv.* aussitôt, avec diligence, avec empressement, en hâte, promptement, sans différer, sans retard, sur-le-champ.

Hâté, *adj.* accéléré. V. *Précoce* — pressé, empressé, qui a hâte — diligenté, expédié, mené bon train.

Hâter, *v.* accélérer, avancer, diligenter, expédier, faire aller vite, faire diligenter, mener bon train, précipiter, presser.

se Hâter, *v.* aller vite, avoir hâte, faire diligence, se diligenter, s'empresser, se presser.

HÂTIF, *adj.* accéléré, hâté. V. *Précoce.*

HÂTIVEMENT , *adv.* de bonne heure, en diligence. V. *a la Hâte.*

HÂTIVETÉ , *n. f.* avancement , hâte, précocité , prématurité.

HAUSSE, *n. f.* addition pour hausser — augmentation , enchère.

HAUSSEMENT, *n. m.* élévation, élèvement, exhaussement, rehaussement.

HAUSSER, *v.* donner plus de hauteur , élever , exhausser , lever, monter plus haut, porter plus haut — ajouter, enchérir, offrir plus—augmenter, croître, devenir plus haut , grossir.

HAUT, *adj.* élevé , haussé — distingué , éminent , grand , illustre, insigne , noble , sublime , supérieur—impérieux. V. *Orgueilleux.*

HAUT, *n. m.* élévation , hauteur. V. *Comble.*

D'EN HAUT, *phr. adv.* d'audessus , du haut — de la cour , de la part du roi, de par le roi —de Dieu, de la part de Dieu, du ciel.

EN HAUT, *phr. adv.* au-dessus, au sommet , en un lieu élevé , par-dessus , plus haut.

HAUT LA MAIN, *phr. adv.* avec autorité , avec empire , avec hauteur, avec vigueur—bon gré mal gré , forcément , par contrainte , par force.

HAUT-LE-CORPS, *n. m.* bond , saut.

HAUT-LE-PIED, *n. m.* désertion , évasion , fuite, retraite.

HAUTAIN, *adj.* impérieux. V. *Orgueilleux.*

HAUTAINEMENT, *adv.* avec hauteur, impérieusement , superbement. V. *Orgueilleusement.*

HAUTBOIS, *n. m.* flûte douce.

HAUT-DE-CHAUSSE , *n. m.* V. *Culotte.*

DE HAUTE-LUTTE , *phr. adv.* avec une grande supériorité , d'autorité , d'emblée, sans difficulté, sans embarras, sans résistance.

HAUTEMENT, *adv.* courageusement, hardiment, librement, nettement , résolument , sans détour — authentiquement , clairement, distinctement, manifestement—avec ardeur, avec chaleur , avec vigueur, chaudement, vigoureusement.

HAUTEUR , *n. f.* élévation , éminence , exhaussement. V. *Comble.* V. *Monticule* — grandeur , illustration , noblesse , sublimité , supériorité. V. *Orgueil.*

HÂVE, *adj.* défiguré , fluet , langoureux, languissant, pâle , qui a l'air malade, qui n'a que la peau sur les os. V. *Étique.*

HÂVI, *adj.* brûlé sans être cuit , desséché sans être cuit.

HAVRE, *n. m.* V. *Port.*

HAVRESAC, *n. m.* V. *Besace.*

HEBDOMADIER, *n. m.* celui qui est de semaine , semainier.

HÉBERGE , *n. f.* domicile , étage , logement , logis.

HÉBERGER, *v.* accueillir, donner le couvert, donner un logement, loger, recevoir chez soi.

HÉBÉTÉ, *adj.* abêti , abruti , bête, devenu imbécile, stupéfié.

HÉBÉTER, *v.* abasourdir, abêtir, abrutir, affoiblir l'esprit, émousser l'esprit, rendre bête, rendre imbécile , stupide, stupéfier.

HÉBRAÏQUE, *adj.* appartenant à l'hébreu , concernant l'hébreu , propre de l'hébreu.

HÉBRAÏSANT, *n. m.* savant en hébreu.

HÉBRAÏSME, *n. m.* construction, façon de parler hébraïque, idiotisme, tour hébraïque.

Hébreu, n. m. idiome, langage, langue des Hébreux.

Hégire, n. f. époque d'où datent les mahométans, fuite de Mahomet hors de la Mecque.

Hélicon, n. m. V. *Parnasse*.

Héliotrope, n. m. herbe aux verrues, tournesol.

Hellénisme, n. m. construction grecque, idiotisme grec, tour grec.

Helvétien, Helvétique, adj. Suisse.

Hémisphère, n. f. demi-globe, moitié du globe.

Hémistiche, n. m. moitié de vers.

Hémoptysie, n. f. crachement de sang, vomissement de sang.

Hémorrhagie, n. f. écoulement, flux, perte de sang.

Herbage, n. m. fines herbes, herbes, herbes potagères, petites herbes, salade. V. *Pacage*.

Herbe, n. f. herbage — simple — gazon, herbette, verdure. V. *Pacage*.

Herbeux, adj. abondant en herbe, couvert d'herbes, où il croît de l'herbe.

Herbier, n. m. amas, collection, recueil de feuilles, de plantes — premier ventricule des animaux ruminants.

Herbière, n. f. fruitière, marchande d'herbage, vendeuse d'herbes.

Herboriser, v. chercher de nouvelles plantes, étudier les propriétés des simples, faire recherche de plantes.

Herboriste, n. m. botaniste, marchand de plantes, vendeur de simples.

Héréditaire, adj. affecté à une famille, propre à une famille, qui passe aux héritiers — dont on hérite, recueilli par droit de succession.

Héréditairement, adv. par droit de succession, par droit d'hérédité — comme héritier, en qualité d'héritier.

Hérédité, n. f. droit d'hériter. V. *Héritage*.

Hérésiarque, n. m. auteur d'une hérésie, chef d'une secte hérétique.

Hérésie, n. f. dogme hétérodoxe, erreur obstinée, hétérodoxie, proposition contraire à la foi.

Hérétique, adj. appartenant à l'hérésie, contraire à la foi, hétérodoxe, opposé à la doctrine catholique.

Hérétique, n. m. celui qui est engagé dans l'hérésie, celui qui professe l'hérésie, celui qui soutient quelque hérésie, errant, sectateur d'hérésie, sectaire.

Hérissé, adj. couvert de poils droits, qui a le poil droit et rude — dressé, ébouriffé — couvert de choses aiguës — âpre, austère, grave, rude, sérieux — désagréable, difficultueux, grossier, maussade. V. *Chagrin*.

Hérisser, v. se dresser, se hérisser, se roidir — hérissonner, recouvrir, recrépir, replâtrer.

Héritage, n. m. bien héréditaire, fond de famille, hérédité, hoirie, succession.

Hériter, v. avoir en héritage, obtenir par hérédité, recueillir par droit d'hoirie, recueillir une succession, succéder.

Héritier, n. m. celui qui succède par droit d'hérédité, hoir, successeur.

Hermaphrodite, n. m. V. *Androgyne*.

Hermitage, n. m. case, demeure, domicile, petit logement d'un hermite — désert, retraite isolée, solitude.

Hermite, n. m. anachorète, homme qui vit dans la retraite,

homme retiré, moine, solitaire.

Herne, n. f. descente, hergne.

Héroïne, n. f. femme courageuse, d'un courage mâle, d'une vertu héroïque, magnanime — femme qu'on admire plus qu'aucune autre, qu'on loue en toute occasion, qu'on loue exclusivement.

Héroïque, adj. admirable, digne d'un héros, excellent, grand, magnanime, merveilleux, suréminent.

Héroïquement, adv. avec un courage mâle, en héros, magnanimement.

Héroïsme, n. m. caractère héroïque, grandeur d'âme, magnanimité, qualité héroïque.

Héros, n. m. grand personnage, homme d'un courage héroïque, personnage distingué à la guerre par des actions d'éclat, principal personnage d'un poème — homme qu'on admire et qu'on loue en toute occasion, personnage qu'on loue exclusivement.

Hésitation, n. f. balancement en parlant, balbutie, bégaiement — V. Balbutiement, anxiété. V. Perplexité.

Hésiter, v. balancer en parlant, balbutier, bégayer, prononcer avec peine ce qu'on veut dire — balancer, chanceler, ne savoir quel parti prendre. V. Vaciller.

Hesper, **Hespérus**, nn. mm. étoile de Vénus, étoile du soir.

Hespérides, n. f. pl. les filles d'Hespérus — les îles du Cap-Vert.

* **Hespérie**, n. f. le couchant, l'occident, l'ouest, pays occidental, région occidentale — l'Espagne ou l'Italie.

Hétéroclite, adj. contraire aux règles communes, éloigné

des règles ordinaires, irrégulier — V. Bizarre.

Hétérodoxe. V. Hérétique.

Hétérodoxie, n. f. V. Hérésie.

Hétérogène, adj. contraire, différent, dissemblable en nature, dissemblable en qualités, opposé, qui est d'un genre différent.

Hétérogénéité, n. f. contrariété, différence de genre, dissemblance en qualités, diversité de nature, opposition.

Hêtre, n. m. fau, fouteau.

Hétrurie, n. f. Toscane, Tuscie.

Hétrurien, adj. Hétrusque, Toscan, Tusce.

Heure, n. f. à propos, moment convenable, temps favorable, temps marqué.

A cette Heure, phr. adv. à l'heure qu'il est, au temps où nous sommes. V. Maintenant.

Heures, n. f. pl. prières de l'église — eucologe, livre de prières.

Heureusement, adv. avec avantage, avec bonheur, avec succès, d'une manière heureuse, par bonheur — V. Aisément.

Heureux, adj. chanceux, favorisé par la fortune, fortuné, qui a du bonheur, qui prospère, qui réussit — à qui tout rit, bienheureux, content, qui a tout à souhait, satisfait, avantageux, favorable, propice, prospère — débarrassé, délivré de tous soucis, paisible, tranquille — aisé, excellent, exquis, facile, ingénieux, spirituel.

Heurt, n. m. cahot, choc, collision, coup, froissement, frottement, rencontre rude.

Heurter, v. cahoter, choquer, cogner, frapper, froisser, frotter, rencontrer rudement —

blesser, choquer, offenser —
V. *Contredire*.

HIATUS, *n. m.* bâillement,
ouverture continuée de la bouche — discontinuation, interruption, suspension.

HIBERNIE, *n. f.* Irlande.

HIBERNOIS, *adv.* Irlandois.

HIBOU, *n. m.* V. *Chat-huant* —
atrabilaire, bourru, misanthrope, sauvage.

HIBRIDE, *adj.* né de deux espèces différentes, tirées de deux diverses langues.

HIDEUSEMENT, *adv.* à faire
peur, affreusement, désagréablement, d'une manière hideuse, effroyablement, épouvantablement, horriblement.

HIDEUX, *adj.* V. *Horrible*.

HIE, *n. f.* V. *Batte*.

HIER, *adv.* ces jours derniers,
le jour précédent, dernièrement.

HIÉRARCHIE, *n. f.* ordre, subordination des degrés ou des états.

HIÉRARCHIQUE, *adj.* appartenant à la hiérarchie, propre de
la hiérarchie, réglé par la hiérarchie, subordonné à l'ordre
de la hiérarchie.

HIÉRARCHIQUEMENT, *adv.* d'une manière hiérarchique, en hiérarchie, selon l'ordre hiérarchique.

HIÉROGLYPHE, *n. m.* caractère,
figure, signe, symbole qui a un
sens mystérieux.

HIÉROGLYPHIQUE, *adj.* appartenant à l'hiéroglyphe, ayant un
sens mystérieux, symbolique.

HIPPOCRÈNE, *n. f.* fontaine castalienne, fontaine du Parnasse,
onde aganippide.

HIPPODROME, *n. f.* lice, manége.

HISSER, *v.* élever, faire monter, hausser, tirer en haut.

HISTOIRE, *n. f.* V. *Narration*.

HISTORIEN, *n. m.* V. *Historiographe*.

HISTORIER, *v.* accompagner,
charger, embellir, enjoliver,
orner, parer de divers ornements.

HISTORIETTE, *n. f.* conte, petite histoire plaisante, récit de
quelque aventure galante.

HISTORIOGRAPHE, *n. m.* auteur
chargé d'écrire l'histoire, écrivain qui écrit l'histoire, historien.

HISTORIQUE, *adj.* appartenant
à l'histoire, propre à l'histoire,
tiré de l'histoire.

HISTORIQUEMENT, *adv.* conformément à l'histoire, selon la
vérité historique, selon l'histoire — convenablement à l'histoire, d'un style historique, en
historien, sans aucun ornement
étranger.

HISTRION, *n. m.* V. *Baladin*.

HIVER, *n. m.* saison froide —
frimas, froid, gelée, glaçons.

HIVERNER, *v.* être en quartier
d'hiver, passer l'hiver, séjourner pendant l'hiver.

s'HIVERNER, *v.* s'accoutumer,
se faire, s'endurcir, s'exposer,
s'habituer au froid.

HOBEREAU, *n. m.* petit oiseau
de proie — gentilhomme campagnard, gentilhomme casanier, noble de campagne —
nouveau débarqué.

HOC, *n. m.* certain jeu de
cartes — chose assurée, chose
due, chose immanquable.

HOCHE, *n. f.* coche, coupure,
cran, créneau, crénelure, dent,
dentelure, entaille, entaillure.

HOCHER, *v.* agiter, branler,
ébranler, remuer, secouer.

HOGNER, *v.* V. *Grogner*.

HOIR, *n. m.* V. *Héritier*.

HOIRIE, *n. f.* V. *Héritage*.

HOLA, *interj.* approchez, attendez, écoutez, venez — arrêtez, c'est assez, chut, halte-là, paix, silence, tout beau.

HOLLANDE, n. f. Pays - Bas, Provinces-Unies.

HOLOCAUSTE , n. m. hostie, oblation, sacrifice, victime.

HOMÉLIE , n. f. conférence, discours familier. V. *Sermon*.

HOMICIDE , n. m. assassin, meurtrier—assassinat, meurtre.

HOMMAGE , n. m. serment de fidélité. V. *Déférence*—civilités, considération, égards, estime. V. *Honneur*.

HOMME , n. m. animal raisonnable — mortel — foible, sensible, sujet aux foiblesses humaines — qui a de la tête. V. *Magnanime*.

HOMOCENTRIQUE , adj. concentrique, qui a le même centre.

HOMOGÈNE , adj. conforme, pareil en nature, qui est de même genre, qui est de même qualité, semblable en nature.

HOMOGÉNÉITÉ, n. f. conformité, identité de genre, identité de nature, ressemblance de qualité.

HOMOLOGATION, n. f. approbation, autorisation, confirmation, validation par autorité publique — enregistrement en justice, publication légale.

HOMOLOGUE, adj. analogue, correspondant, pareil, pareillement situé, qui est de même proportion, semblable.

HOMOLOGUER, v. approuver, autoriser, confirmer, valider par autorité publique — enregistrer en justice, publier légalement, rendre exécutoire.

HOMONYME, adj. ayant même nom, ayant un nom pareil, exprimé par un mot pareil, nommé de la même manière, prononcé semblablement.

HONGRE , adj. châtré, coupé.

HONGRER , v. châtrer, couper un cheval.

HONNÊTE , adj. conforme à l'honneur, raisonnable, vertueux—bienséant, convenable, décent, pudique — digne d'estime, digne d'honneur, estimable, honorable — officieux. V. *Courtois*.

HONNÊTE FEMME, n. f. femme chaste, irréprochable, modeste, régulière, respectable, sage, vertueuse.

HONNÊTE GARÇON, n. m. garçon bien né, bien élevé, fidèle à ses devoirs, sur qui l'on peut compter.

HONNÊTE HOMME, n.m. homme digne d'estime, estimable, plein de probité, plein d'honneur, respectable, vertueux—homme bien né, de bonne famille, de condition honnête, d'un état décent —galant homme, homme de bien, homme sûr.

HONNÊTEMENT , adv. d'une manière honnête — bien, conformément à l'honneur, galamment, raisonnablement, vertueusement — avec bienséance, convenablement, décemment — affablement, civilement, de bonne grâce, en homme qui sait vivre, en honnête homme, gracieusement, obligeamment, officieusement, poliment.

HONNÊTETÉ n. f. honneur, vertu. V. *Droiture*—bienséance, décence, décorum—modestie, pudeur, pudicité, pureté de mœurs. V. *Urbanité*.

HONNEUR, n. m. civilités, considération, égards, estime, hommage, respect, révérence, vénération —dignité, distinction, élévation, éminence, prérogative, privilége — gloire, louange, renommée, réputation — bonne foi, sentiment. V. *Honnêteté*, chasteté, pudeur, pudicité — grandeur, éclat, lustre, ornement.

HONNIR, v. bafouer, honnir, charger d'injures, déshonorer, dénigrer, mépris, injurier, maudire, mépriser, outrager, persifler, railler, se jouer, se moquer, traiter avec mépris, vilipender.

HONORABLE, adj. digne d'être honoré, digne d'honneur — qui donne du lustre, qui honore, qui illustre — généreux, honnête, libéral, magnifique, qui fait bien les choses, qui reçoit bien, splendide.

HONORABLEMENT, adv. avec honneur, convenablement, décemment, d'une manière honorable, généreusement, honnêtement, libéralement, magnifiquement, splendidement.

HONORAIRE, adj. conservant les principaux honneurs de sa place, jouissant des prérogatives distinguées de sa charge.

HONORAIRE, n. m. appointement, gages, prix, récompense, rétribution, salaire.

HONORER, v. avoir des égards, considérer, estimer, faire cas, faire honneur, marquer de la soumission, marquer de la vénération, respecter, révérer, témoigner de l'estime. V. *Illustrer*.

HONTE, n. f. modestie, pudeur, retenue — confusion, injure, mauvaise réputation. V. *Opprobre*.

HONTEUSEMENT, adv. avec honte, avec turpitude, d'une manière honteuse, ignominieusement, vilainement.

HONTEUX, adj. confus, déconcerté, embarrassé, timide — avilissant, déshonorant, disgracieux, ...

ment, flétrissant, ignominieux, indécent, infamant, bas, malhonnête, malséant, mesquin, vilain.

HÔPITAL, n. m. Hôtel-Dieu, hospice pour les orphelins, maison destinée aux malades, maison pour les enfants trouvés, retraite des pauvres et des vieillards.

HOQUET, n. m. sanglot, soupir.

HOQUETON, n. m. alguazil, archer, garde, sbire — hoqueton, manteau, porte-masse — casaque, habit, uniforme des hoquetons.

HORAIRE, adj. appartenant aux heures, marquant les heures, relatif aux heures — qui se répète une fois par heure, qui dure une heure, qui se fait par heure.

HORLOGE, n. f. cadran, clepsydre, montre, pendule, sablier.

HORMIS, prép. à la réserve de, à l'exception de, excepté, hors, sauf.

HOROGRAPHIE, n. f. V. *Gnomonique*.

HORREUR, n. f. frémissement, frisson, tremblement. V. *Effroi* — abomination, aversion, détestation, exécration, haine violente — désolation, fureur, ravage — atrocité, énormité, turpitude — action infâme, crime atroce, injustice énorme, procédé déshonorant — chose affreuse, dégoûtante, horrible, laide.

HORRIBLE, adj. abominable, affreux, défiguré, dégoûtant, désagréable, détestable, difforme, digne d'horreur, effroyable, épouvantable, exécrable, hideux, laid, qui fait peur, révoltant — atroce, énorme, excessif, exorbitant.

HORRIBLEMENT, adv. abominablement, désagréablement, détestablement, d'une manière dégoûtants, d'une manière horrible, d'une manière révoltante, hideusement. V. *Énormément*, 2. div. — avec atrocité, d'une manière atroce, énormément, excessivement, exorbitamment.

Hors, *prép.* à couvert, à l'abri de, loin de — à la réserve de, à l'exception de, excepté, hormis, sauf.

Hors-d'oeuvre, *n. m.* petit mets, petit plat, petit ragoût servi avec le potage avant les entrées — ce qui est étranger, ce qui est séparé, ce qui ne fait point corps avec, ce qui ne tient à rien — digression, écart, excursion.

Hospice, *n. m.* lieu de retraite, lieu de sûreté, refuge.

Hospitalier, *adj.* charitable, libéral envers les passants, qui exerce l'hospitalité.

Hospitalité, *n. f.* accueil, bonté, charité, honnêteté, libéralité envers les étrangers, réception désintéressée.

Hostie, *n. f.* V. *Holocauste.*

Hostile, *adj.* contraire, dommageable, ennemi, nuisible, opposé, pernicieux, préjudiciable.

Hostilement, *adv.* avec hostilité, d'une manière hostile, en ennemi, en faisant des actes d'ennemi.

Hostilité, *n. f.* action hostile, attaque, conduite hostile, procédé ennemi.

Hôte, *n. m.* aubergiste, cabaretier, hôtelier, maître du logis, traiteur — habitué dans une auberge, dans un hôtel — étranger, passager.

Hôtel, *n. m.* demeure, logis, palais. V. *Logement.*

Hôtelier, *n. m.* V. *Hôte.*

Hôtellerie, *n. f.* hôtel garni. V. *Cabaret.*

Hotte, *n. f.* V. *Moyeu.*

Houe, *n. f.* V. *Flot.*

Houlette, *n. f.* bâton pastoral, crosse de prélat.

Houleux, *adj.* agité, bouillonnant, rempli de vagues.

Houppe, *n. f.* bouquet, touffe.

Houppelande, *n. f.* redingote, surtout. V. *Cape.*

Hourdage, *n. m.* maçonnage grossier, mauvaise maçonnerie.

Hourder, *v.* maçonner grossièrement. V. *Bousiller.*

Houravari, *n. m.* bouleversement, confusion, contretemps, malencontre — fracas, grand bruit, tintamarre, trouble, tumulte, vacarme.

Houspiller, *v.* chiffonner, maltraiter, sabouler, secouer, tirailler. V. *Gourmander.*

Housse, *n. f.* courte-pointe, couverture.

Housser, *v.* balayer, essuyer, nettoyer, ôter les araignées.

Houssine, *n. f.* gaule. V. *Badine.*

Houssiner, *v.* battre, fouetter, fustiger, gauler.

Houssoir, *n. m.* balai.

Hoyau, *n. m.* houe, louchet, pic, pioche.

Huard, *n. m.* V. *Gerfaut.*

Huche, *n. f.* coffre de bois, pétrin.

Huée, *n. f.* clameur, cri, dérision, insulte, moquerie, sifflement.

Huer, *v.* crier après, insulter, poursuivre à grands cris, se moquer, siffler.

Huet, *n. m.* Huette, *n. f.* espèce de hibou, hulote, oiseau nocturne.

Huguenot, *adj.* calviniste, hérétique, luthérien, parpaillot, protestant.

Huguenote, *n. f.* V. *Casserole.*

Huguenotisme, *n. m.* calvi,

nisme, hérésie, luthéranisme, protestantisme.

HUILER, v. assaisonner d'huile, enduire d'huile, frotter d'huile, graisser d'huile, oindre avec de l'huile.

HUILEUX, adj. enduit d'huile, frotté d'huile, imbibé d'huile, imprégné d'huile. V. Oléagineux.

HUISSIER, n. m. garde-porte — appariteur, licteur, sergent — V. Bedeau.

HULOTE, n. f. V. Huet.

HUMAIN, adj. concernant l'homme, naturel, relatif à l'homme — attaché à l'humanité, dépendant, inséparable de l'humanité — bénin, bon, clément, compatissant, débonnaire, miséricordieux, pitoyable, sensible — accueillant, affable, bienfaisant, doux, gracieux.

HUMAINEMENT, adv. conformément à la nature humaine, d'après la nature de l'homme — suivant la capacité, la portée, le pouvoir, les facultés, les forces de l'homme — avec bonté, avec douceur, avec honnêteté, avec humanité. V. Bénignement — selon les idées communes, selon l'opinion vulgaire, selon l'usage général.

HUMANISER, v. apprivoiser, familiariser, rendre familier, rendre sociable, rendre traitable — gagner, rendre plus favorable, toucher. V. Calmer.

s'HUMANISER, v. devenir moins austère, devenir moins rigide, devenir plus accessible, devenir plus sociable, devenir plus traitable — s'accommoder à la portée des autres, se conformer aux autres, se prêter aux usages des autres — devenir plus favorable, s'adoucir, s'apaiser, se calmer, se laisser fléchir.

HUMANITÉ, n. f. condition de l'homme, faiblesse humaine, nature humaine — capacité, facultés, forces, portée, pouvoir de l'homme — affabilité, bon naturel, civilité, honnêteté, politesse. V. Clémence.

HUMANITÉS, n. f. pl. belles-lettres, connaissance des poètes et des orateurs, étude de la grammaire et de la rhétorique, lettres humaines, littérature.

HUMBLE, adj. doux, modéré, modeste, retenu — V. Respectueux — abject, bas, peu élevé, rampant, vil.

HUMBLEMENT, adv. avec modestie, avec retenue, avec soumission, modestement — avec respect, respectueusement — bassement, d'une manière abjecte, d'une manière rampante, d'une manière vile, en rampant.

HUMECTANT, adj. V. Rafraîchissant.

HUMECTER, v. imbiber, rendre humide. V. Mouiller.

HUMER, v. avaler, gober, respirer.

HUMEUR, n. f. eau, humidité, moiteur, vapeur — situation d'esprit. V. Naturel. — boutade, caprice, fantaisie, quinte — animosité, chaleur, emportement, vivacité.

HUMIDE, adj. V. Mouillé — marécageux — chargé d'eau, nuageux, pluvieux.

HUMIDITÉ, n. f. eau, moiteur.

HUMILIANT, adj. bas, déshonorant. V. Mortifiant.

HUMILIATION, n. f. abaissement, avilissement, confusion, dégradation, déshonneur, honte, mépris, mortification, ravalement.

HUMILIER, v. abaisser, avilir, dégrader, déprimer, déshonorer, donner de la confusion,

HUMILIER, rabattre la vanité, rabaisser l'orgueil.

Humilité, s. f. V. *Abjection*.

Heteroclite adj. V. *Bizarre*.

Houppe, s. f. aigrette, bouquet de plumes, crête, panache, touffe de plumes.

Huppé, adj. crêté, panaché, paré d'une aigrette, qui a une huppe — apparent, considérable, distingué, notable, remarquable — V. *Orgueilleux*, riche, aisé. V. *Habile*.

Hure, tête de brochet, de lima, de sanglier, de saumon, d'ours — chevelure, cheveux orinés.

Hurlement, s. m. cri, clameur, cri effrayant, cri plaintif, doléance, gémissement, lamentation.

Hurler, faire de grands cris, faire des cris lamentables, faire des hurlements, gémir à haute voix, pousser des lamentations, se lamenter.

Hurluberlu, brusque, écervelé, étourdi, évaporé, inconsidéré, léger.

Hutte, s. f. V. *Cabane*.
se Hutter, se loger, se retirer dans une hutte.

Hyades, s. f. pl. Pléiades.

Hydrargyre, s. m. mercure, vif-argent.

Hydrographie, s. f. description des mers — art de naviguer, navigation, science de la marine.

Hydrographique, adj. appartenant, relatif à l'hydrographie.

Hydrophobe, adj. attaqué, atteint de la rage, enragé, malade de la rage.

Hydrotique, adj. V. *Sudorifiques*.

Hymen, Hyménée, n. m. même. dieu du mariage, épousailles, mariage, noces.

Hymne, n. m. chanson, louange en vers, ode, poème lyrique — louange de Dieu.

Hymne, n. f. cantique qu'on chante à l'église, ode consacrée par l'église.

Hyperbole, n. f. amplification, augmentation, exagération — bourde, gasconnade, hâblerie.

Hyperbolique, adj. amplifié, augmenté, enflé, exagéré, excessif, grossi, outré.

Hyperboliquement, adv. avec exagération, d'une manière hyperbolique, en exagérant, par hyperbole.

Hyperboréen, Hyperboré, adjectif. appartenant au nord, qui est du nord, septentrional, venant du septentrion.

Hypercritique, n. m. censeur outré, censeur sévère, critique difficile.

Hypocondre, Hypocondriaque, adjectifs. atrabilaire, bilieux, chagrin, mélancolique, misanthrope, triste. V. *Bizarre*.

Hypocrisie, n. f. V. *Cafarderie*.

Hypocrite, adj. V. *Bigot*.

Hypothécaire, adj. créancier, prêteur, qui a droit d'hypothèque — qui donne droit d'hypothèque.

Hypothécairement, adv. avec droit d'hypothèque, en vertu d'une hypothèque, par une action hypothécaire.

Hypothèque, n. f. assurance, engagement, gage, garantie, obligation, sûreté établie sur un immeuble.

Hypothéquer, v. charger d'hypothèque, donner pour hypothèque, soumettre à l'hypothèque.

Hypothèse, n. f. supposition qui sert de principe — système — proposition particulière.

Hypothétique, adj. conditionnel, déduit d'une hypothèse, fondé sur une hypothèse, supposé, tenant à une supposition.

HYPOTHÉTIQUEMENT, adv. con-ditionnellement, par hypothèse, par supposition.

HYPOTYPOSE, n. f. description brillante, exposition animée, peinture vive et frappante.

I.

ICI, adv. en ce lieu, en ce pays, en cette province, en cette ville.

ICI-BAS, adv. en ce bas monde, en ce monde, sur la terre.

ICONOCLASTE, ICONOMAQUE, n. m. briseur d'images, destructeur des images, ennemi du culte des images, hérétique qui combat le culte des images.

ICONOGRAPHIE, n. f. connoissance des bustes, des images, des médailles, des monuments, des peintures, des statues, des symboles antiques.

ICTÈRE, n. m. jaunisse, pâles couleurs.

IDÉAL, adj. n'ayant d'existence qu'en idée, que dans l'entendement. V. Chimérique.

IDÉE, n. f. exemplaire, forme, image spirituelle, modèle, perception de l'âme, prototype, représentation à l'esprit — notion, pensée, réflexion, vue de l'esprit — estime, opinion, sentiment. V. Croquis — billevesée, chimère, fantaisie, folie. V. Chimère.

IDENTIQUE, adj. le même, parfaitement égal, totalement, semblable.

IDENTITÉ, n. f. conformité parfaite, ressemblance entière.

IDIOME, n. m. V. Dialecte.

IDIOT, adj. grossier, ignare, ignorant, non instruit, peu éclairé, peu rusé, privé de connoissance. V. Niais.

IDIOTISME, n. m. construction, expression, façon de parler, phrase, tour de langage contraire aux règles générales, mais propre à une langue.

IDOLÂTRE, adj. V. Païen.

IDOLÂTRER, v. adorer des idoles — honorer trop, rendre un culte superstitieux ou excessif — aimer à l'excès, immodéré ment, sans mesure, trop passionnément.

IDOLÂTRIE, n. f. adoration des idoles. V. Paganisme — culte superstitieux, superstition — amour excessif, passion violente.

IDOLÂTRIQUE, adj. appartenant à l'idolâtrie, païen, propre de l'idolâtrie, tenant de l'idolâtrie.

IDOLE, n. f. fausse divinité, figure, image, simulacre, statue exposée à l'adoration — objet d'un attachement, d'une affection, d'une passion — belle créature inanimée, niaise, sans grâce, sans maintien, sotte.

IGNARE, adj. V. Ignorant.

IGNOBLE, adj. bas. V. Contemptible — né dans la bassesse, qui est de basse naissance.

IGNOBLEMENT, adv. bassement, d'une manière ignoble, méprisable, vile.

IGNOMINIE, n. f. affront, avilissement, confusion, déshonneur; diffamation, flétrissure, honte, infamie, opprobre, reproche déshonorant, souillure, tache à l'honneur.

IGNOMINIEUSEMENT , adv. avec ignominie, honteusement, vilainement.

IGNOMINIEUX , adj. portant ignominie. V. Honteux.

IGNORAMMENT, adv. avec ignorance, insciemment, sans connoissance, sans instruction, sans savoir.

IGNORANCE , n. f. défaut de science, incapacité, manque de savoir , stupidité. V. Impéritie.

IGNORANT, adj. grossier, ignare, incapable, malhabile , non lettré , qui ne sait pas.

IGNORÉ , adj. caché, inconnu, obscur.

IGNORER , v. n'avoir pas connoissance, ne connoître pas, ne savoir pas, n'être pas au fait, n'être pas instruit.

ILION, n. m. Ilium, Pergame, Troie.

ILLÉGAL , adj. contraire à la loi, fait en fraude de la loi, illégitime, non autorisé par la loi.

ILLÉGITIME , adj. illicite. V. Illégal — déraisonnable, destitué de fondement, inique, injuste — adultérin , bâtard.

ILLÉGITIMEMENT, adv. contre la loi, en fraude de la loi , illicitement, injustement, sans fondement, sans raison.

ILLICITE, adj. qui n'est pas permis. V. Illégal.

ILLICITEMENT, adv. contre les lois, d'une manière illicite, illégitimement, injustement, sans autorisation, sans dispense, sans permission.

ILLIMITÉ, adj. indéfini, indéterminé, sans limites. V. Vague.

ILLUMINATION , n. f. grande clarté, lumière éclatante, réunion de plusieurs lumières — inspiration, lumière intérieure.

ILLUMINÉ , adj. éclairé, orné d'illuminations.

ILLUMINÉ, n. m. cerveau brûlé, fanatique, qui se croit, ou se prétend inspiré, tête échauffée, visionnaire.

ILLUMINER , v. dissiper les ténèbres, donner de l'éclat, donner du jour, éclairer, faire briller — faire des illuminations , orner d'illuminations—éclairer l'esprit, inspirer, répandre une lumière intérieure.

ILLUSION , n. f. V. Fantôme. V. Artifice—erreur, pensée chimérique. V. Chimère.

ILLUSOIRE , adj. artificieux, captieux, cauteleux, décevant, insidieux, séduisant, sophistique, trompeur — inutile. V. Imaginaire.

ILLUSTRATION, n. f. décoration, distinction honorable.

ILLUSTRE, adj. brillant, célèbre, considérable, distingué, éclatant, élevé, fameux, grand, insigne, noble, relevé, remarquable, renommé, signalé.

ILLUSTRER, v. décorer, élever, ennoblir , honorer , relever, rendre célèbre, rendre fameux, rendre illustre.

IMAGE , n. f. estampe, peinture, tableau—idole, simulacre, statue—portrait , ressemblance —conformité, description, type —idée, représentation.

IMAGINABLE, adj. concevable, croyable, probable, vraisemblable — possible , qui peut être imaginé, qui tombe sous les sens.

IMAGINAIRE, adj. chimérique, controuvé, fantastique, faux, feint, fictif, frivole, illusoire, purement apparent, vain, vide de sens.

IMAGINATIF, adj. avisé, fertile en inventions, industrieux, ingénieux , intelligent, inventif,

plein de génie, qui a une grande
fertilité d'imagination, qui ima-
gine aisément.

IMAGINATION, s. f. idée, image, pensée, représentation —
esprit, faculté de former des
images, faculté d'imaginer;
invention, vivacité d'esprit. V.
Illusion.

IMAGINÉ, adj. conçu, découvert, inventé, pensé, trouvé.

IMAGINER, v. se former une
image, se représenter — concevoir, croire, penser. V. *Découvrir.*

s'IMAGINER, v. V. *Croire.* V.
se Figurer.

IMBÉCILE, adj. débile, dénué
de vigueur, foible, manquant
de force — V. *Niais.*

IMBÉCILLITÉ, s. f. débilité, défaut de vigueur, foiblesse, manque de force — bêtise, niaiserie, niganderie, simplicité, na-
tive, stupidité.

IMBIBÉ, adj. V. *Mouillé,* plein,
rempli, saturé.

IMBIBER, v. pénétrer, remplir, saturer. V. *Mouiller.*

IMBROGLIO, adj. V. *Gris.* p. div.

IMBROGLIO, s. m. chaos, complication, confusion, dédale,
embarras, embrouillement.

IMBU, adj. instruit, plein,
préoccupé, prévenu.

IMITABLE, adj. digne d'être
imité, qu'on peut imiter.

IMITATEUR, s. m. qui copie,
qui suit l'exemple, copiste —
celui qui contrefait, singe.

IMITATION, s. f. copie, représentation — contrefaction.

IMITER, v. calquer sur, représenter, prendre pour modèle, contrefaire. V. *se Mouler.*

IMMACULÉ, adj. intact, inté-
gre, pur, sans péché.

IMMANENT, adj. constant, continu, durable.

IMMANQUABLE, adj. fixé, fermement établi, qui ne peut manquer. V. *Incontestable.*

IMMANQUABLEMENT, adv. à coup
sûr, assurément, avec certitude,
certainement, en toute sûreté,
indubitablement, infailliblé-
ment, sans aucun doute, sans
faute, sans manquer, sûrement.

IMMATÉRIEL, adj. V. *Incorporel.*

IMMATRICULE, s. f. enregistrement, inscription sur le registre
public.

IMMATRICULER, v. enregistrer,
inscrire, mettre sur le registre
public.

IMMÉDIAT, adj. V. *Voisin*
précédent sans milieu, succédant sans milieu — agissant par
soi-même, sans aucune médiation, sans intermédiaire.

IMMÉDIATEMENT, adv. directement, d'une manière immé-
diate, sans entremise, sans intermédiaire, sans interposition,
sans médiation, sans milieu,
sans moyen.

IMMÉMORIAL, adj. dont il ne
reste aucune mémoire, dont
l'origine est inconnue, enveloppé dans la nuit des temps,
très ancien.

IMMENSE, adj. illimité, infini,
sans bornes, sans mesure, qui
n'est point borné — V. *Outré,*
porté à l'excès, prodigieux, très
grand, vaste.

IMMENSÉMENT, adv. immodé-
rément, infiniment. V. *Excessivement.*

IMMENSITÉ, s. f. étendue infinie, infinité — grandeur démesurée, énorme, excessive, exor-
bitante, immodérée outrée,
prodigieuse, vaste.

IMMEUBLE, s. m. bien en
fonds, fonds immobilier.

IMMINENT, adj. prêt à fondre,
prêt à tomber, prochain.

s'IMMISCER, v. entrer dans une

affaire, se mêler, s'impatroniser, s'ingérer.

Impitoyable, adj. qui est sans compassion, sans pitié. V. Barbare.

Immuable, adj. V. Stable — apathique, imperturbable, tranquille.

Immobilité, n. m. V. Immeuble.

Immobilité, n. f. V. Constance — apathie, imperturbabilité, tranquillité.

Immodéré, adj. déréglé, désordonné. V. Outré.

IMMODÉRÉMENT, adv. désordonnément, intempéramment, sans modération. V. Excessivement.

Immodeste, adj. choquant la modestie, choquant la pudeur, contraire à la modestie, contraire à la pudeur — déshonnête, licencieux, malhonnête, manquant de modestie, obscène, scandaleux — qui est en désordre, qui est mal en ordre, trop négligé — malséant, malséante, messéant. V. Impudent.

Immodestement, adv. effrontément, impudemment, indécemment, sans modestie, sans pudeur, sans retenue, sans vergogne, scandaleusement, vilainement.

Immodestie, n. f. défaut de modestie, effronterie, impudence, indécence, licence, manque de pudeur.

IMMOLATION, n. f. sacrifice sanglant.

IMMOLER, v. offrir en sacrifice, sacrifier — abandonner, faire le sacrifice de, hasarder, livrer.

s'Immoler, v. abandonner ses intérêts, exposer sa vie, se dévouer, se livrer, se sacrifier, s'exposer.

Immonde, adj. impur, malpropre, sale, vilain.

immondices, n. f. pl. V. Ordures.

Immoral, adj. contraire à la saine morale, destructif des bonnes mœurs, nuisible, opposé aux bonnes mœurs, qui manque de moralité.

IMMORALEMENT, adv. contre la saine morale, contre les bonnes mœurs, d'une manière immorale, sans moralité, sans respect pour les bonnes mœurs.

IMMORALITÉ, n. f. défaut de moralité, mépris des bonnes mœurs, opposition à la saine morale.

Immortaliser, v. consacrer à l'immortalité, éterniser, rendre éternel, rendre immortel — dérober à l'oubli, perpétuer le souvenir.

Immortalité, n. f. durée sans fin, éternité, exemption de la mort, perpétuité — mémoire durable, renommée éternelle, souvenir perpétuel.

Immortel, adj. destiné à l'immortalité, éternel, exempt de la mort, qui ne finira point, qui ne mourra point, qui vivra toujours — assuré à jamais, continuel, immuable, perpétuel, solide, stable, toujours durable.

IMMUABLE, adj. irrévocable, non sujet au changement. V. Stable.

IMMUABLEMENT, adv. constamment, d'une manière immuable, fixement, invariablement, irrévocablement, sans changement, sans retour, sans variation, solidement.

IMMUNITÉ, n. f. décharge, dispense, exemption, franchise, privilège.

IMMUTABILITÉ, n. f. irrévocabilité. V. Stabilité.

IMPALPABLE, adj. insensible, qui se dérobe au toucher, très délié, très fin, très menu.

IMPARDONNABLE, adj. indigne de pardon, inexcusable, irrémissible, qui n'admet point d'excuse, qui ne doit point se pardonner, qui ne peut rester impuni.

IMPARFAIT, adj. fautif, mal fait, vicieux. V. Incomplet.

IMPARFAITEMENT, adv. défectueusement, d'une manière imparfaite, incomplètement.

IMPARTIAL, adj. apathique, désintéressé, égal pour tous, équitable, exempt de partialité, indifférent, juste, qui ne fait acception de personne, qui n'épouse point de parti.

IMPARTIALEMENT, adv. d'une manière impartiale, également pour tous, équitablement, indifféremment, justement, sans acception de personnes, sans partialité, sans préférence.

IMPARTIALITÉ, s. f. apathie, désintéressement, égalité pour tous, équité, exemption de partialité, indifférence, justice.

IMPASSIBLE, adj. inaccessible aux souffrances, incapable de souffrir, qui ne peut souffrir — apathique, insensible.

IMPATIEMMENT, adv. avec chagrin, impatience, inquiétude, peine, sans patience — ardemment, avec ardeur, avec empressement, avec feu, avec vivacité, passionnément.

IMPATIENCE, n. f. chagrin, défaut de patience, inquiétude, peine. V. Appétit — emportement, feu, précipitation, promptitude, vivacité.

IMPATIENT, adj. chagrin, inquiet, peiné — ardent, empressé, passionné — bouillant, emporté, précipité, prompt, vif.

IMPATIENTER, v. fâcher, faire perdre patience, indigner, irriter — mettre hors des gonds, pousser à bout. V.

s'IMPATIENTER, v. avoir de l'impatience, perdre patience, s'agiter, s'emporter, s'inquiéter.

s'IMPATRONISER, v. s'emparer du droit de décider, se rendre maître, s'établir comme le maître — se faire de fête, se mêler, s'immiscer, s'ingérer.

IMPAYABLE, adj. admirable, merveilleux. V. Inappréciable.

IMPECCABLE, adj. incapable de pécher. V. Infaillible.

IMPÉNÉTRABLE, adj. V. Imperméable — compacte, dur, épais, solide, très serré — mystérieux, profond. V. Abstrait. V. Inabordable.

IMPÉNÉTRABLEMENT, adv. d'une manière cachée, impénétrable, inscrutable, mystérieusement, profondément.

IMPÉNITENCE, n. f. dureté, endurcissement, obstination au mal, persévérance dans le péché.

IMPÉNITENT, adj. constant, persévérant dans le désordre, endurci dans le crime, insensible aux remords.

IMPÉRATIF, adj. absolu, décisif, tranchant. V. Impérieux.

IMPÉRATIVEMENT, adv. avec autorité, d'un ton décisif, d'un ton tranchant. V. Impérieusement.

IMPERCEPTIBLE, adj. insensible, invisible, qui échappe aux sens — impalpable, très délié, très fin, très menu.

IMPERCEPTIBLEMENT, adv. petit à petit, peu à peu, sans qu'on s'en aperçoive.

IMPERFECTION, n. f. V. Défaut.

IMPÉRIEUSEMENT, adv. arrogamment, avec hauteur, d'un ton hautain, en maître. V. Impérativement.

IMPÉRIEUX, adj. absolu, impératif. V. Orgueilleux.

Impérissable, adj. V. Indéfectible. V. Indélébile.

Impéritie, n. f. bêtise, défaut d'intelligence, gaucherie, grossièreté, ignorance, inaptitude, inexpérience, maladresse, inhabileté, manque de dextérité.

Impénétrable, adj. impénétrable; que rien ne peut pénétrer, qui n'admet rien dans ses pores.

Impertinemment, adv. bêtement, contre la bienséance, la décence, d'une manière impertinente, indécemment, mal à propos, sottement.

Impertinence, n. f. bêtise, contre-temps, indécence, indiscrétion, ineptie, niaiserie, pauvreté, propos déplacé, ridiculité, sottise.

Impertinent, adj. bête, indiscret, niais, ridicule, sot — étranger, inadmissible, non-recevable.

Imperturbabilité, n. f. apathie, constance, fermeté, stabilité, stoïcisme, tranquillité.

Imperturbable, adj. apathique, assuré, constant, ferme, intrépide, invariable, stable, stoïque, tranquille.

Imperturbablement, adv. avec assurance, avec intrépidité, fermement, invariablement, sans trouble, tranquillement.

Impétrable, adj. qui peut s'impétrer, sujet à impétration, susceptible d'un dévolu.

Impétrant, adj. dévolutaire, qui impètre.

Impétration, n. f. dévolu, obtention d'un bénéfice.

Impétrer, v. V. Obtenir.

Impétueusement, adv. avec effort, rapidement, violemment, vivement.

Impétueux, adj. précipité, rapide, véhément, vif, violent —

ardent, bouillant, emporté, fougueux, turbulent.

Impétuosité, n. f. chaleur, effort, mouvement violent, rapidité, véhémence, violence — ardeur, boutade, chaleur, emportement, fougue, frénésie, turbulence, vivacité.

Impie, adj. manquant de religion, méprisant la religion, profanateur. V. Méchant — blasphématoire, irrévérent envers Dieu, qui blesse le respect dû à Dieu, sacrilège.

Impiété, n. f. athéisme, déisme, incrédulité, irréligion, manque de religion, mépris de la religion — blasphème, injure faite à Dieu, irrévérence envers Dieu, manque de respect à Dieu, profanation, sacrilège.

Impitoyable, adj. V. Barbare. V. Implacable, rigide, rigoureux, sévère.

Impitoyablement, adv. V. Barbarement, sans compassion, sans pitié — en toute rigueur, inexorablement, sans rémission. V. Rigidement.

Implacable, adj. inexorable, inflexible, irréconciliable, obstiné, opiniâtre, que rien n'apaise, que rien ne peut calmer.

Implicite, adj. compris, contenu, enveloppé, renfermé, en équivalent, sous-entendu — conséquent, qui se déduit des termes, qu'on tire par induction — V. Confus.

Implicitement, adv. d'une manière implicite, en équivalent, en termes implicites, équivalemment — conséquemment, par conséquence, par induction — confusément, d'une manière embarrassée, obscurément.

Impliquer, v. comprendre, embarrasser, engager, envelopper, ... entrer — embrouiller, entortiller, entrelacer.

Imploer, v. conjurer, demander, invoquer, prier, réclamer, recourir à, solliciter, supplier.

Impoli, adj. malhonnête, manquant de politesse. V. Grossier.

Impolitesse, n. f. grossièreté, incivilité, malhonnêteté, manque de politesse, rusticité.

Importance, n. f. mérite, prix, valeur — conséquence, considération — force, poids — autorité, crédit, dignité, pouvoir, qualité — avantage, utilité.

Important, adj. V. Précieux — digne de considération, grave, intéressant, qui est de conséquence — ayant de l'autorité, constitué en dignité, éminent par sa qualité, jouissant d'un grand crédit, revêtu d'un grand pouvoir — avantageux, utile — fanfaron, fat, glorieux, orgueilleux, suffisant, vain.

Importer, v. être avantageux, considérable, de conséquence, digne d'attention, précieux, utile.

Importun, adj. fatigant, onéreux. V. Ennuyeux.

Importunément, adv. à contre-temps, avec importunité, d'une manière importune, hors de saison, mal à propos.

Importuner, v. déplaire, ennuyer, incommoder, rebuter, se rendre important. V. Molester.

Importunité, n. f. assiduité onéreuse, ennui, fatigue, incommodité, instances trop répétées, manière importune.

Imposant, adj. grave, majestueux, propre à inspirer du respect, à mériter des égards, à s'attirer l'attention, qui a de la dignité, qui impose, respec-table, sérieux, vénérable.

Imposer, v. assujettir, charger, donner charge, enjoindre, obliger, ordonner, prescrire, soumettre à — mettre dessus — lever un tribut, mettre un impôt, taxer — accuser faussement, charger injustement, imputer à tort.

en Imposer, v. attraper, faire accroire. V. Décevoir.

Imposition, n. f. cens, charge publique, contribution, droit qui se lève, impôt, levée d'impôts, taille, taxe, tribut.

Impossibilité, n. f. empêchement invincible, obstacle insurmontable.

Impossible, adj. impraticable, inexécutable, infaisable, qui ne peut être, qui ne peut se faire, qui ne saurait avoir lieu.

Imposteur, n. m. calomniateur, charlatan, séducteur. V. Fourbe.

Imposture, n. f. affronterie, calomnie, charlatanerie, fausseté, fourberie, hâblerie, mensonge, menterie, séduction, tromperie — artifice, astuce, déguisement, dissimulation, ruse, subtilité, supercherie. — V. Cafarderie.

Impôt, n. m. V. Imposition.

Impotent, adj. cul-de-jatte. V. Perclus.

Impraticable, adj. V. Impossible. V. Escarpé. V. Inhabitable.

Imprécation, n. f. V. Détestation.

Imprégner, v. abreuver, imbiber, pénétrer, remplir, saturer, soûler.

Imprenable, adj. V. Inexpugnable.

Imprescriptible, adj. assuré, constant, durable, ferme, immuable, inamovible, invariable, non sujet à prescription, solide, stable.

IMPRESSION, n. f. marque, trace, vestige — édition — idée, opinion, pensée, préjugé, sentiment gravé dans l'esprit — choc, impulsion mouvement.

IMPRÉVU, adj. inattendu, V. Inespéré.

IMPRIMÉ, n. m. brochure, écrit, feuille volante, lettre imprimée, mémoire,

IMPRIMER, v. empreindre, faire une empreinte, graver, marquer — donner au public, mettre au jour, publier, rendre public — communiquer, donner, inculquer, inspirer.

IMPRIMERIE, n. f. art de l'impression, art typographique, typographie,

IMPRIMEUR, typographe.

IMPROBABLE, adj. extraordinaire: V. Insoutenable.

IMPROBATION, n. f. censure, condamnation. V. Réprimande.

IMPROMPTU, n. m. chose faite à l'improviste, inopinément, sans préméditation, sans prévision, soudainement, subitement, sur-le-champ, tout-à-coup.

IMPROPRE, adj. qui ne convient pas, qui n'est pas juste — barbare, dur, mal sonnant.

IMPROPREMENT, adv. d'une manière impropre, sans convenance, sans justesse.

IMPROPRIÉTÉ, n. f. défaut de propriété, disconvenance, manque de justesse — barbarisme, dissonance.

IMPROVISATEUR, n. m. celui qui agit ou parle sans préparation, celui qui compose et récite sur-le-champ.

IMPROVISER, v. agir ou parler sans préparation, composer et réciter sur-le-champ.

A L'IMPROVISTE, phr. adv. au dépourvu, sans préméditation, sans préparation, sans prévision, soudainement, subitement, tout-à-coup.

IMPROUVER, v. condamner, désavouer, rejeter, trouver mauvais. V. Chapitrer,

IMPRUDEMMENT, adv. avec imprudence, étourdiment, inconsidérément, indiscrètement, légèrement, par mégarde, par méprise, précipitamment, sans attention, sans discrétion, sans prudence, sans réflexion, sans y penser, sottement.

IMPRUDENCE, n. f. bévue, défaut de prudence, étourderie, inadvertance, inattention, inconsidération, indiscrétion, légèreté, manque de prudence, manque de réflexion, mégarde, méprise, précipitation, sottise.

IMPRUDENT, adj. irréfléchi, sot. V. Étourdi.

IMPUDEMMENT, adv. avec impudence, sans retenue, sans vergogne. V. Effrontément.

IMPUDENCE, n. f. V. Insolence.

IMPUDENT, adj. dévergondé, manquant de pudeur, qui est sans honte. V. Audacieux.

IMPUDICITÉ, n. f. déshonnêteté. V. Incontinence.

IMPUDIQUE, adj. corrompu, déshonnête, voluptueux. V. Incontinent. — obscène, sale, vilain.

IMPUDIQUEMENT, adv. déshonnêtement, d'une manière impudique, lascivement, luxurieusement, paillardement, voluptueusement — d'une manière obscène, salement, vilainement.

IMPUISSANCE, n. f. défaut de forces, foiblesse, incapacité, inefficacité, manque de pouvoir.

IMPUISSANT, adj. débile, foible, incapable, inefficace, manquant de pouvoir, ne pouvant rien.

IMPULSION, n. f. choc, impression, mouvement, pression. V. *Insinuation.*

IMPUNÉMENT, adv. avec impunité, sans encourir aucune peine, sans punition, en toute sûreté, hardiment, sans crainte, sans danger, sans inconvénient, sans péril, sans risque.

IMPUNI, adj. qui demeure sans punition, sans vengeance, sauvé de la punition, soustrait à la punition, à la vengeance.

IMPUNITÉ, n. f. défaut de vengeance, manque de punition.

IMPUR, adj. V. *Impudique* — immonde, mélangé, mixtionné, profane, sale, souillé, vilain.

IMPURETÉ, n. f. corruption, luxure, souillure, tache. V. *Obscénité.*

IMPUTATION, n. f. V. *Déduction* — application, attribution, compensation, remplacement — accusation, inculpation, reproche sans preuve.

IMPUTER, v. V. *Défalquer* — appliquer, attribuer, compenser, remplacer — accuser, faire un reproche, inculper sans preuve.

INABORDABLE, adj. dont l'accès est difficile, impraticable, inaccessible, qu'on ne peut aborder. V. *Bourru.* V. *Escarpé.*

INACCESSIBLE, adj. V. *Inabordable.*

INACCOMMODABLE, adj. qu'on ne peut accommoder, assoupir. V. *Pacifier.*

INACCOUTUMÉ, adj. V. *Insolite.*

INACOSTABLE, adj. inabordable, inaccessible, qu'on ne peut accoster, qu'on ne peut joindre.

INACTION, n. f. oisiveté, repos — défaut d'activité, indifférence, indolence, lâcheté, stupeur, stupidité. V. *Oisiveté.*

INADMISSIBLE, adj. V. *Insoutenable.*

INADVERTANCE, n. f. défaut de réflexion. V. *Imprudence...*

INALLIABLE, adj. contraire, discord, discordant, disparate, répugnant. V. *Incompatible...*

INALTÉRABLE, adj. constant, immuable, incorruptible, indéfectible, indestructible, permanent, stable.

INANIMÉ, adj. privé d'âme, qui n'a point d'âme — mort, ne donnant aucun signe de vie, privé de la vie — dénué de sentiment, froid...

INANITION, n. f. affoiblissement, défaut de nourriture, épuisement, foiblesse, manque de forces.

INAPPLICATION, f. n. inadvertance, manque d'application, manque d'attention. V. *Dissipation, 2. div.*

INAPPLIQUÉ, adj. manquant d'application, manquant d'attention. V. *Etourdi.*

INAPPRÉCIABLE, adj. excellent, impayable, inestimable, qui est d'un prix infini, qui ne peut être apprécié, qu'on ne peut trop priser, très précieux.

INAPTITUDE, n. f. incapacité, insuffisance. V. *Impéritie* — défaut d'aptitude, inhabilité.

INATTENDU, adj. V. *Inespéré.*

INATTENTIF, adj. V. *Etourdi.*

INATTENTION, n. f. V. *Inapplication.*

INAUGURATION, n. f. bénédiction, consécration, dédicace, sacre — initiation, installation, réception.

INCANTATION, n. f. V. *Goétie.*

INCAPABLE, adj. V. *Insuffisant.* V. *Impuissant.*

INCAPACITÉ, n. f. V. *Inaptitude* — foiblesse, impuissance, manque de pouvoir.

INCARCÉRATION, n. f. V. Emprisonnement. V.

INCARCÉRER, v. V. Emprisonner.

INCARNADIN, adj. beau rouge, incarnat.

INCARTADE, n. f. affront, insulte — bravade, brusquerie, menace hautaine — écart, égarement, extravagance.

INCENDIAIRE, n. m. boute-feu, brûleur de maisons.

INCENDIE, n. m. embrasement, grand-feu.

INCENDIER, v. brûler, consumer par le feu, embraser, enflammer, mettre en feu.

INCERTAIN, adj. ambigu, douteux, équivoque, problématique — mal assuré, peu stable. V. Précaire — sur quoi l'on ne peut compter, suspect, — chancelant, changeant, inconstant, indécis, indéterminé, irrésolu, perplexe, qui est dans le doute, qui est en balance, qui est en suspens, vacillant, variable.

INCERTAINEMENT, adv. avec doute, avec incertitude, indéterminément, problématiquement, sans certitude.

INCERTITUDE, n. f. suspension. V. Perplexité. V. Variabilité.

INCESSAMMENT, adv. V. Constamment — bientôt, dans peu. V. Incontinent.

INCIDEMMENT, adv. par connexité, par incident, par occasion, par rencontre, par suite.

INCIDENT, adj. tombant sur — accessoire, accidentel, occasionel, survenu.

INCIDENT, n. m. circonstance particulière, conjoncture, événement accessoire.

INCIDENTER, v. chicaner, embarrasser une procédure, embrouiller une affaire, faire naître des incidents, des difficultés, tracasser, vétiller.

INCIRCONCIS, adj. non circoncis — dur, endurci, impénitent, insensible.

INCISER, v. V. Ciseler — manger peu à peu, rogner, ronger.

INCISION, V. Tuillade.

INCITATION, n. f. émotion. V. Insinuation.

INCITER, v. animer, émouvoir, presser. V. Instiguer.

INCIVIL, adj. impoli, malhonnête, manquant de civilité. V. Grossier — indécent, malséant, messéant, peu décent.

INCIVILEMENT, adv. avec incivilité, d'une manière incivile. V. Grossièrement — contre la décence, d'une manière messéante, indécemment.

INCIVILITÉ, n. f. grossièreté, impolitesse, malhonnêteté, manque de civilité, manque de politesse, rusticité — indécence, manque de bienséance, messéance.

INCLÉMENCE, n. f. défaut de clémence, dureté, inflexibilité, rigueur. V. Intempérie.

INCLINATION, n. f. — signe de respect. V. Révérence, amitié, amour, passion. V. Propension.

INCLINER, v. baisser, courber, pencher, plier — disposer, engager, faire naître le goût, induire, inspirer du penchant, porter — affectionner, aimer, avoir de la propension, prendre du goût.

INCLUS, adj. compris, contenu, enchâssé, enclos, enfermé, enveloppé, renfermé.

INCLUSIVEMENT, adv. y compris.

INCOGNITO, adv. à la dérobée, clandestinement, doucement, en cachette, en secret, furtivement, sans être connu, secrètement, sous un autre nom.

INCOMBUSTIBLE, adj. que le feu

ne détruit point, qui résiste au feu.

INCOMMODE, adj. V. Gênant.

INCOMMODE; adj. V. Indisposé — contraint, embarrassé, ennuyé, fatigué, gêné, important, peiné — appauvri, mal accommodé, réduit à l'étroit, resserré.

INCOMMODÉMENT, adv. à l'étroit, avec embarras, avec fatigue, avec gêne, avec incommodité, avec peine, d'une manière incommode, péniblement — à contre-temps, hors de saison; mal à propos.

INCOMMODER, v. contraindre, gêner — causer du chagrin, ennuyer, être à charge, fatiguer, importuner, peiner — blesser, faire du tort, nuire, offenser — appauvrir, diminuer l'aisance, réduire à l'étroit, resserrer — déranger, indisposer, rendre malade.

INCOMMODITÉ, n. f. contrainte, gêne—ennui, fatigue, importunité, peine—appauvrissement, diminution d'aisance, situation étroite. V. Indisposition.

INCOMMUNICABLE, adj. dont on ne peut faire part, qui ne peut se communiquer.

INCOMPARABLE, adj. inimitable, au-dessus de toute comparaison, sans pair, sans pareil, supérieur. V. Excellent.

INCOMPARABLEMENT, adv. admirablement, au suprême degré, d'une manière incomparable, excellemment, extraordinairement, merveilleusement, sans comparaison, supérieurement.

INCOMPATIBILITÉ, n. f. antipathie, contrariété, insociabilité, opposition, répugnance.

INCOMPATIBLE, adj. antipathique, contraire, inalliable, inconciliable, insociable, opposé.

INCOMPÉTENCE, n. f. défaut de droit, incapacité, incongruité, inhabilité, manque de pouvoir.

INCOMPÉTENT, adj. incapable, incongru, inhabile, illégal, illégitime, manquant de pouvoir, n'ayant aucun droit.

INCOMPLAISANT, adj. austère, bourru, dur, manquant de complaisance — impoli, incivil, roide, rude, rustique.

INCOMPLET, adj. défectueux, imparfait, non achevé, non complet, non rempli.

INCOMPRÉHENSIBILITÉ, n. f. abîme, obscurité, profondeur.

INCOMPRÉHENSIBLE, adj. inaccessible à nos lumières, inconcevable, incroyable, inimaginable, qui passe notre intelligence — abstrait, inintelligible. V. Embarrassé.

INCONCEVABLE, adj. V. Incompréhensible.

INCONCILIABLE, adj. V. Incompatible.

INCONDUITE, n. f. défaut de conduite, étourderie, imprudence, légèreté—dérangement, dérèglement, désordre, mauvaise conduite.

INCONGRU, adj. incompétent, incapable, inhabile — déplacé, impropre, mal placé, qui n'a pas de rapport, qui ne convient pas.

INCONGRUITÉ, n. f. barbarisme, faute de langage, impropriété, mauvaise construction, solécisme— balourdise, indécence, maladresse. V. Incivilité—contre-temps, méprise.

INCONNU, adj. caché, douteux, ne sait rien, obscur, qui n'est point connu, qu'on ignore.

INCONSÉQUENCE, n. f. absurdité, contradiction, contrariété, défaut de conséquence, défaut de raison, impertinence, manque de justesse, opposition.

INCONSÉQUENT, adj. absurde, contradictoire, contraire, déraisonnable, impertinent, manquant de justesse, opposé aux principes.

INCONSIDÉRATION, n. f. V. Imprudence.

INCONSIDÉRÉ, adj. V. Imprudent.

INCONSIDÉRÉMENT, adv. V. Imprudemment.

INCONSOLABLE, adj. affligé à l'excès, consterné, désolé, inaccessible à toute consolation.

INCONSOLABLEMENT, adv. de manière à être inconsolable, sans espoir de consolation, sans pouvoir être consolé.

INCONSTAMMENT, adv. à la légère, avec inconstance, inégalement, légèrement, sans constance.

INCONSTANCE, n. f. bizarrerie, changement, humeur volage, inégalité, instabilité, légèreté, manque de fermeté, mobilité, variabilité.

INCONSTANT, adj. bizarre, changeant, inégal, léger, manquant de fermeté, manquant de stabilité, mobile, variable, volage.

INCONTESTABLE, adj. assuré, avéré, certain, clair, constant, évident, immanquable, indisputable, indubitable, infaillible, manifeste, sûr.

INCONTESTABLEMENT, adv. assurément, d'une manière incontestable, sans contestation, sans contradiction. V. Positivement.

INCONTESTÉ, adj. admis, agréé, avéré, reconnu, reçu.

INCONTINENCE, n. f. débauche, débordement, dérangement, dérèglement, désordre, dissolution, excès, impudicité, intempérance, impureté, lasciveté, libertinage, licence effrénée,

lubricité, luxure, passion honteuse, prostitution, vice contraire à la chasteté.

INCONTINENT, adv. débauché, débordé, déréglé, dissolu, impudique, impur, lascif, libertin, libidineux, lubrique, luxurieux, paillard.

INCONTINENT, adj. aussitôt, d'abord, dans l'instant, dans un moment, sans délai, sans remise, sans retard, sur-le-champ, sur l'heure, tout de suite.

INCONVÉNIENT, n. m. V. Difficulté — conséquence fâcheuse, désavantage, perte, suite dommageable — accident, contretemps, malheur.

INCORPORATION, n. f. jonction, liaison, mélange, mixtion, union.

INCORPOREL, adj. immatériel, purement spirituel, qui est sans corps, qui n'est point matière.

INCORPORER, v. joindre, lier, mélanger, mêler, unir.

INCORRECT, adj. défectueux, fautif, imparfait, inexact, irrégulier, malfait, plein de fautes, rempli de défectuosités, répréhensible d'incorrection.

INCORRECTION, n. f. défaut, défectuosité, faute, imperfection, inexactitude, irrégularité, manque de correction, manque d'exactitude, négligence.

INCORRIGIBILITÉ, n. f. endurcissement, entêtement, indocilité, obstination, opiniâtreté, refus de se corriger, résistance à la correction.

INCORRIGIBLE, adj. endurci, indisciplinable, indocile, obstiné, opiniâtre, refusant de se corriger, résistant à la correction.

INCORRUPTIBILITÉ, n. f. V. Droiture.

INCORRUPTIBLE, adj. exempt de corruption, inaltérable, non

sujet à la corruption, qui ne peut se corrompre. V. *Droit.*

INCRÉDULE, *adj.* croyant difficilement, difficile à persuader. V. *Mécréant.*

INCRÉDULITÉ, *n. f.* difficulté de croire, manque de disposition, opposition, répugnance à croire. V. *Impiété.*

INCRÉÉ, *adj.* V. *Éternel.*

INCROYABLE, *adj.* difficile à croire, énorme, exagéré, hyperbolique, impossible à croire. V. *Inimaginable.*

INCROYABLEMENT, *adv.* au-delà de toute croyance, à un point incroyable, étrangement, hyperboliquement, invraisemblablement. V. *Énormément.*

INCULPATION, *n. f.* accusation, attribution d'une faute, imputation d'une faute.

INCULPER, *v.* accuser, attribuer une faute, charger d'une faute, imputer une faute.

INCULQUER, *v.* faire retenir, graver, imprimer — V. *Remâcher.* 3. div.

INCULTE, *adj.* V. *Désert* — agreste, farouche, grossier, non formé, rustique, sauvage.

INCURABLE, *adj.* désespéré, inguérissable, irrémédiable, qui est sans remède, qui ne peut être guéri.

INCURIE, *n. f.* défaut, manque de souci. V. *Indolence.*

INCURSION, *n. f.* course en pays ennemi, invasion, irruption.

INDÉCEMMENT, *adv.* V. *Impertinemment.*

INDÉCENCE, *n. f.* action malhonnête, chose indécente, discours contraire à la décence, manière messéante, propos trop libre.

INDÉCENT, *adj.* contraire à la bienséance, licencieux. V. *Malhonnête.*

INDÉCHIFFRABLE, *adj.* embarrassé, embrouillé, indécrottable, indéfinissable, inexplicable, inextricable, obscur — V. *Caché.*

INDÉCIS, *adj.* qui hésite. V. *Perplexe.*

INDÉCISION, *n. f.* V. *Irrésolution.*

INDÉCROTTABLE, *adj.* grossier, rustique, rustre — bourru, difficile, épineux — V. *Indéchiffrable.*

INDÉFECTIBLE, *adj.* V. *Indélébile.*

INDÉFENDU, *adj.* abandonné, laissé sans défense.

INDÉFINI, *adj.* indécis, indéterminé, non décidé, resté en suspens — illimité, non borné.

INDÉFINIMENT, *adv.* d'une manière indéfinie, indéterminément, sans bornes, sans limites, sans réserve, sans rien déterminer, vaguement.

INDÉFINISSABLE, *adj.* V. *Indéchiffrable.*

INDÉLÉBILE, *adj.* durable, impérissable, inamissible, indestructible, ineffaçable, perdurable, permanent, qui ne peut être effacé, toujours durable.

INDÉLIBÉRÉ, *adj.* non délibéré, non réfléchi.

INDEMNISER, *v.* dédommager, payer le dommage, récompenser, réparer la perte, restituer la valeur.

INDEMNITÉ, *n. f.* V. *Dédommagement.*

INDÉPENDAMMENT, *adv.* d'une manière indépendante, librement, sans assujettissement, sans dépendance — sans aucun égard, sans aucune relation, sans aucun rapport.

INDÉPENDANCE, *n. f.* liberté entière, pleine franchise.

INDÉPENDANT, *adj.* libre, maître de soi-même, qui ne dépend

de personne, qui n'est point assujéti.

INDESTRUCTIBLE, *adj.* qui ne
peut être détruit. V. *Indélébile.*

INDÉTERMINATION, *n. f.* V. *Perplexité.*

INDÉTERMINÉ, *adj.* V. *Indéfini*
— qui hésite. V. *Perplexe.*

INDÉTERMINÉMENT, *adv.* d'une
manière indéterminée, généralement, indéfiniment, sans aucune détermination, vaguement.

INDÉVOT, *adj.* impie, irréligieux, qui n'a aucun sentiment
de dévotion, qui n'a point de
piété.

INDÉVOTEMENT, *adv.* irréligieusement, sans dévotion, sans
piété.

INDÉVOTION, *n. f.* défaut de
piété, irréligion, manque de
dévotion.

INDEX, *n. m.* V. *Catalogue.*

INDICATION, *n. f.* enseignement. V. *Dénotation.*

INDICE, *n. m.* V. *Catalogue* —
apparence, probabilité, signe
probable, vraisemblance.

INDICIBLE, *adj.* admirable,
inexplicable, inexprimable,
qu'on ne sauroit exprimer. V.
Inimaginable.

INDIFFÉREMMENT, *adv.* avec
froideur, avec indifférence,
d'une manière indifférente,
flegmatiquement, froidement,
sans émotion, sans empressement — confusément, indistinctement, sans choix, sans
distinction, sans prédilection
— en commun, ensemble, pêle-
mêle.

INDIFFÉRENCE, *n. f.* apathie,
équilibre, impartialité — désintéressement, détachement, insensibilité — V. *Indolence* —
flegme, froideur.

INDIFFÉRENT, *adj.* apathique,
impartial — indécis, indéterminé — désintéressé, détaché,

insensible, qui est sans affection, qui est sans attache — V.
Apathique, 2. *div.* — flegmatique, froid.

INDIGENCE, *n. f.* V. *Pauvreté.*

INDIGÈNE, *adj.* natif du pays,
naturel du pays, né dans le
pays.

INDIGENT, *adj.* dénué de tout,
nécessiteux, pauvre, qui est
dans le besoin, dans la misère.

INDIGESTE, *adj.* cru, difficile
à digérer, non digéré—confus,
embrouillé, imparfait, mal arrangé, mal ordonné, non développé, qui a besoin d'explication, qui n'est pas encore dans
son jour.

INDIGESTION, *n. f.* crudité, défaut de coction dans l'estomac,
mauvaise digestion.

INDIGNATION, *n. f.* haine, horreur. V. *Colère.*

INDIGNE, *adj.* qui ne mérite
pas, qui n'est pas digne — affreux, condamnable, honteux,
horrible, infâme, vilain. — V.
Messéant.

INDIGNÉ, *adj.* aigri, cour-
roucé, fâché, furieux, irrité,
outré.

INDIGNEMENT, *adv.* affreusement, avec indignité, avec mépris, avec outrage, d'une manière indigne, honteusement,
injurieusement, outrageusement, vilainement — contre
toute bienséance, d'une manière
messéante, indécemment —
d'une manière non convenable,
sans les dispositions requises.

INDIGNER, *v.* aigrir, courroucer, exciter l'indignation, fâcher, irriter, mettre en colère,
outrer, provoquer le courroux.

s'INDIGNER, *v.* avoir du ressentiment, concevoir de l'indignation, se courroucer, se fâcher, s'irriter, se mettre en colère.

INDIGNITÉ, n. f. défaut de mérite, démérite, infamie. V. Enormité, traitement injurieux. V. Avanie,—noirceur. V. Barbarie.

INDIQUER. v. V. Dénoter—assigner, enseigner. V. Dévoiler, montrer, rendre public — annoncer, déclarer, dénoncer, ordonner, prescrire.

INDIRECT, adj. écarté. V. Oblique.

INDIRECTEMENT, adv. avec détour, d'une manière indirecte, obliquement, par bricole, par détour, par voie détournée, sous un prétexte éloigné.

INDISCIPLINABLE, adj. V. Indocile.

INDISCIPLINÉ, adj. dérangé, déréglé, ennemi de la règle, indépendant, non discipliné, opposé à l'ordre, volontaire.

INDISCRET, adj. V. Imprudent. — V. Bavard.

INDISCRÈTEMENT, adv. V. Imprudemment.

INDISCRÉTION, n. f. V. Imprudence. — V. Bavardage.

INDISPENSABLE, adj. dont on ne peut se dispenser, inévitable, nécessaire, obligatoire.

INDISPENSABLEMENT, adv. inévitablement, nécessairement, sans dispense, sans pouvoir être dispensé.

INDISPOSÉ, adj. incommodé, infirme, un peu malade—aigri, aliéné, fâché, mis dans une disposition peu favorable, prévenu désavantageusement.

INDISPOSER, v. aigrir, aliéner, désunir, fâcher, irriter, inspirer de l'aversion, mettre en colère, mettre en mauvaise disposition, piquer, prévenir désavantageusement.

INDISPOSITION, n. f. dérangement de santé, incommodité, infirmité, maladie légère — aigreur, aliénation, aversion, dé-

goût, désunion, éloignement, haine, mésintelligence, prévention désavantageuse, refroidissement, rupture.

INDISPUTABLE, adj. V. Incontestable.

INDISSOLUBILITÉ, n. f. fidélité. V. Permanence.

INDISSOLUBLE, adj. constant, fidèle, inviolable, permanent, qu'on ne peut rompre, sacré, stable — inaltérable, incorruptible, indivisible, qui ne peut se dissoudre.

INDISSOLUBLEMENT, adv. constamment, fidèlement, inviolablement — d'une manière indissoluble, inaltérablement, indivisiblement.

INDISTINCT, adj. confus, embarrassé, embrouillé, obscur.

INDISTINCTEMENT, adv. confusément, d'une manière embarrassée, d'une manière embrouillée, obscurément—également, indifféremment. V. Indifféremment, 2. div.

INDIVIDU, n. m. être particulier, personne.

INDIVIDUEL, adj. appartenant à l'individu, concernant l'individu, personnel, propre de l'individu, relatif à l'individu.

INDIVIDUELLEMENT, adv. d'une manière individuelle, personnellement, relativement à l'individu.

INDIVIS, adj. commun, non divisé, non partagé, possédé en commun.

PAR INDIVIS, phr. adv. en commun, sans division, sans partage.

INDIVISIBLE, adj. V. Inséparable.

INDIVISIBLEMENT, adv. V. Inséparablement.

INDOCILE, adj. difficile à gouverner, difficile à instruire, farouche, incorrigible, indisciplinable, indomptable, intraitable, opiniâtre, révolté contre les avis.

INSOCILITÉ, n. f. caractère dur, caractère revêche, révolte contre les avis. V. *Incorrigibilité.*

INDOLENCE, n. f. apathie, impassibilité, incurie, indifférence, inertie, insensibilité, insouciance, négligence, nonchalance, paresse.

INDOLENT, adj. apathique, impassible, indifférent, insensible, insouciant, négligent, nonchalant, paresseux, que rien ne touche.

INDOMPTABLE, adj. fier, fougueux, indompté, invincible—entêté, têtu. V. *Indocile.*

INDU, adj. contraire à la règle, inique, injuste—déplacé, déraisonnable, insolite, inusité, peu convenable.

INDUBITABLE, adj. V. *Incontestable.*

INDUBITABLEMENT, adv. V. *Incontestablement.*

INDUCTION, n. f. V. *Insinuation.*—détail, énumération de plusieurs choses tendantes à prouver. V. *Conséquence.*

INDUIRE, v. persuader. V. *Instiguer.*—conclure, conjecturer, déduire, inférer, présumer, tirer une conséquence.

INDULGEMMENT, adv. avec bonté, avec clémence, avec humanité, d'une manière indulgente, par indulgence.

INDULGENCE, n. f. disposition à excuser, facilité à pardonner, diminution, relaxation, remise. V. *Bénignité.*

INDULGENT, adj. disposé à excuser, à pardonner. V. *Doux.*

INDÛMENT, adv. contre la raison, contre la règle, contre l'usage, injustement, mal à propos.

INDUSTRIE, n. f. intelligence, invention. V. *Dextérité.*

INDUSTRIEUSEMENT, adv. adroi-

tement, avec art, avec dextérité, avec intelligence, avec sagacité, habilement, ingénieusement.

INDUSTRIEUX, adj. V. *Imaginatif.*

INÉBRANLABLE, adj. bien établi, fort, qui ne peut être ébranlé, qui tient bien. V. *Stable.*—égal, invariable dans ses principes. V. *Ferme,* 3. div.—dont la probité est à toute épreuve. V. *Intègre.*

INÉBRANLABLEMENT, adv. avec constance, constamment, d'une manière inébranlable, fermement, immuablement, invariablement, obstinément, opiniâtrément, solidement,

INEFFABLE, adj. dont on ne peut rendre compte. V. *Inimaginable.* V. *Indicible.*

INEFFAÇABLE, adj. V. *Indélébile.*

INEFFICACE, adj. impuissant, insuffisant, inutile, manquant de force, manquant de vertu, privé de succès, stérile, trop foible.

INEFFICACITÉ, n. f. défaut de succès, foiblesse, impuissance, insuffisance, inutilité, manque de force, manque d'efficacité, manque de vertu, stérilité.

INÉGAL, adj. disproportionné—V. *Raboteux.*—variable, volage. V. *Bizarre.*—dissemblable, divers, mal soutenu, manquant de tenue, plein de bigarrure.

INÉGALEMENT, adv. différemment, d'une manière inégale, sans égalité, sans proportion—bizarrement, capricieusement, fantasquement, légèrement—avec bigarrure, diversement, d'une manière dissemblable, sans tenue.

INÉGALITÉ, n. f. défaut d'égalité, disproportion — variété.

16.

V. *Dissemblance* — caprice, fantaisie. V. *Inconstance* — défaut de tenue.

INÉNARRABLE, *adj.* V. *Ineffable.*

INEPTE, *adj.* V. *Insuffisant* — absurde, imbécile. V. *Impertinent.*

INEPTIE, *n. f.* absurdité, imbécillité. V. *Impertinence.*

INÉPUISABLE, *adj.* extrêmement abondant, intarissable.

INESPÉRÉ, *adj.* imprévu, inattendu, inopiné, soudain, subit.

INESPÉRÉMENT, *adv.* contre toute attente, contre toute espérance, d'une manière inespérée, inopinément, sans qu'on y pense.

INESTIMABLE, *adj.* V. *Impayable.*

INÉVITABLE, *adj.* qu'on ne peut éviter. V. *Indispensable.*

INÉVITABLEMENT, *adv.* indispensablement, nécessairement, sans pouvoir l'éviter.

INEXACT, *adj.* V. *Incorrect.*

INEXACTITUDE, *n. f.* V. *Incorrection.*

INEXCUSABLE, *adj.* V. *Impardonnable.*

INEXÉCUTABLE, *adj.* V. *Impossible.*

INEXORABLE, *adj.* V. *Implacable.* — rigoureux. V. *Dur.*

INEXORABLEMENT, *adv.* d'une manière inexorable, en toute rigueur, inflexiblement, rigoureusement, sans adoucissement, sans indulgence, sans rémission. V. *Durement.*

INEXPÉRIENCE, *n. f.* insuffisance, manque de connoissance. V. *Impéritie.*

INEXPÉRIMENTÉ, *adj.* inepte. V. *Novice.*

INEXPIABLE, *adj.* dont on ne peut se laver, ineffaçable, irréparable, qui ne peut s'expier.

INEXPLICABLE, *adj.* V. *Ineffable* — V. *Insoluble.*

INEXPRIMABLE, *adj.* V. *Ineffable.* V. *Indicible.*

INEXPUGNABLE, *adj.* imprenable, indomptable, insurmontable, invincible, qui ne peut être forcé, qu'on ne peut vaincre.

INEXTRICABLE, *adj.* V. *Insoluble.*

INFAILLIBILITÉ, *n. f.* assurance, certitude entière, confiance fondée — la grâce d'être infaillible, l'impossibilité d'errer.

INFAILLIBLE, *adj.* V. *Immanquable,* impeccable, qui ne peut errer, qui ne peut faillir, qui ne peut se tromper.

INFAILLIBLEMENT, *adv.* assurément, certainement, d'une manière infaillible, immanquablement, indubitablement, sans aucun doute, sûrement.

INFAMANT, *adj.* diffamatoire, vouant à l'infamie. V. *Honteux,* 2. *div.*

INFAMATION, *n. f.* décri, déshonneur, note d'infamie, perte de l'honneur. V. *Ignominie.*

INFAME, *adj.* couvert d'ignominie, flétri. V. *Décrié.*

INFAMIE, *n. f.* décri, perte de l'honneur. V. *Ignominie.*

INFANTERIE, *n. f.* corps de soldats à pied, troupe de fantassins.

INFATIGABLE, *adj.* que rien ne fatigue, qui ne se lasse point, robuste, vigoureux.

INFATIGABLEMENT, *adv.* sans se fatiguer, sans se lasser.

INFATUATION, *n. f.* V. *Préjugé.*

INFATUÉ, *adj.* V. *Prévenu,* 2. *div.*

INFATUER, *v.* prévenir. V. *Coiffer,* 3. *div.*

s'INFATUER, *v.* se prévenir. V. *se Coiffer,* 3. *div.*

INFÉCOND, *adj.* V. *Infructueux.*

INFÉCONDITÉ, *n. f.* V. *Inutilité.*

INFECT, *adj.* corrompu, fétide, gâté, infecté, puant, putréfié, putride, répandant une mauvaise odeur, sentant mauvais.

INFECTER, *v.* répandre une odeur fétide — empoisonner, gâter.

INFECTION, *n. f.* contagion, corruption— V. *Puanteur.*

INFÉODÉ, *adj.* donné en fief, uni au fief.

INFÉODER, *v.* donner à foi et hommage, donner en fief.

INFÉRER, *v.* conclure, conjecturer, déduire, induire, présumer, tirer une conséquence.

INFÉRIEUR, *adj.* placé au-dessous — moindre, subordonné.

INFÉRIEUREMENT, *adv.* au dessous, plus bas, moins bien.

INFERTILE, *adj.* V. *Infécond.*

INFERTILITÉ, *n. f.* V. *Infécondité.*

INFAISABLE, *adj.* V. *Impossible.*

INFESTER, *v.* dévaster, piller, ravager, ruiner, spolier— inonder, se déborder, se répandre — désoler, fatiguer, harceler, incommoder, nuire, tourmenter.

INFIDÈLE, *adj.* déloyal, manquant de foi, perfide, qui est de mauvaise foi, traître — labile, manquant au besoin, peu tenace — défectueux, fautif, inexact, qui déguise la vérité — V. *Païen.*

INFIDÈLEMENT, *adv.* déloyalement, de mauvaise foi, d'une manière infidèle, perfidement, traîtreusement.

INFIDÉLITÉ, *n. f.* V. *Perfidie* —gentilité, idolâtrie, paganisme.

INFINI, *adj.* illimité, immense, sans bornes, sans fin, innombrable, qui ne peut se nombrer, qu'on ne peut déterminer en nombre — indéfini, indé-

terminé, vague — V. *Prodigieux.*

A L'INFINI, *phr. adv.* sans bornes, sans fin, sans limites, sans mesure.

INFINIMENT, *adv.* V. *à l'Infini* — avec excès, beaucoup, en grande quantité, en grand nombre. V. *Prodigieusement.*

INFINITÉ, *n. f.* éternité, immensité — étendue infinie, nombre infini, quantité infinie — multitude, grand nombre, multitude, excessive, nombre prodigieux.

INFIRME, *adj.* indisposé, languissant. V. *Maladif.*

INFIRMER, *v.* ôter la force à un acte. V. *Invalider* — abolir, abroger, anéantir, changer.

INFIRMITÉ, *n. f.* débilité, foiblesse, indisposition, langueur, maladie, mauvaise santé — défaut, fragilité, imperfection.

INFLAMMATION, *n. f.* âcreté, ardeur, chaleur, échauffaison.

INFLEXIBILITÉ, *n. f.* constance, fermeté, opiniâtreté, roideur — rigidité, sévérité.

INFLEXIBLE, *adj.* V. *Implacable* — invariable dans ses principes. V. *Barbare,* 2. *div.* V. *Rigide.* V. *Constant.*

INFLEXIBLEMENT, *adv.* V. *Barbarement* — austèrement, rigidement, sévèrement — constamment, fermement, inébranlablement, invariablement.

INFLIGER, *v.* décerner, déterminer, fixer, ordonner, prescrire un châtiment ou une peine.

INFLUENCE, *n. f.* action, écoulement, impression, mouvement, opération.

INFLUER, *v.* faire mouvoir, mettre en mouvement — causer, déterminer, être cause, porter à.

INFORMATION, *n. f.* V. *Enquête.*

INFORME, *adj.* imparfait, incomplet, mal formé, n'ayant pas de forme déterminée — brut, difforme, grossier, raboteux — indigeste, mal digéré, non développé.

INFORME, adj. acertené, assuré, averti, instruit, qui a pris connoissance, qui s'est enquis.

INFORMER, v. apprendre, assurer, avertir, donner avis, faire savoir, instruire — faire une enquête, faire une information.

s'INFORMER, v. V. Chercher.

INFORTUNE, n. f. adversité; aventure malheureuse, perte, renversement de fortune. V. Calamité.

INFORTUNÉ, adj. disgracié de la fortune, malheureux, misérable.

INFRACTEUR, n. m. V. Contrevenant.

INFRACTION, n. f. contravention, désobéissance, inexécution, inobservation, manquement, négligence, omission, prévarication, transgression, violation, violement.

INFRUCTUEUSEMENT, adv. d'une manière infructueuse, inutilement, sans avantage, sans profit, sans fruit, sans gain.

INFRUCTUEUX, adj. infécond, infertile, inutile, qui ne produit rien, qui ne rapporte rien, stérile, vain.

INFUS, adj. inspiré, suggéré, versé dans l'âme.

INFUSER, v. baigner, faire tremper, mettre tremper, tremper.

INFUSION, n. f. action d'infuser — liqueur où l'on a infusé quelque drogue — don intérieur, illumination d'en haut, inspiration surnaturelle, lumière surnaturelle, sagesse versée dans l'âme surnaturellement.

INGAMBE, adj. V. Alerte.

s'INGÉNIER, v. chercher, étudier, faire des efforts, mettre son esprit à la torture, tâcher de trouver quelque moyen pour réussir.

INGÉNIEUR, n. m. constructeur de fortifications, fortificateur, géomètre, mathématicien.

INGÉNIEUSEMENT, adv. adroitement, avec adresse, avec esprit, avec génie, avec subtilité, d'une manière ingénieuse, spirituelle, finement, spirituellement.

INGÉNIEUX, adj. adroit, fin, spirituel. V. Imaginatif — bien inventé, bien trouvé, fait avec adresse, finement pensé, heureusement imaginé, spirituellement conçu.

INGÉNU, adj. naturel, ouvert, simple. V. Candide.

INGÉNUITÉ, n. f. V. Candeur.

INGÉNUMENT, adv. V. Candidement.

s'INGÉRER, v. V. s'Immiscer.

INGRAT, adj. insensible aux bienfaits, manquant de gratitude, manquant de reconnoissance, méconnoissant, ne tenant point compte des bienfaits reçus — V. Infructueux.

INGRATITUDE, n. f. insensibilité aux bienfaits, manque de gratitude, manque de reconnoissance, méconnoissance, oubli des bienfaits reçus.

INGUÉRISSABLE, adj. V. Incurable.

INHABILE, adj. impuissant. V. Insuffisant.

INHABILITÉ, n. f. impuissance. V. Inaptitude.

INHABITÉ, adj. abandonné, désert, solitaire.

INHÉRENCE, n. f. connexion, connexité, dépendance, jonction, liaison, union.

INHÉRENT, adj. attaché, joint, lié, uni inséparablement.

INHIBER, v. V. Prohiber.

INHIBITION, n. f. défense, empêchement, interdiction, prohibition, proscription.

INHUMAIN, *adj.* brutal, immiséricordieux. V. *Barbare.*

INHUMAINEMENT, *adv.* barbarement, brutalement, cruellement, impitoyablement, inexorablement, sans humanité, sans pitié.

INHUMANITÉ, *n. f.* brutalité. V. *Barbarie.*

INHUMATION, *n. f.* V. *Enterrement.*

INHUMER, *v.* V. *Enterrer.*

INIMAGINABLE, *adj.* étonnant, excessif, extraordinaire, impossible à imaginer, incompréhensible, inconcevable, incroyable, indicible, ineffable, inénarrable, invraisemblable, passant toute croyance, prodigieux.

INIMITABLE, *adj.* V. *Incomparable.*

INIMITIÉ, *n. f.* animosité, antipathie, aversion, éloignement, haine, opposition, répugnance, ressentiment. — V. *Altercation.*

ININTELLIGIBLE, *adj.* incompréhensible, inconcevable. V. *Insoluble.*

INIQUE, *adj.* contraire à l'équité, déraisonnable, injuste, manquant d'équité, méchant.

INIQUEMENT, *adv.* contre l'équité, d'une manière inique, injustement, méchamment, sans équité, sans raison.

INIQUITÉ, *n. f.* injustice, malice, manque d'équité, méchanceté — corruption, débordement, désordre — crime, offense de Dieu, péché, prévarication.

INITIAL, *adj.* appartenant au commencement, qui commence — capitale, majuscule.

INITIATION, *n. f.* admission,

association, instruction, introduction, réception.

INITIER, *v.* admettre, associer, communiquer la connoissance, instruire, introduire, recevoir.

INJECTER, *v.* V. *Seringuer.*

INJONCTION, *n. f.* V. *Ordonnance.*

INJURE, *n. f.* parole injurieuse, propos offensant. V. *Avanie.*

INJURIER, *v.* dire des injures, faire une avanie, insulter, offenser par des paroles injurieuses, outrager.

INJURIEUSEMENT, *adv.* avec injure, d'une manière injurieuse, d'une manière insultante, d'une manière offensante, indignement, outrageusement.

INJURIEUX, *adj.* insultant, offensant, outrageant, outrageux, piquant.

INJUSTE, *adj.* V. *Inique.*

INJUSTEMENT, *adv.* V. *Iniquement.*

INJUSTICE, *n. f.* action injuste, tyrannie, vexation. V. *Tort,* 2. div.

INNÉ, *adj.* apporté en naissant, naturel, né avec.

INNOCEMMENT, *adv.* avec innocence, avec simplicité, sans fraude, sans malice, sans mauvais dessein.

INNOCENCE, *n. f.* exemption de crime, intégrité, pureté de l'âme, sainteté de mœurs — V. *Simplicité.*

INNOCENTER, *v.* décharger d'une accusation, déclarer innocent.

INNOMBRABLE, *adj.* qui ne peut se nombrer — immense, infini, prodigieux.

INNOMBRABLEMENT, *adv.* à ne pouvoir compter — en grand

nombre, immensément, infiniment.

Innovation, n. f. changement, nouveauté — déplacement, dérangement, mutation.

Innover, v. changer, introduire une nouveauté, varier — déplacer, déranger.

Inobservance, inobservation, nn. ff. manque d'obéissance. V. *Infraction.*

Inoculation, n. f. communication artificielle, injection, introduction.

Inoculer, v. communiquer artificiellement, injecter.

Inondation, n. f. crue d'eau. V. *Débordement.*

Inonder, v. noyer, submerger — se déborder, se répandre—dévaster, ravager, ruiner.

Inopiné, adj. V. *Inespéré.*

Inopinément, adv. V. *Inespérément.*

Inouï, adj. dont on n'a jamais ouï parler, extraordinaire, insolite, merveilleux, nouveau.

Inquiet, adj. agité, chagrin, embarrassé, peiné, troublé — défiant, soucieux, soupçonneux — remuant, qui n'est pas tranquille, turbulent.

Inquiéter, v. agiter, chagriner, embarrasser, fatiguer, peiner, troubler — causer de la défiance, donner du souci, inspirer des soupçons — vexer. V. *Presser.*

Inquiétude, n. f. agitation, chagrin, embarras, ennui, impatience, peine d'esprit, soin, sollicitude, souci, trouble — appréhension, crainte, défiance, méfiance, soupçon.

Insatiabilité, n. f. appétit démesuré, faim dévorante, voracité.

Insatiable, adj. V. *Affamé.*

Inscription, n. f.V. *Ecriteau.*

Inscrire, v. V. *Enregistrer*—

comprendre avec les autres, mettre au nombre.

Inscrutable, adj. V. *Impénétrable*, 3. div.

Insecte, n. m. animalcule, petit animal.

Insensé, adj. égaré. V. *Fol* — contraire à la raison, contraire au bon sens, déraisonnable.

Insensibilité, n. f. V. *Apathie* — V. *Barbarie.*

Insensible, adj. V. *Apathique* — V. *Barbare* — imperceptible, invisible, qui échappe aux sens.

Insensiblement, adv. V. *Imperceptiblement.*

Inséparable, adv. constamment uni, indissoluble, indivisible, qui ne peut être séparé.

Inséparablement, adv. constamment, fidèlement, inaltérablement, indissolublement, indivisiblement, inviolablement.

Insérer, v. ajouter, glisser, faire entrer, fourrer, intercaler, interpoler, introduire, mettre dedans.

Insertion, n. f. addition, intercalation, interposition, introduction. V. **Inoculation.**

Insidieusement, adv. artificieusement, captieusement, cauteleusement, d'une manière insidieuse, en tendant des piéges, frauduleusement, par des embûches, par surprise.

Insidieux, adj. artificieux, captieux, cauteleux, fourbe, frauduleux, qui dresse des embûches, qui est de mauvaise foi, qui tend des piéges, sophistique, tendant à surprendre, trompeur.

Insigne, adj. V. *Illustre.*

Insinuant, adj.V. *Engageant.*

Insinuation, n. f. conseil, encouragement, excitation,

exhortation, impulsion, incitation, induction, inspiration, instigation, invitation, sollicitation, suggestion.

INSINUER, *v.* couler, glisser, faire entendre adroitement — faire entrer doucement — V. *Instiguer*, enregistrer, inscrire, insérer, mettre parmi les actes. s'INSINUER, *v.* entrer, gagner habilement, parvenir insensiblement, s'avancer peu à peu, s'introduire avec adresse.

INSIPIDE, *adj.* dégoûtant, fade, fastidieux, qui est sans saveur, qui n'a nul goût — dénué d'agrément, froid, manquant de sel, qui n'a rien de piquant, qui n'a rien de saillant, qui n'a rien de touchant.

INSIPIDITÉ, *n. f.* défaut de goût, défaut de saveur, fadeur — froid, manque d'agréments — badinage maussade, bouffonnerie froide, flatterie excessive, raillerie sans sel, sotte plaisanterie.

INSISTER, *v.* demander avec instance, faire instance, importuner, ne point se relâcher, persister, poursuivre instamment, presser sans relâche — appuyer, fonder principalement sur.

INSOCIABILITÉ, *n. f.* V. *Incompatibilité* — bizarrerie, caprice, humeur difficile, inégalité, singularité.

INSOCIABLE, *adj.* V. *Incompatible* — avec qui l'on ne peut avoir de société, avec qui l'on ne peut vivre. V. *Bizarre.*

INSOLEMMENT, *adv.* avec hauteur, avec insolence, d'une manière insolente, d'un ton insolent, hautainement, impertinemment, orgueilleusement, sans considération, sans égards, sans respect. V. *Effrontément.*

INSOLENCE, *n. f.* audace, effronterie, hardiesse excessive, impertinence, impudence, manque de considération, manque d'égards, manque de respect. V. *Orgueil.*

INSOLENT, *adj.* arrogant, audacieux, effronté, hautain, impertinent, impudent, orgueilleux, qui blesse la modestie, qui manque d'égards, qui perd le respect, trop hardi.

INSOLITE, *adj.* contraire à l'usage, inaccoutumé. V. *Extraordinaire.*

INSOLUBLE, *adj.* abstrait, abstrus, dont la solution est impossible, embarrassé, embrouillé, enveloppé, inexplicable, inextricable, obscur, plein de difficultés, qu'on ne peut résoudre.

INSOLVABILITÉ, *n. f.* impossibilité, impuissance de payer.

INSOMNIE, *n. f.* défaut de sommeil, impossibilité de dormir, impuissance de dormir, privation de sommeil.

INSOUCIANCE, *n. f.* V. *Incurie.*

INSOUCIANT, *adj.* V. *Apathique.* 2. *div.*

INSOUTENABLE, *adj.* dénué de preuves, destitué de fondement, improbable, inadmissible, incroyable, invraisemblable, non recevable, qu'on ne peut soutenir, qu'on ne peut prouver.

INSPECTEUR, *n. m.* contrôleur, examinateur, observateur, visiteur.

INSPECTION, *n. f.* considération, examen, observation, regard, spéculation, visite, vue.

INSPIRATION, *n. f.* introduction de l'air dans le poumon — influence de l'Esprit saint, lumière du Ciel, mouvement d'en haut.

INSPIRÉ, *adj.* éclairé d'en haut, illuminé par le Ciel, mû par l'Esprit saint , touché de la grâce — manifesté par Dieu même, prophétique, révélé—conseillé, insinué, soufflé, suggéré—encouragé, engagé, excité, exhorté, incité, induit, instigué, invité, porté, poussé, sollicité.

INSPIRER, v. éclairer intérieurement, illuminer, mouvoir par la grâce—faire éclore, faire germer, faire naître une idée ou un sentiment. V. *Instiguer*.

INSTABILITÉ, n. f. V. *Inconstance*.

INSTALLATION, n. f. établissement , institution , intronisation , prise de possession.

INSTALLER, v. établir, instituer, introniser, mettre en possession, placer.

INSTAMMENT, adv. avec empressement , avec instance , chaudement , d'une manière instante, pressante, vivement.

INSTANCE, n. f. demande instante, prière ardente, poursuite vive, sollicitation pressante.

INSTANT, adj. vif. V. *Urgent*.

INSTANT, n. m. V. *Moment*.

A L'INSTANT, phr. adv. V. *Aussitôt*.

INSTANTANÉ , adj. V. *Momentané*.

A L'INSTAR , phr. adv. à la façon, à la manière, à l'exemple, de même que.

INSTAURATION, n. f. V. *Fondation*.

INSTIGATION , n. f. V. *Insinuation*.

INSTIGUER, v. conseiller, encourager, engager, exciter, exhorter, inciter, induire, insinuer, inspirer, inviter, porter, pousser, solliciter , souffler , suggérer.

INSTILLER, v. faire couler doucement, verser goutte à goutte.

INSTINCT, n. m. sagacité naturelle, mouvement indélibéré, pressentiment.

INSTITUER, v. créer, donner commencement, établir, fonder, ordonner, régler — assigner, désigner, nommer—installer, mettre en charge, mettre en fonction.

INSTITUT, n. m. constitution religieuse , règle monastique.

INSTITUTEUR, n. m. fondateur, patriarche d'un ordre religieux —conducteur, directeur, gouverneur, maître, mentor, précepteur.

INSTITUTION. V. *Fondation* — désignation, nomination — installation. V. *Instruction*.

INSTRUCTIF , adj. facilitant l'instruction, propre à instruire, qui enseigne.

INSTRUCTION, n. f. direction , document, éducation, enseignement , formation, institution, leçon, précepte — avis , commissions , détails , mémoires, ordres.

INSTRUIRE, v. apprendre, conduire , diriger, donner des leçons, dresser, élever , enseigner, former, gouverner. — V. *Informer* — débrouiller, éclaircir, tirer au clair.

INSTRUMENT, n. m. machine , outil. V. — *Expédient*.

INSTRUMENTAL, adj. servant , tenant lieu d'instrument—destiné aux instruments , propre aux instruments de musique.

INSTRUMENTER, v. dresser , faire, passer, rédiger des actes publics.

A L'INSU , phr. adv. en cachette, sans avertir, sans en donner connaissance, sans être su.

INSUBORDINATION , n. f. défaut de subordination , désobéissance , désordre, indépendance, licence, mutinerie, révolte.

INSUBORDONNÉ, *adj.* désobéissant, ennemi de la subordination, indépendant, licencieux, mutin, révolté.

INSUFFISANCE, *n. f.* V. *Inaptitude.*

INSUFFISANT, *adj.* ignorant, incapable, inepte, inexpérimenté, inhabile, malhabile, manquant d'aptitude, n'ayant pas des dispositions suffisantes.

INSULTANT, *adj.* V. *Injurieux.*

INSULTE, *n. f.* V. *Injure.*

INSULTER, *v.* V. *Injurier* — prendre avantage contre quelqu'un de la misère où il est, reprocher à quelqu'un sa misère — assaillir brusquement, attaquer vivement une place ou un poste.

INSUPPORTABLE, *adj.* impatientant, insoutenable, intolérable, qui ne peut être souffert, qu'on ne doit point tolérer, qu'on ne sauroit supporter, révoltant — ennuyeux, fatigant. V. *Onéreux.*

INSUPPORTABLEMENT, *adv.* d'une manière insoutenable, insupportable, intolérable, révoltante — d'une façon ennuyeuse, d'une manière fâcheuse, d'une manière onéreuse, ennuyeusement, importunément, incommodément.

INSURGENT, *adj.* V. *Séditieux.*

INSURMONTABLE, *adj.* V. *Inexpugnable.*

INSURRECTION, *n. f.* complot, conspiration, faction, ligue, mutinerie. V. *Emeute.*

INTARISSABLE, *adj.* V. *Inépuisable.*

INTÈGRE, *adj.* droit, équitable, incorruptible, irréprochable, juste.

INTÉGRITÉ, *n. f.* V. *Droiture.*

INTELLECT, *n. m.* compréhension, discernement, faculté de connoître, perception, raison,

sens, tact. V. *Discernement.* V. *Entendement* — étendue d'esprit.

INTELLECTUEL, *adj.* appartenant à l'intellect, existant dans l'entendement, présent à l'esprit, propre de l'intelligence.

INTELLIGEMMENT, *adv.* avec connoissance, avec habileté, avec jugement, avec pénétration, avec sagacité, habilement, judicieusement.

INTELLIGENCE, *n. f.* adresse, goût, habileté, industrie, prudence, savoir — accord, amitié, collusion, commerce, concorde, correspondance, intimité. V. *Participation.*

INTELLIGENT, *adj.* avisé, connoisseur, judicieux, plein de sagacité, prudent, sage. V. *Habile.*

INTELLIGIBLE, *adj.* V. *Compréhensible.*

INTELLIGIBLEMENT, *adv.* clairement, distinctement, d'une manière intelligible, nettement.

INTEMPÉRANCE, *n. f.* débauche, défaut de modération, excès, gloutonnerie, gourmandise, manque de retenue, vice opposé à la tempérance, voracité.

INTEMPÉRANT, *adj.* débauché, glouton, goulu, gourmand, immodéré, manquant de retenue, vorace.

INTEMPÉRÉ, *adj.* débauché, déréglé, ennemi de la contrainte, immodéré, manquant de retenue, ne connoissant point de bornes, sacrifiant tout à ses passions.

INTEMPÉRIE, *n. f.* dérangement, inclémence, inconstance, inégalité, instabilité, mauvaise disposition, mauvaise température, rigueur du temps.

INTENDANCE, *n. f.* charge, commission. V. *Direction.*

INTENDANT, *n. m.* commissaire. V. *Directeur* — gouverneur, préposé, surveillant.

INTENSE, *adj.* actif, ardent, développé, étendu, fort, grand, vif.

INTENSITÉ, *n. f.* activité, ardeur, degré considérable, développement, étendue, force, grandeur, vivacité.

INTENTION, *n. f.* désir, fin. V. *Dessein.*

INTERCALAIRE, *adj.* V. *Embolismique.*

INTERCALATION, *n. f.* V. *Embolisme.*

INTERCALER, *v.* V. *Insérer.*

INTERCÉDER, *v.* prier, s'employer, s'entremettre, s'interposer, solliciter pour quelqu'un.

INTERCEPTER, *v.* arrêter en route, prendre par surprise, s'emparer, surprendre.

INTERCESSEUR, *n. m.* V. *Médiateur.*

INTERCESSION, *n. f.* V. *Médiation.*

INTERDICTION, *n. f.* V. *Inhibition.*

INTERDIRE, *v.* V. *Inhiber.* V. *Démonter* — jeter dans l'embarras, surprendre, stupéfier.

INTERDIT, *n. m.* censure, excommunication, interdiction, suspense, suspension.

INTÉRESSANT, *adj.* V. *Important* — avantageux, utile — attachant, attirant, fixant l'attention, inspirant de l'intérêt, séduisant, touchant.

INTÉRESSÉ, *adj.* âpre, attaché à ses intérêts, avare, avaricieux, avide, ladre, ménager, passionné pour l'argent, passionné pour ses intérêts, visant en tout à ses intérêts — attiré, concilié, engagé, gagné — associé, mis de part, participant—compromis, exposé, hasardé, mis en péril —blessé, incommodé—affecté,

ému, rendu sensible, séduit, touché.

INTÉRESSER, *v.* attirer, concilier, engager, gagner — associer, mettre de part, rendre participant — compromettre, exposer, hasarder, mettre en péril—blesser, faire dommage, incommoder, nuire — affecter, attacher, émouvoir, fixer l'attention, inspirer de l'intérêt, provoquer la curiosité, rendre sensible, séduire, toucher.

INTÉRÊT, *n. m.* amour de la fortune, avarice, avidité, cupidité, désir des richesses, ladrerie, passion pour l'argent — affection, attachement, inclination — dommage, préjudice — arrérages, compensation — dédommagement — gain, produit, profit, rente, revenu, usure.

INTÉRIEUR, *adj.* appartenant au dedans, interne, intestin, intrinsèque, occulte, qui est au fond, qui est en dedans, viscéral.

INTÉRIEUR, *n. m.* la partie interne, le dedans—ce qui est caché, ce qui se passe au dedans, le secret—l'âme, la conscience, les mouvements les plus intimes du cœur, les pensées les plus secrètes.

INTÉRIEUREMENT, *adv.* au dedans, au fond, dans le fond, dans l'intérieur— au dedans de l'âme, au fond du cœur, dans le secret de la conscience.

INTÉRIM, *n. m.* V. *Entretemps.*

PAR INTÉRIM, *phr. adv.* dans l'intervalle, en attendant, provisoirement.

INTERLIGNE, *n. m.* entreligne, espace entre deux lignes.

INTERLINÉAIRE, *adj.* écrit, mis, placé, posé dans l'interligne.

INTERMÉDIAIRE, INTERMÉDIAT, *adjectifs.* mis, placé, posé, situé, entre deux objets — appartenant à l'intérim, écoulé entre deux époques, existant dans l'entre-temps.

INTERMINABLE, *adj.* éternel, infini, qui est sans fin, qui ne finit point.

INTERMISSION, INTERMITTENCE. *nn. ff.* V. *Cessation.*

INTERNE, *adj.* V. *Intérieur, adj.*

INTERPELLATION, *n. f.* commandement de répondre, sommation.

INTERPELLER, *v.* attester, prendre à témoin, presser de répondre, sommer.

INTERPOLATION, *n. f.* V. *Insertion.*

INTERPOLER, *v.* V. *Insérer.*

INTERPOSER, *v.* entremettre, faire intervenir, mettre entre deux — V. *Insérer.*

INTERPOSITION, *n. f.* position, situation entre-deux — V. *Entremise* — V. *Insertion.*

INTERPRÉTATIF, *adj.* déclaratif, explicatif, qui explique, qui interprète, servant à développer le sens.

INTERPRÉTATION, *n. f.* traduction, version. V. *Commentaire.*

INTERPRÈTE, *n. m.* traducteur. V. *Commentateur* — celui qui déclare, qui explique, qui expose, qui fait connoître les intentions d'un autre, devin, prophète — V. *Dragoman.*

INTERPRÉTER, *v.* débrouiller, déchiffrer, faire entendre, traduire. V. *Gloser* — donner, prêter, supposer, trouver, voir dans un discours un sens bon ou mauvais.

INTERROGATION, *n. f.* demande, enquête, information, interrogat, interrogatoire, question.

INTERROGER, *v.* V. *Questionner.*

INTERROMPRE, *v.* arrêter, cesser, discontinuer, empêcher la continuation, suspendre — prendre du relâche, prendre du repos, s'arrêter, se relâcher, se reposer.

INTERRUPTION, *n. f.* V. *Cessation.*

INTERSTICE, *n. m.* V. *Intérim.*

INTERVALLE, *n. m.* distance, éloignement, entre-deux, espace d'un point à un autre — V. *Départ.*

INTERVENIR, *v.* entrer dans une affaire, se rendre partie — se mettre entre deux, s'entremettre, se rendre médiateur, s'interposer, survenir.

INTERVENTION, *n. f.* intercession.

INTERVERSION, *n. f.* embarras, trouble. V. *Renversement, 3. div.*

INTERVERTIR, *v.* changer, déranger, renverser, troubler l'ordre.

INTESTIN, *adj.* V. *Intérieur, adj.*

INTESTINS, *n. m. pl.* V. *Entrailles.*

INTIMATION, *n. f.* appel en justice, assignation, déclaration, exploit, signification.

INTIME, *adj.* V. *Confident* — étroit, particulier, secret.

INTIMEMENT, *adv.* avec une affection particulière, du fond du cœur, d'une manière intime, tendrement.

INTIMER, *v.* déclarer, faire savoir, signifier — appeler en justice, assigner, prendre à partie.

INTIMIDER, *v.* désorienter, donner de l'appréhension, inspirer de la crainte, interdire, jeter dans le trouble. V. *Effrayer.*

INTIMITÉ, *n. f.* affection particulière, amitié tendre, confiance réciproque, liaison étroite, liaison intime.

INTITULATION, n. f. intitulé, n. m. inscription, titre.

INTITULER, v. caractériser par un titre, donner un titre, fixer un titre.

INTOLÉRABLE, adj. V. Insupportable.

INTOLÉRABLEMENT, adv. V. Insupportablement.

INTOLÉRANCE, n. f. manque d'indulgence, rigueur, inflexible.

INTONATION, n. f. choix du ton, manière d'entonner.

INTRAITABLE, adj. bourru, dur, farouche, féroce, violent, entêté. V. Indocile.

INTRÉPIDE, adj. assuré, audacieux, brave, courageux, déterminé, ferme, fier, hardi, résolu, vaillant, valeureux.

INTRÉPIDEMENT, adv. audacieusement, avec assurance, bravement, déterminément, d'une manière intrépide, fermement, fièrement, hardiment, résolument, sans hésiter, sans rien craindre, vaillamment, valeureusement.

INTRÉPIDITÉ, n. f. assurance, audace, fierté, résolution. V. Courage.

INTRIGANT, machinateur d'intrigues. V. Factieux.

INTRIGUE, n. f. adresse, artifice, machination, négociation sourde, stratagème, tracasserie. V. Cabale.

INTRIGUER, v. embarrasser, embrouiller une affaire, tracasser — V. Inquiéter. — V. Manigancer.

INTRINSÈQUE, adj. V. Intérieur, adj.

INTRINSÈQUEMENT, adv. V. Intérieurement.

INTRODUCTIF, adj. préalable, préliminaire, qui commence, qui sert d'introduction.

INTRODUCTION, n. f. intromis-

sion — acheminement, entrée — préalable. V. Exorde.

INTRODUIRE, v. donner entrée, enfoncer, faire entrer, fourrer, insérer, mettre dedans — donner commencement, donner cours, mettre en avant, occasioner.

INTRONISATION, n. f. V. Installation.

INTRONISER, v. V. Installer.

INTRUS, adj. entré par ruse, installé par violence, introduit contre le droit, placé illégalement, possesseur injuste, usurpateur.

INTRUSION, n. f. entrée frauduleuse, installation par violence, introduction contre le droit, occupation illégale, possession injuste, usurpation.

INTUMESCENCE, n. f. V. Gonflement.

INUSITÉ, adj. V. Insolite.

INUTILE, adj. V. Infructueux. — oisif. V. Surabondant.

INUTILEMENT, adv. V. Infructueusement — cumulativement, surabondamment.

INUTILITÉ, n. f. défaut d'utilité, infécondité, infertilité, stérilité, vanité — excès, frivolité, futilité, redondance, superfluité, surabondance.

INVALIDE, adj. blessé, estropié, foible, impotent, infirme, languissant, maladif, ne pouvant plus travailler, valétudinaire, vieillard — illégal, illégitime, inefficace, n'ayant aucune valeur, nul.

INVALIDEMENT, adv. d'une manière invalide, d'une manière nulle, illégalement, illégitimement, inefficacement, sans valeur, sans validité.

INVALIDER, v. abroger, annuler, casser, déclarer nul, rendre nul, résilier.

INVALIDITÉ, n. f. inefficacité,

manque de validité, nullité.

INVARIABILITÉ, n. f. V. Stabilité.

INVARIABLE, adj. V. Immuable.

INVARIABLEMENT, adv. V. Immuablement.

INVASION, n. f. V. Incursion.

INVECTIVE, n. f. emportement de paroles, forte déclamation, injure, paroles injurieuses, propos véhément, satire, trait satirique.

INVECTIVER, v. déchirer, déclamer fortement, draper, faire des invectives, satiriser, s'emporter de paroles, tenir des propos injurieux.

INVENTAIRE, n. m. catalogue, dénombrement, description, détail, énumération, état, liste, mémoire, mémorial, rôle d'effets.

INVENTER, v. créer, découvrir, faire la découverte, imaginer, produire, trouver — V. Controuver.

INVENTEUR, n. m. auteur, créateur.

INVENTIF, adj. V. Imaginatif.

INVENTION, n. f. esprit, génie créateur, imagination, sagacité, subtilité d'esprit — adresse, artifice, moyen — création, découverte, rencontre, trouvaille.

INVENTORIER, v. comprendre dans le détail, consigner dans l'inventaire, coucher sur l'état, dresser le catalogue, faire le dénombrement, inscrire dans la liste, mettre sur le rôle.

INVERSE, adj. pris dans un ordre contraire, renversé, retourné.

INVERSION, n. f. changement d'ordre, renversement d'ordre. V. Transposition.

INVESTIR, v. accorder un titre, conférer un fief, donner une dignité, mettre en possession — assiéger, bloquer, entourer, envelopper, environner.

INVESTISSEMENT, n. m. V. Blocus.

INVESTITURE, n. f. collation d'un fief, concession d'un titre, installation dans une dignité par le seigneur dominant.

INVÉTÉRÉ, adj. ancien, contracté de longue main, enraciné, fortifié par laps de temps, qui a pris racine, vieilli, vieux.

s'INVÉTÉRER, v. V. s'Enraciner.

INVINCIBLE, adj. V. Inexpugnable.

INVINCIBLEMENT, adv. d'une manière invincible, indispensablement, inévitablement, insurmontablement, irrésistiblement, nécessairement, sans pouvoir résister.

INVIOLABLE, adj. qu'on ne doit point enfreindre, qu'on ne doit point violer, respectable — inébranlable, invariable. V. Indissoluble.

INVIOLABLEMENT, adv. constamment, d'une manière inviolable, fidèlement, immuablement, inébranlablement, invariablement, sans manquer.

INVISIBLE, adj. V. Imperceptible — caché, impénétrable, secret.

INVISIBLEMENT, adv. d'une manière invisible, imperceptiblement, sans être aperçu, sans être vu.

INVITATION, n. f. prière. V. Insinuation.

INVITER, v. convier, engager, mander, prier — animer. V. Instiguer.

INVOCATION, n. f. V. Supplication.

INVOLONTAIRE, adj. indépendant de la volonté.

INVOLONTAIREMENT, adv. indépendamment de la volonté, sans le vouloir.

Invoquer, v. V. *Implorer.*

Irlande, n. f. Hibernie.

Irlandois, adj. Hibernois.

Ironie, n. f. V. *Moquerie.*

Ironique, adj. dérisoire, moqueur, plaisant, railleur — où il y a de l'ironie, qui tient de l'ironie.

Ironiquement, adv. avec ironie, d'une manière ironique, d'un ton ironique, en dérision, en plaisantant, en raillant, par ironie, par plaisanterie.

Irradiation, n. f. effusion de lumière, émission de rayons, rayonnement. V. *Éclat.*

Irraisonnable, adj. brut, dénué de raison, privé de la faculté de raisonner.

Irréconciliable, adj. V. *Implacable.*

Irréconciliablement, adv. sans espoir de réconciliation, sans retour.

Irrécusable, adj. irréprochable. V. *Recevable.*

Irréfléchi, adj. qui agit sans réflexion, qui ne réfléchit point. V. *Étourdi* — dit étourdiment, fait sans réflexion, qui n'est pas prémédité, qui n'est pas réfléchi.

Irréformable, adj. V. *Irréfragable.* V. *Incorrigible.*

Irréfragable, adj. assuré, certain, infaillible, irrécusable, qu'on ne peut contredire, qu'on ne peut récuser.

Irrégularité, n. f. difformité. V. *Incorrection.*

Irrégulier, adj. contraire aux règles, défectueux, difforme, imparfait, informe, manquant de régularité — censuré, interdit, suspendu, suspens.

Irrégulièrement, adv. contre les règles, d'une manière irrégulière, imparfaitement, mal, sans règle, sans régularité.

Irréligieusement, adv. avec impiété, avec irréligion, avec profanation, contre la religion, d'une manière impie, irréligieuse, en impie, sans religion, sans respect pour la religion.

Irréligieux, adj. contraire à la religion, impie, indévot, manquant de respect pour la religion, sacrilége.

Irréligion, n. f. athéisme, déisme, impiété, incrédulité, indévotion, manque de religion, mépris de la religion, profanation, sacrilége.

Irrémédiable, adj. V. *Incurable.*

Irrémédiablement, adv. irréparablement, sans espérance, sans remède, sans ressource.

Irrémissible, adj. V. *Impardonnable.*

Irrémissiblement, adv. sans espérance de pardon, sans rémission.

Irréparable, adj. irrémédiable, sans ressource, sans remède, qui ne peut se réparer.

Irréparablement, adv. d'une manière irréparable, irrémédiablement, sans remède, sans ressource, tout-à-fait.

Irrépréhensible, adj. accompli, exact, irréprochable, parfait, qui est sans défaut, qu'on ne sauroit reprendre, régulier.

Irrépréhensiblement, adv. d'une manière irrépréhensible, exactement, irréprochablement, parfaitement, régulièrement, sans défaut, sans mériter de reproches.

Irréprochable, adj. à qui on ne peut faire aucun reproche, honnête, irrépréhensible, qui est sans reproche, qui ne mérite point de reproche, vertueux.

Irréprochablement, adv.

d'une manière irréprochable, honnêtement, irrépréhensiblement, sans mériter de reproches, vertueusement.

Irrésolu, *adj.* V. *Perplexe* — ambigu, douteux, équivoque, non décidé, non résolu, problématique, sur quoi l'on n'a pas prononcé.

Irrésolution, *n. f.* V. *Perplexité.*

Irrévérence, *n. f.* défaut de révérence, manque de respect, manque de vénération.

Irrévérent, *adj.* manquant de respect, peu respectueux.

Irrévocable, *adj.* non sujet à révocation, permanent, perpétuel, qui ne peut être révoqué, stable.

Irrévocablement, *adv.* à perpétuité, d'une manière irrévocable, stable, pour jamais, pour toujours, sans retour, sans révocation.

Irriter, *v.* indigner. V. *Piquer* — accroître, aigrir, augmenter, empirer, rendre pire, rendre plus vif. V. *Harceler.*

Irruption, *n. f.* V. *Incursion.*

Islamisme, *n. m.* V. *Mahométisme.*

Isolé, *adj.* abandonné, délaissé, détaché, indépendant, libre, ne tenant à rien, réduit à la solitude, seul, séparé de tout.

Isoler, *v.* détacher, ne laisser tenir à rien, rendre indépendant, séparer de tout.

Israël, *n. m.* Jacob — le peuple choisi, le peuple de Dieu, le peuple hébreu, les descendants de Jacob, les enfants d'Israel, les Hébreux, les Israélites.

Issu, *adj.* V. *Originaire.*

Issue, *n. f.* porte, ouverture, sortie — catastrophe, événement final, fin, réussite, succès — expédient, moyen, stratagème, voie pour sortir d'une affaire — bout, conclusion, terme.

Italien, *adj.* usité en Italie — habitant de l'Italie, né en Italie, originaire d'Italie.

Item, *n. m.* le hic, le nœud de l'affaire, le point de la difficulté, le point embarrassant, le point essentiel, le point important, le tu-autem, l'objet principal.

Item, *adv.* de plus, en outre.

Itératif, *adj.* V. *Géminé.*

Itérativement, *adv.* à plusieurs reprises, maintes fois, plus d'une fois, plusieurs fois, souvent.

Ivre, *adj.* V. *Imbriaque.*

Ivresse, *n. f.* égarement — emportement — enthousiasme, fureur poétique, inspiration, verve.

Ivrogne, *adj.* adonné au vin, sujet à s'enivrer.

Ivrogner, *v.* boire avec excès, s'enivrer, se soûler.

Ivrognerie, *n. f.* habitude de s'enivrer, passion du vin.

J

Jable, *n. m.* V. *Hoche.*

Jabler, *v.* entailler, faire une rainure, ouvrir le jable.

Jabot, *n. m.* V. *Gésier.*

Jaboter, *v.* V. *Discourir.* V. *Murmurer.*

Jachère, *n. f.* terre qui se repose, terre vaine. V. *Brandes.*

17

JACTANCE, n. f. V. Forfanterie.

JACULATOIRE, adj. ardent, élancé du fond de l'âme, élancé vers le ciel, partant du cœur, plein d'amour.

JADIS, adv. V. Anciennement.

JAILLIR, v. bondir, rejaillir, saillir, sauter, s'élancer, sortir impétueusement.

JAILLISSANT, adj. bondissant, rejaillissant, saillant, s'élançant.

JALOUSER, v. V. Envier.

JALOUSIE, n. f. affliction, chagrin, dépit, douleur, peine, tristesse de l'avantage d'autrui — envie, rivalité — fenêtre grillée, grille, treillis.

JALOUX, adj. V. Emule — délicat, inquiet, ombrageux, soupçonneux — attentif à conserver, curieux, soigneux de.

JAMAIS, adv. dans tous les temps, en aucun temps, toujours.

JAMBAGE, n. m. chaîne de pierres qui soutient, pilier, poteau, soutien.

JAMBE, n. f. jarret.

JANISSAIRE, n. m. fantassin turc, garde du grand-seigneur, soldat turc.

JAPER, v. V. Aboyer.

JAQUEMART, n. m. mal bâti, malhabillé, malpropre, vêtu ridiculement.

JAQUETTE, n. f. casaque courte, petite robe, robe d'enfant.

JARDIN, n. m. parterre, potager, terrain agréablement planté, verger.

JARDINAGE, n. m. art de jardiner, culture des jardins.

JARDINER, v. cultiver, disposer, façonner, ranger, soigner un jardin — s'occuper de jardinage, travailler au jardinage.

JARGON, n. m. V. Baragouin — argot, langage singulier, langue factice, style particulier, style ridicule.

JARGONNER, v. altérer le langage, corrompre la langue, parler mal. V. Murmurer.

JARRET, n. m. jambe.

JASER, v. V. Discourir — parler indiscrètement, révéler un secret.

JASERIE, n. f. V. Bavardage — imprudence, indiscrétion — rapport, révélation.

JASEUR, n. m. V. Bavard — imprudent. V. Pestard.

JATTE, n. f. gamelle, grande écuelle, sébile, vase rond et profond.

JATTÉE, n. f. écuellée, gamelée.

JAUGE, n. f. étalon, mesure réglée, modèle, prototype, règle de contenance.

JAUGER, v. comparer à la jauge, constater la contenance, mesurer, vérifier la mesure.

JAUNÂTRE, JAUNE, adjectifs, blond, qui est couleur de citron, d'or, d'orange, de safran.

JAUNIR, v. colorer de jaune, dorer, peindre en jaune, rendre jaune, safraner, teindre en jaune — blondir, devenir blond, devenir jaune.

JAUNISSE, n. f. V. Ictère.

JAVART, apostème, bourbillon, tumeur qui se forme au paturon du cheval.

JAVELER, v. mettre le blé coupé en bottes, en javelles.

JAVELINE, n. f. V. Dard.

JAVELLE, n. f. botte, main, petit fagot, poignée de blé coupé.

JECTIGATION, n. f. V. Tressaillement.

JÉRÉMIADE, n. f. V. Lamentation.

JÉSUS, n. m. le Christ, le fils de Dieu fait homme, le Messie, le Sauveur du monde, le Verbe incarné, l'homme-Dieu.

JET, n. m. projection — branche, tige — scion. V. Bourgeon — produit d'un coup de filet

—'élancement, jaillissement.
Jetée, n. f. V. Digue.

Jeter, v. darder, lancer, pousser — abattre, renverser — répandre, semer — abandonner; délaisser—établir, mettre, placer—calculer, compter, supputer avec des jetons — disposer. V. Dessiner.

Jeu, n. m. folâtrerie. V. Amusement.

A Jeun, phr. adv. avant d'avoir rien avalé, sans avoir ni bu ni mangé.

Jeune, adj. adolescent, jeunet, peu avancé en âge, qui est dans le premier âge — fleuri, frais, vermeil, vigoureux — étourdi, évaporé, inexpérimenté — nouveau, récent, tendre.

Jeûne, n. m. abstinence d'aliments, privation de nourriture.

Jeûner, v. faire abstinence, ne pas manger, observer les jeûnes prescrits, s'abstenir de manger, se passer de manger.

Jeunesse, n. f. adolescence, bas âge, la fleur de l'âge, l'âge tendre, le bel âge, le printemps de la vie, les jeunes ans, les premières années — les adolescents, les enfants, les jeunes gens — folie, fougue, inexpérience. V. Étourderie.

Joaillerie, n. f. commerce de joyaux, marchandise de joyaux, métier de joaillier.

Joaillier, n. m. lapidaire, marchand de joyaux, ouvrier en joyaux.

Jocrisse, n. m. benêt qui se mêle de tout, tatillon.

Joie, n. f. jubilation. V. Réjouissance.

Joignant, prép. V. Voisin.

Joindre, v. accoupler, ajouter l'un à l'autre, allier, assembler, attacher, conjoindre, lier, marier, mettre ensemble, nouer, réunir, unir.

Joint, n. m. Jointure, n. f. V. Encastillement.

Joli, adj. V. Gentil, 2. div.

Joliment, adv. agréablement, avec des grâces, d'une manière jolie, élégamment, gentiment, mignonnement, plaisamment.

Joncher, v. couvrir de, parsemer, répandre çà et là, semer.

Jonction, n. f. concours, confluent. V. Union.

Jongler, v. danser sur la corde, faire des sauts périlleux, faire des tours de passe-passe, jouer des gobelets.

Jonglerie, n. f. batelage, charlatanerie, farce, saut périlleux, tabarinage, tour de gibecière, tour de passe-passe.

Jongleur, n. m. V. Bateleur.

Jouer, v. badiner, batifoler, folâtrer, plaisanter, railler, rire, s'amuser, se divertir, s'égayer, se récréer, se réjouir — contrefaire, imiter — faire le personnage, faire le rôle, représenter — berner, donner du ridicule, duper, persifler, se moquer, se railler, tourner en ridicule —avoir le mouvement aisé, être en mouvement, se mouvoir.

Joueur, n. m. joueur à petit jeu — joueur maladroit, joueur malhabile, méchant joueur, petit joueur.

Jouet, Joujou, nn. mm. amusement, bimbelot. V. Babiole, petit bijou — objet de brocards, de moquerie, de persiflage, de plaisanterie, de raillerie, de risée.

Joufflu, adj. bouffi, fourni d'embonpoint, mafflé, mouflard, rebondi.

Joug, n. m. V. Assujettissement, domination, empire, tyrannie.

Jouir, v. avoir en sa disposition, avoir la jouissance, avoir la possession actuelle, avoir l'usage , posséder, se servir , user.

Jouissance, *n. f.* disposition, possession, usage—fruits , produit , revenu.

Jouissant, *adj.* disposant librement, maître, possesseur, usant.

Jour, *n. m.* journée — clarté, lumière du soleil. **V.** *Fenêtre*, facilité, moyen, ressource, voie.

faux Jour, *n. m.* clarté oblique , lumière louche , lumière obscure—lumière à contre-sens — fausse apparence, fausse raison, faux exposé.

Journal, *n. m.* état, mémoire , mémorial, relation jour par jour — analyse, annonce , compte rendu, critique, extraits , jugement des livres nouveaux.

Journalier, *adj.* qui est d'usage. **V.** *Ordinaire*, *adj.* bizarre, incertain , variable. **V.** *Volage.*

Journalier, *n. m.* homme de journée, manœuvre, manouvrier , ouvrier.

Journée, *n. f.* jour — durée du travail de chaque jour , produit de ce travail — affaire , bataille , combat.

Journellement, *adv.* par chaque jour, tous les jours — à l'ordinaire, de coutume, d'ordinaire, habituellement, ordinairement , selon la coutume journalière.

Joute, *n. f.* combat de lances, combat d'homme à homme — combat entre deux animaux. — **V.** *Ergoterie.*

Jouter , *v.* combattre l'un contre l'autre — ergoter. **V.** *Pointiller.*

Jouvenceau, *n. m.* adolescent, jeune garçon , jeune homme.

Jouvencelle, *n. f.* fillette , adolescente , jeune fille , petite fille.

Jovial, *adj.* **V.** *Réjoui.*

Jovialement, *adv.* avec enjouement. **V.** *Drôlement.*

Joyau , *n. m. Bijou.*

Joyeusement , *adv.* **V.** *Drôlement.*

Joyeux, *adj.* **V.** *Réjoui.*

Jubé, *n. m.* ambon , tribune.

Jubilation, *n. f.* bonne chère. **V.** *Réjouissance.*

Jubilé, *n. m.* indulgence plénière, pardon solennel , rémission générale.

Jucher , *v.* percher, se jucher, se percher.

Juchoir, *n. m.* poulailler, retraite des poules.

Judaïque , *adj.* appartenant aux juifs, concernant les juifs , propre des juifs , relatif aux juifs.

Judée , *n. f.* Palestine , royaume de Juda, terre promise , terre sainte.

Judicature, *n. f.* condition de juge. **V.** *Magistrature.*

Judiciaire , *adj.* concernant la justice, qui se fait en justice, relatif à l'administration de la justice.

Judiciaire , *n. f.* esprit. **V.** *Discernement.*

Judicieusement, *adv.* avec jugement, d'une manière judicieuse, équitablement, exactement, prudemment, raisonnablement, sagement, sensément.

Judicieux , *adj.* intelligent , modéré, raisonnable, sensé. **V.** *Prudent.*

Juge, *n. m.* magistrat, sénateur — appréciateur, arbitre, connoisseur, estimateur.

Jugement, *n. m.* arrêt, décision, décret, sentence — appréciation, arbitrage, estimation — censure, conjecture, critique, opinion, sentiment — **V.** *Judiciaire*, *n. f.*

Juger, *v.* porter un arrêt. **V.** *Décréter* — apprécier, arbitrer, dire son sentiment, donner son avis, estimer — connoître, discerner — censurer, conjecturer, critiquer, penser — augurer, pressentir, prévoir.

Juif, *adj.* Israélite — avare, fripon, usurier.

Jument, *n. f.* cavale.

Junte, *n. f.* assemblée, conseil.

Jupe, *n. f.* V. *Cote*.

Jurat, *n. m.* consul, échevin, édile, magistrat, officier municipal.

Jurement, *n. m.* V. *Serment*.

Jurer, *v.* affirmer, faire serment, protester — promettre avec serment, s'engager par serment, s'obliger sous serment — faire des imprécations. V. *Blasphémer*.

Jureur, *n. m.* V. *Blasphémateur*.

Juridiction, *n. f.* compétence, justice, tribunal — autorité, pouvoir du juge — district, étendue, ressort.

Juridique, *adj.* V. *Légal*.

Juridiquement, *adv.* conformément au droit, de droit, d'une manière juridique, légalement, selon le droit.

Jurisconsulte, *n. m.* V. *Légiste*.

Jurisprudence, *n. f.* connoissance des lois, intelligence des coutumes et ordonnances, science du droit.

Jus, *n. m.* liqueur exprimée, suc.

Jussion, *n. f.* V. *Ordonnance*.

Justaucorps, *n. m.* habit, pourpoint, vêtement qui serre le corps.

Juste, *adj.* exempt de péché, innocent, qui est sans tache, saint — convenable, droit, équitable, légitime, raisonnable — exact, formel, précis, positif, vrai.

Juste, *adv.* avec justesse, comme il faut, convenablement, dans la juste proportion — à point nommé, à propos, exactement, justement, positivement, précisément, tout juste.

Justement, *adv.* avec justice, d'une manière juste, équitablement, exactement, raisonnablement, selon la justice — V. *Juste*, *adv.*

Justesse, *n. f.* exactitude, précision, proportion, régularité.

Justice, *n. f.* V. *Droiture*. — bon droit, raison — exactitude, rigueur, sévérité — barreau, juridiction, magistrature, tribunal — exemption de péché, grâce sanctifiante, justification, première innocence, sainteté.

Justiciable, *adj.* relevant de certain juge, soumis à la compétence du tribunal, sujet à la justice du lieu.

Justicier, *v.* exécuter, faire subir une peine corporelle, punir corporellement en vertu d'un jugement.

Justicier, *n. m.* amateur de la justice, celui qui aime à rendre justice, celui qui fait rendre justice, défenseur de la justice, protecteur de la justice.

Justification, *n. f.* — apologie, défense, excuse, preuve justifiante.

Justifier, *v.* appuyer, établir, prouver un fait — déclarer, exposer, montrer, prouver l'innocence — sanctifier — démontrer, mettre en évidence.

K

Каиъ, n. m. chef, commandant, prince.
Кталкаы, n. f. dénombrement ennuyeux, détail intermi-nable, énumération fastidieuse, légende, longue suite, série ennuyeuse, succession sans fin.

L

LA, n. m. ce lieu, cet endroit — ce moment, ce temps, cet instant.

LA, adv. en ce lieu, en cet endroit — en ce moment, en ce temps, en cet instant.

LABARUM, n. m. bannière, drapeau, enseigne, étendard, guidon impérial portant le monogramme de Jésus-Christ.

LABEUR, n. m. V. Travail — culture, défrichement, façon, labour.

LABILE, adj. faillible, foible, peu fidèle, manquant au besoin.

LABORIEUSEMENT, adv. avec fatigue, avec peine, avec travail, difficilement, d'une manière laborieuse, malaisément, péniblement.

LABORIEUX, adj. difficile, fatigant; malaisé, pénible — qui aime le travail, qui résiste au travail, qui travaille beaucoup.

LABOUR, LABOURAGE, nn, mm. agriculture, culture, façon, remuement des terres.

LABOURER, v. cultiver, défricher, façonner, remuer la terre — avoir beaucoup de peine, avoir beaucoup à souffrir, essuyer beaucoup de fatigue, fatiguer beaucoup.

LABOUREUR, n. m. agricole, agriculteur, cultivateur.

LABYRINTHE, n. m. chaos, complication de détours, dédale — affaire embrouillée, complication d'incidents, grand embarras.

LAC, n. m. grand amas, grande étendue d'eaux dormantes.

LACÉDÉMONE, n. f. Sparte.

LACÉDÉMONIEN, adj. citoyen de Sparte, habitant de Lacédémone, né à Lacédémone, Spartiate.

LACÉRATION, n. f. V. Déchirement.

LACÉRER, v. déchiqueter, déchirer, mettre en morceaux.

LACET, n. m. cordon. V. Lacs.

LÂCHE, adj. débandé, lâché, mal serré, peu tendu, relâché — trop aisé, trop ample, trop large — efféminé, foible, mou, nonchalant, paresseux — manquant de cœur, manquant de courage. V. Craintif — avilissant, bas, déshonorant, honteux, infâme, vil.

LÂCHEMENT, adv. avec lâcheté, d'une manière lâche — foiblement, mollement, nonchalamment, sans activité, sans force, sans vigueur — bassement, d'une manière avilissante, honteusement, sans cœur, saus générosité, sans honneur.

LÂCHER, v. débander, desserrer, détendre, relâcher — dégager, élargir, ouvrir — décocher,
lancer — envoyer , faire aller ,
faire partir — échapper , laisser
aller, laisser fuir, laisser partir
— abandonner, céder, quitter,
se désister.

LÂCHETÉ, n. f. V. Langueur
— action honteuse , action lâche, infamie, mollesse , nonchalance. V. Pusillanimité.

LACIS, n. m. V. Réseau.

LACONIQUE , adj. V. Concis.

LACONIQUEMENT, adv. à la manière des Lacédémoniens, brièvement , d'une manière laconique , en bref, en peu de mots.

LACONISME, n. m. brièveté
d'expression , expression con-
cise , langage bref , précision
de style, style concis.

LACS, n. m. collet, filet, lacet,
panneau, piége — artifice , ruse, subtilité.

LACUNE , n. f. , défaut, discontinuation , interruption, intervalle , manque , manquement , vide.

LADRE, adj. attaqué de la lèpre, lépreux — insensible, qui
ne sent rien — V. Avare.

LADREMENT.adv.V.Chichement.

LADRERIE , n. f. lèpre — hôpital des lépreux, lazaret, léproserie , maladrerie — insensibilité , perte de tout sentiment
— vilenie. V. Avarice.

LAI, LAÏQUE , adjectifs, séculier.

LAID , adj. , mal bâti , mal
conformé , mal fait , vilain. V.
Horrible — V. Indécent.

LAIDEUR , n. f. difformité ,
irrégularité — turpitude. V.
Ignominie.

LAINE, n. f. duvet, poil, toison — lainage.

LAISSE, n. f. V. Trait, 2.div.

LAISSER, v. abandonner, délaisser, déserter, quitter, s'é-
loigner—céder, donner, léguer,
résigner, transmettre, transporter — consentir , permettre ,
souffrir.

LAITON , n. m. clinquant, cuivre, oripeau , similor, tombac.

LAMBEAU , n. m. V. Morceau.

LAMBIN , adj. lanternier. V.
Lent.

LAMBINER, v. fainéanter, niaiser, nigauder, tarder, traîner.
V. Temporiser.

LAMBOURDE, n. f. V. Poutrelle.

LAMBRIS , n. m. V. Plafond.

LAMBRISSER , v. couvrir, garnir, revêtir de lambris — plafonner.

LAME , n. f. V. Olinde. V.
Flot.

LAMENTABLE , adj. V. Déplorable.

LAMENTABLEMENT , adv. avec
lamentation , d'un ton lamentable — déplorablement , misérablement , pitoyablement ,
tristement.

LAMENTATION , n. f. V. Doléance.

LAMENTER, v. déplorer, plaindre avec gémissement, regretter avec plaintes — fondre en
larmes, gémir, pleurer, pousser des gémissements, se chagriner, se désoler, se lamenter,
se plaindre.

LANCE, n. f. V. Esponton.

LANCER, v. faire partir, tirer.
V. Darder.

LANCIER, n. m. V. Hallebardier.

LANCINANT, adj. V. Poignant.

LANDES, n. f. pl. V. Brandes.

LANDIER, n. m. V. Chenet.

LANGAGE, n. m. argot. V. Dialecte. V. Expression.

LANGE, n. m. V. Maillot.

LANGOUREUSEMENT, adv. d'une
manière langoureuse , en lan-

gueur, foiblement, lâchement, languissamment, mollement, négligemment, nonchalamment.

LANGOUREUX, adj. abattu. V. Maladif—fatigué. V. Négligent. V. Lambin.

LANGUE, n. f. jargon, parole. V. Dialecte.

LANGUEUR, n. f. abattement, débilité, délabrement de la santé, foiblesse, infirmité, santé chancelante — défaut de courage, indolence, lâcheté, lenteur, mollesse, négligence, nonchalance, paresse.

LANGUIR, v. être abattu, être en langueur, être languissant, manquer de forces, mener une vie triste et infirme, souffrir longuement — attendre impatiemment, espérer depuis longtemps, se morfondre, s'ennuyer — être sans activité, être sans vigueur — traîner en longueur.

LANGUISSAMMENT, adv. avec langueur, d'une manière languissante, sans activité, sans force, sans vigueur. V. Langoureusement.

LANGUISSANT, adj. dénué de forces, énervé, malade, manquant de vigueur, traînant. V. Langoureux—ennuyeux, fade, froid, insipide. V. Lent—amoureux, passionné, tendre.

LANIÈRE, n. f. V. Trait, 2. div.

LANTERNE, n. f. falot, fanal.

LANTERNER, v. V. Lantiponner—chanceler, être incertain, être indécis, être irrésolu, hésiter. V. Lambiner.

LANTERNIER, n. m. diseur de bourdes, faiseur de contes, hâbleur, menteur. V. Lambin.

LAPIDER, v. accabler, assommer, massacrer, tuer à coups de pierres. V. Rabrouer.

LAPS, n. m. écoulement, espace de temps.

LAPS, adj. apostat, renégat, tombé dans l'hérésie, transfuge de la religion catholique.

LAQUAIS, n. m. V. Domestique, 2. div.

LARCIN, n. m. enlèvement. V. Tricherie—pillage d'auteurs, plagiat.

LARDER, v. percer, piquer, pointer — garnir de lardons, mettre des lardons.

LARDON, n. m. petit morceau de lard. V. Brocard.

LARGE, adj. vaste. V. Étendu. V. Lâche.

AU LARGE, phr. adv. V. Spacieusement, sans gêne, sans presse. V. Aisément—dans l'abondance, dans l'opulence.

LARGEMENT, adv. abondamment, à foison, amplement, à souhait, assez, avec étendue, avec profusion, beaucoup, copieusement, en abondance, en quantité, libéralement, richement, sans épargne, splendidement, somptueusement.

LARGESSE, n. f. cadeau, don, faveur, galanterie, générosité, libéralité, présent.

LARME, n. f. goutte, pleur.

LARMOYANT, adj. ayant les larmes aux yeux, fondant en larmes, pleurant, répandant, versant des pleurs.

LARMOYER, v. avoir la larme à l'œil, fondre en larmes, pleurer, répandre des larmes, verser des pleurs.

LARRON, n. m. brigand. V. Fripon.

LARRONNEAU, n. m. apprenti larron, friponneau, petit larron, petit voleur, voleur de petites choses.

LARVES, n. m. pl. esprits follets, fantômes hideux, lémures, lutins, revenants, spectres.

LAS, adj. V. Fortrait.

LAS, interj. ah! ah! hélas.

Lascif, adj. V. Impudique.

Lascivement, adv. V. Impudiquement.

Lasciveté, n. f. action indécente, mouvement indécent — goût, inclination, penchant, pente, propension pour la luxure.

Lassant, adj. excédant, fatigant, insipide, onéreux, pénible. V. Déplaisant.

Lasser, v. abattre, mater, harasser — dégoûter, embarrasser, gêner, peiner, V. Importuner.

Lassitude, n. f. abattement, courbature, épuisement, fatigue, malaise.

Latin, adj. originaire du Latium, usité dans le Latium.

Latin, n. m. langue latine, latinité.

Latiniser, v. donner un air latin, rendre latin, terminer à la latine — convertir, mettre, traduire en latin — faire parade de latin, parler latin.

Latinisme, n. m. construction latine, expression imitée des Latins, façon de parler empruntée des Latins, idiotisme latin, tour latin.

Latinité, n. f. V. Latin.

Latium, n. m. Italie, pays latin.

Latrines, n. f. pl. V. Aisement.

Laurier, n. m. couronne, gloire, palme, supériorité, triomphe, victoire.

Lavage, n. m. action de laver, lavement, nettoiement — bouillon clair, brouet — boisson excessive.

Lavasse, n. f. V. Averse.

Lavement, n. m. V. Lavage, clystère, remède.

Laver, v. effacer, nettoyer, rincer — disculper, innocenter, justifier, purger, purifier.

Layette, n. f. cassette, petit coffre, petite caisse, tablette, tiroir.

Lazaret, n. m. hôpital de lépreux, ladrerie, léproserie, maladrerie.

Lèche, n. f. tranche, petit morceau.

Léché, adj. bien fini, perfectionné, poli — adonisé, ajusté, attifé, élégant, paré, propre, propret.

Lécher, v. bien finir, perfectionner, polir.

Leçon, n. f. maxime. V. Instruction — article à lire, extrait à lire, lecture choisie — énoncé d'un texte, manière de lire un texte, manière de raconter une chose.

Lecteur, n. m. liseur — docteur, professeur, régent.

Lecture, n. f. art de lire, habitude de lire — étude. V. Littérature.

Légal, adj. concernant la loi, conforme aux lois, juridique, qui est selon la loi.

Légalement, adv. conformément aux lois, d'une manière légale, juridiquement, selon la loi, selon le droit.

Légalisation, n. f. V. Témoignage.

Légaliser, v. attester, certifier, rendre témoignage, vérifier légalement.

Légat, n. m. ambassadeur, député, envoyé, ministre extraordinaire du pape.

Légation, n. f. charge, dignité, emploi, office du légat — district, gouvernement, juridiction, ressort du légat — durée des fonctions du légat.

Léger, adj. dont le poids n'est pas considérable, peu lourd, qui ne pèse guère — V. Alerte — évaporé. V. Volage — méprisable, vil — agréable, aisé, coulant, facile—médiocre, mince, peu important, peu solide, valant peu — aisé à supporter, supportable, tolérable — dont la digestion est aisée, facile à digérer.

Légèrement, *adv.* agilement, avec souplesse, avec vitesse, d'une manière légère, lestement, promptement, vite, vitement, vivement—à la légère, d'une manière volage, étourdiment, imprudemment, inconsidérément, sans attention, sans jugement, sans raison, sans réflexion, témérairement — en passant, foiblement, médiocrement, superficiellement, très peu.

Légèreté, *n. f.* boutade, étourderie, évaporation, imprudence, inattention, témérité. V. *Inconstance*. V. *Promptitude*, agrément, aisance, facilité — médiocrité, peu d'importance, peu de solidité, valeur mince.

Légion, *n. f.* régiment — grande quantité, grand nombre, multitude considérable.

Législation, *n. f.* autorité législative, droit d'établir des lois, pouvoir de faire des lois, puissance législative.

Légiste, *n. m.* docteur en droit, docteur ès lois, jurisconsulte, juriste, versé dans la science des lois.

Légitimation, *n. f.* abolition de bâtardise, acquisition de légitimité, passage de l'état d'enfant naturel à celui d'enfant légitime.

Légitime, *adj.* autorisé par la loi, conforme à la loi, légal, qui a les qualités requises par la loi — catégorique, équitable, fondé en raison, juste, licite, loisible, permis, raisonnable.

Légitimement, *adv.* conformément à la loi, d'une manière légitime, légalement, selon la loi — équitablement, justement, licitement, raisonnablement, selon la raison.

Legs, *n. m.* cadeau, don, donation, largesse, libéralité, présent par testament.

Léguer, *v.* accorder, assurer, donner, laisser par testament.

Lémures, *n. f. pl.* V. *Larves*.

Lendore, *n. m.* V. *Lent*.

Lénifier, *v.* adoucir, alléger, diminuer, mitiger, modérer, soulager, tempérer.

Lénitif, *n. m.* électuaire, opiat adoucissant — adoucissement, allégeance, allègement, consolation, dédommagement, soulagement — diminution, mitigation, modération.

Lent, *adj.* froid, indolent, lâche, lambin, languissant, lendore, long, longis, lourd, musard, négligent, nonchalant, paresseux, pesant, tardif, traineur, tranquille.

Lentement, *adv.* avec lenteur, doucement, d'une manière lente, en lambinant, froidement, languissamment, lourdement, négligemment, nonchalamment, piane-piane, pesamment, posément, tardivement, tranquillement.

Lenteur, *n. f.* délai, remise, retard, retardement — froid, gravité, tranquillité — manque de célérité. V. *Pesanteur*, 3. *div.*

Lenticulaire, *adj.* qui a la forme d'une lentille, semblable à une lentille, tourné comme une lentille.

Lèpre, *n. f.* V. *Ladrerie*.

Lépreux, *adj.* attaqué de la lèpre, ladre, malade de la ladrerie.

Léproserie, *n. f.* V. *Lazaret*.

Léser, *v.* blesser, faire dommage, faire tort, nuire, porter préjudice, préjudicier — choquer, offenser — faire affront, faire une insulte, faire un outrage, insulter, outrager — endommager, incommoder.

LÉSINE, n. f. avarice basse, crasse, économie mesquine, épargne sordide, intérêt sordide, ladrerie, ménage excessif, mesquinerie, taquinerie.

LÉSINER, barguigner sur la dépense, économiser mesquinement, épargner sordidement, ménager outre mesure, retrancher du nécessaire, rogner la dépense.

LÉSION, n. f. bris, fracture, rupture — dommage, perte, préjudice, tort — blessure, injure, offense.

LESSIVE, n. f. eau détersive, lavage, lotion — perte considérable au jeu.

LESSIVER, v. blanchir. V. Aiguayer.

LEST, n. m. fardeau, matière pesante, poids dont on charge le fond d'un vaisseau.

LESTE, adj. bien équipé, bien habillé, bien mis, bien vêtu, brave, paré de beaux habits, proprement accommodé, qui est en bon équipage, qui est en bon état, richement vêtu — adroit, habile, preste. V. Alerte.

LESTEMENT, adv. d'une manière leste, en bon équipage, en bon état, magnifiquement, proprement, richement, adroitement, agilement, avec adresse, avec agilité, avec célérité, avec habileté, habilement, heureusement, industrieusement, légèrement, prestement, promptement, vivement.

LÉTHARGIE, n. f. assoupissement profond, engourdissement des esprits, sommeil contre nature — fainéantise, non-

chalance, paresse — spathie, incurie, insensibilité, insouciance.

LÉTHARGIQUE, adj. V. Dormitif. V. Indolent.

LÉTHIFÈRE, adj. V. Mortifère.

LETTRE, n. f. caractère, figure représentative d'un son — écriture, forme des caractères, manière d'écrire — sens littéral — dépêche, épître, missive.

LETTRÉ, adj. docte, érudit, homme de lettres, instruit dans les lettres, littérateur, savant.

LETTRES, n. f. pl. acte écrit, assurance, attestation, certificat, expéditions sous le sceau, provisions, témoignage, titre — arts, connoissances, doctrine, érudition, littérature, sciences.

LETTRES APOSTOLIQUES, n. f. pl. V. Bulle.

LEURRE, n. m. allèchement, amorce, appât, appeau, attrait, panneau, piége, tromperie.

LEURRER, v. allécher, amorcer, appâter, attirer, dresser une embûche, tendre un piége — duper, fourber, tromper.

LEVAIN, n. m. ferment, germe. V. Racine.

LEVANT, n. m. est, orient, région orientale.

LEVANTIN, adj. habitant des régions orientales, né dans le Levant, oriental, qui est du Levant.

LEVÉE, n. f. collecte, récolte — quai. V. Digue — clôture, fin, issue — enrôlement, recrue.

LEVER, v. dresser, élever, faire tenir debout, hausser, mettre debout, mettre sur pied — couper, détacher, effacer, ôter, retrancher, supprimer — enfler, fermenter — germer, pousser, sortir de terre — amasser, ramasser, récolter, recueillir —

achever , clore , conclure , finir , terminer — enrôler, faire recrue, recruter.

LEVIER, *n. m.* barre , gourdin , gros bâton.

LÉVITE , *n. m.* descendant de Lévi , Israélite de la tribu de Lévi — prêtre, sacrificateur — clerc, ecclésiastique , homme d'église, ministre de Dieu, ministre des autels.

LEXIQUE , LEXICON, *nn. mm.* V. *Glossaire.*

LÉZARDE , *n. f.* V. *Crevasse.*

LÉZARDÉ , *adj.* crevassé , crevé , entrebâillé , entr'ouvert , fêlé , fendu.

LIAISON , *n. f.* conjonction , réunion, amitié, bonne intelligence , commerce , connoissance , correspondance. V. *Union* — rapport , relation — conséquence, résultat. V. *Dépendance.*

LIASSE, *n. f.* dossier, paquet de papiers relatifs au même objet.

LIBATION, *n. f.* effusion, épanchement , offrande de liqueur.

LIBELLE , *n. m.* écrit diffamatoire, écrit injurieux, écrit outrageux — détail, explication , exposition, mémoire , spécification de prétentions et de demandes.

LIBELLER , *v.* particulariser , spécifier. V. *Circonstancier.*

LIBÉRAL , *adj.* V. *Généreux*, 2. *div.*

LIBÉRALEMENT, *adv.* abondamment, avec bienfaisance, d'une manière libérale, galamment , généreusement, largement, magnifiquement, noblement.

LIBÉRALITÉ , *n. f.* magnificence , munificence. V. *Bienfaisance.* V. *Largesse.*

LIBÉRATEUR, *n. m.* défenseur, protecteur, rédempteur , sauveur, vengeur.

LIBÉRATION , *n. f.* affranchissement , décharge, délivrance, exemption, quittance.

LIBÉRER , *v.* affranchir , décharger , dégager , délivrer , exempter , rendre quitte , tenir quitte.

LIBERTÉ , *n. f.* droit, facilité , faculté , pouvoir , puissance d'opter — affranchissement , exemption, franchise, immunité , indépendance — prérogative , privilège—aisance, disposition naturelle, heureuse facilité — confiance , familiarité , naïveté , sincérité. V. *Licence.*

LIBERTIN, *adj.* V. *Débauché*—mécréant. V. *Impie.*

LIBERTINAGE , *n. m.* V. *Débauche.* V. *Impiété.*

LIBERTINE , *n. f.* V. *Courtisane.*

LIBERTINER , *v.* donner dans le dérèglement , faire le libertin, se débaucher, se déranger, se livrer à la dissolution , vivre dans le libertinage.

LIBIDINEUX , *adj.* V. *Incontinent* , adj.

LIBRAIRE , *n. m.* commerçant en livres , marchand de livres, vendeur de livres.

LIBRAIRIE , *n. f.* commerce de livres, négoce de livres, profession de libraire.

LIBRATION , *n. f.* V. *Oscillation.*

LIBRE , *adj.* V. *Volontaire* — indépendant , jouissant de la liberté , maître de soi-même— accessible, aisé, débarrassé, dégagé , facile , ouvert—confiant, familier, naïf, sincère —indiscret. V. *Licencieux.*

LIBREMENT, *adv.* avec liberté, avec option, de plein gré, d'une manière libre, en liberté , sans contrainte, sans être forcé, sans être nécessité , sans violence , volontairement — aisément , avec couleur, facilement, familièrement, franchement, naïvement, naturellement, sans apprêt, sans cérémonie, sans détour, sans gêne, singulièrement — sans voile, témérairement. V. *Licencieusement.*

Lice, *n. f.* amphithéâtre, arène, carrière, champ clos, cirque, course, hippodrome.

Licence, *n. f.* congé, liberté, permission, pouvoir — insubordination. V. *Incontinence* — hardiesse, impudence, indécence, indiscrétion, insolence, liberté immodeste, témérité — degré qui donne permission d'enseigner publiquement, temps d'étude dans quelque faculté.

Licenciement, *n. m.* V. *Congé.*

Licencier, *v.* congédier, donner congé, réformer, renvoyer, supprimer les troupes inutiles.

se Licencier, *v.* blesser la décence, choquer la modestie. V. *s'Emanciper.*

Licencieusement, *adv.* d'une façon licencieuse, d'une manière trop libre, impudemment, indécemment, indiscrètement, insolemment, sans circonspection, sans égard, sans pudeur, sans retenue, témérairement, trop gaillardement, trop hardiment.

Licencieux, *adj.* V. *Débauché* — gaillard, gras, graveleux, hardi, impudent, indécent, insolent, obscène, téméraire, trop libre. V. *Insubordonné.*

Licitation, *n. f.* encan, enchère, vente juridique, vente par autorité, vente par décret.

Licita, *adj.* accordé. V. *Loisible.*

Licitement, *adv.* d'une manière licite, en toute liberté, librement, sans aller contre la

loi, sans transgression de la loi.

Licol, **Licou**, *nn. mm.* V. *Bride.*

Lictor, *n. m.* V. *Hoqueton* — bourreau, exécuteur.

Lie, *n. f.* V. *Ordure* — ce qu'il y a d'abject, de bas, de méprisable, de moins considérable, de plus vil.

Lien, *n. m.* V. *Trait,* 2. div. — bandage, ligament, ligature. V. *Fers* — assujettissement, dépendance, esclavage, servitude — attache, attachement, engagement, liaison.

Lienterie, *n. f.* V. *Bénéfice.*

Lier, *v.* V. *Joindre* — arrêter, assujettir, bander, captiver, enchaîner, garrotter, nouer, retenir — astreindre, brider, empêtrer, enchevêtrer, engager, enlacer, obliger — associer, former société, mettre en correspondance, mettre en liaison, rapprocher — amalgamer, incorporer, mélanger, mêler — donner de la consistance, donner du corps, épaissir.

Lieu, *n. m.* local. V. *Emplacement.* V. *Race* — assiette, position, poste, site, situation — cause, moyen, occasion, prétexte, raison, sujet.

au Lieu, *phr. adv.* à la place, en place, pour.

Lieux, *n. m. pl.* V. *Aisement, n. m.*

Ligature, *n. f.* bandage, lien, ligament.

Lige, *n. m.* droit de relief, redevance, relief.

Lige, *adj.* V. *Vassal.*

Lignage, *n. m.* V. *Race* — arbre de ligne, descendance, généalogie, ligne.

Ligne, *n. f.* barre, raie, simple trait — bornes, fin, limites, terme — arbre généalogique, descendance, généalogie, lignage — circonvallation, disposition d'armée, fortification, fossé, tranchée.

Lionne, n. f. V. *Race*.

Lionneau, n. m. V. *Chagros*.

Ligue, n. f. alliance, confédération, traité d'union, union — association, brigue, cabale, clique, conjuration, c'nspiration, intrigue, menée, parti, société.

Liguer, v. V. *Confédérer*. V. *Cabaler*.

Ligueur, n. m. V. *Cabaleur*.

Limace, n. f. machine pour élever l'eau, vis d'Archimède — escargot, limaçon, limas.

Limaille, n. f. V. *Raclure*.

Limbe, n. m. bord, bordure, extrémité, lisière, orle.

Limer, v. amenuiser, amincir, couper, éclaircir, nettoyer, polir avec la lime — mettre la dernière main, perfectionner — châtier, corriger, repasser.

Limitatif, adj. V. *Modificatif*.

Limitation, n. f. abornement, bornes, détermination, fixation, limite, terme préfix — mesure. V. *Restriction*.

Limiter, v. assigner des limites, borner, circonscrire, déterminer, donner des bornes, fixer, marquer les limites, mettre des bornes, modifier, prescrire des conditions, renfermer dans des bornes, resserrer, terminer.

Limites, n. f. pl. bornes, confins, extrémité, frontières, terme préfix.

Limitrophes, adj. V. *Voisin* — approchant, qui a du rapport, ressemblant.

Limon, n. m. V. *Gâchis*. V. *Ordure* — citron qui a beaucoup de jus.

Limoneux, adj. V. *Bourbeux*.

Limpide, adj. clair, diaphane, net, pur, transparent.

Limpidité, n. f. clarté, diaphanéité, netteté, pureté, transparence.

Linceul n. m. drap, linge de lit.

Linéament, n. m. trait du visage.

Linge, n. m. chemises, draps, linceuls, serviettes, toile.

Lingère, n. f. marchande de linge, marchande de toile, ouvrière en linge.

Lingerie, n. f. boutique de lingère, magasin de linge, marchandise de linge — métier de lingère, profession de lingère.

Lingot, n. m. barre, masse, morceau d'argent ou d'or.

Lingual, adj. appartenant, relatif à la langue, tenant à la langue — produit par les mouvements de la langue.

Lion, n. m. animal féroce et fier — homme brave, courageux, hardi, intrépide, valeureux, vaillant — homme colère, emporté, furieux, implacable, indomptable, terrible.

Lippée, n. f. bouchée — bon repas — capture. V. *Butin*.

Liquéfaction, n. f. dissolution des parties, fonte, fusion.

Liquéfier, v. dissoudre, faire fondre, fondre, jeter en fonte, mettre en fusion, rendre coulant, rendre fluide, rendre liquide.

Liqueur, n. f. eau fluide, humeur coulante, jus, suc — boisson, breuvage, potion — V. *Ratafia*.

Liquidation, n. f. appréciation, calcul, débrouillement, développement, éclaircissement, estimation, supputation.

Liquide, adj. coulant, fluide,

fondu, liquéfié, mis en fonte, mis en fusion. V. *Incontestable* —net, quitte de tout embarras.

Liquider, *v.* apprécier, débarrasser, débrouiller, développer, éclaircir, fixer, mettre en évidence, rendre incontestable.

Liquidité, *n. f.* fluidité.

Lire, *v.* étudier, faire des lectures, s'occuper de lecture — comprendre, connoître, deviner, pénétrer. V. *Commenter.*

Liseur, *n. m.* qui aime à lire, qui s'occupe de lecture, lecteur.

Lisible, *adj.* aisé à déchiffrer, aisé à lire, qu'il est facile de lire — convenable à lire, digne d'être lu, propre à être lu, qu'il est bon de lire, qu'il est permis de lire, utile à lire.

Lisiblement, *adv.* d'une manière lisible, en caractères distincts, nettement.

Lisière, *n. f.* V. *Limbe.* V. *Limites.*

Lisse, *adj.* lissé, luisant, lustré, poli, uni.

Liste, *n. f.* V. *Catalogue.*

Listeau, **Listel**, *nn. mm.* bande, cordon, filet, moulure carrée, plate-bande, règle, ténie.

Lit, *n. m.* coucher, matelas, meuble où l'on couche V. *Châlit* — accoutrement, habillement, housse, rideaux, tour de lit — mariage — canal d'une rivière.

Litanie, *n. f.* V. *Kyrielle.*

Liteaux, *n. m. pl.* barres, lignes, raies colorées à l'extrémité des serviettes.

Litière, *n. f.* brancard, chaise à porteurs, palanquin — paille, vieux fourage qu'on épand sous les bestiaux — dé-

gât, dissipation, prodigalité, profusion.

Litige, *n. m.* V. *Altercat.*

Litigieux, *adj.* contentieux, contestable, disputable, douteux, sujet à discussion, sujet à litige.

Litre, *n. f.* ceinture funèbre.

Littéraire, *adj.* consacré aux lettres, propre aux lettres, relatif aux lettres.

Littéral, *adj.* conforme à la lettre, expliqué mot à mot, rendu mot à mot, traduit mot pour mot — attaché scrupuleusement à la lettre, rigoureusement exact, servilement fidèle.

Littéralement, *adv.* à la lettre, au sens littéral, mot pour mot — au pied de la lettre, avec une exactitude scrupuleuse.

Littéralité, *n. f.* exposition fidèle du sens de chaque mot, interprétation littérale, traduction exacte de chaque mot, version mot à mot — attachement servile à la lettre, fidélité scrupuleuse au sens littéral.

Littérateur, *n. m.* critique, érudit, grammairien, homme de lettres, homme érudit, versé dans la littérature.

Littérature, *n. f.* connoissance des lettres, érudition, savoir.

Liturgie, *n. f.* cérémonies de la messe, manière de célébrer la messe, messe, prières de la messe, service divin.

Livide, *adj.* plombé. V. *Olivâtre.*

Lividité, *n. f.* couleur d'olive, jaunisse.

Livraison, *n. f.* exhibition, remise entre les mains, tradition.

Livre, *n. m.* cahier, tome, volume — écrit, ouvrage, production d'esprit — journal , mémorial , registre.

LIVRE , *n. f.* franc — deux marcs , poids de seize onces.

LIVRÉE , *n. f.* habit distinctif des domestiques d'une maison — les domestiques , les gens, les laquais, les valets d'une maison — les laquais en général.

LIVRER , *v.* abandonner, céder, donner, exhiber, fournir, mettre au pouvoir , mettre en main , mettre en possession , remettre entre les mains.

LOCAL , *adj.* appartenant au lieu , dépendant du lieu, particulier à certain lieu, relatif au lieu.

LOCAL , *n. m.* emplacement, espace, étendue , la position, la situation, l'assiette , l'ensemble , les êtres d'une maison, les parties d'un lieu quelconque.

LOCATIF , *adj.* dont le locataire est chargé , dont le locataire repond, à la charge du locataire, qui regarde le locataire.

LOCATION , *n. f. v.* acensement — conduction.

LOCUTION , *n. f.* V. *Phrase.*

LOGE , *n. f.* V. *Cabane.*

LOGEABLE , *adj.* bien disposé, bien distribué, commode , habitable, où l'on peut loger commodément.

LOGEMENT , *n. m.* demeure , domicile , habitation , hôtel , logis , maison , manoir , palais — auberge , couvert , gîte , hôtellerie , réduit , retraite — campement , poste , quartier, retranchement.

LOGER , *v.* avoir domicile, avoir logement, demeurer, être domicilié , être logé , habiter, occuper un logement , résider, séjourner, se retirer, — donner le couvert , donner retraite ,

héberger , retirer chez soi — établir, placer, enfermer , mettre en cage. V. *Emprisonner.*

LOGICIEN, *adj.* V. *Dialecticien.*

LOGIQUE, *n. f.* V. *Dialectique.*

LOGIQUEMENT, *adv.* V. *Dialectiquement.*

LOGIS , *n. m.* V. *Logement* , 2. *div.*

LOI , *n. f.* V. *Ordonnance* — charge, clause, condition, modification , obligation — autorité, domination, empire, joug, pouvoir, puissance.

LOIN , *adv.* au loin , à une grande distance , dans un lieu éloigné , dans un pays reculé, en pays lointain — au lieu de , tant s'en faut.

DE LOIN A LOIN , *phr. adv.* à de grandes distances , à de grands intervalles — de fois à autre , de temps en temps , peu fréquemment , peu souvent , rarement.

LOINTAIN , *adj.* éloigné, placé au loin , reculé.

LOINTAIN, *n. m.* éloignement, perspective éloignée.

LOISIBLE , *adj.* légitime, libre, licite, non défendu, permis.

LOISIR , *n. m.* facilité, liberté, vacance. V. *Désoccupation.*

A LOISIR , *phr. adv.* à sa commodité, à son aise, dans ses moments perdus, sans se gêner, sans se presser — avec précaution, avec réflexion, mûrement, sérieusement.

LONG , *adv.* alongé. V. *Diffus* — éternel , interminable , qui ne finit point — V. *Lent.*

AU LONG , *phr. adv.* à côté, auprès , en côtoyant , tout du long, tout le long — amplement, en détail , sans rien épargner , sans rien omettre.

TOUT LE LONG DE , *phr. adv.* à côté , au long , auprès , en côtoyant , tout du long — dans l'espace, dans l'intervalle, durant, pendant.

LONGANIMITÉ, n. f. clémence, constance, douceur inaltérable, patience.

LONGE, n. f. V. Trait, 2. div.

LONGER, v. V. Côtoyer.

LONGÉVITÉ, n. f. longue durée de la vie, vie longue.

LONGIS, adj. V. Lent.

LONGITUDINAL, adj. étendu en long, qui s'étend sur la longueur.

LONGITUDINALEMENT, adv. en longueur, suivant la longueur.

A LA LONGUE, phr. adv. à force d'attendre, avec de la patience, avec le temps, en patientant, insensiblement, par laps de temps.

LONGUEMENT, adv. diffusément, d'une manière alongée, très étendue, prolixement — amplement, au long, en détail, sans rien omettre — durant un long temps.

LONGUEUR, n. f. dimension, distance, espace, étendue, intervalle—durée considérable— V. Retard —lenteur. V. Inaction.

LOPIN, n. m. V. Morceau.

LOQUACITÉ, n. f. V. Babil.

LOQUE, LOQUETTE, nn. ff. V. Guenille.

LOQUET, n. m. loqueteau.

LORGNER, v. convoiter, mirer - pointer, viser—regarder à la dérobée, en cachette, en tapinois.

LORGNETTE, n. f. lentille, lunette, loupe, monocle — lunette d'approche, télescope.

LORS, n. m. ce moment-là, ce temps-là, cet instant-là.

DÈS LORS, phr. adv. depuis cette époque-là, dès ce moment-là, dès ce temps-là, dès cet instant-là — de là, en conséquence, par conséquent, par suite.

LORSQUE, phr. conj. dans le temps que, dans le moment que, dans l'instant que, durant que, pendant que, quand, tandis que.

LOT, n. m. V. Part — condition, état, sort — gain à la loterie.

LOTERIE, n. f. hasard, sort.

LOTIR, v. distribuer par lots, faire des lots, faire des portions, partager, répartir les quotes parts.

LOTISSEMENT, n. m. composition, détermination, distribution, fixation, partage, répartition des lots.

LOUABLE, adj. digne d'éloge, digne de louange, estimable, honnête, honorable, qui mérite d'être loué.

LOUABLEMENT, adv. avec honneur, d'une manière louable, honnêtement, honorablement.

LOUAGE, n. m. V. Location.

LOUANGE, n. f. compliment, éloge, panégyrique — approbation, estime, gloire — actions de grâces, bénédiction, remercîment.

LOUANGER. V. Louer.

LOUANGEUR, n. m. adulateur, complimenteur, donneur de louanges, loueur, panégyriste, prôneur.

LOUCHE, adj. bigle, qui a les yeux tournés, qui regarde de travers — chargé, qui n'est pas clair, trouble — confus, embrouillé, obscur, qui a un double sens. V. Equivoque adj.

LOUCHER. V. Bigler.

LOUCHET, n. m. V. Hoyau.

LOUER, v. célébrer, combler d'éloges, donner des louanges, encenser, exalter, faire l'éloge, faire le panégyrique, louanger, préconiser, priser, prôner, solenniser, vanter — bénir, remercier, rendre grâces — acenser, affermer, amodier, donner à bail, donner à ferme, donner à loyer — prendre à bail, à cens, à ferme, à loyer.

se Louer, *v.* avoir de la jactance, chanter ses propres louanges, dire du bien de soi, faire son propre éloge, se vanter, tirer vanité de — approuver, marquer de la satisfaction, se montrer content.

Loueur, *n. m.* V. *Louangeur* — celui qui donne à louage.

Loupe, *n. f.* V. *Tumeur.* — V. *Lorgnette.*

Loup-garou, *n. m.* lycanthrope — homme prétendu transformé en loup, magicien prétendu, prétendu sorcier — fantasque. V. *Misanthrope.*

Lourd, *adj.* incommode, dénué de grâces, lourdaud, sot. V. *Pesant.*

Lourdement, *adv.* V. *Pesamment.*

Louvre, *n. m.* palais des rois de France à Paris — hôtel magnifique, maison superbe, palais digne d'un roi.

Loyal, *adj.* conforme à la loi, fixé par la loi — assuré fidèle, franc, honnête, plein d'honneur et de probité, sincère, sûr, sur qui l'on peut compter.

Loyalement, *adv.* aux termes de la loi, conformément à la loi — avec honneur, avec probité, d'une manière loyale, fidèlement, honnêtement, sans fraude. V. *Candidement.*

Loyauté, *n. f.* fidélité, honnêteté, honneur, probité. V. *Candeur.*

Loyer, *n. m.* V. *Salaire.* — V. *Location.*

Lubie, *n. f.* inégalité, légèreté, manie. V. *Boutade.*

Lubricité, *n. f.* V. *Incontinence.*

Lubrique, *adj.* V. *Incontinent,* *adj.*

Lubriquement, *adv.* avec lubricité, brutalement, d'une manière lubrique, impurement, sensuellement. V. *Impudiquement.*

Lucarne, *n. f.* œil de bœuf, petite fenêtre.

Lucide, *adj.* V. *Lumineux* — diaphane, transparent.

Lucifer, *n. m.* le démon, le diable, le père du mensonge, le prince des ténèbres, Satan.

Lucratif, *adj.* V. *Utile.*

Lucre, *n. m.* V. *Fruit.*

Lueur, *n. f.* clarté foible, éclair, lumière momentanée, lumière sombre, splendeur affoiblie — jour foible, rayon foible.

Lugubre, *adj.* V. *Funèbre* — mélancolique, morne.

Lugubrement, *adv.* d'une manière lugubre, d'un ton funèbre, tristement.

Luire, *v.* briller, éclairer, éclater, reluire, resplendir.

Luisant, *adj.* V. *Lumineux.*

Lumière, *n. f.* clarté, éclat, jour, lueur, splendeur — fenêtre, lucarne, ouverture — connoissance, intelligence, pénétration, science, indice. V. *Instruction* — la vie, l'existence.

Lumineux, *adj.* brillant, clair, éclairé, éclatant, lucide, luisant, reluisant, resplendissant.

Lunaire, *adj.* appartenant à la lune, dépendant de la lune, réglé par le mouvement de la lune, relatif à la lune.

Lunaison, *n. f.* cours entier de la lune, révolution de la lune.

Lunatique, *adj.* maniaque, ratier, visionnaire. V. *Bizarre.*

Lunette, *n. f.* V. *Lorgnette.*

Lunettes, *n. f. pl.* besicles.

Lusitanie, *n. f.* Portugal.

Lustral, *adj.* purifiant. V. *Piaculaire.*

LUSTRATION, n. f. purification. V. Expiation.

LUSTRE, n. m. espace de cinq ans — chandelier à plusieurs branches suspendu au plancher — brillant, éclat, embellissement, œil, ornement, relief, splendeur.

LUSTRER, v. donner de l'éclat, donner du brillant, polir, rendre luisant.

LUT, n. m. mastic.

LUTER, v. attacher, boucher, coller, fermer avec du lut, enduire de lut, mastiquer.

LUTH, n. m. guitare, harpe, lyre.

LUTHÉRANISME, n. m. doctrine de Luther, sentiments de Luther — secte attachée aux opinions de Luther.

LUTHÉRIEN, adj. disciple de Luther, protestant.

LUTIN, n. m. V. Farfadet — espiègle, éveillé, malin, tapageur, vif.

LUTINER, v. molester. V. Inquiéter — tapager, tempêter — faire des espiègleries, des malices, des niches.

LUTRIN, n. m. pupitre.

LUTTE, n. f. combat corps à corps, exercice gymnique de ses forces.

LUTTER, v. combattre corps à corps, s'exercer à la lutte — disputer, faire des efforts, se débattre, se défendre, s'efforcer, tenir ferme.

LUXATION, n. f. déboîtement, déplacement, détorse, dislocation, entorse, foulure, relâchement.

LUXE, n. m. dépense superflue, magnificence excessive, prodigalité, profusion, somptuosité, superfluité.

LUXER, v. V. Déboîter.

LUXURE, n. f. défaut de mœurs, mauvaises mœurs, passion déréglée. V. Incontinence.

LUXURIEUSEMENT, adv. V. Lubriquement.

LUXURIEUX, adj. V. Incontinent, adj.

LYCANTHROPE, n. m. loup-garou.

LYCÉE, n. m. académie, école, gymnase, lieu d'exercice — doctrine, école, secte d'Aristote.

LYMPHE, n. f. eau, humeur, sérosité.

LYNX, n. m. animal sauvage qui a la vue excellente — bon espion, homme clairvoyant, homme pénétrant.

LYRE, n. f. V. Luth.

M

MACARON, n. m. massepain.

MACÉRATION, n. f. V. Mortification, 2. div.

MACÉRER, v. affoiblir. V. Mortifier.

MÂCHEFER, n. m. crasse, écume, scorie de fer.

MÂCHELIÈRE (dent), adj. f. dent molaire, grosse dent.

MÂCHER, v. briser, broyer, manger, mordre, moudre, ronger avec les dents—faire bonne chère — méditer, réfléchir, ruminer—apprêter, tracer. V. Dégrossir, 3. div.

MÂCHEUR, n. m. gros mangeur. V. Intempérant.

MACHIAVÉLISME, n. m. politique diabolique, fausse, insidieuse, raffinée, trompeuse.

MACHIAVÉLISTE, n. m. approbateur, disciple, élève, sectateur de Machiavel—politique adroit, dangereux, fin, fourbe, rusé, subtil.

MACHINAL, adj. indélibéré, involontaire, naturel, produit par le pur mécanisme.

MACHINALEMENT, adv. d'une manière machinale, indélibérément, involontairement, par le pur mécanisme, sans le concours de la volonté.

MACHINATEUR, n. m. V. Conspirateur.

MACHINATION, n. f. conspiration secrète, embûches, piége.

MACHINE, n. f. V. Engin — instrument — intrigue, invention, moyen, ruse.

MACHINER, v. brasser, forger, former, imaginer, ourdir, préparer, projeter, tramer une conspiration — conspirer, faire des menées sourdes.

MACHINISTE, n. m. auteur, conducteur, directeur, ingénieur, inventeur de machines.

MÂCHOIRE, n. f. mandibule.

MÂCHONNER, v. mâcher avec peine, difficilement, lentement, négligemment.

MÂCHURER, v. barbouiller, charbonner, noircir, salir.

MACULE, n. f. barbouillage, souillure, tache.

MACULER, v. barbouiller, gâter, salir, souiller, tacher.

MADRÉ, adj. diversifié de couleurs. V. Tigré — adroit, entendu, retors. V. Alerte.

MADRIER, n. m. gros ais, grosse planche, poutre plate.

MAFLÉ, adj. V. Joufflu.

MAGASIN, n. m. boutique, grenier, décharge, garde-meuble —amas, collection, provision, recueil.

MAGE, n. m. philosophe, sage, savant.

MAGICIEN, n. m. V. Ensorceleur.

MAGIE, n. f. art magique. V. Fascination.

MAGIQUE, adj. appartenant à la magie, fait par magie, opéré par magie, tenant de la magie. V. Merveilleux, éblouissant. V. Illusoire.

MAGISTER, n. m. maître d'école, pédant. V. Maître, 4. div.

MAGISTRAL, adj. appartenant à un maître, impérieux, tenant du maître—hautain, tranchant. V. Pédantesque.

MAGISTRALEMENT, adv. V. Impérativement. V. Impérieusement.

MAGISTRAT, n. m. juge, officier de justice, officier de police.

MAGISTRATURE, n. f. charge, dignité, emploi, fonction, office de magistrat.

MAGNANIME, adj. brave, courageux, généreux, intrépide, qui a de l'élévation, qui a l'âme grande, vaillant.

MAGNANIMEMENT, adv. avec grandeur, avec élévation, d'une manière magnanime. V. Courageusement.

MAGNANIMITÉ, n. f. élévation d'âme, grandeur d'âme, noblesse. V. Courage.

MAGNIFICENCE, n. f. élévation, sublimité. V. Pompe.

MAGNIFIER, v. donner de grandes louanges. V. Elever, 4. div.

MAGNIFIQUE, adj. V. Pompeux. élevé, noble, plein de noblesse, sublime.

MAGNIFIQUEMENT, adv. avec éclat, avec magnificence, d'une manière brillante, fastueuse, magnifique. V. Somptueusement, avec élévation, avec noblesse, d'une manière sublime, noblement, sublimement.

MAGOT, n. m. gros singe—figure burlesque, laide, mal faite, ridicule — homme difforme, laid, mal bâti, mal fait, mal tourné — amas d'argent caché.

MAHOMÉTAN, *adj.* musulman, sectateur de Mahomet.

MAHOMÉTISME, *n. m.* islamisme, musulmanisme, religion de Mahomet—pays où l'on professe la religion de Mahomet — les mahométans, les musulmans.

MAIGRE, *adj.* atténué, chétif, décharné, défait, dénué de graisse, desséché, épuisé, étique, exténué, fluet, hâve, menu, mince, qui n'a que la peau et les os, sec, tabide — aride, sablonneux, stérile — léger, misérable, peu grave, peu important — ennuyeux, froid, insipide, manquant d'ornement, peu agréable.

MAIGREMENT, *adv.* chétivement, foiblement, médiocrement, petitement, sèchement.

MAIGREUR, *n. f.* V. *Marasme*, aridité, stérilité.

MAIGRIR, *v.* V. *Amaigrir.*

MAILLET, *n. m.* MAILLOCHE, *n. f.* gros marteau de bois. V. *Marteau.*

MAILLOT, *n. m.* couches, enveloppé, langes d'un enfant.

MAIN, *n. f.* poing — action, opération, puissance, vertu — caractère, écriture, manière d'écrire. — V. *Croc* — paquet, poignée.

MAIN-BASSE, *n. f.* V. *Abatis.*

MAIN-FORTE, *n. f.* V. *Sauvegarde.*

MAIN-LEVÉE, *n. f.* délivrance, désistement de saisie, levée d'opposition, liberté, permission.

MAIN-MISE, *n. f.* arrêt, capture, prise, saisie.

A LA MAIN, *phr. adv.* à portée, à propos — à dessein, de propos délibéré, exprès. V. *Collugoirement.*

A PLEINES MAINS, *phr. adv.* V. *A foison.*

COUP DE MAIN, *n. m.* coup hardi, entreprise subite, témérité.

DE MAIN EN MAIN, *phr. adv.* consécutivement, de l'un à l'autre, par tradition, successivement, tour à tour.

SOUS MAIN, *phr. adv.* V. *à la Dérobée.*

MAINT, *adj.* plusieurs.

MAINTES FOIS, *phr. adv.* à plusieurs reprises, fréquemment, mille fois, plusieurs fois, souvent, souventes fois, une infinité de fois, un million de fois.

MAINTENANT, *adv.* V. *Présentement.*

MAINTENIR, *v.* affirmer, confirmer, soutenir — affermir, appuyer, conserver, consolider, défendre, donner du secours, protéger, tenir en bon état — continuer, perpétuer.

MAINTENUE, *n. f.* assurance, conservation, jugement confirmatif.

MAINTIEN, *n. m.* affermissement, assurance, conservation, garde, manutention—façon. V. *Mine*—tournure. V *Perpétuation.*

MAIS, *n. m.* blé de Turquie.

MAIS, *conj.* au contraire, cependant, néanmoins, or, pourtant, toutefois.

MAISON, *n. f.* V. *Logement* — palais — domestiques, équipage, famille, gens, suite. V. *Race.*

MAISONNÉE, *n. f.* famille, tous ceux d'une même maison, tout le ménage.

MAISONNETTE, *n. f.* V. *Cabane.*

MAÎTRE, *n. m.* propriétaire, seigneur, souverain — chef, conducteur, directeur, dominateur — dominant, le plus considérable, principal, supérieur — docteur, instituteur, pédagogue, précepteur, professeur, régent.

PETIT-MAÎTRE, *n. m.* fanfaron, faquin, fat, fendant, freluquet, important, jeune avantageux, jeune étourdi, suffisant.

MAÎTRESSE, *n. f.* dame, propriétaire, souveraine—conductrice, directrice, institutrice — celle qui domine, dominatrice, supérieure — fille ou femme qu'on aime, qu'on demande en mariage, qu'on recherche.

MAÎTRISE, *n. f.* droit, qualité de maître ou de maîtresse — charge, dignité, droit, fonction, office, prééminence, supériorité de maître.

MAÎTRISER, *v.* assujétir, commander en maître, dominer, dompter, être le maître ; gouverner avec empire, l'emporter sur, se rendre maître, soumettre, subjuguer, vaincre.

MAJESTÉ, *n. f.* dignité suprême, élévation, excellence, grandeur souveraine, splendeur, suprématie, suréminence.

MAJESTUEUSEMENT, *adv.* avec dignité, avec élévation, avec grandeur, avec majesté, avec sublimité, d'une manière auguste, d'une manière majestueuse.

MAJESTUEUX, *adj.* auguste, éclatant, noble, plein de dignité, pompeux, sublime, suréminent.

MAJEUR, *adj.* plus considérable, plus fort, plus grand, plus important, plus puissant — qui a atteint l'âge de majorité, qui est hors de tutelle.

MAJOR, *adj.* premier principal, supérieur.

MAJORDOME, *n. m.* V. *Dépensier.*

MAJORITÉ, *n. f.* âge compé-

tent pour jouir pleinement de ses droits, âge qui met hors de tutelle — charge, dignité, grade, office de major.

MAJUSCULE, *adj. f.* capitale, grande, majeure.

MAL, *n. m.* V. *Maladie.* V. *Peine* — disgrâce, dommage, fatigue, infortune, malheur, perte, tort, tribulation — crime, défaut, faute, imperfection, péché, vice — danger, inconvénient, péril.

MAL, *adv.* d'une mauvaise manière, gauchement, maladroitement, malheureusement.

MALACIE, *n. f.* appétit désordonné, désir excessif de certains aliments.

MALADE, *adj.* attaqué de maladie, incommodé, indisposé, infirme, languissant, souffrant.

MALADIE, *n. f.* affliction, altération de la santé, douleur, incommodité, indisposition, infirmité, langueur, souffrance.

MALADIF, *adj.* débile, foible, infirme, langoureux, malingre, malsain, qui est d'une mauvaise santé, sujet à être malade, valétudinaire.

MALADRERIE, *n. f.* V. *Lazaret.*

MALADRESSE, *n. f.* balourdise, butorderie, défaut d'adresse, incongruité, lourderie, sottise. V. *Impéritie.*

MALADROIT, *adj.* balourd, butor, gauche, lourdaud, malhabile, manquant d'adresse, manquant de dextérité, sot, stupide.

MALADROITEMENT, *adv.* bêtement, gauchement, malhabilement, sans adresse, sans dextérité, sans habileté, sottement.

MALAISE, *n. m.* courbature, état fâcheux, état incommode, fatigue, incommodité, lassitude, mésaise — disette, indigence, pauvreté.

Malaise, *adj.* épineux. V. *Pénible*. — féroce. V. *Chagrin* — endetté, indigent, pauvre, qui a peu de bien, qui est à l'étroit, réduit au plus petit pied.

Malaisément, *adv.* avec embarras, avec fatigue, avec peine, difficilement, d'une manière malaisée, péniblement.

Malavisé, *adj.* étourdi, imprudent, inconsidéré, indiscret. V. *Maladroit*.

Malbâti, *adj.* contrefait, difforme, laid, mal fait, malotru, mal tourné — dérangé, incommodé, indisposé — dénué de grâces, mal assorti, mal composé, mal construit, manquant d'agrément, manquant des proportions nécessaires.

Mal content, *adj.* mal satisfait, mécontent, peu satisfait, — murmurateur, rebelle. V. *Factieux*.

Mâle, *adj.* masculin. V. *Viril*, 2. *div.* V. *Énergique*.

Malbête, *n. f.* homme à craindre, homme dangereux, homme dont on doit se défier, mauvaise bête, méchant homme.

Malédiction, *n. f.* blasphème, exécration, imprécation, injure, outrage, parole injurieuse, propos outrageant — anathème, condamnation, excommunication, réprobation.

Maléfice, *n. m.* crime, mauvaise action, méfait — poison. V. *Fascination*.

Maléficié, *adj.* ensorcelé, fasciné — fort incommodé, infirme, langoureux, traînant.

Maléfique, *adj.* ayant de mauvaises influences, malfaisant, nuisible.

Malencontreux, *adj.* disgracieux. V. *Sinistre*.

Malentendu, *n. m.* bévue, erreur, méprise, surprise — ambiguïté, équivoque, quiproquo — discorde, dissension, division, mésintelligence.

Malfaçon, *n. f.* défectuosité, défaut, façon mauvaise.

Malfaire, *v.* faire de mauvaises actions, faire mal. V. *Préjudicier*.

Mal fait, *adj.* mal agencé, mal assorti, mal composé, mal disposé, malentendu, mal ordonné, mal pris — maussade. V. *Mal bâti*.

Malfaiteur, *n. m.* coquin, malheureux, pendard. V. *Scélérat*.

Mal famé, *adj.* V. *Décrié*.

Malfaisant, *adj.* dommageable, nuisible, pernicieux. V. *Préjudiciable* — enclin à mal faire, malin, méchant, qui aime à nuire, qui se plaît à faire du mal.

Malgracieusement, *adv.* d'une manière malgracieuse, grossièrement, impoliment, incivilement, malhonnêtement, maussadement, rudement, rustiquement.

Malgracieux, *adj.* malhonnête, maussade, rébarbatif. V. *Rustaud*.

Malgré, *prép.* contre la volonté, contre le gré, nonobstant.

Malhabile, *adj.* V. *Maladroit* — imbécile, manquant de capacité, manquant d'intelligence, peu capable.

Malhabilement, *adv.* V. *Maladroitement* — avec peu de capacité, avec peu d'intelligence, imbécilement, sans capacité, sans intelligence.

Malhabileté, *n. f.* V. *Maladresse*. — défaut de capacité, imbécillité, manque d'intelligence.

Malheur, *n. m.* mauvaise

rencontre, ruine. V. *Infortune.*

MALHEUREUSEMENT , adv. désastreusement , disgracieusement , d'une manière malheureuse , fatalement , par malheur , par un coup funeste.

MALHEUREUX , adj. à qui rien
ne réussit , infortuné , qui n'a
pas de bonheur — digne de compassion , digne de pitié , misérable — affligeant , déplorable , fâcheux , funeste , triste
— désagréable. V. *Malfaisant*
— chétif , méprisable , pauvre ,
vil — V. *Malfaiteur* — damné ,
réprouvé.

MALHONNÊTE , adj. déshonnête , honteux , impudent , indécent , malséant , messéant , obscène , sale , vilain.

MALHONNÊTEMENT , adv. déshonnêtement , d'une manière
malhonnête , honteusement ,
impudemment , indécemment ,
salement , vilainement.

MALHONNÊTETÉ , n. f. impu-
dence. V. *Obscénité.* V. *Incivilité.*

MALICE , n. f. V. *Malignité*
— action de méchanceté , faite
avec intention de nuire , mauvaise , méchante — attrape ,
espièglerie , mièvrerie , miè-
vreté , niche , petite méchanceté , pièce , polissonnerie , supercherie plaisante , tour de
page , tromperie agréable.

MALICIEUSEMENT , adv. V. *Ma-*
lignement — par attrape , par
espièglerie , par niche , par plaisanterie , par supercherie , pour
attraper , pour plaisanter , pour
rire , pour surprendre , pour
tromper.

MALICIEUX , adj. plein de malice. V. *Malfaisant.*

MALIGNEMENT , adv. à mau-
vaise intention , avec malignité , malicieusement , méchamment — d'une manière causti-
que , maligne , d'un ton malin ,

d'un ton mordant , d'un ton
satirique.

MALIGNITÉ , n. f. malice , mauvaise intention , méchanceté ,
penchant à faire du mal , plaisir
de nuire , propension à mal faire
— influence pernicieuse , qualité nuisible.

MALIN , adj. caustique , malicieux , méchant , mièvre ,
mordant , piquant , satirique —
V. *Malfaisant.*

MALINGRE , adj. V. *Maladif.*

MAL-INTENTIONNÉ , adj. ennemi
secret , mal content , mal disposé , qui a de mauvaises intentions , qui a dessein de nuire —
V. *Factieux.*

MALITORNE , adj. V. *Mala-*
droit.

MALLE , n. f. coffre de voyage ,
porte-manteau , valise.

MALLÉABILITÉ , n. f. aptitude
à s'étendre , ductilité , extensi-
bilité.

MALLÉABLE , adj. ductile , extensible , qui peut s'étendre
sous le marteau.

MALLETTE , n. f. petit coffre ,
petite caisse , petite valise ,
petit panier , petit porte-manteau.

MALMENER , v. battre , manier ,
molester , vexer. V. *Gourmander.*
V. *Injurier.*

MALOTRU , adj. maussade. V.
Mal bâti. V. *Marsouin* — mal agencé , mal équipé , mal mis , malpropre , mal vêtu.

MALPLAISANT , adj. disgracieux , triste. V. *Déplaisant.*

MALPROPRE , adj. maussade.
V. *Sale.*

MALPROPREMENT , adv. avec
malpropreté , d'une manière
malpropre , salement , salopement , vilainement.

MALPROPRETÉ , n. f. V. *Salis-*
sure.

MALSAIN , adj. V. *Maladif* —

— contraire, malfaisant, nuisible, opposé, pernicieux, préjudiciable à la santé...

MALSÉANT, *adj.* déplacé, déshonnête, honteux, impudent, indécent, malhonnête, messéant, sale, vilain. V. *Malgracieux.*

MALTÔTE, *n. f.* contribution onéreuse, surtaxe. V. *Malversation.*

MALTÔTIER, *n. m.* concussionnaire, exacteur injuste, traitant tyrannique.

MALTRAITER, *v.* V. *Malmener.*

MALVEILLANCE, *n. f.* dessein de nuire, haine, indisposition, inimitié, intention de nuire, mauvaise volonté.

MALVEILLANT, *adj.* ennemi secret, mal disposé, qui a intention de nuire, qui veut du mal.

MALVERSATION, *n. f.* administration infidèle, concussion, corruption, divertissement de deniers, exaction, faute punissable, larcin, maniement infidèle, mauvaise gestion, prévarication, soustraction d'effets, vexation, vol, volerie.

MALVERSER, *v.* administrer infidèlement, distraire des deniers, divertir des sommes, écarter des effets, manquer de fidélité, prévariquer, se comporter mal, se conduire mal, voler.

MALVOISIE, *n. f.* vin de Candie, vin grec, vin muscat cuit.

MALVOULU, *adj.* à qui l'on veut du mal, détesté, haï, mal regardé, vu de mauvais œil.

MAMELLE, *n. f.* pis *des animaux*, gorge, sein *des femmes;* tétasse, téton.

MAMELON, *n. m.* V. *Trayon.*

MANANT, *n. m.* habitant de la campagne, paysan, villageois.

MANCHE, *n. m.* anse, poignée, queue.

MANCHE, *n. f.* manchette, parement, partie du vêtement qui couvre le bras—bras de mer, détroit, Pas-de-Calais.

MANCHOT, *adj.* estropié de la main, estropié du bras—inepte. V. *Maladroit.*

MANDARIN, *n. m.* noble chinois, seigneur chinois.

MANDAT, *n. m.* grâce expectative, lettre monitoriale, rescrit du pape—charge, commandement, commission, ordre.

MANDATAIRE, *n. m.* chargé d'ordre, commissionnaire, porteur de mandat, procureur.

MANDEMENT, *n. m.* instruction, injonction, ordonnance, ordre par écrit d'un supérieur.

MANDER, *v.* faire commandement, faire injonction. V. *Ordonner* — appeler, convoquer, faire venir, inviter — donner avis, écrire, envoyer dire, faire savoir.

MANDIBULE, *n. f.* mâchoire.

MANDILLE, *n. f.* V. *Vêtement.*

MANÈGE, *n. m.* académie, cirque, exercice du cheval, hippodrome. V. *Intrigue.*

MÂNES, *n. m. pl.* âmes des morts, ombres — dieux infernaux, dieux souterrains.

MANGEABLE, *adj.* bon à manger, passable, qu'on peut manger.

MANGEAILLE, *n. f.* V. *Victuaille.*

MANGEOIRE, *n. f.* auge, crèche.

MANGER, *v.* avaler, mâcher —faire un repas, prendre sa nourriture, prendre sa réfection, se nourrir— détruire. V. *Dissiper* — corroder — ronger, user—élider, retrancher, supprimer.

MANGER, *n. m.* V. *Victuaille.*

vilain — bouilloire, cafetière, coquemart.

MARAÎCHER, n. m. cultivateur de marais, jardinier qui fait valoir un marais.

MARAIS, n. m. marécage, terre basse et humide — jardin en plein champ, terroir où l'on fait venir des herbages et des légumes.

MARASME, n. m. consomption, épuisement, étisie, maladie de langueur, maigreur extrême, phthisie.

MARÂTRE, n. f. belle-mère, mauvaise mère, mère dénaturée.

MARAUD, adj. bandit, bélître, chenapan, garnement, gueux, libertin, maroufle. V. Fripon.

MARAUDE, n. f. petite guerre, picorée, pillage.

MARAUDER, v. aller à la petite guerre, aller en maraude, butiner, picorer, piller.

MARAUDEUR, n. m. pillard, pilleur.

MARBRER, v. colorer, enluminer, peindre en marbre — imiter les couleurs du marbre, couleur de marbre.

MARBRIER, n. m. artisan, artiste, ouvrier qui scie et polit le marbre.

MARBRIÈRE, n. f. carrière de marbre, perrière à marbre.

MARBRURE, n. f. couleur de marbre, enluminure en marbre, imitation du marbre.

MARC, n. m. demi-livre, huit onces. V. Ordure.

MARCASSIN, n. m. jeune sanglier, petit sanglier.

MARCHAND, n. m. V. Négociant.

MARCHAND, adj. conforme aux lois du commerce, digne d'être exposé en vente, qui peut être vendu, vénal — commode pour la vente, destiné aux mar-

chandises, favorable aux marchandises.

MARCHANDER, v. demander le prix d'une chose, faire des offres — barguigner, chipoter, tracasser, vétiller. V. Vaciller. **NE PAS MARCHANDER**, phr. agir résolument, prendre bravement son parti, se décider — attaquer quelqu'un brusquement, le gourmander, le gronder, l'invectiver, le malmener, le maltraiter, le traiter durement, ne pas l'épargner, ne pas le ménager.

MARCHANDISE, n. f. choses à vendre, denrées, objet de commerce — commerce, négoce, trafic.

MARCHE, n. f. bornes, confins, frontières, limites — allure, démarche, manière d'aller, marcher, mouvement pour marcher, train — chemin, espace parcouru, traite—degré, grade, pas.

MARCHÉ, n. m. accord, convention, stipulation, traité — halle, place publique où l'on vend — encan, foire — débit, vente.

MARCHEPIED, n. m. V. Escabeau.

MARCHER, v. aller, faire des pas, s'avancer, se porter en avant, se promener, voyager.

MARCHER, n. m. V. Allure.

MARCOTTE, n. f. V. Rejeton.

MARCOTTER, v. multiplier, provigner.

MARE, n. f. V. Flache.

MARÉCAGE, n. m. V. Marais.

MARÉCAGEUX, adj. humide. V. Boueux.

MARÉE, n. f. flux et reflux de la mer — toute sorte de poisson de mer.

MARGE, n. f. blanc autour d'une page, bord, bordure, espace vide à l'extrémité— abondance de moyens, abondance de ressources, moyens suffisants, temps de reste.

MARCELLE, n. f. mardelle.

MARGUILLIER, n. m. fabricien.

MARI, n. m. époux.

MARIABLE, adj. V. Nubile.

MARIAGE, n. m. épousailles, hymen, lien conjugal, noces, union conjugale de l'homme et de la femme — conventions matrimoniales, contrat — dot de la femme.

MARIÉ, n. m. V. Epoux.

MARIER, v. donner la bénédiction nuptiale, joindre un homme et une femme par le lien conjugal, unir par mariage — contribuer à un mariage, établir, faire un mariage, mettre en ménage, procurer un mariage — accorder, mettre à l'unisson — allier, attacher ensemble, joindre, lier l'un à l'autre, unir — assortir, faire rapporter.

MARIN, adj. accoutumé à la mer, appartenant à la mer, concernant la mer, né dans la mer, qui est de mer, relatif à la mer — maritime, voisin de la mer.

MARIN, n. m. homme de mer, matelot, pilote.

MARINÉ, adj. accommodé, apprêté, assaisonné, préparé pour être conservé ou pour être mangeable sur-le-champ — altéré, avarié, corrompu, dégradé, gâté pour avoir été trop long-temps sur mer.

MARINIER, n. m. V. Batelier.

MARITAL, adv. appartenant au mari, convenable à un mari.

MARITALEMENT, adv. comme doit faire un mari, d'une manière maritale, en mari.

MARITIME, adj. attenant à la

mer, concernant la mer, contigu à la mer, marin, relatif à la mer, voisin de la mer.

MARJOLET, n. m. freluquet, petit fat, petit jeune homme qui fait le galant et l'entendu, petit-maître.

MARMAILLE, n. f. nombre de petits enfants, troupes de marmots.

MARMITE, n. f. casserole, chaudière, chaudron, pot.

MARMONNER, v. V. Grogner.

MARMOT, n. m. singe — figure grotesque, hideuse, laide, mal faite. V. Marmouset.

MARMOTTER, v. parler bas, parler entre ses dents.

MARMOUSET, n. m. petite figure grotesque — petit homme mal bâti. V. Babouin.

MARNE, n. f. amendement, engrais, terre grasse.

MARNER, v. améliorer, engraisser, fertiliser.

MAROQUIN, adj. habitant de Maroc, né à Maroc, sujet de l'empereur de Maroc.

MAROQUIN, n. m. cuir de bouc, cuir de chèvre apprêté avec de la noix de galle.

MAROTIQUE, adj. exprimé à l'antique, imité de Clément Marot, naïf, naturel, simple.

MAROTTE, n. f. objet d'un attachement désordonné, d'une affection déréglée, d'une fantaisie ridicule, d'une manie outrée, d'une passion violente.

MAROUFLE, n. m. V. Maraud.

MARQUE, n. f. caractère, chiffre, coin, poinçon, trait — V. Vestige — enseigne, enseignement, indication, indice, note, présage, preuve, signe, témoignage.

MARQUER, v. faire une empreinte, mettre une marque, mettre un signe — empreindre, graver, imprimer, tracer — détailler, énoncer, exprimer, particulariser, spécifier—désigner, donner des marques, prouver — attester, constater, rendre témoignage, témoigner — annoncer, dénoter, faire connoître, indiquer, montrer, noter, signifier — laisser des marques, des traces, des véstiges.

MARQUETER, v. diversifier, marquer de plusieurs taches, moucheter, tacheter, varier.

MARQUETERIE, n. f. ouvrage de pièces de rapport, mosaïque.

MARRE, n. f. V. Hoyau.

MARRI, adj. affligé, contristé, contrit, fâché, pénétré de regret, repentant, touché.

MARSOUIN, n. m. gros poisson de mer, pourceau de mer — V. Marabout, 2. div.

MARTEAU, n. m. maillet, mailloche, masse, massue.

MARTELER, v. battre à coups de marteau, frapper à coups redoublés — fatiguer. V. Molester.

MARTIAL, adj. ferrugineux — digne de Mars, militaire. V. Guerrier.

MARTYR, n. m. mort, sacrifice de la vie, souffrances, supplices, tortures supportées, tourments endurés pour la vraie religion — angoisse, calamité, douleur, fatigue, malheur, peine.

MARTYRISER, v. faire souffrir le martyre, mettre à la torture, tourmenter cruellement.

MARTYROLOGE, n. m. catalogue, dénombrement, détail, énumération, état, index, liste, rôle, table des martyrs.

MASCARADE, n. f. compagnie de masques, troupe de gens masqués — déguisement, travestissement.

MASCULIN, adj. appartenant au mâle, convenable au mâle, destiné au mâle, propre du mâle — mâle, viril.

MASCULINITÉ, n. f. caractère, qualité de mâle, sexe masculin — force, vigueur, virilité.

MASQUE, n. m. faux visage, loup — déguisement, travestissement — personne déguisée, masquée, travestie—apparence spécieuse, dehors trompeur, fausse couleur, faux semblant, prétexte, voile.

MASQUE, n. f. femme dégoûtante, hideuse, laide — femme décrépite, surannée, vieille — femme acariâtre, malicieuse, méchante.

MASQUER, v. couvrir d'un masque, mettre un loup sur le visage — déguiser, travestir — revêtir de fausses couleurs. V. Envelopper, 1. et 2. div.

MASSACRE, n. m. V. Abatis — tête de cerf avec son bois — mauvais ouvrier, ouvrier maladroit, ouvrier qui travaille mal.

MASSACRER, v. assassiner, assommer, égorger, tuer — gâter, maltraiter, mettre en mauvais état —faire de la mauvaise besogne, faire mal, travailler maladroitement.

MASSE, n. f. V. Groupe — bloc, môle — poids, quantité. V. Volume — V. Marteau.

MASSEPAIN, n. m. macaron.

MASSIF, adj. dur, ferme, gros, lourd, pesant — V. Matériel, bouché, gauche, grossier. V. Matériel, 2. div.

MASSIVEMENT, adv. d'une manière massive, lourdement, pesamment, solidement — gauchement, imbécilement, stupidement.

MASSUE, n. f. V. Marteau.

MASTIC, n. m. ciment, colle, enduit, gomme, poix, résine.

Mastiquer, v. attacher, cimenter, coller, joindre ensemble, lier, souder avec du mastic.

Masure, n. f. restes d'édifice, restes de muraille, ruines, vieille maison, vieux bâtiment en ruine — habitation, logement, maison qui menace ruine — méchante habitation. V. Cabane.

Mat, adj. V. Brut — trop chargé, trop peu dégagé, trop serré — battu, perdu sans ressource, pris, ruiné, vaincu.

Matamore, n. m. V. Rodomont.

Matelas, n. m. lit — coussin, coussinet.

Matelasser, v. garnir de coussins, de matelas.

Matelot, n. m. bachotier, batelier, marin, marinier, nautonier, nocher.

Mater, v. abattre, affoiblir, fatiguer, humilier, lasser, macérer, mortifier, subjuguer, tourmenter, vaincre.

Mâter, v. garnir de mâts.

Matérialisme, n. m. athéisme, épicuréisme, spinosisme, système qui n'admet point d'autre substance que la matière.

Matérialiste, adj. athée, épicurien, raisonneur qui n'admet que la matière, spinosiste.

Matériaux, n. m. pl. éléments, ingrédients, matière — extraits, mémoires, préparatifs, recueil.

Matériel, adj. composé de matière, corporel, solide — épais, grossier, massif — borné, imbécile, peu intelligent, stupide.

Maternel, adj. appartenant à la mère, concernant la mère, propre de la mère, qui est du côté de la mère, relatif à la mère, venant de la mère —

convenable à une mère, digne d'une mère, indispensable pour une mère, nécessaire à une mère, ordinaire à une mère.

Maternellement, adv. avec l'affection d'une mère, comme il convient à une mère, d'une manière maternelle, en bonne mère, en mère tendre et sage.

Mathématicien, n. m. géomètre, ingénieur, savant en mathématiques, versé dans les mathématiques.

Mathématique, n. f. génie, géométrie, science de la grandeur, science des proportions.

Mathématique, adj. certain, déduit régulièrement de principes sûrs, géométrique. V. Géométrique, 2. div.

Mathématiquement, adv. à la manière des géomètres, avec l'exactitude mathématique, certainement, démonstrativement, d'une façon mathématique, d'une manière géométrique, en rigueur, exactement, géométriquement, méthodiquement, rigoureusement, suivant les procédés des mathématiciens.

Matière, n. f. substance impénétrable et susceptible de toutes sortes de formes. V. Matériaux — déjections, évacuation, excréments, vidanges — humeur putride, pus, sang corrompu, sanie — argument d'un ouvrage, objet dont on s'occupe, sujet sur lequel on écrit — cause, lieu, occasion, sujet.

Matin, n. m. commencement du jour, lever du soleil, matinée, point du jour.

Mâtin, n. m. chien, chien de basse-cour, chien de berger, dogue, gros chien, vilain chien. — V. Marabout, 2. div.

Matinal, Matineux, adjectifs. accoutumé à se lever matin, actif, alerte, diligent, éveillé, levé de grand matin , vigilant.

MATINÉE , n. f. la première moitié du jour, la première partie du jour, les premières heures du jour , matin.

MATOIS, adj. V. Cauteleux.

MATOISERIE , n. f. déguisement , détour, dissimulation , espièglerie. V. Supercherie. V. Dextérité.

MATOU , n. m. chat, chat mâle, gros chat.

MATRICE, n. f. partie de la femelle où se fait la conception — coin , modèle , moule.

MATRICE, adj. f. créatrice , fondatrice , institutrice , mère, primitive, principale, qui est l'origine des autres.

MATRICULE, n. f. catalogue , liste , rôle, registre de réception.

MATRIMONIAL, adj. apporté en mariage, appartenant au mariage, concernant le mariage, relatif au mariage.

MATRONE , n. f. accoucheuse, sage-femme — dame, femme respectable , vertueuse , vénérable.

MÂTURE , n. f. totalité des mâts d'un vaisseau , tout bois propre à faire des mâts.

MATURITÉ , n. f. état du fruit mûr , perfection — occasion , saison commode , temps favorable. V. Prudence.

MAUDIRE , v. charger de malédictions , donner à tous les diables , donner des malédictions, faire des imprécations , souhaiter du mal—abandonner, condamner, délaisser, rejeter , réprouver.

MAUDIT, adj. chargé de malédictions , chargé d'imprécations — abominable, affreux , détestable, exécrable, horrible, très mauvais — damné, méchant, rejeté, réprouvé.

MAURE, adj. V. Nègre.

MAUSOLÉE , n. m. sépulcre, tombeau. — V. Catafalque.

MAUSSADE, adj. dégoûtant , désagréable, ennuyeux, fastidieux, insipide, pitoyable , qui est de mauvaise grâce , qui est sans agrément, rebutant— malpropre, sale, salope, vilain. — V. Mal fait.

MAUSSADEMENT, adv. avec dégoût, avec mauvaise humeur, de mauvaise grâce , désagréablement, d'une manière maussade, d'une manière rebutante, ennuyeusement, fastidieusement, insipidement, pitoyablement — malproprement , salement, salopement, vilainement.

MAUVAIS, adj. altéré, corrompu , défectueux , gâté , ne valant rien — méchant , pervers , scélérat , vicieux. — V. Malicieux — dangereux, présageant le mal. V. Funeste— difficile, embarrassant , incommode.

MAXILLAIRE, adj. appartenant aux mâchoires, propre des mâchoires, relatif aux mâchoires, servant, tenant, aux mâchoires.

MAXIME, n. f. V. Adage.

MAZETTE, n. f. V. Bidet. V. Maladroit.

MÉCANICIEN , n. m. artiste , expert en mécanique, habile en mécanique, machiniste , savant en mécanique, versé dans les mécaniques.

MÉCANIQUE, n. f. art de construire des machines, connoissance des lois du mouvement, intelligence des principes de l'équilibre, science des forces motrices. V. Mécanisme.

MÉCANIQUE, adj. machinal, travaillé par le secours des mains —bas. V. Contemptible.

MÉCANISME, n. m. composition artificielle d'un corps, disposition bien entendue des parties', la mécanique , la structure, le machinal , les ressorts.

MÉCANIQUEMENT , adv. artificiellement, artistement, avec dextérité, d'une façon mécanique, suivant les principes de la mécanique.

MÉCÈNE , n. m. ami des muses, partisan des arts et des sciences, protecteur des gens de lettres, protecteur des savants et des artistes.

MÉCHAMMENT , adv. à mauvaise intention, avec mauvais dessein, avec méchanceté, avec scélératesse, d'une manière perfide, d'une manière perverse, malicieusement, malignement, par méchanceté, perfidement.

MÉCHANCETÉ, n. f. action méchante , action noire, iniquité, perfidie , perversité , scélératesse. V. Malignité.

MÉCHANT, adj. inique, injuste, mauvais , misérable , perfide , pervers , scélérat , vaurien , vicieux—plein de méchanceté. V. Malin , 2. div.—malfaisant , nuisible, pernicieux , préjudiciable—altéré, corrompu , défectueux , gâté , ne valant rien, usé.

MÉCOMPTE, n. m. calcul erroné, compte fautif , défaut de justesse, écart, méprise. V. Méprise.

SE MÉCOMPTER , v. calculer mal , être loin de compte , faire une bévue , faire un quiproquo. V. se Tromper.

MÉCONNOISSABLE , adj. altéré, changé, corrompu, décomposé, gâté , qu'on a peine à reconnoître.

MÉCONNOISSANCE, n. f. V. Ingratitude.

MÉCONNOISSANT , adj. V. Ingrat.

MÉCONNOÎTRE , v. ne pas

avouer , ne pas se souvenir , oublier, renoncer. V. Renier.

MÉCONTENT , adj. V. Malcontent.

MÉCONTENTEMENT, n. m. mauvaise humeur, peine. V. Fâcherie.

MÉCONTENTER , v. causer du chagrin, déplaire, donner du mécontentement, fâcher, mortifier, rendre mécontent.

MÉCRÉANT, n. m. athée, déiste , impie , incrédule, libertin, matérialiste, parpaillot.

MÉDECIN , n. m. disciple de Galien , disciple d'Hippocrate, docteur empirique, docteur en médecine , docteur galénique.

MÉDECINE , n. f. art de conserver la santé, art de guérir , hygiène, pathologie. V. Médicament.

MÉDIAT , adj. non immédiat, séparé d'une chose par une autre.

MÉDIATEMENT , adv. avec interposition , avec intervention, d'une manière médiate , par le moyen de , par l'entremise de.

MÉDIATEUR, n. m. agent, arbitre, conciliateur, entremetteur, intercesseur, négociateur, pacificateur.

MÉDIATION , n. f. agence, arbitrage , conciliation , entremise , intercession , intervention, négociation, pacification.

MÉDICAL , adj. appartenant à la médecine, concernant la médecine , relatif à la médecine.

MÉDICAMENT , n. m. médecine , potion médicinale , purgatif , purgation , remède.

MÉDICAMENTER , v. administrer des remèdes, donner des médicaments , droguer , faire prendre des médecines , panser, purger, traiter un malade.

MÉDICINAL , adj. apportant remède , curatif , médicament

teux, purgatif, salubre, salutaire, servant de remède, utile à la santé.

MÉDIOCRE, adj. exigu, mince, modique, moyen, petit, peu considérable, tenant le milieu entre le bon et le mauvais.

MÉDIOCREMENT, adv. d'une façon médiocre, en petite quantité, entre deux, entre le bon et le mauvais, foiblement, modiquement, moyennement, petitement, peu considérablement.

MÉDIOCRITÉ, n. f. état mitoyen, juste milieu — exiguïté, exilité, modicité, petitesse.

MÉDIRE, v. déchirer la réputation, décrier, dénigrer, détracter, diffamer, dire du mal, faire perdre la réputation.

MÉDISANCE, n. f. détraction, discours contre l'honneur. V. Dénigrement.

MÉDISANT, n. m. langue de serpent, mauvaise langue. V. Détracteur.

MÉDITATIF, adj. livré à de profondes réflexions, penseur, pensif, rêveur, songeur. V. Contemplatif.

MÉDITATION, n. f. application d'esprit. V. Spéculation.

MÉDITER, v. approfondir, creuser, penser mûrement. V. Spéculer.

MEDIUM, n. m. V. Milieu.

MÉFIANCE, n. f. alarme, crainte d'être trompé. V. Suspicion.

MÉFIANT, adj. V. Soupçonneux.

SE MÉFIER, v. avoir de l'inquiétude, craindre d'être trompé, être dans la défiance, être méfiant, ne pas se fier, s'alarmer, se défier, se tenir sur ses gardes, soupçonner.

MÉGARDE, n. f. erreur, man-

que d'attention, mécompte, quiproquo. V. Imprudence.

MÉGÈRE, n. f. diablesse, femme acariâtre, furie, méchante femme, ménade, piegrièche, vraie Proserpine.

MÉGISSERIE, n. f. commerce de laines, lainage, préparation de peaux de mouton et de veau, trafic de ces peaux.

MEILLEUR, adj. mieux assorti, mieux choisi, mieux conditionné, mieux disposé, mieux entendu, mieux fait, mieux ordonné, plus convenable, plus décent, plus élégant, plus énergique, plus expressif, plus fort, plus juste, plus propre, plus utile, etc., préférable.

MÉLANCOLIE, n. f. atrabile, bile noire — rêverie. V. Tristesse.

MÉLANCOLIQUE, adj. atrabilaire, bilieux — affligé, soucieux. V. Morne.

MÉLANCOLIQUEMENT, adv. avec tristesse, d'un air mélancolique, d'un air morne, d'un air sombre, d'un air soucieux, d'une manière triste, tristement.

MÉLANGE, n. m. confusion, mixtion — amas, assemblage, recueil, réunion.

MÉLANGER, MÊLER, vv. brouiller, confondre, faire un mélange — amasser ensemble, rassembler, recueillir, réunir — V. Frelater.

MÊLÉE, n. f. V. Bataille.

SE MÊLER, v. V. s'Entremettre — exercer, faire — prendre soin, s'occuper, soigner — s'accoupler, se joindre, s'unir.

MÉLODIE, n. f. agrément dans le chant, chant agréable, harmonie, suite heureuse de sons.

MÉLODIEUSEMENT, adv. agréablement, avec mélodie, d'une manière mélodieuse.

MÉLODIEUX, adj. agréable,

composé d'une heureuse suite de sons, rempli de mélodie.

MEMBRANE, n. f. enveloppe mince et nerveuse — parchemin, peau, pellicule, vélin.

MEMBRE, n. m. V. Morceau.

Membru, adj. fourni de membres puissants, pourvu de gros membres, qui a les membres vigoureux.

MÊME, adj. égal, pareil, semblable.

MÊME, adv. aussi, de plus, encore, en outre.

A MÊME, phr. adv. à portée, en état, en pouvoir.

DE MÊME, phr. adv. aussi, de la même sorte, de même manière, également, pareillement, semblablement, tout de même.

MÉMOIRE, n. m. avis, document, état, instruction — description, écrit sommaire, explication, exposition, récit, relation — V. Mémorial.

MÉMOIRE, n. f. V. Réminiscence — facilité, faculté, pouvoir, puissance de conserver ou de se rappeler les idées — V. Commémoraison. V. Gloire, 2. div.

MÉMORABLE, adj. digne de mémoire, glorieux, notable, signalé. V. Illustre. V. Recommandable.

MÉMORIAL, n. m. placet, requête. V. Tablettes.

MENAÇANT, adj. effroyable, épouvantable, redoutable, terrible.

MENACE, n. f. bravade, fanfaronnade, parole menaçante, rodomontade, ton menaçant.

MENACER, v. faire des menaces, jurer, maugréer, pester, tempêter — dénoncer, promettre — prédire. V. Conjecturer.

MÉNADE, n. f. bacchante, femme emportée, femme en

furie, femme furieuse — V. Mégère.

MÉNAGE, n. m. famille, maison — ameublement, meubles, service d'une maison, soins domestiques, subsistance d'une famille — V. Épargne.

MÉNAGEMENT, n. m. attention, considération, égard — V. Circonspection.

MÉNAGER, v. conserver, économiser, épargner, faire des réserves, mettre en réserve, réserver, user de ménage — administrer prudemment, conduire sagement, employer avec retenue, gouverner avec modération, régir avec précaution, user avec circonspection — avoir des égards, dorloter, mignarder, mitonner. V. Choyer. V. Moyenner.

MÉNAGER, adj. économe, entendu dans l'administration domestique, intelligent dans la conduite d'une maison, qui épargne les dépenses superflues, qui ne dépense qu'à propos, qui proportionne la dépense aux revenus et aux besoins — V. Chiche.

MENDIANT, v. V. Indigent.

MENDICITÉ, n. f. V. Pauvreté, gueuserie. V. Paresse.

MENDIER, v. demander l'aumône, fainéanter, gueuser — chercher avec empressement, implorer, rechercher, réclamer, recourir à, solliciter bassement.

MENÉE, n. f. V. Cabale.

MENER, v. V. Conduire — commander, être à la tête, faire marcher, précéder — agacer, animer, exciter, mettre en train, provoquer, consumer, employer, passer.

MÉNÉTRIER, n. m. joueur de violon, joueur d'instruments, racleur de boyaux, violon.

MENEUR, *n. m.* conducteur, guide.

MÉROLOGE, *n. m.* calendrier, martyrologe.

MENOTTES, *n. f. pl.* V. *Fers.*

MENSONGE, *n. m.* déguisement, fable, lanternerie, parole trompeuse. V. *Imposture.*

MENSONGER, *adj.* V. *Illusoire* — trompeur.

MENTERIE, *n. f.* V. *Mensonge.*

MENTEUR, *n. m.* V. *Fourbe.*

MENTION, *n. f.* V. *Commémoraison*, citation, question, témoignage.

MENTIONNER, *v.* alléguer, citer, faire mention.

MENTIR, *v.* débiter des faussetés, dire faux, donner le faux pour le vrai, en imposer, faire un mensonge, hâbler, parler contre sa pensée.

MENTOR, *n. m.* V. *Instituteur.*

MENU, *adj.* exigu, petit. V. *Effilé* — peu considérable, peu important, valant peu, vil.

MENUAILLE, *n. f.* fretin, quantité de choses de rebut — beaucoup de petites monnoies — V. *Blanchaille.*

MENUISERIE, *n. f.* art, métier, profession du menuisier — boiserie.

SE MÉPRENDRE, *v.* faire un quiproquo, prendre une chose pour une autre, s'écarter, se détourner. V. *se Tromper.*

MÉPRIS, *n. m.* dédain, manque de considération, manque d'égard, manque d'estime — rebut. V. *Ravalement.*

MÉPRISABLE, *adj.* V. *Contemptible.*

MÉPRISANT, *adj.* insolent. V. *Dédaigneux*, 2. *div.*

MÉPRISE, *n. f.* balourdise, faute. V. *Mégarde.*

MÉPRISER, *v.* avoir du mépris, dédaigner, faire peu de cas, faire peu d'estime, méses-

timer — avoir de l'aversion, avoir du dégoût, rebuter, rejeter.

MER, *n. f.* océan — abîme, gouffre.

MERCANTILLE, *n. f.* chétif commerce, négoce de peu de valeur, petit trafic.

MERCENAIRE, *adj.* qu'on fait par intérêt, pour salaire — servile. V. *Sordide* — aisé à corrompre, intéressé, vénal — appointé, gagé, payé, salarié.

MERCENAIRE, *n. m.* artisan, crocheteur, débardeur, domestique, fort, gagne-denier, homme de journée, homme de peine, journalier, manœuvre, manouvrier, ouvrier, portefaix, rustaud, rustre, valet.

MERCENAIREMENT, *adv.* en vue du salaire, par intérêt — servilement. V. *Vénalement.*

MERCERIE, *n. f.* condition, état, métier, profession, vacation du mercier — menues marchandises que vend le mercier — communauté, compagnie, corps des merciers.

MERCI, *n. f.* grâce, indulgence, miséricorde, pardon.

A LA MERCI, *phr. adv.* à la discrétion, à la disposition, à la fureur, à la vengeance, à la volonté, au pouvoir, en la puissance.

MERCIER, *n. m.* marchand, négociant, porte-balle, trafiquant en menues marchandises.

MERCURE, *n. m.* dieu de la fable, messager des dieux, protecteur du commerce et de l'éloquence — planète la plus voisine du soleil — hydrargyre, vif-argent.

MERCURIALE, *n. f.* critique. V. *Réprimande.*

MERCURIEL, *adj.* contenant du mercure, imprégné de mercure.

MERDAILLE, n. f. V. Marmaille.

MÈRE, adj. f. meilleure, plus exquise, plus pure, première, principale.

MÉRIDIONAL, adj. austral, placé au midi, situé au midi, tourné au midi, tourné vers le midi, venu du midi.

MÉRITE, n. m. droit à l'estime, droit aux récompenses, droit d'être estimé, fait digne d'être puni ou récompensé — bonnes œuvres, bonnes qualités, bonté, excellence, vertu.

MÉRITER, v. être digne, se rendre digne —acquérir de l'estime, avoir du mérite, gagner, obtenir de l'estime — obliger, rendre service, rendre de bons offices.

MÉRITOIRE, adj. digne de récompense, qui mérite récompense, qui obtient de droit une récompense.

MÉRITOIREMENT, adv. avec mérite, d'une façon méritoire, d'une manière digne de récompense.

MERVEILLE, n. f. chef-d'œuvre, rareté. V. Prodige.

MERVEILLEUSEMENT, adv. admirablement, à merveille, d'une façon merveilleuse, extraordinairement, parfaitement, prodigieusement.

MERVEILLEUX, adj. digne d'admiration, excellent, miraculeux, parfait. V. Prodigieux.

MÉSAISE, n. f. V. Malaise.

MÉSALLIANCE, n. f. alliance peu honorable, mariage peu sortable, union discordante.

SE MÉSALLIER, v. contracter un mariage discordant, épouser une personne d'un état trop inférieur, faire une alliance peu honorable, s'allier mal.

MÉSARRIVER, MÉSAVENIR, vv. arriver mal, réussir mal, tourner mal.

MÉSESTIMER, v. V. Mépriser.

MÉSINTELLIGENCE, n. f. V. Altercation.

MÉSOFFRIR, v. faire de trop petites offres, offrir beaucoup moins qu'il ne convient, offrir trop au-dessous de la valeur.

MESQUIN, adj. chétif, maigre, misérable, pauvre, qui est de mauvais goût, qui n'a pas bon air.

MESQUINEMENT, adv. V. Chichement.

MESQUINERIE, n. f. V. Ladrerie — lésine.

MESSAGE, n. f. commission, charge, dépêche, envoi.

MESSAGER, n. m. V. Estaffette — avant - coureur, précurseur, présage, signal.

MESSÉANCE, n. f. défaut de bienséance, indécence, manque de convenance — impolitesse, incivilité.

MESSÉANT, adj. déplacé. V. Indécent — impoli, incivil.

MESTRE DE CAMP, n. m. chef d'un régiment, colonel.

MESURE, n. f. étalon, instrument pour mesurer — compas, justesse, proportion, règle — étendue fixée, grandeur déterminée, quantité mesurée — cadence, espace limité, intervalle proportionné, temps réglé —modération, moyen. V. Précaution.

À MESURE QUE, phr. adv. conj. à proportion que, au fur et à mesure que, en même temps que, selon que, suivant que.

OUTRE MESURE, SANS MESURE, phrases adv. à outrance, au-delà de toutes bornes, avec excès, d'une manière outrée, excessivement, par excès.

MESURÉ, adj., arpenté, compassé, jaugé, pesé, toisé — comparé, mis en comparaison — estimé, jugé — modéré, réglé, tranquille. V. *Prudent*.

Mesurer, *v.* arpenter, compasser, jauger, peser, prendre la mesure, toiser — ménager, proportionner, régler — comparer, mettre en comparaison— estimer, juger.

Mésuser, *v.* abuser, faire un mauvais usage, user mal.

Métairie, *n. f.* bien de campagne, cense, ferme, fonds de terre, grange, héritage.

Métamorphose, *n. f.* changement de condition ou d'état. V. *Transfiguration* — déguisement, travestissement.

Métamorphoser, *v.* V. *Transfigurer* — déguiser, travestir.

Métaphore, *n. f.* allégorie, expression figurée, figure, trope.

Métaphorique, *adj.* allégorique, appartenant à la métaphore, chargé de métaphores, concernant la métaphore, tenant de la métaphore.

Métaphoriquement, *adv.* allégoriquement, d'une manière métaphorique, en un sens métaphorique, par métaphore, par similitude.

Métaphrase, *n. f.* explication, interprétation, traduction, version littérale.

Métaphraste, *n. m.* commentateur, glossateur, interprète, traducteur littéral.

Métaphysicien, *adj.* entendu, habile, intelligent, profond, savant, versé en métaphysique.

Métaphysique, *n. f.* science des premiers principes de nos connoissances, théologie naturelle.

Métaphysique, *adj.* appartenant à la métaphysique, concernant la métaphysique, relatif à la métaphysique — élevé, subtil — abstrait, abstrus, ca-

ché, couvert, difficile, enveloppé.

Métaphysiquement, *adv.* d'une façon abstraite, d'une manière métaphysique, subtilement.

Métayer, *n. m.* V. *Amodiateur*.

Métail, *n. m.* mélange de froment et de seigle.

Métempsycose, *n. f.* passage, translation, transmigration successive des âmes dans différents corps.

Météore, *n. m.* corps formé dans l'air, phénomène dans l'air.

Méthode, *n. f.* ordre. V. *Ordonnance* — art, règle — coutume, habitude, manière d'agir, usage — adresse, moyen, subtilité.

Méthodique, *adj.* arrangé, disposé, distribué, ordonné avec méthode, systématique — fait avec méthode, fait avec règle — qui a de la méthode, qui a de la règle, qui aime l'ordre.

Méthodiquement, *adv.* avec méthode, avec ordre, d'une manière méthodique, systématiquement.

Métier, *n. m.* art mécanique, emploi, exercice, industrie, occupation, profession, savoir-faire, vacation—machine servant à la fabrication de certains ouvrages.

Métif, Métis, *adjectifs.* né d'un Européen et d'une Indienne ou d'un Indien et d'une Européenne — mulâtre, né de parents l'un blanc et l'autre nègre — mulet né d'un cheval et d'une ânesse ou d'un âne et d'une cavale — né de deux animaux d'espèces différentes — mélangé, mêlé.

Mètre, *n. m.* mesure de vers, pied de vers, vers.

Métrique, *adj.* appartenant

au mètre, composé de mètres, concernant le mètre.

MÉTROMANIE , n. f. démangeaison de rimer, fureur d'écrire en vers, manie de faire des vers.

MÉTROPOLE , n. f. ville capitale, ville mère, ville première, ville principale — église archiépiscopale, église-mère d'une province, siége archiépiscopal.

MÉTROPOLITAIN , adj. appartenant à la métropole, archiépiscopal, attaché à la métropole.

METS , n. m. chère, manger, ragoûts, repas, viandes, vivres.

METTABLE , adj. admissible, bien conditionné, passable , présentable, qui est bien, qui est de bon goût, qui est de mise, qu'on peut mettre.

METTRE, v. arranger, asseoir, établir, loger, placer, planter, poser, ranger, situer — appliquer, dépenser, employer. V. Déposer, 3. div.

SE METTRE, v. commencer, entamer — s'appliquer, se livrer, s'employer, s'étudier — s'ajuster, s'arranger, s'attiffer, se parer, s'habiller.

MEUBLE , adj. aisé à remuer, léger, mobile — aisé à transporter, amovible, facile à détourner, mobilier, pouvant se transporter, susceptible de déplacement.

MEUBLE, n. m. ameublement, effet mobilier, équipage, garderobe, hardes, mobilier, nippes, ustensiles, vêtements.

MEUBLER, garnir de meubles, mettre des meubles, orner de meubles — donner, fournir des meubles, mettre dans ses meubles, pourvoir de meubles.

MEUGLEMENT, n. m. V. Beuglement.

MEUGLER, v. V. Beugler.

MEULE, n. f. amas, monceau, pile, tas de foin.

MEUNIER, n. m. conducteur, gouverneur, maître d'un moulin à blé.

MEURTRE, n. m. assassinat, boucherie, carnage, homicide, massacre, tuerie — contretemps fâcheux, faute impardonnable, grand dommage, grande perte.

MEURTRIER, adj. causant bien des meurtres, coûtant la vie à beaucoup de monde, faisant périr bien du monde, mortel, sanglant.

MEURTRIER, n. m. assassin, coupable de meurtre, coupejarret, homicide.

MEURTRIR , v. blesser, faire contusion, marquer — cotir, écacher, fouler, froisser.

MEURTRISSURE, n. f. blessure livide, contusion, marque livide. V. Contusion.

MEUTE, n. f. assemblage, association, collection, nombre, troupeau de chiens de chasse.

MÉVENDRE , v. vendre une chose à bas prix, à perte, à trop bas prix, au-dessous de sa valeur, à vil prix.

MÉVENTE, n. f. vente à bas prix, à perte, à trop bas prix, au-dessous du juste pri , au-dessous du juste pri   prix.

MICMAC, n. m. V. Intrigue.

MICROCOSME, n. m. l'homme, monde en petit, petit monde.

MIDI, n. m. milieu du jour, point qui partage le jour en deux parties égales — côté méridional, région méridionale, sud, terre australe.

MIE , n. f. dedans du pain entre les croûtes — gouvernante d'enfants, servante — amie, bien-aimée, maîtresse.

MIEL, n. m. agrément, chose agréable, douceur, suavité.

MIELLEUX, *adj.* doucereux, doucet, fade, flatteur, galant, gracieux, insipide, qui cajole, qui fait le langoureux.

MIEN, *adj.* mon, qui est à moi, qui m'appartient.

LE MIEN, *n. m. sing.* ce qui est à moi, ce qui m'appartient, ce qui m'est dû, ma propriété, mon avoir, mon bien, mon dû.

LES MIENS, *n. m. pl.* ceux qui m'appartiennent, ceux qui me touchent de près, mes alliés, mes domestiques, mes gens, mes parents, mes proches.

MIETTE, *n. f.* V. *Parcelle.*

MIEUX, *adv.* meilleur, plus convenable.

MIGNARD, *adj.* délicat, doux, fin. V. *Gentil*, 2. *div.* — caressant, insinuant, tendre. V. *Mielleux*, 2. *div.* — fait avec délicatesse, travaillé finement.

MIGNARDEMENT, *adv.* avec délicatesse, avec mollesse, délicatement, d'une façon mignarde, mollement — d'une façon caressante, d'une manière flatteuse, galamment, gracieusement, tendrement.

MIGNARDER, *v.* cajoler, caresser, choyer, délicater, dorloter, flatter, gâter, mignoter, mitonner, traiter mollement.

MIGNARDISE, *n. f.* délicatesse, mollesse — affectation, afféterie, agrément, gentillesse, gracieuseté, propos tendres. V. *Flatterie.*

MIGNON, *adj.* V. *Mignard.*

MIGNON, *n. m.* benjamin, bien-aimé, favori.

MIGNONNEMENT, *adv.* avec délicatesse, délicatement, d'une manière mignonne, finement, gentiment, joliment.

MIGNOTER, *v.* V. *Mignarder.*

MIGNOTISE, *n. f.* V. *Flatterie.*

MIGRAINE, *v. f.* mal de tête.

MISAURÉE, *n. f.* V. *Pimbêche.*

MILICE, *n. f.* condition des militaires, état militaire, profession des armes — art militaire, discipline militaire, exercice de la guerre — levée de troupes, recrue exigée par contribution — corps des miliciens — la soldatesque, les simples soldats, troupe de gens de guerre.

MILIEU, *n. m.* centre, cœur, — lieu de ralliement, point de correspondance, point de réunion — expédient, moyen, ressource, tempérament, voie.

MILITAIRE, *adj.* appartenant à la profession des armes, concernant le métier de la guerre, digne d'un homme de guerre, propre de la guerre, relatif à la guerre, usité parmi les gens de guerre — brusque, dispensé des formalités, expéditif, prompt.

MILITAIRE, *n. m.* guerrier, homme de guerre, soldat.

MILITAIREMENT, *adv.* à la façon des militaires, brusquement, d'une manière expéditive, d'une manière militaire, en bref, sans formalité, sans ménagement.

MILITER, *v.* appuyer, contribuer à, être à l'avantage, faire pour, servir, soutenir.

MILLE, *n. m.* dix centaines, dix fois cent, millier — beaucoup, grande quantité, grand nombre, milliasse multitude prodigieuse, quantité innombrable — espace de mille pas géométriques.

MILLE FOIS, *phr. adv.* V. *Maintes fois.*

A MILLIERS, *phr. adv.* à foison, en affluence, en foule, en grand nombre, en quantité, par flots.

MILLIONNAIRE, *n. m.* homme d'une grande opulence, excessivement opulent, extrêmement riche, riche à millions.

Mime, n. m. V. *Baladin.*

Minauder, v. affecter des mines gracieuses, donner dans la minauderie, faire des minauderies, faire des mines, grimacer pour plaire.

Minauderie, n. f. affectation de plaire, afféterie, grimaces affectées, maintien apprêté, manières étudiées, mines recherchées, petites façons.

Minaudier, adj. affecté, affété, étudié, grimacier, maniéré, prémédité dans ses mines, recherché dans ses manières.

Mince, adj. délié, fin, léger, ténu, peu épais, simple — foible, médiocre, modique, petit — peu approfondi, restreint, superficiel.

Mine, n. f. air du visage, extérieur, face, figure, physionomie, traits du visage — apparence, dehors, signe extérieur—contenance, disposition du corps, gestes, maintien, manière de se tenir, posture — afféterie, grimaces affectées, manières étudiées, minauderies, petites façons — feinte, semblant — accueil, réception, traitement — endroit, lieu, minière, veine où se forment les minéraux — la moitié d'un setier, le double d'un minot — cavité, conduit, creux, galerie sous terre, souterrain préparé pour une explosion.

Miner, v. caver, creuser pardessous, faire une mine — affoiblir, atténuer, consumer, détruire, épuiser, ruiner, user peu à peu.

Minéral, adj. formé dans les mines, fossile, qui croît dans les mines, qui passe par des mines, tiré du sein de la terre.

Minet, n. m. minou, petit chat.

Mineur, adj. inférieur, moindre, moins grand, plus petit—impubère, pupille, qui n'a pas l'âge compétent pour disposer de soi ou de son bien — cordelier, Franciscain, religieux de saint François.

Miniature, n. f. peinture fine en petit — ouvrage délicat, ouvrage mignon.

Minière, n. f. endroit, lieu, mine, veine d'où se tirent les minéraux.

Minime, adj. religieux de saint François de Paule — qui est de couleur obscure, sombre, tanné.

Ministère, n. m. charge, emploi, fonction, office, profession — agence. V. *Moyen*, 2. div. — administration des affaires de l'état, gouvernement de l'état — collège, corps des ministres d'état — département, district, étendue des affaires confiées à un ministre d'état — durée, temps du gouvernement d'un ministre d'état.

Ministériel, adj. appartenant au ministère, dépendant du ministère, émané du ministère, propre du ministère, relatif au ministère.

Ministre, n. m. celui qui est chargé de l'exécution, exécuteur — administrateur, directeur des affaires d'état—ambassadeur, envoyé, résident d'un prince dans une cour étrangère—celui qui fait le prêche, prédicant, prédicateur chez les protestants.

Minois, n. m. V. *Mine.*

Minoratif, n. m. purgatif doux, remède qui purge doucement.

Minorité, n. f. âge où l'on ne peut disposer de soi ni de son bien, état d'une personne mineure, temps pendant lequel on est mineur.

Minot, n. m. la moitié d'une mine, le quart d'un setier.

Minuit, n. m. milieu de la nuit.

Minute, espace de temps très court, instant, moment — soixantième partie d'un degré, d'une heure. — caractère très menu, écriture très fine, lettre très petite — brouillon, original, première écriture.

Minuter, v. dresser le premier écrit, écrire l'original, faire la minute — concerter, former un dessein, méditer, prendre une résolution, projeter.

Minutie, n. f. petite chose, petit rien. V. Babiole.

Minutieux, adj. attaché à des minuties. V. Vétillard. V. Vétilleux.

Miracle, n. m. évènement surnaturel, merveille, prodige — chose admirable, chose rare, effet extraordinaire, opération surprenante, phénomène surprenant — chef-d'œuvre, ouvrage parfait, production accomplie.

Miraculeusement, adv. par miracle, par un effet de la Toute-Puissance, surnaturellement. V. Merveilleusement.

Miraculeux, adj. divin, opéré par miracle, prodigieux, produit par le Tout-Puissant, surnaturel. V. Merveilleux.

Mirer, v. ajuster, buter, fixer son coup d'œil, observer soigneusement, pointer juste, regarder avec attention, viser.

se Mirer, v. considérer, examiner, observer, regarder, voir son image dans un miroir de glace ou d'autre matière — s'admirer, se complaire en soi-même, se délecter à la vue de son mérite vrai ou faux.

Mirmidon, n. m. V. Baboûin.

Misanthrope, adj. atrabilaire, bourru, chagrin, difficile, ennemi des hommes, farouche, insociable, mélancolique, morne, morose, sauvage, solitaire, triste.

Misanthropie, n. f. atrabile, caractère sauvage, éloignement des hommes, insociabilité. V. Tristesse.

Mise, n. f. avance, dépense, emploi de l'argent, somme déboursée — enchère, offre — cours, mode, usage, vogue.

être de Mise, phr. avoir de l'esprit, avoir du mérite, avoir les qualités convenables à la société, être présentable, être propre au commerce du monde — être de cours, être de débit, être reçu par l'usage. V. Recevable.

Misérable, adj. abandonné, affligé, digne de pitié, indigent, infortuné, malheureux, nécessiteux, opprimé, pauvre, souffrant — méchant, pécheur, perfide, pervers, scélérat, vaurien — homme abject, homme de néant, homme de rien, méprisable, vil.

Misérablement, adv. malheureusement, tristement — à faire pitié, pitoyablement, très mal.

Misère, n. f. délaissement, disgrâce, douleur, état misérable, infortune, malheur, souffrance. V. Pauvreté — difficulté, embarras, incommodité, peine — défaut, foiblesse, imperfection, vanité — bagatelle, chose de néant, chose peu importante, fadaise, minutie, petit rien, peu de chose, vétille.

Miséricorde, n. f. bonté, charité. V. Commisération — bénignité, clémence, grâce, indulgence, pardon — dépendance, discrétion, merci, pouvoir, volonté.

MISÉRICORDIEUSEMENT , adv. avec bonté, avec charité, avec clémence, avec commisération, avec compassion, avec indulgence, avec miséricorde, bénignement, charitablement, d'une manière miséricordieuse, indulgemment.

MISÉRICORDIEUX, adj. bon, charitable, clément, compatissant, enclin à faire miséricorde, indulgent.

MISSION, n. f. charge, commission, délégation, envoi, ordre, pouvoir pour prêcher — congrégation de prêtres réguliers consacrés à l'instruction des peuples de la campagne, corps d'ecclésiastiques destinés à prêcher l'Évangile aux Indes — maison des missionnaires.

MISSIONNAIRE, n. m. apôtre, homme apostolique, prédicateur zélé — ecclésiastique consacré aux missions, lazariste, prêtre de la mission.

MISSIVE, n. f. épître, lettre.

MITAINE, n. f. gant, miton.

MITIGATION, n. f. V. Adoucissement. V. Lénitif.

MITIGER, v. ménager. V. Modérer.

MITON, n. m. gant, mitaine.

MITON MITAINE, adj. indifférent, inefficace, inutile, qui ne fait ni bien ni mal, superflu, vain.

MITONNER, v. faire cuire à petit feu, faire tremper longtemps — V. Mignarder — conduire avec douceur, disposer habilement, préparer doucement.

MITOYEN, adj. commun entre deux, intermédiaire — également éloigné des extrêmes, mitigé, modéré, moyen, tem-

paré, tenant de l'un et de l'autre, tenant le milieu.

MITRAILLE, n. f. menue ferraille, quincaille, vieux morceaux de cuivre, vieux fers — menue monnoie, monnoie de cuivre, petite monnoie.

MIXTE, adj. composé, mélangé, mêlé, mixtionné.

MIXTE ET MIXTION, nn. m. f. V. Recette, 3. div.

MIXTIONNER, v. composer, confondre, corrompre, déguiser, vicier. V. Frelater.

MOBILE, adj. aisé à remuer, facile à mouvoir, meuble, mouvant, susceptible de mouvement — incertain, meuble, qui n'est point fixe. V. Inconstant.

MOBILE, n. m. conducteur, premier agent. V. Moteur.

MOBILIAIRE, adj. consistant en meubles, facile à transporter, susceptible de déplacement, tenant nature de meuble.

MOBILIER, n. m. V. Meuble, n. m.

MOBILITÉ, n. f. aisance, disposition, facilité à être mû ou à se mouvoir. V. Promptitude — disposition à varier, incertitude. V. Inconstance.

MODE, n. m. V. Modification — manière d'argumenter — aspect particulier, forme caractéristique, manière de conjuguer un verbe, mœuf.

MODE, n. f. guise. V. Coutume — goût général, manière de se mettre, manière de s'habiller, vogue de certaines parures.

MODÈLE, n. m. V. Exemplaire, n. m.

MODELER, v. faire un modèle, faire un moule, faire un patron, tirer en creux.

SE MODELER, v. contrefaire. V. se Mouler.

MODÉRATEUR, n. m. V. Directeur.

MODÉRATION, n. f. discrétion, modestie, retenue — circonspection, mesure, prudence, relâchement. V. *Modification*, 2. div.

MODÉRÉ, adj. V. *Modérer*, administré. V. *Modérer*, 2. div. arrêté. V. *Modérer*, 3. div. — V. *Prudent*.

MODÉRÉMENT, adv. avec circonspection, avec ménagement, avec mesure, avec modération, avec retenue, discrètement, d'une manière modérée, modestement, prudemment, sagement, sans excès, tranquillement.

MODÉRER, v. adoucir, alléger, diminuer, mitiger, modifier, relâcher, soulager, temperer — administrer, conduire, diriger, gouverner, guider, régir, régler — brider, mettre un frein. V. *Restreindre*.

SE MODÉRER, v. se contenir, se posséder, se rendre maître de soi, se retenir.

MODERNE, adj. nouveau, de notre temps, des derniers temps, récent.

A LA MODERNE, phr. adv. à la manière moderne, dans le goût moderne, selon l'usage moderne.

MODERNER, v. ajuster à la moderne, rapprocher du goût moderne, rendre conforme à l'usage de notre temps.

MODESTE, adj. décent, modéré, pudibond, pudique — sans éclat, sans faste, sans orgueil.

MODESTEMENT, adv. avec modestie, décemment, d'une manière modeste, honnêtement, modérément, pudiquement — V. *Modeste*, 2. div.

MODESTIE, n. f. décence, honnête honte, honnêteté, mo-

dération, pudeur, retenue, simplicité.

MODICITÉ, n. f. V. *Exiguité*.

MODIFICATIF, adj. conditionnel, exceptif, limitatif, restrictif, qui appose des conditions, qui fait des exceptions, qui limite, qui modifie, qui restreint.

MODIFICATION, n. f. forme, manière d'être, mode — adoucissement, allégeance, allègement, diminution, ménagement, mitigation, modération, soulagement, tempérament. V. *Restriction*.

MODIFIER, v. donner une forme, une manière d'être. — V. *Tempérer*, 2. div. — apposer des conditions, faire des exceptions, limiter, mettre des clauses, restreindre.

MODIQUE, adj. V. *Exigu*.

MODIQUEMENT, adv. d'une façon modique, en petite quantité, exigument, foiblement, médiocrement, moyennement, petitement.

MODULATION, n. f. chant mélodieux, disposition de tons suivant les règles du mode, mélodie.

MODULE, n. m. diamètre d'une colonne ou d'une médaille, petite mesure, règle.

MOELLE, n. f. cœur, entrailles, le dedans, l'intérieur.

MOELLEUX, adj. fourni, garni, plein, rempli de moelle — abondant en bonnes idées, nourri de bonnes pensées, plein de sens, rempli de bonnes choses — agréable, doux, flatteur — qui a du corps.

MŒURS, n. f. pl. conduite, coutume, façon de vivre, habitude, usage — façons, maniéres — caractère, goûts, humeur, inclinations, penchants.

DE VOUS A MOI, phr. adv. entre nous, sans que cela aille plus loin, sous le secret.

MOINDRE , adj. inférieur , moins bon, moins considérable , moins étendu , moins grand, plus petit.

MOINE, n. m. anachorète , cénobite, ermite, religieux , solitaire.

MOINEAU, n. m. passereau.

MOISI, adj. chanci.

MOISI, n. m. MOISISSURE, n. f. chanci, chancissure.

MOISIR, v. chancir, devenir moisi, se chancir, se corrompre, se couvrir d'une sorte de mousse blanche, se gâter, se moisir.

MOISSON, n. f. blés à recueillir, grains sur pied — coupe, cueillette, récolte des grains— saison, temps de couper, de cueillir, de récolter les grains.

MOISSONNER, v. faire la coupe, la cueillette, la moisson, la récolte des grains — couper, cueillir, récolter, recueillir les grains — acquérir, amasser, gagner, obtenir, se procurer— anéantir, consumer, détruire, enlever, perdre, ruiner.

MOITE, adj. V. Mouillé.

MOITEUR, n. f. V. Humidité.

MÔLE, n. m. massif. V. Digue.

MÔLE, n. f. faux germe, fœtus informe et inanimé, masse de chair sans vie.

MOLÉCULE, n. f. V. Parcelle.

MOLESTER, v. accabler d'importunités, chicaner, désoler, excéder, fatiguer, importuner, inquiéter, lasser, persécuter, tourmenter, vexer.

MOLLASSE, adj. dépourvu de fermeté, flasque, manquant de consistance, mou à l'excès, n'ayant point de corps.

MOLLEMENT, adv. délicatement, doucement, sur un lit mollet, sur un siége bien mou,

voluptueusement — foiblement, lâchement, nonchalamment ; sans activité, sans force, sans vigueur — avec mollesse, dans la mollesse, dans la volupté, dans les délices, délicieusement, d'une manière efféminée, d'une manière molle, sensuellement, voluptueusement.

MOLLESSE, n. f. défaut, manque de dureté — délicatesse efféminée. V. Langueur.

MOLLIR, v. devenir mou, se gâter, se pourrir — broncher, céder, manquer de forces, perdre courage, plier, s'abattre, s'affoiblir, se lasser, se prêter, se relâcher, succomber.

MOMENT, n. m. instant, minute, temps fort court.

A TOUT MOMENT, phr. adv. à chaque instant, à chaque minute, à toute heure, continuellement, en tout temps, incessamment, perpétuellement, sans cesse.

MOMENTANÉ, adj. instantané, passager, peu durable, qui ne dure qu'un moment, qui n'est que d'un instant.

MOMERIE, n. f. bouffonnerie, déguisement, mascarade — faux-semblant, feinte, grimace, hypocrisie, imposture.

MOMIE, n. f. cadavre embaumé, corps desséché—personne indolente, lâche, lambine, languissante, lente, nonchalante.

MONACAL, MONASTIQUE, adjectifs, appartenant à l'état de moine, concernant les moines, ordinaire aux moines, propre des moines, relatif à l'état de moine.

MONARCHIE, n. f. royauté — empire, état gouverné par un seul chef, royaume.

MONARCHIQUE, adj. appartenant à la monarchie, concersaut la monarchie, convenable à une monarchie, propre de la monarchie — dépendant d'un monarque, gouverné par un monarque, soumis à un monarque.

MONARQUE, n. m. chef, empereur, prince, roi, souverain qui a seul la suprême puissance dans un grand état.

MONASTÈRE, n. m. communauté religieuse, couvent, maison religieuse, retraite de moines.

MONASTIQUE, adj. cénobitique, régulier, religieux.

MONCEAU, n. m. V. Tas.

MONDAIN, adj. amoureux des plaisirs du monde, attaché aux maximes du monde, épris des vanités du monde, livré au tourbillon du monde, partisan du monde—ami du luxe, fastueux, glorieux, vain.

MONDAINEMENT, adv. dans les plaisirs du monde, selon les maximes du monde, suivant le train du monde — avec éclat, avec grand appareil, avec pompe, avec vanité, dans le luxe, fastueusement, pompeusement.

MONDANITÉ, n. f. appareil, éclat, erreurs, faste, luxe, maximes, mœurs, plaisirs, usages, vanités du monde.

MONDE, n. m. univers — la terre, le globe terrestre — la vie présente—le genre humain, tous les hommes — la plupart, le commun, le plus grand nombre des hommes— les gens, les personnes — grand nombre, multitude, quantité, troupe considérable de personnes — société générale, société particulière de certains hommes — domestiques, famille, suite, train — hommes corrompus du siècle, hommes livrés aux mon-

danités, hommes vicieux — siècle, tourbillon du siècle, vie séculière.

MONDER, MONDIFIER, vu. V. Purifier.

MONITION, n. f. admonition, avertissement, avis — monitoire.

MONITOIRE, n. m. avertissement de la puissance ecclésiastique, lettres monitoriales.

MONNOIE, n. f. argent monnoyé—menues pièces de cuivre monnoyé, mitraille — hôtel, lieu où l'on frappe les pièces d'or, d'argent, ou de cuivre.

MONNOYAGE, n. m. empreinte, fabrication, frappe de la monnoie.

MONNOYER, v. battre monnoie, donner l'empreinte à la monnoie, fabriquer de la monnoie, faire de la monnoie.

MONOLOGUE, n. m. discours d'un seul, entretien avec soi-même, soliloque.

MONOMACHIE, n. f. combat d'homme à homme, combat d'un seul contre un seul, combat singulier, duel.

MONOPOLE, n. m. abus des ventes exclusives, convention des marchands pour altérer ou enchérir leur marchandise, précaution pour vendre seul, vente au profit d'un seul — addition d'impôt, droit nouveau, imposition nouvelle sur les marchandises.

MONOSYLLABE, adj. composé d'une syllabe, qui n'a qu'une syllabe, qui n'est que d'une syllabe.

MONOTONE, adj. dont le ton ne change point, qui est sur le même ton, qui garde le même ton, qui ne varie point.

MONOTONIE, n. f. défaut d'inflexions, égalité ennuyeuse de ton, manque de variation dans le ton, uniformité constante de ton, unité de ton — composition trop unie, marche trop égale du discours, trop grande uniformité de style.

MONSTRE, n. m. animal d'une conformation contre nature — chose affreuse, chose effroyable, chose incroyable, chose surprenante, prodige — objet extrêmement laid, prodige de laideur — objet d'une grandeur extraordinaire, prodige de grandeur — personne barbare, cruelle, dénaturée, ingrate, inhumaine, méchante, vicieuse à l'excès.

MONSTRUEUSEMENT, adv. affreusement, d'une manière monstrueuse, effroyablement, énormément, épouvantablement, étrangement, excessivement, extraordinairement, horriblement, outre mesure, prodigieusement.

MONSTRUEUX, adj. affreux, démesuré, effroyable, énorme, épouvantable, étrange, excessif, extraordinaire, horrible, incroyable, prodigieux, surprenant.

MONT, n. m. MONTAGNE, n. f. côte, éminence, grande élévation, hauteur.

MONTAGNEUX, MONTUEUX, adjectifs. coupé par des montagnes, mêlé de plaines et de collines, rempli de montagnes — inégal, mal uni, raboteux.

MONTANT, n. m. produit, résultat, somme, total.

MONTÉE, n. f. chemin pour monter, chemin qui va en montant — degré, escalier, plan incliné, rampe. V. Monticule.

MONTER, v. escalader, gravir, grimper, se transporter en haut — s'élever, s'enfler, tendre en haut — augmenter, croître, s'accroître — croître en valeur,

devenir plus cher, enchérir, hausser de prix, renchérir — arriver aux honneurs, avancer en grade, faire son chemin, parvenir aux dignités — élever, guinder, hausser, placer haut, porter en haut — arranger, assembler, disposer, joindre ensemble, mettre en état, ordonner, réunir les pièces d'un ouvrage.

MONTICULE, n. f. butte, colline, coteau, élévation, éminence, hauteur, motte, petite montagne, petit mont, tertre.

MONTRE, n. f. échantillon, enseigne, épreuve, essai, fragment, modèle, morceau, partie, portion que l'on montre pour faire juger du reste — apparence, dehors, extérieur. — V. Horloge — paie, prêt, solde — revue d'une troupe — jactance. V. Parade.

MONTRER, v. assigner, découvrir, désigner, exposer, faire connoître, faire voir, indiquer, marquer, mettre en évidence — laisser paroître, laisser voir — apprendre, démontrer, développer, enseigner, expliquer, exposer — donner des marques, manifester — persuader, prouver.

MONUMENT, n. m. marque publique, preuve authentique, témoignage durable — mausolée, sépulcre, tombeau.

SE MOQUER, v. bafouer, balotter, berner, faire des railleries, jouer quelqu'un, le faire servir de risée, persifler, tourner en dérision, tourner en ridicule, se gausser, se goberger, se railler.

MOQUERIE, n. f. bernement, brocard, cavillation, dérision, ironie, lardon, persiflage, plaisanterie, raillerie, risée, sarcasme.

Moquenr, n. m. V. Railleur.

Moral, adj. appartenant aux mœurs, concernant les mœurs, intéressant pour les mœurs, relatif aux mœurs — apparent, probable, vraisemblable.

Morale, n. f. art de bien vivre, doctrine des mœurs, règles de conduite, science des principes moraux.

Moralement, adv. conformément aux principes moraux, convenablement, d'une façon morale, relativement aux mœurs, selon la morale, suivant la règle des mœurs — communément, d'ordinaire, ordinairement, probablement, selon toute apparence, vraisemblablement.

Moraliser, v. faire des discours moraux, des leçons de morale, des réflexions morales —donner des avis, instruire. V. Chapitrer.

Moralisseur, n. m. censeur éternel, faiseur de remontrances, harangueur, prêcheur éternel, sermonneur.

Moraliste, n. m. auteur d'un ouvrage sur les mœurs, écrivain qui traite de la morale, philosophe qui raisonne sur les principes des mœurs.

Moralité, n. f. application morale, instruction morale, réflexion morale, sens moral, trait de morale.

Morceau, n. m. bribe, fragment, lambeau, lèche, partie, pièce, portion, tranche, tronçon, copeau, éclat, recoupe, rotaille, rognure.

Morceler, v. V. Dépecer.

Mordacité, n. f. mordant, qualité corrosive — censure piquante, critique amère, esprit satirique, médisance maligne, satire piquante.

Mordant, adj. aigre, amer, caustique, critique, malin,

offensant, piquant, satirique.

Mordicant, adj. acide, âcre, aigre, âpre, caustique, piquant, sûr.

Mordre, v. déchirer, entamer, prendre, ronger, saisir avec les dents — blâmer, censurer, critiquer amèrement, déchirer, médire, satiriser.

de turc à More, phr. adv. à la turque, avec dureté, d'une façon révoltante, durement, sans aucun égard, sans considération, sans ménagement, strictement. V. Impitoyablement.

Morfondre, v. causer un froid pénétrant, refroidir.

se Morfondre, v. gagner du froid, se geler, se glacer, se refroidir — attendre inutilement, attendre long-temps, espérer sans succès, espérer vainement, perdre bien du temps à attendre.

Morgue, n. f. air fier, contenance sérieuse, gravité, gravité fastueuse, gravité hautaine, hauteur, maintien grave — observation sévère, regard fixe.

Morguer, v. braver, regarder fièrement, regarder fixement.

Moribond, adj. infirme, languissant, maladif, valétudinaire. V. Mourant.

Moricaud, adj. V. Olivâtre.

Moriginer, v. discipliner, élever, former aux bonnes mœurs, gouverner, instruire— corriger, rappeler au devoir, redresser, remettre dans l'ordre.

Morille, n. f. champignon, mousseron.

Morne, adj. misanthrope, morose, noir, silencieux, soucieux. V. Sombre.

Morné, adj. écourté, privé de défenses — émoussé, épointé, qui est sans pointe, qui n'a point le fil.

Morose, *adj.* V. *Morne.*

Mors, *n. m.* V. *Frein.*

Morsure, *n. f.* coup de dent, marque des dents, meurtrissure faite par les dents, plaie faite en mordant — calomnie, détraction, diffamation, discours mordant, médisance, mot critique, trait satirique.

Mort. *n. f.* V. *Décès*, trépas.

Mort, *adj.* V. *Défunt* — corrompu, insensible, pourri — blême, décoloré, livide, pâle, inutile, oisif, perdu, qui n'est d'aucun usage.

Mortalité, *n. f.* condition mortelle, nécessité de mourir — contagion, épidémie, grand nombre de morts, maladie pestilentielle.

Mortel, *adj.* caduc, fragile, passager, périssable, sujet à la mort — dangereux, léthifère, mortifère, qui cause la mort — capital, digne de mort — démesuré, excessif, extrême, outré.

les Mortels, *n. m. pl.* le genre humain, les hommes, l'espèce humaine.

Mortellement, *adv.* à mort, au point d'en mourir, dangereusement, d'une manière mortelle — gravement, grièvement, sensiblement — beaucoup, considérablement, démesurément, excessivement, extrêmement, outrément.

Mortifère, *adj.* dangereux, léthifère, mortel, qui cause la mort.

Mortifiant, *adj.* affligeant, avilissant, contristant, dégradant, déplaisant, donnant de la confusion, honteux, humiliant.

Mortification, *n. f.* affliction, chagrin, confusion, déplaisir, humiliation — abstinence, austérité, jeûne, macération, pénitence austère.

Mortifier, *v.* abaisser, affliger, contrister, couvrir de confusion, dégrader, déplaire, donner de la honte, humilier, atterrer, macérer, mater, traiter rigoureusement.

Mortoise, *n. f.* mortaise. V. *Hoche.*

Morveux, *n. m.* V. *Babouin.*

Mosaïque, *adj.* appartenant à Moïse, déclaré par Moïse, dicté par Moïse, établi par Moïse, venant de Moïse.

Mosaïque, *n. f.* V. *Marqueterie.*

Moscovie, *n. f.* Russie.

Moscovite, *adj.* russe — habitant de la Moscovie, né en Moscovie, originaire de Moscovie, appartenant à la Moscovie, concernant la Moscovie, usité en Moscovie.

Mosquée; *n. f.* temple des mahométans.

Mot, *n. m.* V. *Expression*, 2. et 3. *div.* — condition, demande — estimation, prix, taux — offre; proposition. V. *Adage.*

en un Mot, *phr. adv.* bref, enfin, en peu de mots, finalement, pour conclusion, pour finir.

Mot a Mot, *phr. adv.* à la lettre, au sens littéral, d'une manière littérale, mot pour mot, sans s'écarter de la valeur et de l'ordre des mots.

Moteur, *n. m.* auteur, cause, directeur, modérateur, premier mobile, principe.

Motif, *n. m.* aiguillon, cause déterminante, intérêt, mobile, raison déterminante.

Motion, *n. f.* action de mouvoir, impulsion, mouvement — V. *Proposition*, 2. *div.*

Motiver, *v.* alléguer les motifs, donner les raisons, expliquer les causes, justifier.

MOTTE, *n. f.* glèbe, monceau de terre — V. *Monticule.*

MOTUS, *intėrj.* chut, ne dites mot, paix! silence!

MOU, *adj.* cédant facilement au toucher, qui n'est pas dur, tendre — délicat, doux, mollet, souple — efféminé, énervé, gâté par les délices, indolent, lâche, nonchalant — débile, foible, manquant de vigueur.

MOUCHARD, *n. m.* V. *Espion.*

MOUCHER, *v.* extraire, faire sortir, tirer des narines les mucosités surabondantes — couper, détacher, ôter, retrancher le superflu d'un lumignon — V. *Espionner.*

MOUCHETER, *v.* V. *Marqueter.*

MOUDRE, *v.* briser, broyer, pulvériser, réduire en poudre au moyen de la meule — accabler de coups, battre, frapper, maltraiter.

MOUILLAGE, *n. m.* V. *Port.*

MOUILLÉ, *adj.* abreuvé, arrosé, aspergé, humecté, humide, imbibé, trempé — crotté.

MOUILLER, *v.* abreuver, arroser, asperger, humecter, tremper — jeter l'ancre, relâcher, s'arrêter.

MOULE, *n. m.* V. *Type.*

MOULER, *v.* faire au moule, jeter en moule, tirer en moule — calquer, empreindre, graver, imprimer.

SE MOULER, *v.* copier, imiter, prendre exemple sur, se conformer à, se former sur, se modeler sur, se régler sur, suivre l'exemple de.

MOULINÉ, *adj.* gâté par les vers, piqué de vers, vermoulu.

MOURANT, *adj.* agonisant, expirant, qui est près de mourir, qui se meurt — languissant, passionné — blême, décharné, décoloré, hâve, pâle.

MOURIR, *v.* cesser de vivre, décéder, expirer, finir, perdre la vie, périr, rendre l'âme, trépasser.

SE MOURIR, *v.* agoniser, dépérir, être près d'expirer, être sur le point de mourir, languir, mourir en détail, périr lentement.

MOUSQUET, *n. m.* V. *Carabine.*

MOUSSE, *n. m.* apprenti matelot.

MOUSSE, *n. f.* petite herbe — bouillon, écume.

MOUSSER, *v.* devenir mousseux, écumer, tourner en mousse.

MOUSSERON, *n. m.* V. *Morille.*

MOUSSEUX, *adj.* bouillonnant. V. *Ecumeux.*

MOUSTACHES, *n. f.* crocs.

MOÛT, *n. m.* vin doux, vin nouveau, vin nouvellement fait.

MOUTON, *n. m.* agneau, bélier, brebis — basane. V. *Batte* — flot, onde, vague.

MOUTONNER, *v.* boucler, crêper, friser.

MOUTURE, *n. f.* action de moudre — salaire du meunier — mélange de froment, d'orge et de seigle par tiers.

MOUVANCE, *n. f.* infériorité. V. *Tènement.*

MOUVANT, *adj.* V. *Inconstant* — censitaire. V. *Feudataire.*

MOUVEMENT, *n. m.* agitation, changement de lieu, déplacement, motion, remuement, transport — ébranlement, force, impétuosité, impulsion, libration, oscillation, trépidation, vibration, violence — contremarche, décampement, évolution, marche, opération militaire — commotion, secousse, tremblement — pensée, sentiment, volonté — geste. — V. *Emeute.*

MOUVOIR, *v.* déplacer, pousser, V. *Emouvoir.* transporter — toucher. V. *Stimuler.*

MOYEN, *adj.* V. *Médiocre.* V. *Mitoyen.*

MOYEN, *n. m.* adresse, art, expédient, industrie, instrument, invention, ressource, secret, stratagème, voie — aide, entremise, intercession, interposition, intervention, médiation, ministère, organe, protection, secours — facilité, faculté, pouvoir, puissance — cause, motif, preuve, raison,

MOYENNANT, *prép.* à l'aide de, au moyen de, par la médiation de, par l'entremise de, par l'intercession de, par l'intervention de.

MOYENNANT QUE, *phr. conj.* à condition que, dans la supposition que, pourvu que, sous la condition que, supposé que.

MOYENNEMENT, *adv.* V. *Médiocrement.*

MOYENNER, *v.* amener doucement, concilier avec circonspection, faire obtenir, ménager, procurer, s'entremettre.

MOYENS, *n. m. pl.* aisance, biens, commodités, facultés, fortune, opulence, richesses.

MUABLE, *adj.* caduc, passager, périssable, peu durable, sujet à l'instabilité. V. *Inconstant.*

MUCILAGE, *n. m.* glu, matière gluante, suc visqueux, viscosité.

MUCILAGINEUX, *adj.* V. *Glutineux.*

MUCOSITÉ, *n. f.* morve, morveau.

MUE, *n. f.* changement ou renouvellement de bois ou de cornes, de peau, de plumes, de poil, de voix — cage où l'on tient un oiseau qui mue — dépouille d'un animal qui a mué — lieu obscur où l'on engraisse la volaille — temps où arrivent ces changements.

MUÉ, *adj.* changé, renouvelé.

MUER, *v.* changer de bois ou

de cornes, de peau, de plumes, de poil, de voix.

MUET, *adj.* privé de la parole, qui ne peut parler — qui ne dit mot, silencieux, taciturne.

MUFLE, *n. m.* groin, hure, museau.

MUGIR, *v.* beugler, meugler, rugir — crier, gémir comme un bœuf — retentir au loin.

MUGISSEMENT, *n. m.* V. *Beuglement* — cris affreux, gémissement bruyant — bruit, retentissement des flots.

MUGUET, *n. m.* cajoleur, coquet, galant, petit-maître, propret.

MUGUETER, *v.* cajoler, courtiser, faire le coquet, faire le galant, V. *Coqueter* — avoir des vues sur, convoiter, désirer, épier, guetter, viser à.

MULÂTRE, *adj.* V. *Métif.*

MULETER, *v.* châtier, condamner à, punir, soumettre à.

MULE, *n. f.* mulet — chaussure, galoche, pantoufle.

MULETTE, *n. f.* V. *Gésier.*

MULTIPLICATION, *n. f.* accroissement, augmentation en nombre.

MULTIPLICITÉ, *n. f.* multitude. V. *Accumulation.*

MULTIPLIER, *v.* accroître, amplifier, augmenter, rendre plus nombreux — répéter un même nombre plusieurs fois — V. *Provigner.*

MULTITUDE, *n. f.* amas, grand nombre, grande quantité — assemblée, grande compagnie, troupe — la populace, le commun des hommes, le peuple, le vulgaire.

MUNIFICENCE, *n. f.* magnificence, penchant à faire de grandes largesses. V. *Bienfaisance.*

MUNIR, V. armer, pourvoir des choses nécessaires, mettre

en état de défense. V. *Garnir*— mettre en sûreté. V. *Environner.*

MUNITION, *n. f.* V. *Provision.*

MUNITIONNAIRE, *n. m.* entre- preneur des vivres, fournisseur de vivres, pourvoyeur d'armée, traitant chargé des munitions.

MUR, *n. m.* clôture en pier- res, muraille.

MÛR, *adj.* fait, parfait, par- venu à son point.— V. *Prudent* — usé, vieux.

MURAILLE, *n. f.* V. *Mur.*

MÛREMENT, *adv.* attentive- ment, avec attention, avec cir- conspection, avec maturité, avec réflexion, judicieusement, prudemment, sagement.

MURER, *v.* fermer de murail- les. V. *Environner* — boucher, condamner, fermer avec de la maçonnerie, maçonner une ou- verture quelconque.

MÛRIR, *v.* arriver à son point, devenir mûr, se perfectionner — amener à maturité, perfec- tionner, rendre mûr.

MURMURATEUR, *n. m.* caba- leur, contradicteur, factieux, frondeur, grondeur, mal-con- tent, mécontent, mutin, re- belle, remuant, séditieux.

MURMURE, *n. m.* grogne, gronderie, plainte secrète.— V. *Bruissement.* — babil, ca- quet, gazouillement, ramage.

MURMURER, *v.* grogner, grom- meler, gronder, marmonner, marmotter, parler sourdement, rognoner, se plaindre entre ses dents — babiller, caqueter, gazouiller, ramager—bourdon- ner, bruire, retentir confusé- ment.

MUSARD, *adj.* V. *Lambin.*

MUSE, *n. f.* déesse des arts libéraux — enthousiasme, feu, génie poétique, verve poétique. — V. *Poète.*

MUSEAU, *n. m.* V. *Mufle.*

MUSER, *v.* V. *Lambiner.*

MUSICAL, *adj.* appartenant à la musique, harmonieux, mé- lodieux; propre à la musique, susceptible de musique.

MUSICALEMENT, *adv.* d'une manière musicale, d'un ton mu- sical, harmonieusement, mé- lodieusement, selon les prin- cipes de la musique.

MUSIQUE, *n. f.* chant modulé, concert, harmonie, mélodie, symphonie — compagnie de musiciens.

MUSQUÉ, *adj.* ambré, odori- férant, parfumé — agréable, doux, flatteur, obligeant. — V. *Bizarre.*

MUSQUER, *v.* ambrer, donner de la senteur, donner de l'o- deur, parfumer.

MUSULMAN, *adj.* V. *Mahométan.*

MUSULMANISME, *n. m.* V. *Ma- hométisme.*

MUTABILITÉ, *n. f.* V. *Incons- tance.*

MUTATION, *n. f.* V. *Change- ment*, révolution, vicissitude,

MUTILATION, *n. f.* amputation, retranchement d'un membre- castration.

MUTILER, *v.* amputer, cou- per, retrancher un membre — V. *Tronquer.*

MUTIN, *adj.* impatient, in- docile, querelleur. V. *Obstiné.* V. *Murmurateur.*

SE MUTINER, *v.* se dépiter, s'impatienter. V. *s'Obstiner.* — V. *se Révolter.*

MUTINERIE, *n. f.* emporte- ment, entêtement, impatience, indocilité, obstination, opiniâ- treté — V. *Révolte.*

MUTISME, *n. m.* état d'un muet, incapacité de parler, pri- vation de la faculté de parler, privation de la parole.

MUTITÉ, *n. f.* aphonie, ex- tinction de voix.

MUTUEL, *adj.* réciproque.

MUTUELLEMENT, *adu.* d'une manière mutuelle, réciproquement ; tour à tour.

MYOLOGIE, *n. f.* connoissance, science des muscles — description des muscles, discours sur les muscles, traité des muscles.

MYOLOGUE, *n. m.* celui qui explique les mystères, interprète des mystères, introducteur des initiés.

MYSTÈRE, *n. m.* dogme incompréhensible de la foi, sacrement, secret de la religion, vérité de foi — chose secrète et cachée, obscurité, secret. — difficulté, embarras, façon, manigance, précaution.

MYSTÉRIEUSEMENT, *adv.* avec mystère, d'une façon mystérieuse, en cachette, en secret, secrètement, sous le voile du mystère — d'une manière enveloppée, impénétrable, inaccessible à notre intelligence, incompréhensible, inconcevable, inscrutable, mystérieuse, obscure, voilée — mystiquement.

MYSTÉRIEUX, *adj.* abstrait, abstrus, caché, enveloppé, impénétrable, incompréhensible, inconcevable, inscrutable, ob-

scur, occulte, profond, secret, voilé, mystique.

MYSTICITÉ, *n. f.* dévotion recherchée, raffinement de dévotion, recherche en fait de piété, spiritualité — application mystique, explication allégorique, interprétation figurée, sens mystique.

MYSTIQUE, *adj.* mystérieux — allégorique, caché, figuratif, figuré — alambiqué, forcé, raffiné, recherché, subtilisé — contemplatif, méditatif, spéculatif.

MYSTIQUEMENT, *adv.* mystérieusement — allégoriquement, figurativement, figurément, selon le sens mystique.

MYTHOLOGIE, *n. f.* discours sur la fable, explication de la fable, histoire des fausses divinités, interprétation des métamorphoses, origine des faux dieux, théologie des païens.

MYTHOLOGIQUE, *adj.* appartenant à la Mythologie, concernant la Mythologie, relatif à la Mythologie.

MYTHOLOGISTE, MYTHOLOGUE, *nn. mm.* auteur qui traite de la Fable, historien des faux dieux, interprète des métamorphoses.

N

NABOT, *n. m.* V. *Nain.*

NACELLE, *n. f.* V. *Bateau.*

NAGER, *v.* aller à la nage, être porté sur l'eau, flotter, se soutenir sur l'eau — faire jouer la rame, ramer — avoir abondamment, goûter à plaisir, jouir en abondance, posséder amplement, savourer à l'aise.

NAGEUR, *n. m.* baigneur, plongeur.

NAGUÈRE, NAGUÈRES, *adv.* V. *Dernièrement.*

NAÏF, *adj.* V. *Franc.* V. *Simple,* 3. *div.* — conformé, pareil, ressemblant, semblable.

NAIN, *n. m.* bambin, bamboche, courte-botte, Liliputien, marmot, marmouset, nabot, petit homme, pygmée.

NAISSANCE, *n. f.* nativité —

V. *Race* — commencement, principe, source.

NAISSANT, *adj.* commençant, neuf, nouveau, nouvellement créé, nouvellement établi, récent.

NAÎTRE, *v.* paroître au jour, prendre naissance, venir au monde — commencer — être produit. V. *Provenir.*

NAÏVEMENT, *adv.* à la franquette, avec naïveté, avec simplicité, d'une manière naïve, naturellement, ouvertement, sans artifice, sans fard, sans feinte. V. *Candidement.*

NAÏVETÉ, *n. f.* bonhomie, naturel, simplicité. V. *Véracité.* — agrément naturel, aisance, expression naïve, expression naturelle, facilité d'expression — bêtise, niaiserie, simplicité niaise, sottise.

NANTIR, *v.* donner des assurances, donner des gages, donner des sûretés, fournir un nantissement.

SE NANTIR, *v.* prendre par devers soi, se précautionner, se prémunir. V. *se Garnir.*

NANTISSEMENT, *n. m.* consignation. V. *Sûreté.*

NARCOTIQUE, *adj.* V. *Dormitif.*

NARGUE, *n. f.* figue, mépris, moquerie, nique.

NARGUER, *v.* braver avec mépris, dédaigner, faire la figue, faire la nique, faire nargue, mépriser, se moquer.

NARINE, *n. f.* naseau, ouverture du nez.

NARQUOIS, *n. m.* argot, baragouinage affecté, jargon concerté, langage factice, langage insidieux.

NARRATEUR, *n. m.* celui qui narre, conteur, historien, raconteur, récitateur.

NARRATION, *n. f.* NARRÉ, *n. m.* conte, déduction, exposé, exposition, histoire, rapport, récit, relation d'un évènement.

NARRER, *v.* conter, déduire, détailler, exposer, faire le narré, faire le récit, faire l'histoire, raconter, rapporter, réciter.

NASAL, *adj.* appartenant au nez, compris dans le nez, dépendant du nez, faisant partie du nez, propre du nez, relatif au nez — dirigé par le nez, modifié par le nez, passant par le nez, produit par le nez, venant du nez.

NASARDE, *n. f.* V. *Chiquenaude* — trait amer, trait satirique. V. *Moquerie.*

NASARDER, *v.* appliquer des chiquenaudes, donner des croquignoles, lâcher des nasardes — berner, brocarder, gausser malignement, insulter, persifler, railler amèrement, ridiculiser, se moquer ouvertement.

NASEAU, *n. m.* V. *Narine.*

NASILLARDISE, *n. f.* nasillement, nasillonnement, nasonnement, prononciation nasale, prononciation par le nez.

NASILLER, *v.* nasonner, parler du nez, passer la parole par le nez.

NASSE, *n. f.* filet — accroc, embarras, engagement inextricable — trébuchet. V. *Panneau.*

NATIF, *adj.* mis au monde, né, originaire, venu au monde.

NATION, *n. f.* V. *Peuple.*

NATIONAL, *adj.* appartenant à la nation, concernant la nation, dépendant de la nation, propre de la nation, tiré du corps de la nation, usité dans la nation.

NATIVITÉ, *n. f.* naissance.

NATTE, *n. f.* entrelacement, tissu, tissure, tresse.

NATTER, *v.* entrelacer, lier en tresse, tresser en natte —

couvrir, garnir, tapisser de natte.

NATURALISATION, n. f. adoption d'un étranger, concession du droit de bourgeoisie, de citoyen, de naturalité, de régnicole.

NATURALISER, v. accorder des lettres de naturalité, adopter, donner le droit de bourgeoisie, de citoyen, de régnicole.

NATURALISME, n. m. essence de la nature, propriété de la nature.

NATURE, n. f. l'univers, totalité des choses créées—arrangement, disposition, ordre, suite des effets physiques des parties de l'univers—génie du monde, la Providence. V. Naturel—essence, propriété, température. V. Trempe—espèce, genre, sorte—désir naturel, instinct—parties de la génération—dons naturels, lumière naturelle, sentiment intime — foiblesse, fragilité, humanité, infirmité humaine—condition, état, position, situation d'une affaire.

NATUREL, adj. appartenant à la nature, concernant la nature, conforme à la nature, dépendant de la nature, inné, physique, propre de la nature, suggéré par la nature — vraisemblable. V. Franc. V. Simple — aisé, coulant, facile, où rien n'est forcé — né dans le pays, originaire du pays, usité dans le pays.

NATUREL, n. m. caractère, complexion, disposition innée, goût, humeur, inclination, nature, penchant inné, talent, tempérament—bénignité, bonté, humanité, sensibilité, tendresse. V. Naïveté.

AU NATUREL, phr. adv. à merveille, à peindre, au vrai, comme la nature, d'après na-

ture, d'une manière achevée, parfaitement.

NATURELLEMENT, adv. de soi-même, par une impulsion de la nature, par une propriété naturelle, par un mouvement naturel, par un principe naturel — conformément à la nature, selon la nature, suivant le cours de la nature — sans contrainte, sans effort. V. Coulamment. V. Naïvement.

NAUFRAGE, n. m. bris, enfoncement, perte, submersion d'un vaisseau — infortune. V. Décadence.

NAUFRAGÉ, adj. abîmé, brisé, enfoncé, englouti dans les eaux, perdu, péri par un naufrage, submergé.

NAULAGE, NAULIS, NAULISSEMENT, nn. mm. fret, louage, loyer, prix d'un vaisseau pour une course — contribution d'un passager, frais de passage, paiement pour la traversée.

NAULISER, v. donner, ou prendre à louage, fréter, louer un vaisseau.

NAUMACHIE, n. f. idée, image, représentation, spectacle d'un combat naval simulé.

NAUSÉE, n. f. bondissement de cœur, dégoût, envie de vomir, révolte d'estomac, soulèvement de cœur.

NAUTIQUE, adj. appartenant à la navigation, concernant la navigation, propre à la navigation, relatif à la navigation.

NAUTONIER, n. m. V. Matelot.

NAVAL, adj. appartenant aux vaisseaux de guerre, concernant les vaisseaux de guerre, relatif aux vaisseaux de guerre — composé de vaisseaux, consistant en vaisseaux — donné, exécuté, gagné, remporté sur mer.

NAVIGABLE, adj. où l'on peut naviguer, qui porte bateau.

NAVIGATION, n. f. voyage en bateau, voyage par eau, voyage sur mer — art de naviguer, hydrographie, science de la marine.

NAVIGER, NAVIGUER, vv. faire route, voyager par eau — conduire, diriger, faire aller, gouverner, mener un vaisseau.

NAVIRE, n. m. bâtiment de haut bord, brigantin, flûte, frégate, galère, galion, vaisseau.

NÉANMOINS, adv. V. Cependant.

NÉANT, n. m. rien — la non-existence, la privation d'existence—abjection, avilissement, bassesse, défaut de naissance, état vil — manque de mérite, manque de valeur, peu de valeur, vileté — caducité, fausseté, fragilité, frivolité, futilité, instabilité, inutilité, vanité, vide.

NÉBULEUX, adj. bas, brouillé, chargé, couvert, épais, nuageux, obscur, plein de nuages, sombre.

NÉCESSAIRE, adj. dont on a besoin, dont on ne peut se passer, qu'il faut avoir — indispensable, inévitable, qui est d'obligation, qu'il faut faire — contraint, forcé, nécessité — certain, immanquable, infaillible.

NÉCESSAIREMENT, adv. de nécessité, d'obligation, indispensablement, inévitablement — certainement, immanquablement, infailliblement — de force, forcément, irrésistiblement, par contrainte, par force, sans pouvoir résister.

NÉCESSITANT, adj. absolu, subjuguant. V. Coactif.

NÉCESSITÉ, n. f. destinée, fatalité. V. Violence — devoir indispensable, engagement irrévocable, obligation—misère. V. Pauvreté.

NÉCESSITER, v. contraindre, faire violence, forcer, obliger, réduire à la nécessité.

NÉCESSITEUX, adj. V. Indigent.

NÉCROLOGE, n. m. obituaire, registre des morts, registre mortuaire.

NÉCROMANCE, NÉCROMANCIE, nn. ff. art d'évoquer les démons ou les morts, divination par l'évocation des morts.

NÉCROMANCIEN, n. m. qui évoque les démons ou les morts, devin par l'évocation des morts.

NECTAR, n. m. ambroisie, boisson divine, breuvage des dieux, liqueur délicieuse, vin de liqueur, vin excellent.

NÉGATIF, adj. qui nie, servant à nier — disposé à nier, à rebuter, à refuser.

NÉGATIVE, n. f. proposition qui nie — exclusion, rebut, refus—négation, particule servant à nier.

NÉGATION, n. f. dénégation, déni, désaveu — particule négative.

NÉGATIVEMENT, adv. d'une manière négative, en niant.

NÉGLIGÉ, adj. abandonné, délaissé, méprisé, mis à l'écart, mis de côté, oublié — aisé, libre, mal ajusté, mal arrangé, non paré, qui est en déshabillé.

NÉGLIGEMMENT, adv. avec indolence, avec négligence, d'une manière négligée, lâchement, mollement, nonchalamment, pesamment, sans application, sans attention, sans exactitude, sans soin.

NÉGLIGENCE, n. f. inapplication, inattention, incurie, indolence, inexactitude, lâcheté, manque de soin, nonchalance, paresse.

NÉGLIGENT, *adj.* inappliqué, inattentif, indolent, inexact, lâche, mou, nonchalant, paresseux, peu soigneux.

NÉGLIGER, *v. a.* abandonner, délaisser, faire peu de cas, manquer de soin, ne pas se soucier, ne pas soigner, ne tenir compte.

NÉGOCE, *n. m.* commerce, marchandise, trafic.

NÉGOCIABLE, *adj.* V. *Trafiquable.*

NÉGOCIANT, *n. m.* banquier, commerçant, marchand, trafiquant.

NÉGOCIATEUR, *n. m.* V. *Médiateur.*

NÉGOCIATION, *n. f.* conduite des affaires, intrigue, manége. V. *Médiation.*

NÉGOCIER, *v.* V. *Trafiquer* — agiter, concilier, conduire, ménager, traiter — intervenir, s'entremettre, s'intriguer.

NÈGRE, *adj.* Abissin, Éthiopien, habitant de la Nigritie, Maure, More, né dans la Guinée — esclave noir.

NEIGEUX, *adj.* chargé de neige, couvert de neige, disposé à la neige, tourné à la neige — dont la transparence n'est pas nette, nuageux, obscur, terne.

NÉNIES, *n. f. pl.* chansons funéraires, chansons lugubres, chants funèbres, chants mortuaires.

NENNI, *adv.* aucunement, en aucune manière, non, nullement, point, point du tout.

NÉOGRAPHISME, *n. m.* art de rectifier l'orthographe reçue, innovation dans l'orthographe, nouvelle méthode d'orthographe, nouvelle orthographe.

NÉOLOGIE; *n. f.* emploi, invention, usage de termes nouveaux ou de termes anciens dans un sens nouveau — art de créer, de faire, d'employer, d'introduire, d'inventer des mots nouveaux.

NÉOPHYTE, *adj.* nouveau chrétien, nouveau converti, nouveau fidèle, prosélyte.

NERF, *n. m.* énergie, fermeté, force, vigueur — appui, moyen nécessaire, soutien.

NERVEUX, *adj.* énergique, ferme, fort, plein de force, plein de nerf, solide, vigoureux.

NET, *adj.* propre, pur, qui est sans mélange, qui est sans ordure, qui est sans tache, qui n'est point souillé — innocent, intact, intègre, irréprochable — clair, luisant, poli, uni — débarrassé, nettoyé, vide, vidé — aisé à concevoir, clair, distinct, expressif, facile à comprendre, positif, précis, simple — évident, incontestable, indisputable, liquide, non ambigu, non équivoque, qui est sans difficulté, quitte de tout embarras.

NET, *adv.* d'une manière nette, franchement, librement, nettement, sans biaiser, sans déguisement, sans détour, sincèrement.

MIS AU NET, *adj.* corrigé, débrouillé, éclairci, expliqué — copié, transcrit.

NETTEMENT, *adv.* avec netteté, avec propreté, proprement, sans ordure, sans souillure, sans tache — clairement, distinctement, d'une manière intelligible, intelligiblement, sans ambiguïté, sans équivoque — expressément, positivement, précisément. — V. *Net, adv.*

NETTETÉ, *n. f.* propreté, pureté — innocence, intégrité —

clarté, évidence, précision, simplicité.

NETTOIEMENT, n. m. V. Curage.

NETTOYER, v. V. Curer — débarrasser, débrouiller, éclaircir, lever toute difficulté, ôter toute équivoque, simplifier — brosser, décrotter, épousseter, vergeter — dévaliser. V. Ôter.

NEUF, adj. moderne, nouveau, récent — frais, nouvellement fait. — V. Novice — cinq et quatre, trois fois trois.

NEUTRALEMENT, adv. dans un sens neutre, d'une manière absolue, d'une manière neutre, sans rapport à aucun objet, sans régime, sans relation extérieure.

NEUTRALITÉ, n. f. égalité, équité, impartialité, indifférence, liberté, parti mitoyen.

NEUTRE, adj. égal, équitable, impartial, indifférent, libre, ne prenant point de parti.

NEVEU, n. m. fils du frère ou de la sœur.

NOS NEVEUX, n. m. pl. ceux qui viendront après nous, nos descendants, nos successeurs, notre postérité.

NEZ, n. m. odorat — discernement, goût, pressentiment, prévoyance, sagacité, sentiment — face, physionomie, présence, visage.

NIABLE, adj. bon à nier, qu'il convient de nier, qu'il est avantageux de désavouer — qui peut être contredit, démenti, dénié, désavoué.

NIAIS, adj. butor, crédule, hébété, idiot, imbécile, innocent, nigaud, niquedouille, simple, sot, stupide.

NIAISEMENT, adv. bêtement, d'une manière niaise, en hébété, en idiot, en niais, imbécilement, innocemment, sim-

plement, sottement, stupidement.

NIAISER, v. badiner, batifoler, lambiner, lanterner, muser, nigauder, niveler, s'amuser à des riens, s'occuper de bagatelles, vétiller.

NIAISERIE, n. f. badinerie, bagatelle, enfance, enfantillage, fadaise, frivolité, nigauderie, pauvreté, puérilité, sornette, sottise, vétille.

NICHE, n. f. cavité, creux, enfoncement. — V. Malice.

NICHÉE, n. f. V. Couvée.

NICHER, v. accommoder, disposer, faire, préparer son nid — établir, loger, placer, poster.

SE NICHER, v. se cacher, se couler adroitement, se fourrer, se glisser, se loger, se placer, se poster, s'établir, s'impatroniser.

NID, n. m. aire, bouge, cache, cachette, case, gîte, lit, loge, logement, logette, logis, manoir, retraite — couvée, nichée, tous les habitants du nid.

NIDOREUX, adj. fétide, infect, puant, putride, sentant le brûlé, sentant le pourri, sentant les œufs couvis.

NIÈCE, n. f. fille du frère ou de la sœur.

NIER, v. contredire, démentir, dénier, désavouer, dire le contraire, ne pas demeurer d'accord.

NIGAUD, adj. V. Niais.

NIGAUDER, v. V. Niaiser.

NIGAUDERIE, n. f. V. Niaiserie.

NIMBE, n. m. V. Auréole.

NIPPER, v. donner des nippes, équiper, fournir, garnir, munir, pourvoir de nippes.

NIPPES, n. f. pl. habillement, habit, hardes, meuble, ustensile de ménage, vêtement.

NIQUE, n. f. V. Nargue.

NITRE, n. m. salpêtre.

NITREUX, adj. abondant en nitre, chargé de nitre, tenant du nitre.

NIVEAU, n. m. égalité de hauteur, plain-pied.

AU NIVEAU, DE NIVEAU, phrases adv. a égale hauteur, de plain-pied, selon le niveau, sur la même ligne — à l'égal, au pair, de pair, sur le même pied.

NIVELER, v. mesurer avec le niveau, prendre le niveau — fainéanter. V. Niaiser.

NIVELEUR, n. m. mesureur de niveau. V. Lent.

NOBILIAIRE, n. m. catalogue, détail, énumération, histoire, recueil, tableau des maisons nobles.

NOBLE, adj. gentilhomme, qui a de la naissance, qui est de bonne maison, qui est de condition, qui est de famille distinguée, qui est de qualité. V. Illustre — généreux, grand, honorable, magnifique, somptueux, splendide.

NOBLEMENT, adv. comme les nobles, en gentilhomme — avec noblesse, d'une manière noble, généreusement, grandement, honorablement, magnifiquement, somptueusement, splendidement.

NOBLESSE, n. f. célébrité de nom, condition, distinction, élévation, grandeur de naissance, illustration, naissance illustre, qualité — le corps des gentilshommes.

NOCE, n. f. festin de mariage, réjouissance de mariage, repas de mariage — la compagnie, l'assemblée des personnes invitées à la fête du mariage.

NOCES, n. f. pl. célébration de mariage, épousailles, mariage.

NOCHER, n. m. V. Pilote.

NOCTAMBULE, adj. somnambule.

NOCTURNE, adj. arrivé pendant la nuit, exécuté pendant la nuit, fait de nuit — appartenant à la nuit, dépendant de la nuit, propre à la nuit, relatif à la nuit.

NOCTURNEMENT, adv. dans la nuit, de nuit, nuitamment, pendant la nuit.

NŒUD, n. m. enlacement, jointure, lacs, liaison, lien — conduite, disposition, fil, intrigue des évènements d'un roman ou d'un drame, difficulté, embarras, empêchement, obstacle, traverse — le hic, le point essentiel, le tu autem — attachement, engagement, liaison, proximité, union.

NOIR, adj. obscur, opaque, sombre, ténébreux — livide, meurtri. V. Morne — inhumain, méchant, perfide, scélérat, traître. V. Atroce. V. Nègre.

NOIRÂTRE, NOIRAUD, adjectifs. mulâtre, tirant sur le noir. V. Moricaud.

NOIRCEUR, n. f. couleur noire, le noir — noircissure, tache de noir — horreur, méchanceté, perfidie, scélératesse. V. Atrocité.

NOIRCIR, v. barbouiller, enduire de noir, rendre noir, tacher de noir, teindre en noir. — V. Diffamer.

NOIRCISSURE, n. f. barbouillage de noir, enduit de noir, noirceur, tache de noir.

NOISE, n. f. V. Altercation.

NOISETIER, NOISELIER, nn. mm. arbre à noisettes, arbre qui porte des avelines, avelinier, coudrier.

NOISETTE, n. f. aveline.

NOLAGE. V. Naulage.

NOLET, n. m. canal de tuiles creuses, évier, noue, noulet.

Nouliser, v. V. Nauliser.

Nom, n. m. dénomination, mot spécificatif, terme qui désigne la chose — épithète, sobriquet, surnom — qualification, qualité, titre distinctif. V. Célébrité. — seing, signature.

AU Nom DE, phr. adv. comme, en qualité de — de la part de, par commission de, par ordre de, sous le nom de — en considération de, en égard à, par égard pour.

Nomade, adj. changeant souvent de place, errant, non fixé, passant d'un canton dans un autre, qui erre de côté et d'autre, qui n'a point d'habitation fixe, qui passe d'un lieu dans un autre.

Nombre, n. m. assemblage, collection, ensemble, réunion de plusieurs unités — compagnie. V. Quantité — cadence, mesure, proportion, rhythme — harmonie, mélodie.

Nombrer, v. assigner, déterminer, fixer le nombre. V. Chiffrer.

Nombreux, adj. abondant, copieux, multiplié, qui est en grand nombre — agréable à l'oreille, cadencé, harmonieux, mélodieux, mesuré, rhythmique.

Nombril, n. m. ombilic.

Nomenclature, n. f. V. Catalogue — art d'approprier les noms aux choses, de caractériser, de désigner, de distinguer les choses par des noms convenables.

Nominateur, n. m. collateur, instituteur, patron d'un bénéfice, présentateur.

Nomination, n. f. collation, institution, présentation. V. Choix, 3. div.

Nommément, adv. V. Expressément.

Nommer, v. appeler, distinguer par le nom, donner un nom, poser un nom — donner une épithète, une qualification, un sobriquet, un surnom — surnommer — dénommer, donner un titre, intituler, qualifier — découvrir, déclarer, dénoncer, dire le nom, faire connoître, indiquer — faire mention expresse, mentionner nommément — choisir, donner sa voix, donner son suffrage, élire, faire choix, faire élection — conférer un bénéfice ou une charge, désigner, destiner, instituer, pourvoir, présenter à un bénéfice.

Nonpareil, adj. excellent, qui est sans égal, qui est sans pareil, supérieur.

Non, adv. V. Nenni.

Nonce, n. m. ambassadeur, envoyé, ministre, prélat chargé de commission pour le pape.

Nonchalamment, adv. V. Négligemment.

Nonchalance, n. f. V. Négligence.

Nonchalant, adj. V. Négligent.

Nonciature, n. f. ambassade, charge, emploi, fonction de nonce — durée, étendue, temps du ministère de nonce.

Non-jouissance, n. f. impossibilité de jouir, privation de jouissance.

Nonne, n. f. nonnain, nonnette, religieuse.

Nonobstant, prép. contre, malgré, sans considération pour, sans égard à.

Nonpair, adj. impair.

Non-résidence, n. f. absence du lieu de résidence, défaut de résidence, manque de résidence.

Non-usage, n. m. désuétudé, interruption d'usage, usage aboli.

Non-valeur, *n. f.* défaut de valeur, manque de valeur. V. *Inutilité* — bien abandonné, créance caduque, dette perdue, ferme négligée, landes incultes, terre en friche.

Nord, *n. m.* septentrion — bise, borée, vent froid — pôle arctique, pôle septentrional — pays septentrional, région septentrionale.

Normand, *adj.* habitant de la Normandie, né en Normandie, originaire de Normandie — appartenant à la Normandie, ordinaire en Normandie, propre de la Normandie, usité en Normandie — adroit, avisé, cauteleux, délié, fin matois, manquant de bonne foi, sujet à manquer de parole.

Nota, *n. m.* apostille, notice, restriction.

Notable, *adj.* excellent, important, principal, rare, singulier. V. *Illustre.*

Notablement, *adv.* beaucoup, considérablement, d'une manière notable, en grande quantité, grandement — avec distinction, d'une façon distinguée, d'une manière remarquable, excellemment.

Notaire, *n. m.* V. *Tabellion.*

Notamment, *adv.* V. *Particulièrement.*

Notariat, *n. m.* V. *Tabellionage.*

Notarié, *adj.* arrêté, conclu, consenti, convenu, dressé, écrit, expédié, libellé, passé, rédigé devant notaire.

Note, *n. f.* minute d'un acte — caractère, chiffre, indice, marque, signe — décri. V. *Opprobre.*

Noter, *v.* apposer un signe, faire une marque, marquer —

faire des notes, faire des observations, faire des remarques, observer, remarquer — décrier, déshonorer, diffamer, flétrir, porter atteinte à la réputation, rendre suspect, ternir l'honneur.

Notion, *n. f.* analyse, connoissance sommaire, détail abrégé, extrait raisonné, idée raccourcie, indication raccourcie, notion suffisante, précis, tableau sommaire.

Notification, *n. f.* acte déclaratif, divulgation, exposition, manifestation, révélation. V. *Proclamation.*

Notifier, *v.* exposer. V. *Proclamer.* V. *Dévoiler.*

Notion, *n. f.* conception, connoissance, idée — annotation, observation, remarque.

Notoire, *adj.* distinct. V. *Manifeste.*

Notoirement, *adv.* V. *Manifestement.*

Notoriété, *n. f.* certitude démontrée, connoissance publique, évidence, publicité.

Notre, *adj.* appartenant à nous, commun entre nous, propre à nous, qui dépend de nous, qui est à nous, qui nous concerne, qui nous regarde, relatif à nous.

Le Nôtre, *n. m.* ce qui est à nous, ce qui nous appartient, ce qui nous concerne, notre bien, notre propriété.

Les Nôtres, *n. m. pl.* ceux qui sont à nous, ceux qui tiennent notre parti, nos adjoints, nos alliés, nos amis, nos associés, nos camarades, nos compagnons, nos gens, nos parents, nos proches.

Noue, *n. f.* enfaîteau, faîtière — canal. V. *Nolet* — pâturage humide, terre grasse et humide.

Nouer, v. arrêter, attâcher, faire un nœud, lier.

Nouet, n. m. enveloppe faite avec un linge noué, nœud fait avec un linge, petit paquet noué.

Noueux, adj. plein de nœuds, qui a beaucoup de nœuds, rempli de nœuds.

Noulet, n. m. V. Nolet.

Nourrain, n. m. V. Blanchaille.

Nourricier, adj. V. Alimenteux.

Nourrir, v. alimenter, conserver, entretenir, faire vivre, fournir d'aliments, pourvoir de vivres, sustenter — cultiver, entretenir, faire durer, fomenter — élever, endoctriner, former, instruire.

Nourrissant, adj. V. Alimenteux.

Nourrisson, n. m. enfant qui est en nourrice—disciple, élève.

Nourriture, n. f. V. Aliment — manger, mets, provision de bouche, réfection, repas, viande — mangeaille, pâture — culture, éducation, entretien, formation, institution, instruction.

Nouveau, Nouvel, adj. moderne. V. Naissant.

de Nouveau, phr. adv. itérativement, une autre fois.

Nouveauté, n. f. V. Innovation — chose nouvelle, rareté.

Nouvelle, n. f. premier avis, première information, première instruction sur un événement récent — conte, histoire, rapport, récit.

Nouvellement, adv. V. Dernièrement.

Nouvelliste, n. m. amateur de nouvelles, curieux de nouvelles — auteur, fabricateur, forgeur, inventeur de nouvelles.

Novateur, n. m. auteur d'hé-

résies, auteur d'une nouvelle doctrine, docteur qui innove dans la religion, fabricateur de nouveaux dogmes, hérésiarque, hérétique, instigateur de sentiments nouveaux, inventeur de nouvelles erreurs, prédicateur de nouveautés.

Novice, n. m. apprenti, gauche, ignorant, inexpérimenté, jeune, maladroit, malhabile, neuf, nouveau, qui n'est pas accoutumé, qui n'est pas encore fait, qui n'est pas stylé — religieux en probation.

Noviciat, n. m. épreuve, probation — temps d'épreuve, temps de probation — maison où demeurent les novices, partie du monastère où sont cantonnés les novices — apprentissage, commencement d'exercice, premier essai, première tentative.

Novissime, adv. V. Dernièrement.

, Noyau, n. m. partie ligneuse du milieu de quelques fruits — vis d'un escalier.

Noyer, v. imbiber, inonder, plonger, submerger — faire mourir, suffoquer dans l'eau—abîmer, perdre, ruiner.

Nu, adj. dépouillé, désarmé, déshabillé, vidé — dénué, mal vêtu, manquant d'habit, pauvre—dénué de fard, dépouillé de tout ornement, privé d'éclat, qui est sans voile, simple, uni.

à Nu, phr. adv. à découvert, avec naïveté, avec simplicité, ouvertement, sans fard, sans voile. V. Candidement.

Nuage, n. m. V. Nuée—doute, ignorance, incertitude, obscurité — anxiété, chagrin sombre, difficulté, embarras.

Nuageux, adj. V. Nébuleux. — V. Neigeux.

NUBILE, *adj.* bon à marier, mariable, mûr pour le mariage, pubère, qui est en âge d'être marié.

NUE, *n. f.* V. *Nuée.*

NUÉE, *n. f.* nuage, nue, vapeur condensée, vapeur épaisse — complot, conspiration, entreprise, orage, projet, punition, vengeance — grand nombre, multitude effroyable, quantité prodigieuse,

NUIRE, *v.* causer du dommage, causer quelque perte, croiser, embarrasser, empêcher, endommager, entraver, faire obstacle, faire tort, incommoder, préjudicier, traverser.

NUISIBLE, *adj.* embarrassant, qui fait obstacle, qui fait tort, qui nuit. V. *Préjudiciable.*

NUIT, *n. f.* V. *Obscurité.*

NUITAMMENT, *adv.* de nuit, pendant la nuit.

NUL, *adj.* aucun, pas un, qui que ce soit, personne — aboli, anéanti, annulé, caduc, cassé, mis au néant, vain. V. *Inefficace.*

NULLEMENT, *adv.* aucunement, en aucune manière, nenni, non, point, point du tout — avec nullité, d'une manière nulle, non-valablement.

NULLITÉ, *n. f.* anéantissement, débilité entière, foiblesse excessive, manquement absolu de forces — impuissance, inefficacité, inutilité, stérilité —

défaut, illégalité, manquement, vice dans un acte.

NÛMENT, *adv.* V. *à Nu* — immédiatement, sans intermédiaire.

NUMÉRATION, *n. f.* action de nombrer, art de nombrer — compte, délivrance de deniers, paiement.

NUMÉRIQUE, *adj.* appartenant aux nombres, concernant les nombres, déterminé en nombre, propre aux nombres, relatif aux nombres.

NUMÉRIQUEMENT, *adv.* d'une manière numérique, en nombre exact, par compte.

NUMÉRO, *n. m.* chiffre, cote, indice, lettre, marque particulière, nombre précis.

NUMÉROTER, *v.* chiffrer, coter, indiquer, marquer par numéro.

NUPTIAL, *adj.* appartenant au mariage, concernant la cérémonie des noces, convenable pour les noces, destiné aux fins du mariage, propre du mariage, relatif au mariage.

NUTRITIF, *adj.* V. *Alimenteux.*

NUTRITION, *n. f.* nourriture.

NYMPHE, *n. f.* divinité fabuleuse des bois, des fleuves, des fontaines, des montagnes, des prairies — femme ou fille aimable, belle, bien faite, bien proportionnée, bien taillée, d'une forme élégante, d'une physionomie séduisante, d'une taille svelte.

O

OBÉIR, *v.* déférer, être obéissant, se conformer aux ordres, se résigner, se soumettre — céder, ne pas résister, se relâcher, se rendre — dépendre, être dans la dépendance, être

sous la domination, être sujet, être vassal, relever.

OBÉISSANCE, *n. f.* adhésion aux ordres, déférence, exécution des ordres, résignation,

soumission — dépendance, sujétion, vassalité.

Obéissant, *adj.* fidèle aux ordres, résigné, soumis — assu-
jetti, dépendant, sujet, vassal
— qui ne résiste pas, souple.
V. *Flexible.*

Obélisque, *n. m.* aiguille, colonne. V. *Pyramide.*

Obéré, *adj.* arriéré, chargé
de dettes, endetté, engagé dans
des dettes, noyé de dettes.

s'Obérer, *v.* contracter des
dettes, emprunter, engager son
bien, s'arriérer, se charger de
dettes.

Obésité, *n. f.* corpulence
énorme, embonpoint excessif,
excès d'embonpoint, surabondance de graisse, surcharge
d'embonpoint, trop de graisse,
trop d'embonpoint.

Obit, *n. m.* anniversaire,
bout-de-l'an, service annuel
pour un mort.

Obituaire, *n. m.* V. *Nécrologe.*

Objecter, *v.* combattre une
opinion, opposer une difficulté
— réfuter. V. *Contredire.*

Objection, *n. f* argument
contradictoire, difficulté, proposition opposée — réfutation,
réplique, réponse, riposte.

Objet, *n. m.* chose palpable,
sensible, visible — but, fin,
point de vue, terme — chose
envisagée ou prise en considération, matière, sujet.

Objurgation, *n. f.* V. *Mercuriale.*

Oblat, *n. m.* moine, lai —
soldat invalide à la charge d'un
monastère — frère donné, laïque qui s'est consacré au service et soumis à la règle d'un
monastère.

Oblation, *n. f.* don fait à
Dieu, offrande, sacrifice.

Obligation, *n. f.* devoir, engagement, nécessité. V. *Or-*

donnance. — V. *Cédule.* V. *Obligé.*

Obligé, *adj.* contraint, forcé,
nécessité — redevable, responsable.

Obligé, *n. m.* acte obligatoire,
billet, cédule, contrat, écrit
qui oblige, engagement, obligation, promesse, reconnoissance, soumission par écrit,
titre obligatoire, traité consenti.

Obligeamment, *adv.* avec
bonté, avec complaisance, de
bon cœur, d'une manière obligeante, officieusement, poli-

faire plaisir, rendre
offices, rendre service, s'empresser à être utile, servir.

s'Obliger, *v.* contracter l'o-
bligation, s'engager, se rendre
garant. V. *Garantir.*

Oblique, *adj.* courbé, incliné,
penché, qui est de biais, qui
est de côté, qui est de travers,
qui n'est pas droit, sinueux,
tortu, tortueux — détourné, indirect.

Obliquement, *adv.* de biais,
de côté, de travers, d'une
manière oblique, en biaisant,
en penchant — d'une manière
détournée, indirectement, par
un tour indirect, par voie détournée.

Obliquité, *n. f.* biais, inclinaison, penchant, travers — détour, fourberie, fraude, menée
sourde, voie tortueuse.

Oblong, *adj.* alongé, fort

étendu, sur la longueur, plus long que large.

OBOLE, *n. f.* demi-deniers, moitié du denier — petit poids pesant douze grains, la moitié d'un denier, le sixième d'un gros — la plus petite monnoie, le plus petit prix, patard.

OBOMBRER, *v.* cacher, couvrir, dérober à la vue, faire ombre.

OBREPTICE, *adj.* impétré frauduleusement, obtenu en fraude, surpris artificieusement par la réticence d'une vérité essentielle à dire.

OBREPTION, *n. f.* V. *Réticence.*

OBSCÈNE, *n. m.* V. *Impudique.*

OBSCÉNITÉ, *n. f.* action qui blesse la pudeur, déshonnêteté, discours malhonnête, image impudique, impudicité, indécence, lasciveté, licence honteuse, mot déshonnête, ordure, parole contraire à la pudeur, propos licencieux, saleté, vilenie.

OBSCUR, *adj.* mal éclairé, noir, sombre, ténébreux — dont on ne dit rien, ignoré, inconnu, peu connu, qui est sans éclat, qui ne marque point — abstrait, abstrus, ambigu, amphibologique, difficile à comprendre, embarrassé, embrouillé, énigmatique, équivoque, incompréhensible, inconcevable, inintelligible, louche, manquant de clarté, manquant de netteté.

OBSCURCIR, *v.* affoiblir la lumière, diminuer la clarté, ôter le jour, rendre obscur, rendre sombre — diminuer l'éclat, effacer l'éclat, faire ombre, offusquer, répandre des nuages, ternir — cacher, couvrir, mettre sous un voile, ombrer, voiler — embarrasser, embrouiller, jeter de l'obscurité, jeter du

louche; rendre inintelligible.

OBSCURCISSEMENT, *n. m.* affoiblissement de lumière, diminution de lumière, éclipse, obscurité.

OBSCURÉMENT, *adv.* dans les ténèbres, dans l'obscurité — d'une manière inconnue, sans éclat, sans être connu, sans faire sensation, sans marquer — ambigument, amphibologiquement, avec obscurité, d'une façon peu claire, d'une manière énigmatique, d'une manière louche, d'une manière obscure, énigmatiquement, en termes équivoques.

OBSCURITÉ, *n. f.* jour sombre, lumière foible, obscurcissement, privation de lumière, ténèbres — ambiguïté, amphibologie, confusion, double sens, doute, embrouillement, équivoque, imbroille.

OBSÉCRATION, *n. f.* V. *Déprécation.*

OBSÉDER, *v.* assaillir, assiéger. V. *Persécuter.*

OBSÈQUES, *n. f. pl.* pompe funèbre, service funéraire. V. *Enterrement.*

OBSERVANCE, *n. f.* V. *Régularité, en entier.*

OBSERVATEUR, *n. m.* attaché à la règle, exécuteur fidèle — celui qui fait des observations, explorateur — aristarque, censeur, critique, journaliste, zoïle.

OBSERVATION, *n. f.* V. *Observance* — épreuve, essai, expérience — considération, discussion, examen. — V. *Nota* — analyse, censure, critique, jugement raisonné.

OBSERVATOIRE, *n. m.* édifice pour observer, éminence, guérite, lieu élevé, vedette.

OBSERVER, *v.* accomplir, exécuter, garder, obéir, remplir,

suivre une règle — considérer, contempler, peser, regarder de près. V. *Éplucher* — faire sentinelle. V. *Espionner.*

OBSESSION, n. *f.* V. *Persécution*, 2. *div.*

OBSTACLE, n. *m.* barricade, barrière, embarras, empêchement, opposition, résistance, retardement.

OBSTINATION, n. *f.* V. *Entêtement* — inflexibilité, invariabilité, ténacité. V. *Constance.*

OBSTINÉ, *adj.* préoccuper. V. *Têtu* — invariable, persévérant, tenace. V. *Ferme.*

OBSTINÉMENT, *adv.* avec abeurtement, avec entêtement, avec mutinerie, d'une façon rétive, d'une manière obstinée, opiniâtrément, taquinement — avec ténacité, constamment, fermement, immuablement, inébranlablement, inflexiblement, invariablement, persévéramment, résolument.

s'OBSTINER, *v.* être attaché à son sens, être rétif, ne pas céder, ne pas démordre, résister obstinément, s'abeurter, se mutiner, s'entêter, se rendre opiniâtre, s'opiniâtrer — être constant, être immuable, être inébranlable, être inflexible, être invariable, persévérer constamment, tenir ferme.

OBSTRUCTIF, *adj.* opilatif, qui bouche les canaux, qui embarrasse les passages, qui engorge, qui obstrue, qui opile les conduits.

OBSTRUCTION, n. *f.* embarras, empêchement, engorgement, opilation.

OBSTRUER, *v.* boucher les voies, causer de l'obstruction, embarrasser, empêcher, engorger, opiler les canaux.

OBTENIR, *v.* acquérir par ses instances, arracher à force de prières, gagner, impétrer, réussir par ses sollicitations, venir à bout par ses prières.

OBTENTION, n. *f.* impétration.

OBTUS, *adj.* émoussé, mousse — hébété, lourd, pesant, stupide.

OBUS, OBUSIER, m. m. mortier.

OBVIER, *v.* prendre d'avance ses mesures, prévoir, se prémunir, s'opposer d'avance. V. *Prévenir.*

OCCASION, n. *f.* circonstance opportune, commodité, conjoncture heureuse, lieu favorable, moment propice, rencontre avantageuse, saison propre, situation commode, temps convenable — choc, combat, mêlée, rencontre de guerre — cause, moyen, prétexte, sujet — incident, occurrence.

OCCASIONNEL, *adj.* né de l'occasion. V. *Fortuit.*

OCCASIONNELLEMENT, *adv.* accidentellement, fortuitement, incidemment, par hasard, par occasion, par rencontre.

OCCASIONNER, *v.* causer occasionnellement, donner lieu, fournir occasion, produire par occasion — induire par accident, mettre dans le cas de.

OCCIDENT, n. *m.* coucher du soleil — couchant, ouest, ponant — pays occidentaux, région occidentale.

OCCIDENTAL, *adj.* appartenant à l'occident, placé à l'occident, situé au couchant, tourné vers le couchant.

OCCULTATION, n. *f.* disparition passagère, éclipse momentanée d'une étoile.

OCCULTE, *adj.* dérobé à la vue, enseveli. V. *Secret.*

OCCUPATION, n. *f.* affaire, difficulté, embarras. V. *Métier* — habitation.

Occupé, *adj.* affairé, embarrassé, employé, livré au travail — habité, rempli — pris, saisi.

Occuper, *v.* charger d'occupations, donner à travailler, employer, faire servir, mettre en œuvre — demeurer, habiter, loger, remplir — prendre, posséder. V. *Usurper.*

Occurrence, *s. f.* événement fortuit, hasard, incident. V. *Conjoncture.*

Océan, *n. m.* V. *Mer.*

Octroi, *n. m.* agrément, permission. V. *Privilège.*

Octroyer, *v.* V. *Accorder*, 3. *div.*

Ode, *n. f.* cantique, chanson, hymne, poème lyrique.

Odeur, *n. f.* essence, parfum, senteur — évaporation, exhalaison, vapeur — estime, renom, renommée, réputation.

Odieusement, *adv.* abominablement, affreusement, défavorablement, d'une manière odieuse, en mauvais sens, en un sens odieux.

Odieux, *adj.* défavorable, digne d'aversion, digne de haine, V. *Détestable* — désagréable, fatigant, intolérable. V. *Ennuyeux.*

Odontalgie, *n. f.* douleur des dents, mal de dents.

Odorant, Odoriférant, *adjectifs*, dont l'odeur est agréable, qui a du parfum, qui est de bonne odeur, qui exhale une bonne odeur, qui répand une bonne odeur, qui sent bon, suave.

Œil, *n. m.* organe de la vue — attention, vigilance. V. *Discernement* — ouverture, trou — embellissement, relief. V. *Splendeur* — V. *Bourgeon.*

Œillade, *n. f.* V. *Regard.*

Œilleton, *n. m.* V. *Bourgeon.*

Œsophage, *n. m.* canal des aliments, conduit qui porte les aliments dans l'estomac, gorge, gosier, tuyau membraneux par où passent les aliments.

Œuvre, *n. f.* acte, action — ouvrage, production — composition, écrit, livre, ouvrage d'esprit — emploi, usage — fabrique, revenu d'une paroisse — banc des marguilliers — assemblée, compagnie, corps des marguilliers.

Œuvre, *n. m.* changement des métaux en or, pierre philosophale, transmutation des métaux — collection complète, recueil, réunion des ouvrages d'un graveur ou d'un musicien.

Offensant, *adj.* choquant. V. *Injurieux.*

Offense, *n. f.* affront, injure, insulte, mécontentement, outrage — grief, manquement. V. *Délit.*

Offenser, *v.* blesser, choquer, fâcher, faire offense, injurier, insulter, léser, nuire, outrager, piquer — commettre un crime, commettre un délit, faire une faute, manquer, pécher, prévariquer.

s'Offenser, *v.* être blessé, être choqué, se fâcher, se formaliser, se piquer, se trouver insulté, trouver à redire. V. *Estomaquer.*

Offensif, *adj.* qui attaque, qui commence la guerre, qui offense, qui provoque.

Offensive, *n. f.* agression, attaque, défi, provocation.

Offensivement, *adv.* avec des armes offensives, d'une manière offensive, en attaquant, par agression.

Office, *n. m.* charge, commission, devoir, emploi, fonction, ministère, place, poste. V. *Moyen*, 2. *div.* — plaisir que l'on fait, service, profession, soin, tâche, travail — heures du bréviaire, prières publiques, service de l'église.

OFFICIANT, n. m. celui qui officie, celui qui préside au service divin, le célébrant.

OFFICIER, v. célébrer, présider à l'office divin.

OFFICIER, n.m. homme pourvu d'un office, revêtu d'une charge — domestique qui a soin de l'office, qui garde le linge et la vaisselle, qui prépare le fruit.

OFFICIEUSEMENT, adv. V. Obligeamment.

OFFICIEUX, adv. V. Obligeant.

OFFRANDE, n. f. V. Oblation.

OFFRE, n. f. condition gracieuse, faveur offerte, promesse spontanée, proposition obligeante—choix proposé, option donnée.

OFFRIR, v. donner, présenter, proposer —consacrer, dévouer, sacrifier — promettre, s'engager, se soumettre — enchérir, faire une offre, mettre un prix. V. Exposer.

OFFUSQUER, v. éblouir, troubler la vue par trop d'éclat — cacher, dérober aux yeux, empêcher de voir — ombrager. V. Obscurcir, 1. et 2. div.—effacer, être supérieur, exceller par-dessus, l'emporter, surpasser.

OIGNON, n. m. bulbe. V. Ciboule. V. Cal.

OINDRE, v. enduire, frotter d'huile, graisser.

OINT, n. m. Christ, homme sacré — évêque, prêtre, roi, souverain.

OISEAU, n. m. animal volant, volatile.

OISELIER, n. m. chasseur aux oiseaux, marchand d'oiseaux, vendeur d'oiseaux.

OISELLERIE, n. f. art de pren-

dre des oiseaux, chasse aux oiseaux, pipée — état, métier, profession d'oiselier.

OISEUX, adj. inefficace, inutile, superflu, vain. V. Oisif.

OISIF, adj. désoccupé, désœuvré, engourdi, inoccupé. V. Paresseux.

OISIVEMENT, adv. dans la fainéantise, dans la paresse, dans le désœuvrement, dans l'inaction, négligemment, nonchalamment, sans rien faire, sans s'occuper.

OISIVETÉ, n. f. désœuvrement, engourdissement, fainéantise, inaction, inoccupation, inutilité, loisir, négligence, nonchalance, paresse.

OISON, n. m. le petit d'une oie. V. Niais.

OLÉAGINEUX, adj. gras, huileux, onctueux.

OLINDE, n. f. fer, épée, lame, lame.

OLIVÂTRE, adj. basané, brun, jaunâtre, noirâtre.

OLYMPE, n. m. assemblée des dieux, ciel des païens, séjour des immortels.

OMBILIC, n. m. nombril.

OMBILICAL, adj. appartenant à l'ombilic, dépendant de l'ombilic, relatif au nombril, tenant au nombril.

OMBRAGE, n. m. bois épais, bois touffu, feuillage, feuillée, lieu couvert, lieu ombragé, ombre—appréhension, crainte. V. Suspicion.

OMBRAGER, v. donner de l'ombre, faire de l'ombre. V. Obscurcir — causer de la jalousie, donner du soupçon, inquiéter, inspirer de la défiance.

OMBRAGEUX, adj. V. Soupçonneux.

OMBRE, n. f. V. Ombrage — nuit, obscurité, ténèbres — couverture, nuage, voile —

appui, faveur, protection —
apparence, couleur, prétexte
— indice, masque, signe,
trace, vestige.—âme d'un mort,
esprit, fantôme, mânes., revenants.

Ombrer, v. distinguer l'ombre de la lumière, placer des
ombres, représenter des ombres.

Omettre, v. V. Manquer. V.
sous-Entendre.

Omission, n. f. défaut, manquement, négligence, oubli,
prétérition, suppression,

On, n. m. plusieurs, plusieurs
personnes, quelque homme,
quelques uns, quelqu'un, une
personne

Onction, n. f. action d'oindre
— couche d'huile — consolation
du Saint-Esprit, infusion de la
grâce — inspiration d'en-haut,
mouvement de la grâce — éloquence touchante, mouvement
pieux, piété entraînante, ton
pénétrant, tour pathétique.

Onctueusement, adv. avec
onction, d'une manière insi-
nuante, d'une manière onctueuse, d'une manière touchante, pathétiquement, pieusement.

Onctueux, adj. gras, huileux,
oléagineux, visqueux — pathétique, pieux, plein d'onction.
V. Pénétrant.

Onctuosité, n. f. humeur
grasse, huileuse, oléagineuse,
onctueuse, visqueuse.

Onde, n. f. V. Flot.

Ondé, adj. façonné en ondes,
imitant des ondes, semblable
aux ondes, tabisé, tortueux,
tourné en ondes.

Ondée, n. f. V. Averse.

Ondoyant, adj. flottant par
ondes, mû en ondes — plein de
détours, sinueux, tortueux.

Ondoyer, v. faire des ondes,

flotter par ondes, se mouvoir
en ondes — baptiser sans cérémonie, donner hâtivement le
baptême par précaution.

Ondulation, n. f. agitation,
mouvement, secousse par ondes.

Onéraire, adj. chargé de la
gestion, chargé des détails et
des soins, comptable, obligé
de rendre compte de l'administration.

Onéreux, adj. embarrassant,
fâcheux, importun, incom-
mode, lourd, pénible, préjudiciable.

Ongle, n. m. griffe, serre.

Onglée, n. f. engelure sous
les ongles, engourdissement
douloureux causé par la gelée
au bout des doigts, froid aigu,
froidure poignante aux doigts.

Opacité, n. f. V. Densité.

Opaque, adj. compacte, dense,
épais.

Opéra, n. m. pièce de théâtre en musique, pièce exécutée
en machines — académie de
musique — chose compliquée,
difficile, embarrassante, embrouillée, intriguée, pénible.

Opérateur, n. m. V. Empirique, n. m.

Opération, n. f. action, conduite, manière d'agir, procédé
— concours, insinuation, inspiration, suggestion — effet,
œuvre, ouvrage, production,
résultat.

Opérer, v. agir, concourir,
mouvoir, procéder — effectuer,
exécuter, mettre en pratique,
pratiquer — ouvrer, produire
de l'effet, travailler efficacement.

Opilatif, adj. V. Obstructif.

Opilation, n. f. V. Obstruction.

Opiler, v. V. Obstruer.

Opiner, v. déclarer sa pensée,

dire son avis, donner sa voix, exposer son sentiment, porter son suffrage.

OPINIÂTRE, *adj.* V. *Obstiné.*

OPINIÂTRÉMENT, *adv.* V. *Obstinément.*

OPINIÂTRER, *v.* appuyer, défendre, maintenir, soutenir avec opiniâtreté — obstiner, rendre mutin, rendre opiniâtre.

s'OPINIÂTRER, *v.* V. *s'Obstiner.*

OPINIÂTRETÉ, *n. f.* V. *Obstination.*

OPINION, *n. f.* avis, suffrage, voix — conjecture, croyance probable, estime, fantaisie, idée, imagination, jugement, pensée, sentiment, soupçon.

OPPORTUN, *adj.* qui est à propos. V. *Favorable.*

OPPORTUNITÉ, *n. f.* circonstance favorable, commodité, conjoncture heureuse, lieu commode, occasion propice, temps convenable, situation avantageuse.

OPPOSÉ, *adj.* mis en opposition, placé vis-à-vis, situé à l'opposite — comparé, mis en comparaison, mis en parallèle — contradictoire, contraire.

OPPOSER, *v.* barrer, croiser, faire obstacle, traverser—réfuter. V. *Contredire.*

s'OPPOSER, *v.* empêcher, faire opposition, former un empêchement, mettre un obstacle, réclamer contre, résister.

OPPOSITE, *n. m.* le contraire, le contraste, l'opposé — l'autre côté, le côté opposé, le pendant, le vis-à-vis.

À L'OPPOSITE, *phr. adv.* de l'autre côté, du côté opposé, en face, en pendant, en regard, vis-à-vis.

OPPOSITION, *n. f.* V. *Résistance* — contradiction, contrariété, objection, réfutation, réplique,

réponse — comparaison, parallèle. V. *Antipathie.*

OPPRESSER, *v.* charger, peser sur, presser, resserrer, serrer, surcharger.

OPPRESSEUR, *n. m.* destructeur, persécuteur, tyran.

OPPRESSION, *n. f.* étouffement, orthopnée, serrement, suffocation — domination dure, joug insupportable. V. *Violence.* — disette forcée, misère, souffrance.

OPPRIMER, *v.* accabler par violence, écraser, excéder, fatiguer, fouler, persécuter, tourmenter, vexer.

OPPROBRE, *n. m.* turpitude. V. *Ignominie.*

OPTER, *v.* faire triage. V. *Trier* — accepter ou refuser, prendre ou laisser.

OPTION, *n. f.* faculté de choisir, pouvoir d'opter — choix, désir, fantaisie, goût, gré, libre arbitre, volonté.

OPULEMMENT, *adv.* abondamment, avec opulence, dans l'abondance, dans l'opulence, d'une manière opulente, magnifiquement, richement, splendidement, somptueusement.

OPULENCE, *n. f.* abondance, magnificence. V. *Richesse* — splendeur, somptuosité.

OPULENT, *adj.* abondant en biens, cousu d'or et d'argent, puissamment riche, regorgeant de richesses.

OPUSCULE, *n. m.* petit ouvrage, petit traité, pièce fugitive.

OR, *conj.* au reste, cependant, d'ailleurs, mais, néanmoins, pourtant, toutefois — allons, ho çà, or çà.

ORACLE, *n. m.* avis, décision, réponse de quelque fausse divinité — décision ambiguë, décision équivoque, réponse enveloppée, réponse obscure —

fausse divinité, faux interprète du ciel, faux prophète—devineresse, prophétesse, pythonisse, sibylle—adage, apophthegme, décision, maxime, parole remarquable, sentence d'une personne éclairée et sage.

ORAGE, n. m. désordre. V. Emeute. V. Infortune. — réprimande, reproche vif, vivacité d'un supérieur. V. Emportement.

ORAGEUX, adj. amenant de l'orage, disposé à l'orage, menaçant d'orage — exposé, sujet aux orages — agité, exposé aux intrigues, sujet aux révolutions, troublé, tumultueux.

ORAISON, n. f. discours, énonciation, énonciation des pensées par la parole — discours d'éloquence, harangue, pièce d'éloquence — contemplation, méditation, pensées chrétiennes, réflexions pieuses—prière, supplication adressée à Dieu ou aux saints.

ORAL, adj. énoncé de vive voix, passant de bouche en bouche, transmis de bouche en bouche, verbal.

ORANGERIE, n. f. collection d'orangers, jardin garni d'orangers, serre d'orangers.

ORATEUR, n. m. harangueur, homme disert, homme éloquent.

ORATOIRE, adj. appartenant à l'oraison, convenable à l'oraison, digne de l'orateur, propre à l'éloquence, relatif à l'éloquence.

ORATOIRE, n. m. chapelle domestique, lieu particulier destiné à la prière.

ORATOIREMENT, adv. d'une manière oratoire, éloquemment, en beaux termes, en orateur, en style oratoire.

ORBE, n. m. cercle, circon-

férence, circuit, ligne circulaire. V. Tour.

ORBICULAIRE, adj. V. Circulaire.

ORBICULAIREMENT, adv. V. Circulairement.

ORBITE, n. f. chemin, cours, route que décrit une planète — cavité où est placé l'œil.

ORCHESTRE, n. m. concert, musique, symphonie — assemblée de musiciens — lieu où se placent les symphonistes.

ORDINAIRE, adj. accoutumé, commun, familier, fréquent, journalier, quotidien, usité, vulgaire.

ORDINAIRE, n. m. évêque diocésain, juge naturel ecclésiastique — mets, repas, service accoutumé—qui part à certains jours précis. — V. Commissionnaire—jour du départ du courrier. — V. Coutume.

ORDINAIREMENT, adv. à l'ordinaire, communément, de coutume, d'habitude, d'ordinaire, fréquemment, habituellement, journellement, le plus souvent, pour l'ordinaire, selon la coutume, suivant la manière accoutumée.

ORDO, n. m. V. Directoire.

ORDONNANCE, n. f. arrêt, bref, bulle, charte, commandement, constitution, décision, déclaration, décret, diplôme, édit, injonction, jussion, loi, mandat, mandement, manifeste, ordre, précepte, règle, règlement, statut—arrangement, dessein, direction, disposition, distribution, plan, système.

ORDONNATEUR, n. m. celui qui dispose, préposé. V. Directeur.

ORDONNER, v. arrêter, commander, décider, déclarer, décréter, donner charge, donner commission, donner ordre, enjoindre, mander, prescrire, régler, statuer—arranger, conduire, diriger, disposer, distribuer, mettre en ordre, ranger — conférer les saints ordres.

ORDRE, n. m. faculté. V. Procuration — congrégation, corps religieux, société régulière. — V. Ordonnance.

ORDURE, n. f. crasse, crotte, dépôt, excréments, fèces, fécule, immondices, lie, limon, mare, malpropreté, saleté, saloperie, sédiment, vidoie — corruption honteuse, infamie, turpitude. — V. Obscénité.

OREILLER, n. m. carreau, coussin, traversin.

ORFRAIE, n. f. V. Gerfaut.

ORGANE, n. m. instrument, machine, moyen — interprète, médiateur, ministre.

ORGANIQUE, adj. agissant par des organes, ayant des organes, organisé — instrumental, machinal.

ORGIES, n. f. pl. fêtes bachiques, fêtes consacrées à Bacchus, fêtes des bacchantes, débauche de table.

ORGUEIL, n. m. air hautain, arrogance, enflure de cœur, faste, fierté, hauteur, insolence, jactance, ostentation, présomption, sotte gloire, suffisance, superbe, vanité.

ORGUEILLEUSEMENT, adv. arrogamment, avec arrogance, avec orgueil, d'une manière orgueilleuse, fièrement, hautainement, insolemment.

ORGUEILLEUX, adj. altier, arrogant, enflé, fastueux, fier, glorieux, gonflé, haut, hautain, insolent, présomptueux, suffisant, superbe, vain.

ORIENT, n. m. est, levant, région du ciel où se lève le soleil — contrées, états, provinces, régions, royaumes situés du côté où se lève le soleil.

ORIENTAL, adj. levantin, natif du Levant, né en Orient, qui croît en Orient, qui habite l'Orient — appartenant à l'orient, placé à l'orient, situé à l'est, tourné au levant — ordinaire à l'Orient, propre à l'Orient, relatif à l'Orient, usité en Orient, vulgaire dans les contrées d'Orient.

ORIENTER, v. disposer par rapport à l'orient, mettre en correspondance avec les points cardinaux.

s'ORIENTER, v. reconnoître les points cardinaux — diriger sa marche, disposer ses mesures, examiner les faces, d'une affaire, prendre ses précautions, se mettre au fait, se reconnoître, sonder le terrain.

ORIFICE, n. m. V. Bouche.

ORIGINAIRE, adj. descendant, descendu, issu, né, prenant sa source, sortant, sorti, tirant son origine, venant, venu.

ORIGINAIREMENT, adv. anciennement, dans le commencement, dans l'origine, originellement, primitivement, primordialement.

ORIGINAL, adj. neuf, nouveau, qui n'a point eu d'exemple, qui n'est d'après aucun modèle — extraordinaire, inouï, particulier, qui ne ressemble pas aux autres, ridicule, singulier.

ORIGINAL, n. m. autographe, brouillon, manuscrit primitif, minute — archétype, modèle, patron, premier exemplaire, prototype — homme extraordinaire, particulier, ridicule, singulier.

ORIGINALEMENT, adv. avec originalité, d'une manière originale, extraordinairement, ridiculement, singulièrement.

ORIGINALITÉ, n. f. caractère extraordinaire, caractère ori-

ginal, conduite singulière, façon
ridicule , manière singulière ,
ridiculité , singularité.

ORIGINE, s. f. cause, principe,
source — commencement. V.
Race — racine des mots. V. Dérivation.

ORIGINEL , adj. apporté en
naissant, contracté dans l'origine , prenant sa source à l'origine , primordial, tenant de l'o-
rigine , venu de l'origine.

ORIGINELLEMENT , adv. de naissance, d'origine. V. Originairement.

ORIPEAU, n. m. V. Laiton, V.
Happelourde.

ORNEMENT, n. m. ajustement,
décoration — embellissement ,
enluminure , parure — agrément , appareil, apprêt, beautés — enjolivement , grâces —
délicatesse, élégance , figures ,
finesse, fleurs , politesse de style,
— habits sacerdotaux — éclat ,
gloire , honneur , illustration ,
lustre , relief.

ORNER , v. accompagner d'ornements, ajuster, atourner, attifer, décorer, donner de l'éclat ,
donner du relief, embellir, enjoliver , enluminer , enrichir
d'ornements, parer, polir, relever , rendre élégant.

ORPHELIN, n. m. enfant abandonné , enfant en bas âge qui
a perdu son père et sa mère ou
l'un des deux , enfant privé de
tout secours , mineur, pupille.

ORTHODOXE , adj. catholique,
conforme à l'enseignement de
l'Eglise , dont la doctrine est
saine , dont la foi est pure.

ORTHODOXIE , n. f. catholicité,
conformité avec l'enseignement
de l'Eglise, croyance pure, doctrine orthodoxe, foi pure, opinion saine , saine doctrine.

ORTHOGONAL , adj. perpendiculaire , vertical.

ORTHOGONALEMENT , adv. V.
Perpendiculairement — verticalement.

ORTHOGRAPHE , n. f. art , manière , méthode , système pour
écrire régulièrement — écriture
des mots conforme aux règles,
correcte, exacte , régulière.

ORTHOGRAPHIE , n. f. description , dessin , figure , image ,
représentation de l'élévation
d'un bâtiment.

ORTHOGRAPHIER , v. écrire conformément aux règles , convenablement, correctement, exactement , régulièrement , sans
faute , selon les principes , suivant les règles.

ORTHOGRAPHIQUE , adj. appartenant , convenable , propre ,
relatif , tenant à l'orthographe
ou à l'orthographie.

ORVIÉTAN , n. m. antidote,
contre-poison, espèce de thé-
riaque — drogue d'opérateur ,
remède de charlatan.

OS, n. m. osselet, ossement,
partie dure et solide du corps.

OSCILLATION , n. f. allée et
venue. V. Mouvement, a. div.

OSCILLER , v. aller et venir
alternativement, faire des oscil-
lations, faire des vibrations ,
vibrer.

OSÉ, adj. audacieux, effronté,
suffisant, entreprenant , hardi,
impudent , insolent , présomptueux , téméraire. V. Hardi.

OSER , v. avoir l'audace, être
assez hardi pour, ne pas craindre
de , prendre la liberté, présumer, se donner la licence , se
permettre — entreprendre , essayer, faire, mettre en œuvre,
tenter.

OSSEMENT , n. m. V. Os.

OSSEUX, adj. pareil à de l'os, qui
a la consistance d'os , qui est de
nature d'os, semblable à de l'os.

OSSIFIÉ, *adj.* changé en os, devenu osseux.

OSTENSIBLE, *adj.* communicable, destiné à être vu, propre à être connu, qui peut être montré, qui peut être vu, qui peut se communiquer.

OSTENTATION, *n. f.* V. *Faste.*

OSTRACISME, *n. m.* V. *Ban.*

OSTROGOTH, *adj.* barbare, hébété, idiot, ignorant les bienséances et les usages, parlant mal.

OTAGE, *n. m.* V. *Sûreté* — personne remise pour sûreté.

OTÉ, *prép.* à la réserve de, à l'exception de, excepté, hormis, hors, sauf, si ce n'est.

OTER, *v.* arracher, dérober, écarter, éloigner, emporter, enlever, prendre, ravir, soustraire, transporter — diminuer, effacer, rayer, retrancher, supprimer.

OÙ, *conj.* autrement, d'une autre façon, en d'autres termes, ou bien, sinon.

OÙ, *n. m. conjonctif.* quel endroit, quel lieu, quelle place, quel instant, quelle heure, quel moment, quel temps — quelle cause, quel moyen, quel principe, quelle source — quel chemin, quelle route, quelle voie?

OUAILLE, *n. f.* brebis, mouton — personne commise aux soins d'un curé, d'un directeur, d'un évêque, d'un supérieur.

OUAIS, *interj.* ah! comment? oh! ah ah! hé hé! ho ho! oh! quoi?

OUBLI, *n. m.* défaut de mémoire, manque de souvenir, perte de mémoire.

OUBLIER, *v.* manquer de mémoire, mettre en oubli, ne pas conserver l'idée, ne pas se souvenir, perdre le souvenir — devenir maladroit, n'être plus habile, perdre l'habitude, perdre l'usage — manquer, négli-

ger, omettre, passer sous silence, perdre de vue, taire — faire grâce, ne garder aucun ressentiment, pardonner.

s'OUBLIER, *v.* manquer à son devoir, s'égarer. V. s'*Émanciper* — s'élever au-dessus de sa condition, se méconnaître — négliger ses intérêts, ne pas profiter de l'occasion, ne se pas servir de l'occasion.

OUBLIETTES, *n. f.* prison perpétuelle.

OUBLIEUX, *adj.* dont la mémoire est peu fidèle, dont le souvenir est labile, qui n'a pas de mémoire, qui oublie facilement, sujet à oublier.

OUEST, *n. m.* Couchant, occident, ponant.

OUI, *adv.* à la bonne heure, d'accord, je le veux bien, j'y consens, soit — certainement, certes, il est vrai, sans contredit, sans doute, véritablement, vraiment.

OUI-DIRE, *n. m.* bruit qui court, nouvelle vague, propos de ville, rapport d'autrui.

OUÏR, *v.* écouter, entendre — donner audience, prêter attention, prêter l'oreille — accorder, consentir, exaucer, octroyer.

OURAGAN, *n. m.* agitation violente de l'air, bourrasque, grain de vent, grêle affreuse, grosse pluie, gros temps, mauvais temps, orage, tempête, tonnerre affreux, tourmente, vent impétueux.

OURDIR, *v.* arranger, commencer, conduire, disposer, forger, préparer, tramer.

OURLER, *v.* border, faire un ourlet, replier le bord.

OURLET, *n. m.* bord, rebord, repli.

OUTIL, *n. m.* instrument.

OUTILLÉ, *adj.* fourni, garni,

muni, nanti, pourvu d'outils.

OUTRAGE, n. m. V. *Injure.*

OUTRAGEANT, OUTRAGEUX, adjectifs. V. *Injurieux.*

OUTRAGER, v. V. *Injurier.*

OUTRAGEUSEMENT, adv. V. *Injurieusement.*

OUTRE, *prép.* au-delà, de l'autre côté, par-delà, plus avant que, plus loin que — de plus, en sus, par-dessus.

D'OUTRE EN OUTRE, *phr. adv.* au travers, de part en part, tout outre.

EN OUTRE, *phr. adv.* d'ailleurs, davantage, de plus, en sus, outre cela, par-dessus cela.

OUTRÉ, *adj.* démesuré, énorme, excessif, exorbitant, extraordinaire, immodéré, porté au-delà des bornes, qui passe les limites — courbatu, estrapassé, excédé, fatigué à l'excès, fourbu, recru, surmené — choqué, indigné, irrité, offensé, piqué, poussé à bout, trop poussé.

OUTRÉMENT, *adv.* à l'excès, à outrance, à toute outrance, démesurément, d'une manière outrée, excessivement, extrêmement, immodérément, outre mesure, sans mesure, violemment.

OUTREPASSER, v. aller au-delà, aller plus loin, déborder, excéder, passer outre, surpasser. V. *Contrevenir.*

OUTRER, v. aller au-delà, aller trop loin, excéder, passer les bornes, porter à l'excès — choquer, indigner, irriter, offenser, piquer, pousser à bout. — V. *Exagérer* — V. *Estrapasser.*

OUVERT, *adj.* bâillant, dé-bouché, découvert, démasqué, désembarrassé, libre, mis à découvert— V. *Candide.*

OUVERTEMENT, *adv.* clairement, distinctement, d'une manière ouverte, évidemment, manifestement, publiquement — V. *Naïvement.*

OUVERTURE, *n. f.* brèche. V. *Crevasse*, trou — expédient, idée mise en avant, motion, projet, proposition, vue proposée — commencement, début.

OUVRABLE, OUVRIER, *adj.* consacré au travail, destiné au travail, laissé libre pour ouvrer, où l'on peut ouvrer, pendant lequel le travail est licite.

OUVRAGE, n. m. effet, œuvre, production—industrie, labeur, opération, peine, travail — composition. V. *Livre.*

OUVRAGÉ, *adj.* ciselé, damasquiné, enrichi, orné.

OUVRER, v. faire, façonner, travailler.

OUVRIER, n. m. artisan, artiste, fabricant, manœuvre, travailleur.

OUVRIR, v. faire un passage, percer, rendre libre — déboucher, découvrir, démasquer, désembarrasser, mettre à découvert — commencer, débuter, entamer — écarter, éloigner, étendre.

S'OUVRIR, v. découvrir sa pensée, dire son sentiment, manifester ses idées, montrer ses vues, parler à cœur ouvert, révéler son secret, se communiquer, se dévoiler.

OVALE, n. f. ellipse, figure ronde et oblongue.

OVATION, n. f. V. *Triomphe.*

P

PACAGE, n. m. gagnage, herbage, pâquis, pâtis, pâturage, pâture, prairie, pré.

PACAGER, v. paitre, pâturer.

PACIFICATEUR, n. m. V. Médiateur.

PACIFICATION, n. f. accommodement, accord, conciliation, entremise, médiation, rétablissement de la paix, traité de paix.

PACIFIER, v. accommoder les différends, adoucir, apaiser, calmer, concilier, mettre d'accord, ramener la concorde, rétablir la paix, tranquilliser les esprits.

PACIFIQUE, adj. ami de la paix, conciliant, doux, liant, paisible, tranquille.

PACIFIQUEMENT, adv. amicalement, avec amitié, avec douceur, doucement, d'une manière pacifique, paisiblement, tranquillement.

PACOTILLE, n. f. petite balle de marchandises, petit paquet, petite provision, petite quantité.

PACTE, n. m. PACTION, n. f. clause, compromis, conditions, promesse. V. Accord.

PACTISER, v. V. Traiter.

PAGANISME, n. m. culte des idoles, gentilité, idolâtrie, polythéisme, religion des païens, superstitions païennes.

PAÏEN, adj. adorateur des faux dieux, adorateur d'idoles, gentil, idolâtre, infidèle, polythéiste.

PAILLARD, adj. V. Incontinent.

PAILLARDISE, n. f. V. Incontinence.

PAILLE, n. f. chaume, fétu.

PAILLÉ, adj. V. Diapré.

PAILLER, n. m. basse-cour, cour à paille — fumier, propre quartier, propre terrain.

PAIN, n. m. aliments, nourriture, vivres — bien, entretien, héritage, patrimoine.

PAIR, adj. égal, pareil, ressemblant, semblable.

PAIRE, n. f. deux, un couple, une couple.

PAISIBLE, adj. calme, doux, modéré, patient, posé, rassis, tranquille — affranchi d'inquiétude, exempt d'orages, non sujet aux alarmes — éloigné du bruit, favorable au repos.

PAISIBLEMENT, adv. avec calme, avec modération, doucement, d'une manière paisible, patiemment, posément, sans émotion, tranquillement — avec sécurité, en paix, en repos, sans alarmes, sans bruit, sans inquiétude, sans orage, sans trouble.

PAÎTRE, v. donner la pâture, faire manger, nourrir, repaître — manger, pacager, pâturer.

PAIX, n. f. V. Tranquillité — éloignement du bruit, silence — bon accord, bonne intelligence, concorde, union — patène.

PAL, n. m. palis, palissade, pieu, pilier, pilotis, poteau.

PALADIN, n. m. chevalier errant, héros aventurier. V. Fanfaron.

PALAIS, n. m. maison de grand seigneur, de prince, de roi, d'évêque — habitation superbe, logis magnifique, maison splendide — barreau, cour de justice, lieu où se rend la justice, tribunal où l'on plaide — partie supérieure du dedans de la bouche.

PALANQUIN, n. m. V. Litière.

PALATINE, n. f. fourrure, mouchoir, ornement de réseau pour le cou des femmes.

PALE, n. f. bonde, lançoir — carré dont on couvre le calice—partie plate d'une rame.

PÂLE, adj. V. Blême.

PALEFRENIER, n. m. valet d'écurie, valet qui panse les chevaux.

PALESTINE, n. f. Judée, terre promise, terre sainte.

PALESTRE, n. f. V. Gymnase.

PALESTRIQUE, adj. académique, gymnastique.

PALETTE, n. f. petit battoir, petite pelle, raquette—petit bassin, petit plat.

PÂLEUR, n. f. blancheur fade, couleur blême, jaunisse, pâles couleurs, teint blafard.

PALIER, n. m. plate-forme, repos sur un escalier.

PALINGÉNÉSIE, n. f. régénération, renaissance, reproduction, revivification.

PALINODIE, n. f. déclaration contraire, dédit, dénégation, désaveu, rétractation, révocation.

PÂLIR, v. V. Blêmir.

PALIS, n. m. V. Pal.

PALISSADE, n. f. barrière, clôture, rangée de pieux, retranchement. V. Pal.

PALISSADER, v. clore, enceindre, enfermer, entourer, environner, fermer, fortifier, retrancher avec des palissades.

PALLIATIF, adj. adoucissant, qui colore, qui couvre, qui déguise, qui excuse, qui masque, qui pallie.

PALLIATION, n. f. adoucisse-

ment, déguisement. V. Voile, 2. div.

PALLIER, v. adoucir, déguiser, dissimuler, envelopper, interpréter favorablement, masquer, plâtrer. V. Prétexter.

PALME, n. f. branche, rameau de palmier—avantage, prééminence, préférence, succès, supériorité, victoire.

PALME, n. m. V. Empan.

PALPABLE, adj. maniable, sensible au toucher. V. Visible.

PALPABLEMENT, adv. V. Manifestement.

PALPER, v. V. Tâter.

PALPITATION, n. f. agitation fréquente, battement, mouvement convulsif, tressaillement redoublé.

PALPITER, v. avoir des mouvements convulsifs, battre, être agité fréquemment, se mouvoir fréquemment et sans règle, tressaillir coup sur coup.

se PÂMER, v. défaillir, manquer de forces, s'affoiblir, se trouver mal, s'évanouir, tomber en défaillance, tomber en pamoison, tomber en syncope.

PAMOISON, n. f. syncope. V. Défaillance.

PAMPHLET, n. m. brochure, censure épigrammatique, critique fine, feuille satirique, plaisanterie satirique, satire.

PAN, n. m. partie considérable d'un mur, d'un vêtement —une des faces d'un bâtiment, d'un ouvrage de menuiserie, d'un ouvrage d'orfèvrerie.

PANACÉE, n. f. le grand œuvre de la médecine, remède à tous maux, remède universel.

PANACHE, n. m. bouquet de plumes, plumet —mélange de couleurs.

PANACHER, v. diversifier, mélanger, varier les couleurs.

PANADE, n. f. potage, soupe de pain émié et mitonné.

SE PANADER, v. affecter, avoir un maintien arrogant, une démarche fière, marcher fièrement, piaffer, se carrer, se pavaner, se prélasser, se redresser.

PANCARTE, n. f. affiche, placard—paperasse, papier, patente, titre.

PANDECTES, n. f. pl. collection, compilation, digeste, recueil de décisions.

PANDÉMIE, n. f. V. Epidémie.

PANDÉMIQUE, adj. V. Epidémique.

PANÉGYRIQUE, n. m. V. Louange.

PANÉGYRISTE, n. m. V. Louangeur.

PANIER, n. m. corbeille, manne.

PANIQUE, adj. V. Chimérique.

PANNEAU, n. m. attrape, embûche, embuscade, filets, lacet, lacs, leurre, piége, supercherie, tromperie.

PANNONCEAU, n. m. V. Pennon.

PANNONIE, n. f. V. Hongrie.

PANSE, n. f. boyaux, entrailles, estomac, intestins, ventre.

PANTALONNADE, n. f. V. Bouffonnerie.

PANTOUFLE, n. f. V. Mule, 2. div.

PAPA, n. m. aïeul, grand-père, père.

PAPABLE, adj. éligible à la papauté, habile à la papauté, pouvant devenir pape, propre à être pape.

PAPAL, adj. appartenant au pape, caractéristique du pape, propre du pape, soumis à la domination du pape.

PAPAUTÉ, n. f. dignité papale, souverain pontificat.

PAPE, n. m. chef ministériel de l'Eglise, évêque de Rome, souverain pontife, successeur

de saint Pierre, vicaire de J.-C.

PAPELARD, adj. V. Hypocrite.

PAPELARDISE, n. f. V. Hypocrisie.

PAPERASSE, n. f. écrit inutile, papier inutile, rogaton, vieux papier.

PAPERASSER, v. arranger, feuilleter, manier, mettre en ordre, parcourir, remuer des papiers écrits.

PAPETERIE, n. f. art de faire le papier — fabrique de papier, manufacture de papier — commerce, marchandise, vente de papier.

PAPETIER, n. m. fabricant de papier, manufacturier de papier, ouvrier qui fait le papier — commerçant en papier, vendeur de papier.

PAPIER, n. m. cahier, journal, livre de compte, mémoire, registre — écrit, renseignement, titre.

PAPILLONNER, v. changer souvent d'objet, courir d'objet en objet, imiter l'inconstance du papillon, voltiger sans cesse.

PAPISME, n. m. adhésion au pape, catholicisme, communion de l'Eglise romaine, religion catholique.

PAPISTE, adj. adhérent au pape, attaché à l'Eglise romaine, catholique, reconnoissant le pape comme chef de l'Eglise.

PÂQUE, n. f. fête des juifs en mémoire de leur sortie d'Egypte — agneau immolé et mangé à cette fête, agneau pascal.

PÂQUE, n. m. PÂQUES, n. f. fête pascale, solennité en mémoire de la résurrection de J.-C., temps pascal.

PÂQUES, n. f. pl. communion pascale, dévotions pascales.

PAQUET, n. m. amas, assem-

blage , balle, ballot , collection , réunion de plusieurs choses attachées ou enveloppées
ensemble — repartie vive, réplique spirituelle, réponse ingénieuse, riposte imposante —
attrape. V. *Malice.*

PAQUET-BOT , PAQUEBOT , nn.
mm. bateau, esquif, vaisseau
qui porte des lettres.

PAR, *prép.* dans , en — avec,
moyennant, selon , suivant —
durant pendant.

PAR-CI PAR-LÀ , *phr. adv.* çà
et là , de côté et d'autre, en
divers endroits — V. *de Loin
à Loin* 2. div.

PAR DEVANT, *prép.* devant, en
présence de , sous les yeux de.

PAR LÀ, *phr. adv.* par ce chemin, par ce lieu , par cet endroit, par cette route, par cette
voie — par ce moyen, par cette
cause , par cette raison, par
conséquent, pour cela.

PARABOLE, *n. f.* allégorie, apologue, comparaison, instruction
cachée sous une fiction , similitude , vérité enveloppée.

PARACHÈVEMENT , *n. m.* accomplissement , achèvement ,
consommation, dernière main,
fin , perfection d'un ouvrage,
perfectionnement.

PARACHEVER , *v.* accomplir ,
achever, consommer, finir, mettre la dernière main , parfaire,
perfectionner, rendre parfait ,
terminer entièrement.

PARACLET, *n. m.* esprit con-
solateur, esprit de consolation,
le Saint-Esprit.

PARADE, *n. f.* appareil, étalage , montre — faste , ornement , ostentation, vanité.

PARADIGME, *n. m.* exemple,
modèle.

PARADIS, *n. m.* Éden , jardin
délicieux , lieu de délices —
béatitude , bonheur éternel ,

ciel , cité céleste, empyrée ,
gloire des saints , Jérusalem
céleste, sainte Sion, séjour des
bienheureux , vie éternelle.

PARADOXAL, *adj.* choquant ,
contraire à l'opinion commune,
extraordinaire, inouï, nouveau,
singulier, surprenant, tenant du
paradoxe — aimant le paradoxe,
courant après l'extraordinaire ,
envieux du surprenant, donnant dans le singulier.

PARADOXE , *n. m.* assertion
choquante, doctrine inouïe, opinion contraire à l'opinion commune, proposition surprenante,
sentiment extraordinaire.

PARAFE, PARAPHE, nn. mm.
caractère, marque, signe, trait
de plume distinctif.

PARAFER, PARAPHER, *v.* appliquer, apposer, mettre son parafe.

PARAGE, *n. m.* V. *Qualité,*
3. *div.* — endroit, espace, étendue déterminée de mer.

PARAGRAPHE, *n. m.* division,
partie distincte, section d'un
chapitre — caractère, marque,
signe distinctif de cette division.

PARAGUANTE, *n. f.* don, gratification , présent — aubaine ,
profit, tour du bâton.

PARALLÈLE , *adj.* correspondant, égal, également distant ,
équidistant , symétrique.

PARALLÈLE , *n. m.* comparaison, détail, développement, exposition des rapports et des
différences, rapprochement de
deux objets.

PARALOGISME, *n. m.* argument
vicieux , faux raisonnement ,
raisonnement absurde, sophisme, sophistiquerie.

PARAPET, *n. m.* cordon de muraille, garde-fou, mur d'appui
— élévation de terre au-dessus
d'un rempart.

PARAPHRASE, *n. f.* V. *Com-*

mentaire—altération, interprétation maligne, mauvais sens—amplification, augmentation, exagération.

PARAPHRASER, *v.* V. *Gloser*—altérer, détorquer, donner un mauvais sens, interpréter malignement — amplifier, augmenter, exagérer.

PARASITE, *n. m.* V. *Ecornifleur.*

PARC, *n. m.* V. *Enclos.*

PARCEQUE, *phr. conj.* à cause que, attendu que, d'autant que, par la raison que, vu que.

PARCELLE, *n. m.* menue partie, particule, petite partie.

PARCIMONIE, *n. f.* V. *Epargne.*

PARCOURIR, *v.* aller d'un bout à l'autre, courir çà et là, voyager — jeter un coup d'œil sur les détails, voir à la hâte — toucher en passant, toucher légèrement, traiter superficiellement — feuilleter un livre, lire quelques endroits par - ci par-là.

PAR-DESSUS, *n. m.* excédant, supplément, surplus. V. *Accroissement.*

PARDON, *n. m.* abolition, amnistie, grâce, indulgence, rémission.

PARDONNABLE, *adj.* V. *Graciable.*

PARDONNER, *v.* accorder le pardon, faire grâce, oublier une faute, remettre une offense —excuser, supporter, tolérer—épargner, excepter.

PAREIL, *adj.* équipollent, équivalent, sortable. V. *Conforme.*

PAREILLEMENT, *adv.* à l'équipollent, de même, d'une manière pareille, également, équivalemment, semblablement.

PAREMENT, *n. m.* V. *Ornement.*

PARENT, *adj.* agnat, cognat, consanguin, lié par le sang, proche.

PARENTAGE, *n. m.* V. *Consanguinité.*

PARENTHÈSE, *n. f.* insertion, interposition, introduction d'une phrase dans une autre, paroles insérées dans une période qu'elles interrompent — crochets tournés l'un vers l'autre pour renfermer l'insertion.

PARER, *v.* V. *Orner* — apprêter, disposer, préparer — détourner, écarter, éluder, empêcher, éviter, se défendre de.

SE PARER, *v.* faire gloire, faire parade, s'approprier, s'attribuer, se faire un mérite, se targuer. V. *se Glorifier.*

PARÈRE, *n. m.* sentiments de négociants sur des questions de commerce. V. *Décision.*

PARESSE, *n. f.* découragement, défaut d'activité, fainéantise, indifférence, indolence, lâcheté, langueur, lenteur, mollesse, négligence, nonchalance, oisiveté, tiédeur.

PARESSEUX, *adj.* fainéant, mou, oisif, peu laborieux. V. *Lent.*

PARFAIRE, *v.* V. *Parachever.*

PARFAIT, *adj.* V. *Accompli, en entier.*

PARFAITEMENT, *adv.* complètement, d'une manière accomplie, d'une manière achevée, d'une manière parfaite, en perfection, sans défaut.

PARFOURNIR, *v.* achever de fournir, compléter la fourniture, fournir en entier, livrer toute la fourniture.

PARFUM, *n. m.* agréable senteur, bonne odeur, odeur suave —aromate, baume, corps odoriférant, encens, épicerie aromatique.

PARFUMER, *v.* avoir une odeur

exquise, embaumer, exhaler une bonne odeur, remplir de bonne odeur. V. *Embaumer.*

Pari, *n. m.* engagement éventuel de payer, gageure.

Parier, *v.* faire une gageure, faire un pari, gager, s'engager éventuellement à payer.

Parité, *n. f.* niveau. V. *Egalité.*

Parjure, *adj.* déloyal, faussaire, félon, fourbe, infidèle, perfide, traître, violateur de sa foi.

Parjure, *n. m.* déloyauté, faux serment, félonie, infidélité, perfidie, trahison, violation de serment.

Parlement, *n. m.* aréopage, compagnie supérieure de juges, cour souveraine, sénat, tribunal supérieur.

Parlementer, *v.* capituler, composer, conférer, s'aboucher, se rapprocher, stipuler, traiter ensemble.

Parler, *v.* articuler, proférer, prononcer des mots — babiller, causer, discourir, disserter, haranguer, jaser, s'énoncer, s'expliquer — confier, divulguer, laisser échapper, manifester, révéler un secret.

le Parler, *n. m.* don de la parole, faculté de s'énoncer, langage, parole — accent, manière de parler, prononciation, ton.

Parlerie, *n. f.* V. *Bavardage.*

Parleur, *n. m.* V. *Bavard.*

Parmi, *prép.* au milieu de, dans le nombre de, entre.

Parnasse, *n. m.* la double colline, le double mont, le Permesse, le Pinde, le séjour des Muses — les Muses — la poésie — les poëtes.

Parodie, *n. f.* critique plaisante, imitation ridicule d'un ouvrage sérieux, plaisanterie, raillerie, travestissement.

Parodier, *v.* faire une parodie, imiter ridiculement un ouvrage sérieux, tourner plaisamment une composition grave, travestir une pièce.

Paroi, *n. f.* cloison maçonnée, mur, muraille, séparation.

Paroisse, *n. f.* cure, église paroissiale, territoire soumis à la conduite d'un curé — les paroissiens.

Paroissial, *adj.* appartenant à la paroisse, ayant droit de paroisse, concernant la paroisse, dépendant de la paroisse, propre de la paroisse, régi en paroisse, relatif à la paroisse.

Paroissien, *adj.* domicilié sur une paroisse, habitant d'une paroisse, logé dans une paroisse.

Paroître, *v.* apparoître, être en évidence, être en vue, se faire voir, se montrer, se présenter, se produire, se rendre visible — être publié, être rendu public, se déclarer, se découvrir, se manifester, se publier — avoir de l'éclat, briller, éclater, reluire, resplendir. V. *Sembler.*

Parole, *n. f.* expression, mot, terme — faculté de s'énoncer, langage, le parler. V. *Adage* — assurance, engagement pris, espérance donnée, foi engagée — offre, proposition.

Paroles, *n. f. pl.* discours piquants, gros mots, propos aigres, termes offensants — discours sans effets, mots vagues, promesses vaines, propos sans solidité.

Paroxisme, *n. m.* métastase fâcheuse. V. *Crise.*

Parque, *n. f.* déesse qui pré-

aidoit à la vie des hommes —
destin, destinée.

PARQUER, v. mettre dans une
enceinte, renfermer dans un
parc. V. *Ceindre.*

PARQUET, n. m. compartiment
de pièce de bois, menuiserie
en pièces de rapport, plancher
en compartiment — les gens du
roi, lieu où ils tiennent leur
séance.

PARSEMER, v. épandre, jeter
çà et là, répandre, semer.

PART, n. f. V. *Lot* — droit,
intérêt — côté, endroit, lieu,
place — communication, participation.

A PART, phr. adv. à couvert,
à l'écart, à quartier, de côté,
en réserve — en particulier,
séparément — en secret, secrètement.

PARTAGE, n. m. distribution,
division, partition. V. *Départi-
tion.* V. *Lot* — apanage, bien,
hérédité, héritage, possession
— contrariété, différence, diversité, opposition d'avis et de
sentiments — attribut, propriété, qualité.

PARTAGER, v. distribuer. V.
Fendre. V. *Départir* — avoir part,
participer, prendre intérêt,
prendre part, s'intéresser — accorder, apanager, donner, doter, douer, embellir, enrichir,
orner, pourvoir.

PARTANCE, n. f. départ, sortie
du port.

PARTANT, adv. c'est pourquoi.
V. *Conséquemment.*

PARTERRE, n. m. boulingrin,
jardin en compartiments — aire
d'une salle de spectacle — les
spectateurs.

PARTI, n. m. V. *Cabale* — conclusion, décision, dessein arrêté, détermination, résolution.
V. *Expédient* — traitement —
état, genre de vie. V. *Offices* —

avantage, établissement —
corps détaché, détachement,
troupe de batteurs d'estrade.

PARTIAL, adj. affectionné de
préférence à une personne, attaché exclusivement à une opinion. V. *Prévenu*, 2. div. — appartenant à une partie, concernant une partie, dépendant
d'une partie, propre d'une partie, relatif à une partie.

se PARTIALISER, v. prendre un
parti, s'affectionner, s'attacher
exclusivement à un parti, se
prévenir sans retour. V. *se Coiffer.*

PARTIALITÉ, n. f. acception
de personnes, affection de préférence, attachement exclusif,
entêtement, préoccupation invincible.

PARTICIPANT, adj. copartageant, partageant, prenant part.
V. *Complice.*

PARTICIPATION, n. f. communication, part, partage — association, complicité, confédération, connivence, intelligence,
liaison, société, union.

PARTICIPER, v. avoir part,
partager, se ressentir — prendre
intérêt, prendre part, s'intéresser — entrer en participation,
être complice, être de connivence, être d'intelligence, être
de société.

PARTICULARISER, v. descendre
dans le particulier, détailler,
entrer dans le détail, exposer
les particularités, marquer le
détail — descendre du général
au particulier — examiner dans
un seul ce qui concernoit plusieurs.

PARTICULARITÉ, n. f. accessoire, circonstance particulière,
détail, incident, menue circonstance, propriété spéciale.

PARTICULE, n. f. V. *Parcelle.*

PARTICULIER, adj. privé, pro-

pre, singulier, spécial, spécifique — excellent, extraordinaire, notable, peu commun,
rare, remarquable—distingué,
mis à part, pris à part, séparé
des autres.

EN PARTICULIER, phr. adv. à
part, à quartier, de côté, séparément — à la dérobée, à l'insu
des autres, dans le secret, d'une
manière secrète, en cachette,
en secret; sans témoins. V. Particulièrement, 2. div.

PARTICULIÈREMENT, adv. au
long, avec toutes les circonstances, en détail, d'une manière détaillée, par le menu —
expressément, notamment,
principalement, singulièrement,
spécialement, surtout, sur toutes choses.

PARTIE, n. f. élément, membre, part, portion — divertissement, jeu, projet de divertissement, récréation — complot, conspiration, dessein concerté, machination — client,
personne intéressée, plaideur.

PARTIR, v. abandonner un lieu,
quitter une place, s'écarter,
s'éloigner, s'en aller, se retirer,
sortir — découler, procéder. V.
Provenir.

LE PARTIR, n. m. le départ,
le moment du départ, l'instant
du départ, partance.

PARTISAN, n. m. attaché au
parti, fauteur du parti, favorable au parti — fermier des
impôts, financier, publicain,
maltôtier.

PARTITION, n. f. V. *Partage.*

PARTOUT, adv. en tout lieu.

PARURE, n. f. brillant. V. *Ornement.*

PARVENIR, v. acquérir, arriver, atteindre, gagner, obtenir, venir à bout — faire fortune, s'avancer, s'élever, s'enrichir.

PARVENU, n. m. homme de
fortune, homme enrichi subitement; homme qui s'est avancé,
homme subitement élevé en dignité.

PARVIS, n. m. entrée, place,
porche, portique, vestibule.

PAS, n. m. allure, démarche,
enjambée, marcher — degré,
échelon, marche. V. *Vestige*
— seuil de porte. — V. *Gorge*
— allées et venues, démarches,
mouvements, peines, visites —
difficultés, embarras — V. *Préséance.*

FAUX PAS, n. m. chute, entorse, fausse démarche — pas
de clerc. V. *Méprise.*

PASCAL, adj. appartenant à
Pâques, concernant Pâques,
dépendant de Pâques, propre
de Pâques, relatif à Pâques,
tenant à Pâques.

PASQUINADE, n. f. affiche injurieuse, pamphlet critique, placard satirique, raillerie piquante, sarcasme, trait de satire.

PASSABLE, adj. V. *Supportable.*

PASSABLEMENT, adv. assez bien,
d'une manière passable.

PASSADE, n. f. course, passage, passée, séjour peu long,
assistance, aumône, charité,
hospitalité.

PASSAGE, n. m. allée, avenue,
chemin, corridor, entrée, ouverture, porte, route, sentier,
voie — autorité d'un écrivain,
endroit allégué d'un auteur,
extrait, paroles citées, texte,
tirade, trait — droit payé pour
passer, péage.

PASSAGER, adj. caduc, éphé-
mère, fugitif, instantané, léger,
manquant de stabilité, momentané, périssable, peu durable,
qui passe, qui s'écoule, qui
s'évanouit, sujet à l'instabilité.

PASSAGER, PASSANT, nn. mm.

étranger, homme qui ne fait que passer, voyageur.

PASSANT, *adj.* fréquenté, hanté, où il passe bien du monde, où tout le monde a droit de passer, ouvert à tout le monde.

EN PASSANT, *phr. adv.* chemin faisant, incidemment, occasionellement, par occasion, par parenthèse.

PASSE, *n. f.* différence de prix, supplément de valeur.

EN PASSE, *phr. adv.* en disposition, en état, en posture, en situation.

PASSÉ, *adj.* disparu, éclipsé, écoulé, évanoui — défunt, mort, trépassé — fané, flétri, suranné, tombé en désuétude, vieilli — dont on n'a point parlé, laissé, négligé, omis, oublié, tu — devancé, surpassé, vaincu.

PASSE-DROIT, *n. m.* dérogation à l'usage, exception au droit, grâce accordée contre l'usage — infraction du droit, injustice, manquement à la règle, prévarication contre l'ordre, transgression de la règle.

PASSÉE, *n. f.* passade, passage.

PASSEMENT, *n. m.* dentelle, galon, ruban.

PASSEMENTER, *v.* chamarrer, embellir, enrichir, garnir, orner de passements.

PASSE-PARTOUT, *n. m.* clef commune, rossignol — ce qui donne une entrée facile, ce qui facilite l'entrée, ce qui fait admettre, passe-port, titre pour être bien reçu.

PASSE-PASSE, *n. f.* batelage, charlatanerie, prestige, subtilité, supercherie, tour d'adresse, tour de main.

PASSE-PORT, *n. m.* lettre de recommandation, ordre de laisser passer, sauf-conduit, sûreté du passage.

PASSER, *v.* traverser — aller au-delà, aller plus loin, ne pas s'arrêter — devancer, gagner le devant, précéder — avoir l'avantage. V. *Exceller.* V. *Omettre.* — disparoître, s'échapper, s'éclipser, s'écouler, s'évanouir — se faner, se flétrir, tomber en désuétude, vieillir — avoir cours, être de mise, être passable, suffire, valoir — consumer, employer, faire usage — excuser, pardonner. V. *Tolérer.* — accorder, admettre, agréer, allouer, approuver — accommoder, apprêter, préparer — perfectionner, polir — couler, épurer, tamiser.

PASSER POUR, *v.* avoir la réputation de, avoir le renom de, être cru, être estimé, être réputé.

SE PASSER, *v.* être privé, manquer de, n'avoir pas, s'abstenir, se priver — être content, se contenter — passer, perdre de sa beauté, perdre de sa force, perdre de son éclat, s'affoiblir, se faner, se flétrir, vieillir.

PASSEREAU, *n. m.* moineau.

PASSE-TEMPS, *n. m.* V. *Amusement.*

PASSEUR, *n. m.* V. *Matelot.*

PASSE-VOLANT, *n. m.* faux soldat, soldat postiche — écornifleur, escroc, parasite.

PASSIBLE, *adj.* capable de souffrir, sensible, sujet à la douleur, susceptible d'impression douloureuse.

PASSION, *n. f.* V. *Souffrance* — affection vive, désir ardent, goût, inclination, penchant.

PASSIONNÉ, *adj.* amoureux, animé, ardent, emporté, enflammé, plein de passion, rempli de tendresse. V. *Zélé* — V. *Prévenu.* :

PASSIONNÉMENT, *adv.* ardemment, avec feu ; avec passion ; avec transport, d'une manière passionnée, tendrement, vivement.

PASSIONNER, *v.* animer, rendre affectueux, rendre touchant.

SE PASSIONNER, *v.* s'affectionner vivement, s'animer, s'attacher éperdument, s'émouvoir, s'enflammer — se préoccuper de passion, s'intéresser avec chaleur. :

PASTEUR, *n. m.* berger, chevrier, conducteur de brebis, gardeur de moutons, pastoureau — directeur des âmes, curé, évêque.

PASTORAL, *adj.* appartenant au pasteur, concernant le pasteur, convenable au pasteur, dépendant du pasteur, émané du pasteur, propre du pasteur, relatif au pasteur.

PASTORALE, *n. f.* églogue, entretien de pasteurs.

PATARAFE, *n. f.* V. *Gribouillage.*

PATARD, *n. m.* petite monnoie, une obole, un liard, un sou — un fétu, un rien, un zeste.

PATAUD, *adj.* gras, joufflu, maflé, mouflard, potelé — V. *Balourd.*

PATE, *n. f.* griffe, jambe, pied des animaux — base, soutien.

PÂTE, *n. f.* farine pétrie, levain — V. *Constitution.*

PATELIN, PATELINEUR, *adjectifs.* fourbe. V. *rusé* — adulateur, cajoleur, flagorneur, insinuant, trompeur — V. *Cafard.*

PATELINAGE, *n. m.* V. *Ruse* — adulation, cajolerie, flagornerie, tromperie — V. *Cafarderie.*

PATELINER, *v.* agir en patelin,

empaumer par ses souplesses, gagner par artifice, insinuer cauteleusement, manier avec adresse, ménager adroitement. ·

PATÈRE, *n. f.* paix.

PATENÔTRE, *n. f.* oraison dominicale, prière — grain de chapelet.

PATENT, *adj.* évident, manifeste, ouvert.

PATRE, *n. m.* oraison dominicale — l'un des gros grains du chapelet — gros abbé de moines, gros moine — un instant, un moment ; un temps très court.

PATÈRE, *n. f.* coupe, tasse, vase très ouvert.

PATERNEL, *adj.* appartenant au père, concernant le père, propre du père, qui est du côté du père, relatif au père, venant du père — convenable à un père, digne d'un père, indispensable pour un père, nécessaire à un père, ordinaire à un père.

PATERNELLEMENT, *adv.* avec l'affection paternelle, avec des entrailles paternelles, avec les soins d'un père, comme le doit un père, d'une manière paternelle, en père.

PATERNITÉ, *n. f.* autorité, état, qualité, titre de père.

PÂTEUX, *adj.* mal cuit, mal pétri — détrempé à demi, gras, mou — empâté, plein d'une humidité épaisse.

PATHÉTIQUE, *adj.* énergique, expressif, fort. V. *Touchant,* 2. *div.*

PATHÉTIQUEMENT, *adv.* affectueusement, avec onction, avec véhémence, d'une manière pathétique, touchante, d'un ton passionné, énergiquement, fortement.

PATHÉTISME, PATHOS, *nn. mm.* art d'émouvoir, art de toucher, enthousiasme, force, mouve-

ment, onction, passion, véhémence.

PATIBULAIRE, *adj.* appartenant
au gibet, destiné pour servir de
gibet, servant de gibet — digne
du gibet, funeste, sentant la
hart, sentant la potence, sinistre.

PATIEMMENT, *adv.* avec constance, avec fermeté, avec patience, courageusement, d'une
manière patiente, sans impatience, sans mormure, sans se
plaindre.

PATIENCE, *n. f.* constance,
courage à souffrir, fermeté,
modération — attente paisible,
longanimité, repos, tranquillité.

PATIENT, *adj.* constant, endurant, ferme, modéré, souffrant
avec courage, supportant avec
douceur — attendant sans agitation, paisible, persévérant sans
dépit, tranquille.

PATIENT, *n. m.* criminel condamné, criminel qu'on exécute
— malade sur qui l'on fait quelque opération douloureuse.

PATIENTER, *v.* attendre. V. *Supporter*, 2. div.

PATINER, *v.* glisser sur la glace
avec des patins — prendre avec
les mains. V. *Tâter*.

PÂTIR, *v.* avoir de la misère,
avoir du mal, être dans la misère, être dans la peine, peiner,
souffrir, soutenir une épreuve.

PÂTIS, *n. m.* V. *Pacage*.

PÂTISSERIE, *n. f.* art, état,
métier, profession du pâtissier
— biscuit, croquet, échaudé,
gimblette, macaron, massepain,
pain d'épice, pâté. V. *Gâteau*.

PATOIS, *n. m.* langage grossier,
manière de parler provinciale.
V. *Argot*.

PATRAQUE, *n. f.* vieille montre, vieux meuble. V. *Breto-
que*.

PÂTRE, *n. m.* berger, bouvier, chevrier, conducteur de

bœufs, gardeur de troupeaux,
gardeur de vaches.

PATRICIEN, *adj.* descendant de
sénateur, issu de sénateur, noble.

PATRIE, *n. f.* l'État où l'on
est né, lieu de la naissance,
pays natal.

PATRIMOINE, *n. m.* bien de
famille, bien venant du père ou
de la mère, hérédité paternelle
ou maternelle, héritage reçu
des aïeux.

PATRIMONIAL, *adj.* compris
dans le patrimoine, dépendant
du patrimoine, faisant partie
du patrimoine, qui est de patrimoine.

PATRIOTE, *n. m.* ami de la
patrie, attaché à la patrie, dévoué à la patrie, zélé pour la
patrie.

PATRIOTIQUE, *adj.* appartenant
au patriote, concernant la patrie, convenable à un patriote,
digne d'un patriote, favorable
à la patrie, relatif à la patrie.

PATRIOTISME, *n. m.* amour de
la patrie, attachement à la patrie, dévoûment à la patrie,
esprit patriotique, inclination
patriotique, zèle pour la patrie.

PATRON, *n. m.* ange tutélaire,
appui, défenseur, protecteur
— commandant, conducteur,
directeur, maître, pilote d'un
bâtiment — collateur, fondateur, nominateur, présentateur
d'un bénéfice — V. *Type*.

PATRONAGE, *n. m.* droit de
conférer un bénéfice, droit d'y
nommer, droit d'y présenter.

PATROUILLAGE, *n. m.* malpropreté, saleté, saloperie, vilenie qu'on fait en patrouillant.

PATROUILLE, *n. f.* détachement qui veille la nuit, gardes
de nuit — garde pendant la
nuit, guet de nuit, ronde de
nuit.

PATROUILLER, v. agiter de l'eau sale et bourbeuse, marcher dans de l'eau bourbeuse, patauger, tripoter dans la boue — déranger, gâter, manier malproprement, salir.

PÂTURAGE, n. m. V. Pacage.

PÂTURE, n. f. V. Pacage — V. Mangeaille.

PÂTURER, v. V. Pacager.

PAUME, n. f. creux de la main, dedans de la main, intérieur de la main — sorte de jeu.

PAUSE, n. f. station. V. Cessation.

PAUSER, v. faire une pause, s'arrêter, se reposer.

PAUVRE, adj. V. Indigent. V. Misérable — chétif, mal fait, mauvais. V. Contemptible.

PAUVREMENT, adv. à l'étroit, avec peine, dans la disette, dans la pauvreté, dans l'indigence, d'une manière serrée, étroitement, misérablement.

PAUVRETÉ, n. f. besoin, dénuement, détresse, disette, indigence, manque de bien, manque de fortune, misère, nécessité, pénurie.

PAVAGE, n. m. carrelage, ouvrage du paveur, pose du pavé.

SE PAVANER, v. V. se Panader.

PAVÉ, n. m. carreau. V. Grès — chemin garni de pierres dures, terrain couvert de grès.

PAVILLON, n. m. logement portatif, tabernacle, tente — bâtiment carré, gros bâtiment — garniture, tenture, tour de lit — bannière, drapeau, enseigne, étendard de vaisseau.

PAVOIS, n. m. V. Rondache.

PAYABLE, adj. devant être payé, digne d'être payé, pouvant être payé.

PAYE, n. f. solde. V. Honoraire.

PAYEMENT, n. m. acquit, solde d'une dette — V. Honoraire.

PAYER, v. acquitter une dette, donner le salaire, récompenser, s'acquitter, satisfaire ses créanciers, se libérer de ses dettes, solder son compte.

PAYS, n. m. V. Contrée.

PAYSAGE, n. m. aspect d'une campagne, vue de campagne — dessin, image, peinture, représentation d'une campagne.

PAYSAN, adj. V. Campagnard — butor, mal appris, manant, porcher. V. Grossier, 2. div.

PÉAGE, n. m. barrage, douane, droit de passage, impôt de passage, pontage, pontenage, pontonage.

PÉAGER, n. m. barrager, collecteur de péage, douanier, fermier d'un péage, pontonnier.

PEAU, n. f. cuir, enveloppe extérieure de l'animal, membrane, pellicule — maroquin, parchemin, vélin — V. Pelure.

PEAUSSERIE, n. f. V. Mégisserie.

PEAUSSIER, n. m. chamoiseur, commerçant en peaux. V. Pelletier.

PECCABLE, adj. foible, sujet au péché. V. Fragile.

PECCADILLE, n. f. faute légère, faute pardonnable, foiblesse, péché véniel, petit péché.

PECCAVI, n. m. aveu sincère de son péché, résipiscence, retour sur soi-même. V. Contrition.

PÊCHE, n. f. action, art, exercice de pêcher du poisson — droit de faire pêcher ou de pêcher — capture de poisson, poisson qu'on a pêché.

PÉCHÉ, n. m. faute, transgression de la loi. V. Iniquité.

PÊCHER, v. attraper, enlever, prendre du poisson — rattraper, recouvrer, repêcher, reprendre, retirer, tirer de l'eau ce qui y était tombé.

PÉCHER, v. commettre une iniquité, désobéir à Dieu, faillir, faire une faute, manquer, prévariquer, transgresser la loi.

PÉCHEUR, n. m. homme chargé de péchés, enclin au péché, habitué au péché, prévaricateur, violateur de la loi.

PÉCORE, n. f. animal, bête. — V. Balourd.

PECTORAL, adj. bon pour la poitrine, gastrique. V. Cordial. pendant, placé, porté sur la poitrine.

PÉCULAT, n. m. abus des deniers publics, concussion, larcin des deniers publics, malversation dans les finances, vol des deniers publics.

PÉCUNIAIRE, adj. acquitté en argent, consistant en argent, imposé en argent, payé argent comptant — relatif à l'argent, qui procure de l'argent.

PÉCUNIEUX, adj. fourni d'argent, riche en argent comptant, qui a beaucoup d'argent.

PÉDAGOGIE, n. f. éducation, pédanterie. V. Instruction.

PÉDAGOGIQUE, adj. appartenant à la pédagogie, concernant l'éducation, propre à l'instruction des enfants, relatif à l'éducation, sentant le pédagogue, tenant du pédagogue.

PÉDAGOGUE, n. m. maître d'école. V. Maître, & div.

PÉDANT, n. m. savant grossier, mal poli, obstiné, opiniâtre, tenant à son sens — pédagogue, personne qui affecte de montrer du savoir, qui étale à tout propos de l'érudition, qui se pique d'une exactitude déplacée, qui traite gravement des minuties.

PÉDANTERIE, n. f. affectation de savoir, étalage d'érudition, exactitude minutieuse et dé-

placée, pointillerie vétilleuse — V. Pédantisme.

PÉDANTESQUE, adj. guindé, sentant le pédant, tenant du pédant. V. Bouffi.

PÉDANTESQUEMENT, adv. d'un air pédantesque, d'une manière pédantesque, en pédant.

PÉDANTISER, v. affecter l'air savant, étaler fastueusement de l'érudition, faire le pédant, prendre un air capable.

PÉDANTISME, n. m. air, caractère, façon, manière de pédant, pédanterie.

PÉDESTREMENT, adv. à pied.

PÉDON, n. m. V. Courrier.

PEIGNE, n. m. carde, étrille, séran.

PEIGNER, v. arranger les cheveux, les démêler avec un peigne — ajuster, attifer, coiffer — carder, étriller — carder, passer par les cardes, passer au séran, sérancer — corriger, orner, polir — prendre aux cheveux. V. Rosser.

PEINDRE, v. faire l'image de, figurer, représenter, tirer la ressemblance en couleur — caractériser, décrire, dépeindre, exprimer vivement, faire la description, présenter le tableau — barbouiller, enduire de couleur, farder, mettre en couleur.

A PEINDRE, phr. adv. admirablement, à merveille, bien, de bon goût, merveilleusement, miraculeusement, parfaitement, supérieurement.

PEINE, n. f. mal. V. Maladie. — V. Travail, tourment. — V. Inquiétude, châtiment, correction, punition, supplice — entrave. V. Difficulté — aversion, répugnance.

A PEINE, phr. adv. à regret, avec peine, difficilement, malaisément — dans le moment, dans l'instant, depuis peu, il y a peu de temps, il n'y a qu'un instant, tout à l'heure — bien peu, fort peu, presque pas.

PEINÉ, adj. affligé, chagrin, chagriné, ennuyé, inquiet, inquiété, tourmenté — excédé, fatigué harassé, las — exécuté péniblement, fait avec peine, sentant la peine.

PEINER, v. donner de l'inquiétude, faire de la peine. V. Tourmenter — donner de la peine, fatiguer, harasser, lasser — faire avec peine, opérer difficilement, travailler beaucoup — avoir de la peine, être excédé, être surchargé.

PEINTURE, n. f. art de peindre, science du peintre — image peinte, ouvrage de peinture, tableau — caractère, description animée, expression vive — couleur, enduit de couleur, fard.

PELARD, adj. dépouillé de son écorce, écorcé, pelé.

PÊLE-MÊLE, adv. confusément, en confusion, en foule, ensemble, indistinctement, sans distinction, sans ordre.

PELÉ, adj. chauve, dégarni de poil, dépilé, épilé, rasé, tondu — dépouillé de la peau, écorché, excorié. — V. Pelard.

PELER, v. dégarnir de poil, dépiler, épiler, faire tomber le poil, raser, tondre — arracher la peau, dépouiller de la peau, écorcher, enlever la peau, excorier — dépouiller de l'écorce, écorcer, ôter l'écorce.

PÈLERIN, n. m. homme qui visite un lieu de dévotion, qui voyage par dévotion, voyageur pieux — homme caché, cauteleux, dangereux, dissimulé. V. Rusé.

PÈLERINAGE, n. m. pérégri-

nation pieuse, voyage de dévotion.

PELISSE, n. f. fourrure, habit fourré, manteau fourré, mantelet garni de fourrure, robe doublée de fourrure.

PELLETERIE, n. f. art de préparer les peaux en fourrures — condition, état, métier, profession de pelletier — commerce de fourrures, marchandise de fourrures, mégisserie, peausserie.

PELLETIER, n. m. artisan qui travaille en pelleterie, fabricant de pelleteries, fourreur, marchand de fourrures, mégissier, peaussier.

PELLICULE, n. f. peau très mince, petite peau.

PELOTE, n. f. V. Boule — coussinet.

PELOTER, v. jouer à la paume, s'amuser avec une pelote — battre, étriller, frapper, maltraiter, peigner, rosser, sabouler.

PELOTON, n. m. V. Pelote — attroupement, petit corps de troupes, petit nombre de personnes assemblées.

PELOTONNER, v. faire des pelotons, mettre en peloton.

PELOUSE, n. f. V. Gazon.

PELU, adj. V. Poilu.

PELURE, n. f. couverture, écorce, enveloppe, peau de fruits.

PÉNAL, adj. assujétissant à une peine, condamnant à une peine, décernant, déterminant, fixant, imposant, infligeant, prononçant, statuant quelque peine.

PÉNATES, n. m. pl. dieux domestiques, lares, protecteurs de la maison. — V. Logement.

PENAUD, adj. attristé, camus, capot. V. Déconcerté.

PENCHANT, adj. baissé, incliné, qui penche — déclinant, qui déchoit, qui décliné, qui est sur son déclin, qui menace ruine, qui tire à sa fin.

PENCHANT, n. m. baissement, inclinaison, penchement — abaissement, décadence, déclin, diminution — descente, pente, terrain qui va en baissant — goût. V. *Inclination*, 3. div.

PENCHER, v. baisser, courber, incliner, mettre hors d'aplomb, plier — aller en baissant, en descendant, en pente — avoir de la disposition, avoir de l'inclination, avoir de la propension, avoir du goût, être enclin, se porter vers.

PENDABLE, adj. digne de la corde, de la potence, du gibet, menant à la corde, à la potence au gibet — méritant d'être pendu, pendard, sentant la hart.

PENDANT, adj. accroché, attaché, branché, pendu, suspendu, tenant à — indécis, mis en cause, mis en question, porté en justice.

PENDANT, prép. dans le temps, durant, en attendant, tandis.

PENDARD, n. m. bandit, chenapan, gibier de potence, homme pendable, scélérat. V. *Fripon*.

PENDELOQUE, n. f. boucle d'oreille, pendant d'oreille.

PENDILLER, v. balancer, brandiller, être agité par le vent, être suspendu en l'air.

PENDRE, v. accrocher, attacher, brancher, suspendre.

PENDULE, n. m. balancier, poids suspendu et oscillant.

PENDULE, n. f. V. *Horloge*.

PÉNÉTRABLE, adj. où l'on peut pénétrer. V. *Perméable*.

PÉNÉTRANT, adj. — clairvoyant, intelligent, qui a de la sagacité, qui a du discernement, qui approfondit, qui a une grande perspicacité, qui pénètre.

PÉNÉTRATION, n. f. clairvoyance, conception aisée, connoissance approfondie, finesse de jugement, vivacité d'esprit. V. *Discernement*.

PÉNÉTRER, v. entrer dedans. V. *Percer*, 5. div. V. *Toucher*, 9. div. — approfondir, concevoir parfaitement, connoître à fond, découvrir, discerner.

PÉNIBLE, adj. chagrinant, coûteux, déplaisant, difficile, fatigant, laborieux. V. *Onéreux*.

PÉNIBLEMENT, adv. avec peine, difficilement, d'une manière pénible, laborieusement.

PÉNINSULE, n. f. presqu'île.

PÉNITENCE, n. f. conversion du cœur, correction de mœurs. V. *Contrition* — austérité, expiation, macération, mortification, satisfaction, vie pénitente.

PÉNITENCERIE, n. f. charge, commission, dignité, état, fonction, ministère de pénitencier.

PÉNITENCIEL, adj. s. PÉNITENCIAUX, adj. m. pl. appartenant à la pénitence, concernant la pénitence, réglant la pénitence, relatif à la pénitence — plein de componction, plein de l'esprit de pénitence, rempli de componction, respirant la pénitence.

PÉNITENCIER, n. m. prêtre autorisé, chargé, commis, préposé par l'évêque pour absoudre des cas réservés.

PÉNITENT, adj. converti. V. *Marri*.

PENNON, n. m. armoiries, écu, écusson, étendard à longue queue, guidon, pennonceau.

PENSÉE, n. f. attention, conception, considération, esprit,

faculté de penser, idée, imagination, mémoire, réflexion, ressouvenir, souvenance, souvenir. V. *Opinion*—dessein, intention, projet, vue.

PENSER, v. agiter dans son imagination, concevoir, considérer, imaginer, inventer, méditer, rappeler dans sa mémoire, réfléchir, rêver, rouler dans son esprit, se ressouvenir, se souvenir, songer—conjecturer, croire, estimer, juger, opiner — décider, délibérer, former dessein, projeter.

PENSEUR, n. m. homme à réflexion, homme de génie, inventif. V. *Pensif.*

PENSIF, adj. contemplatif, méditatif, mélancolique, occupé de ses pensées, rêveur, songe-creux, songeur.

PENSION, n. f. appointement, redevance, rente, rétribution, revenu, somme qui se paie annuellement.

PENSIONNER, v. accorder, donner, faire, payer une pension.

PENTE, n. f. V. *Penchant* — bande pendante, garniture d'un dais ou d'un lit.

PENTIÈRE, n. f. filet suspendu, lacet, lacs, rets.

PÉNULTIÈME, adj. avant-dernier, dernier moins un.

PÉNURIE, n. f. V. *Pauvreté.*

PÉPIN, n. m. graine, noyau, semence.

PÉPINIÈRE, n. f. plant de jeunes arbres — lieu d'où l'on tire des sujets, maison où l'on forme des sujets, séminaire.

PERÇANT, adj. acéré, aigu, pointu—pénétrant, subtil—vif, violent.

PERCEPTIBLE, adj. apercevable, qui peut être aperçu, qui tombe sous les sens, remarquable. V. *Visible.*

PERCEPTION, n. f. recette, récolte, recouvrement — notion. V. *Compréhension.*

PERCER, v. faire une ouverture, faire un trou, ouvrir, forer, trouer — mettre en perce, + imbiber, inonder, pénétrer, tremper — enfoncer, mettre en désordre, renverser, rompre—parvenir, passer au travers, pénétrer, se faire passage, se faufiler, s'insinuer, s'introduire—acquérir du renom, devenir célèbre, faire du bruit, marquer, se faire connoître.

PERCHER. V. *Jucher.*

PERCLUS, adj. entrepris, estropié, impotent, paralytique, privé de l'usage d'un ou de plusieurs membres.

PERCUSSION, n. f. choc, coup, impression, impulsion, pulsation.

PERDITION, n. f. dissipation, dommage. V. *Ruine* — damnation, réprobation.

PERDRE, v. cesser d'avoir, être privé faire une perte, manquer à gagner, souffrir un dommage — consumer, dissiper, prodiguer — diffamer, ôter la réputation, ruiner — avoir du désavantage, avoir du dessous, être vaincu. V. *Débaucher.* — dérégler — changer, défigurer, déformer. V. *Gâter.*

SE PERDRE, v. être dans le chemin de la perdition, être en voie de damnation, se damner — méconnoître son chemin. V. *s'Egarer* — disparoître, se dissiper, s'effacer, se passer, tomber dans l'oubli.

PERDU, adj. consumé, dissipé, prodigué, ruiné — décrédité, décrié, déshonoré, diffamé — corrompu, dépravé. V. *Déréglé* — inefficace, inutile, nul, vain.

PÉRÉGRINATION, n. f. V. *Pèlerinage.*

PÉREMPTOIRE, adj. irrésistible, qui est sans réplique, triomphant, victorieux. V. Décisif.

PÉREMPTOIREMENT, adv. décisivement, définitivement, d'une manière péremptoire, irrésistiblement, sans réplique, victorieusement.

PÈRES, n. m. pl. patriarches. V. Ancêtres.

PERFECTION, n. f. exécution complète, finiment. V. Parachèvement — assemblage des meilleures qualités, état le plus parfait, excellence, réunion de toutes les vertus, suprême degré de mérite.

EN PERFECTION, phr. adv. admirablement, à merveille, à peindre, bien, complètement, de bon goût, d'une manière accomplie, d'une manière achevée, d'une manière parfaite, merveilleusement, miraculeusement, parfaitement, sans défaut, supérieurement.

PERFECTIONNER, v. V. Parachever.

PERFIDE, adj. manquant de foi. V. Parjure.

PERFIDEMENT, adv. avec perfidie, déloyalement, de mauvaise foi, d'une manière perfide, en traître, infidèlement, proditoirement, traîtreusement.

PERFIDIE, n. f. déloyauté, infidélité, manque de foi, manque de parole, mauvaise foi, trahison.

PÉRICLITER, v. courir du risque, être en danger, être en péril, être en risque, risquer.

PÉRIL, n. m. danger, état hasardeux, hasard, risque.

PÉRILLEUSEMENT, adv. avec péril, avec risque, dangereusement, d'une manière périlleuse, hasardeusement.

PÉRILLEUX, adj. dangereux, hasardeux, plein de risque, risquable.

PÉRIODE, n. f. cercle, circuit, espace fixe de temps, retour réglé, révolution — expression d'un sens complet au moyen de plusieurs membres liés ensemble.

PÉRIODE, n. m. degré, point, terme.

PÉRIODIQUE, adj. ayant ses périodes, ayant ses retours marqués, fixé à des temps égaux, réglé à des termes fixes — composé de périodes, harmonieux, mesuré, nombreux.

PÉRIPATÉTICIEN, adj. aristotélicien, disciple d'Aristote, qui suit la doctrine d'Aristote, sectateur d'Aristote.

PÉRIPHÉRIE, n. f. V. Circonférence.

PÉRIPHRASE, n. f. V. Circonlocution.

PÉRIPHRASER, v. employer des circonlocutions, faire un circuit de paroles, parler par périphrases, se servir d'expressions détournées, user de périphrases.

PÉRIPTÈRE, n. m. colonnade, péristyle, polystyle.

PÉRIR, v. avoir une fin malheureuse, finir malheureusement, mourir, prendre fin — être abîmé, être englouti, être submergé, faire naufrage — s'écrouler, se détruire, se renverser, tomber — se détériorer, se gâter. V. Décliner.

PÉRISSABLE, adj. V. Passager, adj.

PÉRISSOLOGIE, n. f. V. Battologie.

PÉRISTYLE, n. m. V. Périptère.

PERLE, n. f. élite, excellence, fleur, gloire, honneur, phénix.

PERMANENCE, n. f. état invariable, état. permanent. V. Stabilité.

PERMANENT, adj. constant, fixe, immobile, immuable, invariable, qui demeure toujours, qui ne change point, solide, stable.

PERMÉABLE, adj. dont les pores donnent passage à quelque fluide, pénétrable.

PERMETTRE, v. accorder la permission, consentir, donner permission, laisser la liberté, souffrir, tolérer.

PERMIS, adj. accordé, souffert, toléré. V. Loisible.

PERMISSION, n. f. puissance donnée, tolérance. V. Licence.

PERMUTATION, n. f. V. Change.

PERMUTER, v. échanger, faire un troc, troquer.

PERNICIEUSEMENT, adv. désavantageusement, d'une manière pernicieuse, malignement, avec perte.

PERNICIEUX, adj. dangereux, malin, mauvais. V. Préjudiciable.

PÉRONNELLE, n. f. femme de peu, ignoble, méprisable, vile.

PÉRORAISON, n. f. conclusion du discours, fin du discours, épilogue.

PERPENDICULAIRE, adj. descendant droit, descendant en ligne droite, orthogonal, pendant à plomb, tombant à plomb, vertical.

PERPENDICULAIREMENT, adv à angles droits, à pic, à plomb, d'aplomb, en direction perpendiculaire, en ligne perpendiculaire, orthogonalement, verticalement.

PERPENDICULARITÉ, n. f. aplomb, direction perpendiculaire, direction verticale, situation perpendiculaire, situation verticale.

PERPÉTRER, v. commettre, faire, se rendre coupable de.

PERPÉTUATION, n. f. continuation, maintien, prorogation.

PERPÉTUEL, adj. qui ne cesse point, stable, toujours durable. V. Continu, 2. div.

PERPÉTUELLEMENT, adv. V. Continuellement.

PERPÉTUER, v. continuer, éterniser, faire durer toujours, maintenir, ne pas interrompre, rendre durable.

PERPÉTUITÉ, n. f. V. Eternité.

A PERPÉTUITÉ, phr. adv. à jamais, d'une manière stable, éternellement, irrévocablement, pour toujours.

PERPLEXE, adj. agité de doutes, embarrassé, flottant, hésitant. V. Incertain — inquiet, soucieux, troublé.

PERPLEXITÉ, n. f. agitation d'esprit, doute, embarras, état flottant, hésitation, incertitude, indécision, indétermination, irrésolution, vacillation—anxiété, inquiétude, peine d'esprit, sollicitude, souci, tourment de l'esprit, trouble.

PERQUISITION, n. f. V. Inquisition.

PERRIÈRE, n. f. carrière.

PERRUQUE, n. f. chevelure postiche, coiffure de faux cheveux, fausse chevelure.

PERRUQUIER, n. m. V. Baigneur.

PERSÉCUTANT, adj. assommant, désolant, harcelant. V. Tourmentant.

PERSÉCUTER, v. affliger, tyranniser. V. Molester — accabler d'importunités, excéder, fatiguer, harceler, importuner, incommoder, insister sans cesse, lasser, poursuivre obstinément, presser sans relâche.

PERSÉCUTION, n. f. poursuite injuste, poursuite violente, tourment, tyrannie, vexation — assiduité excessive, importunité, incommodité, instance onéreuse, poursuite vive, sollicitation trop répétée.

PERSÉVÉRANCE, n. f. longanimité, patience inaltérable. V. Constance.

PERSÉVÉRANT, n. f. constant, égal, ferme, invariable, patient, stable.

PERSÉVÉRER, v. continuer, ne pas cesser, ne pas interrompre, poursuivre. V. Persister.

PERSIFLAGE, n. m. V. Moquerie.

PERSIFLER, v. jouer, plaisanter, railler, ridiculiser. V. se Moquer.

PERSIFLEUR, n. m. V. Railleur.

PERSISTER, v. continuer, demeurer ferme, être constant, être invariable, ne point changer d'avis, ne point démordre de son sentiment, ne se point départir, ne se point relâcher, persévérer, tenir bon, tenir ferme.

PERSONNAGE, n. m. homme, personne — grand homme, homme célèbre, homme distingué, homme important, homme illustre, homme notable, homme remarquable — imitation, représentation, rôle.

PERSONNALISER, attribuer à un personnage réel ou feint, désigner une personne, faire une application particulière.

PERSONNALITÉ, n. f. caractère de la personne, intérêt personnel, trait qui dénote la personne — injure, invective, reproche, trait piquant contre une personne désignée.

PERSONNE, n. f. homme, individu humain, personnage — quelqu'un.

PERSONNEL, adj. particulier à une personne, propre à chaque personne, relatif à la personne — adressé à une personne, appliqué à une personne, dirigé contre une personne, désignant une personne, tombant sur une personne.

PERSONNELLEMENT, adv. en personne, individuellement — distinctement, expressément, nommément, par une désignation personnelle.

PERSONNIFIER, attribuer à une chose les propriétés d'une personne, feindre des personnages impossibles, transformer en personnages des êtres qui ne le sont point.

PERSPECTIVE, n. f. aspect, peinture, représentation, vue des objets comme la nature les montre — considération, observation, prescience, pressentiment, prévision, vue des évènements à venir.

PERSPICACITÉ, n. f. V. Pénétration.

PERSPICUITÉ, n. f. clarté, évidence des idées, netteté de discours, précision de style.

PERSUADER, v. attirer à son sentiment, déterminer à croire, gagner, presser. V. Instiguer.

PERSUASIBLE, adj. démontrable, dont on peut convaincre, qui peut être persuadé, qu'on peut démontrer.

PERSUASIF, adj. capable de persuader, engageant, insinuant, propre à persuader.

PERSUASION, n. f. action de persuader, art de persuader, capacité, disposition, moyens, talent propre pour persuader — acquiescement, adhésion, consentement, déférence de l'esprit — conviction, ferme croyance.

PERTE, *n. f.* altération, déchet, dégradation, déperdition, dépérissement, destruction, détérioration, détriment, diminution, dommage, échec, préjudice, tare, tort — décadence des affaires, dégât, désavantage, dévastation, dilapidation, dissipation, infortune, malheur, renversement, revers de fortune, ruine.

PERTINEMMENT, *adv.* à propos, avec jugement, avec discrétion, catégoriquement, comme il faut, complètement, congrument, convenablement, d'une manière pertinente, fort juste, raisonnablement, savamment.

PERTINENT, *adj.* acceptable, juste. V. *Valable.*

PERTUIS, *n. m.* ouverture, trou. V. *Gorge.*

PERTUISANE, *n. f.* V. *Esponton.*

PERTURBATEUR, *n. m.* V. *Cabaleur.*

PERTURBATION, *n. f.* agitation, commotion, confusion, désordre, égarement, étonnement, mouvement extraordinaire, remuement, renversement, trouble.

PERVERS, *adj.* corrompu, dépravé. V. *Déréglé*—désordonné. V. *Méchant.*

PERVERSION, *n. f.* changement en mal. V. *Perversité.*

PERVERSITÉ, *n. f.* corruption, débauche, débordement de mœurs, dépravation, dérèglement, désordre, dissolution, iniquité, injustice, libertinage, licence, malignité, méchanceté, perfidie, perversion, scélératesse, vice.

PERVERTIR, *v.* corrompre, débaucher, dépraver, dérégler, induire à mal, persuader le mal, porter au libertinage, pousser à la licence, séduire, suborner

— déranger l'ordre, mettre le désordre, renverser l'ordre, troubler l'ordre — altérer, changer, défigurer, estropier, forcer, interpréter mal, prendre à contre-sens, tordre un texte.

PESAMMENT, *adv.* avec peine, difficilement, d'une manière pesante, languissamment, lentement, lourdement, massivement, ennuyeusement, gauchement, grossièrement, maladroitement, maussadement, stupidement.

PESANT, *adj.* difficile à porter, grave, lourd, massif, matériel, onéreux. V. *Lent*—borné, bouché, ennuyeux, gauche, grossier, imbécile, maladroit, maussade, peu intelligent, stupide.

PESANTEUR, *n. f.* charge, faix, fardeau, masse, poids — force centripète, gravitation, gravité —indolence, lâcheté, langueur, lenteur, longueur, manque d'activité, négligence, nonchalance — gaucherie, grossièreté, imbécillité, maladresse, maussaderie, stupidité.

PESER, *v.* apprécier, approfondir, avérer, considérer, constater, déterminer, examiner, fixer, mesurer, observer combien pèse un corps — charger, embarrasser, être à charge, être incommode, être lourd, fatiguer, incommoder, oppresser — appuyer, demeurer, insister, rester long-temps — balancer, considérer, étudier à fond, faire attention, faire réflexion, observer. V. *Éplucher.*

PESON, *n. m.* V. *Balance.*

PESTARD, *n. m.* babillard, bavard, causeur, indiscret, jaseur, médisant, rapporteur.

PESTE, *n. f.* contagion, épidémie, maladie contagieuse,

maladie épidémique, maladie populaire, pestilence — corruption, infection, mauvaise odeur, odeur fétide, puanteur, putréfaction — personne dangereuse, maligne, mauvaise, méchante, qui cause du scandale, qui donne de mauvais conseils, qui enseigne une doctrine pernicieuse, qui est de mauvais exemple, qui suit de mauvais principes, scandaleuse, séditieuse.

Peste, adj. espiègle, éveillé, lutin, malin, rusé, vif.

Pester, v. invectiver, jaser, se fâcher, s'emporter, tempêter.

Pestifère, adj. communiquant, donnant, répandant la peste.

Pestiféré, adj. V. Epidémique. atteint, frappé, infecté, malade de peste — empesté, empuanti. V. Infect.

Pestilence, n. f. corruption de l'air, invasion de la peste — corruption de la saine doctrine, enseignement pernicieux, mauvaise doctrine.

Pestilent, adj. approchant de la peste, tenant de la peste. V. Infect.

Pestilentiel, Pestilentieux, adjectifs. contagieux, empesté, fétide, infect, pestifère, pestilent, puant, putride, répandant la peste.

Pétaudière, n. f. assemblée sans ordre, la Cour du roi Pétaud, lieu d'anarchie, lieu de confusion, lieu où chacun fait le maître.

Pétilant, adj. scintillant V. Etincelant.

Pétillement, n. m. vivacité pétillante. V. Eclat.

Pétiller, v. V. Eclairer, scintiller. V. s'Impatienter — aspirer après, avoir une forte

envie, désirer ardemment, mourir d'envie, souhaiter avec ardeur.

Petit, adj. bas. V. Exigu.

en Petit, phr. adv. en abrégé, en précis, en raccourci ; sommairement — en miniature.

Petit à Petit, phr. adv. avec le temps, doucement, imperceptiblement, insensiblement, peu à peu.

Petitement, adv. en petite quantité, foiblement ; peu — médiocrement, modiquement, moyennement — à l'étroit, avec peine, d'une manière serrée, étroitement, exignment, misérablement, pauvrement.

Petitesse, n. f. peu d'étendue, peu de volume — bassesse, foiblesse. V. Exiguité.

Pétition, n. f. action en justice, demande pétitoire.

Pétrifier, v. changer en pierre, donner la consistance de pierre, durcir comme la pierre, lapidifier, rendre pierre, transformer en pierre — arrêter, fixer, glacer, rendre immobile — stupéfier. V. Surprendre.

Pétrin, n. m. coffre de bois pour pétrir. V. Huche.

Pétrir, v. amollir, brasser, détremper, façonner, faire, manier, préparer la pâte.

Pétulamment, adv. avec pétulance, brusquement, d'une manière pétulante, effrontément, impétueusement, insolemment, vivement.

Pétulance, n. f. effronterie, insolence. V. Emportement.

Pétulant, adj. brusque, effronté, emporté, fougueux, impétueux, insolent, remuant, vif.

Pétuner, v. fumer du tabac, prendre du tabac, user de tabac.

Peu, n. m. petite quantité,

petit nombre , quantité modique. V. *Médiocrité.*

A Peu près , *phr. adv.* V. *Environ, adv.*

Dans Peu, *phr. adv.* avant peu, bientôt , dans l'instant , dans peu de temps , incessamment, incontinent, sans délai, sans retard, tout à l'heure

peu a peu, *phr. adv.* V. *Petit à petit.*

Peuplade , *n. f.* colonie , établissement d'habitants.

Peuple , *n. m.* corps des habitants d'un état ou d'un pays, nation — bourgeoisie, corps de bourgeois — foule. V. *Multitude.*

Peupler , *v.* augmenter le nombre des habitants, établir des colons, établir des habitants, multiplier les habitants, remplir d'habitants — croître, devenir plus nombreux, multiplier, pousser des rejetons, provigner, pulluler.

Peur , *n. f.* lâcheté, poltronnerie, pusillanimité, timidité. V. *Effroi.*

Peureux , *adj.* V. *Craintif,* sujet à la peur , susceptible de frayeur.

Phaéton, *n. m.* V. *Cabriolet.*

Phalange, *n. f.* bataillon carré, corps de fantassins, gros bataillon , troupe d'infanterie.

Phalène, *n. m.* papillon de nuit , papillon nocturne.

Phare, *n. m.* V. *Fanal.*

Pharisaïque, *adj.* attaché à la lettre—caché, déguisé , dissimulé, faux, orgueilleux, présomptueux, superstitieux, tenant du pharisaïsme, vain.

Pharisaïsme, *n. m.* caractère, doctrine , secte des pharisiens. V. *Cafarderie.*

Pharisien , *adj.* V. *Cafard.*

Pharmaceutique , *adj.* appartenant à la pharmacie, concer-

nant la pharmacie , dépendant de la pharmacie , propre de la pharmacie, relatif à la pharmacie.

Pharmacie, *n. f.* apprêt, composition , dose, façon, manipulation , préparation des remèdes — art de composer les médicaments, pharmaceutique, pharmacopée.

Pharmacien, Pharmacopole , *n. mm.* apothicaire, droguiste, homme expert en pharmacie, homme qui professe la pharmacie.

Phase, *n. f.* changement de face , différence d'aspects, diversité d'apparences, illumination différente, nouveau regard des planètes.

Phébus, *n. m.* Apollon, dieu de l'Hélicon, dieu du Parnasse, dieu du Permesse , le père du Jour, le Soleil — discours trop brillanté, galimatias, langage guindé, propos boursouflé, style ampoulé.

Phénix, *n. m.* oiseau fabuleux , unique et renaissant de sa cendre — objet rare, objet unique. V. *Perle, 2. div.*

Phénomène, *n. m.* chose surprenante, effet extraordinaire, événement singulier, fait nouveau, occasion rare, rencontre inouïe.

Philanthrope, *adj.* aimable, ami des hommes. V. *Bienfaisant.*

Philanthropie , *n. f.* amour des hommes. V. *Bienfaisance.*

Philologie , *n. f.* belles-lettres, critique, érudition, littérature.

Philologique, *adj.* appartenant à la philologie, concernant les belles-lettres, convenable à la critique, dépendant de la philologie, plein d'érudition , relatif à la littérature.

PHILOLOGUE, *n. m.* V. *Littérateur.*

PHILOSOPHE, *n. m.* amateur de la sagesse, sage — esprit ferme, esprit élevé — homme appliqué aux sciences, homme qui étudie la nature, métaphysicien, physicien, scrutateur de la nature — raisonneur, sophiste. — V. *Mécréant.*

PHILOSOPHER, *v.* méditer, raisonner, réfléchir, traiter des matières de philosophie — raisonner trop subtilement, sophistiquer, subtiliser à l'excès.

PHILOSOPHIE, *n. f.* amour de la sagesse — élévation d'esprit, fermeté d'âme, sagesse, tranquillité d'âme — étude de la morale, étude de la nature, étude des causes et des effets, métaphysique, physique, science raisonnée de la nature — V. *Philosophisme.*

PHILOSOPHIQUE, *adj.* appartenant à la philosophie, concernant la philosophie, convenable à un philosophe, digne d'un philosophe, fondé sur la raison, raisonnable, raisonné, sage.

PHILOSOPHIQUEMENT, *adv.* d'une manière philosophique, en philosophe, par raisonnement, selon les principes de la philosophie — avec fermeté, courageusement, patiemment, sagement, sans se laisser abattre, tranquillement.

PHILOSOPHISME, *n. m.* affectation de philosophie, athéisme, déisme, fausse philosophie, incrédulité, libertinage d'esprit.

PHLÉBOTOMIE, *n. f.* art de saigner, saignée.

PHLÉBOTOMISER, *v.* ouvrir la veine, saigner, tirer du sang.

PHRASE, *n. f.* assemblage de mots, construction de paroles, expression, façon de parler, locution, tour d'expression —

association affectée de certains mots, façon de parler affectée, expression recherchée, locution recherchée, tour recherché.

PHRASIER, *n. m.* chercheur de phrases, discoureur affecté, rhéteur ampoulé.

PHTHISIE, *n. f.* V. *Marasme.*

PHTHISIQUE, *adj.* attaqué de phthisie, atteint d'étisie, atténué, décharné, étique, maigre, tombé dans le marasme.

PHYSICIEN, *n. m.* philosophe connoissant la nature, étudiant la nature, naturaliste, observateur de la nature.

PHYSIONOMIE, *n. f.* caractère apparent, façon. V. *Mine.*

PHYSIQUE, *n. f.* connoissance raisonnée des propriétés de la nature, observation de la nature, science des choses naturelles.

PHYSIQUE, *adj.* causé par la nature, dépendant des principes de la nature, naturel, produit par les causes naturelles.

PHYSIQUEMENT, *adv.* d'une manière naturelle, naturellement, par une cause physique, par une suite de la nature, réellement.

PIACULAIRE, *adj.* expiatoire, offert en expiation, présenté en réparation, relatif à l'expiation, satisfactoire.

PIAILLER, *v.* V. *Criailler.*

PIAILLERIE, *n. f.* V. *Criaillerie.*

PIAILLEUR, PIAILLARD, *nn. mm.* V. *Criailleur.*

PIANE-PIANE, *adv.* V. *Lentement.*

PIC, *n. m.* V. *Hoïau.*

A PIC, *phr. adv.* V. *Perpendiculairement.*

PICORÉE, *n. f.* V. *Maraude.*

PICORER, *v.* V. *Marauder.*

PICOTÉ, *adj.* pincé, pointillé. V. *Picoter*, 2. *div.* — marqué de petite-vérole, marqueté.

PICOTER, *v.* pincer, pointiller —agacer, attaquer sans cesse, harceler, irriter, provoquer.

PICOTERIE, *n. f.* agacerie, parole piquante, propos malin, reproche enveloppé. **V.** *Pointillerie.*

PIÈCE, *n. f.* **V.** *Morceau* — écrit, écriture, preuve par écrit, titre écrit — discours, drame, épître, harangue, oraison, ouvrage de belles-lettres, poème, poésie, prône, sermon.—**V.** *Malice*, 3. *div.*

PIED, *n..m.* pate—base, fondement—le bas, le soc, tronc —pas, trace, vestige—condition, état, position, situation — mesure de douze pouces — mesure en syllabes, mètre.

PIÈGE, *n. m.* **V.** *Lacs.*

PIE-GRIÈCHE, *n. f.* petite pie fort criarde. **V.** *Mégère.*

PIERRE, *n. f.* **V.** *Roc.*

PIERRE PHILOSOPHALE, *n. f.* changement des métaux en or, le grand œuvre, transmutation des métaux.

PIERRERIES, *n. f. pl.* **V.** *Diamants.*

PIERREUX, *adj.* couvert, plein, rempli, semé de pierres — graveleux, plein d'un petit gravier.

PIÉTÉ, *n. f.* affection pour les choses saintes, dévotion, religion, respect pour les choses saintes, sentiment pieux, sentiment religieux.

PIÉTINER, *v.* battre des pieds, frapper des pieds, remuer sans cesse les pieds, trépigner — être en colère. **V.** *s'Impatienter.*

PIÈTRE, *adj.* chétif, mesquin, n'ayant aucune valeur. **V.** *Contemptible.*

PIÈTREMENT, *adv.* chétivement, mesquinement, pauvrement.

PIEU, *n. m.* **V.** *Pal.*

PIEUSEMENT, *adv.* avec dévo-tion, avec piété, dévotement, d'une manière pieuse, religieusement.

PIEUX, *adj.* attaché aux devoirs de la religion. **V.** *Dévot.*

PIGEONNIER, *n. m.* colombier, fuie, volet, volière.

PIGNOCHER, *v.* Mâchonner.

PILASTRE, *n. f.* colonne, pilier.

PILE, *n. f.* **V.** *Entassement.*

PILER, *v.* mettre en poudre, pulvériser. **V.** *Concasser.*

PILIER, *n. m.* colonne, pilastre. **V.** *Etrésillon.*

PILLAGE, *n. m.* PILLERIE, *n. f.* brigandage, butin, dégât, dépouille, dépouillement, déprédation, dévastation, enlèvement d'effets, larcin, ravage, saccagement, vol, volerie.

PILLARD, PILLEUR, *nn. mm.* brigand, corsaire, déprédateur, dévastateur, forban, larron, pirate, voleur.

PILLER, *v.* arracher, butiner, dérober, dévaster, enlever, extorquer, saccager, voler.

PILORIER, *v.* attacher, exposer, mettre au pilori—condamner, faire mettre au pilori.

PILOTAGE, *n. m.* fondation en pieux, ouvrage de pilotis — art de conduire un vaisseau, conduite d'un vaisseau.

PILOTE, *n. m.* conducteur, gouverneur, maître, patron d'un vaisseau.

PILOTER, *v.* enfoncer des pilotis, faire un pilotage, fonder en pilotis.

PILOTIS, *n. m.* **V.** *Pal.*

PILULE, *n. f.* bol, bolus.

PIMPANT, *adj.* bien paré, brave, fanfaron, leste, magnifique en habits, superbe en vêtements.

PINACLE, *n. m.* Comble—élévation, sublimité, suprême degré.

PINASSE, *n. f.* **V.** *Felouque.*

Pince, *n. f.* bout du pied, ongle, serre — barre, levier de fer — étrécissure, pli, plissure, raccourcissement.

Pinceau, *n. m.* manière de colorier, manière de peindre, peinture — expression, manière d'écrire, style, ton d'un écrivain.

Pincer, *v.* comprimer, presser, serrer la superficie de la peau — blâmer, réprimander, tancer. V. *Critiquer.*

Pindarique, *adj.* calqué sur Pindare, conforme à la manière de Pindare, copié sur Pindare, fait dans le goût de Pindare, imité de Pindare, semblable au ton de Pindare.

Pinque, *n. f.* V. *Felouque.*

Pioche, *n. f.* V. *Hoïau.*

Piocher, *v.* creuser, fouiller, fouir, bouer, labourer, remuer, retourner la terre.

Pipe, *n. f.* V. *Baril.*

Pipé, *adj.* attrapé, pris à la pipée — V. *Piper,* 2. *div.* — falsifié, faux, préparé pour tromper — escamoté, intercepté.

Pipeau, *n. m.* chalumeau, flûte champêtre.

Piper, *v.* attirer les oiseaux, chasser aux oiseaux, leurrer les oiseaux en contrefaisant leur cri ou celui de la chouette — V. *Tromper* — falsifier, préparer pour tromper — escamoter; intercepter.

Piperie, *n. f.* falsification, V. *Tricherie.*

Pipeur, *n. m.* falsificateur, fourbe, joueur de mauvaise foi. V. *Tricheur.*

Piquant, *adj.* aigu, perçant, poignant, pointu — V. *Choquant* — acide, aigre, qui est de haut goût, relevé — touchant — V. *Salé,* 2. *div.*

Piquant, *n. m.* aiguillon, épine, pointe.

Pique, *n. m.* V. *Pertuisane* — aigreur, désunion. V. *Altercation.*

Piquer, *v.* aiguillonner, percer, picoter, poindre — garnir de lardons, larder, mettre des lardons — pincer, satiriser. V. *Mordre,* 2. *div.* — blesser la délicatesse, choquer, courroucer, donner de l'humeur, fâcher, irriter, mettre en colère, offenser.

se Piquer, *v.* prendre de l'humeur, se choquer, se fâcher, s'irriter, se mettre en colère, s'offenser — faire gloire, faire vanité, se glorifier, se vanter.

Piquier, *n. m.* V. *Hallebardier.*

Pirate, *n. m.* V. *Corsaire.*

Pirater, *v.* brigander, écumer les mers, exercer la piraterie, faire le métier de corsaire, voler.

Piraterie, *n. f.* brigandage, larcin, métier de pirate, pillage, pillerie, profession de corsaire, volerie.

Pire, *adj.* plus dommageable, plus mauvais, plus méchant, plus nuisible, plus pernicieux, plus ruineux.

Pire, *n. m.* désavantage plus grand, dommage plus considérable, mal plus nuisible, perte plus pernicieuse.

Pirogue, *n. f.* V. *Barque.*

Pis, *adv.* d'une manière plus désavantageuse, plus dommageable, plus fâcheuse, plus nuisible, plus pernicieuse; plus désavantageusement, plus mal.

Pis, *n. m.* contretemps plus nuisible, plus fâcheux accident, plus grand désavantage, plus grand dommage, plus grand mal, plus grand malheur, plus mauvaise aventure — poitrine, sein — mamelon, tette, tétin, tétine, trayon.

Piscine, *n. f.* bassin d'eau, lavoir , petit étang , réservoir d'eau , vivier.

PISSAT ; *n. m.* urine.

PISSE-FROID , *n. m.* homme apathique , indifférent , insensible , mélancolique , morne , sérieux.

PISSER , *v.* V. *Uriner.*

PISTE ; *n. f.* V. *Vestige.*

PITANCE , *n. f.* aliments , munition , provision , victuaille , vivres—portion pour un repas.

PITEUSEMENT , *adv.* à faire pitié , d'une façon piteuse , misérablement , pauvrement , pitoyablement , tristement.

PITEUX, *adj.* abandonné , délaissé , misérable , pauvre , qui fait pitié — dédaigneux , rebutant , rechigné.

PITIÉ, *n. f.* V. *Commisération* — dédain , dégoût , mépris.

PITON, *n. m.* cheville , crampon , fiche.

PITOYABLE, *adj.* compatissant, miséricordieux , sensible — digne de compassion , digne de pitié , malheureux , misérable , piteux — défectueux , mauvais , méprisable , répréhensible , vicieux.

PITOYABLEMENT , *adv.* V. *Piteusement* — d'une façon méprisable, gauchement, grossièrement, maladroitement, malhabilement, sans adresse, sans art, sans dextérité, sans habileté, sottement, très mal.

PITTORESQUE , *adj.* caractéristique , énergique , expressif , mettant la chose sous les yeux , qui peint à l'esprit, représentatif.

PITTORESQUEMENT , *adv.* d'une manière pittoresque , d'une manière représentative , énergiquement, en mettant la chose sous les yeux.

PITUITE , *n. f.* V. *Flegme.*

PIVOT , *n. m.* aissieu, appui,

axe, soutien — moteur, principal agent — grosse racine enfoncée perpendiculairement.

PLACARD , *n. m.* affiche, programme — écrit injurieux, libelle.

PLACARDER , *v.* afficher, mettre un placard, poser une affiche — blasonner, décrier, déshonorer, diffamer, perdre de réputation, satiriser.

PLACE, *n. f.* endroit, espace, étendue déterminée, intervalle, lieu — charge, commission, dignité, emploi, office, poste — dignité, prérogative, rang — château , citadelle, fort, forteresse, ville de guerre, ville fortifiée — halle, marché.

PLACER , *v.* poster — V. *Poser,* arranger , assigner la place , déterminer le rang , disposer , donner les places , mettre en ordre, ranger.

PLACET, *n. m.* pliant. V. *Tabouret* — demande sommaire , requête, supplique.

PLAFOND, *n. m.* lambris , voûte.

PLAFONNER , *v.* V. *Lambrisser.*

PLAGE, *n. f.* côte, rivage de mer.

PLAGIAIRE, *n. m.* fripier de passages, pilleur d'écrits, voleur de textes.

PLAGIAT , *n. m.* copie frauduleuse de passages, larcin d'écrits, pillage de textes, vol de pensées.

PLAID , *n. m.* V. *Plaidoyer* — audience, barreau.

PLAIDER , *v.* agir en justice, appeler en jugement, contester en justice, être en procès, intenter un procès, procéder — défendre une cause, discuter une question , soutenir une cause.

PLAIDEUR, *n. m.* homme qui a un procès, qui est en procès,

qui plaide, qui procède — chicaneur, chicanier, incidentaire, processif, querelleur, tracassier.

PLAIDOIRIE, n. f. art de plaider — condition, état, profession d'avocat plaidant.

PLAIDOYER, n. m. débat, défense d'une cause, discours d'un avocat, discussion d'un droit ou d'un fait, plaid.

PLAIE, n. f. blessure, cicatrice, lésion — dommage, préjudice — affliction, douleur de l'âme, peine.

PLAIN, adj. égal, plan, plat, ras, uni, uniforme.

PLAINDRE, v. avoir compassion, avoir pitié, compatir, être sensible, être touché de — dépenser à regret, donner chichement, économiser sordidement, épargner mesquinement, lésiner.

SE PLAINDRE, v. pousser des gémissements, s'affliger. V. *Déplorer* — accuser, demander justice, demander raison, demander réparation, former une plainte, intenter procès, rendre plainte — déclarer, exprimer, témoigner son mécontentement.

PLAINE, n. f. campagne unie, grande étendue unie, grand espace, plan, plate campagne, rase campagne.

PLAINTE, n. f. complainte, doléance, gémissement, lamentation, pleurs, regrets, soupirs — accusation, délation, demande en réparation, dénonciation.

PLAINTIF, adj. dolent, gémissant, qui se lamente, qui se plaint, soupirant, triste.

PLAINTIVEMENT, adv. avec lamentation, dolemment, d'une manière plaintive, d'une voix plaintive, d'un ton plaintif, en

gémissant, en se lamentant.

PLAIRE, v. agréer, avoir des charmes, charmer, enchanter, être agréable, être au gré, faire grand plaisir, flatter les sens, revenir — complaire, déférer, faire sa cour.

SE PLAIRE, v. aimer, mettre sa satisfaction, prendre plaisir, se délecter, se trouver bien, trouver du contentement — profiter, réussir, venir bien.

PLAISAMMENT, adv..agréablement, d'une manière agréable, enjouée, plaisante. V. *Drôlement*, d'une manière bouffonne, d'une manière goguenarde, d'une manière récréative, risiblement — bêtement, d'une manière extravagante, extravagamment, impertinemment, ridiculement, sottement.

PLAISANT, adj. V. *Divertissant* — drôle, folâtre, gaillard. V. *Comique* — bête, extravagant, impertinent, ridicule, sot.

PLAISANTER, faire l'agréable, faire le badin, faire le plaisant. V. *Jouer*, ridiculiser, se jouer — se rire. V. *se Moquer*.

PLAISANTERIE, n. f. badinage, badinerie, divertissement, enjouement, folâtrerie, gaieté, mot pour rire, propos facétieux — V. *Moquerie*.

PLAISIR, n. m. V. *Réjouissance* — délices, volupté — contentement, discrétion, volonté — bon office, faveur; grâce, service.

PAR PLAISIR, phr. adv. à plaisir, par amusement, par divertissement, par malice — à dessein, exprès, pour éprouver, pour essayer, pour voir si.

PLAN, adj. V. PLAIN.

PLAN, n. m. superficie plate, surface unie — délinéation, description, dessin, ichnograplie — idée, modèle, projet.

PLANCHE, n. f. ais.

PLANCHÉIER, v. couvrir de planches, garnir de planches, poser un plancher.

PLANÇON, PLANTARD, nn. mm. V. Bouture.

PLANE, n. m. platane.

PLANER, v. polir. V. Aplanir.

PLANT, n. m. V. Scion — pépinière, plantation.

PLANTER, v. mettre en terre, répandre dans la terre, semer — enfoncer, ficher — V. Mettre.

PLANTER LÀ, v V. Quitter.

PLAQUE, n. f. feuille, lame, table de métal.

PLAQUER, v. appliquer, attacher, mettre, placer, poser à plat.

PLASTRON, n. m. V. Cuirasse.

PLASTRONNÉ, adj. V. Cuirassé.

SE PLASTRONNER, v. se cartonner, se cuirasser, se garnir d'un plastron.

PLAT, adj. aplati, égal, plain, plan, ras, uni — bas, dénué de grâces, fade, insipide, manquant de goût, n'ayant rien de piquant, niais, rampant, trivial, vulgaire.

PLAT, n. m. assiette creuse, bassin.

À PLAT, phr. adv. absolument, entièrement, nettement, positivement, tout-à-fait, tout à plat, tout uniment.

PLATANE, n. m. plane.

PLATEMENT, adv. avec platitude, bassement, bêtement, d'une manière fade, d'une manière plate, insipidement, niaisement, sans goût, sans grâces, sans sel, sottement, trivialement.

PLATITUDE, n. f. bêtise, expression basse, fadaise, fadeur, insipidité. V. Ineptie.

PLATONICIEN, adj. disciple, elève, sectateur de Platon.

PLATONISME, n. m. doctrine, école de Platon, le Portique, secte, système de Platon.

PLÂTRAS, n. m. pl. V. Décombres.

PLÂTRER, v. couvrir, crépir, enduire de plâtre — V. Pallier.

PLAUSIBLE, adj. croyable. V. Probable. V. Valable.

PLAUSIBLEMENT, adv. avec apparence de vérité, d'un air de vraisemblance, d'une manière plausible, d'une manière spécieuse — agréablement, convenablement, d'une manière recevable, pertinemment.

PLÉBÉIEN, adj. compté au rang du peuple, faisant partie du peuple, né dans l'ordre du peuple, roturier.

PLÉBISCITE, n. m. déclaration, édit, loi, ordonnance, règlement, statut émané du peuple.

PLEIN, adj. comblé, rempli — accompli, achevé, complet, parfait, perfectionné — gras, gros, replet — abondant, garni, fourni, pourvu — entier, général, plénier, total, universel.

PLEINEMENT, adv. abondamment, absolument, à plein, complètement, d'une manière complète, entièrement, exactement, parfaitement, plénièrement, sans exception, sans réserve, tout-à-fait.

PLÉNIPOTENTIAIRE, adj. chargé, fourni, muni, pourvu, revêtu de plein pouvoir.

PLÉNITUDE, n. f. V. Réplétion — amplitude, énergie, étendue — accomplissement, consommation.

PLÉONASME, n. m. V. Battologie.

PLÉTHORE, n. f. V. Réplétion.

PLÉTHORIQUE, adj. abondant en humeurs, replet, surchargé d'humeurs.

Pleurer, v. V. *Larmoyer* — déplorer, plaindre, regretter.

Pleureur, *adj.* disposé à pleurer, larmoyant, pleurant aisément, prêt à pleurer.

Pleurs, *n. m. pl.* larmes.

Pli, *n. m.* V. *Repli* — sinuosité, tortuosité—courbure, double — disposition, tour, tournure.

Pliable, pliant, *adjectifs.* V. *Flexible* — adroit, traitable. V. *Souple*, 1. et 2. *div.*

Plier, a. courber, fléchir. V. *Replier* — céder, foiblir, mollir, ne pas résister, obéir, reculer, se prêter, se soumettre.

Plombé, *adj.* vernissé —garni, marqué, muni, pourvu d'un sceau de plomb—livide, noirâtre, olivâtre, qui est couleur de plomb.

Plomber, v. vernisser avec de la plombagine — appliquer, apposer un sceau de plomb, garnir, marquer, munir, pourvoir d'un sceau de plomb.

faire le Plongeon, v. descendre, se jeter, s'enfoncer, se rouler, se vautrer sous l'eau — céder, foiblir, mollir, reculer, se dédire, se relâcher, se rétracter. — V. *s'Evader.*

Plonger, v. enfoncer, jeter, mettre, tremper dans l'eau — descendre, se jeter, s'enfoncer, se rouler, se vautrer sous l'eau.

Ployer, v. V. *Plier.*

Pluie, *n. f.* V. *Averse.*

Plumage, *n. m.* totalité, l'ensemble des plumes d'un oiseau — la couleur, la forme, la qualité des plumes de l'oiseau.

Plumasseau, *n. m.* houssoir de plumes, petit balai de plumes — tampon aplati de charpie.

Plume, *n. f.* manière d'écrire, style, ton de l'écrivain — auteur, écrivain.

Plumer, v. arracher, enlever, ôter les plumes à un oiseau — dépouiller, spolier, ôter.

Plumet, *n. m.* aigrette. V. *Panache.*

Plumitif, *n. m.* cahier, livre, minute, papier, registre original des actes.

la Plupart, *n. f.* la majeure partie, la pluralité, la plus grande partie, le plus grand nombre.

Pluralité, *n. f.* amas, collection, ensemble, jonction, réunion de plusieurs, multiplicité.

Plus, *n. m.* V. *Davantage.*

au Plus, *phr. adv.* davantage, de surplus, encore, en outre, item, outre cela, par-dessus, qui plus est.

Plus tôt, *phr. adv.* auparavant, avant, de meilleure heure, devant—avec plus de diligence, avec plus de vitesse, plus diligemment, plus prestement, plus promptement — mieux, plus à propos, plus convenablement. V. *Préférablement.*

Plusieurs, *adj. pl.* beaucoup, grande quantité, grand nombre, multitude nombreuse, nombre considérable.

Pluvieux, *adj.* abondant en pluie, amenant de la pluie, donnant beaucoup de pluie, indiquant de la pluie, menaçant de la pluie, promettant de la pluie.

Poche, *n. f.* bourse, gousset, pochette, sac, sachet, sacoche — petit violon — arrondissement, trait arrondi au bout d'une lettre.

Pocher, v. blesser, faire enfler, meurtrir, offenser les yeux.

Pocheter, v. conserver, garder, porter quelque temps, serrer pour quelque temps dans sa poche.

PODAGRE, adj. affligé de goutte, atteint de goutte, goutteux, qui a la goutte aux pieds, rongé de goutte, tourmenté de goutte.

POÊLE, n. m. drap mortuaire — voile nuptial — baldaquin, dais portatif.

POÊLON, n. m. V. Casserole.

POÈME, n. m. ouvrage en vers, ouvrage plein de poésie, pièce de vers.

POÉSIE, n. f. V. Versification — génie poétique. V. Enthousiasme.

POÈTE, n. m. citoyen du Parnasse, élève d'Apollon, nourrisson des Muses — auteur de poème, écrivain qui s'adonne à la poésie. V. Versificateur.

POÉTEREAU, n. m. mauvais poète, méchant poète, petit poète, poète crotté.

POÉTIQUE, adj. appartenant à la poésie, conforme aux lois de la poésie, convenable à la poésie, digne de la poésie, particulier à la poésie, propre à la poésie — enrichi de figures et de fictions, peignant avec énergie, pittoresque, plein d'enthousiasme, plein de verve, plein d'images.

POÉTIQUE, n. f. art de la poésie, art des poèmes, traité de la versification, traité des principes de la poésie.

POÉTIQUEMENT, adv. avec élévation, avec enthousiasme, avec feu, d'une manière poétique, en langage poétique, en poète, en vers.

POIDS, n. m. V. Fardeau. V. Importance, en entier — force, gravité, solidité.

POIGNANT, adj. aigu, perçant, piquant, pointu — douloureux, lancinant, très-sensible, vif.

POIGNARD, n. m. baïonnette, dague, stylet — affliction vive, déplaisir extrême, douleur sensible, surprise affligeante.

POIGNARDER, v. assassiner, blesser, égorger, frapper, massacrer, tuer à coups de poignard — causer une grande affliction, donner un chagrin vif, jeter dans la douleur, pénétrer d'une douleur sensible — accabler d'outrages, outrager cruellement, perdre entièrement.

POIGNÉE, n. f. botte, fagot, faisceau — ce qui peut tenir dans la main, ce qu'on peut empoigner — petite quantité, petit nombre, peu — V. Manche, n. m.

POIL, n. m. cheveu, crin, duvet, soie.

POILU, adj. couvert de poils, garni de poils, velu.

POINÇON, n. m. perçoir, coin, marque — V. Baril.

POINDRE, v. aiguillonner, percer, piquer — commencer à paroître, à pousser, à se faire voir, à se montrer, à sortir, à venir.

POINT, n. m. couture, marque, piqûre — ponctuation ronde — douleur aiguë, lancinante, piquante, poignante, vive, en quelque endroit du corps — instant, moment, temps précis — endroit précis, lieu, place — division, partie d'un discours — article de droit, article de foi — difficulté, embarras, hic, item, question, tu autem — but, degré, période, terme — V. Conjecture.

A POINT, phr. adv. à point nommé, à propos, au bon moment, bien à point, convenablement, juste, justement, précisément, tout juste.

DE POINT EN POINT, phr. adv. à la lettre, en détail, exactement, par le menu, sans rien omettre.

DE TOUT POINT, phr. adv. dans

tous les sens, entièrement, en toutes manières, parfaitement, totalement.

POINT D'HONNEUR, n. m. délicatesse, honneur, sensibilité.

POINT, adv. V. Nenni.

POINTE, n. f. aiguillon, épine, piquant — bout aigu, extrémité pointue — aiguille, clou sans tête, épingle — comble, faîte, sommet — feu, pénétration, subtilité, vivacité d'esprit — V. Saillie, 4. div.

POINTER, v. frapper de la pointe, porter des coups de pointe — V. Mirer — marquer, noter, piquer.

POINTILLER, v. faire des points — chicaner, contester sur des vétilles, contrarier, contrecarrer, contrepointer, disputer sur des bagatelles, épiloguer, faire de vaines difficultés, quereller sur rien, subtiliser, tracasser, vétiller.

POINTILLERIE, POINTILLE, nn. ff. chicane, contestation futile, contradiction affectée, picoterie, tracasserie, vaine subtilité.

POINTILLEUX, adj. V. Chicanier.

POINTU, adj. aigu, perçant, piquant.

POIRÉ, n. f. boisson faite de poires, cidre, pommé.

POIREAU, n. m. porreau — V. Cal.

POISON, n. m. boucon, potion empoisonnée, venin.

POISSARD, adj. grossier — copié, imité, pris du langage du bas peuple.

POISSARDE, n. f. V. Harengère.

POISSER, v. couvrir, enduire, frotter, oindre de poix.

POISSONNAILLE, n. f. V. Blanchaille.

POISSONNEUX, adj. abondant en poisson, fourni de poisson, meublé de poisson, plein de poisson, rempli de poisson, riche en poisson.

POITRINAIRE, adj. attaqué à la poitrine, foible de poitrine, malade de la poitrine, qui a la poitrine mauvaise.

POLAIRE, adj. appartenant aux pôles, approchant des pôles, voisin des pôles.

PÔLE, n. m. bout, extrémité de l'axe sur lequel tourne un corps sphérique.

POLÉMIQUE, adj. appartenant à la discussion, contradictoire, convenable à la dispute, propre à la dispute.

POLI, adj. adouci, égal, raboté, uni — bien écrit, correct, élégant, exact, net, pur — V. Courtois.

POLI, n. m. éclat, luisant, lustre, poliment, polissure — correction, dernière main, élégance, exactitude, netteté, perfection, pureté.

POLICE, n. f. administration, conduite, direction, gouvernement, manutention d'une société ou d'un État — V. Ordonnances. V. Accord, 3. div.

POLICER, v. adoucir, apprivoiser, civiliser, mettre en société, rendre sociable, rendre traitable — donner des lois, établir une police, faire des règlements, soumettre à des lois — former à la politesse, inspirer l'honnêteté, polir, rendre courtois, rendre honnête.

POLIMENT, n. m. POLISSURE, n. f. V. Poli, n. m.

POLIMENT, adv. avec politesse, civilement, d'une façon honnête, d'une manière polie, gracieusement, honnêtement.

POLIR, v. adoucir, égaler, raboter, unir — corriger, limer, mettre la dernière main, perfectionner, rendre exact — civiliser. V. Policer, 3. div.

POLISSON, n. m. bouffon, escarbillard, goguenard, obscène, libertin , mauvais plaisant.

POLISSONNER, v. dire des polissonneries, faire des bouffonneries, plaisanter bassement, tenir des propos libres.

POLISSONNERIE, n. f. action indécente, bouffonnerie, licence obscène, parole sale, plaisanterie basse, propos libre.

POLITESSE, n. f. commerce affable, conduite honnête, manières agréables et délicates. V. Urbanité. V. Poli, 2. div.

POLITIQUE, adj. caché , dissimulé, fin, madré, rusé, souple. V. Prudent.

POLITIQUE, n. f. art de gouverner, connoissance des principes du gouvernement, intelligence des affaires d'État, prudence d'administration , science du droit public — adresse , circonspection, dissimulation, finesse, prudence, réserve, ruse, sagesse, souplesse.

POLITIQUEMENT, adv. d'une manière politique , en politique , selon les règles de la politique — adroitement, avec art, avec circonspection , avec réserve, d'une façon cachée, d'une manière dissimulée, finement, prudemment , sagement.

POLITIQUER, v. conjecturer en politique, faire des projets de gouvernement , imaginer des arrangements politiques, parler politique, raisonner des affaires d'État.

POLLUER, v. manquer de respect, traiter irrévéremment. V. Souiller.

POLLUTION, n. f. déshonneur, flétrissure, manque de respect, profanation , souillure.

POLTRON, adj. V. Craintif.

POLTRONNERIE, n. f. V. Effroi.

POLYGLOTTE, adj. composé,

écrit, énoncé, expliqué, exposé, mis, rendu, traduit en plusieurs langues.

POLYPE, n. m. animal aquatique qui a plusieurs pieds. V. Squirre.

POLYSYLLABE, adj. composé de plusieurs syllabes, comprenant plusieurs syllabes, qui a plusieurs syllabes, qui est de plusieurs syllabes, renfermant plusieurs syllabes.

POLYSTYLE, n. m. V. Périptère.

POLYTHÉISME, n. m. adoration de plusieurs dieux, culte des faux dieux. V. Paganisme.

POLYTHÉISTE, adj. V. Païen.

POMMÉ, n. m. boisson faite de pomme, cidre, poiré.

POMMÉ, adj. arrondi, formé en pomme, tourné comme une pomme — accompli , achevé, complet, fieffé, parfait.

POMPE, n. f. machine hydraulique, machine pour élever de l'eau — appareil superbe, dépense magnifique, éclat, magnificence, somptuosité, splendeur — décoration brillante, faste, ostentation, parade, vanité — affectation, expressions recherchées. V. Emphase.

POMPEUSEMENT, adv. avec appareil, avec éclat, avec magnificence, avec pompe, d'une manière pompeuse, magnifiquement, somptueusement, splendidement — avec ostentation, avec vanité, d'une manière brillante, fastueusement—avec afféterie, avec de grands mots, avec emphase, d'une manière affectée, d'un ton recherché, emphatiquement , en termes ampoulés.

POMPEUX, adj. éclatant, magnifique, somptueux, splendide, superbe — brillant, éblouissant, fastueux, imposant — affecté, afété, boursoufé, emphatique, enflé, guindé, recherché.

POMPON, *n. m.* ajustement, ornement, parure de femme.

PONANT, *n m.* couchant, occident, ouest.

PONCE (pierre), *n. f.* pierre légère, poreuse, sèche, spongieuse.

PONCEAU, *n. m.* coquelicot, pavot — rouge foncé, rouge très vif.

PONCTUALITÉ, *n. f.* précision, régularité. V. *Vigilance*.

PONCTUATION, *n. f.* art de placer les points et les virgules, art de ponctuer, exactitude à ponctuer.

PONCTUEL, *adj.* précis, régulier. V. *Vigilant* — jusqu'au scrupule.

PONCTUELLEMENT, *adv.* à point nommé, attentivement, avec ponctualité, d'une manière ponctuelle, exactement, juste, justement, précisément, régulièrement, scrupuleusement, soigneusement.

PONCTUER, *v.* distinguer les sens par des points et des virgules, distribuer avec intelligence les points et les virgules, mettre à propos des points et des virgules.

PONTAGE, **PONTENAGE**, **PONTONAGE**, *nn. mm.* V. *Péage*.

PONTIFE, *n. m.* évêque, grand-prêtre, prélat.

PONTIFICAL, *adj.* appartenant au pontificat, concernant le pontificat, convenable à un pontife, digne d'un pontife, propre à un pontife, relatif au pontificat.

PONTIFICALEMENT, *adv.* avec les habits pontificaux, en habits pontificaux — d'une manière convenable à un pontife, digne d'un pontife, propre à un pontife, pontifical.

PONTIFICAT, *n. m.* dignité de pontife, épiscopat, grande-prêtrise, prélature — durée de la prélature d'un pontife, temps qu'un pontife occupe son siège.

PONTON, *n. m.* bac, bateau de passage, pont de bateaux, pont flottant.

PONTONIER, *n. m.* V. *Péager*.

POPULACE, *n. f.* bas peuple, canaille, gueusaille, lie du peuple, menu peuple, petites gens, petit peuple, racaille.

POPULAIRE, *adj.* appartenant au peuple, concernant le peuple, propre du peuple, relatif au peuple. V. *Épidémique* — répandu parmi le peuple — affable, agréable au peuple, complaisant pour le peuple, favorable au peuple, honnête envers le peuple — bas, commun, trivial, vulgaire.

POPULAIREMENT, *adv.* au gré du peuple, avec affabilité, avec complaisance pour le peuple, d'une manière agréable au peuple, d'une manière favorable au peuple, d'une manière populaire, honnêtement envers le peuple — à la manière du peuple, bassement, comme le peuple, d'une manière commune, trivialement, vulgairement.

POPULARITÉ, *n. f.* affabilité, affection pour le peuple, attachement aux intérêts du peuple, complaisance, disposition favorable pour le peuple, honnêteté envers le peuple.

POPULATION, *n. f.* abondance, accroissement, augmentation, multiplication, propagation du peuple.

POPULEUX, *adj.* abondant en peuple, favorable à la population, plein de nombreux habitants, rempli de sujets, très peuplé.

PORC, *n. m.* cochon, goret,

pourceau, verrat—malpropre, sagouin, sale, vilain,—V. Intempérant.

PORCHE, n. m. V. Parvis.

PORCHER, n. m. gardeur de cochons — balourd, bouvier, butor, grossier, impoli, incivil, mal appris, manant, palot, paltoquet, paysan, pitaud, rustaud, rustique, rustre.

PORRECTION, n. f. extension de la main, présentation.

PORT, n. m. abri, ancrage, anse, asile, havre, mouillage, rade, refuge, retraite assurée, sûreté—charge, fardeau, poids. V. Portage — stature, taille. V. Mine.

PORTAGE, n. m. action de porter, chariage, port, transport, voiture.

PORTAIL, n. m. façade, face, frontispice, porte principale et décorée.

PORTATIF, adj. ambulatoire, changeant de place, passant d'un lieu à un autre — aisé à porter, facile à porter — marchant aisément, pouvant marcher aisément, pouvant se transporter aisément.

PORTE, n. f. entrée, ouverture pour entrer et sortir, passage ouvert pour entrer et sortir.

PORTÉE, n. f. étendue, grandeur, largeur, longueur — aptitude, capacité, disposition, force, habileté, talent.

PORTE-FAIX, n. m. V. Mercenaire, n. m.

PORTER, v. soutenir, supporter — charier, déplacer, faire passer ailleurs, transférer, transporter, voiturer — charger, être dessus, être posé, être soutenu —déclarer, dire, énoncer, exprimer—commander, décréter, enjoindre, exiger, ordonner, prescrire, prononcer, régler, statuer — animer. V. Instiguer

— aider, appuyer, donner de l'appui, favoriser, protéger — donner, produire, rapporter.

PORTEUR, n. m. V. Mercenaire, n. m.

PORTIER, n. m. gardien de la porte, guichetier.

PORTIÈRE, n. f. femme de portier, gardienne de la porte — entrée de carrosse—couverture, garniture, rideau de porte.

PORTION, n. f. V. Part — division, membre, section. V. Morceau.

PORTIQUE, n. m. colonnade couverte, corridor, lieu couvert, périptère, péristyle, promenade couverte, tribune longue. V. Platonisme.

PORTRAIRE, v. dessiner un portrait, faire un portrait, peindre quelqu'un, représenter une personne, tirer la ressemblance de quelqu'un.

PORTRAIT, n. m. V. Effigie — description fidèle, expression animée.

POSAGE, n. m. POSE, n. f. action de poser, assiette, dépense pour poser, peine de poser, travail pour poser.

POSÉ, adj. V. Poser — hypothétique, mis en fait, mis en principe, supposé. V. Prudent.

POSÉMENT, adv. d'une manière posée, gravement. V. Modérément — doucement, lentement, sans précipitation.

POSER, v. appuyer, asseoir, assurer, établir, mettre en place, placer, situer — mettre en fait, mettre en hypothèse, mettre en principe, supposer.

POSITIF, adj. effectif, réel, véritable, vrai. V. Incontestable.

POSITION, n. f. V. Conjoncture — assertion, point de doctrine, proposition, thèse — hypothèse, supposition.

POSITIVEMENT , *adv.* assurément, certainement, constamment , distinctement , d'une manière positive, effectivement, immanquablement, incontestablement, indubitablement, infailliblement, réellement , sûrement , véritablement , vraiment. V. *Assurément* — à point nommé, à propos, exactement, juste, justement, précisément, tout juste.

POSSÉDER , *v.* avoir en sa disposition, avoir en sa puissance, être maître de, être possesseur de, jouir de , occuper, tenir — dominer, gouverner — convoitre à fond , être au fait , savoir bien.

POSSESSEUR , *n. m.* propriétaire. V. *Détenteur.*

POSSESSION , *n. f.* jouissance, propriété — bien , domaine , héritage, terre.

POSSIBILITÉ, *n. f.* aisance, facilité.

POSSIBLE , *adj.* qui ne répugne point, qui peut arriver, qui peut être, qui peut se faire. V. *Faisable.*

POSTDATA, *n. f.* date postérieure, date retardée.

POSTE , *n. m.* endroit, lieu , place — corps de garde, garde, vedette , dignité. V. *Office.*

POSTE , *n. f.* moyen de voyager diligemment à cheval ou en voiture — distance de deux lieues , distance d'un relais à l'autre — bureau où l'on se pourvoit de chevaux, relais — bureau pour les lettres , messagerie des lettres — célérité , diligence , hâte, promptitude , vitesse — petite balle de plomb.

A POSTE , *phr. adv.* à termes convenus , aux échéances réglées, aux temps marqués.

EN POSTE , *phr. adv.* à la hâte, avec célérité , avec promptitude, avec vitesse, diligemment, en diligence , en hâte , hâtivement , promptement , vite , vitement.

POSTER , *v.* V. *Mettre* — donner une commission, faire avoir une charge, pourvoir d'un office, procurer un emploi, revêtir d'une dignité.

POSTÉRIEUR , *adj.* plus récent, subséquent, suivant.

POSTÉRIEUREMENT , *adv.* après, depuis , ensuite , plus récemment , subséquemment.

POSTÉRITÉ , *n. f.* descendants, enfants , fils , lignée à venir , neveux — ceux qui suivront, ceux qui viendront après , les successeurs.

POSTICHE, *adv.* adapté, ajouté, ajusté , appliqué , emprunté , inséré , mis après coup , rapporté , surajouté — contrefait, faux, feint, simulé.

POSTULANT , *n. m.* V. *Candidat.*

POSTULER , *v.* V. *Requérir.*

POSTURE , *n. f.* assiette, attitude , contenance , maintien , situation , disposition , position — circonstance , conjoncture , état.

POT , *n. m.* vaisseau, vase. V. *Bouteille.*

POTABLE , *adj.* V. *Buvable.*

POTAGE , *n. m.* mets de pain trempé dans du bouillon, oille, soupe.

POUR TOUT POTAGE , *phr. adv.* en tout, pour tout, pour tout avoir, pour tout bien, pour toute chose, sans plus, uniquement.

POTEAU , *n. m.* V. *Pal.*

POTELÉ , *adj.* V. *Dodu.*

POTENCE , *n. f.* fourches patibulaires, gibet — appui , étai, pilier, poteau, soutien — béquille, crosse.

POTENTAT , *n. m.* empereur,

monarque, prince, roi , souverain.

POTERIE , n. f. vaisselle de
terre, vases d'argile.

POTERNE , n. f. fausse porte ,
petite porte, porte dérobée.

POTION , n. f. V. Breuvage.

POTIRON , n. m. gros champignon — citrouille, courge.

POUCE, n. m. gros doigt —
douzième partie du pied de roi,
douze lignes.

POUDRE, n. f. cendre , corpuscules légers et secs , poussière , substance pulvérisée.

POUDRER . v. couvrir de poudre , jeter de la poudre, mettre
de la poudre , répandre de la
poudre, saupoudrer.

POUFFER , v. éclater, étouffer
de rire involontairement.

POUILLEUX, adj. chargé , couvert , mangé, plein, rempli de
poux, sujet aux poux — gueux,
misérable.

POULAILLER, n. m. V. Juchoir.

POULET, n. m. poussin — billet amoureux, billet doux, billet
galant , petite lettre de galanterie.

POULICHE , n. f. jeune cavale,
jeune jument.

POULPE , n. f. le plus gros de
la chair des animaux — chair
des fruits, substance charnue,
substance médullaire.

POULS , n. m. battement ,
mouvement, pulsation des ar-
tères.

POUPARD, n. m. petit enfant,
poupon — jouet d'enfant, poupée.

POUPELIN, n. m. gâteau, pièce
de four, tarte.

POUPIN , adj. affectant une
propreté minutieuse, aimable ,
galant, gentil, joli, mignon ,
propret, tiré à quatre épingles.

POUPON, n. m. V. Poupard.

POUPONNE, n. f. jeune fille

agréable , aimable, délicate ,
gentille, jolie, mignonne , po-
telée.

POUR, prép. à cause de, à
dessein de , afin de , dans l'intention de , en faveur de ,
en vue de — à la place de, au
lieu de — comme, de même
que, en qualité de — à l'égard
de, par rapport à, quant à.

POURCEAU, n. m. V. Porc.

POURCHASSER , v. suivre de
près. V. Presser, 2. div.

POURPARLER, n. m. V. Abouchement.

POURPOINT, n. m. camisole ,
chemisette, gilet, habit , justaucorps, vêtement serré.

POURPRE , n. f. dignité royale,
royauté , souveraineté — cardinalat , dignité de cardinal.

POURQUOI, adv. conj. à quel
dessein, à quelle fin, à quelle
intention, dans quelle vue —
d'où vient que , par quelle
cause, par quelle considération, par quelle raison , par
quel motif, par quel principe.

POURRIR, v. altérer, corrompre , gâter, putréfier — s'altérer, se corrompre, se gâter ,
se putréfier, tomber en pourriture.

POURRITURE, n. f. altération ,
corruption , putréfaction.

POURSUITE, n. f. brigue. V.
Instance.

POURSUIVRE, v. aller, courir
après quelqu'un , suivre avec
vitesse — aller en avant, avancer , continuer, persévérer ,
pousser sa pointe, suivre sa
route, suivre son entreprise —
V. Presser, briguer, demander,
faire des instances, pourchasser, rechercher, solliciter—agir
en justice, faire des procédu-
res , procéder.

POURTANT, adv. V. Néanmoins.

POURTOUR, n. m. V. *Circonférence*.

POUVOIR, v. avoir soin, donner ordre, ordonner, veiller—conférer, donner, installer, investir, mettre en possession—doter, établir, marier, mettre en charge — approvisionner, fournir, garnir, munir.

SE POUVOIR, v. réclamer une protection, recourir à, s'adresser à. — V. *se Précautionner*.

POURVU QUE, phr. conj. à condition que, moyennant que, sous la condition que — en cas que, supposé que.

POUSSE-CUL, n. m. huissier, recors, satellite, sergent.

POUSSER, v. chasser, mettre en fuite, poursuivre — donner une impulsion, faire effort contre, mettre en mouvement — alonger, avancer, continuer, étendre, porter — enfoncer, faire entrer à force, ficher — attaquer. V. *Choquer*, 2. div. — aider, appuyer, avancer, favoriser, porter, protéger — animer, conseiller, persuader. V. *Instiguer*, se montrer, sortir. V. *Bourgeonner*.

POUSSIÈRE, n. f. V. *Poudre* — condition basse, état abject.

POUSSIF, adj. asthmatique, qui a l'haleine courte.

POUTRELLE, n. f. lambourde, petite poutre, solive, soliveau.

POUVOIR, n. m. autorité, crédit, droit, faculté, force, puissance—disposition, jouissance, possession, propriété. —V. *Procuration* —concession, liberté, licence, permission.

POUVOIR, v. avoir la faculté, la force, l'autorité, le crédit, le droit, le moyen, le pouvoir.

PRAGMATIQUE, n. f. constitution, ordonnance, règlement, sanction du souverain.

PRAIRIE, n. f. V. *Pasage*.

PRALINE, n. f. amande, dragée.

PRATICABLE, adj. V. *Faisable*.

PRATICIEN, adj. éclairé, entendu, expérimenté, expert, habile, versé dans la pratique de son art.

PRATIQUE, n. f. accomplissement, exécution, exercice, réalisation — méthode, routine. V. *Coutume* — chalandise, débit — affaires. V. *Besogne*.

PRATIQUER, v. exécuter, exercer, faire, mettre en pratique, professer — être lié avec, fréquenter, hanter, vivre avec — arranger, disposer, distribuer, ménager — chercher à séduire, solliciter, suborner, tâcher de gagner, tâter.

PRATIQUES, n. f. pl. brigues, cabales. V. *Manigances*.

PRÉ, n. m. V. *Pasage*.

PRÉALABLE, adj. préliminaire.

PRÉALABLEMENT, adv. auparavant, au préalable, avant de commencer, avant d'entamer, avant d'entrer en matière, avant tout, par précaution, préliminairement.

PRÉAMBULE, n. m. commencement, début. V. *Exorde*.

PRÉBENDE, n. f. revenu d'un canonicat, d'une chapellenie.

PRÉBENDÉ, adj. jouissant d'un canonicat, d'une chapellenie, d'une prébende, d'un revenu ecclésiastique.

PRÉCAIRE, adj. dont on ne jouit que par emprunt ou par tolérance. V. *Amovible*.

PRÉCAIREMENT, adv. d'une manière incertaine, précaire, par grâce, par tolérance.

PRÉCAUTION, n. f. V. *Sûreté*, 2. div—ménagement. V. *Prudence*.

SE PRÉCAUTIONNER, v. prendre ses mesures, prendre ses précautions, prendre ses sûretés, s'assurer d'avance, se donner

de garde, se garder, se mettre
en garde, se tenir sur ses gardés
—faire ses provisions, pourvoir
aux besoins, prévenir les acci-
dents, prévoir le besoin, se prémunir.

Précédemment, adv. V. Antécédemment.

Précédent, adj. antécédent,
antérieur, qui est avant, qui est
immédiatement devant, qui
précède.

Précéder, v. aller devant,
gagner le devant, marcher devant, avoir la préséance, avoir
la supériorité, l'emporter,
passer. V. Devancer.

Préchantre, n. m. préchantre,
grand-chantre, maître du chœur.

Précepte, n. m. V. Adage.—
V. Ordonnance — document,
enseignement, instruction, leçon. V. Maître, 3. div.

Précepteur, n. m. gouverneur
d'enfants, instituteur, mentor.

Préceptoral, adj. appartenant à un précepteur, convè-
nable à un précepteur, digne
d'un précepteur, propre à un
précepteur.

Préceptorat, n. m. charge,
commission, emploi, état,
fonction, métier, ministère,
office, profession de précepteur.

Prêche, n. m. sermon de
protestant — lieu où prêchent
les protestants.

Prêcher, v. annoncer la parole de Dieu, instruire par des
sermons — faire des remontrances, engager, exhorter,
inciter, inviter au bien, moraliser — sermonner.

Prêcheur, n. m. V. Prédicateur—censeur ennuyeux, faiseur
de remontrances, moraliste
importun, prôneur, sermonneur.

Précieusement, adv. avec
grand soin, comme chose pré-

cieuse, soigneusement—à grand
prix, chèrement, richement.

Précieux, adj. cher, qui est
de grande valeur, qui est de
grand prix, valant beaucoup—
V. Excellent — important, qui
est de grand mérite — bien-
aimé, chéri, favori.

Précipice, n. m. V. Abîme—
grande disgrâce, grande infortune, grand malheur.

Précipitamment, adv. à la
hâte, avec célérité, avec promptitude, avec vitesse, diligemment, en diligence, en hâte,
en poste, hâtivement, promptement, vite, vitement—avec
précipitation, avec trop d'empressement, d'une manière précipitée, étourdiment, inconsidérément, sans attention,
sans réflexion, trop légèrement,
trop promptement.

Précipitation, n. f. V. Promptitude — empressement excessif, étourderie, imprudence,
inconsidération, indiscrétion,
manque de réflexion, trop de
hâte, trop de légèreté, trop de
vivacité — chute, descente en
bas.

Précipiter, v. jeter dans un
précipice, jeter du haut en bas
— amener la décadence, causer la chute, faire tomber, renverser, ruiner—dépêcher, faire
précipitamment, sabrer. V. Hâter.

se Précipiter, v. se jeter dans
un précipice, se jeter du haut
en bas—tomber de haut, tomber rapidement — faire trop de
diligence, s'empresser à l'excès,
se hâter outre mesure.

Préciput, n. m. avantage,
don, gratification, portion à
prélever avant le partage.

Précis, adv. arrêté, déterminé, fixe — certain, clair,
indubitable, non équivoque,

positif — catégorique , exact , juste, net — V. *Concis.*

Précis, *n. m.* V. *Abrégé, n. m.*

Précisément , *adv.* déterminément, d'une manière arrêtée, d'une manière fixe — clairement, positivement, sans équivoque — catégoriquement , exactement , justement, nettement — d'une manière précise, d'une manière serrée , en abrégé, en termes concis, sommairement, succinctement.

Précision , *n. f.* brièveté , concision , laconisme — clarté , exactitude, justesse, netteté.

Précoce, *adj.* avancé, hâtif, prématuré, venu avant le temps ordinaire.

Précocité, *n. f.* maturité hâtive, prématurité.

Précompter , *v.* compter par avance, retirer. V. *Défalquer.*

Préconisation, *n. f.* annonce, déclaration, notification, proposition , faite en consistoire.

Préconiser, *v.* annoncer, déclarer, notifier, proposer en consistoire qu'un tel sujet nommé à tel évêché a les qualités requises — V. *Louer.*

Prédécesseur ; *n. m.* V. *Devancier.*

Prédestination, *n. f.* choix de Dieu , décret de Dieu , élection, prédétermination, préparation des bienfaits de Dieu , résolution de faire miséricorde — arrangement immuable d'évènements, destinée, enchaînement de causes ,fatalité, nécessité, ordre immuable , suite nécessaire de l'ordre général.

Prédestiné, *adj.* destiné pour le ciel, élu de Dieu.

Prédestiner , *v.* arrêter d'avance, destiner d'avance, élire, faire choix, prédéterminer, statuer d'avance.

Prédéterminer , *v.* coopérer par prémotion, déterminer d'avance, donner le premier mouvement.

Prédicament , *n. m.* catégorie, classe, ordre, rang. — V. *Renom.*

Prédicateur, *n. m.* apôtre, missionnaire, orateur chrétien, prêcheur.

Prédication, *n. f.* V. *Sermon.*

Prédiction, *n. f.* annonce de ce qui arrivera, divination, prévoyance de l'avenir. V. *Prophétie.*

Prédilection, *n. f.* affection plus tendre, amitié plus marquée, goût plus décidé, préférence d'amitié.

Prédire, *v.* annoncer par avance, conjecturer par raisonnement, déclarer l'avenir, dire ce qui arrivera, prévoir. V. *Prophétiser.*

Prédominant, *adj.* plus distinct, plus éclatant, plus fort ; plus marqué, plus notable, plus puissant, prévalant, supérieur,

Prédominer , *v.* avoir plus de force, dominer, éclater pardessus, être plus puissant, exceller, l'emporter, maîtriser, marquer davantage, prévaloir.

Prééminence, *n. f.* avantage, droit, excellence, privilège ; qualité plus distinguée, transcendance. V. *Primauté.*

Prééminent, *adj.* dominant, plus considérable, plus distingué ; plus notable, plus remarquable, premier, privilégié, supérieur, suréminent, transcendant.

Préexistence , *n. f.* existence antérieure.

Préexistant, *adj.* ayant antérieurement l'existence, existant antérieurement, existant auparavant.

Préexister, *v.* avoir antérieurement l'existence, exister an

térieurement, exister auparavant.

PRÉFACE, n. f. avertissement
préalable, discours préliminaire,
introduction. V. *Exorde.*

PRÉFECTURE, n. f. V. *Direction.*

PRÉFÉRABLE, adj. digne de
préférence, digne d'être préféré, meilleur, plus avantageux,
plus estimable, plus utile, principal.

PRÉFÉRABLEMENT, adv. avant
tout, de préférence, par choix,
par prédilection, par préférence, principalement, surtout.

PRÉFÉRENCE, n. f. choix, élection de l'un plutôt que de
l'autre.—V. *Prédilection*—droit
d'être préféré, prélation.

PRÉFÉRER, v. choisir l'un plutôt que l'autre, élire de préférence—donner l'avantage à l'un
sur l'autre, estimer plus, faire
plus de cas — affectionner plus,
aimer plus tendrement, avoir
un goût plus décidé pour l'un
que pour l'autre, être plus attaché à l'un qu'à l'autre, favoriser l'un plus que l'autre.

PRÉFET, n. m. V. *Directeur.*

PRÉFINIR, v. arrêter, assigner, déterminer, fixer, limiter, marquer, prescrire, régler
un délai.

PRÉFIX, adj. arrêté, assigné,
certain, convenu, déterminé,
fixé, limité, marqué, prescrit,
réglé.

PRÉFIXION, n. f. assignation,
règlement. V. *Limitation.*

PRÉGNANT, PREIGNANT, ad-
jectifs, pressant, stimulant,
violent. V. *Poignant.*

PRÉJUDICE, n. m. dam, désavantage, détriment, dommage,
échec, infortune, malheur,
perte, tort.

PRÉJUDICIABLE, adj. désavantageux, dommageable, fâcheux,

funeste, incommode, malfaisant, nuisible, onéreux, pernicieux, ruineux.

PRÉJUDICIER, v. causer du désavantage, être à charge, être
onéreux, être préjudiciable,
léser. V. *Nuire.*

PRÉJUGÉ, n. m. aheurtement,
enivrement, entêtement, infatuation, préoccupation, prévention. — V. *Conjecture.*

PRÉJUGER, v. décider par
avance, juger par provision —
s'imaginer. V. *Conjecturer.*

PRÉLAT, n. m. abbé, arche-
vêque, archimandrite, évêque,
général d'ordre, patriarche, personne ayant une dignité ecclésiastique avec juridiction, pri-
mat.

PRÉLATURE, n. f. bénéfice de
prélat, dignité de prélat, dignité éminente dans l'Eglise,
avec juridiction — abbaye, ar-
chevêché, archiépiscopat, ar-
chimandritat, épiscopat, évêché, patriarcat, primatie.

PRÉLEVER, v. lever avant tout,
lever d'avance, lever préalablement. V. *Précompter.*

PRÉLIMINAIRE, adj. préalable.

PRÉLIMINAIREMENT, adv. V.
Préalablement.

PRÉLUDE, n. m. chant d'essai,
essai de voix ou d'instrument
pour prendre le ton—commencement, début, exorde. V. *Préface.*

PRÉLUDER, v. chanter par essai, essayer sa voix, essayer son
instrument, faire des préludes,
jouer des préludes.

PRÉMATURÉ, adj. V. *Précoce.*

PRÉMATURÉMENT, adv. avant
le temps convenable, de trop
bonne heure, trop à la hâte,
trop hâtivement, trop tôt.

PRÉMATURITÉ, n. f. V. *Précocité.*

PRÉMÉDITATION, n. f. combinaison, considération, consultation, délibération, examen, méditation, réflexion avant l'entreprise ou l'exécution.

PRÉMÉDITÉ, adj. apprêté, combiné, conçu d'avance, considéré auparavant, consulté, délibéré, examiné, médité avant l'entreprise, préparé, prévu, projeté de longue main, réfléchi auparavant.

PRÉMÉDITER, v. combiner le plan, concevoir le projet, délibérer sur les moyens, examiner, méditer avant l'entreprise, penser, préparer, prévoir, projeter de longue main, réfléchir auparavant.

PRÉMICES, n. f. pl. premières productions, premiers fruits.

PREMIER, adj. précédent, qui est à la tête, qui précède—antérieur, plus ancien, préexistant—dominant, président, qui préside. V. Primitif. V. Principal, adj.

PREMIÈREMENT, adv. avant tout, d'abord, en premier lieu, primo — du commencement, originairement, primitivement.

PRÉMOTION, n. f. concours de Dieu, coopération divine, prédétermination.

PRÉMUNIR, v. instruire d'avance, mettre en garde, munir par précaution, précautionner, pourvoir d'avance.

SE PRÉMUNIR, v. prendre garde, pourvoir à, se garantir. V. se Précautionner — faire ses provisions, s'approvisionner, se fournir par anticipation, se pourvoir d'avance.

PRENABLE, adv. aisé à prendre, bon à prendre, facile à emporter, trop foible pour ne pouvoir être pris—susceptible de corruption, de séduction, de subornation.

PRENDRE, v. emporter, ôter, s'approprier, se mettre en possession — se rendre maître, se saisir — accepter, empoigner, palper, recevoir, toucher — s'attacher, s'enraciner—avaler, gober, humer — se cailler, se geler, se glacer.—V. Dérober.

PRÉOCCUPATION, n. f. V. Infatuation.

PRÉOCCUPER, v. V. Infatuer.

PRÉPARATIF, n. m. PRÉPARATION, n. f. appareil, apprêt, disposition —composition, mélange, mixtion.

PRÉPARATOIRE, adj. V. Dispositif.

PRÉPARER, v. apprêter, disposer, faire des préparatifs, mettre en état—composer, mélanger, mixtionner — former, instruire, mettre dans les dispositions convenables.

PRÉPONDÉRANT, adj. ayant plus de poids, plus décisif, plus fort, plus grave, plus imposant. V. Prééminent.

PRÉPOSER, v. commettre, donner charge, établir avec autorité, mettre à la tête.

PRÉROGATIVE, n. f. V. Prééminence.

PRÈS, prép. à la proximité, au voisinage. V. Voisin.

A PEU PRÈS, phr. adv. V. Environ.

PRÉSAGE, n. m. présomption. V. Conjecture.

PRÉSAGER, v. V. Conjecturer.

PRESBYTÈRE, n. m. cure, logement du curé, maison curiale.

PRESCIENCE, n. f. V. Prévision.

PRESCRIRE, v. V. Ordonner—désigner, indiquer, marquer—borner, circonscrire, limiter.

PRÉSÉANCE, n. f. le pas, place d'honneur. V. Primauté.

PRÉSENCE, n. f. assistance, existence.

PRÉSENT, n. m. étrenne, offrande. V. *Largesse*—le temps actuel.

PRÉSENT, *adj.* actuel, existant actuellement--assistant, témoin —attentif, soigneux, vigilant.

A PRÉSENT, *phr. adv.* V. *Présentement.*

PRÉSENTATEUR, n. m. V. *Nominateur.*

PRÉSENTATION, n. f. action de présenter, oblation, offrande. V. *Exhibition*—collation, nomination, patronage.

PRÉSENTEMENT, *adv.* à cette heure, à l'heure qu'il est, à présent, aujourd'hui, au jour présent, dans le temps présent, de nos jours, de présent, maintenant.

PRÉSENTER, v. donner, offrir — V. *Exhiber* — conférer un bénéfice, désigner le titulaire, nommer à un bénéfice.

PRÉSERVATIF, n. m. V. *Contre-poison.* V. *Sûreté*, 2. div.

PRÉSERVER, v. conserver, défendre, détourner un mal, empêcher le mal d'arriver, garantir, garder.

PRÉSIDENT, n. m. celui qui préside, chef, le premier.

PRÉSIDER, v. avoir la primauté, être à la tête, être chef, occuper la première place — avoir la conduite, la direction, le soin — dominer, être le maître, gouverner, ordonner, primer.

PRÉSOMPTION, n. f. indice vraisemblable, marque vraisemblable, probabilité, vraisemblance. V. *Conjecture.* trop bonne opinion de soi-même. V. *Orgueil.*

PRÉSOMPTUEUSEMENT, *adv.* arrogamment, avec présomption, d'une manière présomptueuse, fièrement, orgueilleusement.

PRÉSOMPTUEUX, *adj.* V. *Orgueilleux* — audacieux, confiant, entreprenant, hardi, téméraire.

PRESQUE, *adv.* V. *Environ.*

PRESQU'ÎLE, n. f. péninsule.

PRESSAMMENT, *adv.* V. *Instamment.*

PRESSANT, *adj.* V. *Urgent* — animé, insistant sans relâche, priant vivement, sollicitant chaudement — harcelant, importun, incommode, persécutant, tourmentant.

PRESSE, n. f. V. *Foule*, danger, embarras, état fâcheux, péril, situation fâcheuse.

PRESSÉ, *adj.* comprimé, éteint, foulé, pressuré, resserré, serré — harcelé, importuné, persécuté, poursuivi, sollicité, tourmenté — diligent, empressé, qui a hâte, qui se dépêche — V. *Concis.*

PRESSÉMENT, *adv.* en hâte, en poste, vite. V. *Hâtivement.*

PRESSENTIMENT, n. m. inspiration, instinct, mouvement intérieur dont on ignore la cause — idée vague, soupçon. V. *Conjecture.*

PRESSENTIR, v. prévoir par instinct, pronostiquer par une inspiration secrète. V. *Conjecturer*, chercher à découvrir, épier, examiner, observer, sonder, tâter les sentiments de quelqu'un.

PRESSER, v. comprimer, étreindre, fouler, pressurer, resserrer, serrer — importuner, insister. V. *Poursuivre*. 3. et 4. div. V. *Hâter.*

PRESSION, n. f. V. *Compression.*

PRESSURER, v. étreindre fortement, extraire le jus ou le suc en pressant, presser avec force —épuiser, ruiner par des exactions, surcharger d'impôts.

PRESTANCE , n. f. corpulence, port, taille. V. Mine.

PRESTE , adj. agile, dispos, habile, léger, leste, souple. V. Diligent.

PRESTEMENT , adv. agilement, avec ardeur, avec prestesse, brusquement , diligemment , d'un air dispos, d'une manière expéditive, habilement, légèrement, lestement, promptement, subtilement, sur-le-champ, vivement.

PRESTESSE , n. f. subtilité. V. Promptitude.

PRESTIGE , n. m. V. Fascination — mensonge. V. Tromperie.

PRESTIGIATEUR , n. m. V. Ensorceleur.

PRÉSUMER , v. augurer, avoir opinion, conjecturer, juger par induction, se persuader, s'imaginer, soupçonner.

PRÉSUPPOSER , v. mettre d'avance en fait, poser avant tout pour constant , regarder d'abord comme vrai , supposer préalablement.

PRÊT , adj. ajusté , apprêté , arrangé , disposé, mis en ordre , préparé.

PRÊT , n. m. argent prêté , chose prêtée — appointement, paie , solde.

PRÉTANTAINE , n. f. V. Guilledou.

PRÉTENDANT , n. m. V. Candidat.

PRÉTENDRE , v. ambitionner. V. Requérir — avoir dessein , avoir intention , se proposer, vouloir — avoir dans l'idée , être persuadé, maintenir fermement, soutenir affirmativement.

PRÉTENDU, adj douteux, faux, incertain , problématique, soi-disant.

PRÉTENDU , n. m. amant fiancé , futur époux.

PRÉTENDUE , n. f. amante fiancée, future épouse.

PRÉTENTION , n. f. ambition , désir, dessein, espérance, projet, vue — idée, imagination , opinion, pensée, persuasion, sentiment.

PRÊTER , v. donner à charge de rendre , donner pour un temps — être souple , s'alonger, s'étendre aisément.

SE PRÊTER, v. s'adonner, se laisser aller, se livrer pour quelque temps — acquiescer, céder, consentir, déférer, donner les mains , plier , s'accommoder par complaisance.

PRÉTÉRITION, n. f. V. Réticence.

PRÉTEXTE, n. m. couleur, couverture, excuse, fausse raison , feinte , justification apparente, motif simulé, ombre, palliatif, palliation.

PRÉTEXTER , v. colorer, couvrir d'un prétexte, donner une belle apparence, excuser, justifier par un motif apparent , pallier, voiler.

PRÉTINTAILLE , n. f. assortiment, garniture, ornement en découpure.

PRÉTINTAILLER , v. charger , couvrir, garnir de pretintailles, mettre des pretintailles, orner de pretintailles.

PRÊTRE , n. m. homme revêtu du sacerdoce, ministre des autels, sacrificateur.

PRÊTRISE , n. f. V. Sacerdoce.

PRÉTURE , n. f. charge, dignité, emploi, fonction, office de préteur — édilité, mairie, prevôté.

PREUVE , n. f. assurance , autorité, certificat, certification, pièce justificative, témoignage, titre — marque, signe — motif de crédibilité , moyen de prouver , raison de croire — argument démonstratif, démonstration , exposition convaincante , vérification.

PRÉVALOIR , v. avoir l'avantage, avoir le dessus, exceller, l'emporter , prédominer , primer, surpasser, vaincre.

se PRÉVALOIR , v. V. S'enorgueillir — faire valoir, s'appuyer sur, se servir avantageusement, s'étayer, tirer avantage.

PRÉVARICATEUR , n. m. coupable, délinquant , infracteur, transgresseur, violateur d'une loi.

PRÉVARICATION , n. f. abus de pouvoir, attentat contre la loi , crime , faute, forfait , péché. V. Infraction.

PRÉVARIQUER , v. contrevenir à la loi , enfreindre une loi, manquer à son devoir, transgresser, violer une loi.

PRÉVENANCE , n. f. attention à prévenir , empressement à obliger , gracieuseté prévenante, manière obligeante de prévenir.

PRÉVENANT , adj. coopérant par prémotion, donnant le premier mouvement, qui prévient — complaisant, officieux , serviable. V. Gracieux.

PRÉVENIR , v. arriver devant. V. Devancer — aller au-devant de. V. se Précautionner — commencer le premier, coopérer par prémotion , donner le premier mouvement.— enivrer. — V. Coiffer.

PRÉVENU , adj. devancé, précédé —coiffé , enivré , entêté , imbu de préjugé , infatué, préoccupé , raffolé — accusé, chargé, inculpé.

PRÉVENTION , n. f. V. Infatuation.

PRÉVISION , n. f. connoissance de l'avenir, prescience, science de l'avenir, vue de l'avenir. V. Conjecture.

PRÉVOIR, v. connoître d'avance, deviner l'avenir, voir l'avenir. V. Conjecturer.

PRÉVOYANCE , n. f. V. Prévision —. arrangement anticipé. V. Précaution , en entier.

PRÉVOYANT , adj. attentif à ce qui peut arriver , avisé , circonspect , précautionné , prudent.

PRIER, v. demander, invoquer, requérir, solliciter, supplier — convier, engager, inviter, réclamer.

PRIÈRE , n. f. oraison , patenôtre , vœux — demande , invocation , réquisition , sollicitation , supplication — engagement, invitation, réclamation.

PRIMAUTÉ , n. f. antériorité , prééminence , premier rang , prérogative , présidence , supériorité , suréminence.

PRIMER, v. avoir la primauté, être à la tête, être au premier rang, être chef, occuper la première place , présider — aller devant, avoir le pas, devancer, précéder — dominer, être le maître , gouverner — se distinguer. V. Prévaloir.

PRIMEUR, n. f. première saison de certains fruits — fruit nouveau, nouveaute , prémices de certains fruits , premiers fruits.

PRIMITIF , adj. ancien, original , premier, primordial , radical.

PRIMITIVEMENT , adv. V. Originairement.

PRIMO , adv. V. Premièrement.

PRIMOGÉNITURE , n. f. aînesse ; droit d'aînesse.

PRIMORDIAL , adj. V. Primitif.

PRIMORDIALEMENT, adv.V. Primitivement.

PAIRES, n. m. V. *Retentat.*

PRINCIPAL, adj. dominant, le plus apparent, le plus considérable, le plus remarquable, le premier, qui est à la tête — le meilleur, le plus avantageux, le plus nécessaire, le plus utile, préférable — capital, essentiel, fondamental, indispensable.

PRINCIPAL, n. m. chef, directeur de collége, gymnasiarque, intendant des études, modérateur des études, premier maître, président du gymnase.

PRINCIPALEMENT, adv. V. *Particulièrement*, 2. div.

PRINCIPALITÉ, n. f. charge, commission, emploi, état, fonction, office d'un principal de collége.

PRINCIPAUTÉ, n. f. dignité, domaine, puissance, qualité, seigneurie, titre de prince.

PRINCIPE, n. m. auteur, créateur, création — élément, notion fondamentale, matière. — V. *Source*, 2. et 3. div.

PRINTANIER, adj. appartenant au printemps, concernant le printemps, convenable au printemps, dû au printemps, naissant au printemps, ordinaire au printemps, propre au printemps.

PRINTEMPS, n. m. première saison, saison nouvelle. — V. *Jeunesse.*

PRIORITÉ, n. f. antériorité, préexistence, primauté en ordre de temps — prééminence, préférence, prélation, premier rang, primauté de rang.

PRISE, n. f. conquête, enlèvement, invasion — butin, proie — dose, quantité précise — V. *Main-mise.*

PRISÉE, n. f. V. *Estimation.*

PRISER, v. avoir bonne opinion, estimer, faire cas — faire l'estimation. V. *Priser.* V. *Louer.*

PRISEUR, n. m. huissier chargé d'adjuger, de fixer le prix de la vente.

PRISON, n. f. V. *Geôle.*

PRISONNIER, n. m. homme captif, claquemuré, détenu, enfermé, emprisonné, incarcéré, mis en prison, renfermé.

PRIVATION, n. f. absence, défaut, dépouillement, disette, enlèvement, manque, perte, retranchement, soustraction d'un avantage ou d'un bien.

PRIVATIVEMENT, adv. à l'exclusion, avec exclusion, exclusivement.

PRIVAUTÉ, n. f. V. *Familiarité.*

PRIVÉ, adj. V. *Dénué* — isolé, seul — particulier, propre, secret — accoutumé, adouci, apprivoisé, civilisé, dompté, familiarisé.

PRIVÉ, n. m. V. *Aisément.*

PRIVÉMENT, adv. avec des privautés, d'une manière libre, d'une manière privée, familièrement, licencieusement.

PRIVER, v. déposséder, dépouiller, dévaliser, frustrer — enlever, ôter, retrancher, soustraire.

SE PRIVER, v. s'abstenir, se dénuer, se dépouiller, se dépourvoir.

PRIVILÈGE, n. m. droit, faculté, liberté, licence, permission de jouir exclusivement de quelque avantage — concession, don, grâce, faveur — avantage, distinction, prééminence, préférence, prérogative, primauté.

PRIVILÉGIÉ, adj. avantagé, distingué, prééminent, préféré — autorisé par privilége, fondé sur un privilége, jouissant d'un privilége.

PRIX, n. m. V. *Estimation.*

loyer, paiement, récompense, salaire.

AU PRIX DE; phr. adv. à proportion de, au regard de, en comparaison de, par rapport à, relativement à.

PROBABILITÉ, n. f. V. Vraisemblance — doctrine des opinions probables, probabilisme.

PROBABLE, adj. ayant un air de vérité, paroissant fondé. V. Vraisemblable.

PROBABLEMENT, adv. V. Vraisemblablement.

PROBATION., n. f. apprentissage, épreuve, essai, noviciat.

PROBITÉ, n. f. bonté, honnêteté. V. Droiture.

PROBLÉMATIQUE, adj. probable pour et contre. V. Incertain.

PROBLÉMATIQUEMENT, adv. ambigument, d'une manière douteuse, équivoque, problématique, pour et contre.

PROBLÈME, n. m. proposition ambiguë, douteuse, équivoque, incertaine, indécise, probable pour et contre, problématique — question à démontrer, à expliquer, à résoudre.

PROCÉDÉ, n. m. conduite, façon, manière d'agir — façon d'opérer, manière de procéder, méthode particulière — démêlé, différend, querelle, rixe.

PROCÉDER, v. dériver, descendre, tirer son origine, venir de — agir, se comporter, se conduire — agir en justice, faire des poursuites, plaider, poursuivre.

PROCÉDURE, n. f. instance, instruction, poursuite, procès.

PROCÈS, n. m. V. Procédure. — V. Altercation.

PROCESSIF, adj. aimant les procès. V. Plaideur.

PROCESSIONNELLEMENT, adv. à la file, à la suite les uns des autres, en procession.

PROCHAIN, adj. V. Voisin.

PROCHE, adj. V. Prochain. — V. Parent.

PROCLAMATION, n. f. déclaration solennelle, dénonciation publique, notification solennelle, promulgation, publication, signification authentique.

PROCLAMER, v. déclarer solennellement, dénoncer publiquement, notifier solennellement, promulguer, publier, rendre public, signifier authentiquement.

PROCRÉATION, n. f. V. Génération.

PROCRÉER, v. V. Engendrer.

PROCURATION, n. f. autorisation, charge, commission, délégation, faculté, mandement, pouvoir d'agir pour un autre.

PROCURER, v. faire accorder, faire avoir, faire donner, faire obtenir, ménager, moyenner, pourvoir.

PROCUREUR, n. m. agent chargé d'agir, commis, député, fondé de procuration, syndic.

PRODIGALEMENT, adv. abondamment, à foison, amplement, avec abondance, avec prodigalité, avec profusion, copieusement, d'une manière prodigue, en abondance, en quantité, largement, libéralement, profusément, sans épargne, somptueusement.

PRODIGALITÉ, n. f. dépense trop grande, largesse excessive, libéralité démesurée, profusion.

PRODIGE, n. m. chose admirable, chose extraordinaire, chose rare, effet inouï, évènement surprenant, merveille, phénomène étonnant—effet de la Toute-Puissance contre l'ordre de la nature, évènement surnaturel, miracle — chef-

d'œuvre, opération sublime,
ouvrage parfait, production accomplie — monstre.

PRODIGIEUSEMENT, adv. admirablement, à un point prodigieux, d'une manière prodigieuse, étonnamment, étrangement,
excessivement, exorbitamment,
extraordinairement, merveilleusement, monstrueusement.

PRODIGIEUX, adj. admirable,
étonnant, exorbitant, merveilleux. V. Monstrueux.

PRODIGUE, adj. dépensier, dissipateur, manquant d'économie, trop libéral, qui aime la
dépense..

PRODIGUER, v. dépenser follement, dissiper, donner sans mesure, faire profusion.

PRODITOIREMENT, adv. déloyalement. V. Traîtreusement.

PRODUCTION, n. f. V. Génération — effet, produit, résultat,
suite — écrit, œuvre, ou-
vrage.

PRODUIRE, v. donner nais-
sance, faire, occasioner — exposer, faire voir, manifester,
mettre au jour, montrer — engendrer, mettre au monde,
procréer — avancer dans le
monde, faire connoître, introduire, mettre en avant,
pousser.

PRODUIT, n. m. effet, production, résultat, suite — port,
revenu. V. Fruit.

PROFANATEUR, n. m. celui qui
profane les choses saintes, impie, sacrilège.

PROFANATION, n. f. impiété,
irrévérence contre les choses
saintes, sacrilège — abus, emploi indécent, usage déplacé.

PROFANE, adj. impie, irrévérent envers les choses saintes,
sacrilège—commun, non sacré,
ordinaire, étranger, non admis, non initié, non instruit.

PROFANER, v. abuser des choses saintes, en faire un usage
irrévérent, les prostituer à des
usages vils, les traiter avec irrévérence, manquer au respect
qui leur est dû — abuser, employer indécemment — déshonorer, flétrir, polluer, souiller.

PROFÉRER, v. V. Prononcer.

PROFÈS, adj. engagé, lié par
les vœux de religion, qui a fait
ses vœux, qui a prononcé ses
vœux.

PROFESSER, v. avouer publiquement, convenir, déclarer,
reconnoître hautement — exercer, faire profession, mettre en
pratique, pratiquer—défendre,
enseigner, maintenir, soutenir,
tenir une doctrine — donner
des leçons publiques, enseigner
publiquement.

PROFESSEUR, n. m. régent. V.
Maître, 3. div.

PROFESSION, n. f. aveu authentique, déclaration publique —
émission solennelle des vœux de
religion. — V. Métier.

PROFIL, n. m. crayon, délinéation, dessin d'un édifice vu
de côté — aspect, représentation, vue d'un objet par un de
ses côtés.

PROFIT, n. m. revenant bon,
revenu. V. Fruit — accroissement, acquêt, augmentation,
avancement, progrès.

PROFITABLE, adj. avantageux.
V. Utile.

PROFITER, v. bénéficier, faire
du profit, gagner, tirer avantage,
tirer de l'utilité, tirer du lucre
— accroître, augmenter, avancer, croître, faire des progrès,
réussir, se perfectionner — être
avantageux, être profitable,
être utile, fructifier, servir.

PROFOND, adj. creux, enfoncé
—, extraordinaire, extrême,
grand, vaste—abstrait, abstrus,

difficile à connoître — habile, pénétrant, qui sait beaucoup et bien.

PROFONDÉMENT, *adv.* au fond, bien avant—d'une manière approfondie, d'une manière profonde — avec pénétration, avec perspicacité, avec sagacité.

PROFONDEUR, *n. f.* V. *Creux* — impénétrabilité, incompréhensibilité, sublimité—étendue de l'esprit. V. *Pénétration.*

PROFUSÉMENT, *adv.* V. *Prodigalement.*

PROFUSION, *n. f.* V. *Prodigalité.*

PROGÉNITURE, *n. f.* descendants, enfants.

PROGRAMME, *n. m.* affiche, placard.

PROGRÈS, *n. m.* mouvement en avant— accroissement, acquis, augmentation, avancement, profit.

PROGRESSION, *n. f.* V. *Série.*

PROHIBER, *v.* défendre, empêcher, faire défense, inhiber, interdire.

PROHIBITION, *n. f.* V. *Défense*, 4. *div.* — empêchement, inhibition, interdiction.

PROIE, *n. f.* V. *Butin.*

PROJET, *n. m.* V. *Dessein* — état, mémoire.

PROJETER, *v.* arrêter, déterminer. V. *se Proposer.*

PROLÉGOMÈNES, *n. m. pl.* avant-propos détaillé, long discours préliminaire, notions préparatoires, préface très ample.

PROLIXE, *adj.* V. *Diffus.*

PROLIXEMENT, *adv.* V. *Diffusément.*

PROLIXITÉ, *n. f.* V. *Diffusion.*

PROLOGUE, *n. m.* V. *Exorde.*

PROLONGATION, *n. f.* addition à la durée, continuation, extension, prorogation — relâche. V. *Déport.*

PROLONGER, *v.* alonger, continuer, étendre, proroger. V. *Différer—surseoir.*

PROMENADE, *n. f.* action de se promener — cours, lieu où l'on se promène, promenoir.

PROMESSE, *n. f.* assurance, espérance donnée — convention, engagement, soumission — billet, obligation.

PROMETTRE, *v.* assurer, donner sa parole, s'engager, s'obliger, se soumettre à — annoncer, donner espérance, faire espérer — indiquer, marquer, présager.

PROMONTOIRE, *n. m.* V. *Cap.*

PROMOTION, *n. f.* élévation, exaltation, nomination.

PROMOUVOIR, *v.* avancer, élever, exalter, nommer, pousser.

PROMPT, *adj.* précipité, soudain, subit, vite — agile, léger. V. *Diligent* — brusque. V. *Colère, adj.*

PROMPTEMENT, *adv.* agilement, avec activité. V. *Diligemment.*

PROMPTITUDE, *n. f.* activité, agilité, ardeur, célérité, diligence, empressement, hâte, légèreté, précipitation, prestesse, rapidité, souplesse, vélocité, vitesse, vivacité — brusquerie, colère, emportement, fougue, violence.

PROMULGATION, *n. f.* V. *Proclamation.*

PROMULGUER, *v.* V. *Proclamer.*

PRÔNE, *n. m.* discours de piété, exhortation chrétienne, instruction familière.

PRÔNER, *v.* faire un prône, prêcher familièrement. V. *Louer* —faire des remontrances, moraliser, sermonner — conter ennuyeusement, faire de longs discours, tenir des propos ennuyeux.

PRÔNER,*n. m.* V. *Louangeur.*
V. *Prêcheur.*

PRONONCER, *v.* articuler, dire,
énoncer, proférer — décerner,
juger. V. *Ordonner.*

PRONONCIATION, *n. f.* articulation, énonciation — débit,
manière de réciter — arrêté,
décision, jugement, prononcé.

PRONOSTIC, *n. m.* V. *Conjecture.*

PRONOSTIQUER, *v.* V. *Conjecturer.*

PROPAGATION, *n. f.* génération,
population — accroissement,
augmentation, expansion, extension, multiplication, progrès.

SE PROPAGER, *v.* se disséminer, s'épandre, se répandre,
s'étendre.

PROPENSION, *n. f.* baissement,
inclinaison, penchement, pente,
tendance — affection, bienveillance, bonne volonté — disposition, goût, inclination, naturel, penchant.

PROPHÈTE, *n. m.* homme inspiré, qui découvre les choses
cachées, qui prédit l'avenir —
aruspice, augure, devin, devineur.

PROPHÉTIE, *n. f.* inspiration,
oracle, prédiction, révélation.
V. *Conjecture.*

PROPHÉTIQUE, *adj.* appartenant
à la prophétie, comprenant une
prophétie, concernant la prophétie, convenable à un prophète, digne d'un prophète,
énonçant l'avenir, inspiré, prédisant l'avenir, propre à un prophète, révélé.

PROPHÉTIQUEMENT, *adv.* à la
manière des prophètes, d'une
manière prophétique, en prédisant l'avenir, en prophète,
par inspiration, par révélation.

PROPHÉTISER, *v.* annoncer ce
qui arrivera, découvrir les choses cachées, parler par inspira-

tion, prédire l'avenir, révéler
ce qui est caché. V. *Conjecturer.*

PROPICE, *adj.* bon, clément,
facile, favorable, indulgent,
prospère.

PROPORTION, *n. f.* justesse. V.
Analogie.

À PROPORTION, *phr. adv.* à raison, au prorata, eu égard à,
par comparaison, proportionnellement, proportionnément,
selon, suivant.

PROPORTIONNELLEMENT, PROPORTIONNÉMENT, *adverbes.* V. *à
Proportion.*

PROPORTIONNER, *v.* accommoder, ajuster, appareiller, apparier, assortir, égaler, mesurer,
mettre en proportion, rendre
proportionné.

PROPOS, *n. m.* discours. V.
Colloque — babil, caqueterie,
causerie, jaserie, paroles échappées — arrêté, délibération. V.
Dessein.

À PROPOS, *phr. adv.* V. *à Point*
— à ce sujet, à cette occasion,
sur cela.

À TOUT PROPOS, *phr. adv.* à
chaque instant, à chaque moment, à propos de tout, en
toute occasion, en toute occurrence.

DE PROPOS DÉLIBÉRÉ, *phr. adv.*
avec dessein, avec intention,
de dessein formé, exprès.

PROPOSABLE, *adv.* bon à proposer, capable d'être proposé, convenable à proposer, digne
d'être proposé, dont on peut
faire la proposition, présentable,
qui peut être proposé.

PROPOSER, *v.* déchirer, dire,
exposer, faire une proposition,
mettre en avant, mettre en délibération, mettre sur le tapis
— faire offre, offrir, présenter,
promettre.

SE PROPOSER, *v.* avoir intention, former le dessein, préméditer, prendre l'idée, projeter, se résoudre.

PROPOSITION, n. f. allégation, assertion, énonciation, opinion, position, sentiment, thèse — avisement, idée mise en avant, motion, ouverture, projet mis sur le tapis — problème, question, théorème — V. Maxime — V. Offre.

PROPRE, adj. ajusté, approprié, arrangé, bienséant, décent, net, orné, paré — appartenant exclusivement, naturel, spécifique. V. Spécial — V. Compétent.

PROPREMENT, adv. avec propreté, nettement, sans ordure, sans souillure, sans tache — essentiellement, exclusivement, naturellement, particulièrement, spécialement — avec adresse, avec grâce, convenablement, décemment, d'une manière agréable.

PROPRETÉ, n. f. netteté, pureté — ajustement, convenance, décence, ornement, parure.

PROPRIÉTAIRE, adj. maître, possédant en propre, possesseur.

PROPRIÉTÉ, n. f. domaine, droit de posséder — attribut nécessaire, caractère incommunicable, essence, nature, qualité essentielle — V. Efficace — sens propre, signification propre, valeur spéciale d'un mot.

AU PRORATA, phr. adv. V. à Proportion.

PROROGATION, n. f. Prolongation.

PROROGER, v. V. Prolonger.

PROSCRIPTION, n. f. condamnation à mort — V. Ban.

PROSCRIRE, v. condamner à mort, mettre une tête à prix — V. Bannir.

PROSÉLYTE, n. m. disciple,

fauteur, partisan. V. Néophyte.

PROSPÈRE, adj. V. Propice — avantageux, chanceux, fortuné, heureux.

PROSPÉRER, v. avoir du bonheur, avoir la fortune favorable, être heureux, réussir, — être avantageux, être favorable, succéder, tourner à bien.

PROSPÉRITÉ, n. f. bonheur, état florissant, fortune, heureux succès, réussite.

PROSTERNATION, PROSTRATION, nn. ff. PROSTERNEMENT, n. m. abaissement jusqu'à terre, inclination profonde, révérence bien humble, salut très respectueux.

SE PROSTERNER, v. faire une profonde révérence, saluer très respectueusement, se baisser jusqu'à terre, se jeter aux genoux, s'incliner profondément.

PROSTITUÉE, n. f. V. Courtisane.

PROSTITUER, v. abandonner, dévouer, livrer à l'impudicité — abaisser honteusement, avilir, dégrader, déshonorer, dévouer au mépris.

PROSTITUTION, n. f. abandonnement, licence. V. Incontinence.

PROTECTEUR, n. m. avocat, défenseur, patron — curateur, tuteur.

PROTECTION, n. f. aide, appui, assistance, défense, faveur, sauvegarde, soutien, support.

PROTÉE, n. m. homme changeant, souple, trompeur. V. Inconstant.

PROTÉGER, v. aider, appuyer, assister, couvrir de son crédit, défendre, favoriser, maintenir, seconder, secourir, soutenir.

PROTESTATION, n. f. affirmation, assurance positive, déclaration authentique, promesse, témoignage public — dénonciation juridique, protêt, signifi-

fance—bas, digne d'un enfant, frivole, futile, misérable, niais, petit, plat.

PUÉRILEMENT, *adv.* comme un enfant d'une manière enfantine, en enfant — bassement, d'une manière puérile, misérablement, niaisement, platement.

PUÉRILITÉ, *n. f.* action d'enfant, discours d'enfant, enfantillage, manière d'un enfant, propos d'enfant — platitude, raisonnement d'enfant. V. *Impertinence.*

PUÎNÉ, *adj.* V. *Cadet.*

PUIS, *adv.* après cela, de plus, depuis cela, en outre, ensuite.

PUISARD, *n. m.* V. *Égout, 2. div.*

PUISER, *v.* prendre, tirer de.

PUISQUE, *conj.* à cause que, parceque, par la raison que, vu que.

PUISSAMMENT, *adv.* avec énergie, avec force, avec pouvoir, d'une manière puissante, énergiquement, fortement, beaucoup, grandement, extrêmement.

PUISSANCE, *n. f.* autorité, commandement, crédit, domination, empire, pouvoir, souveraineté — énergie, force, propriété, vertu.—V. *Procuration.*

PUISSANT, *adj.* V. *Robuste* — qui a de l'autorité, du crédit, du pouvoir — capable de produire un grand effet, efficace, énergique—grand, gras, gros, ventru.

PULLULER, *v.* V. *Provigner* — faire du progrès, gagner, se communiquer de proche en proche, se répandre, s'étendre.

PULMONAIRE, *adj.* appartenant au poumon, dépendant du poumon, faisant partie du poumon, propre du poumon, tenant au poumon.

POUPE, *n. f.* V. *Poulpe.*

PULSATION, *n. f.* V. *Pouls.*

PULVÉRIN, *n. m.* poudre à tirer très fine. — V. *Flasque.*

PULVÉRISER, *v.* mettre en poussière, réduire en poudre, briser, casser, fracasser, mettre en morceaux — anéantir, détruire entièrement, mettre à néant, réduire à rien, réfuter complètement.

PUNIR, *v.* châtier, condamner à une peine, corriger, infliger un châtiment, mulcter.

PUNISSABLE, *adj.* digne de châtiment, digne de correction, qui mérite punition.

PUNITION, *n. f.* animadversion, châtiment, correction, peine infligée, répréhension.

PUPILLE, *n. m. et f.* V. *Orphelin.*

PUPITRE, *n. m.* lutrin.

PUR, *adj.* naturel, non frelaté, non mélangé, non mixtionné, simple — chaste, exempt de crime, honnête, innocent, intact, intègre, irréprochable, vertueux — châtié, correct, exact, exempt de fautes, poli—clair, limpide, net

PUREMENT, *adv.* naturellement, sans alliage, sans mélange, sans mixtion, simplement — avec intégrité, chastement, d'une manière pure, honnêtement, innocemment, irrépréhensiblement, irréprochablement, sans crime, vertueusement — avec choix, correctement, d'une manière châtiée, en termes choisis, exactement, poliment, sans fautes — clairement, nettement — absolument, sans clause, sans condition, sans réserve, sans restriction.

PURETÉ, *n. f.* clarté, limpidité, netteté — chasteté, honnêteté, innocence, intégrité, vertu — clarté, correction, exactitude, politesse, propriété de style.

PURGATIF, *adj.* détersif, évacuant, évacuatif, qui purge.

PURGATION, *n. f.* décharge d'humeurs, évacuation — médecine, médicament, purgatif, remède détersif.

PURGATOIRE, *n. m.* lieu de souffrances expiatoires — peines expiatoires, pénitence satisfactoire, souffrances piaculaires.

PURGER, *v.* décharger des humeurs, déterger, évacuer, faire sortir le superflu. — bannir, chasser, exclure, proscrire — V. *Purifier.*

PURIFIER, *v.* décrasser, essuyer, laver, monder, nettoyer, ôter les ordures, rendre net, rincer — corriger, purger, redresser, réformer, rendre plus pur.

PURISME, *n. m.* exactitude minutieuse dans le langage, pureté de langage trop affectée, recherche excessive de la pureté du langage.

PURISTE, *n. m.* celui qui se pique de parler purement, écrivain scrupuleusement correct, parleur trop circonspect sur la pureté du langage.

PURULENT, *adj.* chargé de sanie, mêlé de pus, sanieux.

PUS, *n. m.* corruption, humeur putride, sang corrompu, sanie.

PUSILLANIME, *adj.* V. *Craintif.*

PUSILLANIMITÉ, *n. f.* bassesse d'âme, bassesse de cœur, foiblesse, lâcheté, manque de courage, pagnoterie, poltronnerie, timidité.

PUSTULE, *n. f.* V. *Échauboulure.*

PUTAIN, *n. f.* V. *Courtisane.*

PUTOIS, *n. m.* chat sauvage, foulne.

PUTRÉFACTION, *n. f.* V. *Puanteur.*

PUTRÉFIER, *v.* V. *Pourrir.*

PUTRIDE, *adj.* altéré, pourri, réduit en pourriture, tombe en putréfaction. V. *Infect.*

PYGMÉE, *n. m.* V. *Nain.*

PYRAMIDAL, *adj.* bâti, construit, édifié, élevé, tourné en forme de pyramide.

PYRAMIDE, *n. f.* aiguille, bâtiment qui s'élève en diminuant, flèche.

PYROTECHNIE, *n. f.* art de faire usage du feu, art de se servir du feu, composition de feux d'artifice.

PYRRHONIEN, *n. m.* disciple, élève, sectateur de Pyrrhon.

PYRRHONIEN, *adj.* qui doute de tout, sceptique.

PYRRHONISME, *n. m.* doctrine, opinion, sentiment, système de Pyrrhon — affectation de douter de tout, doute universel, scepticisme.

PYTHONISSE, *n. f.* devineresse, magicienne, sorcière.

Q

QUACRE, QUAKER, *nn. mm.* anabaptiste, trembleur.

QUADRUPLER, *v.* ajouter trois fois autant, augmenter de trois fois autant, multiplier par quatre, répéter quatre fois — devenir quatre fois aussi grand, être augmenté au quadruple, être multiplié par quatre.

QUALIFICATEUR, *n. m.* V. *Juge.*

QUALIFICATION, *n. f.* appréciation, attribution, dénomina-

tion, détermination d'une qualité, estimation.

QUALIFIER, v. apprécier, attribuer une qualité, caractériser par une qualité, donner un
titre, dénommer, estimer, traiter de.

QUALITÉ, n. f. attribut, caractère, nature, propriété —
disposition, don, habitude,
inclination, talent — V. Race
— dignité, emploi, office, prétention.

QUAND, adv. conj. à l'heure
que, au moment que, dans le
moment que, dans le temps que,
durant que, lorsque, pendant
que, tandis que — à quelle heure ? à quel moment ? dans quel
temps ? — bien que, encore que,
quoique.

QUANQUAN, n. m. bruit,
éclat, murmure, plainte, réclamation.

QUANT A, phr. adv. à l'égard
de, au sujet de, concernant,
en ce qui concerne, par rapport à, pour, pour ce qui est
de, relativement à, sur, touchant.

QUANTITÉ, n. f. étendue, extension, grandeur, mesure —
abondance, affluence, foison,
force, foule, multitude, nombre — brièveté, longueur, mesure des syllabes.

QUARTIER, n. m. quart, quar-
teron, quatrième partie. V.
Morceau — espace de trois mois,
trimestre — lieu de campement,
logement des troupes, poste —
V. Contrée — composition,
grâce, indulgence, pardon.

A QUARTIER, phr. adv. à l'é-
cart, à part, de côté, en particulier, en secret, secrètement,
séparément.

QUATRAIN, n. m. couplet,
morceau, pièce de quatre vers.

QUELCONQUE, adj. aucun, nul,

pas un, quel que ce soit, quel
qu'il soit.

QUELQUEFOIS, phr. adv. de fois
à autre, de temps en temps,
par-ci, par-là, parfois.

QU'EN DIRA-T-ON, n. m. censure publique, ce que le public
peut dire, jugement du public,
respect humain.

QUERELLE, n. f. V. Altercation.

QUERELLER, v. attaquer, choquer, faire querelle, offenser,
provoquer — critiquer, gourmander, gronder. V. Chapitrer.

QUERELLEUR, adj. chicaneur,
difficultueux, grondeur, plaideur, pointilleux, processif,
tracassier.

QUÉRIR, v. chercher, faire
venir, mander.

QUESTION, n. f. demande, enquête, information, interrogation — ce dont il s'agit, ce
dont on dispute, ce qu'on exa-
mine, matière contestée, point
à résoudre, proposition agitée,
sujet de discussion — gêne, torture.

QUESTIONNER, v. demander,
faire des questions, interroger,
s'enquérir, s'enquêter, s'informer.

QUÊTE, n. f. démarche pour
trouver, perquisition, recherche — collecte, cueillette, levée
d'aumônes.

QUÊTER, v. chercher, faire
perquisition, rechercher — demander, ramasser, recueillir
des aumônes.

QUÊTEUR, n. m. collecteur,
demandeur d'aumônes.

QUEUE, n. f. V. Manche, n.
m. — bout, extrémité, fin —
la dernière partie, le dernier
rang, le derrière — conclusion,
dépendances, suite.

A LA QUEUE, EN QUEUE, phr.
adv. à la suite, à l'extrémité,

au bout, immédiatement après, par-derrière.

A QUIA, *phr. adv.* au point de ne savoir que dire, hors d'état de répliquer, sans réplique, sans réponse.

QUICONQUE, *n. m.* quelque personne que ce soit, qui que ce soit, toute personne, tout homme qui.

QUIDAM, *n. m.* quelqu'un, un anonyme, un certain homme, une certaine personne, une personne inconnue.

QUIÉTUDE, *n. f.* apathie, incurie, insensibilité, insouciance, repos d'esprit, tranquillité d'âme.

QUINCAILLE, *n. f.* V. *Mitraille.*

QUINCAILLERIE, *n. f.* commerce, marchandise de quincaille — instruments, outils, ouvrages, petits meubles, ustensiles de cuivre ou de fer.

QUINCONCE, *n. m.* arrangement, disposition, ordonnance, plant, plantation en échiquier.

QUINQUENNAL, *adj.* qui dure cinq ans, qui est exercé pendant cinq ans — qui exerce, qui occupe pendant cinq ans — qui recommence, qui revient, qui se fait, qui se renouvelle, qui se répète de cinq en cinq ans.

QUINT, *n. m.* la cinquième partie, le cinquième.

QUINTAL, *n. m.* cent livres pesant, poids de cent livres.

QUINTE, *n. f.* accès de toux, redoublement de toux, toux âcre et violente — V. *Bizarrerie.*

QUINTESSENCE, *n. f.* le fin, le fond, le principal, l'esprit d'une chose ou d'un ouvrage — la substance, le suc — tout l'a-

vantage, tout le fruit, tout le profit.

QUINTESSENCIER, *v.* analyser, exprimer le suc, tirer la quintessence — V. *Raffiner.*

QUINTEUX, *adj.* V. *Bizarre.*

QUINTUPLER, *v.* ajouter quatre fois autant, augmenter de quatre fois autant, multiplier par cinq, répéter cinq fois — acquérir quatre fois autant, devenir cinq fois aussi grand, être augmenté au quintuple, être multiplié par cinq.

QUIPROQUO, *n. m.* V. *Méprise.*

QUITTANCE, *n. f.* acquit, certificat de paiement, décharge, reçu.

QUITTANCER, *v.* affranchir, décharger, donner quittance, exempter, quitter, tenir quitte.

QUITTE, *adj.* acquitté, déchargé, libéré, ne devant plus rien — exempt, franc, libre — débarrassé, mis hors de péril, tiré de peine.

QUITTER, *v.* abandonner, délaisser, déserter — abdiquer, céder, déposer, lâcher, laisser, perdre, renoncer, relâcher, rendre, restituer, se démettre, se déporter, se déposer, se dépouiller, se désister, se priver.

QUOI, *n. m.* laquelle chose, quelle chose, quelque chose.

QUOIQUE, *conj.* bien que, encore que, quand même.

QUOLIBET, *n. m.* V. *Rébus.*

QUOTE-PART, *n. f.* attribution par tête, imposition personnelle, part de chacun, partie aliquote, portion déterminée, quotité.

QUOTIDIEN, *adj.* qui arrive tous les jours, qui se fait tous les jours. V. *Ordinaire, adj.*

QUOTITÉ, *n. f.* V. *Quote-part.*

R

RABÂCHAGE, n. m. redite, répétition, reprise des mêmes propos.

RABÂCHER, v. rebattre, recommencer sans cesse les mêmes discours, rédire inutilement, répéter sans besoin les mêmes propos, revenir souvent sur ce qu'on a deja dit.

RABÂCHEUR, n. m. répétiteur ennuyeux, éternel, fastidieux, importun, insoutenable, révoltant.

RABAIS, n. m. V. Rabaissement — V. Déduction.

RABAISSEMENT, n. m. décroissement de quantité ou de valeur, diminution de prix, rabais — abaissement, avilissement, bassesse, humiliation — dédain, discrédit, disgrâce, mépris, rebut.

RABAISSER, v. amoindrir. V. Retrancher — abaisser, confondre, dédaigner, dégrader, humilier, mépriser, ravaler.

RABAT-JOIE, n. m. accident, aventure, contre-temps, évènement, hasard, rencontre qui trouble la joie — fâcheux, importun, indiscret, trouble-fête.

RABATTRE, v. déduire, défalquer. V. Retrancher — abaisser, dégrader, déprimer, humilier, rabaisser, ravaler, réprimer — aplanir, aplatir, déplisser, unir — prendre un autre chemin, se détourner, se retourner, tourner vers.

RABÉTIR, v. V. Abétir.

RÂBLE, n. m. le dos, les reins.

RÂBLU, adj. qui a le râble épais, qui est bien fourni du râble — V. Robuste.

RABONNIR, v. rendre meilleur — devenir meilleur, redevenir bon.

RABOT, n. m. bouvet, guillaume, riflard, varlope.

RABOTER, v. polir, rendre uni, unir avec le rabot — raccommoder, réformer. V. Retoucher.

RABOTEUX, adj. brut, inégal, mal poli, noueux, rude, scabreux — fait sans goût, grossier, mal digéré, mal entendu, mal fait, mal ordonné.

RABOUGRI, adj. chétif, contrefait, difforme, maigre, mal tourné, mal venu, nain, noueux, ratatiné, tortu.

RABROUER, v. galvauder, gourmander, malmener, maltraiter, mener durement, ramasser, ravauder, rebuter, relancer, rembarrer, repousser, rudoyer, tancer, traiter rudement, vespériser.

RACAILLE, n. f. V. Populace.

RACCOLER, v. embaucher, engager, enrôler.

RACCOLEUR, n. m. embaucheur.

RACCOMMODAGE, n. m. raccoutrement, rajustement, rapiècetage, ravaudage, réparation, rétablissement, rhabillage.

RACCOMMODEMENT, n. m. paix, rajustement, rapatriage, rapatriement, rapprochement, réconciliation, renouement, réunion.

RACCOMMODER, v. raccoutrer, rajuster, rapetasser, rapiécer, rapiéceter, ravauder, refaire, remettre en état, remettre en ordre, remonter, réparer, rétablir, rhabiller — rajuster. **V.** *Rapprocher.*

RACCOURCI, *n. m.* **V.** *Abrégé, n. m.*

RACCOURCIR. **V.** *Réduire.* **V.** *Rapetisser.*

RACCOURCISSEMENT, *n. m.* accourcissement, apetissement, diminution, rapetissement, retirement, retranchement.

RACCOUTREMENT, *n. m.* **V.** *Raccommodage*

RACCOUTRER, *v.* **V.** *Raccommoder.*

RACCROCHER, *v.* accrocher de nouveau, rattacher au croc, remettre au croc, rependre au croc — **V.** *Regagner.* arrêter, attraper, joindre.

SE RACCROCHER, *v.* se raccommoder, se rejoindre — rétablir ses affaires, se remonter.

RACE, *n. f.* condition, extraction, famille, généalogie, génération, lignage, lignée, maison, naissance, origine, parenté — descendance, enfants, postérité — acabit, espèce, gente, nature, qualité.

RACHAT, *n. m.* délivrance, rançon, recousse, recouvrement, rédemption, retrait — amortissement, extinction, paiement.

RACHETER, *v.* acquitter, amortir, éteindre, payer une dette — délivrer, rédimer. **V.** *Retraire* — compenser, dédommager, indemniser.

RACINE, *n. f.* **V.** *Source* — mot d'où les autres dérivent, mot primitif, mot radical.

RACLER, *v.* frotter rudement, gratter, ratisser.

RACLOIR, *n. m.* ratissoire.

RACLURE, *n. f.* ratissure, superficie enlevée.

RACONTER, *v.* dire, faire, rapport. **V.** *Narrer* — redire, répéter.

RACONTEUR, *n. m.* **V.** *Narrateur.*

RACORNIR, *v.* durcir, rendre coriace, rendre dur.

SE RACQUITTER, *v.* raccrocher, réparer sa perte. **V.** *Regagner.*

RADE, *n. f.* parage, retraite assurée. **V.** *Port.*

RADEAU, *n. m.* train de bois.

RADIATION, *n. f.* **V.** *Rature* — barre, ligne, raie.

RADICAL, *adj.* capital, fondamental. **V.** *Primitif.*

RADICALEMENT, *adv.* fondamentalement, originairement, primitivement, primordialement — dans la source, dans le principe.

RADIEUX, *adj.* **V.** *Étincelant.* rayonnant.

RADOTAGE, *n. m.* RADOTERIE, *n. f.* dire extravagant, discours dénué de sens, propos sans suite, rabâchage sans fondement, rêverie — écart, égarement. **V.** *Rêverie, 4. div.*

RADOTER, *v.* déraisonner, discourir en insensé, être en délire, extravaguer, parler de travers, parler en insensé, parler sans suite, rabâcher sans fondement, raisonner de travers, rêver, tenir des propos incohérents, contraires à la raison.

RADOTEUR, *n. m.* causeur extravagant, discoureur insensé, extravagant, parleur sans suite, rabâcheur de propos incohérents, rêveur.

RADOUB, *n. m.* calfat, raccommodage, radoubement, réparation d'un vaisseau.

RADOUBER, *v.* brayer, calfater, calfeutrer, enduire de brai, espalmer, goudronner, raccommoder, remettre en état, réparer, rétablir un vaisseau.

RADOUCIR, *v.* rendre plus

doux. V. *Calmer*, décharger. V. *Modérer*.

RADOUCISSEMENT, n. m. relâche, relâchement, répit. V. *Modification*, 2. div.

RAFFERMIR, v. V. *Rassurer*. ranimer, remettre. V. *Conforter*.

RAFFERMISSEMENT, n. m. affermissement, appui, consolidation, étai — confortation, corroboration, renouvellement de vigueur, rétablissement des forces.

RAFFINÉ, adj. V. *Adroit*.

RAFFINEMENT, n. m. adresse, art, artifice, délicatesse, dextérité, finesse, habileté exquise, industrie, recherche curieuse, sagacité affectée, subtilité minutieuse.

RAFFINER, v. épurer, nettoyer, purifier, quintessencier, rendre plus fin, rendre plus pur — chercher trop de finesse, faire le fin, finasser, pointiller, ruser, subtiliser à l'excès — approfondir, creuser, examiner à fond, faire d'exactes recherches, pénétrer au fond, tendre à des découvertes.

RAFFOLER, v. se prendre d'une passion folle. V. *se Coiffer*, 3. div.

RAFLER, v. emporter tout, enlever tout, faire rafle, ne rien laisser, prendre tout, s'emparer de tout.

RAFRAICHIR, v. donner de la fraîcheur, refroidir, rendre frais, refaire — V. *Raviver* — rappeler, renouveler, revivifier—couper, rogner, tailler.

RAFRAICHISSANT, adj. humectant, propre à rafraîchir, qui rafraîchit, qui refroidit, réfrigérant, réfrigératif.

RAFRAICHISSEMENT, n. m. réfrigérant, réfrigératif — V.

Réfrigération. nourriture, repos — convoi, fourniture, halte, munitions, provisions, vivres.

RAGAILLARDIR, v. récréer, rendre gai. V. *Egayer* — ranimer, remettre en vigueur, réveiller.

RAGE, n. f. délire furieux, horreur de l'eau, hydrophobie — frénésie, passion effrénée, transport. V. *Colère*.

RAGOT, adj. court, courtaud, petit et gros, ramassé, trapu.

RAGOUT, n. m. V. *Assaisonnement*.

RAGOUTANT, adj. appétissant, bien assaisonné, délicat, friand, provoquant l'appétit, savoureux — agréable, flatteur, intéressant, séduisant.

RAGOUTER, v. exciter, irriter, provoquer l'appétit — rappeler l'appétit, redonner du goût, remettre en goût, réveiller l'appétit — exciter de nouveaux désirs, rappeler l'envie, réveiller le sentiment.

RAGRAFER, v. agrafer de nouveau, raccrocher, rattacher les agrafes.

RAGRÉER, v. rajuster, repasser, retoucher.

SE RAGRÉER, v. se pourvoir des agrès qui manquent, se remettre en agrès, se remonter, se réparer.

RAIE, n. f. barre, ligne, trait — borne, limite, marque, séparation.

RAILLER, v. badiner, plaisanter, ridiculiser, se divertir aux dépens de, se jouer, se rire, turlupiner. V. *se Moquer*.

RAILLERIE, n. f. badinage, badinerie, drôlerie, jeu, mot pour rire, satire plaisante, trait piquant, trait plaisant. V. *Moquerie*.

RAILLEUR, n. m. badin, bouffon, gausseur, goguenard,

moqueur, persifleur, plaisant.

RAINURE , n. f. cannelure, entaille, entaillure en long, rayure.

RAISON , n. f. entendement, réflexion. V. *Discernement* — capacité, faculté, pouvoir, puissance de tirer des conséquences — cause, fondement, motif, sujet — moyen, prétexte —argument, autorité, démonstration , preuve , témoignage — bon droit, convenance, devoir, droit, équité, justice.

A RAISON , phr. adv. sur le pied — V. à *Proportion.*

RAISONNABLE, adj. doué de la faculté de raisonner, intelligent, judicieux, plein de bon sens, pourvu de raison — droit , entendant raison, équitable, juste, traitable — suffisant. V. *Valable.*

RAISONNABLEMENT, adv. avec raison, conformément à la raison, d'une manière raisonnable, équitablement, judicieusement, justement — catégoriquement , compétemment , congrûment, convenablement, légitimement, plausiblement, suffisamment.

RAISONNÉ, adj. appuyé de raisons , discuté, disserté, étayé de preuves, fondé en raison.

RAISONNEMENT, n. m. faculté de raisonner, raison, usage de la raison — argument, argumentation, enthymème, syllogisme — démonstration, discours raisonné, dissertation , exposition des preuves — V. *Excuse.*

RAISONNER , v. argumenter, discourir, discuter, disputer, disserter, établir des preuves, exposer ses raisons , fournir ses moyens — avoir l'usage, faire usage , se servir de sa raison.

RAISONNEUR, n. m. chicaneur,

chicaner, contradicteur, difficultueux , murmurateur.

RAJEUNIR, v. recouvrer la vigueur de la jeunesse, redevenir jeune, reprendre un air de jeunesse, se renouveler—ragaillardir, ranimer, redonner de la vigueur, remettre en vigueur, rendre l'air de la jeunesse , renouveler.

RAJEUNISSEMENT , n. m. renouvellement de santé , réparation des forces , rétablissement de la vigueur, retour à la jeunesse.

RAJUSTEMENT, n. m. V. *Raccommodement.*

RAJUSTER, v. V. *Raccommoder.*

RÂLE, RÂLEMENT, nn. mm. difficulté de respirer, embarras dans la respiration, hoquet suffoquant, suite de hoquets.

RALENTIR , v. radoucir, refroidir, retarder. V. *Modérer.*

RALENTISSEMENT, n. m. radoucissement, refroidissement, relâchement, répit. V. *Modification* — délai, retard, retardement.

RÂLER, v. agoniser, être agonisant, être à l'agonie, être près de mourir — avoir la respiration embarrassée, rendre en respirant un son enroué et rauque, respirer avec peine et avec bruit.

RALLIEMENT , n. m. rapprochement, réunion des troupes dispersées.

RALLIER, v. ramasser, rapprocher, rassembler, recueillir, rejoindre, réunir des troupes dispersées.

RALONGER, v. ajouter à la longueur, augmenter la longueur, rendre plus long.

RALLUMER, v. ranimer, redonner du courage, rendre de la vigueur, renflammer, ressusciter, réveiller.

RAMAGE, *n. m.* chant des oiseaux, gazouillement, gazouillis.

RAMAGER, *v.* chanter, gazouiller.

RAMAS, *n. m.* amas, assemblage, collection, grande quantité, monceau, ramassis, rapsodie, réunion, tas.

RAMASSER, *v.* faire amas, rallier, rassembler, réunir. V. *Amasser* — prendre ce qui est à terre, relever.—V. RABROUER.

RAMASSIS, *n. m.* V. *Ramas.*

RAME, *n. f.* aviron — vingt mains de papier.

RAMEAU, *n. m.* branchage, branche d'arbre, petite branche.

RAMENER, *v.* faire revenir, reconduire—rappeler, remettre en vogue, renouveler.

RAMER, *v.* tirer à la rame, travailler à la rame — avoir beaucoup de peine, prendre bien de la peine, se donner bien de la peine, travailler péniblement.

RAMEUR, *n. m.* V. *Galérien.*

RAMEUX, *adj.* branchu, chargé de rameaux, jetant beaucoup de branches, poussant force branches.

RAMIFICATION, *n. f.* génération, naissance, production des branches — distribution, division, partage, subdivision en plusieurs parties subordonnées.

SE RAMIFIER, *v.* se distribuer, se diviser, se partager, se subdiviser en plusieurs rameaux ou parties subordonnées.

RAMINAGROBIS, *n. m.* V. *Rominagrobis.*

RAMONER, *v.* balayer une cheminée, enlever la suie, nettoyer le tuyau, ôter la suie.

RAMPANT, *adj.* servile, obéissant. V. *Bas.*

RAMPE, *n. f.* degré, escalier, montée, plan incliné — balus-

trade, balustre, garde - fou.

RAMPEMENT, *n. m.* abjection, avilissement, bassesse, lâcheté.

RAMPER, *v.* se glisser, se traîner sur le ventre—être abject, être bas, être vil — avoir de lâches complaisances, s'abaisser, s'avilir, se soumettre bassement.

RANCE, *adj.* chanci, tournant à la corruption, vieux. V. *Infect.*

RANCIDITÉ, RANCISSURE, *nn. ff.* altération, corruption commencée, goût rance, odeur de rance.

RANCIR, *v.* contracter de la rancidité, devenir rance, s'altérer, se corrompre, se gâter, tourner à la rancissure, vieillir.

RANÇON, *n. f.* composition pour recouvrer la liberté, prix de la délivrance. V. *Rachat.*

RANÇONNEMENT, *n. m.* enlèvement forcé, extorsion, levée injuste — survente. V. *Maltôte.*

RANÇONNER, *v.* enlever de force, exiger plus qu'il ne faut, extorquer, lever injustement, mettre à rançon, saigner, vexer — surtaxer, survendre, taxer trop haut.

RANÇONNEUR, *n. m.* V. *Maltôtier.*

RANCUNE, *n. f.* haine sourde. V. *Inimitié.*

RANCUNIER, *adj.* V. *Haineux.*

RANG, *n. m.* disposition, ligne, ordre, rangée, suite —révolution, tour — pas, place, prérogative, préséance — condition, degré d'honneur, dignité, état, grade, naissance, qualité.

RANGÉ, *adj.* V. *Ranger*—qui a de l'ordre, qui se conduit bien, réglé, régulier, sage.

RANGER, *v.* arranger, disposer, mettre en ordre, ordonner, placer, régler — assujétir, réduire, soumettre, subjuguer.

RANIMER, v. faire revivre, rappeler à la vie, redonner la vie, rendre la vie, ressusciter, revivifier — ragaillardir, rajeunir, réchauffer, redonner de la vigueur, remettre en vigueur, rendre les forces — exciter, rappeler, réchauffer, redonner, rendre, renouveler le courage.

RAPACE, adj. qui prend partout, qui vit de rapine, ravissant —âpre, ardent, avide, convoiteux, désireux, empressé de prendre, enclin à prendre.

RAPACITÉ, n. f. avidité, cupidité, inclination à prendre.

RAPATRIER, v. V. Rapprocher.

RÂPER, v. mettre en poudre, pulvériser avec la râpe—limer, râcler, ratisser.

RAPETASSER, v. V. Raccoutrer.

RAPETISSER, v. accourcir, amoindrir, apetisser, diminuer, écourter, mutiler, raccourcir, rendre plus court, rendre plus petit, retrancher, rogner, tronquer —devenir moindre, devenir plus court, s'amoindrir, se raccourcir. V. Décrotter.

RAPIDE, adj. fait avec célérité, prompt. V. Impétueux — entraînant, qui entraîne, véhément.

RAPIDEMENT, adv. avec ardeur, avec célérité, d'une manière rapide, impétueusement, précipitamment, prestement, promptement, violemment, vite, vitement—avec véhémence, d'une manière entraînante, d'une manière véhémente.

RAPIDITÉ, n. f. impétuosité. V. Promptitude — manière entraînante, véhémence.

RAPIÉCER, RAPIÈCETER, vv. V. Raccommoder.

RAPIÈCETAGE, n. m. V. Raccommodage.

RÂPIÈRE, n. f. V. Brette.

RAPINE, n. f. enlèvement forcé, extorsion, pillage. V. Maltôte — butin, dépouille, proie.

RAPINER, v. piller. V. Dérober.

RAPPELER, v. appeler de nouveau, faire revenir, remettre en place, rétablir.

RAPPORT, n. m. V. Fruit—témoignage — V. Narration. V. Relation, 2. div. — bavardage, caqueterie, délation, jaserie, médisance — analogie, comparaison, conformité, connexité, convenance, correspondance, dépendance, liaison, proportion, ressemblance, similitude—vapeur de l'estomac. V. Nausée.

PAR RAPPORT, phr. adv. V. Quant à.

RAPPORTER, v. être de bon rapport, fructifier, produire, profiter, rendre du revenu — alléguer, citer, donner en preuve, rendre témoignage. V. Narrer—bavarder, caqueter, déférer, dénoncer, jaser, médire, notifier, reporter, révéler—rendre, représenter, restituer—adapter, faire cadrer l'un avec l'autre, raccorder, rassembler, rejoindre, réunir — détailler, exposer, référer, rendre compte.

RAPPORTEUR, n. m. conseiller, juge, magistrat chargé d'un rapport — V. Pestard.

RAPPRENDRE, v. apprendre de nouveau, se rappeler ce qu'on avoit oublié, se remettre à étudier.

RAPPROCHER, v. approcher de nouveau, approcher de plus près, mettre plus à portée — ménager une réunion, préparer un accord, procurer une réconciliation, raccommoder, rapatrier, réconcilier, remettre d'accord, réunir.

RAPSODIE, n. f. compilation, ramassis, recueil. V. Ramas.

RAPSODISTE, n. m. auteur, compilateur, compositeur, collecteur, rédacteur de rapsodies.

RAPT, n. m. enlèvement forcé, séduction, subornation, ravissement.

RAQUETTE, n. f. V. Palette.

RARE, adj. admirable, excellent, extraordinaire, merveilleux, peu commun — bizarre, inouï, nouveau, particulier, singulier, surprenant.

RARÉFACTION, n. f. V. Dilatation.

RARÉFIER, v. V. Dilater.

RAREMENT, adv. V. de Loin à Loin.

RARETÉ, n. f. cherté, défaut, disette, faute, manque, pénurie — chose nouvelle, chose singulière, nouveauté, singularité — chose précieuse, curiosité.

RAS, adj. coupé de près, qui a le poil court, rasé — égal, plein, plat, uni.

RASEMENT, n. m. V. Démolition.

RASER, v. couper le poil près de la peau, tondre avec un rasoir. V. Ruiner. V. Frôler.

RASSASIEMENT, n. m. dégoût, plénitude, réplétion, satiété.

RASSASIER, v. apaiser, calmer, chasser la faim — assouvir, contenter, dégoûter, rebuter, remplir.

RASSEMBLER, v. ramasser, recueillir. V. Amasser —remettre ensemble. V. Rallier.

RASSEOIR, v. remettre, replacer, reposer. V. Calmer.

SE RASSEOIR, v. reprendre sa place, se remettre sur son siège, se reposer—reprendre ses sens, revenir de son émotion, se remettre de son étonnement —

reprendre sa tranquillité, revenir de son emportement, s'apaiser, se câliner, se modérer, se tranquilliser—déposer sa lie, devenir clair, s'éclaircir, se clarifier, s'épurer.

RASSIS, adj. qui n'est plus tendre, vieux cuit — clarifié, devenu clair, éclairci, épuré, reposé — calme, mesuré, modéré, posé, tranquille—adouci, apaisé, calmé, revenu de son emportement, tranquillisé.

DE SANG RASSIS, phr. adv. V. de Sang-froid.

RASSOTÉ, adj. V. Prévenu, 2. div.

RASSURER, v. affermir, appuyer, consolider, étayer, raffermir, rendre ferme, rendre plus solide, rendre plus stable, soutenir — calmer, dissiper les alarmes, faire renaître la confiance, redonner de l'assurance, remettre d'un trouble, rendre de la hardiesse, tranquilliser— encourager, inspirer du courage, relever le cœur.

RATAFIA, n. m. eau-de-vie, liqueur forte.

RATATINÉ, adj. rabougri, rapetissé, resserré, rétréci—fané, flétri, ridé.

SE RATATINER, v. se rabougrir, se rapetisser, se resserrer, se rétrécir—se faner, se flétrir, se rider.

RATER, v. faillir, manquer, ne pas réussir.

RATIÈRE, n. f. souricière.

RATIFICATION, n. f. agrément, approbation, autorisation, aveu, confirmation, consentement.

RATIFIER, v. agréer, approuver, autoriser, avouer, confirmer, consentir, donner son agrément.

RATION, n. f. part, pitance, portion de fourrage ou de vivres.

RATISSER, v. V. Racler.

RATISSOIRE, n. f. racloir.
RATISSURE, n. f. V. Rachure.
RATON, n. m. jeune rat, petit rat, ratillon — V. Gâteau.
RATTEINDRE, v. rattraper, rejoindre, reprendre.
RATTRAPER, v. V. Ratteindre. — V. Regagner.
RATURE, n. f. effaçure, radiation — barre, ligne, raie.
RATURER, v. V. Barrer, 2. div.
RAUCITÉ, n. f. âpreté de la voix, enrouement, rudesse de la voix.
RAUQUE, adj. âpre, enroué, rude.
RAVAGE, n. m. dégât, déprédation, dépopulation, désolation, destruction, dévastation, pillage, ruine, saccagement, spoliation.
RAVAGER, v. dépeupler, dépouiller, désoler, détruire, faire dégât, saccager, infester.
RAVALEMENT, n. m. crépi; crépissure d'un mur — abaissement, abjection, avilissement, discrédit, humiliation, mépris.
RAVALER, v. crépir un mur du haut en bas — faire descendre plus bas, rabattre, mettre plus bas — décrier, mépriser, ravilir, vilipender. V. Déprimer.
RAVAUDAGE, n. m. V. Raccommodage.
RAVAUDER, v. V. Raccommoder — V. Rabrouer.
RAVI, adj. arraché, dérobé, emporté, enlevé, ôté, pris — charmé, enchanté, extasié, joyeux, satisfait, transporté, très content.
RAVILIR, v. avilir, décrier, dénigrer, diffamer, livrer au mépris. V. Dépriser.
RAVIN, n. m. chemin creux, fosse, lieu creusé par un torrent subit, ravine.
RAVINE, n. f. grosse pluie,

pluie d'orage, torrent subit — V. Ravin.
RAVIR, v.V. Oter — charmer, combler de joie, enchanter, extasier, remplir de satisfaction, transporter.
A RAVIR, phr. adv. admirablement, à merveille, d'une manière ravissante, merveilleusement, parfaitement, supérieurement, très bien.
SE RAVISER, v. changer d'avis, prendre un autre parti, retirer sa parole, revenir sur son dire, révoquer son premier avis.
RAVISSANT, adj. avide, qui vit de rapine, rapace — admirable, agréable, aimable, charmant, délicieux, enchanteur, excellent, magnifique, merveilleux, plein de charme, réjouissant, surprenant, très beau.
RAVISSEMENT, n. m. V. Rapt — admiration, charme, enchantement, extase, transport.
RAVITAILLER, v. fournir de nouvelles provisions, rafraîchir de vivres, renouveler les vivres.
RAVIVER, v. rafraîchir, ranimer, remettre en état, rendre de la fraîcheur, rendre plus vif, réparer, restaurer, rétablir.
RAVOIR, v. avoir de nouveau. V. Regagner.
SE RAVOIR, v. recouvrer de la vigueur, reprendre des forces, se ranimer, se fortifier, se rétablir.
RAYER, v. V. Barrer.
RAYON, n. m. éclat de lumière, trait de lumière — apparence, commencement, léger fondement — idée, image, participation, ressemblance.
RAYONNANT, adj. V. Radieux.
RAYONNEMENT, n. m. V. Irradiation.
RAYONNER, v. jeter des rayons. V. Etinceler.

RÉAGGRAVE, n. m. dernier monitoire.

RÉAGGRAVER, v. aggraver de nouveau, augmenter les peines, confirmer les premières censures, renforcer les censures.

RÉAJOURNER, v. ajourner de nouveau, assigner une seconde fois, réassigner.

RÉALISATION, n. f. accomplissement, exécution.

RÉALISER, v. rendre effectif, rendre réel. V. Exécuter.

RÉALITÉ, n. f. effet, existence effective — chose assurée, certaine, constante, effective, réelle, sûre, véritable.

RÉASSIGNER, v. V. Réajourner — assigner, assurer, hypothéquer sur un autre fonds.

REBAPTISER, v. baptiser une seconde fois, conférer un nouveau baptême, donner un second baptême, réitérer le baptême.

REBARBATIF, adj. bourru, brusque, difficile, humoriste, morose, peu complaisant, rebutant. V. Hagard.

REBÂTIR, v. bâtir de nouveau. V. Reconstruire.

REBATTU, adj. rabâché, recommencé souvent, redit plusieurs fois, répété sans cesse — ennuyé, excédé, fatigué, las d'entendre la même chose.

REBELLE, adj. factieux, félon, insurgent, réfractaire. V. Rétif.

SE REBELLER, v. désobéir, devenir rebelle, résister aux ordres, se mutiner, se rendre rebelle, se révolter, se soulever.

RÉBELLION, n. f. désobéissance, félonie, opiniâtreté. V. Emeute.

REBONDI, adj. V. Gras.

REBONDIR, v. bondir, faire des bonds, rejaillir — retourner — se réfléchir.

REBONDISSEMENT, n. m. V. Réfléchissement.

REBORD, n. m. bord, bordure, extrémité, marge — limbe, lisière, orle.

REBORDER, v. border de nouveau, garnir d'un nouveau bord, mettre un nouveau bord, remettre un bord.

REBOURGEONNER. V. Rejeter, 7. div.

REBOURS, adj. épineux, rude. V. Rétif.

REBOURS, n. m. le contrepoil — le contraire, le contrepied, le contresens, l'opposé.

A REBOURS, AU REBOURS, phrases adv. à contrepoil, à rebrousse poil, à contresens — à contrepied, au contraire, autrement, dans un sens contraire.

REBROUSSER, v. reculer, remonter, retourner sur ses pas, rétrograder.

RÉBUS, n. m. allusion, badinage, calembourg, charade, équivoque, jeu de mots, jeu d'esprit, plaisanterie — V. Balivernes.

REBUT, n. m. chose dédaignée, méprisée, rebutée, refusée, rejetée.

REBUTANT, adj. décourageant, difficile, difficultueux, rebours, revêche. V. Déplaisant.

REBUTER, v. dédaigner, mépriser, refuser, rejeter — choquer, déplaire, être désagréable — décourager, déconforter, dégoûter, donner du dégoût, faire perdre courage, inspirer du dégoût, jeter dans le découragement, repousser, révolter — détourner, empêcher de poursuivre, faire abandonner.

RÉCALCITRANT, adj. V. Rebours, adj.

RÉCALCITRER, v. faire résistance, ne pas céder, regimber,

résister, ruer, se défendre, s'obstiner, s'opiniâtrer, tenir tête.

RÉCAPITULATION, n. f. répétition abrégée, reprise sommaire, résumé des parties d'un discours.

RÉCAPITULER, v. rappeler, redire, répéter, reprendre, résumer sommairement.

RECÉLÉ, RECÈLEMENT, nn, mm.

RECÉLER, v. cacher, céler, détourner, distraire, divertir, mettre à l'écart, soustraire quelque effet — cacher, céler, garder, prendre en dépôt, recevoir en dépôt des choses volées.

RECÉLEUR, n. m. complice de voleurs, confident, dépositaire, détenteur, gardien de choses volées.

RÉCEMMENT, adv. V. Dernièrement.

RÉCENT, adj. V. Naissant.

RÉCÉPISSÉ, n. m. V. Quittance.

RÉCEPTACLE, n. m. V. Refuge — cloaque, égout, sentine — bassin, réservoir.

RÉCEPTION, n. f. V. Accueil. — admission, entrée, installation, introduction.

RECETTE, n. f. collecte, levée, perception, récolte, recouvrement — compte, détail, état, mémoire, tableau de choses reçues, composition, formation, mélange, mixtion, préparation d'un remède.

RECEVABLE, adj. acceptable, admissible, digne d'être reçu — convenable, honnête, raisonnable, suffisant — V. Valable.

RECEVEUR, n. m. collecteur, exacteur, préposé à la recette, trésorier.

RECEVOIR, v. trouver bon. V. Accepter — accueillir, traiter — admettre, agréger, incorporer, installer, introduire, laisser entrer — endurer, éprouver,

sentir, souffrir — déférer, obéir, se soumettre — amasser, percevoir, récolter, recouvrer, retirer.

RÉCHAPPER, v. se préserver, se tirer de quelque péril. V. Échapper.

RECHASSER, v. chasser de nouveau, faire retirer, rejeter, renvoyer, repousser.

RÉCHAUFFER, v. chauffer encore, échauffer de nouveau, rendre de la chaleur — rallumer, ranimer, rappeler, redonner, rendre, renflammer, renouveler, réveiller le courage.

RECHERCHE, n. f. poursuite. V. Enquête.

RECHERCHÉ, adj. bien fini, étudié, soigneusement travaillé — curieux, peu commun, rare — tenant de l'art — V. Minaudier.

RECHERCHER, v. chercher de nouveau, chercher encore — chercher avec soin, examiner à fond, faire des recherches, prendre des informations, s'enquérir, s'enquêter, s'informer, suivre à la piste — ambitionner, briguer, demander, poursuivre, solliciter, tâcher d'obtenir — corriger, perfectionner, rectifier, rendre parfait.

RECHIGNÉ, adj. mélancolique, montrant de l'humeur. V. Refrogné.

RECHIGNER, v. faire mauvaise mine, marquer de l'humeur, montrer du dégoût, répugner, témoigner de la répugnance.

RECHUTE, n. f. nouvelle chute, seconde chute — nouvelle attaque, retour de maladie — récidive, retour au péché.

RÉCIDIVE, n. f. rechute dans une faute, retour au péché.

RÉCIDIVER, v. faire une récidive, réitérer la même faute,

retomber dans la même faute.

Récif, *n. m.* V. *Ressif.*

Réciproque, *adj.* mutuel.

Réciproquement, *adv.* V. *Mutuellement.*

Réciproquer, *v.* agir réciproquement, rendre la pareille, rendre le réciproque.

Récit, *n. m.* V. *Narration* — manière de réciter. V. *Déclamation.*

Réciter, *v.* V. *Narrer* — débiter, déclamer, prononcer.

Réclamation, *n. f.* V. *Revendication.*

Réclamer, *v.* appeler à soi, V. *Invoquer* — empêcher, faire opposition, se récrier, s'opposer — poursuivre, redemander, répéter, revendiquer.

Reclure, *v.* enclore, enfermer, mettre dans une clôture étroite, renfermer étroitement, séquestrer de toute société.

Reclus, *adj.* mis en clôture, renfermé, retiré. V. *Solitaire.*

Recoin, *n. m.* coin obscur, endroit caché, lieu écarté.

Récollection, *n. f.* attention profonde, examen sérieux, recueillement, réflexion, revue intérieure.

Récolte, *n. f.* cueillette, dépouille des fruits de la terre, moisson — V. *Recette.*

Recommandable, *adj.* estimable, louable. V. *Respectable.*

Recommandation, *n. f.* exhortation, instance, invitation, sollicitation — civilité, compliment, salutation — considération, estime, honneur, respect, vénération — action de recommander. V. *Protection.*

Recommander, *v.* V. *Ordonner* — exhorter, faire instance, inviter, presser, prier, solliciter — V. *Protéger.*

Recommencer, *v.* commen-

cer de nouveau, réitérer, répéter — refaire, renouveler — rabâcher, revenir sur ce qu'on a déjà dit — renaître, reprendre, revenir, se ranimer, se renouveler, se réveiller.

Récompense, *n. f.* V. *Salaire.* V. *Dédommagement.*

Récompenser, *v.* payer, salarier, satisfaire — accorder un prix, donner une récompense — V. *Dédommager.*

Réconciliateur, *n. m.* V. *Médiateur.*

Réconciliation, *n. f.* V. *Raccommodement.*

Réconcilier, *v.* V. *Rapprocher.*

Reconduire, *v.* accompagner, conduire par civilité — ramener, remener, remettre quelqu'un au lieu d'où il étoit venu.

Réconforter, *v.* conforter, corroborer, fortifier, ranimer, redonner de la vigueur, remettre en vigueur, restaurer, rétablir les forces — adoucir la douleur, alléger les peines, consoler, donner de la consolation, secourir dans l'affliction, soulager.

Reconnoissance, *n. f.* gratitude, ressentiment d'un bienfait, sensibilité pour un bienfait, souvenir d'un bienfait — prix, récompense, salaire — aveu, confession, déclaration — V. *Obligé, n. m.*

Reconnoissant, *adj.* pénétré de reconnoissance, plein de gratitude, sensible aux bienfaits.

Reconnoître, *v.* apercevoir enfin, découvrir, s'éclaircir — considérer, éprouver, essayer, examiner, observer, remarquer, sonder — avouer, confesser, convenir, déclarer, tomber d'accord — avoir de la gratitude, être reconnoissant — donner des marques de reconnoissance, montrer sa gratitude, payer, récompenser.

SE RECONNOÎTRE, v. avouer sa faute, confesser son péché, convenir de son tort, déclarer qu'on a failli, faire pénitence, rentrer en soi-même, se repentir—reprendre ses sens, revenir à soi, se remettre.

RECONQUÉRIR, v. rentrer en possession, reprendre. V. Regagner.

RECONSTRUCTION, n. f. réédification, réfection, réparation, restauration, rétablissement.

RECONSTRUIRE, v. construire de nouveau, rebâtir, réédifier, refaire, relever, réparer, restaurer, rétablir un bâtiment.

SE RECOQUILLER, v. se recroqueviller, se replier, se retirer, se retrousser comme une coquille.

RECORS, n. m. aide de sergent, pousse-cul, témoin de sergent.

RECOUPE, n. f. éclats, morceaux, rognures de pierres taillées—farine tirée du son, recoupette.

RECOURBER, v. courber, fléchir, plier en rond par le bout.

RECOURIR, v. courir de nouveau, retourner en courant — avoir recours, demander du secours, implorer l'aide, réclamer l'appui, se réfugier, solliciter la protection.

RECOURS, n. m. V. Refuge, 2. div. garantie, préservatif, remède, soulagement.

RECOUSSE, n. f. délivrance, recouvrement, reprise de choses ou de personnes enlevées.

RECOUVREMENT, n. m. V. Recous—raccommodement, réparation, restauration, réta-

blissement — collecte, levée, perception, répétition.

RECOUVRER, v. recueillir. V. Regagner — faire la collecte, faire la levée, faire la perception, lever, percevoir, ramasser, recueillir, répéter.

RÉCRÉANCE, n. f. jouissance provisionnelle, provision, sentence provisoire.

RÉCRÉATIF, adj. V. Divertissant.

RÉCRÉATION, n. f. délassement, fête. V. Amusement.

RÉCRÉER, v. délasser. V. Divertir, 3. div.

RECRÉER, v. créer de nouveau, donner une seconde existence —refaire, remettre sur pied, renouveler, rétablir.

SE RÉCRIER, v. élever la voix, faire une exclamation, pousser un cri, s'écrier—réclamer, se déclarer contre, s'élever contre, s'opposer.

RÉCRIMINATION, n. f. accusation contre l'accusateur, injure pour injure, reproche rétorqué.

RÉCRIMINER, v. accuser son accusateur, opposer injure à injure, rétorquer un reproche.

RÉCRIRE, v. copier, écrire, transcrire une seconde fois — faire réponse, répondre à une lettre.

RECROÎTRE, v. croître de nouveau, renaître, repousser, repulluler, revenir, reverdir.

SE RECROQUEVILLER, v. V. se Recoquiller.

RECRU, adj. V. Fortrait.

RECRUE, n. f. addition, augmentation, enrôlement, incorporation, levée de soldats en remplacement.

RECRUTER, v. ajouter, engager, enrôler, incorporer, lever des soldats en remplacement— faire des recrues, remplacer les soldats qui manquent.

RECTA , adv. directement , droit, droitement, en droiture, en ligne directe, par le plus court chemin, sans détour — immédiatement, sans aucun milieu—à point nommé, exactement, justement, positivement, précisément, tout juste.

RECTIFIER , v. remettre dans l'ordre, rendre meilleur. V. Corriger.

RECTORAT , n. m. administration, charge, dignité, emploi, ministère, office de recteur.

REÇU , n. m. V. Quittance.

RECUEIL , n. m. V. Collection.

RECUEILLEMENT , n. m. V. Récollection.

RECUEILLIR , v. faire récolte, rallier, rassembler, réunir. V. Amasser—colliger, compiler, faire des extraits, mettre en corps d'ouvrage—traiter favorablement. V. Héberger — tirer quelque induction. V. Inférer.

RECULADE , n. f. RECULEMENT , n. m. délai, retard, retardement—mouvement en arrière, rétrogradation.

RECULER , v. éloigner. V. Différer—écarter, porter plus loin, pousser en arrière, repousser —aller à reculons, aller en arrière, rebrousser, retourner en arrière, rétrograder—fuir, lâcher le pied, plier, prendre la fuite, s'enfuir, se retirer, s'évader, tourner le dos—balancer, barguigner, biaiser, chercher des échappatoires, éluder les explications, tergiverser.

A RECULONS , phr. adv. à rebours, en arrière, en reculant, en rétrogradant — de mal en pis, de pis en pis, en empirant.

RECUPÉRER , v. V. Regagner.

RÉCUSABLE , adj. devant être récusé, reprochable, suspect.

RÉCUSER , v. écarter, éloigner,

ne pas admettre, rejeter, reprocher.

RÉDACTEUR , n. m. celui qui met en ordre, celui qui rédige, compilateur — abréviateur.

RÉDACTION , n. f. collection, compilation, recueil—V. Compendium — composition, exposition.

RÉDARGUER , v. arguer, blâmer, censurer, contrôler, corriger, critiquer, reprendre, reprocher, trouver à redire, trouver mauvais.

REDEMANDER , v. demander encore, demander une seconde fois — réclamer, répéter, revendiquer.

RÉDEMPTEUR , n. m. Jésus-Christ, libérateur, sauveur.

RÉDEMPTION , n. f. délivrance, rachat, rançon, salut.

REDEVABLE , adj. obligé, qui a de l'obligation — débiteur, reliquataire.

REDEVANCE , n. f. charge, dette, obligation, rente annuelle.

REDEVENIR , v. devenir de nouveau, recommencer à être.

REDEVOIR , v. devoir après un compte, devoir un reliquat, être en reste, être reliquataire.

RÉDIGER , v. colliger, compiler, mettre en corps d'ouvrage, recueillir — abréger, raccourcir, réduire en peu de mots—composer, exposer, mettre en ordre, mettre par écrit.

SE RÉDIMER , v. acheter l'exemption d'une charge, racheter sa délivrance, s'affranchir, se délivrer, se libérer, s'exempter, se racheter.

REDIRE , v. rabâcher, recommencer, répéter, revenir sur ce qu'on a dit — divulguer, rapporter. V. Déclarer.

REDITE , n. f. V. Rabâchage.

REDONDANCE , n. f. abondance inutile , exubérance. V. *Su-perfluité.*

RÉDONDER, *v.* V. *Surabonder.*

REDONNER, *v.* V. *Rendre —* recommencer, redoubler, revenir à la charge.

REDOUBLEMENT , accroissement, augmentation — accès , crise, paroxysme.

REDOUBLER, *v.* recommencer, réitérer, renouveler , répéter— accroître, augmenter, doubler, fortifier, renforcer — remettre une doublure , renouveler la doublure.

REDOUTABLE , *adj.* formidable. V. *Effrayant.*

REDOUTE, *n. f.* fort, fortification détachée.

REDOUTER, *v.* appréhender , avoir peur, craindre.

REDRESSER , *v.* relever , remettre debout, remettre droit, remettre sur pied, rétablir — V. *Rectifier* — abuser, prendre pour dupe. V. *Duper.*

SE REDRESSER, *v.* affecter de la fierté , avoir de la morgue , faire le fat , faire le fier, se carrer, s'enorgueillir, se pavaner, se rengorger — devenir meilleur, s'amender, se corriger , se rectifier, se réformer, se remettre dans l'ordre.

REDRESSEUR, *n. m.* V. *Trompeur.*

RÉDUCTIBLE, *adj.* capable d'être réduit , qui doit être réduit, qui peut se réduire, qu'on doit réduire , qu'on peut réduire , susceptible de réduction.

RÉDUCTION , *n. f.* affoiblissement, dégradation, perte—V. *Déduction* — V. *Estimation.*

RÉDUIRE , *v.* V. *Retrancher —* abréger, accourcir, raccourcir, resserrer, restreindre — apprécier, estimer, évaluer — assujettir, conquérir, dompter , maîtriser , soumettre , subju-

guer, vaincre — changer, métamorphoser , transformer — ramener, ranger , réformer , régler — contraindre, forcer , obliger, pousser.

RÉDUIT, *n. m.* coin , petit logement, recoin, retraite, retranchement.

RÉÉDIFICATION, *n. f.* V. *Reconstruction.*

RÉÉDIFIER, *v.* V. *Reconstruire.*

RÉEL , *adj.* solide. V. *Positif.*

RÉELLEMENT, *adv.* assurément, certainement, constamment , de fait, d'une manière réelle , effectivement, en effet, en réalité , positivement, sans fiction, solidement, sûrement, véritablement, vraiment.

REFAÇONNER, *v.* refaire. V. *Refondre.*

REFAIRE , *v.* faire encore, faire une seconde fois, recommencer, recomposer, refondre, réitérer, renouveler — raccommoder, rajuster, remettre en état, remettre en ordre, rhabiller — V. *Reconstruire.*

RÉFECTION , *n. f.* V. *Reconstruction* — repas.

REFENDRE , *v.* fendre de nouveau , fendre encore, fendre une seconde fois — couper, diviser, fendre , scier en long.

RÉFÉRÉ , *n. m.* compte, détail, exposition , rapport d'une affaire.

RÉFÉRER , *v.* détailler, exposer, rapporter, rendre compte — diriger, donner pour but — laisser. V. *Décerner,* 4. *div.*

RÉFLÉCHI , *adj.* considéré attentivement, examiné mûrement , fait avec réflexion, médité, pesé, prémédité — agissant avec réflexion. V. *Prudent.*

RÉFLÉCHIR, *v.* considérer attentivement, examiner mûrement , faire réflexion, méditer, peser, préméditer — renvoyer, répercuter, repousser — rebondir, rejaillir, retomber, retourner.

RÉPERCUSSEMENT, n. m. bond, bondissement, rebondissement, reflet, réflexion, rejaillissement, renvoi, répercussion, retour, réverbération — contrecoup.

REFLET, n. m. V. *Réfléchissement.*

REFLEURIR, v. fleurir de nouveau, pousser de nouvelles fleurs — renaître, reprendre vigueur, reverdir, revivre, se ranimer, se révivifier — regagner de l'estime, rentrer en honneur, reprendre crédit, revenir en vogue.

RÉFLEXION, n. f. V. *Réfléchissement* — attention, considération, examen, méditation — note, observation, pensée, remarque.

REFLUER, v. remonter, retourner — déborder, regorger, s'épancher hors de ses bornes.

REFLUX, n. m. marée, retour de la mer — changement, variation, vicissitude.

RÉFORMER, v. corriger, donner une autre forme, raccommoder, rajuster, recommencer, rectifier, redresser, refaçonner, refaire, réformer, remanier.

RÉFORMATEUR, n. m. censeur, réparateur, restaurateur.

RÉFORMATION, RÉFORME, nn. ff. censure, correction, renouvellement des règles, restauration, rétablissement de la discipline —V. *Licenciement*—diminution, modération, réduction, retranchement, suppression.

RÉFORMER, v. censurer, changer, corriger, rectifier, redresser, remettre dans l'ordre, supprimer les défauts — ranimer l'ancienne observance, renouveler les anciennes règles, res-

taurer la discipline, rétablir l'ancienne forme — abolir, bannir, ôter, retrancher, supprimer les abus — V. *Licencier* — diminuer, modérer, réduire, restreindre.

RÉFORMER, v. recréer, remettre sur pied, rétablir.

RÉFRACTAIRE, adj. V. *Rebelle.*

REFRAIN, n. m. répétition, reprise, retour de la même idée.

REFRÉNER, v. brider, empêcher, mettre un frein, tenir en bride. V. *Restreindre.*

RÉFRIGÉRANT, adj. V. *Rafraîchissant.*

RÉFRIGÉRATION, n. f. diminution de chaleur, rafraîchissement, refroidissement, retour de fraîcheur ou de froid.

REFROGNÉ, RENFROGNÉ, adjectifs. bourru, chagrin, fâché, maussade, mécontent, morne, morose, noir, rébarbatif, rebutant, sérieux, sombre, soucieux.

SE REFROGNER, SE RENFROGNER, vv. froncer le sourcil, montrer de l'humeur, prendre un air mécontent, rider le front, témoigner du mécontentement.

REFROIDIR, v. rafraîchir, rendre froid — devenir froid — ralentir. V. *Modérer.*

REFROIDISSEMENT, n. m. V. *Réfrigération* — altération, diminution, ralentissement, relâchement d'amour ou d'amitié — adoucissement, mitigation, modération, moins de vivacité dans les passions.

REFUGE, n. m. asile, lieu de sûreté, réceptacle, réduit, retraite— aide, appui, assistance, protecteur, protection, recours, sauvegarde, soutien, sûreté — V. *Faux-fuyant.*

SE RÉFUGIER, v. se mettre à couvert, se mettre à l'abri, se retirer, se sauver — avoir recours, implorer l'aide, réclamer la protection, recourir, solliciter l'appui.

Refus, *n. m.* déni, dénégation, négative — dédain, mépris, rebut — chose dédaignée, méprisée, rebutée, rejetée.

Refuser, *v.* dénier, ne pas accorder, rejeter la demande — dédaigner, mépriser, rebuter, rejeter — ne pas accepter, ne vouloir pas, remercier, se défendre de recevoir, s'excuser d'accepter.

Réfutation, *n. f.* argument contradictoire, preuve contraire, réplique, réponse, solution des objections.

Réfuter, *v.* argumenter contradictoirement, combattre, contredire, détruire une objection, donner une preuve contraire, répliquer, répondre, résoudre les objections, rétorquer l'argument.

Regagner, *v.* rattraper, reconquérir, recouvrer, récupérer, remettre en sa puissance, rentrer en possession, reprendre, retrouver, se dédommager, se récompenser, se récupérer, se remplumer, s'indemniser.

Regain, *n. m.* nouvelle pousse d'herbe, seconde herbe.

Régal, *n. m.* V. *Banquet* — fête, gala, réjouissance — chose agréable, délice, grand plaisir.

Régalement, *n. m.* V. *Répartition.*

Régaler, *v.* donner un régal, faire un régal, festiner, festoyer, fêter, traiter splendidement — accorder une faveur, faire un présent, gratifier — aplanir, égaler, mettre de niveau, rendre uni, unir — distribuer, partager, répartir avec proportion.

Regard, *n. m.* aspect, coup d'œil, vue.

Regardant, *adj.* attentif, chiche, chipotier, exact, ménager, minutieux, pointilleux, vétilleux.

Regarder, *v.* considérer, contempler, envisager, examiner, faire attention, jeter la vue, observer, porter ses regards, remarquer, tourner les yeux — V. *Concerner.*

Régence, *n. f.* dignité de régent, droit de régir pour le prince — administration, gouvernement d'un état — enseignement public, état d'un professeur.

Régénération, *n. f.* V. *Palingénésie.*

Régénérer, *v.* donner une nouvelle naissance, engendrer de nouveau, renouveler.

se Régénérer, *v.* renaître, revivre, se reproduire, se revivifier.

Régent, *n. m.* administrateur pour le prince, celui qui gouverne au nom du prince, celui qui régit pour le prince — pédagogue, professeur de collége, recteur d'école.

Régenter, *v.* donner des leçons publiques, enseigner publiquement, exercer la régence, professer, tenir une classe — avoir la supériorité, recommander, dominer, faire le maître, vouloir l'emporter.

Régie, *n. f.* disposition, économat. V. *Direction.*

Regimber, *v.* V. *Récalcitrer.*

Régime, *n. m.* manière de vivre, ordre, précaution, prudence, règle, règlement de vie — V. *Régis.*

Régiment, *n. m.* corps de troupes composé de plusieurs compagnies, légion, phalange — foule, grand nombre, multitude.

RÉGION, *n. f.* canton, contrée, district, pays, plage, province, quartier.

RÉGIR, *v.* administrer, avoir le gouvernement, avoir le maniement, avoir soin, conduire, diriger, gérer, gouverner, guider, manier, régler.

RÉGISSEUR, *n. m.* V. *Directeur.*

REGISTRE, *n. m.* cahier, journal, livre où l'on écrit les affaires de chaque jour.

REGISTRER, *v.* V. *Enregistrer.*

RÈGLE, *n. f.* exemple, mesure, V. *Original.* V. *Réglement.* formule, principe, méthode.

RÉGLEMENT, *n. m.* constitution, discipline. V. *Ordonnance.*

RÉGULIER, *adv.* avec règle, d'une manière réglée, exactement, ponctuellement, régulièrement.

RÉGLER, *v.* arranger, disposer, mettre en ordre, ordonner, ranger — V. *Décider*—faire des règlements, ordonner, prescrire — assigner, déterminer, fixer — compter, finir une affaire, liquider, terminer un compte, transiger — conduire, diriger, mener suivant certaines règles — faire observer la règle, maintenir la discipline — tirer des traits, tracer des lignes.

RÉGNANT, *adj.* qui est sur le trône, qui règne — ayant cours, commun, dominant, généralement adopté, universellement répandu.

RÈGNE, *n. m.* administration, domination, empire, gouvernement — mode, usage, vogue.

RÉGNER, *v.* avoir la souveraine autorité, avoir le souverain pouvoir, dominer, être maître, être sur le trône, gou-

verner, jouir de l'empire, régir l'État — être à la mode, en crédit, en vogue.

RÉGNICOLE, *n. m.* habitant naturel du royaume, sujet naturel du roi.

REGONFLEMENT, *n. m.* élévation, exubérance, rédondance, regorgement, renflement des eaux.

REGONFLER, *v.* enfler, rédonder, remonter, s'élever, s'enfler.

REGORGEMENT, *n. m.* V. *Regonflement* — débordement, épanchement — abondance excessive, surabondance.

REGORGER, *v.* V. *Regonfler* — déborder, s'épancher hors des bornes, surabonder — avoir en abondance, être pourvu abondamment.

REGRAT, *n. m.* débit, détail, vente du sel à petites mesures.

REGRATTER, *v.* gratter, racler, ratisser, repolir, retoucher — diminuer, déduire, faire des réductions, ôter, retrancher, réduire sur les moindres articles d'un compte.

REGRATTIER, *n. m.* détailleur, marchand, vendeur de sel à petites mesures — V. *Fripier.*

REGRET, *n. m.* affliction, chagrin, déplaisir, tristesse à l'occasion d'une perte — V. *Contrition.*

A REGRET, *phr. adv.* V. *à Contre-cœur.*

REGRETS, *n. m. pl.* complaintes, doléances. V. *Jérémiades* — V. *Plainte.*

REGRETTER, *v.* être affligé, chagrin, désolé, fâché, mortifié, peiné, touché d'une perte.

RÉGULARITÉ, *n. f.* accord avec les règles, conformité aux règles, convenance parfaite avec les règles, correction, exactitude — discipline régulière, ordre constant, règle immuable — adhésion, attachement à la règle, exécution fidèle de la règle, fidélité à la règle, observance, observation de la règle, soumission à la règle — V. *Ponctualité.*

RÉGULIER, *adj.* V. *Catégorique* — attaché, fidèle, obéissant à la règle, observant la règle, observateur de la règle, soumis à la règle — V. *Ponctuel.*

RÉGULIÈREMENT, *adv.* catégoriquement, conformément aux règles, en règle — communément, d'ordinaire, habituellement, le plus souvent, ordinairement — V. *Ponctuellement.*

RÉHABILITATION, *n. f.* réintégrande, réintégration, rétablissement dans le premier état.

RÉHABILITER, *v.* réintégrer, remettre en possession, rétablir dans le premier état.

REHAUSSEMENT, *n. m.* V. *Haussement* — accroissement, addition, augmentation, surcroît.

REHAUSSER, *v.* élever, exhausser, hausser davantage, porter plus haut, relever, remonter-charger, décorer, embellir, enrichir, orner — accroître, ajouter, augmenter, grossir — donner de l'éclat, donner du lustre, faire paroître — amplifier, faire valoir. V. *Louer.*

RÉIMPOSER, *v.* faire une nouvelle imposition, imposer de nouveau, mettre un nouvel impôt.

RÉIMPOSITION, *n. f.* nouvel impôt, nouvelle imposition, nouvelle répartition, rejet, surcroît d'impôt.

RÉIMPRESSION, *n. f.* nouvelle édition, nouvelle impression.

RÉIMPRIMER, *v.* faire une nouvelle édition, imprimer de nou-

veau, mettre de nouveau sous presse.

REINE, *n. f.* femme de roi — maîtresse absolue, princesse, souveraine.

RÉINTÉGRANDE, RÉINTÉGRATION, *nn. ff.* V. *Réhabilitation.*

RÉINTÉGRER, *v.* V. *Réhabiliter.*

RÉITÉRATION, *n. f.* redite, refrain, répétition, reprise.

RÉITÉRÉ, *adj.* géminé, itératif, répété.

RÉITÉRER, *v.* recommencer, redire, répéter, reprendre, revenir à la charge.

REJAILLIR, *v.* bondir, jaillir, rebondir, retourner, se réfléchir, se répercuter.

REJAILLISSEMENT, *n. m.* jaillissement. V. *Réfléchissement.*

REJET, *n. m.* V. *Rejeton* — dédain, rebut, refus, renvoi — V. *Réimposition.*

REJETABLE, *adj.* digne d'être rejeté, inadmissible, incompétent, non recevable, récusable.

REJETER, *v.* renvoyer, repousser — dédaigner, mépriser, ne faire aucun cas — n'agréer pas, ne vouloir pas, rebuter, récuser, refuser — chasser, éliminer, exclure, mettre dehors — condamner, désapprouver, improuver — expectorer, rendre, vomir — donner une nouvelle pousse, pousser de nouveaux jets, rebourgeonner.

REJETON, *n. m.* nouveau bois, nouveau bourgeon, nouveau jet, nouvelle pousse, nouvel œil, rejet, surgeon, tendron.

REJOINDRE, *v.* rapprocher, rattacher, recoller, recoudre, reprendre, réunir — ratteindre, rattraper, retrouver.

SE REJOINDRE, *v.* se rapprocher, se rassembler, se retrouver ensemble, se réunir, se revoir.

RÉJOUI, *adj.* agréable, badin,

divertissant, enjoué, facétieux, gai, gaillard, goguenard, jovial, joyeux, plaisant, récréatif, réjouissant, rieur.

Réjouir, *v.* donner de la joie, inspirer de la gaieté, ragaillardir, rendre gai. V. *Divertir*, 3. *div.*

Réjouissance, *n. f.* amusement, divertissement, ébats, fête, passe-temps, plaisir, récréation — allégresse, gaieté, gaillardise, joie — contentement, plaisir, satisfaction.

Réjouissant, *adj.* V. *Réjoui.*

Relâche, *n. m.* V. *Cessation* — adoucissement, allègement, diminution, soulagement de quelque douleur — calme, repos, tranquillité — V. *Réjouissance.*

Relâchement, *n. m.* adoucissement, affoiblissement, détente, relaxation, altération, diminution, ralentissement, refroidissement de zèle, irrégularité. — V. *Perversité.*

Relâcher, *v.* débander, desserrer, détendre, lâcher—abandonner, céder, quitter, rabattre de, renoncer, se désister, se modérer — V. *Relaxer* — jeter l'ancre, mouiller, s'arrêter, se mettre à l'abri.

Relais, *n. m.* manque d'occupation, vacance. V. *Désoccupation.*

Relancer, *v.* lancer de nouveau, lancer une seconde fois — V. *Rabrouer.*

Relatif, *adj.* V. *Analogique.*

Relation, *n. f.* V. *Analogie* — appartenance, connexion, connexité, dépendance, liaison —commerce, complicité, connivence, correspondance, intelligence — compte, détail, exposition, référé — V. *Narration.*

Relativement, *adv.* avec re-

lation, d'une manière relative.

Relaxation, *n. f.* détente, relâchement — adoucissement des peines, diminution des peines, indulgence, remise des peines, rémission.

Relaxer, *v.* délivrer, désemprisonner, élargir, faire sortir, laisser aller, mettre en liberté, relâcher, rendre la liberté.

Relayer, *v.* changer, relever, remplacer, reposer — changer de chevaux, prendre des relais.

Relégation, *n. f.* V. *Ban*, 2. *div.*

Reléguer, *v.* V. *Exiler.*

Relent, *n. m.* mauvaise odeur, odeur de renfermé, remugle.

Relevée, après-dînée, après-dîner, après-midi.

Relever, *v.* elever, redresser, remettre droit, retrousser — V. *Hausser*—colliger, compiler, faire des extraits, ramasser, recueillir — V. *Rebâtir* — exciter, ranimer, rappeler, réchauffer, renouveler — V. *Louer* — arguer, blâmer, censurer, critiquer, corriger, noter; réformer, reprendre — V. *Ressortir.*

Relief, *n. m.* figure relevée en bosse, figure saillante, sculpture en ronde bosse — considération, distinction, éclat, honneur, lustre, réputation.

Religieuse, *n. f.* V. *Nonne.*

Religieusement, *adv.* avec piété, avec dévotion, avec religion, dévotement, d'une manière religieuse, pieusement — consciencieusement, d'une manière consciencieuse, en conscience, équitablement, exactement, ponctuellement, scrupuleusement.

Religieux, *adj.* appartenant à la religion, concernant la religion, propre de la religion, tenant à la religion — attaché

aux devoirs de la religion, dévot, pieux, rempli de piété
— consciencieux, équitable,
exact, ponctuel, scrupuleux
— cénobitique, monastique,
régulier.

RELIGIEUX, n. m. anachorète,
cénobite, ermite, moine régulier.

RELIGION, n. f. croyance de la
divinité, culte qu'on rend à la
divinité, hommage rendu à la
divinité—adhésion aux dogmes,
croyance des mystères, foi —
attachement au service de Dieu,
dévotion, piété — délicatesse
de conscience, équité, exactitude, justice, ponctualité, scrupule — état religieux, ordre
religieux, vie religieuse.

RELIGIONNAIRE, n. m. calviniste, luthérien, prétendu ré-
formé, protestant.

RELIQUAIRE, n. m. boîte,
cadre, châsse, coffret où l'on
renferme des reliques.

RELIQUAT, n. m. V. Débet.

RELIQUATAIRE, n. m. celui
qui doit un restant de compte,
débiteur d'un reste, redevable
d'un reliquat.

RELIQUES, n. f. pl. débris,
fragments, restes.

RELUIRE, v. avoir de l'éclat,
briller, éclater, étinceler, être
luisant, luire, resplendir.

RELUISANT, adj. V. Étincelant.

REMÂCHER, v. mâcher de nouveau, mâcher encore, mâcher
une seconde fois—discuter plusieurs fois, examiner à plusieurs
reprises, repasser souvent dans
son esprit, ressasser, se rappeler souvent, se représenter plusieurs fois la même idée —
V. Rabâcher.

REMANIER, v. manier, palper,
tâter, toucher de nouveau —
V. Raccommoder — mettre la
dernière main. V. Retoucher.

REMARQUABLE, adj. digne de
remarque, mémorable, notable.
V. Illustre — extraordinaire,
important, peu commun, principal, rare, singulier.

REMARQUE, n. f. V. Nota.

REMARQUER, v. apercevoir,
considérer, faire des notes,
faire des observations, faire des
remarques, noter, observer,
prendre garde, reconnoître —
censurer, corriger, critiquer,
reprendre — différencier, discerner, distinguer, faire la différence, ne pas confondre.

REMBARRER, v. V. Rabrouer.

REMBOURSEMENT, n. m. acquit,
paiement, restitution, rachat.

REMBOURSER, v. acquitter,
payer, racheter, rendre, solder
les déboursés.

REMÈDE, n. m. V. Médicament
— anodin, clystère, lavement
—expédient, moyen, recours,
ressource, soulagement.

REMÉDIER, v. apporter remède,
corriger, donner du soulagement, guérir, panser, soulager.

REMÉMORATIF, adj. propre à
conserver la mémoire, à faire
ressouvenir, à rafraîchir la mémoire, à rappeler le souvenir,
à remettre dans l'esprit, à renouveler le souvenir, à réveiller
les anciennes idées.

REMÉMORER, v. faire ressouvenir, rafraîchir la mémoire,
rappeler le souvenir, remettre
dans l'esprit, renouveler la mémoire, réveiller les anciennes
idées.

REMENER, v. V. Reconduire.

REMERCIER, v. faire des re-
mercîments, rendre des actions
dè grâces, rendre grâces, témoigner sa reconnoissance —
refuser honnêtement — V. Destituer.

REMERCÎMENT, n. m. action de

grâces, discours pour remercier, grand-merci, témoignage de reconnoissance.

REMETTRE, v. mettre au même endroit, replacer, reposer — redresser, relever, rétablir — raccommoder, rajuster, remboîter un membre disloqué — ragaillardir, ranimer, refaire, rendre de la force, rétablir la vigueur, réveiller — V. Rassurer, n. div. — redonner, rendre, restituer—faire grâce, pardonner — abandonner, céder, rabattre de, relâcher de — commettre à la fidélité, confier, déposer, donner en garde, fier, mettre en dépôt — V. Quitter — V. Différer.

SE REMETTRE, v. recouvrer ses forces, reprendre vigueur, revenir en santé, se ranimer, se rétablir — reprendre de l'assurance, revenir de son trouble, se calmer, se rassurer, se tranquilliser — reprendre sa place, se rasseoir, se replacer.

RÉMINISCENCE, n. f. mémoire, ressouvenir, souvenir.

REMISE, n. f. V. Appentis — lieu de repos, retraite — abandon, cession, désistement, relâchement d'un droit — gratification. V. Largesse — V. Déport.

RÉMISSIBLE, adj. V. Graciable.

RÉMISSION, n. f. V. Pardon.

REMMENER, v. emmener celui qu'on avoit amené, entraîner avec soi, reconduire, remener.

REMONTER, v. monter au lieu d'où l'on étoit descendu, monter de nouveau—élever, exhausser, hausser davantage, monter plus haut, rehausser, relever — équiper de nouveau, redonner les choses nécessaires, remettre sur pied, rétablir — V. Raccommoder.

REMONTRANCE, n. f. V. Représentation, 2. et 3. div.—V. Réprimande.

REMONTRER, v. V. Représenter, 2. et 3. div. — V. Chapitrer.

REMORDS, n. m. reproche de la conscience. V. Contrition.

REMORQUER, v. faire avancer, tirer, touer un navire.

RÉMOULEUR, n. m. V. Emouleur.

SE REMPARER, v. se couvrir, se faire une défense, se faire un rempart, se mettre à couvert.

REMPART, n. m. boulevard, chaussée, digue, fortification, levée de terre — appui, asile, défense.

REMPLACEMENT, n. m. nouvel emploi, reconstitution, remploi.

REMPLACER, v. faire un nouvel emploi, placer sur un autre fonds, reconstituer — prendre la place d'un autre, succéder—représenter, ressembler, suppléer, tenir lieu.

REMPLAGE, n. m. addition pour remplir, remplissage.

REMPLI, n. m. V. Repli.

REMPLIER, v. plier, redoubler, replier.

REMPLIR, v. combler, emplir, rendre plein — compléter, rendre complet — avoir, occuper, posséder, tenir un emploi — achever. V. Effectuer.

REMPLISSAGE, n. m. V. Remplage.

REMPLOI, n. m. V. Remplacement.

REMPLUMER, v. garnir de nouvelles plumes, regarnir de plumes, remettre des plumes.

SE REMPLUMER, v. recouvrer, reprendre, retrouver ses plumes, se recouvrir de plumes, se remettre en plumes — V. Regagner.

REMPORTER, v. rapporter, reprendre, retirer, se revaloir — emporter, gagner, obtenir, recevoir.

REMUAGE, n. m. déménagement, déplacement, enlèvement, remuement, transport — agitation, mouvement.

REMUANT, adj. animé, frétillant, impatient, léger, qui aime à se remuer, qui s'agite. V. Séditieux.

REMUE-MÉNAGE, n. m. tracas. V. Dérangement.

REMUEMENT, n. m. action, agitation, commotion, émotion, mouvement. V. Remuage — levée de boucliers. V. Emeute.

REMUER, v. brandir. V. Emouvoir — décamper, déloger, déménager, quitter sa place, se déplacer — exciter des troubles. V. Manigancer — tracasser. V. se Rebeller.

REMUCLE, n. m. V. Relent.

RÉMUNÉRER, v. V. Récompenser, 2. div.

RENÂCLER, v. renasquer, renifler — répugner, résister.

RENAISSANCE, n. f. nouvelle naissance, régénération, renouvellement, vie nouvelle.

RENAÎTRE, v. naître de nouveau, reparaître, revenir au monde, revivre — reprendre vigueur, se ranimer, se remettre, se réveiller — ressusciter.

RENARD, n. m. animal puant et rusé — homme cauteleux, fin, rusé, subtil — V. Crevasse.

RENASQUER, v. V. Renâcler.

RENCHÉRI, adj. dédaigneux, difficile, fendant, glorieux, orgueilleux, vain.

RENCHÉRIR, v. augmenter le prix, enchérir, vendre plus cher — augmenter de prix, devenir plus cher, hausser de prix — V. Exagérer.

RENCONTRE, n. f. accord, concert, concours, concurrence fortuite — accident, aventure, cas fortuit, évènement, hasard — circonstance, conjoncture, occasion.

RENCONTRER, v. déterrer, faire rencontre, trouver en son chemin, trouver sous sa main.

RENCOURAGER, v. inspirer un nouveau courage, ranimer, redonner de la hardiesse, réveiller le courage.

RENDEZ-VOUS, n. m. abouchement. V. Colloque.

RENDRE, v. redonner, remettre, restituer — fructifier, produire, profiter, rapporter — réciproquer, récompenser — expectorer, rejeter, vomir — faire la version, mettre en une autre langue, traduire — aboutir, conduire, mener.

se RENDRE, v. céder, confesser sa défaite, convenir de sa faiblesse, s'avouer vaincu, se mettre au pouvoir du vainqueur, se soumettre — aller, arriver, se porter, se transporter en un lieu.

RENDU, adj. acquitté, payé, redonné, remis, restitué — arrivé, parvenu — défait, soumis, subjugué, vaincu — accablé. V. Fortrait.

RENDU, n. m. compensation, dédommagement, équivalent, indemnité, la pareille, représailles, revanche.

RENDURCIR, v. rendre plus dur — devenir plus dur, redevenir dur.

RÊNE, n. f. attache — bride, frein, mors. V. Laisse — gouvernail, timon du gouvernement. V. Administration.

RENÉGAT. V. Laps, adj.

RENFERMER, v. V. Enfermer.

RENFLEMENT, n. m. avance,

bombement, convexité, saillie.

RENFLER, *v.* augmenter de grosseur, devenir gros, enfler, grossir, se goufler.

RENFONCER, *v.* enfoncer davantage, replonger, repousser au fond.

RENFONCER, *v.* V. *Fortifier* — accroître, augmenter.

RENFORT, *n. m.* V. *Secours.*

SE RENFROGNER, *v.* V. *se Refrogner.*

RENGAÎNER, *v.* faire rentrer dans la gaîne, remettre dans le fourreau — passer sous silence, retenir, supprimer ce qu'on vouloit dire.

SE RENGORGER, *v.* faire le renchéri, se bouffir, trancher de l'important. V. *s'Enorgueillir.*

RENGRAISSER, *v.* faire redevenir gras, redonner de l'embonpoint — recouvrer de l'embonpoint, redevenir gras, reprendre de la graisse.

RENIEMENT, *n. m.* V. *Renoncement.*

RENIER, *v.* abandonner, abjurer la foi, apostasier, quitter sa religion, renoncer à sa religion ou à ses vœux — dénier, désavouer, méconnoître, ne pas reconnoître—blasphémer, jurer le nom de Dieu, proférer des blasphèmes.

RENIEUR, *n. m.* V. *Blasphémateur.*

RENIFLER, *v.* V. *Renâcler.*

RENOM, *n. m.* **RENOMMÉE**, *n. f.* célébrité, estime acquise, honneur, illustration, nom, prédicament, réputation.

RENOMMÉ, *adj.* prôné, vanté. V. *Illustre.*

RENOMMER, *v.* donner de la célébrité, mettre en réputation, rendre célèbre, rendre recommandable.

RENONCEMENT, *n. m.* abjura-

tion, apostasie, reniement. V. *Renonciation.*

RENONCER, *v.* abjurer, apostasier. V. *Renier.* V. *Quitter.*

RENONCIATION, *n. f.* abandon, abandonnement, abdication, démission, désistement, renoncement, sacrifice.

RENOUEMENT, *n. m.* V. *Raccommodement* — renouvellement, rénovation, reprise.

RENOUER, *v.* rajuster, rejoindre. V. *Rapprocher* — se raccommoder, se rajuster, se rapatrier, se rapprocher, se réconcilier, se réunir — recommencer, renouveler, reprendre.

RENOUVELER, *v.* faire revivre, rallumer, ranimer, refaire, régénérer, réparer, reproduire, ressusciter, rétablir, revivifier — recommencer, réitérer, répéter, reprendre.

RENOUVELLEMENT, *n. m.* réformation, réforme, restauration. V. *Raccommodage.*

RÉNOVATION, *n. f.* réitération, renouvellement, ré pétition.

RENSEIGNEMENT, *n. m.* marque, signe — V. *Document.*

RENTE, *n. f.* V. *Fruit.*

RENTER, *v.* assigner, assurer, concéder, fixer, fonder une rente — aider, avantager, doter, enrichir, munir, pourvoir de rentes.

RENTRER, *v.* entrer de nouveau, retourner, revenir.

RENTRER EN SOI-MÊME, *v.* faire réflexion sur soi-même, reconnoître ses égarements, s'amender, se convertir, se corriger, se réformer, se repentir, venir à résipiscence.

A LA RENVERSE, *phr. adv.* les quatre fers en l'air, le visage en haut, sur le dos.

RENVERSEMENT, *n. m.* bouleversement, démolition, destruction, ravage, ruine, saccagement—confusion, dérangement, désordre, interversion, subversion — chute, décadence.

Renverser, v. V. *Ruiner*, brouiller, changer l'ordre, déranger, intervenir, mettre à l'envers, mettre à rebours, mettre en désordre, mettre le haut en bas, mettre sens dessus dessous, retourner — faire plier, faire reculer, mettre en fuite, repousser, rompre.

Renvoi, n. m. envoi réciproque, nouvel envoi —V. *Congé*, 3ᵉ div. — bond, réflexion, rejaillissement, répercussion — note, réclame.

Renvoyer, v. envoyer de nouveau, envoyer une seconde fois — faire rendre, faire reporter, faire retourner — chasser. V. *Licencier*—rechasser, réflechir, répercuter, repousser — rebuter, refuser, rejeter — différer, reculer, remettre à un autre temps.

Repaire, n. m. endroit enfoncé, retraite. V. *Caverne*.

Repaître, v. faire un repas, manger, prendre de la nourriture, prendre sa réfection, se nourrir —amuser, bercer, duper, endormir, faire illusion, jouer, séduire, tromper.

se Repaître, v. se bercer, se contenter, s'entretenir, s'infatuer, se nourrir.

Répandre, v. épancher, épandre, laisser couler, verser — disperser, éparpiller, semer çà et là — départir, distribuer, diviser, partager, répartir — notifier. V. *Dévoiler* — consommer follement. V. *Prodiguer*.

Réparateur, n. m. V. *Réformateur*.

Réparation, n. f. V. *Raccommodage*—excuse, expiation, peine expiatoire, satisfaction.

Réparer, v. V. *Raccommoder*, remplacer —V. *Indemniser*—expier, satisfaire.

Reparoître, v. paroître de nouveau, se remontrer.

Repartie, n. f. contredit, réfutation, réplique, réponse, riposte. V. *Contredire*.

Repartir, v. V. *Réfuter*.

Répartir, v. départir, dispenser, distribuer, diviser, faire les parts, lotir, partager, régaler, régler les portions.

Répartition, n. f. dispensation, distribution, division, lot, partage, partition, régalement.

Repas, n. m. nourriture réglée, réfection —banquet, festin, régal.

Repasser, v. passer de nouveau, passer une seconde fois —V. *Retoucher*—raccommoder, redonner du lustre, refaire, remettre en état —V. *Délirer*.

Repentance, n. f. **Repentir**, n. m. V. *Peccavi*.

Repentant, adj. V. *Pénitent*.

se Repentir, v. avoir du regret, avoir une douleur vive, être affligé, être chagrin, être contrit, être fâché, être mortifié, être repentant, faire pénitence, regretter, s'affliger, se désoler, se reprocher.

Répercussion, n. f. contrecoup, répulsion, ricochet. V. *Réfléchissement*.

Répercuter, v. rechasser, réflechir, renvoyer, repousser, réverbérer.

Répertoire, n. m. V. *Collection* —V. *Catalogue*, agenda, journal, mémorial, registre, tablettes.

Répéter, v. recommencer, réitérer, renouveler, reprendre, revenir à la charge. V. *Redire*—réclamer, redemander, revendiquer.

Répétiteur, n. m. maître de quartier, maître particulier qui répète en chambre les leçons du régent , précepteur.

Répétition , n. f. V. Redite. V. Réclamation.

Répit, n. m. relâche. V. Surséance.

Replacer , v. faire rentrer , remettre , rétablir en place.

Replâtrage, n. m. réparation en plâtre—défaite illusoire, excuse insuffisante , prétexte vain , réparation plâtrée.

Replâtrer , v. remettre du plâtre , rhabiller en plâtre — alléguer de mauvaises excuses, colorer par de vains prétextes, défendre par de mauvaises raisons , réparer imparfaitement.

Replet , adj. douillet. V. Gras — bouffi , boursouflé , chargé d'humeurs , plein d'humeurs , surchargé d'embonpoint.

Réplétion , n. f. abondance d'humeurs , charge de l'estomac , excès d'humeurs , plénitude , trop d'embonpoint.

Repli , n. m. froncis , pli , plissure , ride—détour , sinus , sinuosité , tortuosité—mystère, pensée cachée , secret.

Replier , v. faire des plis , froncer , plier , plisser , remplier , rendoubler.

Réplique , n. f. V. Repartie.

Répliquer , v. V. Repartir.

Répondant , n. m. caution , certificateur , garant, représentant , responsable.

Répondre , v. réfuter, rendre raison. V. Contredire , satisfaire à une demande—dépendre, être du ressort , relever, ressortir— renvoyer le son , répercuter le son , résonner , retentir — agir réciproquement, correspondre, être reconnoissant , payer de retour , rendre la pareille, user de retour—être à l'opposite , être en symétrie, être parallèle, être vis-à-vis , se rapporter, sy-

métriser — cadrer , convenir , être convenable, être sortable, s'accorder , s'assortir , sympathiser—cautionner, être caution, être garant , garantir , s'engager, se rendre caution, se rendre garant, s'obliger—récrire , faire réponse — éclaircir , résoudre une difficulté.

Réponse , n. f. V. Repartie— décision , éclaircissement , solution d'une difficulté.

Reporter, v. porter une chose où elle étoit auparavant— faire rapport , redire , répéter. V. Rapporter.

Repos , n. m. quiétude. V. Tranquillité—cessation de travail , loisir, oisiveté , répit , suspension de peine — le dormir , le sommeil , un somme —césure, intermission, interruption , pause.

Reposer , v. rasseoir. V. Calmer — V. se Reposer, 2. div.

se Reposer , v. cesser, interrompre , suspendre le travail — dormir, être assoupi , prendre du repos , sommeiller —avoir confiance, compter sur, prendre confiance, s'assurer , se confier, se fier.

Repousser , v. V. Répercuter —faire retirer , rebuter , refuser , rejeter , renvoyer—argumenter contradictoirement , combattre, contredire , réfuter. V. Recroître.

Répréhensible, adj. blâmable, condamnable, digne de blâme, digne de réprébension , reprochable.

Répréhension, n. f. V. Réprimande.

Reprendre , v. V. Blâmer — se ressaisir. V. Regagner — V. Rejoindre — continuer , poursuivre , recommencer , renouer la conversation.

REPRÉSAILLES , *n. f. pl.* V. *Rendu* , *n. m.*

REPRÉSENTANT , *n. m.* agent , fondé de procuration , lieutenant, procureur, vioaire, vice-gérant. V. *Répondant.*

REPRÉSENTATION , *n. f.* exhibition , exposition , montre , présentation , production—admonition, avertissement, avis , conseil , instruction , leçon — humble supplication , observation raisonnée , remontrance— dessin , image , peinture , portrait , ressemblance— v. *Mine.*

REPRÉSENTER , *v.* exhiber, exposer, faire voir, mettre devant les yeux, montrer , présenter , produire—admonéter, avertir , conseiller , donner des avis , donner des conseils, faire la leçon , instruire—faire des remontrances , faire des représentations, faire observer, remontrer — dessiner , faire l'image, faire le portrait, figurer, peindre , portraire, rendre au naturel, tirer la ressemblance —contrefaire , copier , imiter — désigner , exprimer , faire connoître , indiquer, marquer, signifier—agir au nom de, faire les fonctions de , tenir la place de.

RÉPRIMANDE , *n. f.* admonition, avertissement, avis, blâme, censure, correction, improbation, mercuriale, monition, remontrance, répréhension, reproche, semonce.

RÉPRIMANDER , *v.* V. *Blâmer.*

RÉPRIMER , *v.* V. *Refréner.*

REFRAIN , *n. f.* V. *Refrain.*

RÉPROBATION , *n. f.* condamnation , damnation.

REPROCHABLE , *adj.* V. *Récusable.* V. *Répréhensible.*

REPROCHE , *n. m.* V. *Réprimande*—difficulté, motif, objection , raison pour récuser.

REPROCHER , *v.* V. *Blâmer.*

REPRODUCTION, *n. f.* V. *Palingénésie.* V. *Rejeton.*

RÉPROUVER , *adj.* condamné, damné, destiné à l'enfer, maudit.

RÉPROUVER , *v.* proscrire. V. *Improuver.*

REPTILE , *n. m.* animal rampant , serpent, ver.

RÉPUBLICAIN , *adj.* appartenant à la république, concernant la république , convenable à la république , propre d'une république — avantageux, favorable , utile à la république — amoureux de la république , attaché à la république, passionné, plein d'ardeur , zélé pour la république.

RÉPUBLIQUE , *n. f.* communauté , corps , société , état , gouvernement populaire.

RÉPUDIATION , *n. f.* dissolution de mariage , divorce, rupture de mariage, renvoi de la femme.

RÉPUDIER , *v.* déclarer le divorce , faire divorce, renvoyer sa femme, rompre son mariage — V. *Quitter.*

RÉPUGNANCE, *n. f.* dégoût. V. *Inimitié* — V. *Contradiction.*

RÉPUGNER , *v.* contrarier, contredire, être incompatible, être opposé, résister, s'opposer — V. *Dégoûter.*

RÉPULLULER , *v.* V. *Recroître.*

RÉPULSION, *n. f.* V. *Répercussion.*

RÉPUTATION , *n. f.* V. *Renommée.*

RÉPUTER , *v.* compter, croire, estimer, juger, penser, présumer , regarder , tenir pour tel.

REQUÉRANT , *adj.* aspirant , candidat, demandant, postulant, prétendant.

REQUÉRIR , *v.* aspirer , demander, insister, postuler, prétendre, prier, solliciter, supplier — former une demande, poursuivre, réclamer, répéter, revendiquer, vouloir — contraindre, exiger, imposer l'obligation, obliger.

REQUÊTE, n. f. réquisition, réquisitoire. V. Supplique.

SE REQUINQUER, v. s'ajuster, se parer, se redresser plus qu'il ne convient.

REQUIS, adj. demandé, postulé, sollicité — poursuivi, réclamé, répété, revendiqué — exigible, nécessaire. V. Compétent.

RÉQUISITION, n. f. V. Requête.
RESCINDER, v. V. Résilier.
RESCISION, n. f. V. Résiliation.

RESCRIPTION, n. f. billet à ordre, lettre de change, mandat, mandement, ordre pour toucher une somme.

RESCRIT, n. m. V. Bulle.
RÉSEAU, n. m. entrelacement, filet, lacis, petits rets, plexus.

RÉSERVATION, n. f. V. Restriction.

RÉSERVE, n. f. V. Restriction — économie, épargne, garde, ménage, provision — conduite mesurée, discernement, ménagement, décence, pudeur. V. Prudence.

A LA RÉSERVE. V. Excepté.

AVEC RÉSERVE, phr. adv. V. Discrètement.

EN RÉSERVE, phr. adv. V. à Part.

SANS RÉSERVE, phr. adv. complètement, en entier, entièrement, pleinement, sans exception, sans limitation, sans restriction, totalement, tout-à-fait, universellement.

RÉSERVÉ, adj. modéré, modeste, posé, sage, tranquille. V. Circonspect.

RÉSERVER, v. garder. V. Ménager, 2. div.—V. Excepter — garder par devers soi, ne pas se dessaisir, retenir.

RÉSERVOIR, n. m. amas d'eau, citerne — lieu de réserve, magasin.

RÉSIDENCE, n. f. séjour. V. Logement.

RÉSIDENT, n. m. chargé des affaires, député, envoyé.

RÉSIDER, v. avoir domicile, demeurer, faire sa demeure, habiter, séjourner.

RÉSIDU, n. m. V. Débet.
RÉSIGNATION, n. f. V. Démission — abandonnement. V. Soumission.

RÉSIGNÉ, adj. abandonné, acquiesçant, conforme, obéissant volontairement, résolu, soumis à la volonté de Dieu.

RÉSIGNER, v. donner sa démission. V. Quitter.

SE RÉSIGNER, v. acquiescer, consentir, déférer, obéir sans murmure, s'abandonner, se conformer, se soumettre à la volonté de Dieu.

RÉSILIATION, n. f. abolition, abrogation, anéantissement, annulation, cassation, extinction, rescision, résolution, rétractation, révocation, rupture, suppression.

RÉSILIER, v. abolir, abroger, anéantir, annuler, casser, dissoudre, éteindre, rescinder, résoudre, rétracter, révoquer, rompre, supprimer.

RÉSIPISCENCE, n. f. V. Peccavi.

RÉSISTANCE, n. f. V. Obstacle — défense — V. Rebellion.

RÉSISTER, v. V. Récalcitrer — durer, se conserver, se soutenir, subsister.

RÉSOLU, adj. V. Résigné — arrêté, conclu, décidé, défini,

déterminé, fixé, réglé, statué —aboli, abrogé, anéanti, annulé, cassé, dissous, éteint, rescindé, résilié, rompu, supprimé—effronté, entreprenant. V. *Intrépide.*

RÉSOLUMENT, *adv.* absolument, décidément, décisivement, déterminément — avec assurance, avec confiance, bravement, courageusement, fermement, fièrement, sans hésiter, sans rien craindre, témérairement, vaillamment. V. *Effrontément.*

RÉSOLUTIF, *adj.* V. *Émollient.*

RÉSOLUTION, *n. f.* arrêté, conclusion, décision, décret, détermination, jugement définitif, disposition, parti pris, sentiment — audace, bravoure, confiance, courage, effronterie, fermeté, fierté, hardiesse, intrépidité, témérité, vaillance — V. *Résiliation* — amollissement, dissipation, fonte, réduction.

RÉSONNANT, *adj.* harmonieux, retentissant, sonore.

RÉSONNEMENT, *n. m.* bruit répercuté, redoublement de son, réflexion de son, répercussion de son, retentissement, son rendu, son renvoyé avec éclat, son réfléchi, son répercuté.

RÉSONNER, *v.* réfléchir, rendre, renvoyer, répercuter le son, retentir.

RÉSOUDRE, *v.* conclure, décider. V. *Statuer* —débrouiller, mettre au net, tirer au clair V. *Gloser* — adoucir, amollir, dissiper—V. *Résilier.*

RESPECT, *n. m.* honneur, vénération. V. *Déférence.*

RESPECT HUMAIN, *n. m.* V. *Qu'en dira-t-on.*

RESPECTABLE, *adj.* considérable, digne de respect, digne

de vénération, grave, honorable, imposant, majestueux, recommandable, révérend, révérendissime, vénérable.

RESPECTER, *v.* rendre hommage, vénérer. V. *Honoré.*

RESPECTIF, *adj.* mutuel, réciproque, relatif.

RESPECTIVEMENT, *adv.* d'une manière réciproque, relative, respective, mutuellement, réciproquement, relativement.

RESPECTUEUSEMENT, *adv.* avec déférence, avec respect, avec révérence, avec vénération, d'une manière respectueuse, révéremment.

RESPECTUEUX, *adj.* marquant, portant du respect, pénétré, plein de respect. V. *Déférent.*

RESPIRATION, *n. f.* V. *Haleine* — pause, relâche, repos.

RESPIRER, *v.* vivre — convoiter, désirer, souhaiter ardemment, soupirer après — avoir quelque relâche, faire une pause, prendre haleine, prendre quelque repos, se reposer — se rassurer, se remettre — dénoter, indiquer, marquer, montrer, témoigner.

RESPLENDIR, *v.* avoir de l'éclat, avoir du lustre, briller, éclater, reluire.

RESPLENDISSANT, *adj.* V. *Étincelant.*

RESPONSABLE, *adj.* V. *Répondant.*

RESSASSER, *v.* passer de nouveau au sas, repasser par le sas, sasser de nouveau, tamiser une seconde fois.

RESSEMBLANCE, *n. f.* égalité, similitude. V. *Analogie.*

RESSEMBLANT, *adj.* V. *Conforme.*

RESSEMBLER, *v.* avoir la même figure, les mêmes traits. V. *Symboliser* — copier, être semblable, imiter.

Ressentiment, n. m. foible attaque d'un ancien mal, renouvellement de douleur, retour de sentiment — mémoire, ressouvenir, souvenir d'un bienfait — chagrin, colère, dépit, indignation, ressouvenir d'une injure.

Ressentir, v. être ému, être touché, sentir.

se Ressentir, v. avoir un renouvellement de douleur, être atteint de quelques restes d'un ancien mal — avoir part, partager, participer — avoir désir de se venger, être piqué, garder rancune.

Resserrement, n. m. compression, contraction, étreinte, pression, retirement, rétrécissement, serrement.

Resserrer, v. comprimer, étreindre, presser, serrer — conserver, garder, mettre en sûreté, renfermer — constiper, rendre le ventre moins libre.

Ressif, n. m. brisant, chaîne de rochers à fleur d'eau, écueil, récif.

Ressort, n. m. élasticité, force repoussante, réaction, vertu élastique — cause, expédient, instrument, intrigue, machine, manége, manigance, manœuvre, menée, moyen, principe, ressource, secret, stratagème, voie — V. District.

Ressortir, v. dépendre, être dans la directe, être dans la mouvance, être du ressort, relever.

Ressortissant, adj. V. Feudataire.

Ressource, n. f. V. Expédient, n. m.

Ressouvenir, n. m. mémoire, réminiscence, souvenir.

se Ressouvenir, v. V. se Souvenir — considérer, faire atten-

tion, faire réflexion, observer, penser, songer.

Ressusciter, v. V. Ranimer — rallumer, recommencer, réitérer, renflammer, renouveler, réveiller — V. Revivre — recouvrer ses forces, reprendre vigueur, se ranimer, se remettre, se rétablir.

Restant, n. m. V. Débet.

Restaurateur, n. m. V. Réformateur.

Restauration, n. f. correction, réformation, réforme, renouvellement, réparation, rétablissement.

Restaurer, v. conforter, corroborer, fortifier, ranimer, remettre en vigueur — V. Reconstruire.

Reste, n. m. V. Débet.

au Reste, phr. adv. au demeurant, au surplus, cependant, d'ailleurs, du reste, malgré cela, nonobstant cela, outre cela.

Rester, v. être de reste, être de surplus, être de trop — durer encore, être permanent, se soutenir, subsister, survivre — demeurer, ne pas partir, s'arrêter.

Restituer, v. redonner, remettre, rendre — rebâtir, reconstruire, réédifier, refaire, relever, réparer, restaurer, rétablir.

Restitution, n. f. V. Dédommagement — V. Réhabilitation.

Restreindre, v. borner, circonscrire, diminuer, limiter, modérer, modifier, réduire, réformer, retrancher — arrêter, contenir, refréner, réprimer, retenir.

Restrictif, adj. V. Modificatif.

Restriction, n. f. clause, condition, exception, limitation, modification, réforme, réserve, rétention, retranchement.

RESTREIGNENT, *adj.* V. *Astringent.*

RÉSULTAT, *n. m.* ce qui résulte, ce qui s'ensuit, conclusion, conséquence, effet, produit.

RÉSULTER, *v.* découler, être produit, naître, provenir, s'ensuivre, suivre.

RÉSUMÉ, *n. m.* V. *Récapitulation.*

RÉSUMER, *v.* V. *Récapituler.*

RÉSURRECTION, *n. f.* nouvelle vie, rappel à la vie, retour de la mort à la vie — cure merveilleuse, guérison surprenante, rétablissement inopiné.

RÉTABLIR, *v.* V. *Reconstruire* — V. *Réhabiliter.*

RÉTABLISSEMENT, *n. m.* V. *Reconstruction.* — V. *Réhabilitation.*

RETAILLE, *n. f.* V. *Morceau.*

RETARD, RETARDEMENT, *nn. mm.* V. *Surséance.* V. *Déport* — indolence, lâcheté, langueur, lenteur, longueur, négligence, nonchalance, pesanteur.

RETARDER, *v.* V. *Différer* — amuser, arrêter, empêcher, faire obstacle, retenir — aller trop lentement, être en retard. V. *Tarder.*

RETENIR, *v.* conserver, garder par devers soi, ne pas lâcher, ne pas rendre, ne pas se dessaisir, réserver — amuser, arrêter, empêcher, faire rester, retarder — empêcher, suspendre. V. *Restreindre.*

RÉTENTION, *n. f.* détention, jouissance, possession — réservation, retenue. V. *Restriction.*

RETENTIR, *v.* V. *Résonner.*

RETENTISSANT, *adj.* V. *Résonnant.*

RETENTISSEMENT, *n. m.* V. *Résonnement.*

RÉTENTUM, *n. m.* omission affectée, réticence préméditée, sous-entente, suppression faite à dessein.

RETENU, *adj.* V. *Réservé.*

RETENUE, *n. f.* réservation. V. *Restriction* — conduite mesurée, ménagement, pudeur. V. *Prudence.*

RÉTICENCE, *n. f.* prétérition, prétermission — omission, rétentum, silence, sous-entente, suppression.

RÉTIF, *adj.* désobéissant, difficile, indocile, intraitable, mutin, opiniâtre, rebelle, rebours, récalcitrant, revêche, révolté, séditieux.

RETIRÉ, *adj.* éloigné du monde, isolé, reclus, solitaire.

RETIREMENT, *n. m.* V. *Rétrécissement.*

RETIRER, *v.* V. *Héberger* — V. *Regagner* — détourner, éloigner, enlever, ôter, séquestrer — convertir, corriger, ramener.

RETOMBER, *v.* tomber encore, tomber une seconde fois — faire une rechute. V. *Récidiver* — refluer, rejaillir.

RÉTORQUER, *v.* réfuter, rendre, renvoyer, repousser, retourner contre.

RETORS, *adj.* retordu plus d'une fois — délié, entendu, ingénieux, intelligent. V. *Rusé.*

RÉTORSION, *n. f.* argument rétorqué, preuve tournée contre l'adversaire.

RETOUCHER, *v.* changer, corriger, limer, perfectionner, polir, refaire, refondre, remanier, repasser, revoir.

RETOUR, *n. m.* rentrée, revenue — réunion, réversion — repli — reflux — caducité, dépérissement, vieillesse — V. *Rendu* — gratitude, reconnoissance, ressentiment d'un bienfait.

RETOUR SUR SOI, *n. m.* amendement, conversion, examen

de conscience. V. *Peccavi*—récollection, recueillement.

RETOURNE, *n. f.* V. *Atout.*

RETOURNER, *v.* revenir — revirer, revirer de bord — changer, tourner en sens différent — V. *Rétorquer* — V. *Récidiver.*

RETRACER, *v.* faire un nouveau tracement, tracer de nouveau, tracer d'une manière nouvelle — décrire, narrer, raconter. V. *Remémorer.*

RÉTRACTATION, *n. f.* V. *Palinodie.*

RÉTRACTER, *v.* chanter la palinodie, désavouer, révoquer, se dédire.

RÉTRACTION, *n. f.* V. *Retirement.*

RETRAIRE, *v.* racheter, recouvrer, rentrer en possession, reprendre, retirer.

RETRAIT, *n. m.* rachat, recouvrement, rentrée en possession — V. *Aisement.*

RETRAITE, *n. f.* désertion, évasion, fuite — V. *Logement* — V. *Refuge* — écart, éloignement, lieu secret, retranchement, séparation, solitude.

RETRANCHEMENT, *n. m.* division, réforme, soustraction, suppression — division, espace retranché, séparation — V. *Asile* — fortification, fossé, palissade, parapet, rempart, tranchée.

RETRANCHER, *v.* affoiblir, altérer, diminuer, ôter, rabattre, soustraire, supprimer — diviser, séparer.

SE RETRANCHER, *v.* se borner, se réduire, se restreindre — se couvrir par des tranchées, se fortifier, se mettre à couvert, se remparer.

RÉTRÉCIR, *v.* étrangler, étrécir, mettre à l'étroit, presser, resserrer, tenir à l'étroit—abré-

ger, diminuer, raccourcir, réduire.

RÉTRÉCISSEMENT, *n. m.* contraction, diminution, étranglement, raccourcissement, resserrement, rétraction.

RÉTRIBUTION, *n. f.* V. *Honoraire.*

RÉTROACTIF, *adj.* agissant sur le passé, ayant effet sur le passé, s'étendant jusque sur le passé.

RÉTROGRADATION, *n. f.* mouvement en arrière, reculement.

RÉTROGRADE, *adj.* allant à reculons, marchant en arrière — compté à rebours, dans un ordre renversé, en sens contraire.

RÉTROGRADER, *v.* aller à reculons, reculer, retourner en arrière, se mouvoir en arrière.

RETROUSSER, *v.* relever, remonter, replier.

RETROUVER, *v.* V. *Récupérer.*

RETS, *n. m.* embûche, filet, lacet, lacs, panneau, piége, toiles.

RÉUNION, *n. f.* V. *Raccommodement.*

RÉUNIR, *v.* V. *Rapprocher.*

RÉUSSIR, *v.* V. *Prospérer.*

RÉUSSITE, *n. f.* fin, issue, succès — bonheur, bonne fortune, prospérité.

REVANCHE, *n. f.* V. *Rendu*, *n. m.*

REVANCHER, *v.* V. *Protéger.*

SE REVANCHER, *v.* repousser une attaque, résister, se défendre — dédommager, indemniser, réciproquer, récompenser, rendre la pareille, s'acquitter, user de retour.

RÊVASSER, *v.* avoir des songes, être occupé de rêveries, rêver, songer.

RÊVE, *n. m.* songe, vision— V. *Rêverie.*

REVÊCHE, *adj.* acide, aigre, âpre, piquant, rude—V. *Rétif.*

RÉVEILLER, v. éveiller, interrompre le sommeil, rompre le sommeil — faire revivre, ranimer, rappeler, réchauffer, renouveler, reproduire, ressusciter.

RÉVÉLATION, n. f. illumination, inspiration, lumière de l'Esprit saint, prophétie — déclaration, découverte, dénonciation, manifestation, notification, publication.

RÉVÉLER, v. V. Déceler.

REVENANT, n. m. V. Larve.

REVENANT-BON, n. m. fruit.

REVENDEUR, n. m. V. Brocanteur.

REVENDICATION, n. f. demande, poursuite, réclamation, répétition, vendication.

REVENDIQUER, v. demander. V. Réclamer, 3. div.

REVENIR, v. rentrer, retourner, venir une seconde fois — rabâcher, recommencer, redire, réitérer, répéter — V. Recroître — reprendre vigueur, se ranimer, se ravigoter, se remettre, se rétablir—avoir des charmes, charmer, enchanter, être agréable, être au gré, faire grand plaisir, flatter les sens, plaire.

REVENU, n. m. fruit annuel, intérêt annuel, profit annuel, produit annuel, récolte annuelle, rente.

RÊVER, v. V. Rêvasser — être en délire, extravaguer — être distrait, laisser courir son imagination au hasard — V. Penser.

RÉVERBÉRATION, n. f. V. Réfléchissement.

RÉVERBÉRER, v. rechasser. V. Réfléchir. 🖙

REVERDIR, v. donner de nouvelles feuilles, pousser de nouveaux boutons, redevenir vert, repousser, reprendre, répulluler, revenir.

RÉVÉREMMENT, adv. V. Respectueusement.

RÉVÉRENCE, n. f. V. Respect — génuflexion, inclination, salamalec, saluade, salut, salutation.

RÉVÉRENCIEUX, adj. V. Façonnier.

RÉVÉREND, adj. digne de respect. V. Vénérable.

RÉVÉRER, v. porter du respect. V. Vénérer.

RÊVERIE, n. f. considération, idée, pensée, réflexion où se laisse aller l'imagination — absurdité, chimère, imagination, vision—abstraction, distraction, étourderie, inattention, légèreté —démence, folie. V. Radotage, 2. div. — transport au cerveau. V. Rêve.

REVERS, n. m. le côté opposé, le dos, seconde face d'une médaille — V. Désastre.

RÉVERSION, n. f. rentrée, retour, réunion d'un fief mouvant au fief dominant.

REVÊTEMENT, n. m. appui, garniture, maçonnerie, muraille, ouvrage de brique ou de pierre dont on revêt un fossé ou une terrasse.

REVÊTIR, v. couvrir, donner des habits, fournir d'habits, habiller, vêtir — envelopper, environner, fortifier, garnir, munir, remparer, soutenir — pourvoir. V. Conférer, 2. div.

RÊVEUR, n. m. V. Radoteur.

REVIRER, v. changer de route, prendre une autre route, retourner en arrière, tourner d'un autre côté.

RÉVISEUR, n. m. censeur, correcteur, examinateur, réformateur.

RÉVISION, n. f. revue. V. Censure.

RÉVIVIFICATION, n. f. V. Palingénésie.

RÉVIVIFIER, v. V. Ranimer.

REVIVER, v. renaître, ressusciter, revenir au monde, revenir de la mort à la vie — paroître de nouveau, reparoître, se rallumer, se ranimer, se remontrer, se reproduire.

RÉVOCABLE, adj. casuel. V. Amovible — destituable, qui peut être destitué, qui peut être révoqué, qu'on peut déposséder, sujet à être révoqué.

RÉVOCATION, n. f. V. Résiliation.

REVOIR, v. corriger, examiner de nouveau, faire la révision, faire la revue, polir, réformer, remanier, repasser, repolir, ressasser, retoucher.

RÉVOLIN, n. m. coup de vent, ouragan, toufan, tourbillon de vent, vent impétueux.

RÉVOLTE, n. f. V. Rébellion.

RÉVOLTER, v. animer, émouvoir à sédition, exciter à la rébellion, inciter à la désobéissance, porter à désobéir, pousser à la révolte, soulever—V. Dégoûter.

SE RÉVOLTER, v. V. se Rébeller.

RÉVOLU, adj. accompli, entier.

RÉVOLUTION, n. f. circuit, cours, retour périodique, succession alternative — changement, mutation, vicissitude — bouleversement. V. Décadence.

RÉVOQUER, v. V. Résilier.

REVUE, n. f. perquisition, recherche. V. Révision.

RHABILLAGE, n. m. V. Raccommodage.

RHABILLER, v. fournir de nouveaux habits, habiller de nouveau — remettre les habits.

RHÉTEUR, n. m. maître d'éloquence, professeur de rhétorique, rhétoricien — orateur — déclamateur, sophiste.

RHÉTORIQUE, n. f. art de bien dire, art de bien parler, art de persuader, art oratoire, éloquence.

RHUME, n. m. catarrhe, fluxion.

RHYTHME, n. m. cadence, mesure, nombre.

RHYTHMIQUE, adj. appartenant au rhythme, concernant le rhythme, dépendant du rhythme, soumis au rhythme, tenant du rhythme — cadencé, mesuré, nombreux.

RIANT, adj. engageant, gai. V. Gracieux.

RIE A RIC, phr. adv. à la rigueur, exactement, juste, justement, précisément, strictement, tout juste.

RICANEMENT, n. m. ris dédaigneux, ris moqueur.

RICANER, v. rire à demi, rire dédaigneusement, rire malignement, rire sottement.

RICHE, adj. ayant beaucoup de bien, opulent, possédant de grands biens, richard — abondant, fécond, fertile — magnifique, orné, paré, somptueux, splendide.

RICHEMENT, adv. V. Opulemment.

RICHESSE, n. f. biens, fortune, opulence — abondance, fécondité, fertilité — magnificence, somptuosité, splendeur.

RICOCHET, n. m. V. Répercussion.

RIDE, n. f. V. Repli.

RIDEAU, n. m. couverture, enveloppe, voile — déguisement, mystère.

RIDER, v. faire des plis, faire des rides, froncer, plier, plisser, sillonner.

RIDICULE, adj. déplacé, digne de risée, risible. V. Absurde.

RIDICULE, n. m. extravagance, impertinence, manière digne de risée, objet de risée, sottise. V. Ridiculité.

RIDICULEMENT, adv. d'une manière ridicule, extravagamment, impertinemment, risiblement, sottement.

Ridiculiser, v. donner du ridicule, faire paroître ridicule, jeter du ridicule, mystifier, rendre ridicule, répandre du ridicule, traduire en ridicule, tourner en ridicule.

Ridiculité, n. f. action, discours, façon, geste, maintien, manière, propos ridicule. V. *Ridicule, n. m.*

Rien, n. m. aucune chose, néant, nulle chose, zéro—bagatelle, brimborion, chiffon, colifichet, fadaise, minutie, niaiserie, peu de chose, vétille.

Rieur, n. m. bouffon, homme de bonne humeur, moqueur, railleur. V. *Réjoui.*

Riflard, n. m. V. *Rabot.*

Rigide, adj. austère, exact, inflexible, littéral, rigoureux, roïde, sévère.

Rigidement, adv. austèrement, d'une manière rigide, en rigueur, exactement, inflexiblement, littéralement, rigoureusement, sans adoucissement, sans indulgence, sans ménagement, sévèrement.

Rigidité, n. f. austérité, exactitude, inflexibilité, rigueur, roideur, sévérité.

Rigole, n. f. petite tranchée, petit fossé. V. *Canal.*

Rigorisme, n. m. affectation de rigidité, austérité excessive, exactitude minutieuse, morale trop sévère, rigidité trop scrupuleuse, roideur, sévérité outrée.

Rigoriste, adj. austère à l'excès, exact jusqu'au scrupule, inflexible dans ses principes, moraliste outré, trop rigide, trop sévère.

Rigoureusement, adv. V. *Rigidement.*

Rigoureux, adj. V. *Rigide*—douloureux, dur, insupportable, intolérable.

Rigueur, n. f. V. *Rigidité*—dureté, inclémence, inhumanité, rudesse.

Rimailler, **Rimasser**, vv. composer de méchante poésie, faire de méchants vers, versifier platement.

Rimailleur, **Rimasseur**, nn. mm. mauvais poète, plat versificateur, poétereau.

Rimer, v. versifier, faire des vers.

Rimeur, n. m. V. *Poète.* V. *Rimailleur.*

Rincer, v. friquer, laver, nettoyer avec de l'eau.

Rioter, v. rire à demi, sourire—rire continuellement, rire fréquemment, rire habituellement.

Ripopée, n. f. mauvais vin, vin frelaté, vin gâté, vin mixtionné.

Riposte, n. f. V. *Repartie.*

Riposter, v. faire une riposte, repartir vivement, répliquer promptement, répondre sur-le-champ—repousser vivement une injure—parer et porter la botte du même mouvement.

Rire, v. éclater, marquer de la joie, marquer une surprise agréable, ricaner—ne parler pas tout de bon. V. *Railler*—folâtrer, jouer, s'amuser, se divertir, se donner du plaisir, se réjouir—dédaigner, mépriser, ne se point soucier, ne tenir aucun compte, se moquer de, se rire—se déchirer, se fendre, s'entr'ouvrir.

Rire, n. m. V. *Ris.*

Ris, n. m. ricanement, rire, témoignage de joie ou de surprise agréable, agrément, gaieté, joie.

Risée, n. f. éclat de rire, ris général—mépris. V. *Moquerie.*

RISIBLE, *adj.* agréable, bouffon, comique, plaisant. V. *Ridicule.*

RISQUABLE, *adj.* qui met en danger. V. *Périlleux.*

RISQUE, *n. m.* V. *Péril.*

RISQUER, *v.* mettre en danger. V. *Hasarder.*

RISSOLER, *v.* cuire à la broche, griller, rôtir à propos.

RIT, RITE, *nn. mm.* cérémonial, cérémonie, manière réglée, ordre prescrit.

RITUEL, *n. m.* détail des cérémonies, livre des rites.

RIVAGE, *n. m.* RIVE, *n. f.* bord, côté, lisière.

RIVAL, *n. m.* V. *Emule.*

RIVALISER, *v.* affecter l'égalité, avoir les mêmes prétentions, être en concurrence, prétendre à la même chose, tendre au même but.

RIVALITÉ, *n. f.* identité de prétention. V. *Emulation.*

RIVER, *v.* aplatir, émousser, rabattre.

RIVIÈRE, *n. f.* courant d'eau, fleuve, ruisseau, torrent.

RIXE, *n. f.* V. *Altercation.*

ROBE, *n. f.* habit long, vêtement ample — état, profession des gens de judicature ou des ecclésiastiques — la totalité des magistrats, le corps des gens de judicature.

ROBIN, *n. m.* homme de palais, homme de robe.

ROBINET, *n. m.* cannelle, tuyau de fontaine — clef de la cannelle.

ROBORATIF, *adj.* V. *Confortatif.*

ROBUSTE, *adj.* ferme, fort, nerveux, vigoureux.

ROC, *n. m.* rocher, roche, masse de pierre — V. *Ressif.*

ROCAILLE, *n. f.* amas de petits cailloux et de coquilles, cailloutage, coquillage, imitation de rocher.

ROCAMBOLE, *n. f.* ail doux. V. *Ciboule* — le fin, le meilleur, le plus piquant d'une chose.

RÔDER, *v.* aller et venir, courir çà et là, errer de côté et d'autre, tournoyer, vaguer à l'aventure.

RÔDEUR, *n. m.* batteur d'estrade, coureur, vagabond.

RODOMONT, *n. m.* V. *Fanfaron.*

RODOMONTADE, *n. f.* V. *Fanfaronnade.*

ROGATON, *n. m.* V. *Paperasse* — bribe, fragment, morceau, pièce, reliefs, reste de table, viandes restantes.

ROGNE, *n. f.* V. *Teigne.*

ROGNER, *v.* accourcir, couper, diminuer, ôter, soustraire. V. *Elaguer.*

ROGNONER, *v.* V. *Grogner.*

ROGOME, *n. m.* V. *Ratafia.*

ROGUE, *adj.* méprisant. V. *Orgueilleux.*

ROI, *n. m.* despote, maître absolu, monarque, potentat, prince, souverain d'un royaume.

ROIDE, *adj.* bandé, fort tendu — impétueux, rapide, vif, violent, vite — âpre, difficile, escarpé, rude — ferme, inébranlable. V. *Rigide* — obstiné, opiniâtre, têtu.

ROIDEUR, *n. f.* forte tension — impétuosité de mouvement, rapidité, vitesse — pente âpre, difficile, escarpée, rude — V. *Rigorisme* — V. *Entêtement.*

ROIDIR, *v.* bander, étendre, tendre avec force, tenir ferme, tirer fortement — devenir roide, se roidir.

SE ROIDIR, *v.* devenir roide, roidir — ne se point relâcher, résister, tenir ferme, s'entêter, s'obstiner, s'opiniâtrer.

RÔLE, *n. m.* deux pages d'écriture, un feuillet écrit — catalogue, état, liste, registre — imitation, personnage, repré-

sentation — commission, emploi, fonction.

ROMAINE, n. f. peson. V. Balance.

ROMAN, n. m. langue ancienne de la France, langue romane, romance, romans — historiette. V Fable.

ROMANESQUE, adj. extraordinaire, fabuleux, factice, feint, fictif, incroyable, peu vraisemblable, tenant du roman.

ROMINAGROBIS, n.m. gros chat, maître matou — homme fier, grave, gros, qui a de la morgue, qui fait l'important, qui tient son quant-à-moi, riche, richard.

ROMPEMENT DE TÊTE, n. m. fatigue causée par une forte application, par une grande contention d'esprit, par un grand bruit, par importunité.

ROMPRE, v. mettre en pièces. V. Casser —V. Disjoindre—arrêter, détourner, interrompre, suspendre le mouvement — abattre, détruire, renverser, ruiner — défaire, enfoncer, faire plier, mettre en désordre, percer — rouer — accoutumer, endurcir, faire à, former, habituer — V. Résilier.

A TOUT ROMPRE, phr. adv. à toute extrémité, à tout prendre, au pis aller, tout au plus, tout compté tout rabattu.

RONCE, n. f. buisson, épine — V. Difficulté.

ROND, n. m. cercle, figure ronde. V. Sphère.

RONDACHE, n. f. bouclier, écu, pavois.

A LA RONDE, phr. adv. à l'entour, autour, aux environs, dans le contour — chacun à son tour, l'un après l'autre, successivement, tour à tour.

RONDEMENT, adv. circulairement, en cercle, en rond, or-

biculairement — avec égalité, d'une manière égale, également, uniformément, uniment — V. Franchement.

RONDEUR, n. f. rotondité.

RONDIN, n. m. bûche ronde —bâton, gourdin, tricot, trique.

RONDINER, v. V. Bâtonner.

RONFLEMENT, n. m. bruit sourd, retentissement.

RONFLER, v. dormir avec bruit — bruire, éclater, gronder, résonner, retentir.

RONGER, v. corroder, couper avec les dents, détruire avec les dents, dévorer, manger —consumer, détruire peu à peu, miner, ruiner insensiblement — agiter, harceler, inquiéter, tourmenter, troubler.

ROQUET, n. m. petit chien.

ROSAIRE, n. m. chapelet.

ROSSE, ROSSINANTE, nn. ff. V. Bidet.

ROSSER, v. battre, étriller, frapper, houspiller, maltraiter, peloter.

RÔT, n. m. rôti, pièce rôtie; viande rôtie.

ROTATION, n. f. circulation, mouvement circulaire, mouvement en rond, mouvement orbiculaire, tournoiement.

RÔTI, n. m. V. Rôt.

RÔTIR, v. cuire à la broche, cuire sur le gril, cuire sous la cendre, griller, rissoler —brûler, havir.

ROTONDITÉ, n.f. rondeur—embonpoint, épaisseur, grosseur.

ROTURE, n. f. basse naissance, condition obscure, défaut de noblesse, état vil, origine plébéienne, race ignoble.

ROTURIER, adj. V. Plébéien — bas, commun, grossier, ignoble, rustique.

ROTURIÈREMENT, adv. à la manière des roturiers, à la roturière, selon l'état de la roture—bassement, d'une manière roturière, grossièrement, ignoblement, rustiquement.

Rouelle, *n. f.* V. *Dalle*.

Rouer, *v.* rompre un criminel — estrapasser, excéder de fatigue, fatiguer, harasser, harceler, lasser.

Rouge, *adj.* haut en couleur, rougeaud, rubicond — ardent, enflammé, enluminé—V. *Déconcerté*.

Rouge, *n.m.* couleur de feu, couleur de rose, cramoisi, écarlate —carmin, fard—rougeur.

Rougeâtre, *adj.* approchant, participant, tenant du rouge, tirant sur le rouge, un peu rouge.

Rougeaud, *adj.* haut en couleur, rouge, rubicond, vermeil.

Rougeur, *n. f.* rouge — confusion, embarras, honte, pudeur, timidité.

Rougir, *v.* mettre en rouge, peindre en rouge, rendre rouge, teindre en rouge—devenir rouge, tirer sur le rouge—avoir honte, être confus, être honteux.

Rouille, *n. f.* crasse rougeâtre du fer, rouillure — altération, corruption, dégradation, détérioration.

Rouiller, *v.* V. *Enrouiller*.

se Rouiller, *v.* contracter de la rouille, prendre de la rouille, se couvrir de rouille—s'abâtardir, s'altérer, s'appesantir, se corrompre, se dégrader, se détériorer, se gâter.

Roulade, *n. f.* **Roulement**, *n. m.* chute en roulant de haut en bas—circonvolution, enveloppe, pli en roulant.

Rouleau, *n. m.* paquet roulé — cylindre, gros bâton rond, tour.

Rouler, *v.* faire avancer en tournant, faire tourner, tourner — plier en rouleau, relever en roulant, retrousser en rond—

avancer en tournant —V. *Circuler*—s'entretenir, se sontenir, subsister, trouver des ressources, vivre—aller de côté et d'autre, courir, rôder, vaguer, voyager.

Roulier, *n. m.* charretier, conducteur, voiturier.

Roulis, *n. m.* agitation, balancement d'un vaisseau.

Roupiller, *v.* dormir légèrement, sommeiller à demi.

Roussâtre, *adj.* approchant du roux, tenant du roux, tirant sur le roux, un peu roux.

Rousseur, *n. f.* couleur rousse — tache rousse sur la peau.

Roussir, *v.* donner une couleur rousse, faire devenir roux, rendre jaunâtre, rendre roux—contracter une couleur rousse, devenir jaunâtre, devenir roux, prendre une couleur rousse.

Route, *n. f.* cours. V. *Passage* —marche, traite — conduite, manière d'agir, moyen—exemple, trace, vestige.

Routier, *adj.* avisé, capable, connoisseur, éclairé, entendu, exercé, expérimenté, expert, habitué, rompu, routiné.

Routine, *n. f.* adresse, capacité, dextérité, exercice, facilité, habileté acquise, habitude.

Routiner, *v.* dresser, enseigner, façonner, former, instruire par habitude et par expérience.

Roux, *adj.* jaunâtre, mêlé de jaune et de rouge.

Royal, *adj.* appartenant au roi, propre du roi — convenable à un roi, digne d'un roi — généreux, honnête, juste, libéral — excellent, grand, magnifique, noble, pompeux, superbe.

Royalement, *adv.* d'un air royal, d'une manière royale, en roi — généreusement, hon-

nêtement, justement, libéralement — grandement, magnifiquement, noblement, pom-
peusement.

ROYALISTE, *adj.* ami de la
royauté, attaché aux intérêts
du roi, dévoué au parti du roi,
favorable au gouvernement
royal, partisan du roi, zélateur de la royauté.

ROYAUME, *n. m.* empire,
État, étendue de pays soumise
à un roi, monarchie.

ROYAUTÉ, *n. f.* couronne, dignité royale, état du roi, monarchie, pouvoir royal.

RU, *n. m.* canal d'un petit
ruisseau, filet d'eau courante,
petit ruisseau.

RUADE, *n. f.* coup de pied de
cheval, élancement des pieds
de derrière d'un cheval.

RUBAN, *n. m.* bande, bandelette, tissu plat et mince.

RUBICOND, *adj.* V. *Rougeaud.*

RUBRIQUE, *n. f.* règle, remarque ordinairement écrite en
rouge dans les livres d'église —
titre anciennement écrit en
rouge dans les livres de droit.

RUCHE, *n. f.* panier d'osier,
vaisseau d'osier où l'on met des
abeilles—domicile, habitation,
logement, retraite d'abeilles —
abeilles, cire, miel d'une ruche,
ruchée.

RUCHER, *n. m.* canton des ruches, lieu où sont placées les
ruches, quartier des ruches—totalité des ruches.

RUDE, *adj.* âpre, escarpé, inégal, non uni, raboteux, roide, scabreux — désagréable, difficile,
fâcheux, rigoureux, sévère,
violent. V. *Dur,* 2. *div.*

RUDEMENT, *adv.* désagréablement, difficilement, inflexiblement, rigoureusement, violemment. V. *Durement.*

RUDESSE, *n. f.* âpreté, diffi-

culté, escarpement, inégalité,
roideur — austérité, dureté, inflexibilité, mauvaise humeur,
mauvais traitement, rigidité,
rigueur, sévérité.

RUDIMENT, *n. m.* commencement informe, ébauche grossière — éléments d'une langue
ou d'une science, les premiers
principes, livre élémentaire.

RUDOYER, *v.* malmener. V.
Gourmander.

RUE, *n. f.* chemin, passage
public, voie publique entre des
murailles.

RUELLE, *n. f.* passage étroit,
petite rue, rue étranglée — espace, passage entre le lit et la
muraille.

RUER, *v.* darder, décocher,
jeter avec force, lancer — faire
des ruades, élancer les pieds de
derrière. — V. *Récalcitrer.*

SE RUER, *v.* donner impétueusement sur, faire irruption,
foncer sur, fondre sur, se jeter, s'élancer, se précipiter
sur, tomber sur.

RUGIR, *v.* crier comme un
lion, faire grand bruit, jeter
feu et flamme, jurer, maugréer, pester, se déchaîner, se
mettre en fureur, s'emporter,
tempêter.

RUINE, *n. f.* chute, décadence, dégât, dégradation,
délabrement, dépérissement,
dépopulation, désastre, désolation, destruction, dévastation,
perte, renversement, saccagement.

RUINER, *v.* abattre, culbuter,
dégrader, délabrer, démolir,
détruire, jeter par terre, mettre à bas, raser, renverser, saper — dépeupler, dépouiller,
désoler, saccager. V. *Infester.*

RUINES, *n. f. pl.* restes. V.
Décombres.

RUINEUX , *adj.* qui est en décadence , qui est près de sa ruine , qui manque de solidité, qui menace ruine —cher , coûteux, dispendieux,exigeant trop de dépense, onéreux — désastreux. V. *Préjudiciable.*

RUISSEAU , *n. m.* courant d'eau , écoulement d'eau , filet d'eau courante — abondance , grande quantité, profusion de tout liquide.

RUISSELER , *v.* couler en ruisseau , s'écouler, se répandre , sortir en abondance.

RUMEUR , *n. f.* alarme, bruit confus , bruit sourd , murmure — querelle. V. *Emeute.*

RUMINER , *v.* mâcher de nouveau , mâcher encore , mâcher une seconde fois , remâcher — digérer dans son esprit , discuter , examiner , penser et repenser , peser sérieusement , repasser souvent dans son esprit , se rappeler souvent , se représenter plusieurs fois la même idée.

RUPTURE , *n. f.* effraction , fraction , fracture — démembrement, division, séparation — interception , interruption , suspension — V. *Infraction* — hergne , hernie , descente de boyaux — V. *Résiliation* — schisme. V. *Altercation.*

RURAL, *adj.* appartenant à la campagne , concernant la campagne, propre de la campagne, relatif à la campagne — agreste, champêtre, rustique , situé à la campagne.

RUSE, *n. f.* artifice, intrigue, rubrique. V. *Dextérité.* V. *Supercherie.*

RUSÉ, *adj.* adroit , alerte , artificieux , cauteleux , captieux , dégourdi , déniaisé , dératé, espiègle , éveillé , fin , habile, madré , matois , souple.

RUSER , *v.* agir de finesse , donner le change, employer la ruse , finasser, se servir de ruses, subtiliser , tromper, user de stratagème.

RUSSE , *adj.* Moscovite , Russien.

RUSSIE , *n. f.* Moscovie, pays des Russes.

RUSTAUD , *n. m.* balourd , bouvier , butor , grossier , impoli , incivil , mal appris , manant , paysan , porcher , rude , rustique , rustre.

RUSTICITÉ, *n. f.* air incivil , manière agreste. V. *Grossiéreté.*

RUSTIQUE, *adj.* agreste, champêtre , rural , situé à la campagne — campagnard , habitant des champs, paysan , villageois — désert , inculte , inhabité , sauvage, stérile, brut, fait sans goût, grossier, mal entendu, mal fait , mal ordonné , mal poli , peu délicat — V. *Rustaud.*

RUSTIQUEMENT, *adv.* d'une manière brute, grossièrement, sans art, sans délicatesse, sans goût, sans intelligence.

RUSTRE , *adj.* V. *Rustaud.*

S

SABBAT, *n. m.* repos — jour de repos. — jour du Seigneur , septième jour de la semaine — assemblée nocturne de magiciens, congrès nocturne de sorciers—brouhaha, confusion,

désordre, piaillerie. V. *Tapage.*
SABLE, *n. m.* arène, gravier,
poussière , sablon , terre sablonneuse — V. *Sablier.*

SABLER, *v.* couvrir de sable,
mettre du sable , répandre du
sable — avaler goulument ,
boire d'un trait.

SABLIÈRE, *n. f.* lieu d'où l'on
tire du sable, sablonnière.

SABLONNEUX , *adj.* abondant
en sable, couvert de beaucoup
de sable, où il y a beaucoup
de sable.

SABLONNIÈRE , *n. f.* V. *Sablière.*

SABORD , *n. m.* canonnière ,
embrasure , ouverture par où
tire le canon d'un vaisseau.

SABOTER, *v.* aller pesamment,
marcher rudement , tapager
avec des sabots — faire aller
un sabot, fouetter un sabot,
jouer au sabot.

SABOULER , *v.* gourmander ,
houspiller, malmener, manier
rudement, renverser, tirailler,
tourmenter.

SABRE, *n. m.* V. *Epée.*

SABRER, *v.* abattre, couper à
coups de sabre , donner des
coups de sabre , frapper du sabre — accélérer , dépêcher,
diligenter , faire précipitamment , hâter , pousser vivement, presser sans examen et
sans précaution.

SAC , *n. m.* V. *Besace* — V.
Saccagement.

SACCADE, *n. f.* agitation violente, choc, commotion, ébranlement vif, secoûment , secousse.

SACCAGEMENT , *n. m.* dépouillement, sac. V. *Ravage.*

SACCAGER , *v.* abattre , bouleverser , culbuter, dépeupler,
renverser. V. *Ravager.*

SACERDOCE, *n. m.* caractère de
prêtre, dignité sacerdotale , or-

dre de prêtrise, prêtrise, sacrificature.

SACERDOTAL , *adj.* appartenant au sacerdoce , concernant
le sacerdoce, convenable à un
prêtre, digne d'un prêtre, propre à un prêtre , propre du sacerdoce, relatif au sacerdoce,
tenant du sacerdoce.

SACOCHE. V. *Besace.*

SACRAMENTAL , SACRAMENTEL ,
adjectifs. appartenant à un sacrement, caractérisant le sacrement , essentiel au sacrement, propre du sacrement ,
relatif au sacrement — V. *Essentiel.*

SACRÉ , *adj.* bénit , consacré,
saint, sanctifié — auguste, précieux , respectable, vénérable.

SACRER, *v.* bénir, conférer
un caractère saint, consacrer ,
donner l'onction sainte , faire
la consécration — dédier , dévouer, faire hommage , offrir ,
vouer à Dieu — blasphémer ,
faire des imprécations , jurer ,
proférer des blasphèmes, tempêter , vomir des blasphèmes.

SACRIFICATEUR , *n. m.* V.
Prêtre.

SACRIFICATURE , *n. f.* V. *Sacerdoce.*

SACRIFICE , *n. f.* immolation,
oblation , offrande—V. *Désistement.*

SACRIFIER , *v.* immoler une
victime , offrir un sacrifice —
abandonner , céder , donner ,
livrer, renoncer, se désister—
trahir — V. *Hasarder.*

SACRILÈGE, *adj.* V. *Profanateur.*

SACRILÈGE, *n. m.* V. *Profanation.*

SAFRANER, *v.* apprêter avec
du safran, assaisonner de safran — jaunir avec du safran ,
peindre en jaune.

Safre, *adj.* avide. V. *Intempérant.*

Sagacité, *n. f.* V. *Pénétration.*

Sage, *adj.* V. *Prudent.*

Sage-femme, *n. f.* V. *Matrone.*

Sagement, *adv.* V. *Prudemment.*

Sagesse, *n. f.* V. *Prudence* — connoissance de la morale, intelligence des grands principes, lumière de l'esprit, science des choses.

Sagouin, *adj.* V. *Sale.*

Saignement, *n. m.* écoulement, épanchement, flux de sang, hémorragie, perte de sang.

Saigner, *v.* V. *Phlébotomiser* — perdre, répandre, verser du sang — enlever par force, exiger plus qu'il ne faut, extorquer, lever immodérément, mettre à rançon, tirer trop d'argent.

Saigneux, *adj.* V. *Sanglant.*

Saillant, *adj.* éminent, excédant, qui avance, qui déborde, qui est en saillie, sortant en dehors — brillant, distingué, éclatant, extraordinaire, frappant, notable, remarquable, vif.

Saillie, *n. f.* avance en dehors, bosse, rehaussement, relief — élancement, éruption, jaillissement, sortie impétueuse — V. *Boutade* — mouvement imprévu, subit, vif—bon mot, impromptu, pensée surprenante, pointe, repartie vive, réplique fine, réponse inattendue, vivacité.

Saillir, *v.* avancer en dehors, déborder, excéder, paroître en avant, s'avancer, se jeter en dehors — faire irruption. V. *Jaillir.*

Sain, *adj.* bien constitué, bien disposé, jouissant d'une bonne santé, se portant bien — intact, intègre, non entamé — V. *Salubre* — conforme aux bons principes, droit, judicieux, raisonnable.

Sainement, *adv.* d'une manière saine, en bonne santé, sans maladie — en bon état, en entier, sans avarie, sans dommage, sans être entamé, sans lésion — bien, conformément aux bons principes, judicieusement, raisonnablement, selon la droite raison.

Saint, *adj.* bon, dévot, exempt de péché, juste, pieux, pur, religieux, vertueux — bénit, consacré, inviolable, respectable, sacré, sanctifié, vénérable — bienheureux, citoyen des cieux, habitant de la Jérusalem céleste.

Saintement, *adv.* avec sainteté, dans un état de sainteté, d'une manière sainte, en saint, innocemment, justement, pieusement, purement, religieusement, vertueusement.

Sainteté, *n. f.* dévotion, exemption de péché, innocence, intégrité, justice, piété, pureté, religion, vertu religieuse.

Saisine, *n. f.* possession actuelle, prise de possession — ensaisinement, installation, investiture, mise en possession.

Saisir, *v.* empoigner vivement, prendre subitement, se rendre maître. V. *Usurper.* appréhender, arrêter, prendre au collet — installer, investir, livrer, mettre en jouissance, mettre en possession — arrêter juridiquement les biens, ôter la possession — comprendre, concevoir, connoître, entendre, pénétrer, savoir, sentir, tenir, voir nettement — ébranler, interdire. V. *Frapper.*

SAISISSEMENT, n. m. crainte, émotion inattendue, effroi, étonnement, frayeur subite, souleur, stupeur, surprise, transissement.

SAISON, n. f. l'une des quatre parties de l'année—temps convenable, favorable, opportun, propre.

SALADE, n. f. fruits, herbes, légumes, viandes froides assaisonnées de sel avec du vinaigre et de l'huile — V. *Casque.*

SALAIRE, n. m. honoraire, loyer, paiement, prix, récompense, reconnoissance, rétribution—châtiment, punition.

SALAISON, n. f. action de saler, salage, salure — chair salée, poisson salé, saline, viande salée.

SALAMALEC, n. m. civilité, témoignage d'amitié ou de respect. V. *Révérence.*

SALARIER, v. donner un salaire, payer, récompenser, satisfaire.

SALE, n. f. grande pièce d'appartement, salon.

SALE, adj. crasseux, crotté, dégoûtant, malpropre, plein d'ordures, sagouin, saligaud, salope, vilain — V. *Obscène.*

SALÉ, adj. assaisonné de sel, parsemé de sel, pénétré de sel —agréable, animé, caustique, fin, malin, mordant, piquant, plaisant, plein de sel, vif.

SALEMENT, adv. avec saleté, dans la crasse, d'une manière dégoûtante, d'une manière sale, malproprement, vilainement.

SALER, v. assaisonner de sel, mettre du sel, parsemer de sel — estimer trop haut, mettre à trop haut prix, surfaire, survendre, vendre trop cher.

SALETÉ, n. f. V. *Salissure* — V. *Obscénité.*

SALIGAUD, adj. V. *Sale.*

SALINE, n. f. lieu d'où l'on tire le sel, lieu où l'on fait le sel — V. *Salaison,* 2. *div.*

SALIR, v. rendre sale. V. *Souiller.* V. *Tacher.*

SALISSURE, n. f. souillure. V. *Ordure.*

SALMIGONDIS, n. m. V. *Hachis.*

SALOPE, adj. V. *Sale,* adj.

SALPÊTRE, n. m. nitre.

SALTIMBANQUE, n. m. V. *Baladin.*

SALUADE, n. f. V. *Révérence.*

SALUBRE, adj. avantageux à la santé, favorable à la santé, profitable à la santé, sain, salutaire, utile à la santé.

SALUER, v. aborder civilement, donner le salut, faire la révérence, faire salamalec, faire une inclination, faire une saluade, faire une salutation.

SALUT, n. m. bon état, conservation, cure, guérison, salubrité, sûreté — béatitude, félicité éternelle, le ciel, le paradis, vie éternelle—V. *Salamalec.*

SALUTAIRE, adj. avantageux, convenable, favorable, profitable, utile soit au salut de l'âme ou du corps, soit à la conservation de l'honneur ou des biens.

SALUTAIREMENT, adv. avantageusement, d'une manière salutaire, fort à propos, utilement.

SALUTATION, n. f. V. *Salamalec.*

SALVE, n. f. décharge d'artillerie, décharge de mousqueterie, salut militaire.

SANCIR, v. couler bas, s'abîmer, s'enfoncer.

SANCTIFIER, v. donner la sainteté, rendre saint — donner bon exemple, édifier, mettre dans la voie du salut, porter à la sanctification — bénir, célébrer, déclarer saint, louer.

SANCTION, n. f. constitution,

disposition , établissement, ordonnance, règlement — consécration. V. *Ratification.*

SANCTUAIRE, *n. m.* lieu saint , lieu secret — mystère impénétrable , secret respectable.

SANG, *n. m.* V. *Race.*

DE SANG FROID, *phr. adv.* avec réflexion, de guet apens , de propos délibéré,.de sang rassis , froidement, sans colère, sans émotion , sans emportement , sans remords , sans trouble , tranquillement.

SANGLADE , *n. f.* cinglade , coup rude.

SANGLANT , *adj.* ensanglanté , sanguinolent , souillé de sang , taché de sang, teint de sang — atroce, barbare, cruel, excessif, horrible , inhumain , offensant , outrageant, sensible.

SANGLE, *n. f.* bande, baudrier, ceinture , ceinturon , courroie.

SANGLER, *v.* bander, ceindre , mettre des sangles , serrer avec une sangle — appliquer fortement, donner un coup avec force , frapper rudement—condamner sans ménagement.

SANGLOT, *n. m.* hoquet, soupir entrecoupé,soupir redoublé.

SANGLOTER, *v.* gémir, pousser des sanglots, pousser des soupirs,soupirer douloureusement.

SANGSUE, *n. f.* concussionnaire, exacteur, pillard, pilleur, usurier , voleur.

SANGUINAIRE, *adj.* atroce, barbare , cruel, féroce, inhumain, qui aime à répandre le sang.

SANGUINOLENT, *adj.* V. *Sanglant.*

SANIE , *adj.* V. *Pus.*

SANIEUX, *n. f.* V. *Purulent.*

SANTÉ , *n. f.* constitution saine , état sain.

SAPER , *v.* abattre en sous-œuvre , couper par le pied, dé-

traire par les fondements , mines, ruiner sourdement.

SAABACANE,*n. f.* canne creuse, long tube , tuyau.

SARCASME , *n. m.* injure , outrage , parole piquante. V. *Moquerie.*

SARCLER , *v.* V. *Eherber.*

SARCOPHAGE, *adj.* qui brûle , qui détruit , qui mange, qui ronge les chairs.

SARCOPHAGE, *n. m.* V. *Sépulcre.* —V. *Catafalque.*

SARMENT, *n. m.* bois de la vigne, branche du cep, cep.

SARRASIN , *adj.* Agarénien ,. descendant d'Agar, Ismaélite, issu d'Ismaël — blé noir.

SARRAU, *n. m.* souquenille , surtout, vêtement de toile..

SAS , *n. m.* bluteau, crible , tamis..

SASSER, *v.* V. *Tamiser* — entrer dans le détail. V. *Eplucher.*

SATAN, *n. m.* Belzébuth, démon, diable, dragon infernal, esprit malin, Lucifer, mauvais ange, mauvais génie, père du mensonge, tentateur.

SATELLITE, *n. m.* V. *Hoqueton*—espion de police, pousse-cul , recors.

SATIÉTÉ , *n. f.* V. *Rassasiement.*

SATIRE , *n. f.* brocard , critique amère, libelle diffamatoire,. médisance, poème mordant , raillerie piquante.

SATIRIQUE, *adj.* critique, diffamatoire, médisant, mordant, offensant, outrageant, piquant.

SATIRIQUEMENT, *adv.* avec diffamation., d'une manière offensante, d'une manière outrageante, d'une manière satirique , malignement , pour mordre.

SATIRISER, *v.* brocarder, censurer avec amertume, critiquer malignement, diffamer , faire des satires, invectiver, médire, mordre, moquer, offenser, outrager, railler.

Satisfaction, *n. f.* V. *Réjouissance* — compensation, dédommagement, indemnité—excuse, expiation, peine expiatoire, réparation.

Satisfactoire, *adj.* V. *Expiatoire.*

Satisfaire, *v.* contenter, donner du contentement, faire plaisir, rendre content — assouvir, combler, rassasier, remplir. V. *Salarier*—dédommager, indemniser, réparer — V. *Effectuer.*

Satisfaisant, *adj.* agréable, charmant, divertissant, gracieux, plaisant, qui contente, qui satisfait — remplissant l'attente, suffisant.

Saturer, *v.* V. *Soûler*, 3. div.

Satyre, *n. m.* demi-dieu lascif, faune, sylvain.

Sauce, *n. f.* V. *Assaisonnement* — V. *Réprimande.*

Saucer, *v.* arroser, baigner, imbiber, mouiller, tremper dans la sauce — savonner, secouer. V. *Gourmander.*

Sauf, *adj.* assuré, conservé, entier, intact, non endommagé, sain, sauvé.

Sauf, *prép.* V. *Excepté* — à condition, à la charge, pourvu que — sans blesser, sans compromettre, sans donner atteinte, sans intéresser, sans manquer à, sans offenser, sans préjudicier à.

Sauf-conduit, *n. m.* assurance, garantie, passe-port, sauvegarde, sûreté.

Saugrenu, *adj.* choquant, singulier. V. *Absurde.*

Saumâtre, *adj.* qui a un goût de sel, sentant le sel, un peu salé.

Saumure, *n. f.* sel fondu.

Saunage, *n. m.* débit de sel, marchandise de sel, trafic de sel, vente de sel.

Saunerie, *n. f.* fontaine salée, grenier à sel, magasin de sel, puits salant, saline, source de sel.

Saunier, *n. m.* ouvrier qui fait du sel — débitant, marchand, trafiquant, vendeur de sel.

Saunière, *n. f.* boîte, caisse, coffre, vaisseau où l'on conserve le sel.

Saupoudrer, *v.* V. *Poudrer.*

Saurer, *v.* V. *Boucaner.*

Saut, *n. m.* V. *Bond* — cascade, catadoupe, catadupe, cataracte, chute d'eau — cahot, choc, heurt, saccade, secousse.

Sauter, *v.* bondir, cabrioler, s'élancer, s'élever — laisser, négliger, omettre, oublier, passer, taire — franchir, passer en sautant, traverser d'un saut — se précipiter, tomber de haut.

Sauteur, *n. m.* V. *Cabrioleur.*

Sautiller, *v.* faire de petits sauts, sauter à petits sauts — changer brusquement et souvent de propos, discourir sans liaison, passer brusquement d'un propos à un autre.

Sauvage, *adj.* barbare, cruel, farouche, féroce, indompté — bizarre, fuyant les hommes. V. *Misanthrope*— agreste, grossier, rustique — champêtre, désert, inculte, inhabité, stérile.

Sauve-garde, *n. f.* escorte, secours. V. *Protection*— affranchissement, dispense, immunité — V. *Sauf-conduit.*

Sauver, *v.* conserver, épargner, tirer du péril. V. *Exempter* — assurer, donner, procurer la béatitude éternelle — excepter, exempter, mettre à couvert, réserver, tirer de la règle.

se SAUVER, v. faire son salut, gagner le ciel —décamper, déserter, faire haut-le-pied, fuir, gagner au pied, prendre la fuite, prendre la poudre d'escampette, prendre le large, s'écarter, s'échapper, se dérober, s'éloigner, se mettre en sûreté, s'en aller, s'enfuir, s'esquiver, s'évader.

SAUVEUR, n. m. V. Rédempteur.

SAVAMMENT, adv. avec beaucoup de savoir, doctement, d'une manière savante, habilement — avec connaissance, sciemment, tout considéré.

SAVANT, adj. V. Docte.

SAVANTASSE, n. m. pédant embrouillé, savant confus.

SAVATE, n. f. chaussure usée, vieille galoche, vieille mule, vieille pantoufle, vieux soulier.

SAVATERIE, n. f. amas de vieilles chaussures, magasin de savates.

SAVETIER, n. m. carreleur de souliers, cordonnier en vieux, raccommodeur de souliers — artisan malhabile, bousilleur, mauvais ouvrier, méchant manœuvre.

SAVEUR, n. f. faculté de goûter, goût — discernement, sentiment exquis.

SAVOIR, v. avoir avis, avoir connaissance, avoir nouvelle, connaître, être averti, être informé, être instruit, être savant — avoir la puissance, avoir le moyen, avoir le pouvoir, avoir le secret de, pouvoir.

SAVOIR, n. m. capacité, connaissance, doctrine, érudition, habileté, science.

SAVOIR-FAIRE, n. m. conduite, entregent, intrigue, manière adroite, talent. V. Dextérité.

SAVOIR-VIVRE, n. m. V. Civilité.

SAVONNAGE, n. m. blanchissage, nettoiement par le savon.

SAVONNER, v. blanchir, dégraisser, nettoyer avec le savon — tancer, secouer. V. Gourmander.

SAVOURER, v. goûter, jouir délicieusement, juger par le goût, sentir avec plaisir.

SAVOUREUSEMENT, adv. avec délice, avec goût, avec saveur, avec volupté, en savourant.

SAVOUREUX, adj. agréable au goût, appétissant, qui a du goût, qui flatte le goût.

SAYONS, n. m. V. Sye.

SBIRE, n. m. V. Hoqueton.

SCABREUX, adj. âpre, escarpé, roide. V. Raboteux — dangereux, délicat, difficile à manier, embarrassant, embrouillé, entortillé, épineux, périlleux, rempli de difficultés.

SCANDALE, n. m. exemple de péché, mauvais exemple, occasion de chute, sujet de chute — crime public, désordre affiché, éclat fâcheux, forfait notoire — colère, dépit, haine, horreur, indignation, mécontentement qu'inspire une chose de mauvais exemple.

SCANDALEUSEMENT, adv. avec scandale, d'une manière scandaleuse.

SCANDALEUX, adj. qui cause du scandale, qui est de mauvais exemple, qui porte au péché, qui scandalise — choquant, excitant l'indignation, inspirant de l'horreur, offensant, révoltant.

SCANDALISER, v. donner du scandale, être de mauvais exemple, occasioner le péché, porter au péché —choquer, exciter l'indignation, indigner, inspirer de l'horreur, offenser, révolter.

SCANDER, v. compter les pieds

d'un vers , marquer la mesure d'un vers , mesurer un vers.

SCARIFICATION, n. f. déchiqueture, découpure, incision, taillade sur la chair.

SCARIFIER , v. déchiqueter , découper, inciser, taillader la chair.

SCEAU, n. m. cachet, empreinte, figure gravée, scel — secret, silence, tacet.

SCÉLÉRAT, adj. chargé de crimes , criminel , déloyal , infâme , infidèle, méchant, perfide, pervers , qui est sans foi , qui est sans honneur, qui est sans probité, traître — abominable, atroce, détestable, exécrable, horrible.

SCÉLÉRATESSE , n. f. atrocité, crime affreux, déloyauté, infamie , méchanceté noire , perfidie énorme , perversité horrible.

SCELLÉ, n. m. apposition, empreinte du sceau public.

SCELLER, v. appliquer le sceau, apposer le sceau , cacheter , mettre le sceau — arrêter avec le plâtre , attacher avec le plomb, cramponner, faire tenir, fixer — boucher, clore, fermer, mastiquer—affermir,confirmer, consolider, ratifier, rendre stable.

SCÈNE, n. f. spectacle, théâtre — décoration , ordonnance, ornement , représentation d'un lieu déterminé sur le théâtre — lieu où est arrivé un évènement, où s'est passé un fait, où une action s'est faite—dialogue suivi, entretien non interrompu entre les acteurs présents — action extraordinaire, aventure remarquable , évènement singulier, incident qui marque.

SCÉNIQUE, adj. appartenant à la scène, convenable à la scène, destiné à paroître sur la scène,

propre de la scène, relatif à la scène.

SCEPTICISME, n. m. V. Pyrrhanisme,

SCEPTIQUE , adj. V. Pyrrhonien.

SCEPTRE , n. m. bâton de commandement souverain , bâton impérial , bâton royal — autorité souveraine , dignité royale, pouvoir suprême, puissance royale, royauté, souveraineté.

SCHISMATIQUE,adj. qui est dans le schisme, qui fait secte à part, sectaire, séparé de la communion primitive.

SCHISME, n. m. division, rupture, scission, séparation.

SCIEMMENT, adv. à dessein, à son escient, avec connoissance, avec réflexion, de propos délibéré, en connoissance de cause, exprès , malicieusement, par malice,

SCIENCE , n. f. V. Savoir.

SCIENTIFIQUE , adj. appartenant aux sciences , concernant les sciences , instructif, plein d'érudition, propre à instruire, relatif aux sciences —V. Docte.

SCIENTIFIQUEMENT , adv. avec capacité, avec érudition , doctement , d'une façon instructive , d'une manière scientifique , en homme entendu, en homme érudit, en homme habile, en homme instruit, en homme intelligent, en homme savant, savamment.

SCIER , v. couper , diviser , fendre , partager avec une scie.

SCINTILLATION , n. f. coruscation.

SCINTILLER , v. V. Étinceler.

SCION , n. m. jeune branche, jeune brin d'arbre , petit rejeton , plant , surgeon.

SCOLIASTE , n. m. V. Commentateur.

SCOLIE, n. m. commentaire abrégé, conséquence, corollaire, résultat, suite.

SCOLIE, n. f. annotation, note, observation, remarque de critique ou de grammaire.

SCORIE, n. f. V. Mâchefer.

SCRIBE, n. m. copiste, écrivain qui transcrit, transcripteur—greffier, scripteur, secrétaire.

SCRUPULE, n. m. doute, incertitude, inquiétude, peine d'esprit—exactitude outrée, observance minutieuse, rigidité — petit poids de vingt - quatre grains.

SCRUPULEUSEMENT, adv. rigidement, rigoureusement, sévèrement. V. Studieusement.

SCRUPULEUX, adj. consciencieux, exact à l'excès, minutieux, qui a la conscience trop timorée, sujet à des scrupules.

SCRUTATEUR, n. m. examinateur clairvoyant, juge pénétrant, observateur qui approfondit.

SCRUTER, v. approfondir, creuser, descendre au fond, entrer dans les secrets les plus cachés, examiner à fond, juger avec une connoissance parfaite, pénétrer jusqu'au fond.

SCRUTIN, n. m. ballotte, billet plié, suffrage secret

SCULPTER, v. V. Ciseler.

SCULPTURE, n. f. art de sculpter—ornement sculpté, ouvrage sculpté, relief, ronde bosse.

SCURRILITÉ, n. f. V. Bouffonnerie.

SÉANCE, n. f. droit, permission, pouvoir, privilége de prendre place, de s'asseoir, de siéger — place, rang — assemblée, réunion, session, tenue, vacation.

SÉANT, adj. résident, sié-

geant, tenant séance. V. Décent. V. Sortable.

SEAU, n. m. vaisseau, vase propre à puiser de l'eau.

SEBILE, n. f. écuelle, gamelle, jatte de bois.

SEC, adj. aride, desséché, épuisé, tari — V. Maigre — V. Infructueux—dépourvu d'ornements, ennuyeux, froid, peu agréable — brusque, désobligeant, disgracieux, rebutant, rigide, rude, sévère.

SÈCHEMENT, adv. au sec, d'une manière sèche, en lieu sec, loin de l'humidité — brusquement, désobligeamment, disgracieusement, d'un ton rebutant, d'un ton sec, durement, rudement, sévèrement.

SÉCHER, v. dessécher, épuiser, mettre à sec, rendre sec, tarir — devenir sec, s'épuiser, se tarir—languir, mourir de langueur, se consumer.

SÉCHERESSE, n. f. aridité, dessèchement, épuisement, siccité, tarissement—défaut d'aménité, défaut d'ornements, manque d'agréments—infécondité, infertilité, stérilité—brusquerie, dureté, rudesse, sévérité, ton désobligeant, ton rebutant, ton sec —épreuve de l'âme, froideur, insensibilité, peines intérieures.

SECOND, adj. deuxième, succédant immédiatement au premier — V. Subalterne.

SECONDAIRE, adj. accessoire, subordonné, subsidiaire, tenant au second ordre, venant en second.

SECONDEMENT, adv. deuxièmement, en deuxième lieu, en second lieu.

SECONDER, v. concourir, prêter la main, soulager. V. Protéger.

SECOUER, v. agiter, cahoter,

donner une secousse, ébranler, émouvoir—rejeter, s'affranchir, se débarrasser, se défaire, se délivrer, se mettre en liberté—étriller, gourmander, houspiller, malmener, maltraiter, sabouler, saucer, savonner.

SECOÛMENT, n. m. cahot. V. Saccade.

SECOURABLE, adj. V. Charitable, 3. div.

SECOURIR, v. donner de l'aide, fournir du secours, prêter la main, rendre service, soulager, subvenir. V. Protéger.

SECOURS, n. m. bon office, service, soulagement, subvention. V. Protection — renfort, troupe auxiliaire.

SECOUSSE, n. f. V. Saccade.

SECRET, adj. ignoré, inconnu, sachant se taire. V. Caché.

SECRET, n. m. chose secrète, mystère — moyen peu connu, ressource inconnue — adresse, industrie, invention, moyen.

SECRÉTAIRE, n. m. V. Scribe.

SECRÉTARIAT, n. m. commission, emploi, état, fonction, office de secrétaire — lieu où travaillent les secrétaires, secrétairerie.

SECRÈTEMENT, adv. à l'écart, à l'insu, à part, dans le secret, d'une manière secrète, en particulier. V. Furtivement—mystérieusement, sans être aperçu.

SÉCRÉTION, n. f. filtration, séparation d'humeurs.

SECTATEUR, SECTAIRE, nn. mm. défenseur, disciple, élève, fauteur, partisan d'une secte.

SECTE, n. f. bande à part, cabale, faction, parti, schisme, scission — doctrine, enseignement, opinion, sentiment propre de certaines personnes.

SECTION, n. f. article, division, paragraphe, subdivision.

SÉCULIER, adj. lai, laïque, temporel.

SÉCURITÉ, n. f. assurance, calme, confiance, sûreté, tranquillité.

SÉDATIF, adj. adoucissant, calmant.

SÉDENTAIRE, adj. assidu au travail du cabinet, col de plomb, gardant le logis, sortant peu, toujours assis — attaché à un lieu, fixe dans un lieu.

SÉDIMENT, n. m. V. Limon.

SÉDITIEUSEMENT, adv. avec bruit, d'une manière séditieuse, tumultuairement, tumultueusement.

SÉDITIEUX, adj. brouillon, cabaleur, entreprenant, factieux, intrigant, ligueur, mutin, perturbateur du repos public, rebelle, remuant, révolté, tracassier.

SÉDITION, n. f. désobéissance, émotion, félonie. V. Émeute — V. Cabale.

SÉDUCTEUR, n. m. abuseur, corrupteur, débaucheur, instigateur, subornateur, suborneur, tentateur — bourdeur, charlatan, bâbleur, imposteur, trompeur.

SÉDUCTEUR, adj. touchant. V. Attirant.

SÉDUCTION, n. f. V. Subornation — V. Imposture.

SÉDUIRE, v. abuser, instiguer. V. Pervertir—en imposer. V. Tromper — attirer, être agréable, être attrayant, flatter, gagner, intéresser, plaire, toucher.

SÉDUISANT, adj. V. Séducteur, adj.

SEIGNEUR, n. f. dominateur, maître, possesseur, propriétaire, sieur, souverain.

SEIGNEURIAGE, n. m. bénéfice appartenant au seigneur, bénéfice seigneurial, droit du seigneur sur la fabrication des monnoies.

SEIGNEURIAL, *adj.* affecté au
seigneur, appartenant au seigneur, dû au seigneur, propre
au seigneur, relevant du seigneur — attaché à la seigneurie, concernant la seigneurie,
dépendant, propre de la seigneurie, relatif à la seigneurie.

SEIGNEURIE, *n. f.* jouissance,
possession, propriété — domaine, domination, puissance,
souveraineté.

SEIN, *n. m.* entrailles, ventre
— gorge, mamelles, poitrine,
tétons — golfe — âme, cœur,
esprit — intérieur, milieu.

SEING, *n. m.* signature.

SÉJOUR, *n. m.* V. *Logement.*

SÉJOURNER, *v.* demeurer, habiter, loger, prendre domicile,
rester.

SEL, *n. m.* agrément de style, atticisme, causticité, délicatesse, enjouement, finesse,
malignité fine, mots piquants,
plaisanterie fine, pointe d'esprit, raillerie délicate, rencontre ingénieuse, saillie heureuse.

SELLE, *n. f.* banc, siège —
bât, équipage de cheval, harnois.

SELON, *prép.* conformément
à. V. *à Proportion.*

SEMAILLES, *n. f. pl.* action de
semer, ensemencement — saison où l'on sème, temps d'ensemencer — grains à semer,
semences.

SEMAINIER, *n. m.* V. *Hebdomadier.*

SEMBLABLE, *adj.* assorti. V.
Conforme.

SEMBLABLEMENT, *adv.* aussi,
conformément, de même,
d'une manière semblable, également, pareillement.

SEMBLANT, *n. m.* apparence,
façon, manière, mine.

FAUX SEMBLANT, *n. m.* appa-

rence trompeuse, artifice, déguisement, disposition simulée,
dissimulation, feinte.

SEMBLER, *v.* approcher de,
avoir l'apparence, paroître.

SEMENCE, *n. f.* grain à semer,
semaille — graine, noyau, pepin — liqueur spermatique,
matière séminale, sperme —
V. *Source.*

SEMER, *v.* ensemencer, épandre la semence, mettre la semence en terre, disséminer,
distribuer, divulguer, jeter dans
le public, répandre — fomenter, insinuer, propager, souffler, suggérer, susciter — dissiper, perdre, prodiguer.

SEMESTRE, *n. m.* demi-année,
durée, espace, intervalle, période de six mois.

SÉMILLANT, *adj.* extrêmement
vif. V. *Remuant.*

SÉMINAIRE, *n. m.* lieu d'où
l'on tire des sujets, maison où
l'on forme des sujets, pépinière.

SÉMINAL, *adj.* V. *Spermatique.*

SEMI-TON, *n. m.* demi-ton,
moitié d'un ton.

SEMONCE, *n. f.* appel, assignation, convocation, indiction,
invitation, sommation — instance, prière, sollicitation — avertissement, avis, exhortation,
leçon, monition, remontrance.

SEMPITERNEL, *adj.* V. *Décrépit.*

SÉNAT, *n. m.* assemblée de
magistrats, conseil, cour souveraine, parlement, tribunal
suprême.

SÉNATEUR, *n. m.* conseiller,
juge, magistrat.

SÉNATORIAL, *adj.* appartenant
au sénateur, convenable au sénateur, digne d'un sénateur,
propre à un sénateur.

SÉNATUS-CONSULTE, *n. m.* arrêt,
décision, déclaration, décret,
délibération, jugement, résolution du sénat.

SÉNÉCHAL, *n. m.* bailli, chef de justice , chef de la noblesse dans un ressort particulier.

SÉNÉCHAUSSÉE , *n. f.* bailliage, district d'un sénéchal , juridiction d'un sénéchal , lieu du tribunal que préside le sénéchal.

SENS , *n. m.* organe des sensations—aspect , biais , côté , dimension , face, position , situation, tournure—conception, raison. V. *Discernement*—idée, notion—avis, opinion, pensée, sentiment—appétit , cupidité, sensualité-acception, signification.

SENSATION , *n. f.* impression , mouvement, sentiment excité dans l'âme par les sens.

SENSÉ , *adj.* avisé, conforme au bon sens , judicieux , prudent , raisonnable , sage.

SENSÉMENT , *adv.* conformément au bon sens , d'une manière sensée, en homme avisé. V. *Judicieusement.*

SENSIBILITÉ , *n. f.* délicatesse, faculté de sentir , sentiment— bénignité , bon naturel , bonté , humanité , tendresse.

SENSIBLE, *adj.* aisé à émouvoir, délicat, susceptible d'impression —bon , humain , tendre —intéressant, pathétique, touchant. V. *Visible* — V. *Reconnoissant.*

SENSIBLEMENT , *adv.* d'une manière touchante — V. *Manifestement.*

SENSUALITÉ, *n. f.* attachement aux plaisirs , délicatesse , mollesse , plaisir des sens , volupté.

SENSUEL , *adj.* attaché aux plaisirs , délicat , douillet , livré à la mollesse, recherché, voluptueux.

SENSUELLEMENT , *adv.* avec sensualité, d'une manière sensuelle, délicatement , douillettement , mollement , voluptueusement.

SENTENCE , *n. f.* arrêt , décision , jugement.—V. *Adage.*

SENTENCIER , *v.* condamner par sentence , donner un arrêt contre , rendre une sentence contre.

SENTENCIEUSEMENT , *adv.* avec gravité , d'une manière sentencieuse , d'un ton d'oracle , en oracle , par adages , par apophthegmes , par sentences.

SENTENCIEUX, *adj.* V. *Gnomique* — ayant le ton d'oracle , parlant sentencieusement , qui s'énonce par adages, qui s'explique par maximes.

SENTEUR, *n. f.* odeur, parfum.

SENTIER , *n. m.* allée, chemin étroit , petit passage , ruelle , voie peu large.

SENTIMENT , *n. m.* faculté de sentir , sensibilité — impression , mouvement excité dans l'âme par les sens , sensation— compréhension, conception, jugement, opinion, pensée—avis, opinion , suffrage , voix—affection , disposition , mouvement de l'âme, passion.

SENTINE , *n. f.* cloaque , lieu puant , réceptacle d'immondices — maison sale , retraite de canaille.

SENTINELLE, *n. f.* factionnaire, garde, soldat en faction, vedette.

SENTIR , *v.* recevoir une impression par les sens , ressentir, souffrir —éprouver, expérimenter, faire l'expérience—essayer, flairer , goûter, sonder, tâter — avoir l'odeur, exhaler une odeur, rendre une odeur, répandre une odeur—conjecturer, flairer, pressentir , se douter—comprendre, concevoir, connoître, entendre, s'apercevoir—avoir l'âme émue , avoir le cœur touché, être ému, être sensible, être touché — approcher de, avoir l'air, avoir la mine, avoir les manières, être semblable , imiter , ressembler.

SE SENTIR , *v.* apprécier, connoître, juger sainement, ne pas ignorer son état — apprécier ses forces, connoître bien ses droits, juger bien sainement de ses ressources, ne pas ignorer ses vraies qualités—V. *se Ressentir.*

Seoir, *v. usité seulement dans quelques temps.* convenir, être assorti, être avantageux, être convenable, être décent, être expédient, être sortable.

Séparable, *adj.* divisible, partageable, qui peut se séparer.

Séparation, *n. f.* désunion, division, éloignement, partage, rupture — cloison, cloisonnage, mur de refend — V. *Schisme.*

Séparément, *adv.* distinctement. V. *à Part.*

Séparer, *v.* diviser, mettre à part, partager— décomposer, découpler, déjoindre, démembrer, désassembler, désunir, détacher, disjoindre — éloigner, séquestrer.

Septentrion, *n. m.* nord — pôle arctique—pays septentrionaux, région septentrionale.

Septentrional, *adj.* arctique, boréal, hyperboréen, qui est au septentrion, qui est du nord.

Sépulcral, *adj.* appartenant, convenable, destiné, propre, relatif à un sépulcre — V. *Funèbre.*

Sépulcre, *n. m.* mausolée, monument funèbre, sarcophage, sépulture, tombe, tombeau.

Sépulture, *n. f.* derniers devoirs, devoirs funèbres. V. *Enterrement.*

Séquelle, *n. f.* bande, compagnie, escorte, faction, parti, suite, tourbe.

Séquestre, *n. m.* dépôt, effets déposés — dépositaire, garde d'un dépôt.

Séquestrer, *v.* confier à un tiers, donner en dépôt, donner en garde, mettre en dépôt, mettre en séquestre — écarter, éloigner, mettre à l'écart, mettre de côté, mettre en réserve, réserver—ôter, retirer, séparer, soustraire.

Sérail, *n. m.* habitation, logement, logis, maison, palais du grand-seigneur — gynécée, harem, logement des femmes du grand-seigneur — les femmes du grand-seigneur.

Serein, *adj.* clair, net, pur, qui est sans nuage — calme, doux, gai, gracieux, ouvert, paisible, tranquille.

Sérénade, *n. f.* aubade, bouquet en musique, concert musical.

Sérénité, *n. f.* beau temps, clarté, netteté de l'air, pureté du ciel—gaieté, maintien paisible. V. *Tranquillité.*

Séreux, *adj.* aqueux, chargé d'eau, plein de sérosité.

Serf, *adj.* asservi, assujéti à une servitude, attaché à la glèbe, dépendant d'un maître, esclave.

Sergent, *n. m.* appariteur, boqueton, huissier, recors.

Sergenter, *v.* charger, employer, envoyer, expédier des sergents — faire la fonction, le métier, le ministère, l'office de sergent — V. *Talonner,* 2. *div.*

Série, *n. f.* progression, suite proportionnelle.

Sérieusement, *adv.* ardemment, avec ardeur, avec suite — gravement, sans raillerie, sans rire, tout de bon — V. *Froidement.*

Sérieux, *adj.* grave, posé, rassis, tranquille. V. *Morne* — considérable, important, qui est de conséquence, solide —

effectif , non simulé , réel, sincère , vrai.

Sérieux, n. m. air de dignité, air imposant, air sage, air sévère, contenance grave , gravité.

Seringuer , v. faire entrer , injecter, insinuer, introduire, jeter, lancer avec une seringue.

Serment , n. m. affirmation religieuse, promesse solennelle, protestation—blasphème, exécration , imprécation , jurement.

Sermon, n. m. discours chrétien , discours de piété , exhortation chrétienne , homélie , instruction chrétienne , prédication , prône.

Sermonner , v. faire des remontrances , faire une mercuriale, moraliser, prôner, remontrer ennuyeusement.

Sermonneur , n. m. censeur ennuyeux, discoureur importun , faiseur de remontrances , grand parleur, harangueur sans fin, moraliseur, moraliste importun, prêcheur éternel, prôneur insupportable.

Sérosité, n. f. bile âcre, humeur aqueuse.

Serpe, n. f. couperet, hache, hacheron, hachette.

Serpent, n. m. animal rampant, reptile.

Serpenter, v. aller en zigzag, avoir un cours tortueux , faire différents tours et détours , tournoyer.

Serpillière , n. f. canevas , grosse toile, toile grossière.

Serre, n. f. abri , lieu couvert, retraite où l'on garde en hiver les plantes délicates — griffe , main, ongle — V. Serrement.

Serré , adj. comprimé , étreint, lié, mis à l'étroit, pressé — joint près à près, mis près à près — abrité, enfermé, mis à couvert, mis en réserve, placé dans la serre — bref , laconique. V. Précis —V. Avare.

Serré, adv. bien fort, étroitement, fortement, vigoureusement , violemment , vivement.

Serrément, adv. avec trop d'économie, chichement, d'une manière trop ménagère, ladrement , mesquinement, sordidement, taquinement, vilainement.

Serrement, n. m. compression, étreinte, pression, pressurage, resserrement, serre.

Serrer, v. comprimer, contraindre, étreindre, lier, mettre à l'étroit, presser — approcher, joindre près à près, mettre près à près—abriter, enfermer, mettre à couvert, mettre en réserve, placer dans la serre.

Sertir, v. mettre dans un chaton. V. Encastiller.

Sertissure , n. f. insertion dans un chaton. V. Encastillement.

Servante , n. f. cuisinière , domestique, gouvernante , suivante.

Serviable, adj. V. Obligeant.

Serviablement, adv. V. Obligeamment.

Service, n. m. domesticité , état de domestique, fonction de domestique, ministère d'un serviteur, office de valet — charge , devoir, emploi, fonction , ministère , office — état militaire , profession des armes — usage, utilité — aide, assistance , bons offices, plaisir que l'on fait, secours — célébration, messe, office divin , prières publiques — mets, plats servis à la fois.

Servile, adj. asservissant, assujétissant , sentant l'esclavage, tenant de la servitude — abject, bas, humiliant, lâche, méprisable, vil — trop attaché à la lettre, trop littéral, trop scrupuleux.

Servilement, *adv.* bassement, d'une manière servile, lâchement, vilement — trop à la lettre, trop littéralement, trop scrupuleusement.

Servir, *v.* être à un maître, être dans la servitude, être domestique, être en service, être esclave — être militaire, porter les armes, suivre la profession des armes — fournir, mettre sur la table, présenter sur la table — être avantageux, être d'usage, être utile, profiter — aider, assister, faire un plaisir, obliger, rendre un bon office, secourir.

se Servir, *v.* employer, faire usage, jouir, mettre à profit, user.

Serviteur, *n. m.* domestique, valet — homme attaché aux intérêts de quelqu'un, disposé à l'obliger, prêt à lui rendre de bons offices.

Servitude, *n. f.* contrainte, force, nécessité imposée, obligation forcée, sujétion.

Session, *n. f.* assemblée, séance, vacation.

Seul, *adj.* isolé, solitaire — unique — singulier.

Seulement, *adv.* en tout, pour tout, sans plus, uniquement — au moins, du moins — même.

Sève, *n. f.* humeur, suc nourricier.

Sévère, *adj.* V. *Rigide.*

Sévèrement, *adv.* V. *Rigidement.*

Sévérité, *n. f.* V. *Rigidité.*

Sévir, *v.* agir avec rigueur, châtier rigoureusement, punir sévèrement — battre, insulter,

injurier, malmener, maltraiter, molester, outrager, traiter rudement.

Sevrer, *v.* cesser l'allaitement, ne plus allaiter, ôter le lait, priver du téton — dépouiller, frustrer, priver.

Sexe, *n. m.* les femmes.

Sexuel, *adj.* appartenant au sexe, caractérisant le sexe, constitutif du sexe, propre au sexe, relatif au sexe.

Si, *conj.* à moins que, au cas que, en cas que, à condition que, pourvu que — en supposant que, posé que, supposé que.

Si, *adv.* à tel point, de façon, de manière, de sorte, tant, tellement — aussi, autant, de même, pareillement, semblablement — ainsi, de cette manière, de cette sorte.

Sibylle, *n. f.* devineresse, prophétesse, pythonisse — fille âgée qui affecte d'étaler de l'érudition, qui fait montre de science, qui fait parade d'esprit.

Siccité, *n. f.* V. *Sécheresse.*

Siècle, *n. m.* cent ans, durée de cent ans, espace de cent ans, vingt lustres — âge, période, temps déterminé par quelque circonstance — durée, espace de temps trouvé trop long — état de vie mondaine, manière de vivre du monde, maximes du monde, mondanité, plaisirs du monde, vanité mondaine.

Siège, *n. m.* banc, banquette, bergère, canapé, chaise, fauteuil, placet, pliant, selle, sellette, sofa, tabouret — audience, barreau, juridiction, tribunal de justice — chaire pontificale, évêché — demeure, lieu où l'on réside, résidence — blocus, circonvallation, investissement.

SIEN, *adj.* qui est à lui *ou* a elle, qui lui appartient, son.

LE SIEN, *n. m. s.* ce qui est, ce qui appartient, ce qui est dû à lui *ou* à elle, sa propriété, son avoir, son dû.

LES SIENS, *n. m. pl.* ceux qui lui appartiennent, ceux qui le *ou* la touchent de près, ses alliés, ses domestiques, ses gens, ses parents, ses proches.

SIESTE, *n. f.* méridienne, repos après le dîner, sommeil pendant la chaleur.

SIEUR, *n. m.* monsieur, seigneur, sire.

SIFFLEMENT, *n. m.* bruit perçant, son aigu.

SIFFLER, *v.* pousser, produire, rendre un son aigu — chanter, fredonner, moduler des airs par le sifflement — apprendre d'avance, enseigner, instruire, mettre au fait, préparer, suggérer— blâmer, condamner, désapprouver, improuver avec dérision, persiffler, railler, se moquer, se rire.

SIFFLET, *n. m.* petit instrument pour siffler—mépris marqué. V. *Moquerie.*

SIGNAL, *n. m.* annonce, avertissement, avis, indication, indice, marque, signe.

SIGNALEMENT, *n. m.* description, notice, peinture, portrait.

SIGNALÉ, *adj.* caractérisé, décrit, dépeint—V. *Illustre.*

SIGNALER, *v.* donner le signalement — V. *Décrire*—V. *Illustrer.*

SIGNATURE, *n. f.* V. *Seing.*

SIGNE, *n. m.* V. *Signal* — caractère, note — figure, présage, pronostic, symbole, type — amas de certaines étoiles, constellation.

SIGNER, *v.* apposer son nom, écrire son nom, mettre son

nom, mettre son seing, souscrire.

SIGNIFIANT, SIGNIFICATIF, *adjectifs.* contenant un grand sens, emphatique, énergique, expressif.

SIGNIFICATION, *n. f.* acception, sens — annonce, déclaration, notification.

SIGNIFIER, *v.* exprimer, figurer, présenter l'idée. V. *Dénoter* — annoncer, déclarer, donner connoissance, faire connoître, faire savoir, notifier.

SILENCE, *n. m.* abstinence de parler, tacet — discrétion, réserve, retenue — bonace, calme, paix, recueillement, repos, tranquillité.

SILENCIEUX, *adj.* aimant à garder le silence, morne, parlant peu, taciturne.

SILIQUE, *n. f.* V. *Cosse.*

SILLAGE, *n. m.* cours, route, trace d'un vaisseau.

SILLON, *n. m.* creux, petite fosse, raie, trace du coutre de la charrue — V. *Ride.*

SILLONNER, *v.* V. *Rider*—creuser, faire des sillons, tracer des sillons.

SILPHE, *n. m.* V. *Farfadet.*

SILVAIN, *n. m.* V. *Satyre.*

SIMAGRÉE, *n. f.* singularité. V. *Minauderie* — V. *Feinte.*

SIMILITUDE, *n. f.* comparaison, parabole, parallèle — égalité, identité, rapport, ressemblance. V. *Analogie.*

SIMILOR, *n. m.* V. *Laiton.*

SIMONIE, *n. f.* convention illicite en matière spirituelle, trafic de choses saintes.

SIMPLE, *adj.* pur, qui est sans formalité, qui est sans mélange, qui est sans ornement, qui est sans parure — qui n'est pas composé — franc, ingénu, naïf, naturel, ouvert, plein de bonne foi, plein de candeur,

qui est sans affectation , qui
est sans apprêt, qui est sans artifice, qui est sans déguisement,
qui est sans dissimulation , qui
est sans finesse, sincère,tout uni.

SIMPLE, *n. m.* herbe, plante,
racine médicinale.

SIMPLEMENT, *adv.* avec simplicité , d'une manière simple
- purement, sans addition, sans
formalité , sans mélange , sans
ornement , sans parure, seulement , uniquement — bonnement , naturellement , sans
affectation, sans apprêt, sans
artifice, sans finesse , tout uniment. V. *Candidement.*

SIMPLICITÉ, *n. f.* innocence
naturelle. V. *Naïveté* — bêtise, crédulité, facilité à croire,
imbécillité , niaiserie , sottise.

SIMPLIFIER, *v.* débarrasser,
débrouiller, décomposer, dégager, développer,réduire, rendre
simple.

SIMULACRE, *n. m.* figure, idole,
image , représentation , statue
— apparence vaine , fantôme ,
illusion , spectre.

SIMULATION, *n. f.* dissimulation , fraude , vain prétexte.
V. *Faux-semblant.*

SIMULER , *v.* déguiser, faire
semblant , feindre — prendre
les apparences. V. *Contrefaire.*

SIMULTANÉ , *adj.* coexistant ,
existant dans le même temps ,
produit dans le même instant.

SIMULTANÉITÉ , *n. f.* coexis-
tence.

SIMULTANÉMENT, *adv.* au même
instant , conjointement , dans
le même moment, en même
temps , ensemble.

SINCÈRE , *adj.* V. *Franc.*
V. *Simple,* 3. *div.*

SINCÈREMENT, *adv.* à cœur ouvert, sans feinte, véritablement.
V. *Candidement.*

SINCÉRITÉ , *n. f.* loyauté , ou-

verture de cœur , vérité. V.
Naïveté.

SINGERIE, *n. f.* bouffonnerie ,
geste imitateur, grimace , polissonnerie , posture badine ,
tour malicieux.

SE SINGULARISER, *v.* affecter la
singularité , avoir une manière
extraordinaire d'agir ou de penser , se distinguer, se faire remarquer.

SINGULARITÉ, *n. f.* chose excellente, extraordinaire, peu commune, rare , remarquable, singulière , unique—impertinence,
originalité, ridiculité.

SINGULIER , *adj.* contraire à
l'usage commun , excellent ,
extraordinaire , original, particulier , peu commun , rare ,
remarquable , unique.

SINGULIÈREMENT, *adv.* avant
tout, notamment, particulièrement, principalement, spécialement, sur tout, sur toutes
choses — bizarrement, contre
l'usage commun, d'une façon
singulière, d'une manière affectée, originalement, ridiculement.

SINISTRE, *adj.* fâcheux, fatal,
funeste, malencontreux, malheureux, qui est de mauvais
augure, qui est de mauvais
présage, qui porte malheur,
triste.

SINISTREMENT, *adv.* d'une manière désavantageuse, d'une
manière sinistre, en mauvaise
part, funestement, mal, malen-
contreusement, malheureusement, tristement.

SINON, *phr. adv.* à faute de
quoi, autrement, sans cela,
sans quoi.

SINUEUX, *adj.* allant en zigzag, faisant plusieurs tours et
détours, serpentant, tortueux,
tournoyant.

SINUOSITÉ, *n. f.* coude , détour, pli et repli, tortuosité.

SIPHON, *n. m.* tube recourbé, tuyau courbe—colonne d'eau, nuage creux, tourbillon qui descend sur la mer, trombe.

SIRE, *n. m.* V. *Sieur.*

SIRTES, *n. f. pl.* ensablements, bancs de sable, écueils, sables mouvants.

SITE, *n. m.* aspect, assiette, emplacement, exposition, position, situation.

SITUATION, *n. f.* V. *Site* — V. *Conjoncture.* manière d'être placé. V. *Posture.*

SITUER, *v.* V. *Mettre.*

SOBRE, *adj.* continent, discret, frugal, modéré, réservé, retenu, sage, tempérant, tempéré.

SOBREMENT, *adv.* avec discrétion, avec frugalité, avec modération, avec réserve, avec retenue, avec sobriété, avec tempérance, discrètement, d'une manière sobre, frugalement, modérément, sagement.

SOBRIÉTÉ, *n. f.* continence, discrétion, frugalité, modération, réserve, retenue, sagesse, tempérance.

SOBRIQUET, *n. m.* dénomination burlesque, épithète dérisoire, surnom malin.

SOCIABLE, *adj.* accommodant, aisé à vivre, doux, aimant la compagnie, d'un bon commerce, recherchant la compagnie.

SOCIAL, *adj.* de la société, concernant la société, nécessaire, propre, relatif à la société.

SOCIÉTÉ, *n. f.* alliance, assemblage, association, confédération, réunion, cercle, compagnie — communauté, corps de personnes rassemblées sous un même institut ou pour une même fin — contrat, conven-

tion, engagement, pacte, paction, traité.

SOCINIEN, *adj.* antitrinitaire, déiste, disciple de Socin, partisan de Socin, sectateur de Socin.

SOCQUE, *n. m.* chaussure, patin, sandale de bois — la Comédie, le genre comique, état de comédien, métier de comédien, profession de comédien.

SODALITÉ, *n. f.* association, confraternité, confrérie, congrégation.

SOFA, *n. m.* bergère, canapé, chaise longue, lit de repos.

SOIF, *n. f.* altération, besoin de boire, désir de boire, envie de boire — ardeur, avidité, désir ardent, envie immodérée ; passion extrême.

SOIGNER, *v.* avoir soin, être attentif, faire attention, observer, prendre garde, surveiller, veiller—dorloter, mitonner. V. *Choyer.*

SOIGNEUSEMENT, *adv.* attentivement, avec attention, avec exactitude, avec soin, avec vigilance, d'une manière soigneuse, exactement, ponctuellement, scrupuleusement.

SOIGNEUX, *adj.* scrupuleux. V. *Vigilant.*

SOIN, *n. m.* V. *Vigilance* — V. *Inquiétude.*

SOIR, *n. m.* SOIRÉE, *n. f.* déclin du jour, fin du jour, jour tombant.

SOIT, *v.* employé elliptiquement. V. *Va* — ou, ou bien.

SOL, *n. m.* fonds, héritage, terrain, terre, terroir — emplacement, espace, place.

SOLAIRE, *adj.* appartenant au soleil, concernant le soleil, émané du soleil, marqué par le soleil, propre du soleil, réglé par le soleil, relatif au soleil.

SOLDAT, *n. f.* homme de

guerre, militaire — homme brave, courageux, déterminé, vaillant, valeureux.

Solde, n. f. appointement des gens de guerre, paye, prêt — apurement, arrêté d'un compte, clôture d'un compte, paiement final d'un compte, soute.

Solder, v. apurer, arrêter, clore un compte.

Solécisme, n. m. faute contre la syntaxe, violation de la syntaxe.

Soleil, n. m. astre du jour, flambeau du monde, œil de la nature.

Solennel, adj. authentique, revêtu de toutes les formes — célèbre, éclatant, magnifique, pompeux, public.

Solennellement, adv. authentiquement, avec les formalités requises, avec éclat, avec pompe, d'une manière éclatante, magnifiquement, pompeusement, publiquement.

Solenniser, v. célébrer avec cérémonie, faire une fête publique, fêter.

• Solennité, n. f. acte solennel, authenticité, formalités requises — appareil, célébrité, éclat, magnificence, pompe, publicité — célébration, cérémonies, fête, réjouissance.

Solide, adj. dur, massif, qui a de la consistance, qui n'est point mou — constant, ferme — effectif, réel, vrai.

Solidement, adv. avec solidité, d'une manière assurée, solide, fermement, invariablement, sûrement.

Solidité, n. f. épaisseur, force — assurance. V. Stabilité — certitude, existence effective, réalité, vérité.

Soliloque, n. m. V. Monologue.

Solitaire, adj. V. Désert —

éloigné du monde, isolé, retiré, séparé de tout le monde, séquestré de la société, seul, vivant dans la retraite.

Solitaire, n. m. anachorète, ermite, moine, reclus.

Solitairement, adv. à l'écart, dans la retraite, d'une manière solitaire, en retraite, loin du monde.

Solitude, n. f. désert, ermitage, lieu désert, lieu inculte, lieu inhabité, lieu peu fréquenté, lieu sauvage, retraite séparée du monde.

Solive, n. f. Soliveau, n. m. V. Poutrelle.

Sollicitation, n. f. insinuation, instance, poursuite, prière, recommandation, remontrance, requête, supplication. V. Insinuation.

Solliciter, v. insister, mouvoir à, poursuivre à, presser, prier, recommander, remontrer, requérir instamment, supplier. V. Instiguer.

Sollicitude, n. f. inquiétude, souci. V. Vigilance.

Soluble, adj. aisé à résoudre, dont la solution est possible, explicable, susceptible de solution.

Solution, n. f. V. Dénoûment — séparation des éléments. V. Décomposition.

Solvabilité, n. f. faculté, moyen, pouvoir de payer.

Solvable, adj. qui a de quoi payer, qui a la faculté ou le moyen de payer, qui est en état de payer, qui peut payer.

Sombre, adj. obscur, ombragé, peu éclairé, ténébreux. V. Soupçonneux — chagrin, couvert, mélancolique, morne, rêveur, sérieux, taciturne, triste.

Sommaire, adj. abrégé, accourci, court, précis, raccourci,

rédigé, réduit, resserré, substantiel.

SOMMAIRE, n. m. SOMME, n. f.
V. *Compendium*, n. m.

SOMMAIREMENT, adv. brièvement, d'une manière sommaire,
en abrégé, en bref, en gros,
en peu de mots, en précis, en
substance, substantiellement,
succinctement.

SOMMATION, n. f. admonition,
ajournement, assignation, demande en justice, exploit, interpellation, signification.

SOMME, n. f. montant, produit, quantité, total — charge,
fardeau, poids, quantité que
peut porter un cheval de bât.

EN SOMME, phr. adv. somme
toute. V. *Finalement*.

SOMME, n. m. assoupissement,
le dormir, repos, sommeil.

SOMMEIL, n. m. V. *Somme*, n.
m. — assoupissement mortel,
engourdissement d'esprit, léthargie — indolence, insensibilité. V. *Oisiveté*.

SOMMEILLER, v. dormir légèrement, reposer légèrement,
s'assoupir— agir avec négligence,faire indolemment,travailler
négligemment.

SOMMER, v. admonéter, ajourner, appeler en justice, assigner, demander en justice,
interpeller. V. *Additionner*.

SOMMET, n. m. V. *Cime*.

SOMMITÉ, n. f. extrémité, petit bout, pointe des plantes et
des arbres ou arbustes.

SOMNAMBULE, adj. V. *Noctambule*.

SOMNIFÈRE, adj. V. *Dormitif*.

SOMPTUEUSEMENT, adv. avec
apparat, avec faste, avec magnificence, avec pompe, d'une
manière somptueuse, fastueusement, magnifiquement, pompeusement, splendidement,
superbement.

SOMPTUEUX, adj. fastueux. V.
Pompeux.

SOMPTUOSITÉ, n. f. faste, luxe,
prodigalité. V. *Pompe*.

SON, n. m. crasse, écorce —
bruit, retentissement, tintement.

SONDER, v. jeter la sonde, tâter avec la sonde — éprouver,
essayer, étudier, peser, tâcher
de connoître. V. *Éplucher*.

SONGE, n. m. idée, imagination, pensée, rêve, vision, chimère, fantaisie, illusion, rêverie, vanité.

SONGE-CREUX, adj. V. *Pensif*.

SONGER, v. avoir un songe,
faire un songe, rêver. V. *Penser*.

SONGEUR, n. m. V. *Pensif*.

SONNER, v. faire du bruit,
frapper l'oreille, rendre un son,
résonner, retentir—faire rendre
du son, tirer du son — annoncer, indiquer, marquer par
quelque son — être annoncé,
indiqué, marqué par quelque
son.

SONNERIE, n. f. bruit, son de
plusieurs cloches—assemblage,
ensemble, totalité de plusieurs
cloches.

SONNETTE, n. f. clochette,
grelot, petite cloche.

SONORE, adj. bruyant, éclatant, qui a un beau son. V. *Résonnant*.

SOPHISME, n. m. argument
faux, raisonnement captieux.

SOPHISTE, n. m. dialecticien
artificieux, logicien captieux,
mauvais argumentateur, raisonneur de mauvaise foi.

SOPHISTICATION, SOPHISTIQUE-
RIE, nn. ff. V. *Frelaterie*.

SOPHISTIQUE, adj. V. *Captieux*.

SOPHISTIQUER, v. V. *Frelater*.

SOPORATIF, SOPOREUX, SOPO-
RIFÈRE, SOPORIFIQUE, adjectifs.
V. *Dormitif*.

SORBE, *n. f.* corme.

SORBIER, *n. m.* cormier.

SORCELLERIE, *n. f.* V. *Fascination.*

SORCIER, *n. m.* V. *Prestigiateur* — adroit, fin, habile, madré, matois, rusé.

SORDIDE, *adj.* V. *Avare*—bas, honteux, méprisable, vil.

SORDIDEMENT, *adv.* V. *Chichement* — bassement, d'une manière sordide, honteusement, méprisablement, vilement.

SORNETTE, *n. f.* V. *Fadaise.*

SORT, *n. m.* V. *Accident*—V. *Destin* — condition, état—V. *Fascination.*

SORTABLE, *adj.* analogue, conforme, séant. V. *Compétent.*

SORTABLEMENT, *adv.* à propos, catégoriquement, congrument, convenablement , d'une manière sortable, pertinemment, raisonnablement, selon la raison.

SORTE, *n. f.* classe, espèce, genre, nature — façon, manière — condition, dignité, état, profession, qualité, rang.

DE SORTE QUE, *phr. conj.* de façon que, de manière que, en sorte que, si bien que, tellement que.

SORTIE, *n. f.* départ, passage en un autre lieu, transport au dehors — endroit par où l'on sort, issue, ouverture, porte — éruption, explosion, jaillissement, saillie— brusquerie, emportement de paroles, forte mercuriale, incartade, invective, réprimande rude, vivacité.

SORTILÉGE, *n. m.* V. *Fascination.*

SORTIR, *v.* aller dehors, passer au dehors, quitter l'intérieur — se retirer. V. *se Sauver* — avancer en dehors, déborder, excéder, saillir, se jeter en de-

hors — commencer à paroître, naître, poindre, pousser, se montrer—descendre, être issu, tirer son origine, venir de—V. *Quitter* — aveindre, mettre dehors, porter dehors, tirer dehors — tirer d'une affaire. V. *Dégager.*

SOT, *adj.* V. *Niais*—V. *Imprudent.*

SOTTEMENT, *adv.* V. *Niaisement*—V. *Imprudemment.*

SOTTISE, *n. f.* V. *Balourdise.* — V. *Imprudence.*

SOUBRESAUT, *n. m.* cahot violent, contre-coup, saccade, saut imprévu, saut subit, secousse, surprise.

SOUBRETTE, *n. f.* chambrière, femme de chambre, servante, suivante.

SOUCHE, *n. f.* tronc — chef, origine, source. V. *Butor.*

SOUCI, *n. m.* anxiété, perplexité. V. *Inquiétude.*

SE SOUCIER, *v.* estimer, faire cas, priser — être attaché à, prendre intérêt, se mettre en peine, s'inquiéter, s'intéresser.

SOUCIEUX, *adj.* agité, chagrin, inquiet, morne, pensif, tourmenté de soucis, troublé.

SOUDAIN, *adj.* prompt. V. *Inespéré.*

SOUDAIN, *adv.* à l'instant, au même instant, aussitôt, dans le même instant, dans le moment, sans différer, sans retard, sur-le-champ.

SOUDAINEMENT, *adv.* à l'improviste, inopinément, subitement, tout-à-coup.

SOUDER, *v.* attacher, cimenter, coller, faire tenir ensemble, joindre, unir.

SOUDOYER, *v.* entretenir, payer, tenir à sa solde.

SOUDURE, *n. f.* attache, ciment, colle, liaison, union.

SOUFFLE, *n. m.* haleine, respiration — vent léger, zéphyr.

SOUFFLER, v. faire du vent, respirer — escamoter, enlever, ôter, soustraire, subtiliser — V. S'suggérer.

SOUFFLET, n. m. instrument pour souffler — coup de la main sur la joue — affront, insulte, opprobre, outrage.

SOUFFRANCE, n. f. incommodité. V. Torture — permission. V. Tolérance — délai, remise, suspension.

SOUFFRANT, adj. affecté, affligé, hypothéqué, malade — doux, endurant, patient, tolérant.

SOUFFRIR, v. endurer, éprouver, essuyer, sentir une douleur — V. Pâtir — éprouver une perte, essuyer une diminution, faire une perte, perdre, recevoir un dommage — V. Permettre — admettre, être susceptible, recevoir — compatir, s'accommoder, s'accorder, s'assortir avec.

SOUFRER, v. enduire, frotter, imprégner de soufre.

SOUHAIT, n. m. V. Désir.

A SOUHAIT, phr. adv. à choisir. V. à Foison.

SOUHAITABLE, adj. V. Désirable.

SOUHAITER, v. V. Désirer.

SOUILLER, v. V. Tacher — V. Profaner.

SOUILLURE, n. f. malpropreté, saleté, tache — déshonneur, flétrissure, pollution, profanation.

SOÛL, adj. V. Gorgé — enivré, ivre, pris de vin.

SOULAGEMENT, n. m. V. Allégeance.

SOULAGER, v. décharger de quelque soin, diminuer. V. Modérer — subvenir. V. Protéger.

SOÛLANT, adj. rassasiant —

fatigant, lassant. V. Déplaisant.

SOÛLARD, SOÛLAUD, adjectifs. gourmand, ivrogne, sac à vin.

SOÛLER, v. emplir, gorger, rassasier — enivrer, rendre ivre — imprégner, pénétrer, remplir, saturer.

SOULÈVEMENT, n. m. V. Nausée — désobéissance, émotion, mouvement. V. Emeute.

SOULEVER, v. élever un peu, hausser, lever doucement — exciter l'indignation, fâcher, indigner, irriter, mettre en colère, provoquer l'indignation — remuer. V. Révolter.

SOULIER, n. m. chaussure de cuir, escarpin.

SOUMETTRE, v. asservir, assujétir, conquérir, dompter, faire obéir, humilier, maîtriser, mettre sous sa domination, ranger sous sa puissance, réduire à l'obéissance, subjuguer, vaincre.

SE SOUMETTRE, v. acquiescer, céder, consentir, déférer, donner les mains, obéir, obtempérer, plier, se prêter, se ranger sous les lois, se rendre.

SOUMIS, adj. asservi, assujéti, conquis, dompté, forcé à la soumission, humilié, maîtrisé, mis à la raison, rangé sous le joug, réduit à l'obéissance, subjugué, vaincu — humble, résigné, respectueux. V. Souple.

SOUMISSION, n. f. acquiescement, complaisance, condescendance, consentement, déférence, docilité, humilité, obéissance, résignation.

SOUPÇON, n. m. croyance un peu fondée, incertitude, opinion vraisemblable. V. Suspicion.

SOUPÇONNER, v. avoir soupçon, croire sur quelque vraisemblance, entrer en défiance, entrevoir, se défier, se méfier. V. *Conjecturer.*

SOUPÇONNEUX, *adj.* défiant, enclin à soupçonner, méfiant, ombrageux, prenant aisément de l'ombrage, porté à la méfiance, soupçonnant aisément, susceptible d'ombrage.

SOUPE, *n. f.* V. *Potage* — lèche, morceau mince, tranche fort mince de pain.

SOUPÉ, SOUPER, *nn. mm.* réfection, repas du soir.

SOUPESER, *v.* apprécier, conjecturer, deviner, éprouver, essayer, juger de la pesanteur d'un fardeau en le soulevant avec la main.

SOUPIR, *n. m.* haleine longue, respiration forte, souffle — doléance, gémissement, plainte, regret, sanglot — ardeur, désir, empressement, envie, souhait, vœu.

SOUPIRANT, *n. m.* amant, amoureux, galant, prétendant.

SOUPIRER, *v.* faire des soupirs, pousser des soupirs, pousser son haleine à longs traits, respirer fortement — avoir des regrets, déplorer, gémir, sangloter, se lamenter, se plaindre — aspirer après, avoir un désir vif, désirer ardemment, être amoureux, prétendre, rechercher avec empressement.

SOUPLE, *adj.* docile, doux, flexible, maniable, obéissant, soumis — humble, insinuant. V. *Accommodant* — agile, leste, vif.

SOUPLEMENT, *adv.* avec souplesse, complaisamment, d'une manière souple — agilement, lestement, vivement.

SOUPLESSE, *n. f.* complaisance, condescendance, docilité, douceur, facilité, flexibilité — manière leste. V. *Promptitude* — artifice. V. *Dextérité.*

SOUQUENILLE, *n. f.* V. *Sarrau.*

SOURCE, *n. f.* eau qui commence à sourdre, fontaine — cause, commencement, naissance, origine, principe — cause, fondement, mobile, motif, occasion, raison, sujet.

SOURCILLEUX, *adj.* escarpé, élevé, fort haut — dédaigneux. V. *Orgueilleux.*

SOURD, SOURDAUD, *adjectifs.* qui a peine à entendre, qui n'entend qu'avec peine, qui ne peut ouïr — dont le son est obscur, peu éclatant, peu retentissant, peu sonore — caché, détourné, secret — inexorable, inflexible, insensible.

SOURDEMENT, *adj.* à bas bruit, à la sourdine, d'une manière sourde, en secret, sans bruit, sans éclat, secrètement.

A LA SOURDINE, *phr. adv.* V. *Sourdement.*

SOURDRE, *v.* couler, jaillir, naître, sortir.

SOURIRE, *v.* rire gracieusement, légèrement, modestement, sans éclat.

SOURIRE, SOURIS, *nn. mm.* ris gracieux, ris léger, ris modeste, ris qui n'éclate point.

SOURNOIS, *adj.* caché, couvert, dissimulé, morne, pensif, songe-creux.

SOUS, *prép.* au bas, au-dessous, en bas — avec, moyennant.

SOUSCRIPTION, *n. f.* seing, signature — V. *Acquiescement* — cautionnement, garantie, obligation.

SOUSCRIRE, *v.* mettre son seing, signer — adhérer, donner son approbation. V. *Consentir* — s'obliger. V. *Garantir* — assurer, avancer, consigner, fournir d'avance une somme.

SOUS-ENTENDRE, *v.* laisser à suppléer, ne pas exprimer, omettre, passer sous silence, taire.

Sous-entente, n. f. V. Réticence.

Soustraction, n. f. V. Déduction — distraction, divertissement, enlèvement, vol de quelque effet.

Soustraire, v. ôter. V. Défalquer — détourner, distraire, divertir, écarter, emporter, enlever, ravir, voler.

se Soustraire, v. V. se Dérober.

Soute, n. f. compensation, dédommagement, retour, supplément pour égaliser les lots de partage — apurement, arrêté de compte, clôture d'un compte, paiement final d'un compte, solde.

Soutenable, adj. admissible, paroissant fondé, pertinent, présentable, probable, proposable, qu'on peut soutenir, recevable, vraisemblable — passable, supportable, tolérable.

Soutenir, v. affermir. V. Arcbouter — résister, s'opposer, tenir ferme — V. Protéger — conserver, entretenir, fournir aux frais, maintenir — affirmer, assurer, attester, défendre — animer, encourager, inspirer du courage — conforter, corroborer, donner de la force, sustenter.

Souterrain, adj. caché sous terre, venant de dessous terre — V. Caché.

Souterrain, n. m. cave, galerie sous terre, mine, retraite sous terre, terrier — menée sourde, moyen mystérieux, pratique secrète, voie cachée.

Soutien, n. m. jambe de force. V. Étrésillon — base, colonne, fondement, pilier, poteau — aide, appui, défense, protection.

Soutirer, v. V. Survider.

se Souvenir, v. avoir mémoire, se rappeler, se remettre dans l'esprit, se ressouvenir.

Souvenir, n. m. V. Ressouvenir.

Souvent, adj. fréquemment, maintes fois, plusieurs fois.

Souverain, adj. supérieur, suprême, très grand, très haut — complet, parfait, spécifique, très bon, très excellent — absolu, indépendant.

Souverain, n. m. monarque, prince indépendant, roi.

Souverainement, adv. absolument, d'une manière souveraine, indépendamment — en dernier ressort, sans appel — au dernier degré, au dernier point, au suprême degré — complètement, excellemment, extrêmement, parfaitement.

Souveraineté, n. f. autorité absolue, autorité souveraine, autorité suprême, puissance absolue, puissance indépendante, puissance souveraine — contrée, état, étendue, pays possédé en toute souveraineté.

Spacieusement, adv. amplement, au large, d'une manière spacieuse, en grand espace, grandement, largement.

Spacieux, adj. large. V. Vaste.

Spadassin, n. m. V. Bretteur, acédémone. habitant de de Lacéde, Lacédémonien.

V. Convulsion, adj. V. Con-

ial, adj. V. Caractéristique — notable, principal, remarquable.

Spécialement, adv. déterminément, d'une manière spéciale, en particulier, par essence, par nature, particuliè-

rement, proprement—notam-
ment, principalement, sur tout,
sur toutes choses.

Spécieusement, *adv.* avec apparence de vérité, avec un fondement apparent, d'une manière spécieuse, plausiblement.

Spécieux, *adj.* apparent, artificieux, captieux, éblouissant,
imposant, insidieux, plausible,
séduisant, vraisemblable.

Spécification, *n. f.* **V.** *Désignation* —**V.** *Dénombrement.*

Spécifier, *v.* déterminer. **V.**
Dénoter—caractériser, déterminer, distinguer, fixer, marquer
l'espèce. **V.** *Particulariser.*

Spécifique, *adj.* appartenant
à l'espèce, caractéristique de
l'espèce, concernant l'espèce,
constitutif de l'espèce, distinctif de l'espèce, propre de l'espèce — **V.** *Efficace.*

Spécifiquement, *adv.* avantageusement, convenablement,
d'une manière spécifique, efficacement, fructueusement, salutairement, souverainement,
utilement — déterminément,
d'une manière spéciale, proprement, spécialement.

Spectacle, *n. m.* objet extraordinaire, qui arrête la vue,
qui attire les regards, qui fixe
l'attention, qui met l'âme en
mouvement—action publique,
cérémonie publique — drame,
jeux publics, représentation
théâtrale, scène, théâtre.

Spectateur, *n. m.* assistant,
observateur, présent, témoin.

Spectre, *n. m.* apparition
illusoire, image vaine, simulacre, vision. **V.** *Larves.*

Spéculateur, *n. m.* contemplateur, observateur.

Spéculatif, *adj.* accoutumé
à spéculer, aimant à spéculer,
contemplatif, méditatif—consistant en spéculation, théori-

que—discutant les affaires publiques, méditant les matières
politiques, raisonnant sur les
affaires d'état.

Spéculation, *n. f.* attention,
considération, contemplation,
examen, méditation, réflexion
— théorie.

Spéculer, *v.* considérer, contempler, examiner attentivement, méditer, observer, réfléchir.

Sphère, *n. f.* boule, globe,
orbe — étendue d'autorité, de
capacité, de connoissance, de
force, de génie, de pouvoir,
de talent, d'intelligence.

Sphéricité, *n. f.* **V.** *Rondeur.*

Sphérique, *adj.* **V.** *Circulaire.*

Sphériquement, *adv.* d'une
manière sphérique, en forme
sphérique, en rondeur, orbiculairement.

Spinosisme, *n. m.* doctrine,
secte de Spinosa — athéisme,
matérialisme.

Spinosiste, *n. m.* disciple,
sectateur de Spinosa — athée,
matérialiste.

Spiritualiser, *v.* donner un
sens spirituel, interpréter mystiquement— dégager. **V.** *Raffiner.*

Spiritualité, *n. f.* **V.** *Mysticité.*

Spirituel, *adj.* angélique,
dégagé de la matière, immatériel, incorporel. **V.** *Ingénieux.*

Spirituellement, *adv.* **V.** *Ingénieusement*—en esprit, en intention.

Spirituaux, *adj.* plein d'esprits, pénétrant, subtil, volatil.

Splendeur, *n. f.* lustre. **V.**
Clarté — **V.** *Somptuosité.*

Splendide, *adj.* lumineux. **V.**
Étincelant — **V.** *Pompeux.*

Splendidement, *adv.* avec apparat, avec éclat, d'une ma-

nière splendide, fastueusement, magnifiquement , pompeusement , somptueusement, superbement.

SPOLIATEUR , n. m. pilleur, ravisseur , voleur.

SPOLIATION , n. f. V. *Pillage.*

SPOLIER , v. dépouiller, détrousser , dévaliser , enlever , piller , ravir , voler.

SPONGIEUX , adj. poreux, qui est de la nature de l'éponge , semblable à l'éponge.

SPONTANÉ , adj. fait volontairement , libre , volontaire.

SPONTANÉITÉ , n. f. détermination volontaire, liberté, mouvement volontaire.

SPONTANÉMENT , adv. de soi-même , de son plein gré , de son propre mouvement , d'une manière spontanée, librement, naturellement , par sa propre détermination, sans effort, sans impulsion extérieure, sans violence.

SPONTON , n. m. V. *Esponton.*

SPUTATION , n. f. V. *Crachement.*

SQUAMMEUX , adj. couvert d'écailles, écailleux.

SQUELETTE, n. f. cadavre décharné, carcasse — personne décharnée. V. *Maigre.*

SQUIRRE , n. m. callosité, carnosité, excroissance charnue, loupe , polype , tumeur dure.

STABILITÉ , n. f. certitude, consistance, constance, dureté, fermeté , immobilité , immutabilité , indéfectibilité , invariabilité, permanence, perpétuité, persévérance , solidité.

STABLE, adj. assuré, constant, durable, ferme, fixe, immobile, immuable , indéfectible , inébranlable , perdurable , permanent , perpétuel , persévérant , solide.

STADE , n. m. carrière, cir-

que, lice, lieu d'exercice, place où les Grecs s'exerçoient à la course — mesure itinéraire de 125 toises, de 150 pas géométriques , de 750 pieds.

STAGNANT , adj. arrêté, dont le cours est suspendu , immobile , qui ne circule point , qui ne coule point, semblable aux eaux d'un étang.

STANCE , n. f. V. *Couplet.*

STANTÉ , adj. fini difficilement , où le travail se fait trop sentir , peiné , peint laborieusement , travaillé péniblement.

STATION , n. f. demeure de peu de durée, pause, repos — lieu de repos, lieu d'observation.

STATUAIRE , n. m. artiste, ouvrier, sculpteur qui fait des statues.

STATUER , v. arrêter , décerner , définir , déterminer , établir , fixer , ordonner , prescrire , prononcer , régler.

STATURE , n. f. corpulence , figure , forme , grandeur, grosseur , hauteur , port , taille.

STATUT , n. m. arrêté, constitution , décret , définition , détermination , discipline , disposition , établissement , loi , maxime , ordonnance , ordre , précepte , règle , règlement.

STELLIONAT , n. m. crime de faux, dans une vente , vente de l'héritage d'autrui , vente faussement affirmée franche de toute hypothèque , vente frauduleuse.

STELLIONATAIRE , adj. coupable de faux, de fraude, de stellionat dans une vente.

STÉRILE , adj. V. *Infécond.*

STÉRILEMENT , adv. V. *Infructueusement.*

STÉRILITÉ , n. f. V. *Infécondité.*

STIGMATES , n. m. pl. emprein

tes, impressions, indices, marques, traces.

STIGMATISER, v. donner des stigmates, empreindre des marques, faire des stigmates, imprimer des stigmates, marquer de stigmates, tracer des stigmates.

STILLATION, n. f. écoulement lent, émission goutte à goutte, flux insensible.

STIMULANT, adj. qui excite, qui ranime, qui réveille — lancinant, piquant, poignant.

STIMULER, v. agacer, aiguillonner, animer, échauffer, émoustiller, émouvoir, encourager, enhardir, éperonner, exciter, exhorter, faire des instances, inciter, inviter, piquer, pousser, presser, provoquer, ranimer le courage, réveiller le zèle.

STIPENDIAIRE, adj. entretenu, gagé, payé, qui est à la solde, qui est aux gages de quelqu'un, recevant une solde, soudoyé, stipendié.

STIPENDIER, v. entretenir, gager, payer, soudoyer, tenir à sa solde.

STIPULATION, n. f. demande, proposition, réquisition — accord, clause, condition, contrat, convention, engagement, promesse.

STIPULER, v. demander, exiger, proposer, requérir — accorder, consentir, définir. V. Traiter.

STOÏCIEN, adj. disciple de Zénon, élève du portique, sectateur de Zénon — V. Stoïque.

STOÏCISME, n. m. V. Apathie — austérité, rigidité, sévérité.

STOÏQUE, adj. imitant les stoïciens. V. Apathique — austère, constant, courageux, ferme, imperturbable, rigide, sévère, stoïcien.

STOÏQUEMENT, adj. à la manière des stoïciens, avec fermeté, constamment, courageusement, d'une manière stoïque, en stoïcien, fermement, imperturbablement, paisiblement, sans émotion, sans trouble, tranquillement — austèrement, rigidement, sévèrement.

STOMACAL, adj. bon pour l'estomac. V. Cordial.

STOMACHIQUE, adj. appartenant à l'estomac, concernant l'estomac, propre de l'estomac, relatif à l'estomac — V. Stomacal.

STRAPASSONNER, v. croquer, dessiner grossièrement, ébaucher mal, peindre grossièrement.

STRAPONTIN, n. m. banc, siége, tabouret — branle, hamac, lit suspendu.

STRATAGÈME, n. m. piége, subtilité. V. Supercherie.

STRICT, adj. étroit, resserré, rigoureux.

STRICTEMENT, adv. à la rigueur, d'une manière stricte, précisément, ric à ric, rigoureusement.

STRIÉ, adj. V. Cannelé.

STRIE, STRIURE, nn. ff. V. Cannelure.

STROPHE, n. f. V. Couplet.

STRUCTURE, n. f. bâtisse. V. Construction, assemblage, composition, économie. V. Arrangement.

STUDIEUSEMENT, adv. attentivement, avec application, avec étude, avec recherche, d'une manière studieuse, exactement, rigoureusement, scrupuleusement, soigneusement.

STUDIEUX, adj. aimant l'étude, appliqué, attentif, livré à l'étude, désireux d'apprendre, occupé de l'étude.

STUPÉFACTION, STUPEUR, *nn. ff.* assoupissement, diminution de sentiment, engourdissement — V. *Saisissement.*.

STUPÉFAIT, *adj.* ébranlé, ému, étonné, étourdi, frappé vivement, interdit, saisi, stupéfié, surpris.

STUPÉFIER, *v.* assoupir, émousser le sentiment, engourdir — ébranler, émouvoir, étonner, étourdir, frapper vivement, interdire, saisir, surprendre.

STUPIDE, *adj.* V. *Butor.*

STUPIDEMENT, *adv.* bêtement, d'une manière stupide, imbécilement, niaisement, pesamment, sottement.

STUPIDITÉ, *n. f.* balourdise, bêtise, butorderie, imbécillité, pesanteur d'esprit.

STYLE, *n. m.* aiguille, poinçon, pointe pour écrire sur des tablettes — aiguille de cadran — V. *Elocution* — forme, formule, méthode, usage ordinaire.

STYLER, *v.* V. *façonner.*

STYLET, *n. m.* dague, poignard.

STYPTIQUE, *adj.* arrêtant, astringent, constipant, constringent, resserrant, restringent, systaltique.

SUAIRE, *n. m.* drap, enveloppe, linceul, linge dans lequel on ensevelit un mort.

SUANT, *adj.* baigné, couvert, inondé, nageant, trempé de sueur.

SUAVE, *adj.* agréable, balsamique, charmant, délicieux, doux, embaumant.

SUAVITÉ, *n. f.* agrément, charme, douceur—consolation, contentement, délices, joie, paix, satisfaction dont jouit une âme favorisée de Dieu.

SUBALTERNE, *adj.* assujéti,

dépendant, inférieur, subordonné, sujet.

SUBHASTATION, *n. f.* V. *Encan.*

SUBIR, *v.* supporter — V. *Souffrir.* acquiescer, consentir, obéir, se soumettre.

SUBIT, *adj.* soudain. V. *Inespéré.*

SUBITEMENT, *adv.* à l'improviste, d'une manière subite, inespérément, inopinément, promptement, soudain, soudainement, sur-le-champ, tout-à-coup, tout d'un coup.

SUBJUGUER, *v.* V. *Soumettre.* mettre sous le joug, réduire en sujétion.

SUBLIME, *adj.* excellent, haut magnifique, relevé. V. *Majestueux.*

SUBLIMEMENT, *adv.* avec sublimité, d'une manière sublime, relevée, excellemment, grandement, hautement, magnifiquement, noblement.

SUBLIMITÉ, *n. f.* élévation, éminence, excellence, grandeur, hauteur, magnificence, noblesse.

SUBMERGER, *v.* couvrir d'eau, inonder, noyer — couler à fond, enfoncer dans l'eau, jeter au fond de l'eau, plonger.

SUBMERSION, *n. f.* crue considérable, débord, débordement, inondation.

SUBORDINATION, *n. f.* gradation de rangs—assujétissement, soumission. V. *Dépendance.*

SUBORDONNÉMENT, *adv.* avec dépendance, en sous-ordre.

SUBORDONNER, *v.* assujétir, faire dépendre, mettre aux ordres de, soumettre.

SUBORNATION, *n. f.* corruption, instigation, séduction.

SUBORNER, *v.* abuser, instiguer. V. *Pervertir.*

SUBORNEUR, *n. m.* V. *Séducteur.*

Subrécot, n. m. V. Supplément.

Subreptice, adj. obtenu, surpris par un exposé faux.

Subrepticement, adv. d'une manière subreptice, frauduleusement, en fraude, par fraude, par subreption, par un exposé faux.

Subreption, n. f. exposé faux, fraude, mensonge, surprise.

Subrogation, n. f. autorisation, désignation, nomination de l'un en la place de l'autre, substitution.

Subroger, v. autoriser, désigner, mettre, nommer l'un en la place de l'autre, substituer.

Subséquemment, adv. V. Postérieurement.

Subséquent, adj. V. Postérieur.

Subside, n. m. secours d'argent. V. Tribut.

Subsidiaire, adj. V. Auxiliaire — V. Secondaire.

Subsidiairement, adv. au défaut du premier, cumulativement, d'une manière subsidiaire, en second lieu, par surabondance de droit, par surérogation, surabondamment.

Subsistance, n. f. entretènement, entretien, fourniture d'aliments, nourriture.

Subsister, v. continuer d'être, durer, exister encore, tenir bon — conserver sa vigueur, demeurer en force, ne point changer, persister, tenir — avoir sa subsistance, s'entretenir, se soutenir, vivre.

Substance, n. f. être existant en soi, être réel — essence, quintessence, suc — le fin, le fond, le principal, l'esprit d'une chose ou d'un discours — V. Compendium — corps, matière — bien, revenu, richesse, subsistance.

en Substance, phr. adv. V. Sommairement.

Substantiel, adj. V. Alimenteux — capital, essentiel, fondamental, principal — V. Sommaire, adj.

Substantiellement, adv. essentiellement, réellement —V. Sommairement.

Substituer, v. V. Subroger.

Substitution, n. f. V. Subrogation.

Subterfuge, n. m. V. Faux-fuyant.

Subtil, adj. délicat, grêle. V. Effilé — clairvoyant, raffiné, rusé, spirituel. V. Habile.

Subtilement, adv. adroitement, avec clairvoyance, avec intelligence, avec pénétration, d'une manière rusée, d'une manière subtile, finement, habilement, ingénieusement, spirituellement.

Subtiliser, v. aiguiser, amenuiser, amincir, rendre délié, rendre menu, rendre mince, rendre pénétrant —V. Raffiner, 2. div.

Subtilité, n. f. clairvoyance, délicatesse, intelligence, pénétration, raffinement. V. Dextérité.

Subvenir, v. V. Secourir — approvisionner, entretenir, fournir, garnir, munir — être suffisant, pourvoir à, suffire.

Subvention, n. f. V. Subside.

Subversion, n. f. perte. V. Renversement.

Subvertir, v. bouleverser, déranger, intervertir. V. Ruiner.

Suc, n. m. V. Sève.

Succéder, v. suivre, venir après — hériter, recueillir une succession — être subrogé, être substitué, prendre la place d'un autre, remplacer — avoir du succès, être avantageux, être favorable, prospérer, tourner à bien.

Succès, n. m. conclusion, évènement final. V. *Réussite.*

Successeur, n. m. celui qui recueille la succession, qui prend la place vacante, qui remplace, qui suit, qui vient après.

Successif, adj. consécutif, continu, graduel, progressif.

Succession, n. f. chaîne, enchaînement, gradation, liaison, ordre, progression, série, suite — hérédité, héritage, hoirie.

Successivement, adv. à la file, consécutivement, de suite, d'une manière successive, l'un après l'autre, par ordre, progressivement, tour à tour.

Succinct, adj. court. V. *Concis* — frugal, léger, médiocre, mesquin, modique.

Succinctement, adv. brièvement, d'une manière succincte, en peu de mots — frugalement, légèrement, médiocrement, mesquinement, modiquement.

Succion, n. f. Sucement, n. m. expression, extraction avec les lèvres.

Succomber, v. céder, foiblir, mollir, ne pas résister, tomber dessous — être accablé, surchargé, surmonté, terrassé, vaincu.

Succulent, adj. V. *Alimenteux.*

Sucer, v. exprimer, extraire, téter, tirer le suc avec les lèvres.

Sucrer, v. assaisonner, imprégner, poudrer de sucre.

Sucreries, n. f. pl. V. *Bonbons.*

Sud, n. m. côté méridional, midi, pôle austral, région aus-trale, pays méridional, terre australe.

Sudorifère, Sudorifique, adjectifs. diaphorétique, hydrotique, qui fait suer, qui fait transpirer, qui provoque la sueur.

Sue, n. f. effroi subit, inquiétude soudaine, terreur soudaine.

Suer, v. transpirer — avoir de la peine, faire avec peine, opérer difficilement, se fatiguer, travailler fort.

Sueur, n. f. V. *Diaphorèse* — fatigue, peine, travail.

Suffire, v. être assez ample, assez étendu, assez fort, assez grand, assez nombreux, suffisant — pouvoir fournir, pouvoir satisfaire, pouvoir subvenir.

Suffisamment, adv. assez, à suffisance, autant qu'il faut, d'une manière suffisante.

Suffisance, n. f. assez, ce qui suffit, quantité suffisante — aptitude, disposition — V. *Habileté* — V. *Arrogance.*

Suffisant, adj. assez ample, assez étendu, assez fort, assez grand, assez nombreux, qui suffit — apte, capable, convenable, entendu, habile, pourvu de disposition, pourvu de talent — V. *Arrogant.*

Suffocátion, n. f. V. *Oppression.*

Suffoquer, v. étouffer, oppresser.

Suffragant, adj. coadjuteur, dépendant, subordonné.

Suffrage, n. m. avis, opinion, sentiment, voix — oraison, prière — acquiescement, agrément, approbation, autorisation, aveu, confirmation, consentement, éloge, ratification.

Suffumigation, n. f. V. *Fumigation.*

Surfusion, n. f. écoulement, effusion, épanchement entre cuir et chair.

Suggérer, v. couler, faire naître l'idée, glisser. V. *Instiguer*.

Suggestion, n. f. persuasion. V. *Insinuation*.

Suicide, n. m. assassin de soi-même, homicide de soi-même; meurtrier de soi-même—assassinat, homicide, meurtre de soi-même.

Suinter, v. couler goutte à goutte, filer insensiblement, pénétrer les pores, percer, s'écouler par gouttes.

Suite, n. f. V. *Conséquence*. continuation, continuité, progression, série, succession — connexion, connexité, enchaînement, enchaînure, liaison, ordre—V. *Cortége*.

De Suite, phr. adv. continûment, l'un après l'autre, sans interruption, sans intervalle, sans lacune — dans l'arrangement convenable, dans l'ordre requis, en ordre, en rang.

En Suite, phr. adv. après, après cela, depuis—à l'avenir, dans la suite, désormais, dorénavant, par la suite.

Suivant, adj. qui est après, qui suit, qui vient après, subséquent.

Suivant, prép. V. *Selon*.

Suivante, n. f. V. *Soubrette*.

Suivre, v. accompagner, aller à la suite, escorter, faire cortége—succéder, venir après — embrasser un parti, prendre un parti, tenir une route—avancer, continuer, ne pas démordre, persévérer, persister, poursuivre—s'adonner, s'appliquer, s'attacher, se livrer, s'occuper, — imiter, marcher sur les traces, prendre pour modèle, se conformer à, se modeler sur—V. *Observer*, 2ᵉ div.

Sujet, n. m. cause, fondement, motif, occasion, origine, principe, raison. V. *Source*, en entier—matière, objet.

Sujet, adj. asservi, assujéti, dépendant, inférieur, soumis, subordonné, vassal — asservissant, assujétissant, contraignant, gênant, imposant une obligation étroite, incommode, tenant en sujétion—accoutumé, adonné, disposé, enclin, exposé, habitué, porté à—obligé, redevable — capable, habile, propre, susceptible.

Sujétion, n. f. infériorité, subordination, vassalité. V. *Assujétissement*—contrainte, gêne, obligation, servitude.

Sulfureux, adj. ayant le goût du soufre, participant de la nature du soufre, semblable au soufre, sentant le soufre, tenant de la nature du soufre.

Sultan, n. m. le grand-seigneur, l'empereur turc—despote, maître, prince, seigneur.

Superbe, adj. V. *Altier* — V. *Somptueux*.

Superbe, n. f. V. *Orgueil*.

Superbement, adv. V. *Orgueilleusement*—V. *Somptueusement*.

Supercherie, n. f. adresse insidieuse, artifice, astuce, déception, filouterie, finesse, fourbe, fourberie, fraude, friponnerie, mauvaise foi, ruse, stratagème, surprise, tour d'adresse, tricherie, tromperie.

Superficie, n. f. dehors, dessus, extérieur, surface — connoissance légère, notion imparfaite, teinture légère.

Superficiel, adj. apparent, extérieur, ne tenant qu'à la superficie, peu profond—effleuré, envisagé légèrement, léger, mince, non approfondi—connoissant légèrement, instruit imparfaitement, n'ayant qu'une

teinture légère, ne sachant rien
à fond.

SUPERFICIELLEMENT, adv. d'une
manière superficielle, extérieurement, légèrement, sans pénétrer—d'une manière effleurée,
légèrement, sans aller au fond,
sans approfondir.

SUPERFLU, adj. inutile, de
trop. V. Surabondant.

SUPERFLU, n. m. SUPERFLUITÉ,
n. f. ce qui est au-delà du nécessaire, ce qui est de trop, excédant, excès, inutilité, prodigalité, profusion, rédondance, surabondance, trop.

SUPÉRIEUR, adj. monté plus
haut, plus élevé, plus exhaussé,
plus haut, porté plus haut —
élevé, éminent, excellent, grand,
illustre, insigne, sublime,
suréminent, transcendant.

SUPÉRIEUR, n. m. administrateur; capitaine, chef, commandant, conducteur, directeur, général, ordonnateur,
président.

SUPÉRIEUREMENT, adv. à un
degré éminent, à un degré supérieur, avec avantage, d'une
manière élevée, insigne, sublime, supérieure, d'une manière
suréminente, d'une manière
transcendante, excellemment,
sublimement.

SUPÉRIORITÉ, n. f. V. Transcendance—autorité, commandement, direction, présidence,
puissance.

SUPERPURGATION, n. f. purgation démesurée, excessive, ex-
orbitante, immodérée, outrée,
trop abondante.

SUPERSTITIEUSEMENT, adj. avec
superstition, d'une manière su-
perstitieuse—avec excès, indiscrètement, minutieusement,
trop scrupuleusement.

SUPERSTITIEUX, adj. dévot à
outrance, faux dévot, indis-

crètement crédule—attentif à
des minuties, exact à l'excès,
minutieux, trop scrupuleux.

SUPERSTITION, n. f. croyance
méticuleuse, culte indiscret,
dévotion excessive, piété mal
réglée, scrupule outré—attention excessive, circonspection
minutieuse, exactitude outrée,
ponctualité scrupuleuse.

SUPPLANTER, v. donner le croc
en jambe, prendre la place de
quelqu'un, se mettre à sa place.

SUPPLÉER, v. ajouter ce qui
manque, compléter, fournir le
surplus, mettre le surplus, parfaire, remplacer, remplir le
vide, rendre complet, réparer
le manquement.

SUPPLÉMENT, n. m. accroissement, addition, augmentation,
excédant, par-dessus, remplacement de ce qui manque, surcroît, surérogation, surplus.

SUPPLICATION, n. f. instance.
V. Demande.

SUPPLICE, n. m. châtiment,
peine, punition, torture. V.
Douleur—fatigue. V. Inquiétude.

SUPPLICIER, v. faire souffrir un
supplice, mettre à la torture,
punir de mort.

SUPPLIER, v. demander in-
stamment, faire des instances,
invoquer ardemment, prier,
requérir, solliciter.

SUPPLIQUE, n. f. mémoire,
placet, requête.

SUPPORT, n. m. jambe de
force. V. Etrésillon — secours.
V. Protection.

SUPPORTABLE, adj. admissible,
assez bon, passable, tolérable
—digne d'excuse, excusable,
pardonnable.

SUPPORTABLEMENT, adv. assez
bien, d'une manière supportable, passablement, tolérablement.

SUPPORTER, v. V. Arc-bouter

—endurer, pâtir, souffrir, tolérer. V. *Protéger.*

Supposer, *v.* V. *Controuver* — admettre comme vrai, mettre en hypothèse, poser comme principe.

Supposition, *n. f.* hypothèse, principe hypothétique— fausse allégation, fausse citation, fiction. V. *Imposture.*

Suppôt, *n. m.* adhérent, complice, confident, défenseur, fauteur, participant, partisan, protecteur, sectateur.

Suppression, *n. f.* V. *Résiliation*—omission, retentum, réticence, silence — ellipse, retranchement, sous-entente — défaut d'évacuation, opilation, obstruction.

Supprimer, *v.* V. *Résilier* — négliger, ne pas faire mention, omettre, passer, passer sous silence, se taire sur, taire — arrêter le débit, cacher, condamner à l'oubli, défendre la publication, dérober à la connoissance, soustraire à la connoissance.

Suppuratif, *adj.* aidant à suppurer, attirant le pus au dehors, facilitant la suppuration.

Suppuration, *n. f.* écoulement, flux, formation du pus, sortie du pus.

Suppurer, *v.* jeter du pus, rendre du pus, tourner en suppuration.

Supputation, *n. f.* calcul, combinaison, comparaison, compte.

Supputer, *v.* calculer, chiffrer, combiner, comparer, compter, nombrer.

Suprême, *adj.* le plus élevé, le plus éminent, le plus haut, souverain, supérieur, suréminent, très grand.

Sur, *prép.* au-dessus, dessus, par-dessus—à l'égard de, au sujet de, concernant, de, pour, quant à, relativement à, touchant.

Sur, *adj.* acide, aigre, aigrelet, aigret, piquant—qui ne peut manquer. V. *Incontestable* —irrévocable. V. *Stable.*

Surabondamment, *adv.* avec profusion, cumulativement, d'une manière surabondante, excessivement, plus que suffisamment, prodigalement.

Surabondance, *n. f.* V. *Rédondance.*

Surabondant, *adj.* cumulatif, excédant, excessif, plus que suffisant, rédondant, superflu, surérogatoire.

Surabonder, *v.* abonder excessivement, être en grande abondance, être de trop, excéder, rédonder.

Suranné, *adj.* ancien. V. *Vieilli.*

Surbaissé, *adj.* abaissé, baissé, rabaissé par le milieu.

Surcharge, *n. f.* augmentation de charge, charge ajoutée à une autre—charge excessive, fardeau trop pesant, poids trop lourd — surcroît, surtaux.

Surcharger, *v.* charger trop, donner une charge excessive, écraser sous le poids, imposer un trop grand fardeau. V. *Rançonner.*

Surcroît, *n. m.* V. *Supplément.*

Surdité, *n. f.* dureté d'oreille, perte de l'ouïe.

Sûrement, *adv.* V. *Certainement*—V. *Solidement*—avec assurance, avec sûreté, d'une manière sûre, en sûreté.

Surérogation, *n. f.* V. *Supplément.*

Surérogatoire, *adj.* V. *Surabondant.*

Suret, *adj.* acidule, aigrelet, aigret, un peu sur.

SÛRETÉ, *n. f.* assurance, caution, cautionnement, gage, garantie, hypothèque, nantissement—mesures, moyens prémédités, précaution, préservatif—abri, asile, lieu de franchise, port., refuge — passeport, sauf-conduit, sauve-garde — consistance, fermeté, solidité, stabilité.

SURFACE, *n. f.* V. *Superficie.*

SURFAIRE, SURHAUSSER, *v.* mettre à trop haut prix, surtaxer, survendre, taxer trop haut. V. *Survendre* — ajouter, amplifier, enfler, exagérer, renchérir.

SURGEON, *n. m.* V. *Rejeton.*

SURHAUSSEMENT, *n. m.* augmentation de prix, enchérissement, renchérissement, survente, vente à trop haut prix.

SURHUMAIN, *adj.* passant les forces de l'homme, plus qu'humain, qui est au-dessus de l'homme, supérieur aux forces de l'homme, surnaturel.

SURINTENDANCE, *n. f.* administration suprême, direction générale, inspection universelle, intendance supérieure.

SURINTENDANT, *n. m.* administrateur suprême, directeur général, inspecteur universel, intendant supérieur.

SURLENDEMAIN, *n. m.* le jour d'après le lendemain, le second jour d'après.

SURMENER, *v.* V. *Estrapasser.*

SURMONTER, *v.* monter, s'élever, se mettre, se porter au-dessus — être supérieur, prendre le dessus, surpasser. V. *Vaincre.*

SURNAGER, *v.* aller, être porté, flotter, nager, soutenir sur une liqueur.

SURNATUREL, *adj.* V. *Surhumain*—admirable, divin, extraordinaire, merveilleux, miraculeux, prodigieux, surprenant.

SURNATURELLEMENT, *adv.* admirablement, d'une manière surhumaine, d'une manière surnaturelle, extraordinairement, merveilleusement, miraculeusement, par miracle, prodigieusement.

SURNOM, *n. m.* dénomination ajoutée, épithète, nom qualificatif, qualification, sobriquet — nom de famille, nom de la maison dont on est.

SURNOMMER, *v.* ajouter un second nom au premier, distinguer par un nouveau nom, donner une épithète caractéristique, donner un sobriquet.

SURPASSER, *v.* V. *Surmonter.*

SURPAYER, *v.* payer au-delà de la juste valeur, excessivement, exorbitamment, plus qu'il ne faut, trop chèrement.

SURPEAU, *n. f.* V. *Epiderme.*

SURPLOMBER, *v.* décliner, déverser, être hors de l'aplomb, incliner, n'être pas d'aplomb, pencher.

SURPLUS, *n. m.* V. *Supplément.*

AU SURPLUS, *phr. adv.* V. *au Reste.*

SURPRENANT, *adj.* inouï, insolite. V. *Prodigieux.*

SURPRENDRE, *v.* causer de l'étonnement, épouvanter, jeter dans l'admiration. V. *Démonter* 4. div — attraper, prendre, saisir, trouver sur le fait — avoir, enlever, intercepter, obtenir, prendre furtivement — prendre à l'imprévu, prendre au dépourvu, survenir à l'improviste — V. *Décevoir.*

SURPRISE, *n. f.* admiration, enchantement, épouvante, étonnement, saisissement, trouble — action surprenante, évènement imprévu, fait inattendu — V. *Déception.*

SURSAUT, *n. m.* émotion imprévue, mouvement inattendu , réveil subit , sensation soudaine , surprise vive , trouble soudain.

SURSÉANCE, n. f. SURSIS, n. m. délai, prolongation , prorogation, remise, suspension, temps prolongé , terme reculé.

SURSEOIR , v. différer, discontinuer , interrompre, proroger, remettre à un autre temps, retarder, suspendre, traîner en longueur.

SURTAUX , n. m. impôt trop fort , surcharge, surcroît accablant , taux exorbitant , taxe onéreuse.

SURTOUT , phr. adverb. avant tout, de préférence. V. Particulièrement, 2. div.

SURTOUT , n. m. casaque, frac, habit de dessus , justaucorps fort large , redingote.

SURVEILLANT , n. m. conducteur, directeur, examinateur , explorateur , gardien , gouverneur , inspecteur , intendant, observateur.

SURVEILLER , v. conduire , diriger , examiner , garder , gouverner , inspecter , observer soigneusement , prendre garde de près, veiller.

SURVENANCE, n. f. apparition inattendue, arrivée imprévue — arrivée de surcroît, arrivée soudaine, surprise.

SURVENDRE, v. enchérir à l'excès , exiger plus que la juste valeur , surfaire , surhausser, vendre plus que la chose ne vaut , vendre trop cher.

SURVENIR , v. arriver à l'imprévu, arriver de surcroît, arriver inopinément, surprendre.

SURVENTE, n. f. V. Surhaussement.

SURVIDER , v. désemplir un vase ou un sac, enlever, extraire , ôter , soutirer , tirer , transvaser le trop d'un vase ou d'un sac dans un autre.

SURVIVANCE, n. f. coadjutorerie, droit , faculté , pouvoir de succéder à quelqu'un dans sa charge après sa mort, succession assurée.

SURVIVANCIER, n. m. pourvu en survivance. V. Coadjuteur.

EN SUS , phr. adv. au-dessus , de plus, en augmentation, en outre, par-dessus , par surcroît.

SUS , interj. alerte, çà , courage, preste, presto, vite.

SUSCEPTIBLE , adj. capable , habile , propre , sujet — aisé à émouvoir , délicat , sensible.

SUSCEPTION, n. f. V. Réception. 2. div.

SUSCITATION, n. f. V. Excitation.

SUSCITER, v. faire naître, faire paroître , faire venir , mettre en avant, produire — animer, persuader. V. Instiguer.

SUSCRIPTION, n. f. adresse , dessus d'une lettre, titre.

SUSPECT, adj. dangereux, dont il faut se défier, dont on n'est pas sûr, douteux, équivoque, incertain, peu assuré , soupçonné , sujet à caution.

SUSPENDRE, v. attacher, élever, pendre, soutenir en l'air. V. Surseoir—interdire.

SUSPENS, adj. interdit, suspendu de ses fonctions.

EN SUSPENS, phr. adv. dans le doute, dans l'incertitude, dans l'indécision , dans l'indétermination, sans savoir à quoi s'en tenir, sans savoir quel parti prendre.

SUSPENSE, n. f. V. Interdit.

SUSPENSION , n. f. V. Surséance —V. Interdit—V. Sustentation, 2. div.

SUSPICION, n. f. conjecture , défiance , doute , méfiance , soupçon.

SUSTENTATION, n. f. aliment,

entretien , nourriture — figure d'élocution qui tient les auditeurs en suspens, suspension.

SUSTENTER, v. V. Nourrir.

SUTURE, n. f. engrenage, insertion , joint, jointure. V. Encastillement — cicatrice , couture, rapprochement, réunion.

SUZERAIN , adj. V. Dominant.

SUZERAINETÉ , n. f. V. Domination.

SVELTE , adj. léger. V. Effilé.

SYCOPHANTE, n. m. calomniateur, coquin, délateur, faussaire, fripon , imposteur, médisant , menteur, trompeur.

SYLLABIQUE, adj. appartenant aux syllabes, concernant les syllabes, propre des syllabes, relatif aux syllabes.

SYLPHE , n. m. SYLPHIDE, n. f. démon, esprit, génie élémentaire de l'air.

SYLVAIN, n. m. dieu champêtre, divinité des bois, faune.

SYMBOLE, n. m. allégorie, emblème, figure, image, représentation, signe, type—abrégé des dogmes de la foi, confession de foi , Credo, formulaire contenant les articles fondamentaux de la foi.

SYMBOLIQUE , adj. allégorique, emblématique, figuratif, représentatif, ressemblant, significatif, typique.

SYMBOLISER , v. avoir de la conformité, avoir de l'analogie, avoir de la ressemblance, avoir du rapport, cadrer, convenir, ressembler , sympathiser.

SYMÉTRIE , n. f. correspondance. V. Analogie — régularité , uniformité. V. Économie.

SYMÉTRIQUE , adj. bien arrangé , compassé, correspondant, distribué exactement, ordonné régulièrement , proportionné, régulier, uniforme.

SYMÉTRIQUEMENT , adv. avec

conformité , avec symétrie , d'une manière symétrique, en symétrie , proportionnément , régulièrement, uniformément.

SYMÉTRISER, v. être bien distribué, être en correspondance, faire symétrie, se correspondre.

SYMPATHIE , n. f. analogie de goûts, conformité de penchants, convenance, identité d'inclination , rapport d'humeurs , ressemblance de dispositions.

SYMPATHIQUE, adj. appartenant à la sympathie, dépendant de la sympathie, établissant, produisant la sympathie, relatif à la sympathie, résultant, tenant de la sympathie — ressemblant. V. Analogue.

SYMPATHISER , v. avoir de la sympathie, convenir, être analogue, être conforme, s'accorder, se rapporter.

SYMPHONIE , n. f. accords agréables , concert , harmonie, mélodie , musique.

SYMPTÔME , n. m. accident , crise , métastase, paroxisme , révolution—pronostic. V. Marque, 2. div.

SYNAGOGUE, n. f. assemblée des juifs , lieu où s'assemblent les juifs — église judaïque.

SYNCOPE, n. f. V. Défaillance. — V. Élision.

SYNDÉRÈSE, n. f. remords, reproche de la conscience.

SYNDIC , n. m. agent , chargé des affaires, curateur, directeur, intendant, inspecteur, procureur.

SYNDICAL, adj. appartenant au syndicat , destiné au syndicat, émané du syndicat, relatif au syndicat.

SYNDICAT, n. m. charge , devoir, emploi, fonction, office de syndic.

SYNODAL, adj. appartenant au synode, convenable au synode,

TAB

propre du synode, relatif au synode.

SYNODALEMENT, adv. d'une manière synodale, en forme synodale, en synode.

SYNODE, n. m. assemblée, comices, comité, congrégation, conseil des ecclésiastiques d'un diocèse — assemblée légitime d'évêques, concile—assemblée, consistoire, convocation des anciens et des ministres protestants.

SYNODIQUE, adj. dicté par le synode, écrit au nom du synode, émané du synode, ordonné par le synode, revêtu de l'autorité du synode.

SYNONYME, adj. ayant même sens, ayant même signification, équivalent, signifiant la même chose.

SYNONYMIE, n. f. conformité, égalité, équipollence, identité,

parité, ressemblance, similitude de signification—accumulation, amas, assemblage, collection, réunion de plusieurs expressions synonymes pour peindre une même pensée, métabole.

SYNTAXE, n. f. arrangement, construction, liaison des mots et des phrases.

SYSTALTIQUE, adj. V. Styptique.

SYSTÉMATIQUE, adj. V. Méthodique — dépendant d'une supposition, hypothétique.

SYSTÉMATIQUEMENT, adv. avec ordre, d'une manière systématique, méthodiquement — hypothétiquement, par supposition.

SYSTÈME, n. m. liaison. V. Ordonnance — hypothèse, supposition.

T

TABAC, n. m. herbe à la reine, herbe au grand-prieur, herbe de l'ambassadeur, nicotiane, petun.

TABARIN, n. m. marchand de mithridate, opérateur, vendeur d'orviétan — V. Baladin.

TABARINAGE, n. m. batelage, bouffonerie, charlatanerie, farce, métier de tabarin, tour de bateleur.

TABELLION, n. m. garde-note, greffier, notaire.

TABELLIONAGE, n. m. charge, étude, office de tabellion — état, exercice, fonction, profession de tabellion, notariat.

TABERNACLE, n. m. pavillon, retraite, tente. V. Logement.

TABIDE, adj. abattu, amaigri, consumé. V. Maigre. V. Maladif.

TABIS, n. m. taffetas calandré, lissé, ondé, uni.

TABISER, v. calandrer, lisser, onder, polir, unir.

TABLATURE, n. f. alphabet, connoissance générale, marche, notice — affaire fâcheuse, fil à retordre. V. Embarras.

TABLE, n. f. bureau, comptoir, pupitre — lame, planche, plaque. V. Liste.

TABLEAU, n. m. description, peinture. V. Effigie. V. Liste.

TABLER, v. caser. V. Disposer — V. Espérer.

TABLETTES, n. f. pl. agenda,

journal, liste, mémorial, porte-feuille, registre portatif.

TABOURET, *n. m.* placet, petit siége sans bras et sans dos, strapontin.

TACET, *n. m.* silence—discrétion, retenue, secret.

TACHE, *n. f.* marque qui gâte. V. *Salissure*—impression, marque — V. *Déshonneur.*

TÂCHE, *n. f.* besogne, entreprise, ouvrage fixé, travail imposé.

TACHER, *v.* barbouiller, gâter, marquer, noircir, salir, souiller, ternir — déshonorer, diffamer, flétrir, noter, ôter l'honneur, perdre l'honneur.

TÂCHER, *v.* employer ses forces, essayer, faire ses efforts, faire son possible, s'efforcer, tenter.

TACHETER, *v.* V. *Taveler.*

TACITE, *adj.* caché, non formellement exprimé, passé sous silence, secret, sous-entendu.

TACITEMENT, *adv.* d'une manière tacite, par sous-entente, sans dire mot, sans énonciation formelle, secrètement.

TACITURNE, *adj.* V. *Morne.*

TACITURNITÉ, *n. f.* bizarrerie, chagrin, humeur sombre, mélancolie, misanthropie, rêverie, sérieux, silence, tristesse.

TACT, *n. m.* attouchement, contact, toucher. V. *Judiciaire, n. f.*

TACTILE, *adj.* palpable, qui peut se toucher, sensible au tact, soumis au sens du toucher.

TACTIQUE, *n. f.* art de faire les évolutions militaires, art de mettre des troupes en bataille, art de ranger une armée.

TAIE, *n. f.* couverture, enveloppe, voile — cataracte, dragon, pellicule blanche, tache blanche sur l'œil.

TAILLABLE, *adj.* soumis à la taille. V. *Contribuable.*

TAILLADE, *n. f.* incision, ouverture. V. *Balafre.*

TAILLADER, *v.* balafrer, cicatriser, couper, estafilader, faire incision, opérer, ouvrir, scarifier, tailler, trancher — entailler, faire des hoches — disséquer, diviser, hacher, massacrer, mettre en morceaux, mettre en pièces.

TAILLANT, *n. m.* V. *Tranchant.*

TAILLE, *n. f.* coupe, manière de couper — incision, lithotomie, opération de la pierre — ton moyen, voix moyenne — nouveau bois, nouveau jet, nouvelle pousse, rejet d'un bois coupé — V. *Stature*—V. *Imposition.* — V. *Taillant.*

TAILLER, *v.* couper, diviser, fendre, partager, séparer, trancher — faire incision, faire l'opération de la pierre, opérer, tirer la pierre—ébourgeonner, écimer, V. *Elaguer.* V. *Etêter* — disséquer, hacher, massacrer, mettre en morceaux, mettre en pièces — apprêter, disposer, préparer, tracer de l'ouvrage.

TAILLON, *n. m.* impôt subsidiaire, nouvel impôt, seconde imposition, seconde taille, tribut de surcroît.

TAIN, *n. m.* feuille, lame d'étain.

TAIRE, *v.* ne pas dire, omettre, passer sous silence, tenir secret. V. *Cacher.*

SE TAIRE, *v.* être discret, garder le silence, ne dire mot, ne pas parler, s'abstenir de parler — ne pas répliquer, ne point répondre, se retenir — cesser de faire du bruit, être calme, être tranquille—acquiescer, céder, condescendre, consentir, déférer, se rendre.

FAIRE TAIRE, v. empêcher de parler, imposer silence — fermer la bouche, réduire au silence, rendre confus — apaiser, calmer, tranquilliser.

TALC, n. m. pierre écailleuse, pierre feuilletée, pierre diaphane, pierre transparente.

TALED, n. m. bandeau, écharpe, voile des juifs dans leurs synagogues.

TALENT, n. m. certain poids d'or ou d'argent — monnaie idéale de certains pays — don de la nature, qualité naturelle — aptitude, capacité, disposition, facilité, génie, goût, habileté naturelle.

TALION, n. m. châtiment, peine, punition pareille à l'offense.

TALMOUSE, n. f. V. Gâteau.

TALMUD, n. m. doctrine, loi, morale traditionnelle, tradition écrite des juifs.

TALOCHE, n. f. V. Tape.

TALON, n. m. partie postérieure du pied — restes des cartes après la distribution des mains — bout, éperon, extrémité.

TALONNER, v. assommer, désoler, faire enrager, faire instance, serrer de près, suivre de près, tarabuster, tourmenter. V. Persécuter.

TALUT, n. m. inclinaison, penchant, pente — assiette, base, empatement, escarpe, glacis, pied.

TALUTER, v. disposer en glacis, donner de la pente, donner du pied, élever en talut, mettre en talut.

TAMBOUR, n. m. caisse, cylindre creux — batteur de caisse, joueur de tambour, tambourineur — contreporte, double porte, seconde porte au devant

d'une autre — barillet de montre.

TAMBOURINER, v. battre, jouer, sonner du tambour.

TAMIS, n. m. V. Bluteau.

TAMISER, v. bluter, cribler, passer au bluteau, passer au crible, passer au sas, passer au tamis, sasser.

TAMPON, n. m. bonde, bondon. V. Bouchon.

TAMPONNER, v. boudonner, boucher, calfeutrer, étouper, fermer avec un tampon.

TANCER, v. V. Rabrouer.

TANDIS, adv. dans le temps, durant le temps, en attendant, pendant le temps.

TANIÈRE, n. f. enfoncement sous terre, loge, repaire, tanier, trou. V. Caverne — lieu écarté, lieu reculé, retraite, solitude.

TANNE, n. f. petite bube, pustule durcie.

TANNÉ, n. m. couleur de châtaigne, couleur de tan.

TANNÉE, n. f. tan froissé, tan tiré des fosses, tan usé.

TANNER, v. adoucir, corroyer, parer, préparer les cuirs — ennuyer, tarabuster. V. Chagriner. V. Molester.

TANNEUR, n. m. corroyeur.

TANQUEUR, n. m. V. Mercenaire.

TANT, adv. à un tel point, de telle manière, de telle sorte, si bien, si fort, tellement.

TANTE, n. f. épouse de l'oncle, sœur de la mère, sœur du père.

TANTET, TANTIN, TANTINET, n. m. petite quantité, si peu que rien, tant soi peu, un brin, une idée, un peu.

TANTÔT, adv. bientôt, dans peu de temps, dans un moment — depuis peu, il n'y a guère, il n'y a pas long-temps — quelquefois.

Taon, n. m. grosse mouche — insecte marin — petit ver, vermisseau.

Tapage, n. m. bruit, carillon, charivari, clabauderie, criaille, crierie, cris, fracas, remue-ménage, sabbat, tintamarre, trouble, tumulte, vacarme.

Tapageur, n. m. ami du bruit, carillonneur, clabaudeur, criailleur, crieur, remuant, turbulent.

Tape, n. f. claque, coup de la main, coup de poing, gourmade, soufflet, taloche.

Tapecu, n. m. V. Bascule.

Taper, v. battre, claquer, donner un coup, donner une taloche, frapper de la main, gourmer, maltraiter, rosser, souffleter, tapoter — frapper du pied, trépigner — boucler, crêper, friser.

en Tapinois, phr. adv. sans bruit, sourdement, tout doucement. V. Clandestinement.

se Tapir, v. V. se Blotir.

Tapis, n. m. couverture, étoffe, housse — gazon, prairie, verdure.

Tapisser, v. couvrir, garnir, meubler, orner, parer, revêtir de tapisserie, tendre — joncher, semer.

Tapisserie, n. f. tapis, tenture.

Tapissier, n. m. brocanteur, fabricant de tapisserie, fripier, marchand de meubles d'étoffe.

Tapon, n. m. assemblage, paquet, ramassis, tas de choses bouchonnées.

Tapoter, v. V. Taper.

Taquin, adj. V. Avare.

Taquinement, adv. avaricieusement, chichement, d'une manière taquine, en taquin,

ladrement, mesquinement, sordidement, vilainement.

Taquinerie, n. f. économie sordide, épargne vétilleuse. V. Avarice.

Tarabuster, v. V. Talonner — chagriner, gourmander, gronder, malmener, molester, quereller, tabrouer, relancer.

Tarauder, v. forer, percer, trouer en écrou.

Tard, adv. après le temps convenable, après l'heure marquée, après l'instant assigné — au soir, sur le soir, vers le soir.

Tarder, v. demeurer du temps, marcher lentement, ne pas arriver à temps, s'arrêter, traîner, user de délais. V. Temporiser.

Tardif, adj. V. Lambin.

Tardivement, adv. V. Lentement.

Tardiveté, n. f. lenteur, longueur, lourderie, négligence, nonchalance, paresse, pesanteur d'esprit, stupidité — répit, retard, retardement. V. Surséance.

Tare, n. f. affoiblissement, amoindrissement, avarie. V. Perte — V. Défaut, tache.

Taré, adj. affoibli, altéré, amoindri, avarié, corrompu, defectueux, diminué, ébréché, échancré, endommagé, entamé, gâté, mutilé, vicié, vicieux — décrié, déshonoré, diffamé, mal famé, noté, suspect.

se Targuer, v. s'appuyer, s'assurer, se confier, se fier, se fonder sur, se prévaloir, tirer avantage de — faire gloire, faire le fier, se glorifier, se vanter, tirer gloire, triompher.

Tarière, n. f. V. Vilebrequin.

Tarif, n. m. V. Estimation,

registre, répertoire. V. *Catalogue.*

TARIR, *v.* épuiser, vider. V. *Dessécher* — cesser, devenir sec, être mis à sec, s'arrêter, se sécher, se vider.

TARISSEMENT, *n. m.* dessèchement, épuisement.

TAROTÉ, *adj.* imprimé, marqué de grisaille en compartiment.

TARTANE, *n. f.* barque traversière, petit bâtiment.

TARTARISER, *v.* amender, clarifier, purifier, rectifier par le tartre — charger, empreindre, imprégner, pénétrer de tartre.

TARTRE, TARTELETTE, *n. f.* V. *Gâteau.*

TARTRE, *n. m.* dépôt salin du vin, lie de vin, sel de lie.

TARTUFE, *n. m.* V. *Cafard* — faussaire, fourbe, hâbleur, imposteur, menteur, séducteur, trompeur.

TAS, *n. m.* accumulation, amas, assemblage, entassement, monceau, pile — cohue, grand nombre, multitude, populace, troupe — petite enclume.

TASSE, *n. f.* V. *Patère.*

TASSEAU, *n. m.* appui, réglet, soutien, support, tringle.

TASSER, *v.* V. *Amasser* — augmenter, croître, multiplier, s'élargir, s'évaser.

TÂTER, *v.* faire des attouchements, manier, palper, patiser, tâtonner, toucher — entamer, essayer, examiner, expérimenter, faire l'essai, goûter, sonder — éprouver, faire l'épreuve, tâcher de gagner, tenter — aller à la découverte, fureter.

TÂTEUR, *adj.* essayeur, gourmet, qui fait l'essai, qui goûte, qui tâte.

TÂTONNER, *v.* faire des attouchements, manier, palper, patiner, tâter, toucher — aller à tâtons, marcher doucement, sonder le terrain — balancer, chanceler, douter, être en suspens, être indécis, être indéterminé, être irrésolu, hésiter.

TÂTONNEUR, *adj.* tâteur. V. *Incertain.*

A TÂTONS, *phr. adv.* à l'aveuglette, avec incertitude, dans l'obscurité, sans y voir — avec précaution, en essayant, en tâtant.

TAUDION, TAUDIS, *nn. mm.* cabane, cahute, chaumière, chaumine, échoppe, lieu malpropre, lieu sale, loge, logette, maisonnette, petit grenier, petit logement.

TAUPIER, *n. m.* chasseur de taupes, preneur de taupes.

TAUPIÈRE, *n. f.* piège, trappe, traquenard, traquet, trébuchet pour prendre des taupes.

TAUPINÉE, TAUPINIÈRE, *nn. ff.* butte, élévation, monticule, petit monceau de terre qu'une taupe a élevé.

TAURE, *n. f.* V. *Génisse.*

TAUTOLOGIE, *n. f.* redite, répétition inutile.

TAUX, *n. m.* V. *Estimation.*

TAVELER, *v.* bigarrer, diversifier, marquer, marqueter, moucheter, parsemer de mouchetures, tacheter.

TAVELURE, *n. f.* bigarrure, marque, moucheture, tache.

TAVERNE, *n. f.* V. *Cabaret.*

TAVERNIER, *n. m.* V. *Cabaretier.*

TAXATION, TAXE, *nn. ff.* cotisation, fixation, imposition, impôt, quote-part.

TAXER, *v.* V. *Estimer*, régler le prix — faire une imposition, imposer, lever un impôt, mettre un impôt — accuser, charger, imputer — blâmer, censurer, noter, reprendre.

TECHNIQUE, adj. appartenant aux arts, convenant aux arts, propre des arts, relatif aux arts — artificiel, fait avec art, préparé artificiellement.

TÉGUMENT, n. m. couverture mince, enveloppe légère, membrane, pellicule.

TEIGNASSE, n. f. mauvaise perruque, perruque mal peignée, vieille perruque.

TEIGNE, n. f. crasse, dartre, farcin, gale, grattelle, ordure de tête, rogne—insecte rongeur.

TEIGNEUX, adj. couvert de teigne, crasseux, dartreux, farcineux, galeux, rogneux.

TEINDRE, v. mettre à la teinture, mettre en couleur — colorer, donner une autre couleur, imprégner d'une couleur.

TEINT, n. m. manière de teindre —coloris, couleur, nuance du visage.

TEINTE, n. f. degré de la couleur, de la nuance, du coloris.

TEINTURE, n. f. art, façon, manière de teindre — effet, impression d'une couleur — connaissance élémentaire. notice légère, notion superficielle —impression, vestige.

TEL, adj. V. Conforme.

TEL QUEL, adj. médiocre, ni bon ni mauvais, passable, supportable, tolérable.

TÉLESCOPE; n. m. lunette à longue vue, lunette d'approche.

TELLEMENT, adv. V. Tant.

TELLEMENT QUELLEMENT, phr. adv. d'assez mauvaise grâce, foiblement, médiocrement, ni bien ni mal.

TÉMÉRAIRE, adj. audacieux, effronté, entreprenant, étourdi, hardi, imprudent, impudent, inconsidéré, indiscret, irréfléchi, malavisé, présomptueux, trop vaillant.

TÉMÉRAIREMENT, adv. audacieusement, au hasard, avec témérité, d'une façon téméraire, effrontément, en étourdi, étourdiment, hardiment, imprudemment, impudemment, inconsidérément, indiscrètement, présomptueusement, sans réflexion, trop vaillamment.

TÉMÉRITÉ, n. f. audace, effronterie, étourderie, hardiesse, imprudence, impudence, inconsidération, indiscrétion, manque de réflexion, présomption, vaillance outrée.

TÉMOIGNAGE, n. m. attestation, certificat, déclaration, déposition, rapport, récit, relation d'une vérité—allégation, autorité, citation, jugement, opinion, passage, sentiment, texte d'un auteur — confirmation, conjecture, indice, marque, preuve, signe.

TÉMOIGNER, v. assurer, attester, certifier, déclarer, déposer, porter témoignage, rendre témoignage, servir de témoin — faire connoître, indiquer, marquer, prouver, signifier.

TÉMOIN, n. m. déposant, spectateur — indice. V. Témoignage.

TEMPÉRAMENT, n. m. complexion, constitution, disposition, état, habitude, situation naturelle du corps — pente naturelle. V. Trempe, ardeur amoureuse, inclination, penchant, propension à l'amour — adoucissement, expédient, ménagement, milieu, modération, moyen.

TEMPÉRANCE, n. f. abstinence. V. Sobriété.

TEMPÉRANT, adj. V. Sobre.

TEMPÉRATURE, n. f. constitution, disposition, état, nature, qualité de l'air — climat.

TEMPÉRÉ, adj. V. Prudent.

TEMPÉRER, v. diriger, gouverner, guider, modérer, régir, régler — adoucir, alléger, apaiser, calmer, diminuer, mitiger, modérer, modifier, soulager — arrêter, brider, corriger. V. Restreindre—mesure.

TEMPÊTE, n. f. grain, orage. V. Ouragan — bruit, cris, fracas, tintamarre, tumulte, vacarme — désordre. V. Emeute —persécution, tourment, vexation.

TEMPÊTER, brailler, clabauder, criailler, crier, faire carillon, faire du bruit, faire le diable à quatre, faire tapage, faire vacarme, jeter feu et flamme, pester, piailler, rugir, se déchaîner, se mettre en furie, s'emporter.

TEMPLE, n. m. basilique, chapelle, édifice sacré, église, maison d'oraison — prêche.

TEMPORAL, adj. appartenant aux tempes, concernant les tempes, dépendant des tempes, propre des tempes, relatif aux tempes, tenant aux tempes.

TEMPOREL, n. m. biens, patrimoine, revenu, richesse de l'église ou d'un bénéfice ecclésiastique — administration civile, autorité civile, gouvernement politique des princes.

TEMPOREL, adj. passager; terrestre. V. Caduc—V. Séculier.

TEMPORELLEMENT, adv. d'une manière passagère, d'une manière périssable, d'une manière terrestre, pour peu de temps.

TEMPORISEMENT, n. m. répit, retard, retardement. V. Surséance.

TEMPORISER, v. balancer, barguigner, chanceler, différer, hésiter, lambiner, lanterner,

pro-
, re-
utre
sus-

n,

ûr.
—
—

—
é,

cc

dé-
te-

na

va

, soutien, support.
NT, adj. V. Gluant — V.

TEND
TEND

c

vers.

TENDON, n. m. cartilage, croquant , extrémité du muscle , tendron.

TENDRE , *adj.* mollet, mou , nouvellement cuit — flexible , foible, maniable, pliable , souple , traitable — aisé à émouvoir , facile à toucher, sensible, susceptible d'impression—bon, humain — délicat , douillet — gracieux, intéressant, touchant —galant , passionné , voluptueux.

TENDRE , *v.* bander , étendre, roidir , tirer fort — meubler , tapisser — agrandir , alonger , dép'ier ,. déployer , dérouler , développer , élargir , étaler — offrir, présenter — accommoder, agencer , ajuster , appareiller , apprêter, arranger, disposer , mettre en ordre, préparer—aller, avancer , diriger sa marche, dresser sa route, prendre son chemin , tourner vers — aboutir , se terminer — V. *Viser.*

TENDRE , *n. m.* TENDRESSE , *n. f.* affection , amitié , amour , attachement, inclination, penchant tendre.

TENDREMENT , *adv.* affectueusement , amoureusement, avec affection , avec amour , avec tendresse , d'une manière tendre—avec délicatesse, délicatement , d'une manière délicate , légèrement — d'une manière touchante, onctueusement, sensiblement.

TENDRON, *n. m.* V. *Tendon*—jeune fille , petite fille—V. *Rejeton.*

TÉNÈBRES, *n. f. pl.* nuit, obscurité, privation de lumière—brouillard épais, jour sombre , nuage , obscurcissement — ombre, ombrage — difficulté, doute, embarras d'affaires — aveuglement , erreur , ignorance , illusion — abime, enfer, gouffre infernal, séjour ténébreux.

TÉNÈBREUX, *adj.* couvert, noir, obscur, obscurci, plein de ténèbres , rempli d'obscurité — ombragé , opaque, touffu. V. *Nébuleux* — caché , dissimulé, enveloppé, profondément politique, secret — difficultueux, embarrassé, embrouillé, plein d'embarras, rempli de difficultés.

TÈNEMENT, *n. m.* domaine, ferme , fonds, héritage, métairie , terre — censive, dépendance, mouvance, tenure, vasselage.

TENETTE , *n. f.* petite pince, pincette.

TENEUR, *n. f.* contenu, fonds, la substance, les propres termes d'un écrit—copie exacte, ordre, sommaire, suite.

TÉNIE, *n. f.* bande, cordon, filet, listeau, listel, moulure plate, plate-bande d'architecture.

TENIR, *v.* avoir à la main, avoir en propre, être maître, jouir, posséder — avoir dans sa main, empoigner, manier, palper, serrer—être en possession, occuper — prendre, s'approprier, s'emparer, se rendre maître, se saisir, usurper—conserver, garder, ne point laisser échapper, ne point rendre, ne point se dessaisir — avoir à ses gages, entretenir, maintenir, nourrir, soutenir—apaiser, contenir, mettre un frein, modérer, réprimer, tempérer — administrer, avoir soin , conduire, diriger, gouverner, régir — comprendre, contenir, renfermer, faire résistance, résister, se défendre, se maintenir, s'opposer — être attaché, lié, parent — avoir de la conformité, de l'analogie, de la ressemblasse ; du rapport, la même figure, la même physionomie, les mêmes traits ; être semblable, participer, ressembler. V. *Persister.*

Tension, n. f. V. *Extension*—application, attache, attention sérieuse, sohtention, effort d'esprit.

Tentant, adj. appétissant, attirant, donnant envie, engageant, inspirant le désir, qui fait désirer, séduisant.

Tentateur, n. m. démon, diable, esprit malin, mauvais ange, Satan.

Tentation, n. f. impulsion, induction, séduction, sollicitation, suggestion — désir, envie, inclination, mouvement intérieur, penchant, propension.

Tentative, n. f. entreprise, épreuve, essai, expérience.

Tente, n. f. pavillon, tabernacle — rouleau, tampon de charpie.

Tenter, v. animer, donner envie, engager, exciter, inciter, induire, inspirer le désir, porter, pousser, provoquer, séduire, solliciter — courir risque, entreprendre, éprouver, essayer, expérimenter, faire essai, faire l'épreuve, faire une tentative, hasarder, risquer, examiner, observer, sonder.

Tenture, n. f. housse, tapis, tapisserie.

Tenu, adj. assujéti, astreint, chargé, contraint, engagé, forcé, nécessité, obligé.

Ténu, adj. frêle, léger, petit, peu compacte, peu épais, peu serré. V. *Effilé.*

Tenue, n. f. assemblée, congrès, réunion, séance, session, vacation d'une compagnie — durée, temps de cette assemblée — constance, fermeté, immutabilité, invariabilité, opi-

niâtreté, persévérance, résolution, solidité, stabilité — continuation, continuité, durée continue, perpétuité — contenance, maintien, posture.

Ténuité, n. f. délicatesse, finesse. V. *Médiocrité.*

Tenure, n. f. V. *Ténement.*

Tergiversateur, n. m. homme de mauvaise foi, faux, inconstant, léger, menteur, qui change aisément d'avis, qui manque de parole, qui se dédit. V. *Chicaneur.*

Tergiversation, n. f. conduite peu sincère, défaut de sincérité, détour, dissimulation, écart, échappatoire, faux-fuyant, inconstance, légèreté, mauvaise foi, mensonge, prétexte, vain, subterfuge — barguignage, biaisement, chicane, dédit, désaveu, incertitude, irrésolution, manquement de parole, tracasserie.

Tergiverser, v. chercher des détours, dissimuler, éluder, esquiver, n'aller pas droit, prendre de faux prétextes, recourir à des faux-fuyants, user de subterfuges — barguigner, biaiser, chicaner, chipoter, tracasser, vétiller — désavouer, manquer de parole, se dédire, se désister.

Terme, n. m. diction, expression, mot, parole — jour déterminé, moment réglé, temps préfix — but, fin, objet qu'on se propose — borne, frontière, limite — bout, extrémité — buste statue — V. *Répit.*

Termes, n. m. pl. V. *Conjoncture.*

Terminaison, n. f. V. *Désinence.*

Terminer, v. borner, circonscrire, donner des bornes — conclure, limiter. V. *Statuer* — achever, accomplir, décider, expédier, finir, mettre fin, résoudre.

se TERMINER, v. aboutir, confiner, toucher par un bout — cesser, finir, prendre fin, se passer — s'achever, s'accomplir, se décider, s'expédier.

TERNE, adj. barbouillé, décoloré, délustré, déteint, effacé, obscur, sombre — qui a perdu sa couleur, son éclat, son lustre — qui est sans couleur, sans éclat, sans lustre.

TERNIR, v. barbouiller, décolorer, déteindre, effacer, faire changer de couleur, faire perdre l'éclat, flétrir, noircir, obscurcir, ôter le lustre, rendre terne, salir — V. Diffamer.

TERNISSURE, n. f. affoiblissement de l'éclat, altération du lustre, barbouillage, changement de couleur, obscurcissement — décri, note. V. Ignominie.

TERRAGE, n. m. champart.

TERRAIN, n. m. fonds, sol, terre, terroir — disposition, état, nature, propriété, qualité du sol — canton, champ, espace, étendue, portion de terre, territoire.

TERRASSE, n. f. amas de terre, boulevard, digue, jetée, levée, rempart, tertre artificiel — balcon très avancé, galerie découverte, plate-forme.

TERRASSER, v. border, ceindre, entourer, fortifier, garnir, munir, remparer, revêtir de terrasses — coucher par terre, culbuter, étendre par terre, jeter par terre, renverser — confondre, déferrer, réduire au silence, soumettre, subjuguer, surmonter, vaincre — consterner, déconcerter, décourager, faire perdre courage.

TERRASSIER, n. m. entrepreneur de terrasses, ouvrier en terrasses.

TERRE, n. f. boule du monde, globe terrestre — sol, terrain, territoire, terroir — canton, contrée, pays — domaine, fief, possession, propriété, seigneurie — cense, champs, ferme, fonds, héritage, métairie — sépulcre, tombeau — cendre, poudre, poussière.

TERRES, n. f. pl. domination, empire, état; étendue d'un pays, royaume.

TERREAU, n. m. fumier pourri, fumier réduit en terre, terre noire, vieux fumier.

se TERRER, v. se blottir, se cacher, se clapir, se mettre à couvert, se retirer sous terre.

TERRESTRE, adj. appartenant à la terre, existant sur la terre, tenant de la terre, venant de la terre — charnel, sensuel — V. Temporel.

TERREUR, n. f. V. Epouvante.

TERREUX, adj. imprégné, mêlé, plein, rempli de terre — couvert de terre, crasseux, malpropre, poudreux — hideux, moribond, mourant.

TERRIBLE, adj. V. Epouvantable.

TERRIBLEMENT, adv. V. Epouvantablement.

TERRIEN, adj. jouissant de plusieurs terres, possédant beaucoup de terres, riche en terres, seigneur de plusieurs terres.

TERRIER, n. m. dénombrement, détail, recueil, registre des droits seigneuriaux sur les mouvances du fief principal — cavité, creux, enfoncement, retraite d'animaux — lieu écarté, retraite, solitude.

TERRINE, n. f. bassin, jatte, vaisseau, vase de terre.

TERRIR, v. aller à terre, prendre terre.

TERRITOIRE, n. m. département, dépendance, ressort d'une juridiction — canton, espace, étendue de pays — domaine, fief, propriété, seigneurie — domination, empire, état, principauté, royaume.

TERROIR, n. m. V. Terrain.

TERTRE, n. m. hauteur. V. Monticule.

TESSON, n. m. éclat, esquille. V. Morceau.

TESTACÉ, adj. couvert d'une coquille, écaillé, enfermé dans une coquille, enveloppé d'une coquille, revêtu d'une écaille.

TESTAMENT, n. m. dernières volontés, disposition testamentaire — aveu, déclaration, déposition d'un criminel après sa condamnation — Bible, Écriture sainte, livres de l'ancienne et de la nouvelle loi.

TESTAMENTAIRE, adj. concernant le testament, contenu dans le testament, désigné par le testament, énoncé par le testament, indiqué, ordonné, prescrit dans le testament.

TESTATEUR, n. m. celui qui déclare ses dernières volontés, qui dispose de ses biens par testament, qui fait un testament.

TESTER, v. déclarer ses dernières volontés, disposer de ses biens par testament, faire un testament.

TESTIMONIAL, adj. qui certifie, qui déclare, qui rend témoignage, qui sert de témoignage, qui témoigne.

TÊTE, n. f. chef, front — chevelure, cheveux — bois, cornes du cerf — V. Source — cime, extrémité, faîte, le haut, le sommet — individu, personne — la première place, la présidence, le premier rang — premier bataillon, premier corps, première ligne, premier

escadron — V. Cervelle. — V. Entêtement — inflexibilité, ténacité. V. Constance.

TÊTE A TÊTE, phr. adv. en particulier, face à face, l'un devant l'autre, seul à seul.

TÊTE-A-TÊTE, n. m. V. Colloque.

TÊTE, TÉTINE, nn. ff. V. Trayon.

TÉTIÈRE, n. f. V. Béguin.

TÊTU, adj. entêté, entier, inflexible, mutin, obstiné, opiniâtre, rétif, roide, taquin.

TEXTE, n. m., discours original, les propres paroles d'un auteur — citation fidèle, extrait littéral, passage d'un écrivain — argument, matière, sommaire, sujet.

TEXTUAIRE, adj. qui n'a que le texte, qui n'a ni glose ni notes.

TEXTUEL, adj. appartenant au texte, compris dans le texte, concernant le texte, énoncé littéralement dans le texte.

TEXTUELLEMENT, adv. conformément au texte, dans les propres termes du texte, de la manière énoncée littéralement dans le texte.

TEXTURE, n. f. ensemble, liaison des parties d'un ouvrage. V. Contexture.

THÉANDRIQUE, adj. divin et humain, propre de l'Homme-Dieu.

THÉANTHROPE, n. m. Homme-Dieu, Jésus-Christ, le Verbe incarné.

THÉÂTRAL, adj. appartenant au théâtre, convenable au théâtre, propre du théâtre, sentant le théâtre — ampoulé, exagéré, forcé, guindé, qui n'est pas naturel.

THÉÂTRE, n. m. salle de comédie, de spectacle — échafaud, estrade, lieu élevé où l'on donne des spectacles — amphithéâtre, arène, scène — art dramatique, poésie dramatique — amas, collection, recueil des pièces dramatiques d'un même auteur.

THÈME, *n. m.* matière, proposition, sujet que l'on traite — mot radical, racine.

THÉMIS, *n. f.* la Justice — les juges, les magistrats.

THÉOLOGIE, *n. f.* connoissance des choses divines, science de la religion, science des vérités révélées.

THÉOLOGIEN, *n. m.* celui qui enseigne la théologie, celui qui sait la théologie.

THÉOLOGIQUE, *adj.* appartenant à la théologie, concernant la théologie, dependant de la théologie, propre de la théologie, relatif à la théologie, tenant à la théologie.

THÉOLOGIQUEMENT, *adv.* conformément à la théologie, d'une manière théologique, en théologien, par des preuves théologiques, selon les principes de la théologie.

THÉOPHANIE, *n. f.* V. *Epiphanie.*

THÉORÈME, *n. m.* proposition à démontrer, vérité déterminée, vérité susceptible de démonstration.

THÉORIE, *n. f.* observation, science sans pratique. V. *Spéculation.*

THÉORIQUE, *adj.* contemplatif, spéculatif.

THÉORIQUEMENT, *adv.* d'une manière contemplative, spéculative, théorique.

THERMES, *n. m. pl.* bains chauds, étuves.

THÉSAURISER, *v.* accumuler, amasser, amonceler, entasser l'or et l'argent.

THÈSE, *n. f.* assertion à défendre, problème à résoudre,

proposition à soutenir, proposition générale, question à discuter — affiche, feuille imprimée, placard contenant plusieurs propositions.

THORACHIQUE, *adj.* appartenant à la poitrine, concernant la poitrine, dépendant de la poitrine, propre de la poitrine, relatif à la poitrine — bon pour la poitrine. V. *Cordial.*

TIARE, *n. f.* bonnet, coiffure, ornement de tête, turban des anciens Perses — bonnet pontifical, couronne papale, triple couronne.

TIC, *n. m.* convulsion, mouvement convulsif — accoutumance indécente, habitude ridicule, mauvaise habitude.

TIÈDE, *adj.* qui est entre le chaud et le froid, qui n'est ni chaud ni froid — inactif, indifférent, indolent, lâche, languissant, nonchalant.

TIÈDEMENT, *adv.* avec tiédeur, foiblement, indifféremment, lâchement, languissamment, négligemment, nonchalamment, sans ardeur.

TIÉDEUR, *n. f.* chaleur modérée, tempérée — défaut d'ardeur, indifférence, indolence, lâcheté, langueur, négligence, nonchalance.

TIÉDIR, *v.* devenir tiède, refroidir — devenir indifférent, perdre de son ardeur, se ralentir, se refroidir, se relâcher.

LE TIEN, *adj.* qui est à toi, qui t'appartient, à toi.

LE TIEN, *n. m. sing.* ce qui est à toi, ce qui t'appartient, ce qui t'est dû, ta propriété, ton avoir, ton bien, ton dû.

LES TIENS, *n. m. pl.* ceux qui t'appartiennent, ceux qui te touchent de près, ceux qui tiennent ton parti, tes adjoints, tes alliés, tes amis, tes associés, tes camarades, tes compagnons, tes domestiques, tes gens, tes parents, tes proches.

TIERS, n. m. l'une des trois parties égales d'un tout — arbitre. V. *Médiateur.*

TIGE, n. f. brin principal, montant, principal jet, tronc — V. *Race.*

TIGRE, ssz, adj. brutal, furieux, méchant. V. *Barbare.*

TIGRÉ, adj. bigarré de taches, marqueté, moucheté, parsemé de mouchetures, tacheté, tavelé, tiqueté.

TILLAC, n. m. la couverture, le plus haut pont d'un navire.

TIMBALE, n. f. grosse caisse, gros tambour à l'usage de la cavalerie — marmite, pot-au-feu — gobelet en demi-globe — raquette de parchemin.

TIMBRE, n. m. cloche frappée par un marteau — V. *Empreinte* — cerveau, cervelle — casque qui couvre l'écu.

TIMBRÉ, adj. empreint, marqué d'un timbre — extravagant, fou. V. *Ecervelé.*

TIMBRER, v. empreindre une marque, mettre un timbre.

TIMIDE, adj. V. *Craintif* — honteux, peu hardi, trop circonspect.

TIMIDEMENT, adv. V. *Craintivement* — avec peu de hardiesse, avec trop de défiance, avec un air interdit, d'une manière décontenancée, sans assurance, sans fermeté.

TIMIDITÉ, n. f. V. *Crainte* — air décontenancé, air interdit, circonspection excessive, défaut d'assurance, défiance de soi-même, manque de fermeté, manque de hardiesse.

TIMON, n. m. flèche — gouvernail, administration, conduite, direction, gouvernement, manutention, rênes.

TIMONIER, n. m. pilote, gouverneur du timon.

TIMORÉ, adj. consciencieux, pénétré d'une crainte salutaire, scrupuleux.

TINE, TINETTE, n. ff. petite cuve, petit tonneau, petit vaisseau de bois.

TINTAMARRE, n. m. grand bruit, rumeur, train. V. *Tapage.*

TINTEMENT, n. m. battement d'oreille, bourdonnement, bruit confus, bruit sourd.

TINTER, v. avertir, donner avis; faire signe par le son lent d'une cloche; faire sonner lentement une cloche — bourdonner, corner, faire un bruit sourd, résonner, retenir dans les oreilles.

TIQUETÉ, adj. V. *Tigré.*

TIRADE, n. f. V. *Passage.*

TIRAILLEMENT, n. m. V. *Ebranlement.*

TIRAILLER, v. agiter, ébranler par secousses, secouer, tirer çà et là.

TIRASSE, n. f. filet, lacet, lacs, rets pour prendre des oiseaux.

A TIRE D'AILE, phr. adv. avec la plus grande célérité, promptement, rapidement, vigoureusement, vitement.

TIRE-LIRE, n. f. coffret, petit coffre, petite boîte, petit tronc, tronc portatif.

TIRER, v. amener à soi, arracher, attirer, entraîner, extraire, faire sortir, mettre dehors, produire — emporter, faire venir, traîner — enlever, ôter — téter, traire — étendre, tendre — acquérir, gagner, percevoir, recevoir, recueillir — demander, exiger, extorquer, prendre — débarrasser, dégager, délivrer, retirer, sauver — dessiner, faire un portrait, peindre, portraire.

TIRET, n. m. attache, lien,

tinent de parchemin - tortillé — division, trait de plume; trait d'union.

TISONNER, v. accommoder le feu, arranger les tisons, attiser le feu; remuer les tisons.

TISSER, v. V. Tisser.

TISSERAND, n. m. fabricant de toile, ouvrier en toile, tisseur, tissier.

TISSU, n. m. assemblage, chaîne, ensemble, liaison, suite, texture, tissure. V. Contexture.

TISSUTIER, n. m. passementier, rubanier.

TITILLATION, n. f. V. Chatouillement.

TITRE, n. m. argument, inscription, intitulation, sommaire — dignité, distinction, droit, honneur, prérogative, privilège, qualification, qualité, rang — autorisation, commission, procuration, visa.

A TITRE DE, phr. adv. comme, en qualité de, sous prétexte de.

A BON TITRE, phr. adv. avec fondement, avec justice, avec raison, justement, légitimement.

TITRÉ, adj. décoré, honoré, qualifié d'un titre.

TMESE, n. f. décomposition, division, partage, séparation des éléments d'un mot composé.

TOCANE, n. f. mère goutte, vin nouveau.

TOCSIN, n. m. alarme, avertissement, avis, éveil.

TOGE, n. f. habit à la romaine, robe longue.

TOILE, n. f. tissu de fils de lin ou de chanvre.

TOILES, n. f. pl. lit, les draps — V. Rets,

TOILERIE, n. f. V. Lingerie — commerce, marchandise, négoce, trafic de toile.

TOISE, n. f. dimension, éten-

due, longueur, mesure de six pieds.

TOISÉ, n. m. art de toiser, mesurage à la toise — calcul, dénombrement, détail, mémoire des mesures à la toise.

TOISÉ, adj. compassé, mesuré, réglé à la toise. — V. Accompli.

TOISER, v. compasser, mesurer, régler à la toise.

TOISEUR, n. m. celui qui compasse, qui mesure, qui règle à la toise.

TOISON, n. f. dépouille d'une brebis, laine, peau de brebis, tondaille, toute d'une brebis.

TOIT, n. m. comble, couverture, faîte, haut, sommet — domicile, logis, maison — écurie, étable.

TOLÉRABLE, adj. V. Supportable.

TOLÉRABLEMENT, adv. V. Supportablement.

TOLÉRANCE, n. f. condescendance, indulgence, patience.

TOLÉRANT, adj. condescendant, indulgent, modéré, patient.

TOLÉRANTISME, n. m. caractère, doctrine, opinion, secte, système de tolérance pour toutes les religions.

TOLÉRER, v. avoir de l'indulgence, endurer, patienter, pâtir, souffrir, supporter — accorder, permettre.

TOMBAC, n. m. V. Similor.

TOMBE, n. f. mausolée, monument, sépulcre, tombeau.

TOMBEAU, n. m. bière, catafalque, cénotaphe, cercueil, sarcophage. — V. Tombe — représentation mortuaire, sépulture — décès, mort, trépas — anéantissement, destruction, extinction, fin, oubli.

TOMBER, v. choir, culbuter, faire une chute — être abattu,

jeté en bas, renversé—crouler, ébouler, écrouler, s'ébranler, se démolir — dépérir, être sur son déclin, menacer ruine. V. *Décliner* — couler, s'écouler, se décharger. — V. *se Ruer*—faillir, faire une faute, manquer, pécher, succomber — s'adoucir, s'apaiser, se calmer, se modérer.

TOME, *n. m.* livre, volume.

TON, *n. m.* accent, inflexion de voix, prononciation, son—accord, cadence, modulation — air, façon, langage, manière, style.

FAUX TON, *n. m.* V. *Dissonances.*

TONDAILLE, *n. f.* V. *Toison.*

TONDRE, *v.* couper, ôter, raser les cheveux — V. *Ebrancher* — V. *Ecimer.*

TONNANT, *adj.* bruyant, éclatant, fort, retentissant, véhément.

TONNE, *n. f.* TONNEAU, *n. m.,* V. *Baril.*

TONNELLE, *n. f.* filet, lacet, lacs, rets à prendre des perdrix — berceau de treillage, cabinet de verdure.

TONNER, *v.* déclamer avec véhémence, éclater, effrayer, épouvanter—faire rage, parler fort haut, quereller. V. *Tempéter.*

TONNERRE, *n. m.* bruit horrible, éclat, foudre, fracas — force, véhémence.

TONTE, *n. f.* V. *Toison.*

TOPARCHIE, *n. f.* petit domaine, petite seigneurie, petit état.

TOPARQUE, *n. m.* gouverneur, maître, possesseur, propriétaire, seigneur d'un petit domaine.

TOPE ET TINGUE, *phr.* avec plaisir, d'accord, de tout mon cœur, je tope et je tiens, j'y

consens, soit, va, volontiers.

TOPER, *v.* adhérer, donner son consentement, trouver bon. V. *Consentir.*

TOPIQUE, *adj.* appliqué, mis, posé sur une partie malade.

TOPIQUE, *n. m. s.* V. *Emplâtre.*

TOPIQUES, *n. m. pl.* arguments généraux, lieux communs.

TOPOGRAPHIE, *n. f.* carte, description, plan d'un canton ou d'un lieu particulier.

TOQUE, *n. f.* bonnet rond, chapeau à petits bords.

TOQUET, *n. m.* bonnet, coiffure de femme du peuple — bonnet d'enfant, bonnet rond.

TORCHE, *n. f.* fallot, fanal, flambeau.

TORCHER, *v.* brosser, curer, décrasser, décrotter, écurer, essuyer, frotter, nettoyer, ôter les ordures, vergeter.

TORCHÈRE, *n. f.* guéridon fort élevé, porte-girandole, porte-lumière.

TORCHIS, *n. m.* boue, enduit, mortier, terre grasse mêlée de paille ou de foin.

TORCHON, *n. m.* chiffon, grosse serviette, guenillon, linge sale, vieux lambeau — femme malpropre, femme sale.

TORDRE, *v.* contourner, entortiller, rouler, tortiller, tourner — donner un mauvais sens, expliquer en mal, interpréter mal, mésinterpréter, tourner en mal.

TORPEUR, *n. f.* assoupissement, engourdissement, insensibilité, langueur, stupeur.

TORRÉFACTION, *n. f.* brûlure, chaleur violente, ustion.

TORRÉFIER, *v.* appliquer le feu, brûler, griller, rôtir.

TORRENT, *n. m.* courant impétueux. V. *Cataloupe* — affluence, abondance, flux, impétuosité, rapidité, véhémence, violence, volubilité.

Torride, *adj.* ardent, brûlant, très chaud.

Tors, *adj.* contourné, tordu, tortillé en vis, tourné en spirale.

Tort, *n. m.* détriment, dommage, lésion, perte, préjudice—iniquité, injustice, manque de justice, manque d'équité, prévarication contre la justice.

A **Tort**, *phr. adv.* contre l'équité, contre toute raison, déraisonnablement, d'une manière inique, iniquement, injustement, sans cause, sans raison, sans sujet.

A **Tort et a travers**, *phr. adv.* à l'étourdie, avec imprudence, aveuglément, en étourdi, étourdiment, hurluberlu, inconsidérément, indiscrètement, légèrement, précipitamment, sans attention, sans aucun égard, sans considération, sans discrétion, sans jugement, sans mesure, sans précaution, sans prudence, sans réflexion.

Tortillement, *n. m.* circuit, entortillement, pli — V. *Faux-fuyant*.

Tortiller, *v.* contourner, entortiller, rouler, tordre, tourner — employer de petites finesses. V. *Tergiverser*.

Tortionnaire, *adj.* abusif, déraisonnable, inique, injurieux, injuste, tyrannique, violent.

Tortis, *n. m.* assemblage de fils tordus ensemble. V. *Cordage*.

Tortu, *adj.* V. *Sinueux* — cagneux, contrefait, mal bâti, mal fait, mal tourné — corrompu, malin, méchant, pervers.

Tortuer, *v.* rendre tortu, tourner de travers. V. *Fausser*, 3.º *div.*

Tortueusement, *adv.* de travers, d'une manière tortueuse, en zigzag, par plusieurs tours et retours — de mauvaise foi, en biaisant, en prenant des détours, en tergiversant, par des subterfuges.

Tortueux, *adj.* V. *Sinueux*.

Tortuosité, *n. f.* V. *Sinuosité*.

Torture, *n. f.* douleur violente, gêne, question, souffrance, supplice, tourment — affliction, chagrin, déplaisir. V. *Perplexité*.

Tosse, *n. f.* banc, siège des rameurs dans une galère.

Tôt, *adv.* à la hâte, à temps. V. *Diligemment*.

Total, *n. m.* **Totalité**, *n. f.* amas complet, assemblage exact, réunion entière des parties, tout.

Totalement, *adv.* complètement, en entier, entièrement, en total, en totalité, en tout, pleinement, sans exception, sans réserve, tout-à-fait.

Touaille, *n. f.* V. *Essuiemain*.

Touchant, *prép.* V. *Concernant*.

Touchant, *adj.* V. *Triste*, 4. *div.* — affectueux, insinuant, onctueux, passionné, pathétique, pénétrant, plein d'onction.

Touche, *n. f.* indice, marque, signe — aiguille, style—expression, faire, manière propre d'un écrivain ou d'un peintre.

Toucher, *v.* V. *Tâter* — être contigu, proche, voisin—recevoir, recouvrer — atteindre, joindre — aborder, arriver, mouiller, parvenir — choquer, frapper, heurter—tenir à, être

allié — appartenir, avoir rapport, concerner, dépendre,
regarder — exprimer, rendre
— affecter, animer, attendrir,
ébranler, émouvoir, exciter,
remuer, rendre sensible.

TOUCHER, *n. m.* V. *Tact.*

AU TOUCHER, *phr. adv.* au
manier.

TOUE, *n. f.* V. *Barque.*

TOUER, *v.* V. *Remorquer.*

TOUVAN, *n. m.* V. *Révolin.*

TOUFFE, *n. f.* berceau, bouquet d'arbres, petit bosquet —
V. *Huppe.*

TOUFFU, *adj.* bien garni de
feuilles, compacte, épais, feuillu, ombragé, serré.

TOUJOURS, *adv.* à jamais, à
perpétuité, continuellement,
éternellement, sans cesse, sans
discontinuation, sans fin, sans
interruption, sans relâche —
cependant, en attendant, pendant ce temps-là.

TOUPET, *n. m.* bouquet, huppe, touffe de cheveux, toupil-
lon — boutade, emportement,
fougue, mouvement de mau-
vaise humeur.

TOUR, *n. f.* clocher.

TOUR, *n. m.* mouvement circulaire, mouvement en rond —
V. *Tournée* — cercle, circonférence, circuit, contour, enceinte, périphérie, pourtour —
circonvolution — bande, bord,
bordure, cadre, encadrement,
instrument, machine, métier
pour façonner en rond diverses
matières — armoire, boîte
ronde et tournante dans l'épaisseur d'un mur — révolution,
vicissitude — ordre, rang, retour périodique, succession,
suite — action, manière d'agir,
procédé, trait—attrape, piège,
ruse, subtilité, supercherie,
tromperie—arrangement, construction, disposition, ordre

des mots et des phrases —V.
Tournure, 2. *div.*

TOUR A TOUR, *phr. adv.* alternativement, chacun à son tour,
l'un après l'autre, par ordre,
selon le rang, successivement
— mutuellement, réciproquement.

TOUR DE BÂTON, *n. m.* concussion sourde, émolument frauduleux, exaction secrète, friponnerie obscure, gain illicite,
profit caché, vol coloré.

TOURBILLON, *n. m.* V. *Siphon.*

TOURELLE, *n. f.* petit clocher,
petite tour. V. *Échauguette.*

TOURILLON, *n. m.* gros pivot,
pivot tournant.

TOURMENT, *n. m.* V. *Torture.*

TOURMENTANT, *adj.* affligeant,
fatigant, gênant, inquiétant,
insoutenable, insupportable,
onéreux. V. *Déplaisant.*

TOURMENTE, *n. f.* grosse mer.
V. *Ouragan.*

TOURMENTER, *v.* appliquer à
la question, donner la torture,
faire souffrir, gêner, mettre à
la torture — agiter, branler,
émouvoir, mouvoir, pousser,
remuer, secouer — donner de
la peine, donner de l'exercice
— affliger, causer du tourment, déplaire, embarrasser,
lutiner. V. *Incommoder.* V. *Molester.*

SE TOURMENTER, *v.* se chagriner, se désoler, se faire des
peines, s'inquiéter — prendre
beaucoup de peine, se donner
beaucoup de soin, se fatiguer,
s'empresser.

TOURMENTEUX, *adj.* tempê-
tueux. V. *Orageux.*

TOURNANT, *n. m.* coin, coude,
courbure, détour, lieu où l'on
tourne — abime, gouffre, tourbillon d'eau.

TOURNÉE, *n. f.* course, patrouille, promenade, ronde, tour, visite, voyage.

TOURNEMAIN, n. m. clin d'œil, instant, minute, moment, très peu de temps.

TOURNER, v. agiter circulairement, mouvoir en rond — aller circulairement, circuler, se mouvoir en rond — aller çà et là, faire le tour, parcourir — pirouetter. rôder, tournoyer, vaguer, voltiger — détourner, remorquer, touer — changer, déranger, mettre à l'envers, mettre à rebours, renverser — changer de nature, changer de sens — arrondir, façonner au tour, faire au tour, rendre rond, travailler au tour — conduire, diriger, disposer, dresser, former, gouverner, instruire, manier — ajuster, arranger, donner un air, donner une tournure, donner un tour, s'aigrir, s'altérer, se corrompre, se dénaturer, se gâter.

TOURNER CASAQUE, v. changer de parti, lâcher le pied, tourner le dos — se dédire, se désister — apostasier, déserter, quitter.

TOURNEUR, n. m. artisan, artiste, ouvrier qui fait des ouvrages au tour.

TOURNIQUET, n. m. croix tournante, moulinet, petite barrière mobile sur un pivot fixe.

TOURNOI, n. m. combat d'exercice, combat simulé, divertissement guerrier, fête militaire, représentation de différents combats.

TOURNOIEMENT, n. m. V. Rotation — étourdissement, trouble du cerveau, vapeur, vertige.

TOURNOYER, v. aller et venir de côté et d'autre, être dans un mouvement perpétuel, faire plusieurs tours, pirouetter, rô-

der, tourner, voltiger de place en place — V. Tergiverser.

TOURNURE, n. f. façon d'agir, manière de présenter une chose, méthode de conduite, procédé, tour — élocution, expression, façon de dire, manière de s'exprimer, style.

TOUSSER, v. avoir la toux, être enrhumé.

TOUT, adj. complet, entier, général, total, universel — chacun, chaque.

TOUT, n. m. V. Total, n. m.

TOUT COMPTÉ, TOUT RABATTU, phr. adv. après avoir tout pesé, tout bien considéré, tout bien examiné, toutes compensations faites.

TOUT, adv. absolument, complètement, entièrement, en tout, pleinement, totalement, tout-à-fait.

APRÈS TOUT, phr. adv. à la fin, au reste, au surplus, bref, enfin, en un mot, finalement, quoi qu'il en soit.

DU TOUT, phr. adv. V. Nullement.

EN TOUT, phr. adv. sans rien omettre, tout compris.

EN TOUT ET PARTOUT, phr. adv. entièrement, pleinement, sans exception, sans réserve, totalement.

TOUTEFOIS, adv. V. Néanmoins.

TOUTE-PUISSANCE, n. f. autorité souveraine, pouvoir absolu sur tout, puissance illimitée, puissance infinie, puissance sans bornes.

TOUT-PUISSANT, adj. à qui rien n'est impossible, dont la puissance est infinie, qui peut tout — ayant plein pouvoir, ayant un grand pouvoir, jouissant d'un grand crédit.

TOUTOU, n. m. petit chien, roquet.

TRACAS, *n. m.* obstacle. V. *Trouble* — peine, trouble, tumulte — agitation, bruit, complication d'affaires, mouvement.

TRACASSER, *v.* aller et venir, être dans un mouvement perpétuel, s'agiter, s'intriguer. V. *se Tourmenter* — causer du chagrin, chagriner, donner des affaires, faire des difficultés, fatiguer, inquiéter, susciter des embarras, tourmenter.

TRACASSERIE, *n. f.* chicane, chicanerie, contestation, dispute mal fondée, mauvais incident, méchante subtilité, méchant procédé, querelle d'Allemand, sophisme — discours malin, propos qui tend à brouiller.

TRACASSIER, *n. m.* V. *Chicanier.* V. *Brouillon, adj.*

TRACE, *n. f.* V. *Vestige* — alignement, mesure — conduite, exemple, modèle.

TRACEMENT, *n. m.* distribution, division, partage — V. *Délinéation.*

TRACER, *v.* V. *Dessiner* — donner des idées, faire connoître, montrer — décrire, dépeindre, peindre, représenter.

TRADITION, *n. f.* V. *Livraison* — doctrine venue de nos pères, documents transmis de main en main, enseignement soutenu depuis les ancêtres — histoire, renommée — bruit qui court, ouï-dire — V. *Transmission.*

TRADITIONNEL, *adj.* appartenant à la tradition, appuyé sur la tradition, autorisé par la tradition, enseigné par la tradition, propre de la tradition, relatif à la tradition, transmis de main en main, transmis par tradition.

TRADUCTEUR, *n. m.* celui qui traduit, interprète, dragoman, drogman, trucheman.

TRADUCTION, *n. f.* explication, V. *Interprétation.*

TRADUIRE, *v.* expliquer, interpréter, mettre, tourner en une autre langue — conduire, mener, transférer, transporter, — appeler, citer, faire comparoître.

TRAFIC, *n. m.* commerce, débit, échange, marchandise, négoce, vente.

TRAFIQUABLE, *adj.* commerçable, dont on peut faire trafic, négociable, qu'on peut trafiquer.

TRAFIQUANT, *n. m.* V. *Négociant.*

TRAFIQUER, *v.* commercer, exercer la marchandise, faire le commerce, faire le négoce, faire le trafic, négocier, vendre.

TRAGÉDIE, *n. f.* poème dramatique représentant une action grande et sérieuse entre des personnes illustres — accident cruel, aventure sanglante, évènement funeste.

TRAGI-COMIQUE, *adj.* mêlé de tragique et de comique, mipartie de grave et de badin, de sérieux et de plaisant, de triste et de gai.

TRAGIQUE, *adj.* appartenant, convenable, propre, relatif à la tragédie — V. *Funeste.*

TRAGIQUEMENT, *adv.* V. *Funestement.*

TRAHIR, *v.* abandonner, apostasier, délaisser, déserter, manquer de foi, manquer de parole, quitter, tourner le dos, tromper — déceler, découvrir, faire connoître, laisser voir, manifester, mettre au jour, révéler un secret à mauvaise intention.

TRAHISON, *n. f.* V. *Perfidie.*

TRAILLE, *n. f.* bac, bateau pour traverser les grandes rivières, ponton, pont volant.

TRAIN, *n. m.* allure, démarche, manière d'aller, manière de marcher, marcher, pas — empreinte, impression, marque, piste, trace, vestige — attirail, cortège, domestiques, équipage, gens, laquais, suite d'un seigneur — brancard, charpente, charronnage qui porte le corps d'un carrosse ou d'un chariot — V. *Tintamarre* — canaille, gens de mauvaise vie, gueusaille, conduite, façon d'agir, manière de vivre — courant, cours des affaires.

EN TRAIN, *phr. adv.* en action, en mouvement — en bonne disposition, en gaîté, en joie.

TRAÎNANT, *adj.* qui pend jusqu'à terre, qui traîne à terre — convalescent, languissant. V. *Maladif* — ennuyeux, fade, froid, insipide, lâche, languissant, lourd, manquant d'énergie, pesant, qui est sans vivacité.

TRAÎNEAU, *n. m.* char, chariot, voiture sans roues — filet, lacet, lacs, rêts.

TRAÎNÉE, *n. f.* épanchement en long, file, longue suite — piste, trace, vestige.

TRAÎNE-POTENCE, *n. m.* bandit.

TRAÎNER, *v.* amener, attirer, emmener, entraîner, mener à sa suite, mener derrière soi; tirer, tirer après soi — chicaner, incidenter, tirer en longueur. V. *Différer* — être en langueur, languir, manquer de forces — pendre jusqu'à terre.

SE TRAÎNER; *v.* se couler adroitement, se glisser en rampant — avoir peine à marcher, marcher avec peine, marcher difficilement.

TRAÎNEUR, *n. m.* soldat resté derrière sa troupe — maraudeur, pillard, pilleur — V. *Lambin.*

TRAIRE, *v.* attirer dehors, extraire, faire sortir, tirer le lait.

TRAIT, *n. m.* V. *Dard*, attache, courroie, corde, cordon, guide, laisse, lanière, longe — ligne tracée à la plume — crayon, esquisse, linéament — acte, action, office bon ou mauvais — bon mot, pensée saillante, réflexion frappante — coup de langue, médisance. V. *Brocard* — V. *Passage*, 2e div.

TOUT D'UN TRAIT, *phr. adv.* à la fois, d'un seul coup, en une seule fois, sans discontinuation, sans interruption, sans s'arrêter, sans se reposer, sans se reprendre, tout de suite, tout d'un coup, tout d'une haleine.

TRAIT POUR TRAIT, *phr. adv.* avec fidélité, conformément à la vérité, d'une manière exacte, d'une manière fidèle, exactement, fidèlement, régulièrement, sans altérer le moindre trait, sans manquer un trait.

TRAITABLE, *adj.* abordable, accessible, accommodant, affable, aisé dans le commerce, bon, complaisant, doux, entendant raison, facile, honnête, maniable, obligeant — docile, flexible, obéissant, soumis, souple, susceptible d'instruction — V. *Ductile.* V. *Malléable.*

TRAITANT, *n. m.* fermier général, financier, maltôtier, partisan.

TRAITE, *n. f.* chemin, distance, espace, étendue, intervalle, route parcourue sans s'arrêter — chariage, charois, enlèvement, exportation, levée, sortie, transport — lettre de change, négoce, négociation, trafic — barrage, douane, droit, impôt, péage, pontenage.

TRAITÉ, *n. m.* discussion

31

dissertation, écrit, exposition raisonnée, livre, ouvrage sur quelque objet particulier—clause, conditions. V. *Accord*, 3e div. engagement, négociation, paction, promesse—V. *Alliance*.

TRAITEMENT, n. m. accueil, réception — cure, pansement, soin.

TRAITER, v. agiter une matière, discourir, discuter, disserter, écrire, faire un traité, parler, raisonner sur quelque objet—arrêter, capituler, composer, contracter, convenir ensemble, faire des conventions, négocier, pactiser, promettre, s'accommoder, s'accorder, se concilier, s'engager, stipuler, transiger—agir, en user de quelque manière, vivre—avoir soin, médicamenter, médeciner, panser—donner un titre, nommer, qualifier — donner à manger, faire bonne chère. V. *Régaler*.

TRAITEUR, n. m. aubergiste, cuisinier, restaurateur, rôtisseur.

TRAÎTRE, sse, adj. manquant de foi, qui se joue des serments, trompeur. V. *Parjure* — V. *Insidieux* — V. *Pestard*.

TRAÎTREUSEMENT, adv. avec déloyauté, avec perfidie, déloyalement, de mauvaise foi, d'une manière traîtresse, infidèlement, perfidement.

TRAJET, n. m. course, passage, traverse, traversée, voyage.

TRAME, n. f. enchainement, enchaînure, liaison — cours, durée, fil, longueur de la vie — machination. V. *Cabale*. V. *Manigance*—embûche secrète, piége.

TRAMER, v. dresser des piéges, faire des menées, manigancer, préparer des embûches, projeter sourdement. V. *Cabaler*.

TRAMONTANE, n. f. aquilon, bise, borée, vent de nord, vent du septentrion—étoile polaire — contrée boréale, pays septentrionaux, plage hyperboréenne, région septentrionale — jugement, présence d'esprit, raison, tranquillité d'âme.

TRANCHANT, adj. coupant, taillant. V. *Affilé* — contrastant, différent, divers, opposé —décisif, imposant, péremptoire.

TRANCHANT, n. m. délié, fil, partie coupante, taillant, taille. V. *Dalle*, fragment. V. *Morceau*.

TRANCHE, n. f. V. *Dalle*, fragment. V. *Morceau*.

TRANCHÉE, n. f. chemin creusé en terre, fosse, fossé, ouverture en terre—colique, douleur violente d'entrailles.

TRANCHE-LARD, n. m. couteau de cuisine, grand couteau.

TRANCHER, v. couper, séparer, tailler — décider, définir, déterminer, prononcer, résoudre, déclarer hardiment, parler en maitre, prendre un ton d'autorité — abréger, finir, terminer—contraster, être différent, être en opposition, être opposé.

TRANQUILLE, adj. apathique, calme, doux, modéré, paisible, posé, rassis, serein.

TRANQUILLEMENT, adj. avec tranquillité, de sens rassis, d'une manière tranquille, modérément. V. *Paisiblement*.

TRANQUILLISER, v. pacifier, V. *Calmer*—arrêter, réprimer, retenir.

TRANQUILLITÉ, n. f. apathie, calme, douceur, modération, paix, repos, sécurité, sérénité.

TRANSACTION, n. f. clause, paction. V. *Accord*.

TRANSCENDANCE, n. f. V. *Prééminence*.

TRANSCENDANT, *adj.* merveilleux. V. *Supérieur.*

TRANSCRIPTION, *n. f.* copie, expédition, extrait, mise au net.

TRANSCRIRE, *v.* copier, décrire, expédier, extraire, mettre au net.

TRANSE, *n. f.* anxiété, inquiétude. V. *Effroi.*

TRANSFÉRER, *v.* conduire, faire passer, mener, porter, transporter ailleurs — déplacer, remettre à un autre jour.

TRANSFIGURATION, *n. f.* changement de figure, changement de forme, métamorphose, transformation.

TRANSFIGURER, *v.* changer la figure, changer la forme, donner une autre figure, donner une autre forme, faire prendre une autre figure ou une autre forme, métamorphoser, revêtir d'une autre forme, transformer.

TRANSFORMATION, *n. f.* V. *Transfiguration* — déguisement, travestissement.

TRANSFORMER, *v.* V. *Transfigurer* — déguiser, travestir.

TRANSFUGE, *n. m.* apostat, renégat. V. *Fuyard.*

TRANSGRESSER, *v.* V. *Contrevenir.*

TRANSGRESSEUR, *n. m.* infracteur, prévaricateur, violateur. V. *Contrevenant.*

TRANSGRESSION, *n. f.* délit, inobservance. V. *Infraction.*

TRANSIGER, *v.* passer contrat. V. *Traiter.*

TRANSI, *adj.* engourdi, frissonnant, gelé, morfondu, pénétré de froid, saisi de froid, tremblant — effrayé, interdit, pénétré de crainte, saisi de frayeur, tremblant.

TRANSIR, *v.* engourdir, morfondre, pénétrer de froid — effrayer, interdire, pénétrer de crainte, saisir de frayeur — être pénétré de froid, être saisi de froid, frissonner, geler, trembler — être effrayé, interdit, pénétré de crainte, saisi de frayeur.

TRANSISSEMENT, *n. m.* engourdissement, frisson, frissonnement, froid, tremblement — V. *Saisissement.*

TRANSIT, *n. m.* congé, exemption de droit de passage, ordre de laisser passer sans frais, passavant.

TRANSITION, *n. f.* connexion, liaison, passage d'un discours à un autre.

TRANSITOIRE, *adj.* V. *Passager.*

TRANSLATION, *n. f.* V. *Transmigration* — V. *Transmission.*

TRANSMETTRE, *v.* V. *Transporter*, 2. *div.* — faire passer, transférer.

TRANSMIGRATION, *n. f.* changement de lieu, passage dans un autre lieu, translation, transplantation, transport — métempsycose.

TRANSMISSIBLE, *adj.* aliénable, libre, transportable.

TRANSMISSION, *n. f.* remise. V. *Vente.*

TRANSMUER, *v.* V. *Métamorphoser.*

TRANSMUTATION, *n. f.* conversion d'une chose en une autre. V. *Transfiguration* — déguisement, travestissement.

TRANSPARENCE, *n. f.* V. *Limpidité.*

TRANSPARENT, *adj.* V. *Limpide.*

TRANSPERCER, *v.* percer de part en part — blesser, choquer, déchirer l'âme, pénétrer le cœur, toucher vivement. V. *Chagriner.*

TRANSPIRATION, *n. f.* V. *Diaphorèse.*

TRANSPIRER, *v.* fluer, passer, s'écouler, s'évaporer, s'exhaler, sortir, suinter par les pores — être en sueur, être moite, suer

— commencer à être connu , à s'ébruiter , à se découvrir, à se laisser pénétrer.

TRANSPLANTATION, n. f. déplacement, enlèvement, transport d'une plante pour être plantée ailleurs — V. *Transmigration.*

TRANSPLANTER, v. déplacer, déraciner, enlever, transporter une plante pour la planter ailleurs.

SE TRANSPLANTER, v. changer de lieu ou de climat, s'établir, se transférer, se transporter ailleurs.

TRANSPORT, n. m. charroi, port, voiture—déménagement, enlèvement.—V. *Transmission.* — V. *Délire.* — enthousiasme, fougue, saillie, verve. V. *Emportement.*

TRANSPORTER, v. charrier, déménager, emmener, emporter, enlever, faire passer, porter ailleurs, voiturer — animer, échauffer, enflammer, toucher vivement — abandonner, aliéner, céder, donner, laisser, livrer, transférer, transmettre.

SE TRANSPORTER , v. aller , se rendre—prendre feu, s'animer, s'échauffer, s'emporter, s'enflammer.

TRANSPOSER, v. changer de place, déplacer, déranger , intervertir l'ordre , mettre hors de son rang, transporter ailleurs.

TRANSPOSITION , n. f. changement de place, déplacement , dérangement, interversion, renversement d'ordre.

TRANSVASER, v. *Survider.*

TRANSVERSAL, adj. biaisant, diagonal , oblique.

TRANSVERSALEMENT, adv. de biais, de côté , en travers , diagonalement, obliquement.

TRAPE , n. f. porte horizon-

tale — fenêtre en coulisse. — V. *Trébuchet,* 1. *div.*

TRAPU, adj. gros et court, ramassé.

TRAQUENARD, n. m. amble , entrepas.—V. *Trébuchet,* 2. *div.*

TRAQUER, v. enceindre, entourer, environner, investir , pousser, presser, resserrer.

TRAQUET, n. m. V. *Trébuchet.*

TRAVAIL, n. m. application , exercice , fatigue , industrie , labeur, occupation, peine — composition , écrit, livre , œuvre , ouvrage, production d'esprit — douleurs d'enfantement, mal d'enfant — machine pour assujettir les chevaux vicieux.

TRAVAILLÉ, adj. agité, harassé, outré, rendu. V. *Portrait* — arqué, courbé , déboîté, déjeté , tourmenté.

TRAVAILLER, v. s'appliquer, s'exercer, s'occuper — avoir de l'occupation, fatiguer, peiner, prendre de la peine — opérer, ouvrer — exercer, façonner, former, manier — causer de la peine , faire souffrir , tourmenter. — V. *se Déjeter* — bouillonner, fermenter, s'agiter, s'échauffer, se décomposer.

TRAVAILLEUR, n. m. V. *Ouvrier* — pionnier, sapeur.

TRAVERS, n. m. largeur — biais, obliquité — défaut de justesse, gaucherie—dérèglement, désordre , fausse démarche. — V. *Bizarrerie.*

A TRAVERS, phr. adv. au travers, de part en part, par le milieu—entre , parmi.

DE TRAVERS, phr. adv. de biais, de côté, de mauvais sens, d'une manière oblique, en biaisant , en penchant, obliquement. — V. *Maladroitement.*

EN TRAVERS, phr. adv. V. *Transversalement.*

TRAVERSE, n. f. pièce qui

croise, qui traverse — accroc, accroche. V. *Opposition*, infortune. — V. *Affliction.* — V. *Trajet.*

TRAVERSÉ, *adj.* barré, croisé, entrelacé — pénétré, percé de part en part, transpercé. — V. *Traverser*, 6. *div.* — mouillé, pénétré d'eau, trempé, saucé.

TRAVERSÉE, *n. f.* V. *Trajet.*

TRAVERSER, *v.* barrer, croiser, entrelacer — passer au milieu, passer au travers — aller au delà, aller plus loin, passer outre — aller d'un bout à l'autre, parcourir, voyager — pénétrer, percer de part en part, transpercer — accrocher, contrarier, contrecarrer, contredire, contrepointer, empêcher, être contraire, faire obstacle, faire opposition, s'opposer, troubler.

TRAVERSIN, *n. m.* chevet, coussin. V. *Oreiller.*

TRAVESTIR, *v.* changer, déguiser, farder, frelater, masquer, métamorphoser, rendre méconnoissable, transformer—contrefaire, parodier, traduire burlesquement.

SE TRAVESTIR, *v.* changer son costume, prendre une autre forme, se déguiser, se masquer, se métamorphoser, se revêtir d'un masque — cacher son jeu, dissimuler, feindre, se contrefaire, s'envelopper, user de dissimulation.

TRAVESTISSEMENT, *n. m.* V. *Déguisement.* — V. *Parodie.*

TRAYON, *n. m.* bout du pis, mamelon, pis, tète, tétin, tétine.

TRÉBUCHANT, *adj.* dont le poids est juste, loyal, qui est de poids.

TRÉBUCHEMENT, *n. m.* chute, choc du pied, faux pas.

TRÉBUCHER, *v.* V. *Broncher* — être plus pesant, l'emporter,

peser davantage, rompre l'équilibre.

TRÉBUCHET, *n. m.* petite balance — embûche, leurre, panneau, piége, ratière, souricière, trape, traquenard, traquet.

TREILLAGE, *n. m.* espalier, palissade. — V. *Treillis.*

TREILLE, *n. f.* berceau cintré, berceau en plafond, cabinet de verdure, tonnelle.

TREILLIS, *n. m.* barreaux, croisées, grillage, grille, jalousie, treillage — toile gommée et lissée — toile à claire-voie, toile grossière.

TREILLISSER, *v.* mettre un treillis. V. *Griller*, 4. *div.*

TREMBLANT, *adj.* V. *Chancelant*, frissonnant. V. *Craintif.*

TREMBLEMENT, *n. m.* agitation, commotion, ébranlement, secousse — alarme, effroi, palpitation. V. *Appréhension* — battement, cadence précipitée.

TREMBLER, *v.* V. *Vaciller* — appréhender, avoir peur, craindre vivement, être effrayé, frémir — frissonner, greloter, trembloter — être agité, ébranlé, secoué.

TREMBLEUR, *n. m.* V. *Craintif* — anabaptiste, quacre, quaker.

TRÉMOUSSEMENT, *n. m.* agitation, émotion, frétillement.

SE TRÉMOUSSER, *v.* frétiller, s'agiter, se remuer vivement — faire beaucoup de démarches, prendre des soins, se donner beaucoup de mouvement, se mettre en peine, s'empresser, s'intriguer.

TREMPE, *n. f.* caractère, constitution, génie, humeur, inclination, naturel, qualité, tempérament.

TREMPER, *v.* pénétrer, saucer. V. *Mouiller* — donner la trempe au fer, le durcir — conniver. V. *Participer.*

TRÉPAS, n. m. décès, mort, trépassement.

TRÉPASSER, v. décéder, expirer, mourir, passer, rendre l'âme, rendre le dernier soupir, rendre l'esprit.

TRÉPIDATION, n. f. balancement, oscillation, tremblement.

TRÉPIGNER, v. V. Piétiner.

TRÈS, adv. beaucoup, bien, extrêmement, fort, grandement.

TRÉSOR, n. m. amas de choses précieuses, biens accumulés, épargne, richesses—amas, collection, recueil — choses excellentes, précieuses, rares, utiles.

TRESSAILLEMENT, n. m. agitation, commotion, convulsion, émotion subite, mouvement convulsif, tremblement, trémoussement.

TRESSAILLI, adj. déplacé, dérangé, sorti de sa place.

TRESSAILLIR, v. être agité, ému, secoué subitement.

TRESSE, n. f. V. Tissu.

TRESSER, v. cordonner, entrelacer, faire un tissu, tisser.

TRÉTEAU, n. m. appui, chevalet, soutien.

TRÈVE, n. f. cessation d'hostilités.—V. Armistice, adoucissement, allègement, délai, quartier, relâche, répit, soulagement, suspension de peine.

TRIACLEUR, n. m. vendeur d'orviétan. V. Baladin — babillard, discoureur, enjôleur, grand parleur, hâbleur, séducteur, trompeur.

TRIAGE, n. m. V. Elite.

TRIBADE, n. f. femme débauchée, impudique.

TRIBU, n. f. division, partie, portion distinguée d'un peuple — descendance, famille, génération, postérité d'un des douze patriarches.

TRIBULATION, n. f. V. Affliction.

TRIBUNAL, n. m. siége du juge; du magistrat — compétence, juridiction — barreau, justice.

TRIBUNE, n. f. banc, lieu, siége élevé — galerie élevée, jubé.

TRIBUT, n. m. devoir, hommage, redevance — contribution, cotisation, imposition, impôt, subside, subvention, taille.

TRIBUTAIRE, adj. V. Taillable. — V. Vassal.

TRICHER, v. duper, frauder, friponner, jouer de mauvaise foi, subtiliser, tromper au jeu.

TRICHERIE, n. f. artifice, duperie, escamoterie, escroquerie, filouterie, fraude, friponnerie, ruse, subtilité, supercherie, surprise, tromperie, vol subtil.

TRICHEUR, n. m. V. Trompeur.

TRICOISES, n. f. pl. V. Tenaille.

TRICOT, n. m. bâton, gourdin, rondin — ouvrage fait en mailles avec des aiguilles, tricotage.

TRIENNAL, adj. administré, exercé, géré, occupé, rempli pendant trois ans — administrant, exerçant, gérant, occupant, remplissant les fonctions, pendant trois ans.

TRIENNALITÉ, n. f. administration, exercice, fonction, gestion qui dure trois ans.

TRIER, v. choisir, élire, faire choix, mettre à part; préférer, séparer — éplucher; monder, nettoyer.

TRIGAUD, n. m. V. Chicanier.

TRIGAUDER, v. biaiser, chipoter, pointiller, V. *Chicaner.*

TRICAUDERIE, *n. f.* barguigna-ge, chicane, chicanerie, finas-serie, mauvaise difficulté, poin-tillerie, tracasserie, vétille.

TRIMESTRE, *n. m.* durée, es-pace, intervalle, période de trois mois, quartier.

TRINGLE, *n. f.* baguette, verge.

TRIOMPHAL, *adj.* appartenant au triomphe, concernant le triomphe, destiné au triomphe, digne du triomphe, propre au triomphe, relatif au triomphe.

TRIOMPHANT, *adj.* triompha-teur, vainqueur, victorieux — V. *Somptueux.*

TRIOMPHE, *n. m.* entrée triom-phale, ovation — avantage rem-porté, gain d'une bataille, heureux succès, supériorité, victoire.

TRIOMPHE, *n. f.* V. *Atout.*

TRIOMPHER, *v.* entrer en triom-phe, faire une entrée triom-phale, recevoir les honneurs du triomphe — surpasser. V. *Vaincre* — avoir la supériorité, exceller, l'emporter, prévaloir — avoir une grande joie, être comblé, content, extasié, joyeux, ravi de joie, satisfait — V. *se Targuer.*

TRIPAILLE, TRIPE, *nn. ff.* V. *Entrailles.*

TRIPOT, *n. m.* jeu de paume, salle de paume — académie de jeu, maison de jeu.

TRIPOTAGE, *n. m.* confusion, désordre, mélange confus, mélange de mauvais goût, mé-lange malpropre, réunion de choses disparates — bousillage, fagotage, malfaçon, mauvaise conduite, mauvaise manœuvre, mauvais ouvrage — trame. V. *Manigance.*

TRIPOTER, *v.* confondre, mé-langer, mêler sans goût, réunir des choses disparates — bousil-ler, fagoter, gâter, manœu-vrer gauchement, mener mal — V. *Manigancer.*

TRISTE, *adj.* abattu, accablé de douleur, affligé, attristé, chagrin, consterné, contristé, désolé — V. *Morne* — funèbre, lugubre — affligeant, chagri-nant, contristant, déplorable, désolant, fâcheux, funeste, mal-heureux, mortifiant — dégoû-tant, déplaisant, ennuyeux, fastidieux, maussade — obscur, sombre.

TRISTEMENT, *adv.* avec tris-tesse, d'une manière triste — déplorablement, d'une manière affligeante, d'une manière fâ-cheuse, d'une manière mortifi-ante, malheureusement — d'une manière dégoûtante, d'une manière ennuyeuse, en-nuyeusement, fastidieusement, maussadement — dans les té-nèbres, dans l'obscurité, obs-curément.

TRISTESSE, *n. f.* abattement, chagrin, consternation, désola-tion, douleur — humeur sombre, mélancolie, misanthropie, taci-turnité, déplaisance, déplaisir, ennui, fâcherie, langueur.

TRITURATION, *n. f.* broyement, pulvérisation, réduction en par-ties très minces.

TRITURER, *v.* V. *Broyer.*

TRIVIAL, *adj.* commun, ordi-naire, populaire, rebattu, usé, vulgaire — bas, ignoble.

TRIVIALEMENT, *adv.* d'une manière triviale, proverbiale-ment — bassement, d'une ma-nière basse, d'une manière igno-ble, ignoblement.

TRIVIALITÉ, *n. f.* discours trivial, expression vulgaire, mot commun, phrase popu-laire, propos rebattu, tour usé.

TROC, *n. m.* V. *Echange.*

TROGNE, n. f. face bourgeonnée, boursouflée, boutonnée, joufflue, maflée, rebondie, rubiconde.

TROGNON, n. m. le cœur d'un fruit, le milieu d'un fruit, reste dédaigné d'un fruit — la tige, le montant d'un chou ou d'une laitue — jeune fille, petite fille.

TROMBE, n. f. V. Siphon.

TROMPE, n. f. clairon, cor, trompette — proboscide.

TROMPER, v. abuser, affronter, amuser, circonvenir, décevoir, duper, fourber, frauder, frustrer, séduire, suborner, surprendre, trahir, tricher.

se TROMPER, v. être dans l'erreur, faillir, se mécompter. V. s'Egarer.

TROMPERIE, n. f. circonvention, déguisement, dissimulation, duperie, enjôlerie, feinte, imposture, séduction, trahison. V. Supercherie.

TROMPETER, v. annoncer, crier, déclarer, divulguer, faire savoir, manifester, publier à son de trompe — déceler, découvrir, divulguer, prôner, rendre public.

TROMPEUR, adj. caché, déguisé, dissimulé, falsifié, faux, frelaté.

TROMPEUR, n. m. dupeur, escamoteur, escroc, filou, fraudeur, fripon, imposteur, séducteur, suborneur, traître, tricheur.

TRONC, n. m. le gros de l'arbre, souche, tige — boîte, coffre, coffret, tire-lire — ligne directe des ascendants et des descendants.

TRONÇON, n. m. éclat, lambeau, morceau, rouelle. V. Tranche.

TRONÇONNER, v. couper, diviser, partager, tailler, trancher par tronçons.

TRÔNE, n. m. chaire, siège élevé, tribunal, tribune — autorité souveraine, domination, empire, pouvoir suprême, puissance souveraine, royauté, souveraineté.

TRONQUER, v. amputer, couper, enlever, ôter, retrancher, soustraire, supprimer une partie — châtrer, défigurer, estropier, gâter, mutiler, rogner.

TROP, n. m. excédant, excès, exubérance, rédondance, résidu, restant, superflu, superfluité, surabondance, surplus.

TROP, adv. à l'excès, à outrance, avec excès, démesurément, d'une manière excessive, excessivement, exorbitamment, outrément, outre mesure, plus qu'il ne faut.

TROPHÉE, n. m. amas d'armes — dépouille d'un ennemi — triomphe, victoire.

TROQUER, v. V. Echanger.

TROTTER, v. aller au trot, aller le trot — aller vite, courir, doubler le pas, faire diligence, galoper — marcher beaucoup. V. Valeter.

TROTTINER, v. aller, courir, marcher à petits pas.

TROTTOIR, n. m. chemin de pied, promenoir, voie élevée.

TROU, n. m. ouverture, enfoncement, excavation, repaire. V. Caverne — carrière, marnière, mine, minière, puits — petite chambre, petite retraite, petit logement.

TROUBLE, adj. brouillé, confus, louche, nébuleux, obscur, sombre, ténébreux.

TROUBLE, n. m. V. Tapage — confusion, désordre, embarras, embrouillement, mélange confus, renversement — agitation, crainte, effroi, émotion, inquiétude, saisissement, souci — V. *Altercation.*

TROUBLE-FÊTE, *n. m.* homme fâcheux, importun, incommode, indiscret, survenant mal à propos.

TROUBLER, *v.* brouiller, confondre, déranger, mêler, mettre en confusion, obscurcir — barbouiller, embarrasser, embrouiller — arrêter, empêcher la continuation, interrompre, rompre, suspendre — agiter, chagriner, embarrasser, inquiéter — aliéner, apporter du trouble, causer de la brouillerie, désunir, exciter du désordre, mettre en dissension.

TROUBLES, *n. m. pl.* émotions populaires, guerres civiles, insurrection, révolte, sédition, soulèvement.

TROUER, *v.* V. *Forer.*

TROUPE, *n. f.* bande, foule, multitude, nombre — assemblée, association, compagnie, société — armée, corps militaire, forces, gens de guerre, soldatesque.

TROUPEAU, *n. m.* bande, multitude, nombre, troupe de bestiaux.

TROUSSE, *n. f.* botte, faisceau, paquet — carquois — étui de barbier.

AUX TROUSSES, *phr. adv.* à la poursuite, à la suite, sur les talons, sur les traces.

EN TROUSSE, *phr. adv.* derrière soi, en croupe.

TROUSSEAU, *n. m.* petit faisceau, petit paquet, petite trousse — habits, hardes, linge, paquet de nippes, provision d'habillements.

TROUSSER, *v.* hausser, relever, replier — achever, compléter,

expédier, finir, terminer précipitamment.

TROUVAILLE, *n. f.* bonne fortune, découverte faite par hasard, rencontre heureuse.

TROUVER, *v.* découvrir, imaginer, inventer, rencontrer.

TRUCHEMAN, *n. m.* V. *Dragoman.*

TUANT, *adj.* accablant, assommant, désolant, ennuyeux à l'excès, excédant, fatigant, importun, incommode, pénible, tannant.

LE TU-AUTEM, *n. m.* le point important. V. *le Hic.*

TUBE, *n. m.* sarbacane. V. *Canal.*

TUBERCULE, *n. m.* V. *Tumeur.*

TUBÉROSITÉ, *n. f.* éminence, inégalité. V. *Tumeur.*

TUER, *v.* accabler, assommer, désoler, ennuyer à l'excès, excéder, fatiguer, grever, importuner, incommoder, peiner, tanner.

SE TUER, *v.* se défaire, se détruire, se donner la mort, se faire mourir, s'ôter la vie, peiner, se donner beaucoup de peine, se fatiguer, s'épuiser, s'excéder, se tourmenter.

TUERIE, *n. f.* lieu où l'on tue les animaux pour en vendre la chair — V. *Carnage.*

TUEUR, *n. m.* assassin, bretailleur, bretteur, coupe-jarret, feragut, ferrailleur, meurtrier, spadassin.

TUF, *n. m.* terre graveleuse, pierreuse, sèche.

TUFFIER, *adj.* graveleux, pierreux, sec, tenant du tuf.

TUILIER, *n. m.* faiseur de tuiles, ouvrier en tuiles — marchand de tuiles, vendeur de tuiles.

TUMÉFACTION, *n. f.* V. *Tumeur.*

TUMÉFIER, v. causer une tumeur, enfler, gonfler.

TUMEUR, n. f. élevure, enflure, excroissance, grosseur, loupe, tubercule, tubérosité.

TUMULTE, n. m. V. Tapage — agitation, émotion, mouvement. V. Emeute.

TUMULTUAIRE, adj. confus, illégal, irrégulier, précipité.

TUMULTUAIREMENT, adv. confusément, d'une façon tumultuaire, en confusion, en désordre, en foule, en hâte, illégalement, irrégulièrement, précipitamment, sans concert, sans ordre, sans règle.

TUMULTUEUSEMENT, adv. avec bruit, avec confusion, d'une manière tumultueuse, en désordre, en tumulte, séditieusement.

TUMULTUEUX, adj. bruyant, confus, désordonné, plein de trouble — emporté, séditieux.

TURBULEMMENT, adv. avec bruit, avec emportement, d'une manière turbulente, impétueusement, violemment, vivement.

TURBULENCE, n. f. V. Impétuosité.

TURBULENT, adj. brouillon, bruyant. V. Impétueux. V. Séditieux.

TURCIE, n. f. V. Môle, n. m.

TURLUPIN, n. m. bouffon froid, farceur insipide, mauvais plaisant.

TURLUPINADE, n. f. allusion basse, bouffonnerie insipide, mauvaise plaisanterie, mauvais jeu de mots.

TURLUPINER, v. faire de basses allusions, de mauvaises plaisanteries, de mauvais jeux de mots, des turlupinades — V. Railler.

TURPITUDE, n. f. V. Ignominie.

TUTÉLAIRE, adj. défenseur, gardien, patron, protecteur, surveillant.

TUTELLE, n. f. autorité, charge, commission, pouvoir de diriger les biens et la personne d'un mineur — défense, garde, protection, surveillance.

TUTEUR, n. m. V. Curateur.

TUTIE, n. f. fleur de cuivre, suie métallique.

TUYAU, n. m. égout, évier, gargouille.

TYMPANISER, v. dire hautement, divulguer, promulguer, publier, rendre public — blâmer, honnir, vilipender. V. Diffamer.

TYMPANITE, n. f. enflure du bas-ventre, hydropisie sèche.

TYMPANON, n. m. psaltérion.

TYPE, n. m. V. Original, 2. div. — V. Symbole — description, image, plan, représentation.

TYPIQUE, adj. V. Symbolique.

TYPOGRAPHE, n. m. imprimeur.

TYPOGRAPHIE, n. f. V. Imprimerie.

TYPOGRAPHIQUE, adj. appartenant à la typographie, propre de la typographie, relatif à la typographie.

TYRAN, n. m. monarque, prince, roi, souverain injuste — possesseur par violence, usurpateur — arabe, exacteur impitoyable, homme dur.

TYRANNIE, n. f. domination dure, empire cruel, gouvernement violent — autorité usurpée — empire, pouvoir irrésistible. V. Violence.

TYRANNIQUE, adj. barbare, cruel, dur, injuste, oppressif, violent.

TYRANNIQUEMENT, adv. barbarement, cruellement, d'une manière tyrannique, en tyran, injustement.

TYRANNISER, v. gourmander,

gouverner tyranniquement, maltraiter, tourmenter, traiter rudement, vexer — dominer, maîtriser, subjuguer.

U

ULCÉRATION, n. f. formation d'ulcère — aigreur, aliénation, aversion, dent, dépit, haine, indignation, indisposition, rancune, ressentiment.

ULCÈRE, n. m, blessure, ancienne, plaie ouverte.

ULCÉRÉ, adj. entamé, ouvert —couvert d'ulcères, plein d'ulcères—aigri.—V. Aigrir, chargé de crimes, pressé de remords.

ULCÉRER, v. causer un ulcère, entamer les chairs, ouvrir les chairs— aigrir, aliéner, animer, choquer, dépiter, indigner, indisposer, offenser, piquer.

ULTÉRIEUR, adj. plus avancé, plus éloigné, qui est au-delà, qui est plus en avant.

ULTRAMONTAIN, adj. habitant, né, placé, situé au-delà des Alpes — adopté, cru, défendu, reçu, soutenu au-delà des Alpes.

UN, adj. excluant la pluralité, seul, unique.

UN A UN, phr. adv. à part, en particulier, l'un après l'autre, séparément, successivement, tour à tour, un seul à chaque fois.

UNANIME, adj. accepté, accordé, adopté, arrêté, conclu, défini, désiré, déterminé, réglé, résolu, statué, voté par tous d'une commune voix — conforme, uni de sentiments.

UNANIMEMENT, adv. avec union, de concert, d'un com-

mun consentement, d'une commune voix, tout d'une voix.

UNANIMITÉ, n. f. accord général, conformité de sentiments, consentement général, consentement universel, réunion d'avis, union, vœu unanime.

UNI, adj. accouplé, assemblé, joint, lié — allié, associé, confédéré, ligué — conjoint, marié — aplani, dolé, égalisé, lisse, lissé, poli — égal, uniforme — V. Simple, dénué de parure, privé d'ornement.

UNIFORME, adj. V. Conforme — constant, invariable, persévérant, qui ne se dément point, toujours le même.

UNIFORMÉMENT, adv. avec uniformité, de même, d'une manière uniforme, également, pareillement, sans différence, semblablement — constamment, invariablement, persévéramment, sans se démentir.

UNIFORMITÉ, n. f. V. Egalité, rapport — conduite égale, constance, égalité invariable, persévérance, résolution soutenue, tenue.

UNIMENT, adv. d'une manière unie, également, pareillement, sans différence, sans varier, semblablement, uni — sans apprêt, sans façon, sans ornement, sans parure — à la bonne franquette, avec candeur, bonnement, d'une manière franche,

franchement, ingénuement, loyalement, naïvement, naturellement, rondement, sans détour,
sincérement.

UNION, *n. f.* accouplement.
V. *Assemblage*—société. V. *Confédération* — conjonction , hymen , lien conjugal , mariage
— accord , concorde , harmonie , intelligence , paix , unanimité.

UNIQUE, *adj.* seul — admirable, éminent, prééminent, rare,
singulier, suréminent.

UNIQUEMENT, *adv.* d'une façon
unique, exclusivement, singulièrement — au-dessus de tout,
plus que tout , préférablement
à tout.

UNIR, *v.* accoupler, assembler, joindre, lier, allier, associer, confédérer , liguer, réunir
— conjoindre , marier , mettre
dans les liens du mariage — accorder, concilier, mettre d'accord , mettre en intelligence —
aplanir, doler, égaler, égaliser,
lisser, polir, rendre égal , rendre uni.

UNISSON, *n. m.* accord, concordance, consonnance , convenance, unité de ton.

UNITÉ, *n. f.* exclusion de pluralité — uniformité. V. *Union*,
4. *div.*

UNIVERS, *n. m.* le monde entier, tous les êtres créés, toutes
les créatures — la terre , le
globe terrestre — le genre humain , tous les hommes.

UNIVERSALITÉ, *n. f.* V. *Généralité.*

UNIVERSEL, *adj.* œcuménique,
général, total — comprenant ,
embrassant , renfermant tout
— adopté, cru, professé, reçu ,
répandu partout, unanime.

UNIVERSELLEMENT, *adv.* généralement, sans exception, sans
réserve, totalement — en tout

lieu, partout — en général. V.
Ordinairement.

URBANITÉ, *n. f.* air galant ,
air gracieux , manière polie ,
ton de la bonne compagnie. V.
Courtoisie — V. *Atticisme.*

URGENT, *adj.* imminent, instant, pressant, pressé, qui ne
souffre point de retardement.

URINE, *n. f.* pissat.

URINER, *v.* décharger sa ves-
sie, faire de l'eau, lâcher de
l'eau, pisser.

URINEUX , *adj.* approchant de
la nature de l'urine, ayant une
odeur d'urine , sentant l'urine ,
tenant de l'urine.

URNE, *n. f.* cruche, pot, vase.

US, *n. m.* coutume , droit
coutumier, usage.

USAGE, *n. m.* V. *Us* — pratique reçue, pratique usitée —
manière de vivre, mode — accoutumance, façon ordinaire,
habitude, manière accoutumée
— avantage, profit, service ,
utilité — exercice, facilité acquise — emploi — droit d'user,
jouissance, maniement, possession , usufruit.

USÉ, *adj.* affoibli, amoindri,
dégradé , détérioré, émoussé ,
endommagé , gâté — absorbé ,
consommé, consumé, détruit,
dissipé , ruiné — avili , commun , passé de mode, trivial ,
vulgaire.

USER, *v.* affoiblir, amoindrir,
diminuer, émousser, faire perdre la force — absorber , consommer, consumer, détruire ,
dissiper , ruiner — dégrader ,
détériorer, endommager, gâter
— employer, faire servir, faire
usage de, ménager, mettre à
profit.

USITÉ, *adj.* admis, consacré
par l'usage, employé communément, ordinaire, pratiqué ordinairement, reçu dans l'usage.

USTENSILE, n. m. petit meuble de ménage, petit meuble de cuisine — approvisionnement, fourniture, provision, secours, subside que l'on doit aux troupes.

USTION, n. f. V. Cinération.

USUEL, adj. dont l'usage est commun, dont on se sert communément, employé ordinairement, ordinaire, passé en usage, usité.

USUFRUIT, n. m. droit d'user des fruits, jouissance des fruits, jouissance viagère, possession viagère.

USUFRUITIER, n. m. jouissant des fruits, possesseur à vie, possesseur du revenu, possesseur viager.

USURAIRE, adj. illégal, infecté d'usure, injuste, portant un trop gros intérêt.

USURAIREMENT, adv. avec usure, d'une manière usuraire, en usurier.

USURE, n. f. exaction outrée, extorsion illégale, gain illicite, intérêt excessif, profit illégitime.

USURIER, n. m. coupable d'usure, prêteur à intérêt, prêteur à usure, prêteur usuraire.

USURPATEUR, n. m. injuste possesseur, possesseur par violence, tyran, voleur.

USURPATION, n. f. appropriation injuste, détention illégitime, possession par violence, tyrannie, vol.

USURPER, v. envahir, occuper de force, prendre injustement, s'approprier illégitimement, s'arroger sans titre, s'emparer par violence, se saisir illégalement.

UTILE, adj. avantageux, commode, favorable, fructueux, lucratif, profitable.

UTILEMENT, adv. avantageusement, avec fruit, avec gain, avec lucre, avec profit, d'une manière utile, fructueusement.

UTILITÉ, n. f. V. Fruit.

V

VA, phr. ellipt. à la bonne heure, avec plaisir, cela va bien, d'accord, de tout mon cœur, je le veux bien, je tope, j'y consens, soit, tope, volontiers.

VACANCE, n. f. temps où une place n'a point de titulaire, n'est pas occupée, n'est pas remplie — cessation de travail, congé, féries, interruption d'exercice, repos, suspension d'occupation, vacations.

VACANT, adj. non occupé, non rempli, vide — dont le propriétaire est inconnu, non réclamé, non répété, non revendiqué — V. Désoccupé.

VACARME, n. m. V. Tintamarre.

VACATION, n. f. condition, état. V. Métier — heures employées, séance, temps employé — honoraire, paiement, rétribution, salaire du travail pendant une séance.

VACATIONS, n. f. pl. V. Vacance.

VACHE, n. f. génisse, taure.

VACHER, n. m. V. Bouvier.

VACHERIE, n. f. écurie, étable.

VACILLANT, adj. V. Chancelant.

VACILLATION, n. f. V. Perplexité.

VACILLER, v. branler, chanceler, n'être pas ferme. V. Douter.

VAGABOND, adj. coureur, errant çà et là, fugitif, gueux sans domicile, méchant garnement, vaurien qui court le pays.

VAGISSEMENT, n. m. cris, gémissements, pleurs des enfants.

VAGUE, n. f. V. Flot.

VAGUE, adj. illimité, indéfini, indéterminé, qui n'a point de bornes fixes, qui n'a rien de fixe — général, indécis.

VAGUEMENT, adv. d'une manière vague, généralement, sans choix, sans détermination, sans distinction, sans précision.

VAILLAMMENT, adv. avec cœur, avec vaillance, courageusement, en homme vaillant. V. Intrépidement.

VAILLANCE; adj. V. Intrépidité.

VAILLANT, adj. généreux. V. Intrépide.

VAILLANTISE, n. f. action de vaillance, action vaillante, belle action, exploit courageux, fait mémorable, trait héroïque.

VAIN, adj. débile, foible, peu solide — V. Inefficace — fragile. V. Imaginaire—temps bas, chargé, couvert, étouffant, suffocant — ami du luxe, fastueux, glorieux, mondain —V. Orgueilleux — terrain abandonné, inculte, négligé, non cultivé, non ensemencé, stérile.

EN VAIN, phr. adv. VAINEMENT, adv. d'une manière infructueuse, inefficacement, infructueusement, inutilement, sans avantage, sans effet, sans fruit, sans succès.

VAINCRE, v. abattre, assujétir, avoir l'avantage, conquérir, défaire, dompter, réduire, remporter la victoire, soumettre, subjuguer, surmonter, triompher, avoir la supériorité, l'emporter, prévaloir — aplanir, expliquer, réfuter, résoudre une difficulté — dominer, maîtriser.

VAINQUEUR, n. m. V. Conquérant.

VAISSEAU, n. m. V. Navire — V. Vase — V. Baril.

VAISSELLE, n. f. meubles, ustensiles, vases de table.

VAL, VALLON, nn. mm. VALLÉE, n. f. descente, penchant, pente, terrain au pied d'une côte, terrain environné de montagnes.

A VAL, phr. adv. au courant de l'eau, en descendant.

VALABLE, adj. admissible, bon, compétent, plausible, recevable, vraisemblable. V. Congru.

VALABLEMENT, adv. avec droit, avec raison, compétemment, conformément à la raison, congrument, convenablement, dans l'ordre, d'une manière valable, en bonne forme, légitimement, pertinemment, plausiblement, raisonnablement, régulièrement, solidement, sûrement, validement.

VALET, n. m. V. Domestique.

VALETAGE, n. m. emploi, fonction, ministère, occupation, office, service de valet.

VALETAILLE, n. f. coll. amas, grand nombre, multitude, troupe de valets.

VALETER, v. avoir une assiduité basse et servile, descendre au valetage, faire le bon valet, faire sa cour bassement —faire bien des pas, faire maintes démarches désagréables, se donner bien des mouvements, trotter.

VALÉTUDINAIRE, adj. V. Maladif.

VALEUR, n. f. V. Estimation. V. Vaillance — énergie, force, sens, signification des mots.

VALEUREUSEMENT, adv. V. Vaillamment.

VALEUREUX. V. Vaillant.

VALIDE, adj. fort, robuste,

sain, vigoureux. — V. *Valable.*

VALIDEMENT, *adv.* V. *Valablement.*

VALIDER, *v.* faire valoir, rendre valable.

VALIDITÉ, *n. f.* compétence, congruité, convenance, exactitude, légitimité, perfection, régularité, valeur, vertu d'un acte.

VALISE, *n. f.* bougette, bourses, porte-manteau, sacoche.

VALLÉE, *n. f.* VALLON, *n. m.* V. *Val.*

VALOIR, *v.* être estimé, être prisé — produire, rapporter, rendre — faire obtenir, procurer — avoir la force, avoir la signification de, signifier, tenir lieu de.

VANITÉ, *n. f.* gloriole, jactance, ostentation, vaine gloire — amour-propre, étalage, faste, parade. V. *Orgueil* — mondanité — frivolité, futilité.

VANITEUX, *adj.* ami du luxe. V. *Orgueilleux.*

VANNER, *v.* agiter, nettoyer, remuer, secouer dans un van.

VANTAIL, *n. m.* battant d'une porte, demi-porte.

VANTER, *v.* V. *Louer.*

SE VANTER, *v.* se glorifier, se prôner: V. *se Louer* — assurer hardiment, promettre avec assurance, répondre de, se faire fort de.

VANTERIE, *n. f.* V. *Forfanterie.*

VAPEUR, *n. f.* exhalaison, fumée — V. *Étourdissement.* V. *Frénésie.*

VAPOREUX, *adj.* fumeux, qui cause des vapeurs — atteint de vapeurs, plein de vapeurs, sujet aux vapeurs.

VAQUER, *v.* être à remplir, être vacant, être vide, n'être pas rempli — cesser le travail, être de loisir, être en vacances,

se reposer — s'adonner, s'appliquer, s'employer, s'occuper à.

VARENNE, *n. f.* canton, étendue, plaine réservée, pour la chasse.

VARIABILITÉ, *n. f.* disposition à varier, incertitude, mutabilité, variation, variété. V. *Inconstance.*

VARIABLE, *adj.* incertain, muable, sujet au changement, versatile. V. *Inconstant.*

VARIATION, *n. f.* changement, différence, diversité, variété — V. *Variabilité.*

VARIER, *v.* changer, différencier, diversifier — altérer, déguiser — changer d'avis, de discours, de propos, de sentiments, d'opinion — être inconstant, inégal, léger, sujet à l'instabilité.

VARIÉTÉ, *n. f.* V. *Variation.* V. *Variabilité.*

VARLET, page. V. *Domestique.*

VARLOPE, *n. f.* V. *Rabot.*

VASE, *n. m.* vaisseau — calice, coupe, gobelet, tasse, verre — aiguière. V. *Bouteille* — bassin, écuelle, gamelle, jatte, sébile — V. *Marmite.*

VASE, *n. f.* V. *Gâchis.*

VASEUX, *adj.* V. *Boueux.*

VASSAL, *adj.* dépendant, inférieur, mortaillable, mouvant, qui est dans la directe, relevant, serf, sujet, tributaire.

VASTE, *adj.* ample, démesuré, énorme, étendu, excessif, exorbitant, extraordinaire, grand, immense, spacieux.

A VAU L'EAU, *phr. adv.* au courant, au cours, au gré, suivant le courant, suivant le cours de l'eau — à rien, au néant, en oubli.

VAUDEVILLE, *n. m.* air, chanson qui court par la ville.

VAURIEN, *n. m.* fainéant, lâche — paresseux. V. *Bandit*, scélérat—qui ne veut rien valoir. V. *Déréglé.*

se VAUTRER, *v.* entrer bien, avant, s'enfoncer, se plonger, se rouler, s'étendre dans l'ordure—s'abandonner, se laisser aller, se livrer, se prostituer au vice.

VEDETTE, *n. f.* cavalier qui fait le guet, sentinelle à cheval — échauguette.

VÉGÉTABLE, *adj.* capable de croître, de pousser, de produire, de végéter, susceptible d'accroissement, de nourriture, de végétation, végétatif.

VÉGÉTAL, *adj.* qui croît, qui prend nourriture, qui produit.

VÉGÉTATION, *n. f.* accroissement, nourriture.

VÉGÉTER, *v.* croître, prendre accroissement, prendre nourriture, pousser, produire.

VÉHÉMENCE, *n. f.* pétulance. V. *Impétuosité*, énergie, force, vigueur, vivacité.

VÉHÉMENT, *adj.* ardent. V. *Pétulant*, impétueux, —énergique, fort, vif, vigoureux.

VÉHICULE, *n. m.* acheminement, disposition, entrée, introduction, préparation — V. *Expédient.*

VEILLE, *n. f.* insomnie, privation de sommeil—le jour d'auparavant, le jour précédent, le jour qui précède immédiatement, vigile.

VEILLER, *v.* avoir une insomnie, ne pas dormir, ne pouvoir dormir, rester éveillé, s'abstenir de dormir, s'empêcher de dormir —ne point se coucher, passer la nuit, percer la nuit— avoir l'œil, épier, espionner, être attentif, être aux aguets, faire la garde, observer, prendre garde— prendre soin, s'appliquer, soigner.

VEILLES, *n. f. pl.* élucubrations, études suivies, fatigues, longue application, occupation soutenue, travaux.

VEINE, *n. f.* petit canal, vaisseau qui porte le sang des extrémités au cœur — aptitude, disposition, génie, talent pour la poésie.

VEINÉ, *adj.* bigarré, diversifié par des veines, mêlé, plein, rempli de veines, veineux.

VELLÉITÉ, *n. f.* demi-volonté, désir inefficace, volonté foible, volonté imparfaite.

VELU, *adj.* V. *Poilu.*

VÉNAL, *adj.* qui est à prix d'argent, qui est à vendre, qui s'achète, qui se vend — agissant pour de l'argent, bas, intéressé, mû par un intérêt sordide.

VÉNALEMENT, *adv.* bassement, d'une manière vénale, par un intérêt sordide, pour de l'argent, sordidement, vilainement.

VÉNALITÉ, *n. f.* qualité de ce qui est vénal —commerce, négoce, trafic, vente — intérêt sordide.

VENDANGE, *n. f.* collecte, coupe, cueillette, récolte des raisins — raisins, vin.

VENDANGER, *v.* couper, cueillir, récolter le raisin — faire la coupe, la cueillette, la récolte du raisin, faire vendange — abîmer, détruire, ruiner les vignes ou autres biens de la terre.

VENDEUR, *n. m.* celui qui vend, marchand.

VENDICATION, *n. f.* V. *Revendication.*

VENDIQUER, *v.* V. *Revendiquer.*

VENDRE, *v.* abandonner, aliéner, céder, donner, livrer, se défaire, se dessaisir, transporter pour un certain prix — débiter, détailler, distribuer, trafiquer — déceler , trahir. V. *Dé-voiler.*

VÉNÉFICE , *n. m.* crime d'empoisonnement , empoisonnement , poison.

VÉNÉNEUX , *adj.* empoisonné, infecté de venin , venimeux.

VÉNER , *v.* chasser , courre une bête pour en attendrir la chair.

VÉNÉRABLE, *adj.* V. *Respectable.*

VÉNÉRATION , *n. f.* estime, honneur. V. *Déférence*, 2. *div.*

VÉNÉRER , *v.* honorer , porter honneur , respecter , révérer.

VÉNÉRIE , *n. f.* art de chasser, chasse , exercice de la chasse — équipage de chasse — corps des officiers attachés à la chasse du roi — château , édifice , logement , maison où logent les officiers et l'équipage de chasse.

VÉNEUR , *n. m.* chasseur, officier de la vénerie.

VENGEANCE, *n. f.* la pareille, représailles , ressentiment satisfait , revanche , satisfaction.

VENGER, *v.* mettre sous sa protection , prendre le parti de. V. *Protéger.*

SE VENGER , *v.* prendre vengeance, repousser une attaque, se défendre , se faire raison , se revancher , tirer raison , tirer satisfaction, tirer vengeance.

VENGEUR , *adj.* qui défend , qui protége , qui secourt , qui vient au secours — qui châtie , qui punit , qui venge.

VÉNIEL , *adj.* léger, médiocre, petit — V. *Graciable.*

VÉNIELLEMENT , *adv.* légèrement , médiocrement.

VENIMEUX , *adj.* V. *Vénéneux* — dangereux, malfaisant, malsain , nuisible.

VENIN , *n. m.* poison — animosité sourde, haine cachée , inimitié , malignité , rancune , ressentiment caché.

VENIR, *v.* accourir, approcher, arriver, parvenir ; se rendre au lieu où est celui qui parle ou au lieu voisin — arriver , échoir, se rencontrer, survenir, tomber — découler, émaner, procéder, provenir — descendre, être issu, être originaire , être sorti, tirer son origine — avancer , commencer à paroître , croître , poindre, pousser.

VENT, *n. m.* agitation , mouvement de l'air — flatuosité, pet, rôt , ventosité, vesse — haleine , respiration, souffle — V. *Orgueil.*

VENTE, *n. f.* exhibition, livraison , tradition. V. *Cession.*

VENTER, *v.* faire vent, souffler.

VENTEUX , *adj.* exposé aux vents , sujet aux vents , tourmenté par les vents — V. *Flatueux* — causé, occasioné, produit par des vents.

VENTILATION , *n. f.* V. *Estimation.*

VENTILER , *v.* apprécier , estimer, évaluer,

VENTOSITÉ, *n. f.* V. *Flatuosité.*

VENTOUSE , *n. f.* canal, conduit, petite ouverture, petit soupirail, tuyau pour donner de l'air.

VENTRE , *n. m.* capacité , cavité , estomac , panse — entrailles , matrice, sein.

VENTRÉE , *n. f.* portée.

VENTRICULE , *n. m.* capacité , cavité du cerveau ou du cœur — estomac de certains animaux.

VENTRILOQUE, *adj.* gastriloque, qui a la voix sourde et caverneuse , qui semble parler du ventre ou de l'estomac.

VENTRU , *adj.* V. *Pansard.*

VENUE , *n. f.* approche , arrivée , avènement — croissance , jet, pousse , taille.

VÉNUS , *n. f.* V. *Cypris.*

VER , *n. m.* vermisseau.

VÉRACITÉ , *n. f.* attachement à la vérité. V. *Franchise* , 3. *div.*

VERBAL , *adj.* dit de bouche , prononcé de vive voix — appartenant au verbe, dérivé du verbe, tenant du verbe.

VERBALEMENT, *adv.* de bouche, de vive voix, d'une manière purement verbale, par paroles.

VERBALISER, *v.* dresser un procès verbal — alléguer des raisons , déduire des faits , exposer des observations — parler beaucoup , tenir des propos inutiles, verbiager.

VERBÉRATION , *n. f.* impulsion, percussion, pulsation de l'air.

VERBEUX , *adj.* V. *Diffus.*

VERBIAGE , *n. m.* babil, bavardage , caquet , superfluité de paroles, verbosité.

VERBIAGER , *v.* babiller , bavarder, caqueter, discourir ennuyeusement , employer trop de paroles, parler trop prolixement.

VERBIAGEUR , *n. m.* babillard , bavard, caqueteur, discoureur ennuyeux, grand parleur , parleur verbeux.

VERBOSITÉ , *n. f.* V. *Verbiage* — caractère, défaut , vice d'un parleur verbeux — diffusion , longueur, prolixité.

VERD , *adj.* V. *Vert.*

VERDÂTRE , *adj.* approchant du vert, tenant du vert , tirant sur le vert.

VERDELET, *adj.* acidule, aigrelet, qui n'est pas assez mûr, un peu acide, un peu aigre, un peu rude.

VERDET, *n. m.* vert de gris.

VERDEUR, *n. f.* acidité, défaut de maturité. V. *Aigreur* — courage, force, nerf, vigueur.

VERDIR, *v.* devenir vert, verdoyer — peindre en vert, rendre vert.

VERDOYANT, *adv.* qui commence à verdir, qui devient vert, qui verdoie.

VERDURE, *n. f.* V. *Gazon.*

VÉREUX, *adj.* gâté par les vers, grouillant de vers , infecté de vers , plein de vers , rempli de vers — défectueux , imparfait , incomplet , insuffisant , ne valant rien — dangereux, fâcheux , mauvais, répréhensible, reprochable.

VERGE , *n. f.* baguette, gaule, houssine — anneau , bague sans chaton.

VERGER , *n. m.* clos , enclos , jardin planté d'arbres fruitiers.

VERGETER , *v.* brosser, épousseter, housser, nettoyer avec des vergettes.

VERGETTES, *n. f. pl.* brosse , époussette.

VERGLAS , *n. m.* menue grêle, pluie qui se glace. V. *Givre.*

VERGOGNE , *n. f.* honte, pudeur — retenue, timidité.

VÉRIDICITÉ , *n. f.* V. *Véracité.*

VÉRIDIQUE , *adj.* ingénu. V. *Franc.*

VÉRIFICATEUR, *n. m.* examinateur, expert, scrutateur.

VÉRIFICATION , *n. f.* épreuve, perquisition. V. *Confrontation* — certification , démonstration , justification , preuve , reconnoissance.

VÉRIFIER , *v.* éprouver, examiner. V. *Comparaison* — certifier, démontrer, justifier, prouver, reconnoître.

VÉRITABLE , *adj.* effectif, réel — non altéré , non contrefait , non falsifié — bon , excellent , parfait — V. *Vrai.*

VÉRITABLEMENT, *adv.* certainement, d'une manière véritable, en vérité — sans altération , sans contrefaction, sans falsification — V. *à dire Vrai* — V. *Effectivement.*

VÉRITÉ , *n. m.* conformité du discours avec la pensée , d'une idée avec son objet, d'un écrit

avec le fait — V. *Véracité*— V.
Adage — V. *Réalité*.

A LA VÉRITÉ, *phr. adv.* à dire
le vrai, de fait, effectivement,
en effet, en réalité, réellement,
véritablement.

EN VÉRITÉ, *phr. adv.* assurément, certainement, de bonne
foi, vraiment.

VERMEIL, *adj.* ardent, enlu-
miné.V. *Rougeaud*—beau, bien
coloré, frais, sain, serein, vif.

VERMILLON, *n. m.* V. *Cinabre*
—couleur ardente, enluminée,
rouge, rubiconde des joues.

VERMINE, *n. f.* poux, puces,
punaises—canaille, garnements
dangereux, gens de mauvaise
vie, gueusaille, vauriens.

VERMISSEAU, *n. m.* V. *Ver.*

SE VERMOULER, *v.* contracter
de la vermoulure, devenir vermoulu, être piqué de vers.

VERMOULU, *adj.* V. *Mou-
liné.*

VERMOULURE, *n. f.* altération,
corruption, dégradation causée
par les vers, piqûre de vers,
trace de vers — poudre, poussière détachée des corps par les
vers.

VERNAL, *adj.* appartenant au
printemps, ordinaire au printemps, relatif au printemps, tenant au printemps.

VERNIR, VERNISSER, *vv.* couvrir, enduire, garnir de vernis.

VERNIS, *n. m.* composition
gluante, enduit transparent,
gomme transparente— couleur,
déguisement, fard.

VERRAT, *n. m.* V. *Porc.*

VERRE, *n. m.* corps factice
transparent — calice. V. *Gobelet.*

VERRERIE, *n. f.* art de faire le
verre — fabrique de verre, lieu
où l'on fait du verre, manufacture de verre — commerce,

marchandises, ouvrages de
verre.

VERRIER, *n. m.* fabricant de
verre, manufacturier de verre,
ouvrier en verre—commerçant
en verre, marchand de verre,
vendeur de verre.

VERROUILLER, *v.* clore avec
des verrous, fermer à verrous,
garnir de verrous, mettre des
verrous, mettre sous les verrous. V. *Claquemurer.*

VERRUE, *n. f.* V. *Cal.*

VERS, *n. m.* ouvrage de
poésie, pièce de poésie, poème,
poésie.

VERS, *prép.* à, aux environs de,
du côté de, près de, sur.

VERSATILE, *adj.* mobile, sujet
à changer, sujet à tourner. V.
Inconstant.

A VERSE, *phr. adv.* abondamment, à grands flots, amplement, copieusement, excessivement.

VERSÉ, *adj.* épanché, répandu
— jeté par terre, renversé,
tombé — consommé, profond.
V. *Habile.*

VERSER, *v.* épancher, faire
écouler, répandre — faire tomber, jeter à terre, renverser.

VERSET, *n. m.* ligne de prose,
passage, texte, trait — couplet,
tropaire.

VERSIFICATEUR, *n. m.* faiseur
de vers, rimailleur, rimeur.

VERSIFICATION, *n. f.* art de
versifier, manière de tourner
les vers — cadence, composition, harmonie, tour, tournure
du vers.

VERSIFIER, *v.* écrire en vers,
faire des vers, mettre en vers.

VERSION, *n. f.* V. *Traduction.*

VERT, *adj.* verdoyant — qui a
encore de la sève, qui est encore vigoureux — constant,
ferme, hardi, inébranlable, ré-

solu — jeune , robuste , vigoureux — acide, aigre, âpre, non
encor mûr.

VERTEMENT , adv. d'un ton
vert. V. *Vigoureusement.*

VERTICAL, adj. V. *Perpendiculaire.*

VERTICALEMENT, adv. V. *Perpendiculairement.*

VERTIGE, n. m. éblouisse-
ment, étourdissement, tournoiement de tête, trouble du
cerveau, vapeur — égarement,
lubie. V. *Frénésie.*

VERTIGINEUX, adj. attaqué de
vertiges , sujet à des vertiges ,
tourmenté de vertiges.

VERTIGO, n. m. folie. V. *Lubie.*

VERTU, n. f. V. *Droiture* —
chasteté, modestie , pudeur ,
pudicité — faculté, propriété ,
puissance — efficace, efficacité ,
énergie , force — courage ,
valeur.

EN VERTU DE, phr. adv. à cause
de, à raison de, au nom de, en
conséquence de, par suite de.

VERTUEUSEMENT , adv. avec
droiture, avec intégrité, avec
probité, avec rectitude, d'une
manière vertueuse, équitablement, justement , loyalement
— chastement , modestement ,
publiquement, purement, religieusement, saintement.

VERTUEUX, adj. loyal, plein de
probité. V. *Intègre* — chaste ,
modeste, pudique , pur , religieux, sage.

VERVE, n. f. chaleur d'esprit,
élévation de l'âme, enthousiasme, feu de l'imagination ,
fureur poétique, génie, inspiration , transport — imagination.
V. *Boutade.*

VÉSICULE, n. f. V. *Echauboulure.*

VESTIBULE , n. m. V. *Parvis.*

VESTIGE , n. m. empreinte,
impression , indice , marque ,

pas, piste, reste, signe , trace.

VÊTEMENT , n. m. cape , capot , capote , casaque , habillement, habit, justaucorps, mandille, mante , manteau , pourpoint , redingote, robe, roque-
laure.

VÉTÉRAN, adj. ancien, émérite.

VÉTÉRANCE, n. f. ancienneté,
émérite.

VÉTILLARD , VÉTILLEUR , nn.
mm. V. *Chicanier.*

VÉTILLE , n. f. V. *Bagatelle.*

VÉTILLEUX , adj. difficile ,
dont les moindres parties exi-
gent de l'attention , dont rien
ne doit être négligé, minutieux,
qui exige une attention scrupuleuse.

VÊTIR , v. couvrir , donner
des habits , fournir l'habillement , habiller , pourvoir de
vêtements, revêtir — mettre un
habit , prendre un vêtement.

VÊTURE, n. f. prise d'habit
religieux.

VÉTUSTÉ , n. f. ancienneté,
antiquité , dégradation venue
d'un long usage, dépérissement
par laps de temps.

VEULE , adj. débile , faible ,
manquant de vigueur, mou.

VEUVAGE, n. m. état de veuf
ou de veuve , viduité.

VEUVE, n. f. douairière.

VEXATION, n. f. chicane injuste, concussion, exaction. V.
Violence.

VEXER, v. chicaner injustement, opprimer, persécuter ,
tourmenter , tyranniser , violenter.

VIABLE , adj. capable de vivre , constitué de manière à vivre , qui est en état de vivre,
qui peut vivre.

VIAGER , adj. accordé pour
toute la vie, dont on doit jouir
sa vie durant, qui dure pendant
la vie, qui est à vie.

VIAGER, n. m. jouissance à vie, possession à vie, usufruit à vie.

VIAGÈREMENT , adv. à vie, d'une manière viagère, la vie durant, pendant la vie.

VIANDE , n. f. chair — . V. Victuaille.

VIANDER , v. paître, pâturer.

VIANDIS, n. m. nourriture, pâture du cerf.

VIATIQUE, n. m. frais de voyage , provision de voyage — communion de malade.

VIBRATION, n. f. V. Oscillation.

VIBRER, v. V. Osciller.

VICAIRE, n. m. coadjuteur , lieutenant, représentant, substitut, vice-gérant.

VICAIRIE , n. f. VICARIAT , n. m. charge , commission , emploi, fonction , ministère , office, place de vicaire.

VICARIER , v. exercer l'emploi, faire les fonctions , occuper la place , remplir l'office de vicaire.

VICE, n. m. V. Défectuosité — infirmité, mal, maladie — mauvaise habitude. V. Dépravation — impudicité , impureté, lascivité, luxure.

VICIER, v. V. Gâter — annuler, infirmer, invalider, rendre défectueux , rendre nul.

VICIEUSEMENT , adv. défectueusement, d'une manière vicieuse, imparfaitement — dans la corruption, dans la dépravation , dans le désordre — dans l'impureté, d'une manière impudique , impudiquement, lascivement , luxurieusement.

VICIEUX, adj. difforme. V. Incorrect — altéré , détérioré , gâté — V. Débauché.

VICISSITUDE , n. f. changement successif, retour régulier, révolution réglée — V. Inconstance — V. Décadence.

VICTIME, n. f. V. Holocauste.

VICTOIRE , n. f. défaite d'ennemis , gain d'une bataille , triomphe — V. Triomphe, 2. div.

VICTORIEUSEMENT, adv. avantageusement, avec avantage, d'une manière victorieuse, supérieurement.

VICTORIEUX , adj. supérieur. V. Triomphant.

VICTORIOLE, n. f. léger succès, modique avantage , petite victoire.

VICTUAILLE, n. f. provision d'aliments , de mangeaille , de nourriture , vivres — approvisionnement, fourniture , munition , provisions de bouche.

VIDANGE, n. f. action de vider , évacuation, nettoiement.

VIDANGES, n. f. pl. décombres , excréments , immondices , ordures tirées d'une fosse d'aisance.

VIDANGEUR, n. m. cureur de latrines , homme qui vide les latrines , maître des basses œuvres.

VIDE , adj. qui ne contient rien. V. Vacant.

VIDER, v. désemplir , ôter le contenu — V. Évacuer — achever, décider, finir, terminer.

VIDIMER , v. reconnoître la conformité d'une copie avec l'original. V. Comparer.

VIDIMUS, n. m. V. Visa.

VIDRECOME, n. m. grande coupe , grand verre à boire , tasse énorme.

VIDUITÉ, n. f. V. Veuvage.

VIE, n. f. union de l'âme et du corps — être, existence — cours, durée, espace de temps compris entre la naissance et la mort — aliments , nourriture , pain , subsistance — conduite, manière de vivre, mœurs—condition, emploi, état, occupation, profession—bonne chère, débauche—actions, exploits, faits mémorables, gestes, histoire de quelqu'un—clabauderie, criaillerie, crierie, gronde, querelle, réprimande.

A VIE, phr. adv. V. *Viagèrement.*

VIEIL, VIEUX, *adjectifs.* âgé, avancé en âge—caduc, cassé, chenu, décrépit, usé—ancien, antique, passé de mode, suranné—dégradé, détérioré, endommagé, gâté, usé.

VIEILLARD, *n. m.* homme âgé, avancé en âge, chargé d'années, parvenu au dernier âge de la vie.

VIEILLEMENT, *adv.* chétivement, comme le permet un grand âge, débilement, foiblement.

VIEILLERIES, *n. f. pl.* antiquailles, friperie, guenilles, haillons, vieilles hardes, vieilles nippes, vieux meubles.

VIEILLESSE, *n. f.* âge avancé, âge décrépit, caducité, décrépitude, dernier âge de la vie, grand âge.

VIEILLI, *adj.* affoibli, caduc, cassé, devenu vieux—antique, passé de mode, suranné, tombé en désuétude, usé.

VIEILLIR, *v.* acquérir des années, avancer en âge, devenir vieux, se faire vieux—être caduc, être cassé, perdre sa vigueur, s'affoiblir, se casser—passer de mode, se passer, s'user.

VIELLER, *v.* jouer de la vielle—niaiser, nigauder, traîner. V. *Temporiser.*

VIERGE, *n. f.* pucelle.

VIERGE, *adj.* chaste, continent, intact, pur—qui est sans mélange, qui n'a pas encore été employé.

VIF, *adj.* animé, plein de vie, qui est en vie, qui respire, vivant—agile, dégagé, dispos, léger, souple, vigoureux. V. *Diligent*—bouillant, brusque, brutal. V. *Colère.*

VIF-ARGENT, *n. m.* hydrargyre, mercure.

VIGILAMMENT, *adv.* diligemment. V. *Soigneusement.*

VIGILANCE, *n. f.* application, attention, diligence, exactitude, ponctualité, soin, sollicitude.

VIGILANT, *adj.* appliqué, attentif, diligent, exact, ponctuel, soigneux.

VIGILE, *n. f.* veille de fête.

VIGNE, *n. f.* champ, espace, étendue de terre plantée de ceps.

VIGNOBLE, *n. m.* canton, pays abondant en vignes.

VIGOUREUSEMENT, *adv.* avec force, avec vigueur, d'une manière vigoureuse, fortement—ardemment, avec véhémence, courageusement, fermement, hardiment, vaillamment, vivement.

VIGOUREUX, *adj.* V. *Robuste*—ardent, courageux, ferme, hardi, vaillant, vif.

VIGUEUR, *n. f.* force, nerf—véhémence. V. *Courage.*

VIL, *adj.* V. *Abject.*

VILAIN, *n. m.* manant, paysan, villageois—roturier.

VILAIN, *adj.* affreux, défiguré, hideux, horrible. V. *Malbâti*—dangereux, désagréable, fâcheux, incommode—crasseux, dégoûtant, immonde, malpropre, maussade, sagouin, sale—V. *Deshonnête*—V. *Avare.*

VILAINEMENT, *adv.* affreusement, hideusement, horriblement—dangereusement, désagréablement, d'une manière incommode, fâcheusement—d'une manière dégoûtante, malproprement, maussadement, salement, salopement. V. *Déshonnêtement.*

VILEBREQUIS, *n. m.* foret, gibelet, tarière, trépan, vrille.

. VILEMENT, *adv.* V. *Bassement.*

VILENIE, *n. f.* V. *Malpropreté* — V. *Déshonnêteté.*

VILETÉ, *n. f.* bas prix, bon marché — bassesse, défaut de mérite, peu d'importance.

VILLAGE, *n. f.* ville dénuée d'habitants, déserte, mal bâtie.

VILLAGE, *n. m.* hameau, peuplade de paysans, petit bourg.

VILLAGEOIS, *n. m.* V. *Campagnard.*

VILLE, *n. f.* cité — bourgeoisie, corps des bourgeois, habitants de la ville — corps des officiers municipaux, la municipalité.

VIN, *n. m.* jus de la treille, jus de raisin.

VINDICATIF, *adj.* aimant à se venger, enclin à la vengeance, haineux, implacable, qui ne pardonne pas, rancunier.

VINDICTE, *n. f.* châtiment, peine, poursuite, punition d'un crime.

VINEUX, *adj.* qui a le caractère de vin, qui a le goût de vin, sentant le vin, tenant du vin — rouge comme du vin.

VIOL, *n. m.* attentat à la pudeur, attentat à l'honneur, rapt, ravissement, violement, violence.

VIOLATEUR, *n. m.* V. *Infracteur.*

VIOLATION, *n. f.* V. *Contravention.*

VIOLEMMENT, *n. m.* V. *Viol* — V. *Contravention.*

VIOLEMMENT, *adv.* avec violence, de force, d'une manière violente, forcément, par contrainte, par force — avec ardeur, avec emportement, avec force, avec impétuosité, chaudement, impétueusement, vivement.

VIOLENCE, *n. f.* abus du pouvoir, coaction, contrainte, exaction, force, nécessité imposée, obligation forcée, oppression, persécution, tyrannie, vexation — V. *Viol* — effort de corps ou d'esprit, gêne — ardeur, boutade, chaleur, transport. V. *Colère* — impétuosité, mouvement violent, rapidité, véhémence — explication détournée, sens peu naturel, tour forcé.

VIOLENT, *adj.* V. *Impétueux* — V. *Tyrannique.*

VIOLENTER, *v.* V. *Contraindre* — V. *Détorquer.*

VIOLER, *v.* abuser, attenter à la pudeur, attenter à l'honneur, forcer, prendre de force, ravir. V. *Transgresser.*

VIPÈRE, *n. f.* serpent — ennemi domestique, ingrat, mauvaise langue, traître.

VIRER, *v.* changer de route, chercher des détours, tourner.

VIRGINAL, *adj.* appartenant à une personne vierge, convenable à une personne vierge, digne d'une personne vierge, propre d'une personne vierge, qui caractérise une personne vierge.

VIRGINITÉ, *n. f.* pucelage — chasteté intacte, intégrité, pureté originelle.

VIRIL, *adj.* appartenant, convenable à l'homme, propre de l'homme — courageux, ferme, fort, généreux, mâle, noble, vigoureux.

VIRILEMENT, *adv.* avec vigueur, courageusement, d'une manière virile, en homme de cœur, fermement, fortement, noblement, vigoureusement.

VIRILITÉ, *n. f.* âge viril — air mâle, physionomie mâle — courage, fermeté, force, générosité, noblesse, vigueur mâle.

VISA, *n. m.* acquiescement, agrément, approbation, autorisation, aveu, consentement, licence, permission attestée par signature, vidimus, vu.

Visage, n. m. V. Mine.

Vis-à-vis, phr. adv. à l'opposite, devant, en face, visam-visu.

Vis-à-vis, n. m. V. Voiture.

Viscéral, adj. avantageux, convenable, favorable, propre, utile aux viscères — inhérent à l'essence, intérieur, intestin, intrinsèque, tenant au fond, venant du fond.

Viscères, n. m. pl. entrailles, intestins.

Viscosité, n. f. qualité visqueuse, ténacité.

Visée, n. f. but, dessein, direction, intention, point où l'on vise, terme où l'on tend.

Viser, v. V. Mirer — aspirer, avoir en vue, avoir pour but, avoir pour fin, buter à, prétendre, se proposer, tendre — examiner, reconnoître, vérifier, voir. V. Comparer — approuver, autoriser, avouer, signer, souscrire.

Visible, adj. clair, distinct, évident, manifeste, palpable, sensible.

Visiblement, adv. V. Manifestement.

Visière, n. f. grille d'un casque — la vue, les yeux, l'œil.

rompre en Visière, v. contrarier, contrecarrer, contredire, contrepointer, résister, s'opposer, traverser ouvertement — brusquer, choquer, insulter, offenser en face.

Vision, n. f. aspect, faculté visuelle, regard, vue — V. Fantôme — inspiration, lumière de l'esprit saint, révélation — erreur, illusion. V. Réverie.

Visionnaire, adj. V. Illuminé — écervelé, extravagant, fanatique, fou, insensé, lunatique,

occupé de chimères, plein d'idées creuses, radoteur, rêveur.

Visite, n. f. action d'aller voir quelqu'un par civilité ou par devoir. V. Enquête, inspection, observation, regard, vue — descente, transport d'experts ou de juges — patrouille, revue, ronde, tournée.

Visiter, v. aller voir, faire visite, rendre visite — considérer, examiner, fouiller, observer, sonder.

Visiteur, n. m. V. Inspecteur.

Visqueux, adj. V. Gluant.

Visuel, adj. appartenant à la vue, dirigeant la vue, fixant le point de vue.

Vital, adj. nécessaire à la vie, qui conserve la vie, qui donne la vie, qui marque la vie.

Vite, adj. vif. V. Alerte.

Vite, Vitement, adv. agilement, légèrement, sans s'arrêter. V. Diligemment.

Vitesse, n. f. V. Promptitude.

Vitrage, n. m. toutes les fenêtres, toutes les vitres, tous les vitraux d'un bâtiment.

Vitre, n. f. carreau de verre.

Vitrer, v. garnir, munir, pourvoir de vitres, mettre des vitres.

Vitrier, n. m. ouvrier en vitres, poseur de vitres.

Vitriol, n. m. couperose.

Vitriolique, adj. abreuvé, chargé, imbibé, imprégné, pénétré de vitriol, tenant du vitriol.

Vivace, adj. constitué, formé pour vivre long-temps, destiné, disposé pour une longue vie, doué des principes d'une longue vie, viable.

Vivacité, n. f. V. Promptitude. V. Pétulance — V. Pénétration.

Vivant, adj. animé, plein de

vie, qui est en vie, qui respire, vif. — existant, subsistant.

BON VIVANT, *n. m.* bon enfant, homme d'un caractère facile, d'une humeur aisée. V. *Réjoui.*

VIVEMENT, *adv.* avec ardeur, avec véhémence, avec vigueur, d'une manière vive, sans relâche — douloureusement', d'une manière sensible, sensiblement — activement. V. *Vitesse.*

VIVIFIANT, VIVIFIQUE, *adj.* propre à redonner du mouvement, qui donne la ·vie, qui ranime, qui vivifie — V. *Cordial.*

VIVIFIER, *v.* animer, donner la vie, la conserver, la soutenir, l'entretenir.

VIVOTER, *v.* subsister avec peine, vivre à l'étroit, vivre pauvrement.

VIVRE, *v.* être animé, être en vie, être vivant, respirer — prendre des aliments, se nourrir, se soutenir, se sustenter, subsister — jouir de la vie, passer sa vie, s'amuser, se divertir, se donner du bon temps.

VIVAS, *n. m.* aliment, nourriture, pension alimentaire.

VIVRES, *n. m. pl,* V. *Victuaille.*

VOCABULAIRE, *n. m.* V. *Dictionnaire.*

VOCAL, *adj.* articulé, dit, énoncé, exprimé, prononcé par la voix — autorisé à voter, ayant droit de suffrage, votant.

VOCALEMENT, *adv.* de bouche, de vive voix, verbalement.

VOCATION, *n. f.* destination à un état, impulsion du ciel, inspiration d'en haut, mouvement surnaturel qui porte à un genre de vie — arrangement, disposition, ordre de la Providence que l'on doit suivre — charge,

commission, délégation, envoi, mission, ordre, pouvoir reçu du supérieur ecclésiastique.

VŒU, *n. m.* engagement envers Dieu, promesse faite à Dieu — don, oblation, offrande promise à Dieu — avis, opinion, sentiment, suffrage, voix — désir, envie, souhait — prière, supplication.

VOGUE, *n. f.* crédit. V. *Estime*, 2. *div.* — goût universel, mode, usage général — cours, débit, défaite, vente.

VOGUER, *v.* V. *Ramer* — V. *Naviguer.*

VOGUEUR, *n. m.* V. *Galérien.*

VOIE, *n. f.* chemin, passage, route, rue — commodité, voiture. — V. *Vestiges* — charge, charretée — V. *Expédient.*

VOILE, *n. m.* drap qui couvre, étoffe qui cache, toile qui dérobe aux yeux — V. *Rideau* — apparence, masque. V. *Prétexte.*

VOILER, *v.* cacher, couvrir, envelopper d'un voile, mettre sous un voile — faire ombre, obscurcir, offusquer, ombrager — V. *Pallier.*

VOIR, *v.* apercevoir, connoître, découvrir, discerner, distinguer par les yeux — considérer, contempler, envisager, observer, regarder — éprouver, examiner, prendre garde, reconnoître, remarquer, s'enquérir, s'enquêter, s'informer, sonder. — V. *Hanter.*

VOIRIE, *n. f.* charge, commission, emploi, fonction, juridiction, office de voyer — inspection des rues, intendance des chemins — égout. V. *Cloaque.*

VOISIN, *adj* adjacent, limitrophe, prochain. V. *Attenant,* qui est auprès, qui est tout contre, tenant, touchant.

VOISINAGE, *n. m.* confins, environs, proximité — les voisins.

VOISINER, *v.* fréquenter, hanter, visiter, voir ses voisins.

VOITURE, *n. f.* machine roulante qui sert au transport — berline, cabriolet, carrosse, chaise, char, charrette, chariot, coche, phaéton, tombereau, vis-à-vis — charge d'une charrette, charretée, charoi.

VOITURER, *v.* traîner. V. *Transporter.*

VOITURIER, *n. m.* charretier, cocher, conducteur de voiture, messager, roulier, voiturin.

VOIX, *n. f.* accent, parole, prononciation, son qui sort de la bouche, ton — jugement, opinion, sentiment — avis, suffrage, vœu — cantatrice, chanteur, chanteuse, chantre.

VOL, *n. m.* ascension, élancement, élévation, mouvement progressif de l'oiseau dans l'air, volée. V. *Larcin.*

VOLAGE, *adj.* éventé, étourdi, sujet au changement. V. *Inconstance.*

VOLAILLE, VOLATILE, *nn. ff.* oiseaux bons à manger, oiseaux de basse-cour.

VOLATIL, *adj.* léger, qui s'évapore, subtil.

VOLATILE, *n. m.* animal volant, oiseau.

VOLÉE, *n. f.* V. *Vol* — bande, compagnie, troupe d'oiseaux ou de gens de même espèce — force, élévation, qualité, rang.

À LA VOLÉE, *phr. adv.* en l'air. V. *Imprudemment.*

VOLER, *v.* monter, s'élancer, s'élever, se soutenir en l'air par le moyen des ailes — aller, courir, fuir, passer, s'échapper, s'écouler, s'enfuir avec vitesse — V. *Dérober.*

VOLERIE, *n. f.* brigandage, concussion, exaction, escamoterie, filouterie, friponnerie, larcin, pillage, pillerie, rapine, vol.

VOLET, *n. m.* V. *Fuie* — contrevent — guichet, petite porte — petit ais, petite planche, tablette sur quoi l'on trie de menus objets.

VOLEUR, *n. m.* V. *Larron.*

VOLIÈRE, *n. f.* grande cage, grande loge à jour pour des oiseaux. V. *Fuie.*

VOLONTAIRE, *adj.* exempt de contrainte, fait de plein gré, libre, non forcé, spontané — désobéissant, ennemi de la dépendance, incapable de discipline, mutin, obstiné, récalcitrant, rétif. V. *Indocile.*

VOLONTAIREMENT, *adv.* sans contrainte, sans être forcé, sans violence.

VOLONTÉ, *n. f.* spontanéité, vouloir — désir, intention, résolution — bon plaisir, commandement, loi, ordre.

VOLONTIERS, *adv.* avec plaisir, de bon cœur, de bonne volonté, sans peine, sans répugnance.

VOLTIGEMENT, *n. m.* allées et venues fréquentes, tournoiement, tours et retours fréquents.

VOLTIGER, *v.* s'agiter, tourner, voler peu et fréquemment — aller et venir, danser, faire des tours de force et de souplesse sur une corde lâche.

VOLTIGEUR, *n. m.* sauteur. V. *Baladin.*

VOLUBILITÉ, *n. f.* agilité, facilité à se mouvoir en rond, souplesse pour tourner — abondance de mots, multitude de termes, torrent de paroles — débit rapide, précipitation à parler, prononciation trop accélérée.

VOLUME, *n. m.* épaisseur, étendue, grosseur, masse — cahier, livre, tome.

VOLUPTÉ , n. f. chatouillement, délices, plaisir, sensualité, titillation agréable — V.
Incontinence.

VOLUPTUEUSEMENT, adv. avec
délice, avec volupté, délicieusement, sensuellement—lascivement, licencieusement, lubriquement, luxurieusement.

VOLUPTUEUX, adj. délicieux,
sensuel. V. *Incontinent.*

VOMIQUE, n. f. tumeur pu-
tride au poumon. V. *Abcès.*

VOMIR, v. V. *Expectorer* —
dire, proférer, prononcer des
choses horribles — décocher,
élancer, jeter, lancer, pousser
au dehors, en parlant d'un vol-
can.

VOMITIF, adj. remède qui excite le vomissement, qui fait
vomir, qui provoque à vomir.

VORACE, adj. avide, carnassier, gros mangeur. V. *Intempérant.*

VORACITÉ, n. f. avidité. V.
Intempérance.

VOTANT, adj. autorisé à voter,
ayant droit de suffrage, vocal.

VOTER, v. donner sa voix,
donner son suffrage.

VOTIF, adj. appartenant au
vœu, offert pour acquitter un
vœu, offert pour obtenir une
grâce.

VOTRE, adj. appartenant à
vous, commun entre vous,
propre à vous, qui dépend de
vous, qui est à vous, qui vous
concerne, qui vous regarde.

LE VÔTRE, n. m. ce qui est à
vous, ce qui vous appartient,
votre bien, votre propriété.

LES VÔTRES, n. m. pl. ceux
qui sont à vous, ceux qui tiennent votre parti, vos adjoints,
vos alliés, vos amis, vos associés, vos camarades, vos compagnons, vos gens, vos parents,
vos proches.

VOUER, v. consacrer, dédier,
dévouer, offrir — faire un vœu,
promettre par vœu, s'engager
par vœu — faire une promesse
solennelle, promettre d'une
manière particulière.

VOULOIR, v. avoir dessein,
avoir intention, former la résolution, se décider à, se déterminer à — demander, désirer,
prétendre, souhaiter — commander, donner ordre, enjoindre, exiger, ordonner — accorder, consentir, demeurer d'accord.

VOULOIR, n. m. V. *Volonté.*

VOÛTE, n. f. V. *Cintre.*

VOÛTER, v. V. *Cintrer*

SE VOÛTER, v. se casser, se
courber, vieillir.

VOYAGE, n. m. V. *Pérégrination.*

VOYAGER, v. aller en pays
éloigné, cheminer, faire du chemin, faire voyage, parcourir
différents pays, visiter différents lieux.

VOYAGEUR, n. m. homme qui
chemine beaucoup, qui court
le monde, qui parcourt différents pays, qui voyage—étranger, passager, passant.

VOYANT, adj. brillant, éclatant.

VOYANT, n. m. homme éclairé d'en haut, illuminé par le
ciel, inspiré, mû par l'Esprit
saint, prophète.

VOYER, n. m. inspecteur des
rues, intendant des chemins.

VRAI, adj. conforme à la vérité, prouvé. V. *Incontestable*—
V. *Véridique* — V. *Véritable.*

VRAI, n. m. vérité.

AU VRAI, phr. adv. à dire vrai,
à la vérité, avec vérité, conformément à la vérité, de
bonne foi, d'une manière vraie,
franchement, ingénument, naïvement, sans déguisement,

sans mentir, sans rien déguiser, sincèrement, véritablement, vraiment.

Vraiment, *adv.* V. *Effectivement* — V. *au Vrai.*

Vraisemblable, *adj.* apparent, croyable, plausible, probable, spécieux.

Vraisemblablement, *adv.* apparemment, à vue de pays, probablement, selon les apparences, selon toute vraisemblance.

Vraisemblance, *n. f.* air de vérité, apparence de vérité, probabilité.

Varder, *v.* aller et venir sans objet, courir çà et là, faire des allées et venues sans cause.

Vrille, *n. f.* V. *Vilebrequin.*

Vu, *n. m.* V. *Visa.*

Vu, *prép.* à cause de, attendu, en egard à, par la considération de, par rapport à, pour raison de.

Vu que, *phr. conj.* V. *Parceque.*

Vue, *n. f.* faculté de voir, les yeux, l'œil — aspect, coup d'œil, regard — présence, rencontre — V. *Inspection* — V. *Intention* — connoissance claire, intelligence évidente, intuition.

Vulgaire, *adj.* commun, général, public, universel — habituel, ordinaire, usité — populaire, trivial, vil.

Vulgaire, *n. m.* commun, le public. V. *Populace.*

Vulgairement, *adv.* V. *Communément* — V. *Trivialement.*

Y

Y, *adj.* à cela, à ces choses, à ces objets, à cet objet, à cette chose — à ce moment, à ce point, à ce terme, à cet instant — en ce lieu, en cet endroit, là.

Z

Zélateur, *n. m.* amateur chaud, défenseur ardent, partisan zélé, protecteur plein de zèle.

Zèle, *n. m.* affection ardente, ardeur, attache vive, chaleur, passion.

Zélé, *adj.* affectionné, attaché, dévoué, empressé, fervent, passionné, plein d'ardeur, plein de feu. V. *Fanatique.*

Zéphir, *n. m.* souffle gracieux, vent agréable, vent doux.

Zéro, *n. m.* néant, rien — homme sans considération, homme sans crédit, homme sans pouvoir, personnage impuissant, personnage nul.

Zizanie, *n. f.* discorde, division — V. *Altercation.*

Zodiacal, *adj.* appartenant au zodiaque, placé dans le zodiaque, propre du zodiaque.

Zoïle, *n. m.* critique envieux, ignorant, impudent, insolent, méchant.

Zone, *n. m.* bande, ceinture.

FIN.

Lightning Source UK Ltd.
Milton Keynes UK
UKHW011840281118
333023UK00011B/866/P